Das Recht auf Vorsteuererstattung in grenzüberschreitenden Fallgestaltungen

Bochumer Schriften zum Steuerrecht

Herausgegeben von Roman Seer

Band 38

PETER LANG

Christina Regelski

Das Recht auf Vorsteuererstattung in grenzüberschreitenden Fallgestaltungen

PETER LANG

Bibliografische Information der Deutschen Nationalbibliothek
Die Deutsche Nationalbibliothek verzeichnet diese Publikation in der Deutschen Nationalbibliografie; detaillierte bibliografische Daten sind im Internet über http://dnb.d-nb.de abrufbar.

Zugl.: Bochum, Univ., Diss., 2020

Abbildung auf dem Umschlag: Siegel der Universität Bochum.
Abdruck mit freundlicher Genehmigung der Universität Bochum.

D 294
ISSN 1613-933X
ISBN 978-3-631-84019-1 (Print)
E-ISBN 978-3-631-84431-1 (E-PDF)
E-ISBN 978-3-631-84432-8 (EPUB)
E-ISBN 978-3-631-84433-5 (MOBI)
DOI 10.3726/b18148

Peter Lang – Berlin · Bern · Bruxelles · New York · Oxford · Warszawa · Wien

Diese Publikation wurde begutachtet.

www.peterlang.com

Meiner Mutter zum Dank,
meinem Vater zum Gedenken.

Vorwort

Die vorliegende Arbeit wurde im Sommersemester 2019 von der Juristischen Fakultät der Ruhr-Universität Bochum als Dissertation angenommen. Die mündliche Prüfung fand am 11. September 2020 statt.

Das Manuskript zu dieser Arbeit habe ich im Mai 2019 fertiggestellt. Es basiert auf der zu diesem Zeitpunkt geltenden Rechtslage. Veröffentlichte Literatur, Rechtsprechung und Verwaltungsaufweisungen wurden bis zu diesem Zeitpunkt berücksichtigt.

Besonders danken möchte ich meinem Doktorvater, Herrn Professor Dr. Roman Seer, für die Betreuung meiner Dissertation und Unterstützung während des Promotionsverfahrens. Danken möchte ich auch meinem Zweitgutachter Herrn Professor Dr. Sebastian Unger.

Für die Hilfe beim Korrekturlesen gebühren Frau Bettina Ewald, Frau Simone Patt und Frau Dorothea Reiffs ebenfalls ein besonderer Dank.

Schließlich möchte ich mich für die vielfältige Unterstützung und die entgegengebrachte Geduld während der letzten Jahre ganz herzlich bei meiner Familie bedanken.

Windeck, im September 2020
Christina Regelski

Inhaltsübersicht

Inhaltsverzeichnis

Abkürzungsverzeichnis

a.A.	andere Ansicht
a.E.	am Ende
ABl.	Amtsblatt
Abs.	Absatz
Abschn.	Abschnitt
a.E.	am Ende
AEUV	Vertrag über die Arbeitsweise der Europäischen Union
a.F.	alte Fassung
allg.	allgemein
Anm.	Anmerkung
AnpG.	Anpassungsgesetz
AO	Abgabenordnung
Art.	Artikel(n)
Aufl.	Auflage
Az.	Aktenzeichen
BB	Betriebsberater
BC	Zeitschrift für Bilanzierung, Rechnungswesen und Controlling
Bd.	Band
Begr.	Begründung
Beschl.	Beschluss
BFH	Bundesfinanzhof
BFHE	Entscheidungen des Bundesfinanzhofes
BFH/NV	Sammlung amtlich nicht veröffentlichter Entscheidungen des Bundesfinanzhofs
BGBl. I	Bundesgesetzblatt, Teil I
BMF	Bundesfinanzministerium
BMF-Schr.	Schreiben des Bundesfinanzministeriums
BR-Drucks.	Bundesrat-Drucksache
bspw.	beispielsweise
BStBl. I bis III	Bundessteuerblatt, Teile I bis III
Buchst.	Buchstabe
BT-Drucks.	Drucksachen des Deutschen Bundestages
BVerfG	Bundesverfassungsgericht
BVerfGE	Bundesverfassungsgerichts-Entscheidungen (Amtliches Sammlung von Entscheidungen des Bundesverfassungsgerichts)

BZSt	Bundeszentralamt für Steuern
bzw.	beziehungsweise
COM	Europäische Kommission
DB	Der Betrieb
ders.	derselbe
d.h.	das heißt
dies.	dieselbe
DM	Deutsche Mark
DÖV	Die Öffentliche Verwaltung
DStJG	Deutsche Steuerjuristische Gesellschaft
DStR	Deutsches Steuerrecht
DStZ	Deutsche Steuer-Zeitung
DStZ/A	Deutsche Steuer-Zeitung Ausgabe A
EMRK	Konvention zum Schutz der Menschenrechte und der Grundfreiheiten
EFG	Entscheidungen der Finanzgerichte
endg.	endgültig
Einf.	Einführung
Einl.	Einleitung
Erg.-Lfg.	Ergänzungslieferung
EU	Europäische Union
EU-Kommission	Europäische Kommission
EUAHiG	EU-Amtshilfegesetz
EuG	Gericht der Europäischen Union
EuGH	Europäischer Gerichtshof
EuGHE	Entscheidungssammlung des EuGH
EuGRZ	Europäische Grundrechte Zeitschrift
EuR	Europarecht
EUSt	Einfuhrumsatzsteuer
EU-UStB	Der EU-Umsatz-Steuer-Berater
EUV	Vertrag über die Europäische Union
EuZW	Europäische Zeitschrift für Wirtschaftsrecht
e.V.	eingetragener Verein
EWG	Europäische Wirtschaftsgemeinschaft
EWGV	Vertrag zur Gründung der Europäischen Wirtschaftsgemeinschaft
EWS	Europäisches Wirtschafts- & Steuerrecht
f., ff.	folgende, fortfolgende
FG	Finanzgericht

FGO	Finanzgerichtsordnung
Fin.-Aussch.	Finanz-Ausschuss
FR	Finanzrundschau
FS	Festschrift
FVG	Finanzverfassungsgesetz
GA	Generalanwalt/Generalanwältin
GATS	Allgemeines Abkommen über den Handel mit Dienstleistungen
gem.	gemäß
GATT	General Agreement on Tariffs and Trade
GG	Grundgesetz
GrCh	Grundrechte-Charta
grdl.	grundlegend
HFR	Höchstrichterliche Rechtsprechung
HGB	Handelsgesetzbuch
hrsg.	herausgegeben
Hrsg.	Herausgeber
i.d.F.	in der Fassung
insb.	insbesondere
ISR	Internationale Steuer-Rundschau
IStR	Internationales Steuerrecht
i.V.m.	in Verbindung mit
JA	Juristische Arbeitsblätter
JStG	Jahressteuergesetz
lit.	Buchstabe
Ls.	Leitsatz
m.E.	meines Erachtens
Mio.	Million(en)
m.w.N.	mit weiteren Nachweisen
m.w.Bsp.	mit weiteren Beispielen
MwStR	Mehrwertsteuerrecht
MwStSystRL	Richtlinie 2006/112/EG des Rates über das gemeinsame Mehrwertsteuersystem vom 28.11.2006 (Mehrwertsteuer-Systemrichtlinie)
NJW	Neue Juristische Wochenschrift
NJW-RR	NJW-Rechtsprechungs-Report
NStZ	Neue Zeitschrift für Strafrecht
NVwZ	Neue Zeitschrift für Verwaltungsrecht
NWB	Neue Wirtschafts Briefe

OECD	Organisation für wirtschaftliche Zusammenarbeit und Entwicklung (englisch: Organisation for Economic Co-operation and Development)
o.O.	ohne Ortsangabe
p.a.	per annum
PStR	Praxis Steuerstrafrecht
RGBl.	Reichsgesetzblatt
RL	Richtlinie
Rn.	Randnummer(n)
Rs.	Rechtssache
RT-Drucks.	Reichstags-Drucksache
Rz.	Randziffer(n)
S.	Satz oder Seite
schriftl.	schriftlich, schriftlicher
Slg.	Sammlung der Rechtsprechung des Gerichtshofes und des Gerichts Erster Instanz
sog.	sogenannt, sogenannte
Stbg	Die Steuerberatung
StbW	Steuerberater Woche
SteuK	Steuerrecht kurzgefasst
stl.	steuerliche(e)
st. Rspr.	ständige Rechtsprechung
StRO	Steuerrechtsordnung
StuW	Steuer und Wirtschaft
Tz.	Textziffer(n)
u.a.	und andere
UAbs.	Unterabsatz
UR	Umsatzsteuerrundschau
Urt.	Urteil
UStAE	Umsatzsteuer-Anwendungserlass
UStB	Umsatz-Steuerberater
UStDV	Umsatzsteuer-Durchführungsverordnung
UStG	Umsatzsteuergesetz
USt-IdNr.	Umsatzsteuer-Identifikationsnummer(n)
UVR	Umsatzsteuer- und Verkehrsrecht
v.	von, vom
VAT	Value added tax
vgl.	vergleiche
VO	Verordnung

Vorbem.	Vorbemerkung(en)
wistra	Zeitschrift für Wirtschafts- und Steuerstrafrecht
z.B.	zum Beispiel
ZPO	Zivilprozessordnung
zit.	zitiert
ZRP	Zeitschrift für Rechtspolitik
z.T.	zum Teil
ZUR	Zeitschrift für Umweltrecht

Einleitung

A. Rechtfertigung des Themas

Wie kaum eine andere Steuer beeinflusst die Umsatzsteuer die Vorgänge des täglichen Wirtschaftslebens, fällt sie doch in der Regel bei jedem wirtschaftlichen Vorgang an und ist somit sowohl für den Unternehmer als auch den Konsumenten allgegenwärtig. Dementsprechend stellt die Umsatzsteuer mit 177.499 Mio. Euro (Wert aus 2017[1]) auch knapp nach der Lohnsteuer die zweitgrößte Einnahmequelle des deutschen Fiskus dar und trägt somit maßgeblich zur Finanzierung des Staatshaushaltes bei.

Aufgrund ihrer ökonomischen Auswirkungen und der damit eingehergehenden potentiell wettbewerbsbeeinflussenden Wirkung stand die Umsatzsteuer bereits früh im Fokus europäischer Harmonisierungsbestrebungen.[2] Mittlerweile ist die Umsatzsteuer derart harmonisiert, dass sich zwar die für die Umsatzbesteuerung maßgeblichen Regelungen aus nationalen Vorschriften, namentlich denen des Umsatzsteuergesetzes (UStG), ergeben, diese jedoch nicht auf eine Entscheidung des deutschen Gesetzgebers zurückzuführen sind, sondern vielmehr im Wesentlichen auf den Vorgaben der Mehrwertsteuersystemrichtlinie (MwStSystRL[3]) beruhen. Betrachtungen der Umsatzsteuer können sich somit nicht allein auf die Analyse nationaler Vorschriften beschränken, sondern müssen zwingend europäisches Recht einbeziehen.

Entsprechend den Empfehlungen des *Neumark-Ausschusses*[4] ist die Umsatzsteuer als Allphasen-Netto-Umsatzsteuer mit Vorsteuerabzug ausgestaltet. Gesetzgeberischer Zweck der Einführung des Vorsteuerabzuges war es, die Wettbewerbsneutralität der Umsatzsteuer sicherzustellen.[5] Hierzu ist prinzipiell

---

1 *Statistisches Bundesamt*, Wiesbaden, Fachserie 14 Reihe 4, Finanzen und Steuern, Steuerhaushalt 2017, S. 10.

2 Siehe hierzu bereits die Überlegungen des Steuer- und Finanzausschusses der Kommission (sog. *Neumark-Ausschuss*), *EWG*, Kommission, Bericht des Steuer- und Finanzausschusses, 1962.

3 Richtlinie des Rates v. 28.11.2006 über das gemeinsame Mehrwertsteuersystem (2006/112/EG), ABl. 2006 L 347, S. 1.

4 *EWG*, Kommission, Bericht des Steuer- und Finanzausschusses, 1962, S. 44ff.

5 Vgl. Begr. zum Reg.-Entwurf, BT-Drucks. IV/1590, Teil A. „Allgemeine Begründung", I., II., V. und VI.; schriftl. Bericht des Fin-Aussch. zu BT-Drucks. V/1581, „Allgemeines, 2. Grundzüge der Mehrwertsteuer"; ferner Begr. zum Entwurf des SteuerreformG

jede Belastung des Unternehmers mit Umsatzsteuer rückgängig zu machen.[6] Das Recht des Unternehmers auf Erstattung ihm in Rechnung gestellter Umsatzsteuer stellt somit einen zentralen Punkt des geltenden Umsatzsteuerrechts dar.[7]

Die Grundsätze des Rechts auf Vorsteuerabzug stehen dementsprechend wie kaum ein anderer Aspekt des europäischen Mehrwertsteuerrechts im Fokus der Rechtsprechung des EuGH, der dessen Wirkungsweise mit dem *Grundsatz der Neutralität der Umsatzsteuer*[8] umschreibt. Dieser Grundsatz erfordert, dass wirtschaftliche Tätigkeiten nicht mit Mehrwertsteuer belastet werden, sofern diese selbst der Mehrwertsteuer unterliegen.[9]

In zahlreichen Urteilen hat dieser Grundsatz eine nähere Konkretisierung durch den EuGH erfahren. Im Ergebnis ist das Recht auf Vorsteuerabzug nach Auffassung des EuGH als „integraler Bestandteil des Mechanismus der Mehrwertsteuer"[10] prinzipiell nicht einschränkbar.[11] So steht selbst die Verletzung von Formvorschriften dem Recht auf Vorsteuerabzug grundsätzlich nicht entgegen.[12]

1990, BT-Drucks. 11/2157, zu Art. 12 (UStG), Allg., S. 189. So auch in der Präambel zur 1. EG-Richtlinie zur Umsatzsteuer, ABl. EG 1967, S. 1301.

6 *Stadie*, in: Woerner (Hrsg.), DStJG 13, 1990, 179, 180.

7 St. Rspr. vgl. nur EuGH v. 6.7.2006, Rs. C-439/04 u. C-440/00 (Kittel und Recolta Recycling), Slg. 2006, I-6161, v. 22.12.2010, Rs. C-438/09 (Dankowski), Slg. 2010, I-4009, Rn. 22; v. 12.9.2012, Rs. C-388/11 (Le Crédit Lyonnais), ABl. EU 2013, Nr. C 323, 2, Rn. 26.

8 Vgl. bspw. EuGH v. 14.6.2017, Rs. C-38/16 (Compass Contract Services), ABl. EU 2017, Nr. C 277, 13, Rn. 14 m.w.N. Der EuGH verwendet den Begriff der Neutralität der Umsatzsteuer allerdings auch in Bezug auf die Notwendigkeit gleichartige Leistungen gleich zu besteuern (sog. Wettbewerbsneutralität) vgl. hierzu Kapitel 1 B II 2.

9 Vgl. hierzu grundlegend EuGH v. 14.2.1985, Rs. 268/83 (Rompelmann), Slg. 1985, 655, Rn. 19; ferner auch EuGH v. 1.4.2002, Rs. C-90/02 (Bockemühl), Slg. 2004, I-3303, Rn. 39; v. 29.4.2004, Rs. C-137/02 (Faxworld), Slg. 2004, I-5547, Rn. 37; v. 8.2.2007, Rs. C-435/05 (Investrand BV), Slg. 2007, I-1315, Rn. 22.

10 St. Rspr. vgl. EuGH v. 22.12.2010, Rs. C-438/09 (Dankowski), Slg. 2010, I-4009, Rn. 22; v. 6.7.2006, Rs. C-439/04 u. 440/04 (Kittel und Recolta Recycling), Slg. 2006, I-6161, Rn. 47; v. 12.9.2013, Rs. C-388/11 (Le Crédit Lyonnais), ABl. EU 2013, Nr. C 325, 2, Rn. 26.

11 St. Rspr. vgl. bspw. EuGH v. 6.7.1995, Rs. C-62/93 (BP Soupergaz), Rn. 18; v. 21.3.2000, Rs. C-110/98 (Galbafrisa), 2000, I-1577, Rn. 43 ; v. 6.7.2006, Rs. C-439/04 u. C 440/04 (Kittel und Recolta Recycling), Slg. 2006, I-6161, Rn. 47; v. 12.5.2011, Rs. C-107/10 (Enel und Maritsa Iztok 3), Slg. 2011, I-3873, Rn. 32.

12 Vgl. EuGH v. 8.5.2008, Rs. C-95/07 u. C-96/07 (Ecotrade), Slg. 2008, I-3457, Rn. 68; v. 17.7.2014, Rs. C-272/13 (Equoland), ABl. EU 2014, Nr. C 314, 16, Rn. 47; v. 17.7.2014, Rs. C-590/13 (Idexx), ABl. EU 2015, Nr. C 46, 14, Rn. 38 hinsichtlich der Erfüllung

Das System eines harmonisierten Binnenmarktes erfordert zudem, auch in grenzüberschreitenden Fallgestaltungen ein Recht auf Vorsteuerabzug zu gewähren[13]. Dieser ausdrücklich in Art. 170 und Art. 171 MwStSystRL niedergelegte Anspruch wurde durch die Erstattungsrichtlinien[14] für im Gemeinschaftsgebiet sowie im Drittlandsgebiet ansässige Unternehmer näher konkretisiert. Die Geltendmachung des Vorsteuerabzugs erfolgt in diesen Fallkonstellationen in einem vom allgemeinen Besteuerungsverfahren abweichenden besonderen Vorsteuervergütungsverfahren.

Erstaunlicherweise sind Urteile des EuGH zum besonderen Vorsteuervergütungsverfahren eher selten. Dies verwundert, zeigen doch die zahlreichen Entscheidungen der deutschen Finanzgerichte, dass auch dieses Verfahren zahlreiche Probleme bereithält.

Das Hauptproblem des besonderen Vorsteuervergütungsverfahrens liegt darin, dass sowohl die Vorgaben der Richtlinien als auch die praktische Umsetzung durch die Mitgliedstaaten zu einer starken Formalisierung des Verfahrens geführt haben und das Recht auf Vorsteuerabzug vielfach allein aufgrund formaler Fehler endgültig versagt wird. Dieses Ergebnis scheint der Bedeutung des Vorsteuerabzuges, die ihm nach der Auffassung des EuGH für das Mehrwertsteuersystem und zur Herstellung des gemeinsamen Marktes zukommt, zu widersprechen. Begründet werden könnte diese unterschiedliche Behandlung möglicherweise mit einem grenzüberschreitenden Fallkonstellationen immanenten höheren Missbrauchspotential.[15] Ob sich hierdurch allerdings sämtliche

---

formaler Pflichten in Fällen des Reverse-Charge-Verfahrens. In Bezug auf die Versagung des Vorsteuerabzuges wegen fehlender Registrierung als umsatzsteuerlicher Unternehmer vgl. EuGH v. 21.10.2010, Rs. C-385/09 (Nidera Handelscompagnie), Slg. 2010, I-10385, Rn. 51; v. 9.7.2015, Rs. C-183/14 (Salomie und Oltean), ABl. EU 2015, Nr. C 294, 10, Rn. 61. In Bezug auf die Möglichkeit der Korrektur fehlerhafter Rechnungen vgl. EuGH v. 15.9.2016, Rs. C-518/15 (Senatex), ABl. EU 2016, Nr. C 419, 6, Ls.

13 *Haslehner*, StuW 2012, 242, 243; *Reiß*, in: FS Lang, 2010, 861, 866; *Schön*, in: Nieskens (Hrsg.), Umsatzsteuer-Kongress-Bericht 2001/2002, 17, 28f.; so auch *Kogels*, EC Tax Review 2012, 230.

14 Für im übrigen Gemeinschaftsgebiet ansässige Unternehmer vgl. RL 2008/9/EG v. 12.2.2008, ABl. EU Nr. L 44 S. 23 (***11. EG-Richtlinie***); für im Drittlandsgebiet ansässige Unternehmer vgl. RL 86/560/EWG v. 17.11.1986, ABl. EG Nr. L 326, S. 40 (***13. EG-Richtlinie***).

15 So EuGH v. 11.6.1998, Rs. C-361/96 (Grandes sources d´eaux minerales françaises), Slg. 1998, I-2495, Rn. 28.

Einschränkungen des Rechts auf Vorsteuerabzug in grenzüberscheitenden Fallgestaltungen rechtfertigen lassen, darf bezweifelt werden.

Die Gewährung des Rechts auf Vorsteuerabzug in grenzüberschreitenden Fallgestaltungen hält also noch viele offene Fragen bereit: Können die Grundsätze des Vorsteuerabzuges in rein innerstaatlichen Fallgestaltungen auf grenzüberschreitende Fallgestaltungen uneingeschränkt übertragen werden? Rechtfertigen die Vorgaben der Erstattungsrichtlinien die Versagung des Vorsteueranspruchs allein aus formalen Gründen? Welche zwingenden Vorgaben ergeben sich für die Mitgliedstaaten aus dem Unionsrecht und ist dieses in Deutschland zutreffend in nationales Recht umgesetzt worden? Angesichts eines immer komplexer und internationaler werdenden Wirtschaftslebens und der nicht zu unterschätzenden Rolle der Umsatzsteuer als Kostenfaktor erscheint eine nähere Auseinandersetzung mit den Grundsätzen des Vorsteuerabzugs in grenzüberschreitenden Fallkonstellationen mehr als geboten.

B. Gang der Darstellung

Die Dissertation verfolgt das Ziel, die Grundsätze des Rechts auf Vorsteuerabzug in grenzüberschreitenden Fallgestaltungen herauszuarbeiten und in den Gesamtkontext des geltenden Mehrwertsteuersystems einzuordnen.

Die Arbeit beginnt mit einer Darstellung der allgemeinen Grundlagen des Rechts auf Vorsteuerabzug. Nach einem Überblick über die historische Entwicklung des europäischen Mehrwertsteuersystems (Kapitel 1 A) wird die systematische Stellung des Rechts auf Vorsteuerabzug im geltenden Mehrwertsteuersystem näher erläutert (Kapitel 1 B). Hierdurch soll die besondere Bedeutung des Rechts auf Vorsteuerabzug herausgearbeitet werden, die den Ausgangspunkt für die weitere Auseinandersetzung mit dessen Voraussetzungen bildet. Anschließend werden nach einer kurzen Darstellung der einschlägigen Rechtsgrundlagen des europäischen sowie des nationalen Rechts (Kapitel 2 A) die durch den EuGH entwickelten Grundsätze des Rechts auf Vorsteuerabzug mittels einer detaillierten Rechtsprechungsanalyse dargestellt (Kapitel 2 B) und Prüfungsmaßstäbe unionsrechtlicher sowie nationaler Regelungen zum Vorsteuerabzug aufgezeigt (Kapitel 2 C). Diese Grundsätze und Prüfungsmaßstäbe werden sodann auf grenzüberschreitende Fallgestaltungen übertragen. Hierzu erfolgt zunächst eine kurze Darstellung der Grundsätze der Vorsteuererstattung in sog. „Outbound“-Fällen (Kapitel 3), der sich eine detaillierte Betrachtung des Vorsteuerabzugs in „Inbound“-Konstellationen anschließt. Insoweit erfolgt zunächst eine Auseinandersetzung mit dem im Unionsrecht gesondert geregelten Vorsteuervergütungsverfahren an im übrigen Gemeinschaftsgebiet ansässige Unternehmer anhand der unionsrechtlichen Regelungen sowie der hierzu ergangenen nationalen Umsetzungsmaßnahmen (Kapitel 4). Die sich hieran anschließende Darstellung des Vorsteuervergütungsverfahrens an im Drittland ansässige Unternehmer erfolgt mangels detaillierter unionsrechtlicher Vorgaben vorrangig anhand der erfolgten nationalen Umsetzungsmaßnahmen (Kapitel 5).

Die Darstellung schließt mit einer thesenartigen Zusammenfassung der Ergebnisse (Kapitel 6).

Kapitel 1: Allgemeine Grundlagen des Rechts auf Vorsteuerabzug

A. Die Entwicklung der Umsatzsteuer zu einer Allphasen-Netto-Umsatzsteuer mit Vorsteuerabzug

I. Vorläufer einer Umsatzsteuer im deutschen Rechtsraum

Vorläufer einer Umsatzsteuer gab es im deutschen Rechtsraum bereits im Mittelalter. Als sog. „Akzisen“[16] wurden sie als Verbrauchs- oder Verkehrsabgaben in den unterschiedlichen Territorien in Deutschland eingeführt.[17] Die Akzise war eine nicht personenbezogene Abgabe auf Waren und Gegenstände, die je nach Gegenstand und Provinz unterschiedlichen Tarifen unterlag.[18] Auch ihre Erhebung erfolgte auf unterschiedliche Weise. Teils wurden sie von den Territorialherren oder den Städten erhoben, wenn die Waren ihre Territorien durchquerten. In anderen Fällen erfolgte die Erhebung aber auch beim Abwiegen in den Lagerhäusern oder direkt beim Konsumenten.[19] Für den Steuergläubiger war die Akzise recht einträglich, bei den Steuerschuldnern jedoch eher verhasst.[20]

Aufgrund ihrer Betrugsanfälligkeit und ihrer schädlichen Auswirkung auf den Warenverkehr wurden die Akzisen Ende des 19. Jahrhunderts jedoch abgeschafft, ohne dass zunächst eine andere Verbrauchsteuer – etwa in Form einer allgemeinen Umsatzsteuer – an ihre Stelle trat. Der Finanzbedarf des Staates wurde hingegen durch direkte Steuern oder Zölle gedeckt.[21] Auch ideologisch waren Verbrauchsteuern im 19. Jahrhundert aufgrund der mangelnden

---

16 Zur sprachlichen Herleitung dieses Begriffs vgl. *Förster*, Die Verbrauchsteuern, 1989, S. 4. Der Name „Akzisen“ hat sich im Mittelalter gegenüber der älteren Bezeichnung des „Ungeltes“ durchgesetzt, vgl. *Jacobs*, DStZ 2006, 654.

17 *Englisch*, in: Tipke/Lang, Steuerrecht, 2018, § 17 Rz. 1; *Stadie*, in: Rau/Dürrwächter, UStG, Einf. (März 2017) Rn. 1; *Grabower/Herting/Schwarz*, Die Umsatzsteuer, 1962, S. 102, 136 sehen die Vorläufer der Umsatzsteuer hingegen eigenständig neben den Akzisen und bezeichnen diese mit dem Sammelbegriff „teloneum“, die Umsätze aufgrund von Kaufverträgen erfasste.

18 *Fischer*, Die Rechtfertigung einer Umsatzbesteuerung, 2007, S. 39.

19 *Fischer*, Die Rechtfertigung einer Umsatzbesteuerung, 2007, S. 39; *Müller*, Verbrauchsteuern, 1997, S. 105.

20 *Grabower/Herting/Schwarz*, Die Umsatzsteuer, 1962, S. 174.

21 *Fischer*, Die Rechtfertigung einer Umsatzbesteuerung, 2007, S. 39.

Berücksichtigung der individuellen Leistungsfähigkeit des Verbrauchers und der Tatsache, dass diese den Konsum und damit tendenziell eher die ärmeren Bevölkerungsschichten belasteten, nicht salonfähig.[22]

II. Die Allphasen-Brutto-Umsatzsteuer in Deutschland bis 1967

Die Einstellung zur Einführung einer allgemeinen Umsatzsteuer änderte sich vor allem aufgrund des erhöhten Finanzbedarfs des deutschen Reiches während des 1. Weltkrieges. So wurde im Rahmen des Reichsstempelgesetzes ab dem 1. Oktober 1916 ein sog. „Warenumsatzstempel" eingeführt, der zunächst sämtliche Lieferungen eines gewerblichen Betriebes innerhalb des deutschen Reichs umfasste.[23] Eine Ausdehnung der Besteuerung auf sämtliche Lieferungen und sonstige Leistungen, wie sie dem heutigen Verständnis entspricht, erfolgte anschließend 1918 durch den Erlass eines eigenständigen Umsatzsteuergesetzes[24].

Der anfängliche Regelsteuersatz von 0,5 % wurde bis 1951 schrittweise auf 4 %[25] erhöht und auf jeder Wirtschaftsstufe erhoben. Sofern Leistungen mehrere Handelsstufen durchliefen, kam der Umsatzsteuer somit eine kumulative Wirkung zu (sog. Allphasen-Brutto-Umsatzsteuer).[26] Dieses Konzept hatte enorme Vorteile. So wurden durch diese Steuer bei nur geringem Aufwand sehr hohe Einnahmen generiert.[27] Die im Vergleich zu heute äußerst niedrigen Steuersätze[28] führten zudem dazu, dass auf der jeweiligen Handelsstufe nur eine kaum

22 Zu den ideologischen Gründen für die Einführung einer Einkommensteuer und der Abkehr von einer allgemeinen Umsatzsteuer vgl. ausführlich *Fischer*, Die Rechtfertigung einer Umsatzbesteuerung, 2007, S. 40f.

23 Eingeführt durch das Deutsche Reichsgesetz über einen Warenumsatzstempel vom 26.6.1916, RGBl. 1916, S. 639; ausführlich zum Gesetzgebungsprozess *Jacobs*, DStZ 2006, 654, 655ff. Hierzu auch *Grabower/Herting/Schwarz*, Die Umsatzsteuer, 1962, S. 186ff.; *Stadie*, UStG, 2015, Einf. Rn. 1, *ders.*, in: Rau/Dürrwächter, UStG, Einf. (Juli 2017) Rn. 7ff.

24 Umsatzsteuergesetz vom 26.7.1918, RGBl. 1918, S. 779, zur Entstehung des ersten Umsatzsteuergesetzes vgl. auch *Stadie*, in: Rau/Dürrwächter, UStG, Einf. (Juli 2017) Rn. 10ff.

25 Gesetz v. 28.6.1951, BGBl. I 1951, 791.

26 Vgl. *Juretzek*, DStZ/A 1967, 171; *Kirchhof*, DStR 2008, 1, 2; *Pohmer/Pflugmann-Hohlstein*, UR 1993, 37, 38.

27 BT-Drucks. IV/1590, S. 20; *Juretzek*, DStZ/A 1967, 171, *Weiß*, UR 1993, 329, 330.

28 Der Regelsteuersatz beträgt in Deutschland derzeit 19 % (§ 12 Abs. 1 UStG) und der ermäßigte Steuersatz 7 % (§ 12 Abs. 2 UStG).

spürbare Steuer entstand, die – entsprechend ihrer Konzeption[29] – durch den Unternehmer auf den Konsumenten abgewälzt werden konnte.[30] Diese Abwälzung konnte jedoch nur solange funktionieren, wie die Steuersätze niedrig und die Steuerschuld für die Wirtschaftsteilnehmer kaum merklich waren. Da die Umsatzsteuer auf der jeweiligen Handelsstufe auf der Basis des Bruttoentgeltes berechnet wurde, wurde auch die Umsatzsteuer erneut einer Umsatzbesteuerung unterworfen. Bei jeder weiteren Handelsstufe kumulierte sich die Umsatzsteuerlast.[31] Es kam somit zu einem „Kaskadeneffekt"[32], da die effektive Umsatzsteuerlast mit jeder Handelsstufe zunahm.[33] Die wettbewerbsverzerrende Wirkung dieses Konzeptes ist offensichtlich, da Waren aus einer konzentrierten Produktionsstruktur (d.h. mit wenigen oder nur einer Handelsebene) einer niedrigeren Steuerlast ausgesetzt waren als Waren, die mehrere Handelsebenen durchliefen.[34] Allerdings treten spürbare Wettbewerbsverzerrungen, die einen Anreiz zu konzentrierten Produktionsstrukturen setzen, nur dann ein, wenn der Steuersatz eine gewisse Schwelle überschreitet.[35] Mit dem stetig steigenden Steuersatz

---

29 Ihrer Konzeption als Verbrauchsteuer nach soll die Umsatzsteuer letztlich vom Verbraucher getragen werden, vgl. hierzu *Englisch*, in: Tipke/Lang, Steuerrecht, 2018, § 17 Rz. 12; *Söhn*, StuW, 1996, 165, 166.

30 BT-Drucks. 4/1590, S. 20. Der Gesetzgeber war insoweit der Überzeugung, dass eine Überwälzung der Umsatzsteuer auf den Endverbraucher in diesem System gelingen wird, vgl. auch die Begründung zum Entwurf des UStG, RT-Drucks. 1914/18 Nr. 1461, S. 16.

31 *Beck*, Von der Brutto-Umsatzsteuer zur Mehrwertsteuer, 1964, S. 6; *Juretzek*, DStZ/A 1967, 171; *Plückebaum/Malitzky*, UStG, Einl. D (Februar 1973) Rn. 3.

32 *Klenk*, in: Sölch/Ringleb, UStG, Wesen der Umsatzsteuer (Oktober 2017) Rn. 1 bezeichnet die Umsatzsteuer daher als „Kaskadensteuer"; ebenso *Fischer*, Die Rechtfertigung einer Umsatzbesteuerung, 2007, S. 43.

33 BT-Drucks. 4/1590, S. 20; *Pohmer/Pflugmann-Hohlstein*, UR 1993, 37, 38. Für die Ermittlung der durchschnittlichen kumulierten Umsatzsteuerbelastung des privaten Verbrauchs im Anwendungsbereich der Brutto-Umsatzsteuer vgl. *Petersen/Spanakakis*, Die kumulierte Umsatzsteuerbelastung in der Bundesrepublik Deutschland, 1967, S. 17, 19.

34 *Englisch*, in: Tipke/Lang, Steuerrecht, 2018, § 17 Rz. 2; *Fischer*, Die Rechtfertigung einer Umsatzbesteuerung, 2007, S. 43; *Kirchhof*, DStR 2008, 1, 2; *Plückebaum/Malitzky*, UStG, Einl. D (Februar 1973) Rn. 3; *Zerres*, Die Entwicklung der Mehrwertsteuer, 1978, S. 10f.

35 BT-Drucks. 4/1590, S. 20; *Weiß*, UR 1993, 329, 330 geht davon aus, dass die Schwelle bei 2 % liegt. Auch *Popitz* erkannte bereits bei Einführung der Brutto-Umsatzsteuer, dass der Steuersatz verhältnismäßig niedrig sein muss, um Anreize für eine Konzentration der Produktionsstruktur zu vermeiden, vgl. *Popitz*, Kommentar zum UStG,

traten die wettbewerbsverzerrenden Wirkungen der Brutto-Umsatzsteuer folglich offen zu Tage.[36] Die kumulative Wirkung der Umsatzsteuer führte auch dazu, dass eine Überwälzung der Steuer auf den Verbraucher nicht oder nur noch zum Teil funktionierte. Somit wurde dem Gedanken der Umsatzsteuer als Verbrauchsteuer nicht mehr in ausreichendem Maße Rechnung getragen.[37]

Zudem hatte diese Form der Umsatzbesteuerung auch einen negativen Einfluss auf den grenzüberschreitenden Handel, da aufgrund der Kaskadenwirkung eine vollständige Entlastung exportierter Wirtschaftsgüter von deutscher Umsatzsteuer praktisch nicht möglich war und daher eine (Rest-)Belastung mit deutscher Umsatzsteuer verblieb, die zu Lasten der Wettbewerbsfähigkeit deutscher Wirtschaftsgüter im Ausland ging.[38] Letztlich führte also vor allem der Kumulationseffekt zum Scheitern der Allphasen-Brutto-Umsatzsteuer.[39]

Obwohl bereits früh Vorschläge für eine Reform der Umsatzsteuer vorgelegt und diskutiert wurden[40], benötigte die augenscheinlich erforderliche Reform

---

1928, 3. Aufl., S. 28; ebenso Begründung zum Entwurf des UStG, RT-Drucks. 1914/18 Nr. 1461, S. 18.

36 *Zerres*, Die Entwicklung der Mehrwertsteuer, 1978, S. 9 spricht insoweit von „drastischen" Erhöhungen. Tatsächlich wurde der anfängliche Steuersatz von 0,5 % mit Gesetz vom 28.6.1951 (BGBl. I 1951, 791) auf 4 % erhöht. Das BVerfG sah daher die Brutto-Umsatzsteuer als nicht mit dem Gleichheitsgrundsatz vereinbar an, vgl. BVerfG v. 10.12.1966 1 BvR 320/57 u. 1 BvR 70/63, BVerfGE 21, 12, 31.

37 *Zerres*, Die Entwicklung der Mehrwertsteuer, 1978, S. 24; *Zirkl*, Die Neutralität der Umsatzsteuer, 2015, S. 7.

38 *Beck*, Von der Brutto-Umsatzsteuer zur Mehrwertsteuer, 1964, S. 7; *Kirchhof*, DStR 2008, 1, 2; *Klenk*, in: Sölch/Ringleb, UStG, Das Wesen der Umsatzsteuer (Juni 2017) Rn. 3. Diesen negativen Effekt der kumulierten Umsatzsteuer auf Exportlieferungen versuchte die sog. pauschalierte Ausfuhrvergütung (§ 4 Abs. 1 UStG1932) abzumildern. Die Kumulationswirkung im Rahmen des innerstaatlichen Handels sollte durch eine ermäßigte Besteuerung der Umsätze des Großhandels (§ 7 Abs. 3 UStG1934) abgeschwächt werden. Vgl. hierzu *Stadie*, in: Rau/Dürrwächter, UStG, Einf. (März 2017) Rn. 22-28.

39 *Kirchhof*, DStR 2008, 1, 2; *Lohse*, Die Zuordnung im Mehrwertsteuerrecht, 1999, S. 103f.; zu den Mängeln der Bruttoumsatzsteuer vgl. auch *Pohmer/Pflugmann/Holstein*, UR 1993, 37, 38f.; *Plückebaum/Malitzky*, UStG, Einl. D (Februar 1973) Rn. 3; *Stadie*, Das Recht des Vorsteuerabzugs, 1989, S. 23. Zu den wirtschaftlichen Auswirkungen der Allphasen-Brutto-Umsatzsteuer vgl. ausführlich *Petersen/Spanakakis*, Die Kumulierte Umsatzsteuerbelastung in der Bundesrepublik Deutschland, 1967.

40 Ein erster Reformvorschlag von *Wilhelm von Siemens* für eine Nettoumsatzsteuer mit Vorsteuerabzug 1919 wurde sowohl von Seiten des Staates als auch von Seiten der Wissenschaft abgelehnt, vgl. hierzu *Stadie*, in: Rau/Dürrwächter, Einf. (März 2017) Rn. 18f.

dennoch einen Impuls von außen.[41] Erst als die Harmonisierungsbestrebungen in den 1960er Jahren auf europäischer Ebene[42] zeigten, dass das deutsche Allphasen-Brutto-Umsatzsteuersystem den europäischen Anforderungen nicht genügte[43], erfolgte die notwendige Reform des deutschen Umsatzsteuerrechts.

III. Die Allphasen-Netto-Umsatzsteuer mit Vorsteuerabzug ab 1968

1. Entwicklung in Deutschland

Diese grundlegende systematische Änderung erfuhr die Umsatzsteuer durch die Einführung eines neuen Umsatzsteuergesetzes zum 1. Januar 1968[44]. Hierdurch sollte zum einen die Wettbewerbsneutralität der Umsatzsteuer hergestellt[45], zum anderen die Harmonisierung der Umsatzsteuer innerhalb der Europäischen Union[46] vorangetrieben werden. Die Umsatzsteuer ist nun als „Allphasen-Netto-Umsatzsteuer mit Vorsteuerabzug"[47] ausgestaltet. Dies bedeutet, dass Umsatzsteuer zwar auf jeder Handelsstufe in voller Höhe erhoben (Allphasen), bei der Ermittlung der Bemessungsgrundlage aber hinausgerechnet wird (Netto)[48] und der Unternehmer die ihm in Rechnung gestellte Umsatzsteuer von seiner Steuerschuld abziehen kann (mit Vorsteuerabzug).[49] Dieses System liegt auch heute noch der Umsatzsteuer zu Grunde.

Hierzu auch ausführlich *Heilmann*, Die Umsatzsteuerreform in der Bundesrepublik Deutschland, 1975, S. 93-98 sowie *Zerres*, Die Entwicklung der Mehrwertsteuer, 1978, S. 24-28.

41 Die Bundesregierung beließ es zunächst bei der Einsetzung von Kommissionen, vgl. *Stadie*, Das Recht des Vorsteuerabzugs, 1989, S. 22.

42 Gestützt auf ihren Auftrag in Art. 99 des Vertrages zur Gründung der Europäischen Wirtschaftsgemeinschaft v. 25.3.1957, BGBl. 1957 II, S. 766 (EWGV). Diese Regelung findet sich heute in Art. 113 des Vertrages über die Arbeitsweise der Europäischen Union, ABl. EG Nr. C 115 v. 9.5.2008, S. 47 (AEUV).

43 So wurde in dem Zweck der Harmonisierung ein Grund für die Änderung des geltenden Systems gesehen, vgl. *Englisch*, in: Tipke/Lang, Steuerrecht, 2018, § 17 Rz. 3.

44 Gesetz vom 29.5.1967, BGBl. I 1967, 545; zu der Gesetzesentstehung im Einzelnen vgl. bspw. *Stadie*, in: Rau/Dürrwächter, UStG, Einf. (März 2017) Rn. 38ff. m.w.N.

45 Vgl. BT-Drucks. 4/1590, S. 25.

46 Vgl. hierzu Bericht des Finanzausschusses vom 30.3.1967 zur BT-Drucks. 5/1581.

47 Ausführlich zu diesem Begriff, *Englisch*, in: Tipke/Lang, Steuerrecht, 2018, § 17 Rz. 15.

48 Nach § 10 Abs. 1 UStG wird zur Ermittlung des Entgeltes die enthaltene Umsatzsteuer nicht berücksichtigt.

49 Die Regelungen über den Vorsteuerabzug sind im deutschen Umsatzsteuerrecht vor allem in § 15 UStG normiert.

2. *Harmonisierung der Umsatzsteuer im europäischen Binnenmarkt*

a. *Art. 113 AEUV als Grundlage der Harmonisierung*

Innerhalb des Europäischen Binnenmarktes ist die Umsatzsteuer heute weitgehend harmonisiert. Grundlage für diese Harmonisierung bildet Art. 113 AEUV[50], der dem europäischen Gesetzgeber das Recht einräumt, Bestimmungen zur Harmonisierung der Umsatzsteuern, der Verbrauchsabgaben sowie sonstiger indirekter Steuern zu erlassen. Bereits aus dem Wortlaut des Art. 113 AEUV ergibt sich, dass die Harmonisierung keinen „Selbstzweck"[51] darstellt, sondern nur erfolgt, „soweit diese Harmonisierung für die Errichtung und das Funktionieren des Binnenmarktes und die Vermeidung von Wettbewerbsverzerrungen" notwendig ist. Da die Harmonisierung auf europäischer Ebene einen Eingriff in die fiskalische Souveränität der einzelnen Mitgliedstaaten darstellt, stellt das Einstimmigkeitsgebot in Art. 113 Abs. 1 AEUV sicher, dass derartige Maßnahmen nicht gegen den Willen einzelner Mitgliedstaaten durchgesetzt werden können.[52]

b. *Harmonisierungsziele*

Erklärtes Ziel der Steuerharmonisierung war zu Beginn vor allem die Verwirklichung einer steuerlichen Wettbewerbsgleichheit im Europäischen Binnenmarkt.[53] Heute verfolgen die europäischen Harmonisierungsbestrebungen im Wesentlichen die nachfolgenden Ziele:[54]

- Gewährleistung der Wettbewerbsneutralität[55] der Umsatzsteuer im Binnenmarkt;

---

50 Ein entsprechender Harmonisierungsauftrag war auch bereits in Art. 99 EWGV enthalten.

51 *Stumpf*, EuZW 1990, 540, 543; *Waldhoff*, in: Calliess/Ruffert, EUV/AEUV, 2016, Art. 113 AEUV Rn. 1.

52 *Stumpf*, in: Schwarze, EU-Kommentar, 2012, Art. 113 AEUV Rn. 6; *Waldhoff*, in: Calliess/Ruffert, EUV/AEUV, 2016, Art. 113 AEUV Rn. 1. Eine Erleichterung sieht in diesem Zusammenhang allerdings Art. 238 Abs. 4 AEUV vor, nach dem Enthaltungen dem Gebot der Einstimmigkeit nicht entgegenstehen.

53 *Mick*, in: Birk (Hrsg.), Handbuch des Europäischen Steuer- und Abgabenrechts, § 24, Rn. 3ff.; *Reiß*, in: Seer (Hrsg.), DStJG 32, 2009, 9, 16; *Waldhoff*, in: Calliess/Ruffert, EUV/AEUV, 2016, Art. 113 AEUV Rn. 1.

54 Aufzählung nach *Klenk*, in: Sölch/Ringleb, UStG, Das Wesen der Umsatzsteuer (Juni 2017) Rn. 7.

55 Zu Inhalt und Ausgestaltung des Prinzips der Wettbewerbsneutralität der Umsatzsteuer durch den EuGH vgl. im Einzelnen Kapitel 1 B II 2.

- Generierung eigener Mehrwertsteuereinnahmen der Gemeinschaft auf der Grundlage einer einheitlichen Steuerbemessungsgrundlage[56];
- Beseitigung von Steuergrenzen[57].

c. Praktische Umsetzung der Harmonisierung

aa. 1. und 2. EG-Richtlinie

Auf Grundlage des sog. *Neumark-Berichts*[58] aus dem Jahr 1962 wurde die Umsatzsteuer seit 1967 auf europäischer Ebene schrittweise harmonisiert. Vorrangig erfolgte die Harmonisierung der Umsatzsteuer im europäischen Binnenmarkt durch den Erlass von Richtlinien.[59]

Den Anfang der europäischen Harmonisierung bildeten die 1. und 2. EG-Richtlinie zur Harmonisierung der Umsatzsteuer[60], deren Ziel die Einführung eines einheitlichen Umsatzsteuersystems zur Schaffung eines Gemeinsamen Marktes[61] in allen EWG-Mitgliedstaaten war.[62] Das Ziel der 1. EG-Richtlinie war die Einführung eines einheitlichen Mehrwertsteuersystems, das auf Lieferungen aller Produktions- und Vertriebsstufen sowie Dienstleistungen Anwendung findet und zudem durch die Gewährung eines Vorsteuerabzuges die Neutralität der Mehrwertsteuer sicherstellt.[63] Die 2. EG-Richtlinie

---

56 Die Finanzierungsbeiträge der Mitgliedstaaten wurden durch eigene Mittel ersetzt (Art. 311 AEUV); vgl. hierzu EuGH v. 15.11.2011. Rs. C-539/09 (Kommission/Deutschland), Slg. 2011, I-11235, Rn. 64.

57 Die Beseitigung der Steuergrenzen erfolgte in diesem Zusammenhang vor allem durch die Binnenmarkt-Richtlinie 91/680/EWG v. 16.12.1991, ABl. 1991 Nr. L 371, 1.

58 Den Vorsitz hatte der deutsche Finanzwissenschaftler Fritz Neumark, EWG, Kommission, Bericht des Steuer- und Finanzausschusses, 1962. Der Bericht empfahl die Einführung einer Allphasen-Netto-Umsatzsteuer mit Vorsteuerabzug.

59 *Richter*, Die Reglungen zum Vorsteuerabzug, 2012, S. 11.

60 Richtlinie 67/227/EWG v. 11.4.1967, ABl. EG Nr. L 71, 1301 (***1. EG-Richtlinie***); Richtlinie 67/228/EWG v. 11.4.1967, ABl. EG Nr. L 71, 1303 (***2. EG-Richtlinie***).

61 Da es für diese Arbeit nicht auf die Unterscheidung der Begriffe „Gemeinsamer Markt" und „Binnenmarkt" ankommt, wird unterstellt, dass sich diese beiden Begriffe inhaltlich nicht unterscheiden, vgl. zu dieser Thematik bspw. *Ritter*, BB 1989, 77, 80. Durch den Vertrag von Lissabon wurde der Begriff des Gemeinsamen Marktes zudem im gesamten Vertragswerk durch den des Binnenmarktes ersetzt.

62 Richtlinie 67/227/EWG v. 11.4.1967, ABl. EG Nr. L 71, 1301 Erwägungsgründe; Richtlinie 67/228/EWG v. 11.4.1967, ABl. EG Nr. L 71, 1303.

63 Richtlinie 67/227/EWG v. 11.4.1967, ABl. EG Nr. L 71, 1301 Erwägungsgründe. Die Richtlinie sollte bis zum 1.1.1970 in den Mitgliedstaaten umgesetzt werden. Die

legte demgegenüber die Struktur und die weiteren Anwendungsmodalitäten des gemeinsamen Mehrwertsteuersystems ausführlich dar.[64] Sie regelte den Besteuerungsgegenstand, Steuerbefreiungen, Bemessungsgrundlage und das Recht des Vorsteuerabzugs.[65]

Als Vorbild dieser beiden Richtlinien diente die „taxe sur la valeur ajoutée", die 1954 in Frankreich und in dem zu dieser Zeit französisch beherrschten Saarland eingeführt wurde.[66]

bb. 6. EG-Richtlinie

Die 2. EG-Richtlinie wurde durch die 6. EG-Richtlinie[67] ersetzt. Inhaltlich regelte die 6. EG-Richtlinie die Vereinheitlichung der umsatzsteuerlichen Bemessungsgrundlage sowie des Vorsteuerabzugs. Dies war vor allem vor dem Hintergrund einer gerechten Erhebung und Steuerlastverteilung auf die Mitgliedstaaten erforderlich.[68] Zu den wichtigsten Prinzipien der 6. EG-Richtlinie zählt die Besteuerung entgeltlicher, einheitlich definierter Leistungen, die ausschließliche Besteuerung des Letztverbrauchs, die Festlegung des Sofortabzugs der Vorsteuer und die vollständige Neutralität des Mehrwertsteuersystems.[69] Die Abschaffung der steuerlichen Grenzen wurde mit dem Weißbuch zur Vollendung des Binnenmarktes[70] und der Binnenmarktrichtlinie weiter vorangetrieben.[71] In Ergänzung zur 6. EG-Richtlinie sollten die Einfuhrbestimmungen und die Steuerbefreiungen bei der Ausfuhr endgültig abgeschafft werden.[72] Das Bestimmungslandprinzip sollte zunächst lediglich als Übergangsregelung für vier Jahre eingeführt werden, bis das angestrebte Ziel der Besteuerung nach dem Ursprungslandprinzip umgesetzt worden ist.[73] Die Umsetzung des Ursprungslandprinzips scheiterte

---

Einsetzungsfrist wurde aber durch Art. 1 der 3. EG-Richtlinie (EWG) Nr. 69/463 v. 9.12.1969, ABl. EG 1969, Nr. L 320, S. 34 auf den 1.1.1972 verlängert.

64 *Günther*, Vertrauensschutz bei Angaben Dritter, 2013, S. 62.

65 Vgl. *Richter*, Die Reglungen zum Vorsteuerabzug, 2012, S. 12.

66 *Kirchhof*, DStR 2008, 1, 2; zu der Ausgestaltung der Richtlinien ausführlich auch *Klenk*, StuW 1994, 277.

67 Richtlinie 77/288/EWG v. 17.5.1977, ABl. EG Nr. L 154, 1 (***6. EG-Richtlinie***).

68 *Klezath*, UR 1992, 61.

69 Vgl. *Birkenfeld*, NWB Fach 7, 4897, 4902f. (31/1997).

70 Weißbuch der Kommission an den Europäischen Rat – Vollendung des Binnenmarktes v.14.6.1985, COM(1985) 310 final.

71 Richtlinie 91/680/EWG vom 16.12.1991, ABl. EG Nr. L 376, 1.

72 Richtlinie 91/680/EWG vom 16.12.1991, ABl. EG Nr. L 376, 1, Erwägungsgründe 2, 6.

73 Richtlinie 91/680/EWG vom 16.12.1991, ABl. EG Nr. L 376, 1, Erwägungsgrund 7.

jedoch an dem Widerstand der Mitgliedstaaten. Insbesondere die Einführung eines hierfür erforderlichen Clearing-Systems konnte sich nicht durchsetzen.[74] Von der Verwirklichung des Ursprungslandprinzips hat die EU-Kommission endgültig Abstand genommen und sieht nun das Bestimmungslandprinzip als endgültiges Besteuerungsregime in der Gemeinschaft an.[75]

cc. Mehrwertsteuersystemrichtlinie

Die 6. EG-Richtlinie wurde zum 1. Januar 2007 durch die Mehrwertsteuersystemrichtlinie (MwStSystRL) ersetzt.[76] Hierdurch sollten vor allem die zahlreichen Änderungen der 6. EG-Richtlinie in ein einheitliches Dokument übertragen werden.[77] Rechtliche Änderungen erfolgten insoweit nicht.[78]

Die Mehrwertsteuersystemrichtlinie stellt die unionsrechtliche Basis des geltenden Umsatzsteuerrechts der einzelnen Mitgliedstaten dar. Ebenso wie ihre Vorgängerregelungen verfolgt die Mehrwertsteuersystemrichtlinie vor allem das Ziel, binnenmarktkonforme Verhältnisse herzustellen.[79]

dd. Ausblick

Art. 113 AEUV verlangt keine vollständige Vereinheitlichung der Steuersysteme der Mitgliedstaaten, sondern lediglich deren Angleichung.[80] So ist eine vollständige Vereinheitlichung vor allem aufgrund politischer Differenzen der Mitgliedstaaten bislang noch nicht erfolgt[81] und wird von der EU-Kommission auch gar nicht mehr angestrebt.[82] Sie ist allerdings auch nicht erforderlich, da

---

74 Vgl. *Klezath*, in: Woerner (Hrsg.), DStJG 13, 1990, 167, 172.

75 Vgl. insoweit Vorschlag der EU-Kommission v. 4.10.2017, COM(2017) 569 final, S. 13f. zur Änderung des Art. 402 MwStSystRL; vgl. hierzu auch *Widmann*, in: 100 Jahre Umsatzsteuer, 2018, 987, 993ff.

76 Richtlinie 2006/113/EG v. 28.11.2006, ABl. EU Nr. L 347, 1 (***MwStSystRL***).

77 Richtlinie 2006/113/EG v. 28.11.2006, ABl. EU Nr. L 347, 1, Erwägungsgrund 1.

78 Richtlinie 2006/113/EG v. 28.11.2006, ABl. EU Nr. L 347, 1, Erwägungsgrund 2.

79 Vgl. *Richter*, Die Reglungen zum Vorsteuerabzug, 2012, S. 13.

80 *Mick*, in: Birk, Handbuch des europäischen Steuer- und Abgabenrechts, § 24 Rn. 18; *Waldhoff*, in: Calliess/Ruffert, EUV/AEUV, 2016, Art. 113 AEUV Rn. 2.

81 Vgl. hierzu *Karmann*, in: Streinz, EUV/AEUV, 2018, Art. 113 AEUV Rn. 13; *Stadie*, UStG, 2015, Einf. Rn. 59.

82 *Zirkl*, Die Neutralität der Umsatzsteuer, 2015, S. 22. *Widmann*, in: 100 Jahre Umsatzsteuer, 2018, 987, 1009 sieht die EU-Kommission in der Pflicht, die Harmonisierung weiter voranzutreiben.

durch die Steuerharmonisierung lediglich die steuerlichen Voraussetzungen für die Verwirklichung der Grundfreiheiten und eines Systems des unverfälschten Wettbewerbs im europäischen Binnenmarkt geschaffen werden sollen.[83] Den Mitgliedstaaten bleiben demnach überall dort Gestaltungsspielräume, wo die tatsächliche Ausgestaltung des Umsatzsteuerrechts die Harmonisierung des Binnenmarktes nicht gefährdet. So dürften die Mitgliedstaaten nach derzeitiger Rechtslage beispielsweise die Höhe des Steuersatzes (innerhalb bestimmter Grenzen)[84] und die Verfahrensmodalitäten im Zusammenhang mit der Erhebung der Umsatzsteuer[85] selbst bestimmen.[86]

B. Die Stellung des Rechts auf Vorsteuerabzug im geltenden Mehrwertsteuersystem

I. Merkmale der Mehrwertsteuer

Das geltende Mehrwertsteuersystem ist als Allphasen-Netto-Umsatzsteuer mit Vorsteuerabzug ausgestaltet. Nach der Rechtsprechung des EuGH[87] wird dieses System durch folgende Merkmale gekennzeichnet:[88]

- sie gilt ganz allgemein für sämtliche Lieferungen von Gegenständen und die Erbringung von Dienstleistungen;
- sie entsteht proportional zum Preis dieser Gegenstände und Dienstleistungen;
- sie wird auf jeder Stufe der Erzeugung und des Vertriebs erhoben (Allphasen-Steuer);

---

83 *Seiler*, in: Grabitz/Hilf/Nettesheim, Das Recht der Europäischen Union, Art. 113 AEUV (Juli 2016) Rn. 34. So auch *Zirkl*, Die Neutralität der Umsatzsteuer, 2015, S. 21, die jedoch eine weitergehende Harmonisierung zu befürworten scheint.

84 Art. 96 MwStSystRL.

85 Sog. *Grundsatz der Verfahrensautonomie*; die Mitgliedstaaten müssen aber bei der Ausgestaltung der Verfahrensmodalitäten die Grundsätze der Effektivität und der Äquivalenz beachten, vgl. hierzu *Englisch*, in: Tipke/Lang, Steuerrecht, 2018, § 4 Rz. 41f.

86 Bis auf weiteres sind diesbezüglich auch keine Änderungen zu erwarten, da auch der jüngste Vorschlag der EU-Kommission v. 4.10.2017, COM(2017) 569 final insoweit keine Vereinheitlichung vorsieht.

87 St. Rspr. vgl. nur EuGH v. 26.6.1997, Rs. C-370/95 (Careda SA), Slg. 1997, I-3721; v. 3.10.2006, Rs. C-475/03 (Banca popolare die Cremona), Slg. 2006, I-9373.

88 Aufzählung nach *Klenk*, in: Sölch/Ringleb, UStG, Wesen der Umsatzsteuer (Oktober 2017) Rn. 9.

- sie bezieht sich auf den Mehrwert der Gegenstände und Dienstleistungen, d.h. die bei einem Geschäft fällige Steuer wird unter Abzug der Steuer berechnet, die bei dem vorigen Geschäft schon entrichtet worden ist (Vorsteuerabzug);
- sie wird letztlich vom Verbraucher getragen. Die Umsatzsteuer ist somit als allgemeine Verbrauchsteuer im unionsrechtlichen Sinne zu charakterisieren.[89]

Diese Grundprinzipien sind jetzt auch in Art. 1 Abs. 2 MwStSystRL explizit niedergelegt und bilden den Maßstab für die Auslegung und Anwendung der Regelungen des europäischen Mehrwertsteuerrechts.[90]

II. Das Neutralitätsgebot der Umsatzsteuer

1. Vorüberlegungen

Die in Art. 1 Abs. 2 MwStSystRL niedergelegten Grundprinzipien der Umsatzsteuer sowie das Gebot, gleichartige Umsätze gleich zu besteuern, werden häufig mit dem Begriff „Neutralität der Umsatzsteuer" beschrieben.[91] Um sich diesem Prinzip zu nähern, muss zunächst festgestellt werden, zu welchen Bezugsgrößen sich die Umsatzsteuer neutral, d.h. einflusslos[92], verhalten muss.[93]

Die Konzeption der Umsatzsteuer als Verbrauchsteuer verlangt[94], dass der Unternehmer mit der Umsatzsteuer nicht belastet werden soll, sondern sich die Umsatzsteuer mithin in Bezug auf die unternehmerische Steuerbelastung

89 H.M. vgl. bspw. *Klenk* in: Sölch/Ringleb, UStG, Wesen der Umsatzsteuer (Oktober 2017) Rn. 9; *Stadie*, in: Rau/Dürrwächter, UStG, Einf. (März 2017) Rn. 141f.

90 Eine leicht abgewandelte Beschreibung dieser Merkmale findet sich auch bei *Zirkl*, Die Neutralität der Umsatzsteuer, 2015, S. 25, die insoweit darauf hinweist, dass die aufgezählten Merkmale in der Rechtsprechung des EuGH als „wesentlich" für die Mehrwertsteuer angesehen werden.

91 *Klenk* in: Sölch/Ringleb, UStG, Wesen der Umsatzsteuer (Oktober 2017) Rn. 10.

92 Eine Sache verhält sich *neutral*, wenn sie sich nicht auf eine andere Sache auswirkt, vgl. *Kunkel-Razum/Scholze/Stubenrecht/Wernke*, Duden, Deutsches Universal-Wörterbuch, 2003, S. 1137.

93 *Terra/Kajus*, A Guide to European VAT Directives, Introduction to European VAT 2009, S. 274 leiten ihre Ausführungen daher auch mit der Frage ein: „Neutral as regards to what? Neutrality of taxation is a relative matter (...) it can only be considered in relation to certain indicated phenomena." Zustimmend *Lohse*, Die Zuordnung im Mehrwertsteuerrecht, 1999, S. 132 sowie *Zirkl*, Die Neutralität der Umsatzsteuer, 2015, S. 59.

94 Der EuGH sieht die Umsatzsteuer als Verbrauchsteuer an, vgl. hierzu bspw. EuGH v. 3.3.1988, RS. 252/88 (Bergandi), Slg. 1988, 1343, Rn. 8; v. 3.10.2006, Rs. C-475/03 (Banca populare di Cremona), Slg. 2006, I-9373, Rn. 21.

„neutral" verhalten muss.[95] Dieses Postulat wird mit dem Begriff der *Belastungsneutralität* umschrieben.[96]

Daneben formuliert Art. 113 AEUV das Erfordernis, die indirekten Steuern innerhalb der Europäischen Gemeinschaft soweit zu harmonisieren, als dies für das Funktionieren des Binnenmarktes erforderlich und zur Vermeidung von Wettbewerbsverzerrungen notwendig ist. Hieraus ergibt sich, dass die Umsatzsteuer als indirekte Steuer keinen Einfluss auf den Wettbewerb haben darf, sich also *neutral* verhalten muss (sog. *Grundsatz der Wettbewerbsneutralität*).[97]

2. *Das Prinzip der Belastungsneutralität*

Das Prinzip der Belastungsneutralität erfordert, dass wirtschaftliche Tätigkeiten nicht mit Mehrwertsteuer belastet werden, sofern diese Tätigkeiten selbst der Mehrwertsteuer unterliegen.[98] Im geltenden Mehrwertsteuersystem soll dies durch die Regelungen über den Vorsteuerabzug (Art. 167-192 MwStSystRL, §§ 15, 15a UStG) sichergestellt werden. Der Vorsteuerabzug gewährleistet somit, dass die in den Vorleistungen enthaltene Umsatzsteuer für den Unternehmer keinen Kostenfaktor darstellt.[99] Der Unternehmer wird im Ergebnis in einer Leistungsbeziehung zu einem anderen Unternehmer so gestellt, als ob keine Umsatzsteuer existieren würde.[100] Nach Auffassung des EuGH wird das Prinzip

---

95 *Becker*, Ortsbestimmung von sonstigen Leistungen, 2011, S. 59, *OECD*, International VAT/GST Guidelines, 2015, S. 15 („VAT normally flows through the business to tax the final consumers"); *Reiß*, in: Seer (Hrsg.), DStJG 32, 2009, 9, 14; *Weich*, Öffentliche Hand im System der Umsatzsteuer, 1996, S. 33; *Zirkl*, Die Neutralität der Umsatzsteuer, 2015, S. 60.

96 Dieser Begriff findet sich z.B. bei *Heidner*, in: Bunjes, UStG, 2018, § 15 Rn. 6 sowie *Lohse*, Die Zuordnung im Mehrwertsteuerrecht, 1999, S. 134.

97 *Mick*, in: Birk (Hrsg.), Handbuch des europäischen Steuer- und Abgabenrechts, § 24, Rn. 3ff.; *Reiß*, in: Seer (Hrsg.), DStJG 32, 2009, 9, 16; *Stumpf*, in: Schwarze, EU-Kommentar, 2012, Art. 113 AEUV Rn. 13.

98 Vgl. hierzu grundlegend EuGH v. 14.2.1985, Rs. 268/83 (Rompelmann), Slg. 1985, 655, Rn. 19; ferner auch EuGH v. 1.4.2002, Rs. C-90/02 (Bockemühl), Slg. 2004, I-3303, Rn. 39; v. 29.4.2004, Rs. C-137/02 (Faxworld), Slg. 2004, I-5547, Rn. 37; v. 8.2.2007, Rs. C-435/05 (Investrand BV), Slg. 2007, I-1315, Rn. 22.

99 So EuGH v. 15.10.2004, Rs. C-427/98 (Kommission/Frankreich), Slg. 2002, I-8315, Rn. 15.

100 *Amand/Lenoir*, UR 2007, 529, 530. *Theile*, Wettbewerbsneutralität der harmonisierten Umsatzsteuer, 1995, S. 127ff. weist allerdings darauf hin, dass dieses Ziel aus ökonomischer Sicht wohl nicht vollständig zu erreichen ist.

der Belastungsneutralität durch die in der MwStSystRL verankerten Regelungen über den Vorsteuerabzug verwirklicht.[101] Einschränkungen des Rechts auf Vorsteuerabzug bedeuten somit auch eine Einschränkung der Belastungsneutralität des Unternehmers.

3. *Der Grundsatz der Wettbewerbsneutralität*

Der Grundsatz der Wettbewerbsneutralität bedeutet für die Umsatzsteuer ganz allgemein, dass diese nicht zu Wettbewerbsverzerrungen innerhalb des gemeinsamen Marktes führen darf.[102] Positiv formuliert folgt hieraus, dass gleichartige Leistungen, die miteinander in Wettbewerb stehen[103], auch in gleicher Höhe mit Umsatzsteuer belastet werden müssen.[104] Nach Auffassung des EuGH kommt es nicht auf die Intensität der Wettbewerbsverzerrung an, vielmehr führt jegliche Wettbewerbsverzerrung zu einem Verstoß gegen den Neutralitätsgrundsatz.[105] Der Grundsatz der Wettbewerbsneutralität hat durch den EuGH besondere Ausprägungen erfahren.[106] So darf zunächst weder die Person des Leistungserbringers, insbesondere die von ihm gewählte Rechtsform[107], noch die Art und Weise, wie er seine unternehmerische

---

101 EuGH v. 6.3.2008, Rs. C-98/07 (Nordania Finans und BG Factoring), Slg. 2008, I-1281, Rn. 19; v. 29.10.2009, Rs. C-174/08 (NCC Construction Danmark), Slg. 2009, I-10567, Rn. 39.

102 Vgl. *Dziadkowski*, DStZ 1999, 625; *Lohse*, UR 2004, 582; *Nieskens*, UR 2004, 441, 447ff.; *Robisch*, in: Bunjes, UStG, 2018, vor § 1 Rn. 15.

103 Der Grundsatz der Neutralität verlangt daher grundsätzlich keine Umsatzbesteuerung der öffentlichen Hand. Vgl. in diesem Sinne EuGH v. 17.10.1989, Rs. 231/87 und 129/88 (Commune di Carpaneto Piacentino u.a.), Slg. 1989, 3233, Rn 22; Schlussanträge *GA Kokott* v. 7.9.2006, Rs. C-284/04 (T-Mobile Austria), EuGHE 2007, I-5189, Rn. 79.

104 Vgl. EuGH v. 3.5.2001, Rs. C-481/98 (Kommission/Frankreich), Slg. 2001, I-3369, Rn. 22; v. 28.6.2007, Rs. C-363/05 (JP Morgan Fleming), Slg. 2007, I-5517, Rn. 46; v. 10.4.2008, Rs. C-309/06 (Marks & Spencer), Slg. 2008, I-2283, Rn. 47. *Henze*, in: Englisch/Nieskens (Hrsg.), Umsatzsteuer-Kongress-Bericht 2010, 7, 14 verwendet insoweit den Begriff der „komparativen Neutralität".

105 Vgl. EuGH v. 28.6.2007, Rs. C-363/05 (JP Morgan Fleming), Slg. 2007, I-5517, Rn. 47 m.w.N.

106 *Englisch*, in: Tipke/Lang, Steuerrecht, 2018, § 17 Rz. 23 spricht insoweit von „Neutralitätspostulaten".

107 EuGH v. 4.12.1990, Rs. C-186/89 (Van Tiem), Slg. 1990, I-4363, Rn. 18; v. 20.6.1991, Rs. C-60/90 (Polysar Investments), Slg. 1991, I-3111, Rn. 12; v. 26.6.2003, Rs. C-305/01 (MKG-Kraftfahrzeugefactoring), Slg. 2003, I-6729, Rn. 43; v. 29.4.2004, Rs. C-77/01 (EDM). Slg. 2004, I-4295, Rn. 48.

Tätigkeit tatsächlich organisiert[108], einen Einfluss auf die Mehrwertsteuerbelastung haben.[109] Daneben gebietet der Grundsatz der Wettbewerbsneutralität ferner, dass erlaubte wie verbotene Geschäfte prinzipiell in gleichem Maße mit Mehrwertsteuer belastet werden müssen.[110] Dies gilt allerdings nicht für den sog. „absolut" illegalen Bereich, also für die Erbringung solcher Leistungen, die schon ihrem Wesen nach in allen Mitgliedstaaten verboten sind,[111] da insoweit kein schützenswerter Wettbewerb herrscht.[112]

Wettbewerbsneutralität in diesem Sinne bedeutet allerdings nur eine einheitliche Umsatzsteuerbelastung bezogen auf den jeweiligen Mitgliedstaat.[113] Nicht von der Wettbewerbsneutralität erfasst, ist hingegen der Anspruch einer einheitlichen Verbrauchsbelastung innerhalb der europäischen Gemeinschaft dergestalt, dass alle Verbraucher für den Bezug derselben Leistung dieselbe

108 Sog. Organisationsneutralität, st. Rspr. vgl. bspw. EuGH v. 4.5.2006, Rs. C-169/04 (Abbey National), Slg. 2006, I-4027, Rn. 68; v. 21.6.2007, Rs. C-453 (Ludwig), Slg. 2007, I-5083, Rn. 35; v. 3.4.2008, Rs. C-124/07 (J.C.M. Beheer), Slg. 2008, I-2101, Rn. 28.

109 Dies gilt nicht für die öffentliche Hand in Ausübung hoheitlicher Tätigkeiten, die nicht der Umsatzbesteuerung unterliegt, soweit hierdurch keine größeren Wettbewerbsverzerrungen entstehen. Vgl. Art. 13 Abs. 1 UAbs. 2 u. 3 MwStSystRL; vgl. hierzu auch EuGH v. 17.10.1989, Rs. 231/87 und 129/88 (Commune di Carpaneto Piacentino u.a.), EuGHE 1989, 3233, Rn 22; v. 8.6.2006, Rs. C-430/01 (Feuerbestattungsverein Halle), ABl. EG 2002, Nr. C 247, 2, Rn. 24. Vor dem Hintergrund einer gleichmäßigen Besteuerung des Konsumenten wird diese partielle Befreiung allerdings kritisch gesehen, vgl. *Englisch*, in: Tipke/Lang, Steuerrecht, 2018, § 17 Rz. 54; so auch *Söhn*, StuW 1976, 1, 8ff.

110 EuGH v. 5.7.1988, Rs. 269/86 (Mol), Slg. 1988, 3627, Rn. 18; v. 5.7.1988, Rs. 289/86 (Happy Family), Slg. 1988, 3655, Rn. 20.

111 EuGH v. 5.2.1981, Rs. 50/80 (Horvath), Slg. 1981, 385, Rn. 10ff. zur Anwendung der Zollvorschriften auf Heroin; v. 28.2.1984, Rs. 294/82 (Einberger II), Slg. 1984, 1177, Rn. 20 bezüglich der Erhebung von Einfuhrumsatzsteuer bei unerlaubter Einfuhr von Betäubungsmitteln.

112 So *Zirkl*, Die Neutralität der Umsatzsteuer, 2015, S. 109; *Englisch*, in: Tipke/Lang, Steuerrecht, 2018, § 17 Rz. 94; kritisch hierzu *Drüen*, in: Tipke/Kruse, AO/FGO, § 40 AO (Juli 2016) Rn. 3; *Widmann*, UR 1989, 10, 12.

113 So fordert auch die MwStSystRL nur eine gleiche Belastung von Gegenständen und Leistungen innerhalb des jeweiligen Mitgliedstaates, vgl. 7. Erwägungsgrund der MwStSystRL.

Umsatzsteuerbelastung zu tragen haben.[114] Dieses ursprüngliche Harmonisierungsziel[115] wird auch nicht mehr angestrebt.[116]

Das Prinzip der Wettbewerbsneutralität wird – anders als die Belastungsneutralität – nicht vorrangig durch den Vorsteuerabzug gesichert. Da das Hauptaugenmerk vielmehr auf der Behandlung der durch den Unternehmer erbrachten Ausgangsleistungen liegt, sind vorrangig Steuerbefreiungen oder -ermäßigungen[117] sowie Regelungen zu der Frage, wer als umsatzsteuerpflichtiger Unternehmer anzusehen ist[118], auf ihre Vereinbarkeit mit der Wettbewerbsneutralität hin zu prüfen. Allerdings verhindern die Regelungen über den Vorsteuerabzug die kumulative Wirkung der Umsatzsteuer und führen letztlich dazu, dass diese keinen Kostenfaktor darstellt und somit auch keinen Einfluss auf den Wettbewerb nimmt.[119] Die Realisierung der Belastungsneutralität durch die Gewährung des Vorsteuerabzugs führt daher im Ergebnis auch zur Sicherstellung der Wettbewerbsneutralität.[120]

---

114 Der EuGH sieht es nicht als gleichheitswidrig an, wenn aufgrund von in der Richtlinie vorgesehenen Wahlrechten für dieselbe Leistung in unterschiedlichen Mitgliedstaaten unterschiedliche Steuerbelastungen herrschen, da eine vollständige Harmonisierung des Mehrwertsteuersystems bislang noch nicht erfolgt ist. Die Herstellung einer vollständigen Harmonisierung ist vielmehr Aufgabe des Unionsgesetzgebers, vgl. EuGH v 13.7.2000, Rs. C-36/99 (Ideal Tourisme), Slg. 2000, I-6049 zur Auslegung von Steuerbefreiungstatbeständen.

115 Vgl. *Söhn*, StuW 1976, 1, 4; *Theile*, Wettbewerbsneutralität der harmonisierten Umsatzsteuer, 1995, S. 31, 65.

116 Die EU-Kommission hat jedenfalls von der Verwirklichung einer einheitlichen Verbrauchsbelastung Abstand genommen, vgl. COM(2011) 851, final, 5f.

117 EuGH v. 7.9.1999, Rs. C-216/97 (Gregg), Slg. 1999, I-4947, Rn. 20; v. 6.11.2003, Rs. C-45/01 (Christoph-Dornier-Stiftung), Slg. 2003, I-12911, Rn. 20.

118 EuGH v. 4.12.1990, Rs. C-186/89 (Van Tiem), Slg. 1990, I-4363, Rn. 18; v. 20.6.1991, Rs. C-60/90 (Polysar Investments), Slg. 1991, I-3111, Rn. 12; v. 26.6.2003, Rs. C-305/01 (MKG-Kraftfahrzeuge-Factoring), Slg. 2003, I-6729, Rn. 43; v. 29.4.2004, Rs. C-77/01 (EDM), Slg. 2004, I-4295, Rn. 48.

119 Dies gilt vor allem vor dem Hintergrund, dass ansonsten in unterschiedlichen Produktions- und Vertriebsstrukturen unterschiedlich hohe Umsatzsteuerbelastungen anfallen würden, denen eine wettbewerbsverzerrende Wirkung zukommen würde. Hieran ist letztlich die deutsche Brutto-Umsatzsteuer gescheitert.

120 *Lohse*, Die Zuordnung im Mehrwertsteuerrecht, 1999, S. 134; *Theile*, Wettbewerbsneutralität der harmonisierten Umsatzsteuer, 1995, 94f.; *Zirkl*, Die Neutralität der Umsatzsteuer, 2015, S. 133.

4. *Das Gebot der internationalen Besteuerungsneutralität*

Als spezielle Ausprägung des Gebots der Wettbewerbsneutralität verlangt das Gebot der *internationalen Besteuerungsneutralität*[121] zudem, dass grenzüberschreitend bezogene Waren und Dienstleistungen in gleicher Höhe mit Umsatzsteuer belastet sein müssen wie gleichartige rein innerstaatlich gehandelte Leistungen.[122] Ein Verbot, Waren aus anderen Mitgliedstaaten der Gemeinschaft mit einer höheren Umsatzsteuer zu belasten, ergibt sich zudem bereits aus Art. 110 AEUV, der es den Mitgliedstaaten untersagt, Waren aus anderen Mitgliedstaaten mit höheren Abgaben oder Steuern zu belegen als auf vergleichbare, inländische Produkte erhoben werden.[123] Art. 110 AEUV verbietet seiner Konzeption nach zwar keine Benachteiligung von inländischen gegenüber ausländischen Waren (sog. Inländerdiskriminierung)[124], d.h. ein Mitgliedstaat kann importierte Waren grundsätzlich gegenüber einheimischen Waren bevorzugen.[125] Da die Regelungen in Art. 110 bis 112 AEUV jedoch auf eine vollständige Wettbewerbsneutralität im Binnenmarkt abstellen[126], ist in Art. 110 AEUV nach Ansicht des EuGH auch ein Verbot der Diskriminierung der Ausfuhr inländischer Waren verankert.[127] Im Ergebnis verbietet Art. 110 AEUV somit ebenfalls

121 Begriff nach *Englisch*, in: Tipke/Lang, Steuerrecht, 2018, § 17 Rz. 23.

122 *Becker*, Ortsbestimmung von sonstigen Leistungen, 2011, S. 55; *Lohse*, UR 2004, 582, 584; *Tumpel*, in: Seer (Hrsg.), DStJG 32, 2009, 53, 65.

123 Die Umsatzsteuer unterfällt zweifelsohne diesem Abgabenbegriff, vgl. insoweit EuGH v. 5.5.1982, Rs. 15/81 (Schul), Rn. 27; für die indirekten Steuern allgemein vgl. auch *Englisch*, Wettbewerbsgleichheit im grenzüberschreitenden Handel, 2008, S. 633. Zum Begriff der Abgabe im Sinne des Art. 110 AEUV allgemein vgl. *Seiler*, in: Grabitz/Hilf/Nettesheim, Das Recht der Europäischen Union, Art. 110 AEUV (Juli 2016) Rn. 19.

124 *Wernsmann*, in: Schulze/Zuleeg/Kadelbach, Europarecht, 2015, § 30 Rn. 56. Zum Begriff der Inländerdiskriminierung allgemein *Riese/Noll*, NVwZ 2007, 516.

125 *Kamann*, in: Streinz, EUV/AEUV, 2018, Art. 110 AEUV Rn. 3.

126 Vgl. EuGH v. 29.6.1978, Rs. 142/77 (Larsen), Slg. 1987, 1543, Rn. 21, 27 zur Vorgängerregelung, zur aktuellen Regelung *Stumpf*, in: Schwarze, EU-Kommentar, 2012, Art. 110 Rn. 26; *Wernsmann*, in: Schulze/Zuleeg/Kadelbach, Europarecht, 2015, § 30 Rn. 56.

127 EuGH v. 23.1.1975, Rs. 51/74 (Van der Hulst), Slg. 1975, 303, Rn. 33, 35; v. 29.6.1978, Rs. 142/77 (Statens Kontrol), Slg. 1978, 1543, Rn. 21, 27; v. 23.4.2002, Rs. C-234/99 (Nygard), Slg. 2002. I-3657, Rn. 41.

eine Doppel- oder Höherbelastung einer grenzüberschreitenden Warenlieferung mit Umsatzsteuer.[128]

Art. 110 AEUV gilt jedoch ausdrücklich nur für Waren und nicht für die Erbringung grenzüberschreitender Dienstleistungen.[129] Eine hierzu vergleichbare Vorschrift findet sich allerdings in Art. 56 AEUV, der alle Maßnahmen verbietet, die die Erbringung von Dienstleistungen aufgrund der Ansässigkeit des Unternehmers im Ausland erschweren.[130] Auch Art. 56 AEUV verbietet somit grundsätzlich die Doppelbesteuerung grenzüberschreitend erbrachter Dienstleistungen.[131]

In Bezug auf die Regelungen des Vorsteuerabzuges setzt das Gebot der internationalen Belastungsneutralität voraus, dass einem Unternehmer auch dann ein Vorsteuerabzug zu gewähren ist, wenn er in dem Mitgliedstaat, in dem er die Leistung bezogen hat, aus umsatzsteuerlicher Sicht nicht ansässig ist.[132] Solange die Steuersätze in den einzelnen Mitgliedstaaten noch nicht harmonisiert sind[133], ist zur Herstellung der internationalen Belastungsneutralität zudem ebenso erforderlich, die Umsatzsteuerbelastung aus dem Ausland bezogener

128 *Niewenhuis*, UR 2013, 663, 664f.; *Reiß*, in: FS Tipke, 1995, 440; *Richter*, Die Regelungen zum Vorsteuerabzug, 2012, S. 26, 28; *Tumpel*, in: Seer (Hrsg.), DStJG 32, 2009, 53, 65; im Ergebnis ebenso *Demuth/Billau*, BB 2013, 1180, 1184.

129 Vgl. *Seiler*, in: Grabitz/Hilf/Nettesheim, Das Recht der Europäischen Union, Art. 110 AEUV (Juli 2016) Rn. 25. Allerdings ist insoweit anzumerken, dass der EuGH einen weiten Warenbegriff annimmt und Art. 110 AEUV bspw. auch auf solche Abgaben anwendet, die für die Benutzung eingeführter Waren erhoben werden, vgl. EuGH v. 16.2.1977, Rs. 20/76 (Schöttle & Söhne), Slg. 1977, 247, Rn. 13ff.; v. 3.3.1988, Rs. 252/86 (Bergandi), Slg. 1988, 1343, v. 17.7.1997, Rs. C-90/94 (Haahr Petroleum), Slg. 1997, I-4085, Rn. 38ff.

130 St. Rspr. vgl. bspw. EuGH v. 3.2.1982, Rs. 62/81 u. 63/81 (Seco), Rn. 8 sowie *Müller-Graff*, in: Streinz, EUV/AEUV, 2018, Art. 56 AEUV Rn. 80.

131 *Becker*, Ortsbestimmung von sonstigen Leistungen, 2011, S. 63. Die in der MwStSystRL vorgesehene Ortsbestimmung für sonstige Leistungen soll insoweit sicherstellen, dass eine erbrachte Leistung nur in einem Mitgliedstaat besteuert wird.

132 *Reiß*, in: FS Tipke, 1995, 433, 441; *Richter*, Die Regelungen zum Vorsteuerabzug, 2012, S. 26; *Zirkl*, Die Neutralität der Umsatzsteuer, 2015, S. 220. Zur Erforderlichkeit eines grenzüberschreitenden Vorsteuerabzug ausführlich Kapitel 4 A.

133 Zum Stand der Harmonisierung der Umsatzsteuer im europäischen Binnenmarkt vgl. bereits Kapitel 1 A III 2.

Waren und Dienstleistungen auf das Steuerniveau des Bestimmungslandes zu bringen (sog. Besteuerung nach dem Bestimmungslandprinzip).[134]

III. Das Verbrauchsteuerprinzip

1. Die Umsatzsteuer als allgemeine Verbrauchsteuer

Die eindeutige Einordnung der Mehrwertsteuer durch den EuGH als Verbrauchsteuer[135] hat die Diskussion in Deutschland[136], ob es sich bei der Umsatzsteuer um eine Verbrauch- oder um eine Verkehrsteuer handelt, im Grundsatz beendet. Strittig war insoweit, ob für Zwecke der systematischen Einordnung der Umsatzsteuer vorrangig auf die Wirkung der Umsatzsteuer, also die Belastung des Verbrauchers, oder auf die steuertechnische Anknüpfung an Vorgänge des Rechtsverkehrs (d.h. an die jeweiligen Umsätze des Unternehmers) abzustellen ist.[137] Während das charakteristische Merkmal der Verkehrsteuern ihre Anknüpfung an Vorgänge des Rechtsverkehrs, mithin also an vertragliche oder gesetzliche Regelungen, aufgrund welcher Personen Lieferungen, sonstige Leistungen oder Rechtansprüche erhalten, ist[138], belasten Verbrauchsteuern hingegen typischerweise den Ge- oder Verbrauch bestimmter Güter, d.h. den Konsum, und sind auf Abwälzung auf den Leistungsempfänger angelegt.[139] Die

---

134 *Englisch*, in: Tipke/Lang, Steuerrecht, 2018, § 17 Rz. 395, *ders*., in: Seer (Hrsg.), DStJG 32, 2009, 165, 170; *Reiß*, in: FS Tipke, 1995, 433, 441ff.; *Tumpel*, in: Seer (Hrsg.), DStJG 32, 2009, 53, 64f.

135 Ausdrücklich bspw. EuGH v. 3.3.1988, Rs. 252/86 (Bergandi), Slg. 1988, 1343, Rn. 8; v. 26.6.1997, Rs. C-370/95 (Careda SA), Slg. 1997, I-3721, Rn. 14; v. 3.10.2006, Rs. C-475/03 (Banca populare di Cremona), Slg. 2006, I-9373, Rn. 21.

136 *Popitz* sah die Umsatzsteuer beispielsweise noch als Verkehrsteuer an, Kommentar zum UStG, 1928, S. 9f. und auch der BFH hat die Umsatzsteuer in seiner älteren Rechtsprechung noch als Verbrauchsteuer angesehen, vgl. u.a. Urteil vom 27.7.1988, X R 40/82, BStBl. II 1988, 1017. Zum Meinungsstand der Einordnung der Umsatzsteuer als Verbrauch- oder Verkehrsteuer vgl. auch *Stadie*, in Rau/Dürrwächter, UStG, Einf. (März 2017) Rn. 97ff. sowie *Englisch*, in: Tipke/Lang, Steuerrecht, 2018, § 17 Rz. 10 m.w.N. Ein Überblick über die ausgetauschten Argumente findet sich auch bei *Tipke*, DStR 1983, 595.

137 Vgl. *Englisch*, in: Tipke/Lang, Steuerrecht, 2018, § 17 Rz. 10; *Reiß*, in: Reiß/Kraeusel/Langer/Wäger, UStG, Einf. UStG (Januar 2015) Rn. 43f.

138 Vgl. *Hey/Englisch*, in: Tipke/Lang, Steuerrecht, 2018, § 7 Rz. 102; *Tipke*, StRO II, 2003, S. 1012.

139 *Bongartz/Schröer-Schallenberg*, Verbrauchsteuerrecht, 2011, S. 24; *Förster*, Die Verbrauchsteuern, 1989, S. 97; *Jatzke*, Das System des deutschen Verbrauchsteuerrechts, 1997, S. 72; *Tipke*, in: FS Reiß, 2008, 9, 17. Anders wohl *Beermann*, in: Kruse (Hrsg.),

Umsatzsteuer beinhaltet sowohl Elemente einer Verkehrsteuer, da ihre Entstehung an Vorgänge des Rechtsverkehrs anknüpft (Art. 2 MwStSystRL, § 1 Abs. 1 UStG), als auch Elemente einer Verbrauchsteuer, da sie auf Abwälzung auf den Endverbraucher angelegt ist (Art. 167-192 MwStSystRL, § 15 UStG).[140]

Als entscheidendes Merkmal für die systematische Einordnung der Umsatzsteuer als Verbrauchsteuer dient aber die Abwälzbarkeit der Steuer auf den Konsumenten. Diese zeigt sich vor allem an den zentralen Regelungen über den Vorsteuerabzug (Art. 167-192 MwStSystRL, § 15 UStG), die den Unternehmer von ihm in Rechnung gestellter Umsatzsteuer wirtschaftlich freistellen sollen.[141] Schon im Hinblick auf das eindeutige Belastungsziel der Umsatzsteuer, den Konsumenten und nicht den Unternehmer zu belasten, wird die Stellung, die dem Vorsteuerabzug im geltenden Mehrwertsteuersystem zukommt, deutlich.

2. *Die Stellung des Unternehmers im Mehrwertsteuersystem*

Entsprechend ihrer Konzeption als Verbrauchsteuer ist die Umsatzsteuer als indirekte Steuer konzipiert[142] und soll nach der Vorstellung sowohl des europäischen als auch des nationalen Gesetzgebers auf den Endverbraucher (vollständig) abgewälzt werden.[143] Der EuGH sieht die Rolle des Unternehmers daher zutreffend darin, „als Steuereinnehmer für Rechnung des Staates und im Interesse der Staatskasse [zu] fungieren“[144]. Der Unternehmer wird folglich

---

DStJG 11, 1988, 283, 284 und *Müller*, Verbrauchsteuern, 1997, S. 125, die in der Überwälzung lediglich eine Folge und kein Wesensmerkmal der Verbrauchsteuern sehen wollen.

140 So führt das BVerfG auch zutreffend aus, dass die Umsatzsteuer „im Schnittpunkt zwischen Verbrauchsteuern und Verkehrsteuern“ liegt vgl. BVerfG v. 4.2.1958, 2 BvL 31/56, 2 BvL 33/56, BVerfGE 7, 244, Rn. 34. Diese besondere Stellung der Umsatzsteuer zeigt sich auch darin, dass sie für Zwecke der Verjährungsfristen gem. § 169 Abs. 1 Nr. 1 AO trotz der „eindeutigen“ Einordnung des EuGH nicht als Verbrauchsteuer angesehen wird, vgl. BFH v. 14.7.2015, XI B 41/15, BFH/NV 2015, 1445.

141 Zu dem Mechanismus und der Wirkungsweise des Vorsteuerabzugs vgl. bspw. *Oelmaier*, in: Sölch/Ringleb, UStG, § 15 (September 2018) Rn. 23ff.

142 So schon *Popitz*, Kommentar zum UStG, 1928, S. 11; ebenso bspw. *Englisch*, Wettbewerbsgleichheit im grenzüberschreitenden Handel, 2008, S. 559f.; *Stadie*, UStG, 2015, Vorbem. Rn. 20. Begrifflich bedeutet dies, dass formaler Steuerschuldner und wirtschaftlicher Steuerträger auseinanderfallen.

143 *Englisch*, in: Tipke/Lang, Steuerrecht, 2018, § 17 Rz. 12; *Söhn*, StuW, 1996, 165, 166.

144 EuGH v. 20.10.1993, Rs. C-10/92 (Balocchi), Slg. 1993, I-5105, Rn. 25; v. 21.2.2008, Rs. C-271/06 (Netto Supermarkt), Slg. 2008, I-771, Rn. 21.

aufgrund der Konzeption des geltenden Mehrwertsteuerrechts zwangsweise zur Erhebung der Umsatzsteuer für den Fiskus verpflichtet.[145] Die Ausgestaltung als indirekte Steuer macht aus verwaltungstechnischer Sicht auch durchaus Sinn, da eine Erhebung der Umsatzsteuer unmittelbar bei den Konsumenten in Form einer direkten Steuer „völlig unpraktikabel" wäre.[146] Diese, wenn auch noch so nachvollziehbare Inanspruchnahme des Unternehmers zur Erhebung der Umsatzsteuer darf jedoch nicht dazu führen, dass diesem finanziellen Belastungen erwachsen.[147] Vielmehr muss grundsätzlich sichergestellt sein, dass die Überwälzung der Steuer auf den Konsumenten auch tatsächlich gelingt.[148] Der Unternehmer darf mithin keinen Risiken ausgesetzt werden, die unter Beachtung des allgemeinen Verhältnismäßigkeitsgrundsatzes als unzumutbar anzusehen sind.[149] Die Grenze der Zumutbarkeit ist dann überschritten, wenn der Unternehmer das Risiko der Weiterbelastung an den Konsumenten auch bei Einhaltung der im Geschäftsverkehr zu erwartenden Sorgfaltspflichten einseitig zu tragen hat.[150] Folglich darf der Unternehmer bei der umsatzsteuerlichen

---

145 Auch wenn die Begrifflichkeiten sich unterscheiden, ist die Literatur sich wohl dahingehend einig, dass der Unternehmer für den Staat tätig wird. Vgl. bspw. *Stadie,* UStG, 2015, Vorbem. Rn. 20 sowie § 2 Rn. 1 bezeichnet den Unternehmer als „Gehilfen" und „verlängerten Arm" des Staates; *Wesselbaum-Neugebauer,* UR 2004, 401 als „Erfüllungsgehilfen", *Tehler,* DStR 1983, 215, 217 als „Hilfskraft der Steuerbehörden"; *Weber,* Die Zusage im Umsatzsteuerrecht, 2019, S. 33 sowie *Widmann,* in: Seer (Hrsg.), DStJG 32, 2009, 103, 107 verwenden den Begriff des „Steuereinsammlers".

146 *Widmann,* in: Seer (Hrsg.), DStJG 32, 2009, 103, 107. So auch *Englisch,* in: Schön/Beck, Zukunftsfragen des deutschen Steuerrechts, 2009, 39, 71*;* *Riedo,* Vom Wesen der Mehrwertsteuer, 1999, S. 16; *Zirkl,* Die Neutralität der Umsatzsteuer, 2015, S. 50. Schon *Tipke,* UR 1972, 2, 3 führte aus, es wäre „technisch schwierig" den privaten Verbrauch der Konsumenten durch Verbrauchsteuererklärungen zu erfassen.

147 Vgl. *Nieskens,* UR 2002, 577, 580; *Stadie,* UStG, 2015, Vorbem. Rn. 20. Die Umsatzsteuer soll für den Unternehmer vielmehr ein „reiner Durchlaufposten" sein, *Riedo,* Vom Wesen der Mehrwertsteuer, 1999, S. 19.

148 Vgl. *Riedo,* Vom Wesen der Mehrwertsteuer, 1999, S. 21; *Zirkl,* Die Neutralität der Umsatzsteuer, 2015, S. 62.

149 Vgl. EuGH v. 21.2.2008, Rs. C-271/08 (Netto Supermarkt), Slg. 2008, I-771, Rn. 21f. in Bezug auf die Gewährung einer Steuerbefreiung. *Englisch,* in: Schön/Beck, Zukunftsfragen des deutschen Steuerrechts, 2009, 39, 71 sieht diesen Grundsatz in der Berufsausübungs- bzw. Unternehmerfreiheit verbürgt.

150 Vgl. *Becker,* UR 2009, 664, 665f.; *Englisch,* in: Schön/Beck, Zukunftsfragen des deutschen Steuerrechts, 2009, 39, 71; *ders.* UR 2009, 181, 185; *Günther,* Vertrauensschutz bei Angaben Dritter, 2013, S. 157, 226f.; *Zirkl,* Die Neutralität der Umsatzsteuer, 2015, S. 95. In diesem Sinne auch *Stadie,* UStG, 2015, Vorbem. Rn. 27.

Würdigung getätigter bzw. bezogener Umsätze nicht jedes Risiko einer tatsächlichen oder rechtlichen Fehleinschätzung tragen.[151] Notfalls ist dem Unternehmer der Vorsteuerabzug nach den allgemeinen Grundsätzen eines Vertrauensschutzes zu gewähren.[152]

Zwar verlangt das Verbrauchsteuerprinzip nicht, dass eine Überwälzung der Steuer in jedem Fall vollständig gelingt,[153] jedoch muss die Steuer so ausgestaltet sein, dass eine Weiterbelastung typischerweise möglich ist[154].

Auch wenn eine Abwälzung der Umsatzsteuer auf den Konsumenten theoretisch auch ohne vorigen Vorsteuerabzug möglich ist, ist dies vor allem in nicht konzentrierten Produktions- und Vertriebsstrukturen aufgrund der kumulativen Wirkung der Umsatzsteuer praktisch nicht durchführbar.[155] Eine Umsetzung des Verbrauchsteuerprinzips ohne die Regelungen über den Vorsteuerabzug ist somit praktisch nicht denkbar.[156] In umgekehrter Richtung müssen sich die Regelungen des Vorsteuerabzugs aber auch an den Grundsätzen des Verbrauchsteuerprinzips messen lassen.[157]

---

151 *Stadie*, UStG, 2015, Vorbem. Rn. 21.

152 Zu den Voraussetzungen einer Vorsteuererstattung aufgrund guten Glaubens vgl. Kapitel 2 B VII.

153 Vgl. *Jatzke*, Das System des deutschen Verbrauchsteuerrecht, 1997, S. 65ff.; *Martini*, ZUR 2012, 219, 222; *Schaumburg*, in: FS Reiß, S. 25, 37f.; *Schmölders*, Zur Begriffsbestimmung der Verbrauchsteuern, 1955, S. 83f.; *Seer*, in: Tipke/Lang, Steuerrecht, 2018, § 2 Rz. 47; *Söhn*, StuW 1996, 165, 168.

154 Vgl. *Englisch*, in: Schön/Beck, Zukunftsfragen des deutschen Steuerrechts, 2009, 39, 71f. *Tipke*, in: FS Reiß, 2008, 9, 17f, verlangt hingegen eine vollständige Entlastung des Unternehmers, notfalls im Billigkeitswege.

155 Aus diesem Grunde sprach das BVerfG auch der deutschen Brutto-Umsatzsteuer die Qualifikation als Verbrauchsteuer ab, vgl. BVerfG v. 10.12.1966, 1 BvR 320/57 und 1 BvR 70/63, BVerfGE 21, 12, 31. Vgl. auch *Stadie*, UStG, 2015, Vorbem. Rn. 16. So auch *Riedo*, Vom Wesen der Mehrwertsteuer, 1999, S. 95; *Englisch*, in: Tipke/Lang, Steuerrecht, 2018, § 17 Rz. 25 vor allem mit Blick auf die Gleichbehandlung der Verbraucher.

156 Daran ist letztlich auch die Allphasen-Brutto-Umsatzsteuer gescheitert, vgl. Kapitel 1 A II.

157 *Stadie*, in: Rau/Dürrwächter, UStG, Einf. (März 2017) Rn. 147; *Tipke*, StRO II, 2003, S. 979; *Weich*, Öffentliche Hand im System der Umsatzsteuer, 1996, S. 29; *Zirkl*, Die Neutralität der Umsatzsteuer, 2015, S. 53.

IV. Das Bestimmungslandprinzip

Wie bereits gezeigt, ist aufgrund der (noch) nicht vollständig erfolgten Harmonisierung der Mehrwertsteuersysteme der Mitgliedstaaten zur Wahrung der internationalen Besteuerungsneutralität erforderlich, dass aus dem Ausland bezogene Waren und Dienstleistungen in gleicher Höhe mit Umsatzsteuer belastet werden wie vergleichbare nationale Leistungen. Im geltenden Mehrwertsteuersystem wird dies durch das sog. Bestimmungslandprinzip gewährleistet.[158] Dieses Prinzip beinhaltet, dass Lieferungen und Leistungen grundsätzlich an dem Ort und nach dem Besteuerungsregime desjenigen Mitgliedstaates zu versteuern sind, an dem diese Leistungen auch tatsächlich bezogen werden.[159] Das Bestimmungslandprinzip hat sich heute weltweit als das Leitprinzip im internationalen Handelsverkehr durchgesetzt.[160] Hierdurch wird sichergestellt, dass importierte Leistungen demselben Steuerniveau unterliegen wie inländisch hergestellte Leistungen und ein verzerrungsfreier Wettbewerb zwischen inländischen und grenzüberschreitend tätigen Unternehmern gewährleistet wird.[161] Auch aufgrund des der Umsatzsteuer zugrundeliegenden Verbrauchsteuergedankens scheint das Bestimmungslandprinzip gegenüber dem Ursprungslandprinzip vorzugswürdig zu sein, wird doch so eher ein Anknüpfungspunkt (sog. *genuine link*) zum Verbraucher hergestellt.[162] Das Steueraufkommen dem Land zuzuweisen, in dem sich der Verbrauch realisiert, mithin also dem Ort, an dem

---

158 Alternativ kommt hierzu grds. die Besteuerung nach dem Ursprungslandprinzip in Frage, welches die Besteuerung dem Land der Herstellung bzw. Erzeugung der Leistung zuordnet. Ausführlich zu beiden Prinzipien vgl. *EWG*, Bericht des Steuer- und Finanzausschusses, 1962, S. 77ff.

159 Das Bestimmungslandprinzip war ursprünglich nur als Übergangslösung gedacht (vgl. Art. 402 Abs. 1 MwStSystRL). Die jedoch zunächst angedachte Besteuerung nach dem sog. Ursprungslandprinzip ist jedoch wohl mittlerweile endgültig gescheitert, vgl. hierzu *Robisch*, in: Bunjes, UStG, 2018, § 1a Rn. 1 sowie den Vorschlag der EU-Kommission v. 4.10.2017, COM(2017) 567 final.

160 *Englisch*, in: Tipke/Lang, Steuerrecht, 2018, § 17 Rz. 394; *OECD*, International VAT/GST Guidelines, 2015, Rn. 1.11. So auch die Empfehlung in Art. III Abs. 2 GATT.

161 *Englisch*, in: Tipke/Lang, Steuerecht, 2018, § 17 Rz. 395; *ders.*, in: Seer (Hrsg.), DStJG 32, 2009, 165, 170; *Friedrich-Vache*, Verbrauchsteuerkonforme Umsatzbesteuerung von Finanzdienstleistungen, 2005, S. 17f.; *Reiß*, in: FS Tipke, 1995, 433, 441f.; *Tumpel*, in: Seer (Hrsg.), DStJG 32, 2009, 53, 64f.

162 *Englisch*, in: Tipke/Lang, Steuerrecht, 2018, § 17 Rz. 395; *Kirchhof*, UR 2002, 541, 547; *Reiß*, in: FS Tipke, 1995, 433, 439.

der Verbraucher die Leistung erwirbt, erscheint zudem auch sachgerecht, da der Verbraucher typischerweise auch die Infrastruktur dieses Landes nutzt.[163]

V. Sicherstellung des Binnenmarktkonzepts

Art. 26 Abs. 2 AEUV beschreibt den Binnenmarkt als einen „Raum ohne Binnengrenzen, in dem der freie Verkehr von Waren, Personen, Dienstleistungen und Kapital gemäß den Bestimmungen der Verträge gewährleistet ist".[164] Der Wirtschaftsraum der Europäischen Union soll dabei keine Unterschiede zu einem innerstaatlichen Wirtschaftsraum aufweisen.[165] Zur Verwirklichung dieses Ziels sollen alle marktrelevanten Schranken zwischen den Mitgliedstaaten beseitigt werden.[166]

Vor diesem Hintergrund nimmt der Vorsteuerabzug nicht nur im Mehrwertsteuersystem selbst, sondern auch bei der Herstellung des europäischen Binnenmarktes eine zentrale Rolle ein. Bereits im *Spaak-Bericht*, der Grundlage des EWGV, wurde auf die potentiell wettbewerbsverzerrende Eignung kumulativ wirkender Steuern hingewiesen[167] und auch der *Neumark-Ausschuss* hielt eine derartige kumulative Wirkung der Umsatzsteuer mit den damit einhergehenden wettbewerbsverzerrenden Auswirkungen für nicht mit den Harmonisierungsbestrebungen auf Europäischer Ebene vereinbar.[168] Als negatives Beispiel diente insoweit auch die deutsche Brutto-Umsatzsteuer, da aufgrund ihrer kumulativen Wirkung die exakte Umsatzsteuerbelastung einzelner Leistungen nicht festgestellt werden konnte und somit ein zutreffender Ausgleich auch in Fällen des grenzüberschreitenden Verkehrs nicht möglich war.[169]

Die Beseitigung der kumulativen Wirkung der Umsatzsteuer[170] durch die Einführung eines „umfänglichen" Vorsteuerabzugs war somit zur Unterstützung

---

163 *Fischer*, Die Rechtfertigung einer Umsatzbesteuerung, 2007, S. 96, 98.

164 *Korte*, in: Calliess/Ruffert, EUV/AEUV, 2016, Art. 26 AEUV Rn. 22; *Schröder*, in: Streinz, EUV/AEUV, 2018, Art. 26 AEUV Rn. 19.

165 *Schröder*, in: Streinz, EUV/AEUV, 2018, Art. 26 AEUV Rn. 20.

166 Vgl. insoweit auch das Weißbuch der Kommission in der Erklärung zur Schlussakte, ABl. 1987 Nr. L 169/24; *Schröder*, in: Streinz, EUV/AEUV, 2018, Art. 26 AEUV Rn. 20.

167 EWG, Bericht der Delegationsleiter an die Außenminister (***Spaak-Bericht***), 1956, S. 65.

168 *EWG*, Bericht des Steuer- und Finanzausschusses, 1962, S. 13f., 43.

169 Vgl. *Zerres*, Die Entwicklung der Mehrwertsteuer, 1978, S. 11f. der darauf hinweist, dass insoweit komplizierte Berechnungsmethoden erforderlich waren, die letztlich aber auch nicht zum exakten Ergebnis, sondern vielmehr selbst zu Wettbewerbsverzerrungen führten.

170 Die kumulative Wirkung der Umsatzsteuer ohne ein entsprechendes Korrektiv durch den Vorsteuerabzug kann insbesondere eindrucksvoll an den ökonomischen

eines ungehinderten Handels über die Grenzen der Mitgliedstaaten hinweg und damit zur Schaffung eines europäischen Binnenmarktes essentiell.[171]

C. Der Einfluss des europäischen Rechts auf das nationale Umsatzsteuerrecht

I. Gesetzgebung

Bei den Regelungen des Vorsteuerabzugsrechts, auf die sich der Unternehmer beruft, handelt es sich zwar um nationales Recht, dieses beruht aber aufgrund der weitgehenden Harmonisierung innerhalb der Europäischen Union im Wesentlichen auf Unionsrecht. Die technische Umsetzung der Harmonisierung des Mehrwertsteuerrechts erfolgt durch Richtlinien, die vom Rat der Europäischen Union erlassen werden und gegenüber den Mitgliedstaaten unmittelbar gelten (Art. 288 Abs. 3 AEUV). Gegenüber dem einzelnen Bürger entfalten Richtlinien hingegen prinzipiell keine unmittelbare Wirkung[172], sondern müssen von dem jeweiligen Mitgliedstaat so in nationales Recht umgesetzt werden, dass das entsprechende Ziel der Richtlinie erreicht wird.[173] Hierfür kann der Mitgliedstaat die Form und Mittel der Umsetzung frei wählen, sofern der verfolgte Zweck hierdurch gewährleistet wird.[174] Im Bereich der Mehrwertsteuer verbleibt jedoch aufgrund der Regelungsdichte der Richtlinien in der Regel für die Mitgliedstaaten kaum ein Umsetzungsspielraum.[175]

Auswirkungen der Brutto-Umsatzsteuer in Deutschland bis 1967 beobachtet werden, vgl. hinsichtlich ausgewählter Wirtschaftszweige, *Petersen/Spanakakis*, Die kumulierte Umsatzsteuerbelastung in der Bundesrepublik Deutschland, 1967, S. 54.

171 *Zirkl*, Die Neutralität der Umsatzsteuer, 2015, S. 11.

172 Zu den Voraussetzungen der unmittelbaren Wirkung von Richtlinien vgl. ausführlich *Krimphove*, EuZW 2014, 178.

173 EuGH v. 11.7.2002, Rs. C-62/00 (Marks & Spencer), Slg. 2000, I-6325, Rn. 26ff; *König*, in: Schulze/Zuleeg/Kadelbach, Europarecht, 2015, § 2 En. 51; *Schroeder*, in: Streinz, EUV/AEUV, 2018, Art. 288 AEUV Rn. 92ff.; für die Mehrwertsteuer vgl. *Heuermann*, UR 2014, 877.

174 Grdl. EuGH v. 8.4.1976, Rs. 48/75 (Royer), Slg. 1976, 497, Rn. 69, 73 a.E.; *Nettesheim*, in: Grabitz/Hilf/Nettesheim, Das Recht der Europäischen Union, Art. 288 AEUV (August 2012) Rn. 132; *Ruffert*, in: Calliess/Ruffert, EUV/AEUV, 2016, Art. 288 AEUV Rn. 26.

175 *Englisch*, in: Tipke/Lang, Steuerrecht, 2018, § 4 Rz. 30.

Bei der Umsetzung der Richtlinien müssen die Mitgliedstaaten insbesondere die Grundrechte der EU-Grundrechtscharta (GRCh)[176] sowie die allgemeinen Rechtsgrundsätze des Unionsrechts[177] beachten. Vor allem muss die Umsetzung den Anforderungen der Rechtssicherheit und Rechtsklarheit gerecht werden, was nur dann erfüllt ist, wenn diese tatsächlich durch Legislativakt erfolgt ist.[178]Eine Umsetzung durch bloße Verwaltungspraxis ist hingegen nicht ausreichend.[179]

II. Rechtsprechung

1. Richtlinienkonforme Auslegung

Die Normen des Mehrwertsteuerrechtes sind durch die Mitgliedstaaten richtlinienkonform, d.h. im Einklang mit den Regelungen des Unionsrechts, auszulegen.[180] Nach ganz herrschender Meinung beschränkt sich die Pflicht zur richtlinienkonformen Auslegung hierbei allerdings nicht nur auf die nationalen Gerichte, sondern gilt für alle Träger hoheitlicher Gewalt, namentlich also auch für die Verwaltungsbehörden.[181] Nach ständiger Rechtsprechung des EuGH leitet sich dieses Gebot aus der in Art. 4 Abs. 3 EUV i.V.m. Art. 288 Abs. 3 AEUV verbürgten Loyalitätspflicht der Mitgliedstaaten ab.[182] Das Gebot der

---

176 Die GrR-Charta (***GRCh***) wurde am 7.12.2000 vom Europäischen Rat ohne Rechtsverbindlichkeit bekanntgegeben (ABl. C 364 v. 18.12.2000, 1); mit dem Inkrafttreten des Vertrages von Lissabon besitzt sie nun gem. Art. 6 Abs. 1 EUV den Rang europäischen Primärrechts.

177 *Schilling,* EuGRZ 2000, 3, 17ff. Zu den allgemeinen Rechtsgrundsätzen, vgl. *Haratsch/Koenig/Pechstein*, Europarecht, 2016, Rn. 435ff. sowie *Jacoby*, Allgemeine Rechtsgrundsätze, 1997.

178 *Tonikidis*, JA 2013, 598, 602.

179 Vgl. EuGH v. 1.3.1983, Rs. 300/81 (Kommission/Italien), Slg. 1983, 449; v. 9.12.1986, Rs. 239/85 (Kommission/Belgien), Slg. 1986, 3645; v. 30.6.1991, Rs. C-361/88 (TA-Luft), Slg. 1991, I-2567, Rn. 20f.

180 Vgl. *Schön*, Die Auslegung des europäischen Steuerrechts, 1993, S. 35ff.; *Cordewener*, UR 2006, 673.

181 EuGH v. 22.6.1989, Rs. 103/88, Slg. 1989, 1839, Rn. 30f.; v. 18.12.1997, Rs. C-129/96 (Inter-Environment Wallonie), Slg. 1997, I-7411, Rn. 40; v. 5.7.2007, Rs. C-321/05 (Kofoed), Slg. 2007, I-5795, Rn. 45; *Tonikidis*, JA 2013, 598, 599.

182 St. Rspr. vgl. bspw. EuGH v. 13.11.1990, Rs. C-106/89 (Marleasing), Slg. 1990, I-4135, Rn. 8; v. 5.10.2004, Rs. C-397/01 (Pfeifer u.a.), Slg. 2004, I-8835, Rn. 110ff.; v. 19.1.2010, Rs. C-555/07 (Kücückdeveci), Slg. 2010. I-365, Rn. 48; in Bezug auf das Steuerrecht vgl. EuGH v. 15.6.2000, Rs. C-365/98 (Brinkmann Tabakfabriken), Slg. 2000, I-4619, Rn. 40; v. 19.4.2007, Rs. C-63/06 (Profisa), Slg. 2007, I-3239, Rn. 13; v. 11.4.2013, Rs. C-138/12 (Rusedespred), ABl. EU 2013, Nr. C 156, 13, Rn. 37; *Ruffert*,

richtlinienkonformen Auslegung ist nicht nur in Bezug auf solche Steuervorschriften zu beachten, die zur Umsetzung der Vorgaben der Richtlinie erfolgt sind, sondern findet auf jegliche Norm Anwendung, die für das Erreichen der Richtlinienziele von Bedeutung ist.[183]

Die richtlinienkonforme Auslegung einer Norm kann auch zu Lasten des Steuerpflichtigen erfolgen.[184] Das Gebot der richtlinienkonformen Auslegung begründet dabei keine eigenständige Auslegungsmethode, vielmehr handelt es sich hierbei um eine Rangregelung, die beinhaltet, dass bei mehreren nach der Rechtsordnung des jeweiligen Mitgliedstaates möglichen Interpretationsregelungen diejenige zur Anwendung kommt, die mit der Richtlinie vereinbar ist.[185] Eine Auslegung *contra legem* ist somit nicht möglich.[186]

2. Rechtsfortbildung durch Auslegung

Neben einer richtlinienkonformen Auslegung besteht für die Mitgliedstaaten auch die Möglichkeit einer richtlinienkonformen Rechtsfortbildung.[187] Eine richtlinienkonforme Rechtsfortbildung ist jedoch nur dann erforderlich, wenn der Mitgliedstaat zur Erzielung eines bestimmten Ergebnisses verpflichtet wird,

---

in: Calliess/Ruffert, EUV/AEUV, 2016, Art. 288 AEUV Rn. 77; *Wittock*, EC Tax Review 2014, 171, 174f.

183 EuGH v. 4.7.2006, C-212/04 (Adeneler), Slg. 2006. I-6057, Rn. 108 m.w.N.; *Canaris*, in: FS Bydlinski, 2002, 47, 73f.; *Englisch*, in: Tipke/Lang, Steuerrecht, 2018, § 4 Rz. 31.

184 Ausdrücklich EuGH v. 5.7.2007, Rs. C-321/05 (Kofoed), Slg. 2007, I-5797, Rn. 45; v. 8.10.1987, C-80/86 (Kolpinhuis Nijmegen), Slg. 1987, 3969, Rn. 10, 14; v. 5.10.2004, C-397/01 (Pfeiffer u.a.), Slg. 2004, I-8835, Rn. 107ff.

185 Vgl. BFH v. 15.2.2012, XI R 24/09, DStR 2012, 903; *Höpfner*, Die systemkonforme Auslegung, 2008, 282ff.; *Englisch*, in: Tipke/Lang, Steuerrecht, 2018, § 4 Rz. 32; *Roth/Jopen*, in: Riesenhuber, Europäische Methodenlehre, § 13 Rn. 26, 31. A.A. *Tonikidis*, JA 2013, 598, 602f., der zwar in dem Grundsatz der richtlinienkonformen Auslegung eine eigenständige Auslegungsmethode sieht, aber letztlich zu demselben Ergebnis kommt.

186 EuGH v. 10.3.2011, Rs. C-109/09 (Deutsche Lufthansa), Slg. 2011, I-1309, Rn. 54; v. 4.7.2006, C-212/04 (Adeneler), Slg. 2006, I-6057, Rn. 110; *Höpfner*, Die systemkonforme Auslegung, 2008, S. 234; *Manthey/Unseld*, DÖV 2011, 921; *Anweiler*, Die Auslegungsmethoden des Gerichtshofs der Europäischen Gemeinschaften, 1997, S. 407 weist demgegenüber daraufhin, dass der EuGH nur dann den Wortlaut als Obergrenze der Auslegung anerkennt, wenn die betreffende Regelung in Rechte des Bürgers eingreift.

187 In der unionsrechtlichen Terminologie handelt es sich hierbei auch um einen Fall der richtlinienkonformen Auslegung, vgl. *Herresthal*, EuZW 2007, 396; *Tonikidis*, JA 2013, 598, 603.

dieses aber nicht mittels (auch nicht durch richtlinienkonforme) Auslegung des nationalen Rechts erreicht werden kann. Nur in diesen Fällen ist eine richtlinienkonforme Rechtsfortbildung zu prüfen.[188] Nach Auffassung des EuGH sind die nationalen Gerichte insoweit verpflichtet, „unter Anwendung ihrer Auslegungsmethoden alles (zu) tun, was in ihrer Zuständigkeit liegt, um die volle Wirksamkeit der fraglichen Richtlinie zu gewährleisten“[189]. Die Grenzen der richtlinienkonformen Rechtsfortbildung bilden jedoch wie bei der richtlinienkonformen Auslegung die juristischen Auslegungsmethoden der jeweiligen nationalen Rechtsordnungen. Auch eine Rechtsfortbildung *contra legem* ist nach deutschem Rechtsverständnis somit nicht möglich.[190]

3. *Vorabentscheidungsverfahren nach Art. 267 AEUV*

Der EuGH ist nach Art. 267 AEUV für die Auslegung von Unionsrecht zuständig. Das Vorabentscheidungsverfahren gem. Art. 267 AEUV soll divergierende Entscheidungen nationaler Gerichte zur Auslegung von Unionsrecht verhindern und so die Rechtseinheit innerhalb der Gemeinschaft wahren.[191] Vorlagepflichtig sind alle nationalen Gerichte, „dessen Entscheidungen selbst nicht mehr mit Rechtsmitteln des innerstaatlichen Rechts angefochten werden können“ (Art. 267 Abs. 3 AEUV). Hierdurch soll verhindert werden, dass sich in einem Mitgliedstaat eine nicht im Einklang mit dem Unionsrecht stehende nationale Rechtsprechung bildet bzw. verfestigt.[192] Vor diesem Hintergrund wird der EuGH daher auch als „Motor der Integration“ bezeichnet.[193]

Eine Vorlagepflicht besteht dann nicht, wenn die betreffende Rechtsfrage durch den EuGH bereits gelöst wurde (*acte éclairé*) oder die richtige Anwendung

---

188 *Herresthal*, EuZW 2007, 396.

189 EuGH v. 24.5.2012, Rs. C-97/11 (Amia SpA), ABl. EU 2012 Nr. C 200, 2, Rn. 29.

190 *Herresthal*, EuZW 2007, 396 m.w.N.; *Tonikidis*, JA 2013, 598, 604.

191 Vgl. hierzu EuGH, Rs. 166/73 (Rheinmühlen) Slg. 1974, 33, Rn. 2; Rs. 107/76 (Hoffmann La Roche) Slg. 1977, 957, Rn. 5; *Wegener*, in: Calliess/Ruffert, EUV, AEUV, 2016, Art. 267 AEUV Rn. 1; *Karpenstein*, in: Grabitz/Hilf/Nettesheim, Das Recht der Europäischen Union, Art. 267 AEUV (Mai 2013) Rn. 2; *Ehricke*, in: Streinz, EUV/AEUV, 2018, Art. 288 AEUV Rn. 6.

192 EuGH v. 15.9.2005, Rs. C-495/03 (Intermodal Transports), Slg. 2005, I-8151; v. 4.11.1995, Rs. C-337/95 (Parfums Christian Dior), Slg. 1997, I-6013, Rn. 25; v. 4.6.2002, Rs. C-99/00 (Lyckeskog), Slg. 2002, I-4839, Rn. 14; v. 24.5.1977, Rs. C-107/76 (Hofmann La Roche), Slg. 1977, 957, Rn. 5.

193 *Kokott/Henze*, BB 2007, 913, 918.

des Unionsrechts unzweifelhaft ist (*acte-claire*).[194] Nichtletztinstanzliche Gericht sind nach Art. 267 Abs. 2 AEUV zur Vorlage ermächtigt, aber nicht verpflichtet. Eine Vorlagepflicht besteht für sie lediglich dann, wenn sie von einer Ungültigkeit des Unionsrechts oder einer Handlung eines Unionsorgans ausgehen und diese nicht angewendet wissen wollen.[195] Auch wenn die Entscheidung des EuGH im Vorabentscheidungsverfahren keinen unmittelbaren Einfluss auf die nationale Rechtslage hat, muss diese doch vom nationalen Gericht bei der Entscheidung des Ausgangssachverhaltes beachtet werden.[196] Daneben kommt dem Vorabentscheidungsverfahren aber auch eine gewichtige Rolle bei der Durchsetzung des Individualrechtsschutzes der Bürger zu[197].Verfahrensrechtlich handelt es sich bei dem Vorabentscheidungsverfahren um ein der Parteiherrschaft entzogenes[198] in den Rechtstreit vor den nationalen Gerichten eingebettetes Verfahren[199], d.h. die Parteien können eine Vorlage an den EuGH nicht erzwingen.

4. *Unmittelbare Wirkung nicht umgesetzter Richtlinien*

Eine unmittelbare Wirkung von Richtlinien ist im Unionsrecht an sich nicht vorgesehen, richten sich diese doch ausdrücklich nur an die Mitgliedstaaten (Art. 288 Abs. 3 AEUV). Der EuGH hat jedoch im Wege der Rechtsfortbildung die unmittelbare Wirkung von Richtlinien unter der Voraussetzung anerkannt, dass die Richtlinie nicht vollumfänglich innerhalb des Umsetzungszeitraumes von den Mitgliedstaaten in nationales Recht umgesetzt wurde und die entsprechende Richtlinienvorschrift unbedingt und hinreichend klar ist.[200] Liegen

---

194 Grdl. EuGH v. 6.10.1982, Rs. C-283/81 (CILFIT) Slg. 1982, 3415; vgl. hierzu auch *Wegener*, in: Calliess/Ruffert, EUV/AEUV, 2016, Art. 267 AEUV Rn. 33.

195 *Wegener*, in: Calliess/Ruffert, EUV/AEUV, 2016, Art. 267 AEUV Rn. 29.

196 Insoweit besteht nach allgemeiner Meinung eine Bindungswirkung inter partes; statt vieler *Ehricke*, in: Streinz, EUV/AEUV, 2018, Art. 267 AEUV Rn. 68; *Wegener*, in: Calliess/Ruffert, EUV/AEUV, 2016, Art. 267 AEUV Rn. 49f.

197 *Wegener*, in: Calliess/Ruffert, EUV, AEUV, 2016, Art. 267 AEUV Rn. 1; *Karpenstein*, in: Grabitz/Hilf/Nettesheim, Das Recht der Europäischen Union, Art. 267 AEUV (Mai 2013) Rn. 3.

198 EuGH v. 10.2.2006, Rs. C-344/04, (IATA und ELFA), Slg. 2006, I-403, Rn. 28; v. 12.2.2008, Rs. C-2/06 (Kempter), Slg. 2008, I-411, Rn. 41.

199 *Dauses*, Handbuch des Europäischen Wirtschaftsrechts, P.II, Rn. 25; *Thomy*, Individualrechtsschutz im Vorabentscheidungsverfahren, 2008, S. 51.

200 Grdl. hierzu EuGH v. 19.1.1982, Rs. 8/81 (Kreditvermittler), Slg. 1982, 53, Rn. 25; v. 8.10.1987, Rs. C-80/86 Kolpinhuis Nijmegen), Slg. 1987, 3969, Rn. 7; sowie im steuerrechtlichen Kontext EuGH v. 15.6.2000, Rs. C-365/98 (Brinkmann Tabakfabriken), Slg. 2000, I-4619, Rn. 32; Rs. C-226/07 (Flughafen Köln/Bonn), Rn. 23ff.;

diese Voraussetzungen vor, findet die Richtlinienregelung unmittelbare Anwendung.[201] Die unmittelbare Wirkung kommt allerdings nicht pauschal der Richtlinie im Ganzen, sondern nur der jeweiligen einzelnen Bestimmung zu.[202] Im Bereich der Mehrwertsteuerrichtlinien hat der EuGH die Voraussetzungen der unmittelbaren Geltung regelmäßig als gegeben angesehen.[203]

Sofern allerdings eine richtlinienkonforme Auslegung des nationalen Rechts möglich ist, kommt eine unmittelbare Wirkung der Richtlinie nicht in Betracht.[204] Eine unmittelbare Berufung auf Richtlinienrecht ist zudem nur zugunsten des Steuerpflichtigen und nicht zu dessen Lasten möglich,[205] sodass sich der Staat gegenüber dem Bürger nicht auf eine Direktwirkung der Richtlinie berufen kann[206]. Dies begründet der EuGH damit, dass die Direktwirkung der Richtlinie darauf beruht, dass der Mitgliedstaat seiner Umsetzungsverpflichtung nicht oder nicht hinreichend nachgekommen ist. Dieses Pflichtversäumnis soll dem Mitgliedstaat dann nicht noch zum Vorteil gereichen.[207]

III. Ausübung der durch Unionsrecht eingeräumten Rechte

1. Umfängliche Bindung an Unionsrecht

Bei der Ausübung der Befugnisse, die den Mitgliedstaaten durch die Gemeinschaftsrechtsordnung eingeräumt wurden, sind diese an das Gemeinschaftsrecht

---

v. 26.4.2012, Rs. C-621/10 (Balkan and Sea Properties u.a.), ABl. EU 2012, Nr. C 174, 11, Rn. 53ff.

201 *Schroeder*, in: Streinz, EUV/AEUV, 2018, Art. 288 AEUV Rn. 91-97.

202 Vgl. hierzu EuGH v. 4.12.1974, Rs. 41/74 (van Duyn) Slg. 1974, 1337; *König*, in: Schulze/Zuleeg/Kadelbach, Europarecht, 2015, § 2 Rn. 59.

203 Vgl. z.B. EuGH v. 19.1.1982, Rs. 8/81 (Becker), Slg. 1982, 53, Rn. 52; v. 27.6.1989, Rs. 50/88 (Kühne), Slg. 1989, 1925, Rn. 23; v. 25.5.1993, Rs. C-193/91 (Mohsche), Slg. 1993, I-2615, Rn. 17.

204 Zum Vorrang der richtlinienkonformen Auslegung vgl. EuGH v. 19.1.1982, Rs. C-8/81 (Kreditvermittler), Slg. 1982, 53, Rn. 25, v. 27.6.2000, Rs. C-240/98 (Oceano Group), Slg. 2000, I-4941, Rn. 30, v. 2.7.2006, Rs. C-212/04 (Adeneler), Slg. 2006, I-6057, Rn. 113.

205 Vgl. EuGH v. 24.10.1996, Rs. C-72/95 (Aannemersbedrijf), Slg. 1996, I-5403, Rn. 57 m.w.N.; v. 12.2.2008, Rs. C-2/06 (Kempter), Slg. 2008, I-411, Rn. 45; *Schroeder*, in: Streinz, EUV/AEUV, 2018, Art. 288 AEUV Rn. 100.

206 EuGH v. 8.10.1987, Rs. C-80/86 Kolpinhuis Nijmegen), Slg. 1987, 3969, Rn. 10.

207 Vgl. *Haratsch/Koenig/Pechstein*, Europarecht, 2016, Rn. 392; *König*, in: Schulze/Zuleeg/Kadelbach, Europarecht, 2015, § 2 Rn. 65; *Ruffert*, in: Calliess/Ruffert, EUV/AEUV, 2016, Art. 288 AEUV Rn. 141.

gebunden.[208] Neben dem geschriebenem Unionsrecht gilt dies auch für die dem europäischen Primärrecht zuzuordnenden allgemeinen Rechtsgrundsätze.[209] Allgemeine Rechtsgrundsätze sind die Verkörperung der „elementaren Vorstellungen von Recht und Gerechtigkeit", die in den Rechtsordnungen der Mitgliedstaaten herrschen.[210] Sie werden durch Rechtsvergleichung gewonnen[211] und dienen als Auslegungshilfe und Rechtmäßigkeitsmaßstab für das Sekundärrecht[212]. Diese Rechtsgrundsätze, wie etwa der Grundsatz der Verhältnismäßigkeit[213], sind folglich von den Mitgliedstaaten bei der Ausübung der ihnen durch die MwStSystRL eingeräumten Rechte zu beachten[214]

Sofern das Unionsrecht für seinen Vollzug keine spezifischen Vorgaben enthält, steht die Ausübung des Unionsrechts zudem unter dem Vorbehalt eines allgemeinen Diskriminierungsverbotes (*Prinzip der Äquivalenz*) sowie des Grundsatzes der effektiven Ausübung (*Prinzip der Effektivität*).[215] Diese Grundsätze haben die Mitgliedstaaten insbesondere bei der Ausgestaltung von Verfahrensmodalitäten im Zusammenhang mit der MwStSystRL zu beachten.[216] Im Bereich des Mehrwertsteuerrechts ist daneben vor allem bei der Anwendung und Auslegung der entsprechenden Normen der Grundsatz der Neutralität zu beachten.[217]

---

208 Vgl. *Haratsch/Koenig/Pechstein*, Europarecht, 2016, Rn. 463.

209 Vgl. *Nettesheim*, in: Grabitz/Hilf/Nettesheim, EUV/AEUV, Art. 288 AEUV (August 2012) Rn. 226; *Ruffert*, in: Calliess/Ruffert, EUV/AEUV, 2016, Art. 288 AEUV Rn. 8.

210 *Looks*, DStR 2009, 513, 515.

211 *Altmeyer*, Vertrauensschutz im Recht der Europäischen Union, 2003, S. 16.

212 *Looks*, DStR 2009, 513, 515.

213 St. Rspr. vgl. bspw. EuGH v. 13.12.1979, Rs. C-44/79 (Hauer), Slg. 1979, 3727, Rn. 23ff.; v. 20.2.1979, Rs. C-120/79 (Cassis de Dijon), Slg. 1979, 649, Rn. 8; vgl. hierzu *Kischel*, EuR 2000, 380.

214 EuGH v. 3.12.1998, Rs. C-381/97 (Belgocodex), Slg. 1998, I-8153, Ls. 2, Rn. 26; v. 18.5.2000, Rs. C-107/97 (Rombi und Arkopharma), Slg. 2000, I-3367, Ls. 3, v. 11.7.2002, Rs. C-62/00 (Marks & Spencer), Slg. 2002, I-6325, Rn. 44; v. 14.9.2006, Rs. C-181/04 (Elmeka), Slg. 2006, I-8167, Ls., Rn. 31; v. 10.9.2009, Rs. C-201/08 (Plantanol), Slg. 2009, I-8343, Rn. 43.

215 *Classen*, in: Grabitz/Hilf/Nettesheim, Das Recht der Europäischen Union, Art. 197 AEUV (Januar 2015) Rn. 23.

216 Vgl. *Englisch*, in: Tipke/Kruse, Steuerecht, 2018, § 4 Rz. 42.

217 Zum Grundsatz der Neutralität ausführlich Kapitel 2 C II 1 a.

2. *Der Grundsatz der Verhältnismäßigkeit*

Neben seiner Funktion als Prüfungsmaßstab allen Handelns der Unionsorgane[218] dient der Verhältnismäßigkeitsgrundsatz vor allem als Auslegungshilfe des Unionsrechts sowie des nationalen Rechts, das der Umsetzung von Unionsrecht dient[219]. Die Prüfung der Verhältnismäßigkeit einer Maßnahme durch den EuGH folgt dabei einem dreistufigen Aufbau.[220] Zunächst prüft der EuGH, ob eine Maßnahme überhaupt geeignet ist, das angestrebte Ziel zu erreichen.[221] Darüber hinaus muss die betreffende Maßnahme auch erforderlich sein, darf mithin also nicht über das unbedingt notwendige Maß hinausgehen.[222] Bei mehreren gleich geeigneten Maßnahmen ist diejenige anzuwenden, die für den Bürger am wenigsten belastend ist.[223]

---

218 *Koch*, Der Grundsatz der Verhältnismäßigkeit, 2003, S. 197; *Pache*, NVwZ 1999, 1033, 1036.

219 *Pache*, NVwZ 1999, 1033, 1036; *von Danwitz*, EWS 2003, 393, 394.

220 Erstmals von EuGH angewandt in dem Urteil vom 11.7.1989, Rs. C-265/87 (Schräder HS Kraftfutter), Slg. 1989, 2237, Ls. 4, Rn. 19ff. Ausführlich zur Prüfung durch den EuGH vgl. *Koch*, Der Grundsatz der Verhältnismäßigkeit, 2003, S. 290ff.

221 Hierzu bspw. EuGH v. 17.12.1979, Rs. C-25/70 (Köster, Berodt & Co.), Slg. 1970, 1161, Rn. 25; v. 21.2.1979, Rs. C-138/78 (Stöling), Slg. 1979, 713, Rn. 7; v. 11.3.1987, Rs. C-279/84 (Rau Lebensmittelwerke u.a.), Slg. 1987, 1609, Rn. 34; v. 11.7.1989, Rs. C-265/87 (Schräder HS Kraftfutter), Slg. 1989, 2237, Ls. 4, Rn. 21; v. 13.11.1990, Rs. C-331/88 (Fedesa u.a.), Slg. 1990, I-4023, Rn. 13, 15; v. 7.3.1990, Rs. C-8/89 (Zardi), Slg. 1990, I-2513, Rn. 7f.; v. 17.7.1997, Rs. C-183/95 (Affish), Slg. 1997, I-04315, Rn. 30; v. 11.7.1996, Rs. C-22/94 (Irish Farmers Association u.a.), Slg. 1997, I-1809, Rn. 31; v. 26.10.2010, Rs. C-97/09 (Schmelz), Slg. 2010, I-10465; v. 18.11.2010, Rs. C-84/09 (X), Slg. 2010, I-11645, Rn. 36; v. 17.11.2011, Rs. C-434/10 (Aldzhov), Slg. 2011, I-11659, Rn. 47.

222 Vgl. bspw. EuGH v. 11.7.1989, Rs. C-265/87 (Schräder HS Kraftfutter), Slg. 1989, 2237, Ls. 4, Rn. 20; v. 13.11.1990, Rs. C-331/88 (Fedesa u.a.), Slg. 1990, I-4023, Rn. 13; v. 17.7.1997, Rs. C-183/95 (Affish), Slg. 1997, I-4315, Rn. 30; v. 18.12.1997, Rs. C-286/94 (Molenheide u.a.), Slg. 1997, I-7281, Rn. 46; v. 17.11.2011, Rs. C-434/10 (Aldzhov), Slg. 2011, I-11659, Rn. 47.

223 EuGH v. 17.12.1970, Rs. C-122/78 (Köster, Berodt & Co.), Slg. 1970, 1161, Rn. 27; v. 11.7.1989, Rs. C-265/87 (Schräder HS Kraftfutter), Slg. 1989, 2237, Ls. 4; v. 17.7.1997, Rs. C-183/95 (Affish), Slg. 1997, I-04315, Rn. 36, 38ff.; v. 17.7.1997, Rs. C-248/95 (SAM Schiffahrt und Stapf), Slg. 1997, I-4475, Rn. 6.

Die abschließende Verhältnismäßigkeitsprüfung im engeren Sinne wird durch den EuGH nur eingeschränkt vorgenommen[224] und verlangt, dass das Ziel der Maßnahme in einem angemessenen Verhältnis zu der hierdurch erfolgten Beeinträchtigung steht.[225]

3. *Die Prinzipien der Effektivität und der Äquivalenz*

Vor allem im Verfahrensrecht trifft das Unionsrecht im Bereich des Mehrwertsteuerrechts kaum Regelungen. Die Mitgliedstaaten können daher vom Grundsatz her die verfahrensrechtlichen Bestimmungen frei festlegen und ausgestalten (sog. Grundsatz der Verfahrensautonomie).[226] Allerdings sind die Mitgliedstaaten hierbei an die Grundsätze der Effektivität und der Äquivalenz gebunden.[227]

Nach dem *Grundsatz der Effektivität* dürfen von den Mitgliedstaaten festgelegte verfahrensrechtliche Voraussetzungen „die Ausübung der durch die Gemeinschaftsrechtsordnung verliehenen Rechte nicht praktisch unmöglich machen oder übermäßig erschweren".[228]

Aus dem *Äquivalenzprinzip* ergibt sich hingegen, dass die Mitgliedstaaten zwischen unionsrechtlichen und rein nationalen Sachverhalten nicht zum Nachteil des

---

224 So *Ehlers*, in: Ehlers, Grundrechte, 2015, § 7 Rn. 132; *Richter*, Die Regelungen zum Vorsteuerabzug, 2012, S. 65; vgl. bspw. EuGH v. 13.4.2010, Rs. C-73/08 (Bressol), Slg. 2010, I-2735, Rn. 63.

225 EuGH v. 13.12.1979, Rs. C-44/79 (Hauer), Slg. 1979, 3727, Rn. 30; v. 11.7.1989, Rs. C-265/87 (Schräder HS Kraftfutter), Slg. 1989, 2237, Rn. 21; v. 13.11.1990, Rs. C-331/88 (Fedesa u.a.), Slg. 1990, I-4023, Rn. 13; v. 17.7.1997, Rs. C-183/95 (Affish), Slg. 1997, I-4315, Rn. 30f., 41; v. 16.2.2012, Rs. C-594/10 (Van Laarhoven), ABl. EU 2012, Nr. C 98, 8, Rn. 33.

226 *Englisch*, in: Tipke/Kruse, Steuerecht, 2018, § 4 Rz. 41.

227 Vgl. EuGH v. 28.2.1018, Rs. C387/16 (Nidera), ABl. EU 2016, Nr. C 142, 6, Rn. 22. In diesem Sinne auch EuGH v. 12.5.2011, Rs. C-103/10 (Enel Maritsa Iztok 3), Slg. 2011, I-3873, Rn. 39; v. 19.7.2012, Rs. C-591/10 (Littlewoods Retails u.a.), ABl. EU 2012, Nr. C 295, 5, Rn. 27.

228 St. Rspr. vgl. nur EuGH v. 2.12.1997, Rs. C-188/05 (Fantask), Slg. 1997, I-6783, Ls. 6, Rn. 39, 47; v. 9.11.1983, Rs. 199/82 (San Giorgio), Slg. 1983, 3595, Ls. 2, Rn. 12; v. 2.2.1988, Rs. 309/85 (Barra), Slg. 1988, 355, Ls. 3, Rn. 18; v. 25.2.1988, Rs. 331/85, 376/85 und 378/85 (Bianco), Slg. 1988, 1099, Rn. 12; v. 24.3.1988, Rs. 104/86 (Kommission/Italien), Slg. 1988, 1799, Ls. 1, Rn. 7; v. 29.6.1988, Rs. 240/87 (Deville), Slg. 1988, 3513, Rn. 12; v. 19.11.1991, Rs. C-6/90 und C-9/90 (Francovich), Slg. 1991, 5357, Rn. 43; v. 8.3.2001, Rs. C-397/98 und C-410/98 (Metallgesellschaft), Slg. 2001, I-1727, Ls. 1, Rn. 85; v. 9.12.2003, Rs. C-129/00 (Kommission/Italien), Slg. 2003, I-14637, Rn. 25.

Unionsrechts unterscheiden dürfen,[229] d.h. die für unionsrechtliche Sachverhalte geltenden Vorschriften dürfen nicht ungünstiger sein als für vergleichbare nationale Sachverhalte[230]. Insbesondere dürfen auch die durch die Mitgliedstaaten eingerichteten Rechtsschutzmöglichkeiten nicht schlechter ausgestaltet sein.[231]

Diese beiden Prinzipien beziehen sich auf das gesamte Verwaltungsrecht der Mitgliedstaaten und damit auf eine Fülle von Rechtsinstituten.[232] So bestehen gemeinschaftsrechtliche Vorgaben beispielsweise bei verwaltungsrechtlichen Erstattungspflichten[233], bei Sanktionen[234], Rechtsbehelfsfristen[235], der Einrichtung gerichtlicher Rechtsbehelfe[236] sowie der Ausgestaltung und Anwendung von Beweislastregeln.[237]

---

229 *Ruffert*, in: Calliess/Ruffert, EUV/AEUV, 2016, Art. 197 AEUV Rn. 14.

230 EuGH v. 15.4.2010, Rs. C-542/08 (Barth), Slg. 2010, I-3189, Rn. 19f.

231 *Englisch*, in: Schaumburg/Englisch, Europäisches Steuerrecht, 2015, Rn. 12.47.

232 *Ruffert*, in: Calliess/Ruffert, EUV/AEUV, 2016, Art. 197 AEUV Rn. 14.

233 EuGH v. 5.3.1980, Rs. 265/78 (Ferwerda/Produktschap voor vee en vlees), Slg. 1980, 617; v. 27.2.1980, Rs. 68/79 (Just), Slg. 1980, 501; v. 6.7.1995, Rs. C-62/93 (BP Soupergaz), Slg. 1995, I-1883, Rn. 37ff.; v. 8.3.2001, Rs. C-397/98 u. C-410/97 (Metallgesellschaft u.a.), Slg. 2001, I-1727, Rn. 84; v. 10.9.2002, Rs. C-216/99 u. C-222/99 (Prisco und Caser), Slg. 2002, I-6761, Rn. 77; v. 2.10.2003, Rs. C-147/01 (Weber´s Wine World), Slg. 2003, I-11365, Rn. 86.

234 EuGH v. 21.9.1989, Rs. 68/88 (Kommission/Griechenland), Slg. 1989, 2965, Rn. 23ff.; v. 8.6.1994, Rs. C-382/92 (Kommission/Vereinigtes Königreich), Slg. 1994, I-2435, Rn. 55; v. 27.2.1997, Rs. C-177/95 (Ebony Maritime und Loten Naviation), Slg. 1997, I-1111, Rn. 35; v. 8.7.1999, Rs. C-186/98 (Nunes und de Matos), Slg. 1999, I-4883, Rn. 9ff.; v. 15.1.2004, Rs. C-230/01 (Penyvoed Farming Partnership), Slg. 2004, I-937, Rn. 36.

235 EuGH v. 17.7.1997, Rs. C-90/94 (Haahr Petroleum), Slg. 1997, I-4085, Rn. 45ff.; v. 17.7.1997, Rs. C-114/95 und 115/95 (Texaco), Slg. 1997, I-4263, Rn. 44ff.; v. 2.12.1997, Rs. C-188/95 (Fantask), Slg. 1997, I-6783, Rn. 45ff.; v. 28.11.2000, Rs. C-88/99 (Roquette Frères), Slg. 2000, I-10465, Rn. 20ff.; v. 11.7.2002, Rs. C-62/00 (Marks & Spencer), Slg. 2002, I-6325, Rn. 34ff.

236 EuGH v. 15.10.1987, Rs. 222/86 (Heylens u.a.), Slg. 1987, 4097, Rn. 23ff.; v. 3.12.1992, Rs. C-97/91 (Oleificio Borelli), Slg. 1992, I-6313, Rn. 14; v. 14.12.1994, Rs. C-312/93 (Peterbroeck), Slg. 1995, I-4599, Rn. 12; v. 3.2.2000, Rs. C-228/98 (Dounais), Slg. 2000, I-577, Rn. 58 u. 62; v. 25.7.2002, Rs. C-459/99 (MRAX), Slg. 2002, I-6591, Rn. 101; v. 19.6.2003, Rs. C-467/01 (Eribrand), Slg. 2003, I-6471, Rn. 61.

237 EuGH v. 9.11.1982, Rs. 199/82 (Dan Giorgio), Slg. 1993, 4097, Rn. 14; v. 25.2.1988, Rs. 331/85, 376/85 u. 378/85 (Bianco und Girard), Slg. 1988, 1099, Rn. 12; v. 24.3.1988, Rs. 104/86 (Kommission/Italien), Slg. 1988, 1799, Rn. 6f.; v. 17.7.1997, Rs. C-242/95 (GT-Linki), Slg. 1997, I-4449, Rn. 25; v. 9.2.1999, Rs. C-343/96 (Dilexport), Slg. 1999, I-579, Rn. 54; v. 2.10.2003, Rs. C-147/01 (Weber´s Wine World), Slg. 2003, I-11365, Rn. 111.

Kapitel 2: Das Recht auf Vorsteuerabzug im harmonisierten Mehrwertsteuerrecht

A. Rechtsgrundlagen

I. Unionsrechtliche Grundlagen

1. Materiell-rechtliche Voraussetzungen des Rechts auf Vorsteuerabzug

a. Entstehung des Vorsteuerabzugsrechts

Die Einzelheiten über den Vorsteuerabzug sind im europäischen Recht in den Artikeln 167 bis 192 MwStSystRL nichtgelegt. Nach Art. 167 MwStSystRL entsteht das Recht auf Vorsteuerabzug, wenn der Anspruch auf die abziehbare Steuer entsteht, mithin also dann, wenn die Lieferung des Gegenstandes oder die Erbringung der Leistung bewirkt wird (Art. 63 MwStSystRL). Zusätzlich hierzu setzt Art. 178 MwStSystRL für die Ausübung[238] des Vorsteuerabzugsrechts grundsätzlich den Besitz einer ordnungsgemäßen Rechnung voraus.[239] Das Vorliegen einer Rechnung wird vom EuGH mittlerweile konsequenterweise nicht mehr als materielle, sondern nur noch als formelle Voraussetzung für den Vorsteuerabzug angesehen.[240]

---

238 Der Besitz einer Rechnung ist keine Entstehungsvoraussetzung des Vorsteuerabzugsrechts, sondern nur Voraussetzung für dessen Ausübung, vgl. ausdrücklich EuGH v. 29.4.2004, Rs. C-152/02 (Terra Baubedarf), Slg. 2004, I-5583, Rn. 32; so auch *Oelmaier*, in: Sölch/Ringleb, UStG, § 15 (September 2018) Rn. 45.

239 Vgl. aber EuGH v. 21.11.2018, Rs. C-664/16 (Vadan), ABl. EU 2019, Nr. C 25, 4, Rn. 41 der Möglichkeit die sich aus der Rechnung ergebenden Angaben anderweitig nachzuweisen. Zum erforderlichen Inhalt der Rechnung vgl. 220 MwStSystRL. Hinsichtlich zugelassener Ausnahmen vom Besitz der Rechnung und der Möglichkeit einer Rechnungsberichtigung vgl. Kapitel 2 B IV 3 b u. c.

240 So ausdrücklich EuGH v. 15.9.2016, Rs. C-518/14 (Senatex), ABl. EU 2016, Nr. C 419, 6, Rn. 28f.; v. 11.12.2014, Rs. C-590/13 (Idexx), ABl. EU 2015, Nr. C 46, 14, Rn. 42 und EuGH v. 28.7.2016, Rs. C-332/15 (Astone), ABl. EU 2016, Nr. C 350, 10, Rn. 47. Nach jüngster Rspr. des EuGH handelt es sich bei der dem Besitz der Rechnung zwar nicht mehr um eine formelle Voraussetzung, vielmehr steht das Recht auf Vorsteuerausübung formellen Voraussetzungen gleich, vgl. EuGH v. 19.10.2017, Rs. C-101/16 (Paper Consult), Rn. 40; v. 21.3.2018, Rs. C-533/16 (Volkswagen), ABl. EU 2018, Nr. C 166, 11, Rn. 42; v. 12.4.2018, Rs. C-8/17 (Biosafe), DStR 2018, 787, Rn. 32.

b. *Umfang des Rechts auf Vorsteuerabzug*

Der Umfang des Rechts auf Vorsteuerabzug bestimmt sich nach Art. 168 MwStSystRL. Hiernach steht dem Unternehmer[241] das Recht auf Vorsteuerabzug zu, *soweit* er die bezogenen Gegenstände und Dienstleistungen für Zwecke der Erbringung besteuerter Umsätze verwendet[242].

Der Vorsteuerabzug steht somit nicht generell jedem Unternehmer in vollem Umfang zu, sondern nur insoweit, als die in Rechnung gestellte Umsatzsteuer andernfalls einen Kostenfaktor für die von ihm erbrachten Leistungen darstellt, mithin also einen kumulativen Effekt haben würde.[243] Eine bedingungslose Befreiung des Unternehmers von Vorsteuer ist unionsrechtlich folglich nicht vorgesehen.

2. *Verfahrensrechtliche Vorschriften für die Geltendmachung des Rechts auf Vorsteuerabzugs*

a. *Regelungen für innerstaatliche Fälle*

Auf dem Gebiet des Steuerrechts existieren, außer im Anwendungsbereich des Zollrechts, kaum unionsrechtliche Vorgaben für die Ausgestaltung des Steuerverfahrens.[244] Entsprechend den Vorgaben des Harmonisierungsauftrages in Art. 113 AEUV wurden derartige Vorschriften offensichtlich nicht für die Errichtung und das Funktionieren des Binnenmarktes und der Vermeidung von Wettbewerbsverzerrungen für erforderlich gehalten.

241 Die Richtlinie verwendet insoweit den Begriff „Steuerpflichtiger". Nach Art. 9 MwStSystRL gilt als Steuerpflichtiger, wer eine wirtschaftliche Tätigkeit selbständig ausübt. Das deutsche Umsatzsteuerrecht verwendet hingegen den Begriff des Unternehmers (§ 2 UStG).

242 Vgl. grdl. EuGH v. 14.2.1985, Rs. 268/83 (Rompelmann), Slg. 1985, 655, Rn. 19; im Weiteren bestätigt durch EuGH v. 1.4.2004, Rs. C-90/02 (Bockemühl), Slg. 2004, I-3303, Rn. 39; v. 29.4.2004, Rs. C-137/02 (Faxworld), Slg. 2004, I-5547, Rn. 37; v. 8.2.2007, Rs. C-435/05 (Investrand BV), Slg. 2007, I-1315, Rn. 22.

243 So bspw. EuGH v. 14.7.1988, Rs. 123/87 (Jeunehomme), Slg. 1988, 4517, Rn. 13; v. 6.4.1995, Rs. C-4/94 (BLP), Slg. 1995, I-983, Rn. 19; v. 8.6.2000, Rs. C-98/98 (Midland Bank), Slg. 2000, I-4177, Rn. 30; v. 22.2.2001, Rs. C-408/98 (Abbey National), Slg. 2001, I-1361, Rn. 28; v. 27.9.2001, Rs. 16/00 (Cibo Participations), Slg. 2001. I-6663, Rn. 31; v. 26.5.2005, Rs. C-465/03 (Kretztechnik), Slg. 2005, I-4357, Rn. 35; v. 8.2.2007, Rs. C-435/05 (Investrand BV), Slg. 2007, I-1315, Rn. 23. Hierzu auch *Stadie*, in: Rau/Dürrwächter, UStG, § 15 (Januar 2017) Rn. 2.

244 *Englisch*, in: Tipke/Lang, Steuerrecht, 2018, § 4 Rz. 41.

Dennoch finden sich auch in der MwStSystRL verfahrensrechtliche Vorgaben, die bei der Geltendmachung des Rechts auf Vorsteuerabzug zu beachten sind. Die zentrale Vorschrift bildet Art. 179 MwStSystRL, der festlegt, dass der Vorsteuerabzug „global" vorgenommen wird, indem die Vorsteuer von dem in dem jeweiligen Steuerzeitraum[245] geschuldeten Steuerbetrag abgezogen wird.[246] Übersteigt hiernach der Vorsteuerbetrag die entsprechende Umsatzsteuerschuld, können so entstandene Vorsteuerüberschüsse gem. Art. 183 UAbs. 1 MwStSystRL auf den folgenden Zeitraum übertragen oder an den Steuerpflichtigen erstattet werden.

Daneben enthält die MwStSystRL auch zahlreiche Aufzeichnungs- und Erklärungspflichten, die von den Unternehmern im Rahmen des Besteuerungsverfahrens und damit auch bei der Geltendmachung des Vorsteuerabzugs zu beachten sind.[247] Darüber hinaus trifft die MwSt-SystRL allerdings selbst keine expliziten Regelungen für die Ausgestaltung des Besteuerungsverfahrens, so dass die Mitgliedstaaten die Verfahrensmodalitäten selbst festlegen.[248] Da die Mitgliedstaaten aber insoweit Unionsrecht (namentlich die MwStSystRL) umsetzen, können sie das Besteuerungsverfahren nicht vollkommen frei ausgestalten, sondern sind an (allgemeine) unionsrechtliche Vorgaben gebunden.[249] Insbesondere dürfen die Mitgliedstaaten das Recht auf Vorsteuerabzug grundsätzlich nicht an die Erfüllung formeller Voraussetzungen knüpfen, die nicht in der Richtlinie selbst niedergelegt sind.[250] Auf die Anforderungen an die Ausgestaltung des

---

245 Den betreffenden Steuerzeitraum dürfen die Mitgliedstaaten grds. selbst festlegen, er darf aber in keinem Fall die Dauer eines Jahres überschreiten, Art. 252 Abs. 2 MwStSystRL.

246 Im Hinblick auf die Entscheidung des EuGH v. 29.4.2004, Rs. C-152/02 (Terra Baubedarf), Slg. 2004, I-5583, Rn. 34f. wurde der ursprüngliche Text in Art. 18 Abs. 2 UAbs. 1 der 6. EG-Richtlinie neu gefasst und soll nun sicherstellen, dass das Vorsteuerabzugsrechts nur in dem Steuerzeitraum geltend gemacht werden kann, in dem sämtliche Voraussetzungen der Entstehung und Ausübung vorliegen, vgl. insoweit auch *Leiphold*, in: Sölch/Ringleb, UStG, § 16 (März 2018) Rn. 41.

247 Vgl. Art. 241ff. MwStSystRL zu allgemeinen Aufbewahrungspflichten von umsatzsteuerlich relevanten Dokumenten; Art. 250ff. MwStSystRL hinsichtlich der Abgabe von Umsatzsteuererklärungen sowie Art. 262ff. MwStSystRL hinsichtlich der Abgabepflicht und des Inhaltes der zusammenfassenden Meldung.

248 Vgl. *Englisch*, in: Tipke/Lang, Steuerrecht, 2018, § 4 Rz. 41f. m.w.N.

249 Dies sind namentlich die allgemein bei der Umsetzung von Unionsrecht zu beachtenden Grundsätze der Äquivalenz und der Effektivität, aber vor allem im Bereich des Mehrwertsteuerrechts der Grundsatz der Neutralität.

250 Vgl. hierzu im Einzelnen Kapitel 2 B IV.

Verfahrens durch die Mitgliedstaaten wird im weiteren Verlauf der Arbeit noch näher einzugehen sein.

b. Regelungen für grenzüberschreitende Fälle

Anders als bei rein innerstaatlichen Fällen bestehen für die Geltendmachung des Vorsteuerabzugs in Fallgestaltungen, in denen der Unternehmer nicht in dem Staat ansässig ist[251], in dem er den Vorsteuerabzug begehrt, hingegen sehr wohl unionsrechtliche Vorgaben für die Ausgestaltung des Verfahrens zur Geltendmachung des Vorsteuerabzugsrechts. Art. 171 Abs. 1 MwStSystRL i.V.m. Richtlinie 2008/9/EG[252] enthalten detaillierte Angaben über die Ausgestaltung des Vorsteuervergütungsverfahren an Unternehmer, die nicht in dem Mitgliedstaat ansässig sind, in dem sie die Leistungen beziehen, sondern ihre Ansässigkeit in einem anderen Mitgliedstaat der Europäischen Union begründet haben. Anders als bei rein innerstaatlichen Fällen ist der Unionsgesetzgeber somit offensichtlich davon ausgegangen, dass für derartige Fallkonstellationen ein höherer Grad an Harmonisierung erforderlich ist, um das Binnenmarktkonzept umzusetzen und Wettbewerbsverzerrungen zu verhindern.[253]

Für Steuerpflichtige, die in einem Drittstaat ansässig sind, wurde ebenfalls eine gesonderte Richtlinie in Bezug auf das anzuwendende besonderen Vorsteuervergütungsverfahren erlassen[254]. Anders als die 11. EG-Richtlinie beinhaltet diese Richtlinie jedoch kaum eigenständige verfahrensrechtliche Regelungen, sondern beschränkt sich im Wesentlichen darauf, die Mitgliedstaaten zu verpflichten,

---

251 Zur Bestimmung der Ansässigkeit eines Unternehmers im Zusammenhang mit der Geltendmachung des Vorsteuervergütungsverfahrens vgl. ausführlich Kapitel 4 B.

252 Richtlinie 2008/9/EG des Rates zur Regelung der Erstattung der Mehrwertsteuer gemäß der Richtlinie 2006/112/EG an nicht im Mitgliedstaat der Erstattung, sondern in einem anderen Mitgliedstaat ansässige Steuerpflichtige (RL 2008/9/EG) v. 12.2.2008, ABl. EU Nr. L 44 S. 23 (***11. EG-Richtlinie***).

253 Vgl. insoweit auch den 4. Erwägungsgrund der Vorgängerregelung der 8. EG-Richtlinie, der insoweit darauf hinweist, dass eine harmonisierte Regelung zur Erreichung des Binnenmarktes erforderlich ist. Der 5. Erwägungsgrund der 11. EG-Richtlinie weist zwar auch auf die Erforderlichkeit einer harmonisierten Regelung hin, hiermit soll aber wohl lediglich dem in Art. 5 Abs. 3 EUV niedergelegten Subsidiaritätsprinzip gerecht werden.

254 Dreizehnte Richtlinie 86/560/EWG des Rates zur Harmonisierung der Rechtsvorschriften der Mitgliedstaaten über die Umsatzsteuern – Verfahren der Erstattung der Mehrwertsteuer an nicht im Gebiet der Gemeinschaft ansässige Steuerpflichtige (RL 86/560/EWG) v. 17.11.1986, ABl. EG Nr. L 326, S. 40 (***13. EG-Richtlinie***).

auch in diesen Konstellationen eine Vorsteuererstattung durchzuführen.[255] Die tatsächliche Ausgestaltung des Verfahrens obliegt den einzelnen Mitgliedstaaten. Auf die Ausgestaltung des Vorsteuervergütungsverfahrens an im übrigen Gemeinschaftsgebiet ansässige sowie im Drittland ansässige Unternehmer wird noch näher einzugehen sein.

II. Rechtsgrundlagen im nationalen Recht

1. Materielle Voraussetzungen

Die unionsrechtlichen Regelungen über den Vorsteuerabzug sind im deutschen Recht in §§ 15, 15a UStG umgesetzt. Da die materiellen Anforderungen an den Vorsteuerabzug im Unionsrecht detailliert geregelt sind, verblieb den Mitgliedstaaten insoweit kein Umsetzungsspielraum, so dass die materiellen Voraussetzungen des Vorsteuerabzuges im nationalen Recht denen des Unionsrechts entsprechen.[256]

2. Formelle Voraussetzungen

a. Regelungen für innerstaatliche Fälle

Mangels zwingender Vorgaben in der MwStSystRL können die Mitgliedstaaten die Vorsteuererstattung in rein innerstaatlichen Fällen verfahrenstechnisch innerhalb der allgemeinen Grundsätze des Unionsrechts frei ausgestalten.[257]

So ist die Umsatzsteuer in Deutschland als Jahressteuer ausgestaltet, d.h. Besteuerungszeitraum ist das Kalenderjahr (§ 16 Abs. 1 UStG). Bei der jeweiligen Veranlagung sind alle Steuerbeträge zu berücksichtigen, die in dem jeweiligen Kalenderjahr entstanden sind (§ 13 Abs. 1 UStG).[258] Den Vorsteuerabzug

---

255 Zu der Ausgestaltung des Vorsteuervergütungsverfahrens nach der 13. EG-Richtlinie im Einzelnen vgl. ausführlich unter Kapitel 5.

256 *Richter*, Die Regelungen zum Vorsteuerabzug, 2012, S. 82. Soweit § 15 UStG die Voraussetzungen der MwStSystRL nicht wortwörtlich übernimmt, ist eine richtlinienkonforme Auslegung vorzunehmen vgl. *Oelmaier*, in: Sölch/Ringleb, § 15 (September 2018) Rn. 18ff. mit Hinweis auf die entsprechenden Regelungen im nationalen Recht.

257 Zum Prüfungsmaßstab des EuGH vgl. z.B. EuGH v. 8.5.2008, Rs. C-95/07 u. 96/07 (Ecotrade), Slg. 2008, I-3457, Rn. 67f. zur Versagung des Vorsteuerabzugsrechts bei Nichterfüllung von Aufzeichnungs- und Erklärungspflichten sowie EuGH v. 22.12.2010, Rs. C-438/09 (Dankowski), Slg. 2010, I-14009, Rn. 35f. zur Versagung des Vorsteuerabzuges wegen fehlender Registrierung als Unternehmer.

258 Die Entstehung der Umsatzsteuer knüpft in der Regel an die Erbringung der jeweiligen Leistung an, vgl. § 13 Abs. 1 Nr. 1 u. 2 UStG.

macht der Unternehmer nicht bei dem Finanzamt des leistenden Unternehmers, sondern bei dem für ihn zuständigen Finanzamt geltend[259], indem er die entsprechenden Vorsteuerbeträge von seiner Steuerschuld abzieht (§ 16 Abs. 2 S. 1 UStG).[260] Sofern die Vorsteuerbeträge die geschuldete Umsatzsteuer übersteigen, ergibt sich ein Erstattungsanspruch. Der Unternehmer hat die Umsatzsteuer selbst zu berechnen und beim Finanzamt anzumelden (§ 18 Abs. 3 S. 1 UStG). Hierbei steht die Steueranmeldung einer Steuerfestsetzung unter dem Vorbehalt der Nachprüfung gleich (§ 168 AO), d.h. die Steuerfestsetzung kann grundsätzlich innerhalb der Festsetzungsfrist jederzeit geändert werden (§ 164 Abs. 2 AO). Bereits vor Ablauf des Kalenderjahres hat der Unternehmer elektronisch[261] monatlich oder vierteljährlich Voranmeldungen einzureichen und etwaige Vorauszahlungen zu entrichten. Bereits im Rahmen dieser Voranmeldungen sind die in diesem Zeitraum entstandenen Vorsteuerbeträge von der jeweiligen Steuerschuld abzuziehen.[262] Die Festsetzungsfrist für die Umsatzsteuer beträgt prinzipiell vier Jahre und beginnt prinzipiell mit Ablauf des Jahres, in dem die entsprechende Steuererklärung eingereicht wurde, spätestens jedoch mit Ablauf des dritten Kalenderjahre, das auf das Kalenderjahr folgt, in dem die Steuer entstanden ist (§§ 170 Abs. 2 Nr. 1, 169 Abs. 2 S. 1 Nr. 2 AO).[263]

Umsatzsteueransprüche werden nach den allgemeinen Regelungen des § 233a AO mit 6 % p.a. (§ 238 Abs. 1 AO) verzinst.[264] Der Zinslauf beginnt 15 Monate nach Ablauf des Kalenderjahres, in dem die Umsatzsteuer entstanden ist (§ 233a Abs. 2 S. 1 AO) und endet mit Ablauf des Tages, an dem die Steuerfestsetzung wirksam wird (§ 233a Abs. 2 S. 3 AO).

---

259 Gem. § 18 Abgabenordnung (***AO***) ist grds. das Finanzamt zuständig, in dessen Bezirk der Unternehmer eine Betriebsstätte unterhält.

260 Dies entspricht dem in Art. 179 MwStSystRL niedergelegten Grundsatz, dass der Vorsteuerabzug „global" vorzunehmen ist.

261 Zur Vermeidung von unbilligen Härten kann dem Unternehmer gestattet werden, die Umsatzsteuererklärungen nach amtlich vorgeschriebenem papierbasiertem Vordruck einzureichen (§ 18 Abs. 3 S. 3 UStG).

262 Bei der Wahl des Besteuerungszeitraumes ist der deutsche Gesetzgeber somit den Vorgaben in Art. 252 MwStSystRL nachgekommen.

263 Für Zwecke der Ermittlung der Festsetzungsfrist gilt zwar die Einfuhrumsatzsteuer nicht jedoch die Umsatzsteuer als Verbrauchsteuer vgl. *Rüsken*, in: Klein, AO, 2018, § 169 Rn. 17. Ausnahmen von der vierjährigen Festsetzungsfrist gelten in Fällen der Steuerhinterziehung oder der leichtfertigen Steuerverkürzung, § 169 Abs. 2 S. 2 AO.

264 Zu den Grundsätzen der Verzinsung von Steueransprüchen nach § 233a AO vgl. bspw. *Rüsken*, in: Klein, AO, 2018, § 233a Rn. 1-29.

b. *Regelungen für grenzüberschreitende Fälle*

Die unionsrechtlichen Vorgaben in der 11. EG-Richtlinie für die Vorsteuervergütung an in einem anderen Mitgliedstaat ansässige Unternehmer sind in § 18 Abs. 9 UStG sowie in §§ 59-61 und § 62 Umsatzsteuer-Durchführungsverordnung (UStDV) in Deutschland in nationales Recht umgesetzt worden.[265] Die 11. EG-Richtlinie war derart detailliert, dass für eigenständige nationale Regelungen kaum Raum verblieb.[266] Das Vorsteuervergütungsverfahren setzt einen Antrag des Steuerpflichtigen innerhalb von neun Monaten nach Ablauf des Jahres voraus, in dem der Anspruch entstanden ist. Der Antrag wird mittels eines elektronischen Portals beim Ansässigkeitsstaat des Steuerpflichtigen gestellt, der diesen dann an den Mitgliedstaat, in dem die Leistung bezogen wurde (Erstattungsstaat), weiterleitet, der über den Anspruch entscheidet und die Vorsteuer an den Antragsteller erstattet.[267]

Anders als bei Steuerpflichtigen mit Ansässigkeit in einem anderen Mitgliedstaat ist das Verfahren bei im Drittland ansässigen Steuerpflichtigen auf europäischer Ebene praktisch nicht geregelt. Die insoweit anzuwendende 13. EG-Richtlinie setzt lediglich einen Antrag des Steuerpflichtigen voraus und überlässt ansonsten die Ausgestaltung des Verfahrens den jeweiligen Mitgliedstaaten unter der Prämisse, dass die anzuwendenden Regelungen nicht zu einer Besserstellung der im Drittland ansässigen Steuerpflichtigen gegenüber Steuerpflichtigen mit Sitz in einem anderen Mitgliedstaat führen.[268]

In Deutschland wurde die Vorsteuererstattung an im Drittland ansässige Steuerpflichtige in § 18 Abs. 9 UStG i.V.m. §§ 59, 60, 61a, 62 UStDV umgesetzt. Der Steuerpflichtige muss grundsätzlich einen elektronischen Antrag[269] innerhalb von sechs Monaten nach Ablauf des Kalenderjahres, in dem der Vorsteuererstattungsanspruch entstanden ist, beim Bundeszentralamt für Steuern (BZSt)[270] stellen. Dem Antrag sind die Originalrechnungen bzw. Einfuhrbelege

265 Zu den Defiziten bei der Umsetzung der Regelungen der 11. EG-Richtlinie vgl. im Einzelnen Kapitel 4 F II 4.

266 Zu den Einzelheiten der Vorgaben der Richtlinie sowie bestehender Wahlrechte für die Mitgliedstaaten vgl. Kapitel 4 E.

267 Zu den Einzelheiten vgl. Kapitel 4 F.

268 Art. 3 der 13. EG-Richtlinie.

269 Diese Regelung gilt für Anträge, die nach dem 30.6.2016 gestellt werden. In Härtefällen ist auch weiterhin die Stellung eines papiergebundenen Antrages möglich, § 61a Abs. 1 Satz 2 UStDV.

270 Die Zuständigkeit des BZSt ergibt sich aus § 5 Abs. 1 Nr. 8 FVG.

sowie eine Bescheinigung des Ansässigkeitsstaates über die Tätigkeit als Unternehmer beizufügen.[271]

B. Der Anspruch auf Vorsteuerabzug in der Rechtsprechung des EuGH

I. Grundsätzliche Bedeutung des Rechts auf Vorsteuerabzug

Dass es sich bei dem Recht auf Vorsteuerabzug um ein Grundprinzip[272] des europäischen Mehrwertsteuersystems handelt, ergibt sich zwar bereits aus der MwStSystRL selbst[273], die tatsächliche Bedeutung, die dem Recht auf Vorsteuerabzug im geltenden Mehrwertsteuersystem zukommt, lässt sich jedoch vor allem an den Ausführungen des EuGH ablesen. In Bezug auf die Funktion des Vorsteuerabzuges im europäischen Mehrwertsteuersystem führt der EuGH zunächst aus:

> „[…] dass der Unternehmer durch die Regelung über den Vorsteuerabzug *vollständig* von der *im Rahmen seiner wirtschaftlichen Tätigkeit geschuldeten* oder entrichteten Mehrwertsteuer entlastet werden soll. Das gemeinsame Mehrwertsteuersystem gewährleistet daher, dass *alle wirtschaftlichen Tätigkeiten* in *völlig* neutraler Weise belastet werden, *sofern diese Tätigkeiten selbst der Mehrwertsteuer* unterliegen."[274]

Durch den Vorsteuerabzug wird sichergestellt, dass die unternehmerische Nutzung von Waren und Dienstleistungen nicht endgültig mit Umsatzsteuer belastet wird. Für den Unternehmer wird die Umsatzsteuerbelastung somit neutralisiert, während sie für den Verbraucher bzw. den nicht-unternehmerisch handelnden Unternehmer bestehen bleibt.[275] Der Vorsteuerabzug dient folglich der Beseitigung einer kumulativen Besteuerung der erbrachten Leistungen mit Umsatzsteuer sowie ihrer gleichen steuerlichen Belastung unabhängig von der „Länge

---

271 Zu den Einzelheiten sowie der praktischen Probleme des Verfahrens unter der 13. EG-Richtlinie vgl. ausführlich Kapitel 5.

272 *Terra/Wattel*, European Tax Law, 2012, S. 374 halten den Vorsteuerabzug für „[t]he essence of the European VAT".

273 Vgl. Erwägungsgrund 30 der MwStSystRL.

274 St. Rspr. vgl. nur EuGH v. 14.2.1985, Rs. 268/83 (Rompelmann), Slg. 1985, 655, Rn. 19; v. 15.1.1998, Rs. C-37/95 (Ghent Coal), Slg. 1998, I-1, Rn. 15; v. 29.4.2004, Rs. C-137/02 (Faxworld), Slg. 2004, I-5547, Rn. 37. Hervorhebungen nur hier.

275 *Englisch*, in: Tipke/Lang, Steuerrecht, 2018, § 17 Rz. 307; vgl. insoweit auch EuGH v. 24.10.1996, Rs. C-317/94 (Elida Gibbs), Slg. 1996, I-5339, Rn. 19.

des Produktions- und Vertriebsweges“[276]. Zu Recht wird er daher als „Herzstück“ der Allphasen-Netto-Umsatzsteuer bezeichnet.[277]

Auch aus Sicht des EuGH nimmt der Vorsteuerabzug eine wichtige und zentrale Rolle im europäischen Mehrwertsteuersystem ein,[278] wird dieser von ihm doch als „integraler Bestandteil des Mechanismus der Mehrwertsteuer“[279] bzw. als „fundamentaler Grundsatz des Mehrwertsteuersystems“[280] bezeichnet.

Gleichzeitig stellt der Vorsteuerabzug wegen seiner Betrugsanfälligkeit aber auch die „Achillesferse“ des geltenden Allphasen-Nettosystems dar.[281] Unrechtmäßig erfolgte Vorsteuererstattungen führen in der Gemeinschaft zu jährlichen Steuerausfällen in Milliardenhöhe.[282] Daher verwundert es nicht, dass der EuGH die Bekämpfung von Umsatzsteuerbetrügereien als ein zu verwirklichendes Ziel des Mehrwertsteuersystems ansieht[283] und insoweit auch die Mitgliedstaaten in

---

276 8. Erwägungsgrund der 1. EG-Richtlinie; vgl. insoweit auch *Plückebaum/Malitzky*, UStG, Einl. D (Februar 1973) Rn. 32. Die kumulative Wirkung der Umsatzsteuer war der hauptursächliche Grund für das Scheitern der deutschen Brutto-Umsatzsteuer; vgl. hierzu *Plückebaum/Malitzky*, UStG, Einl. D (Februar 1973) Rn. 3.

277 So bspw. *Englisch*, in: Tipke/Lang, Steuerrecht, 2018, § 17 Rz. 307.

278 So zuletzt bspw. v. 21.3.2018, Rs. C-533/16 (Volkswagen), ABl. EU 2018, Nr. C 166, 11, Rn. 37; v. 12.4.2018, Rs. C-8/17 (Biosafe), DStR 2018, 787, Rn. 27.

279 St. Rspr. vgl. nur EuGH v. 22.12.2010, Rs. C-438/09 (Dankowski), Slg. 2010, I-4009, Rn. 22; v. 6.7.2006, Rs. C-439/04 u. C-440/04 (Kittel und Recolta Recycling), Slg. 2006, I-6161, Rn. 47; v. 12.9.2013, Rs. C-388/11 (Le Crédit Lyonnais), ABl. EU 2013, Nr. C 325, 2, Rn. 26.

280 EuGH v. 25.10.2001, Rs. C-78/00 (Kommission/Italien), Slg. 2001, I-8195, Rn. 28; v. 10.7.2008, Rs. C-25/07 (Sosonowska), Slg. 2008, I-5129, Rn. 14.

281 *Kirchhof*, DStR 2008, 1, 2; *ders.*, in: 100 Jahre Umsatzsteuer, 2018, 185, 188; *Kraeusel*, in: FS Reiß, 2008, 297, 298; *Reiß*, UR 2002, 561.

282 Die sog. „Mehrwertsteuerlücke“ („VAT Gap“), d.h. die Differenz zwischen der tatsächlichen und der erwarteten Einnahmen, wird auf jährlich insgesamt 170 Milliarden Euro geschätzt. Diese Zahlen basieren auf der Mitteilung der EU-Kommission v. 7.4.2016, COM(2016) 148 final mit Verweis auf eine EU-weite Erhebung aus dem Jahr 2015, abrufbar unter: https://ec.europa.eu/taxation_customs//sites/taxation/files/docs/body/vat_gap2013.pdf. (zuletzt abgerufen am 16.4.2019) Zu einem alternativen und weniger betrugsanfälligen Modell vgl. z.B. *Amman*, in: Nieskens (Hrsg.), Umsatzsteuer-Kongress-Bericht 2001/2002, 77, 82ff.

283 EuGH v. 29.4.2004, Rs. C-487/01 u. C-7/02 (Gemeente Leusden und Holin Groep), Slg. 2001, I-8195, Rn. 76; v. 21.2.2006, Rs. C-255/02 (Halifax u.a.), Slg. 2006, I-1609, Rn. 71; v. 6.7.2006, Rs. C-439/04 u. C-440/04 (Kittel und Recolta Recycling), Slg. 2006, I-6161, Rn. 54; v. 27.10.2011, Rs. C-504/10 (Tanoarch), Slg. 2011, I-10853, Rn. 50; v. 21.6.2012, Rs. C-80/11 u. C-142/11 (Mahageben und David), ABl. EU 2012, Nr. C 250, 5, Rn. 41.

der Pflicht sieht.[284] Die Rechtsprechung des EuGH muss somit auf der einen Seite die bedeutende Stellung des Rechts auf Vorsteuerabzug im geltenden Mehrwertsteuersystem und auf der anderen Seite die praktische Gefahr von Steuerausfällen durch Gestaltungsmissbrauch und Steuerhinterziehung berücksichtigen.[285]

Da die materiellen Voraussetzungen des Vorsteuerabzugsrechts durch europäisches Recht festgelegt sind, kommt der Auslegung der Tatbestandsmerkmale durch den EuGH auch für die Anwendung und Auslegung des nationalen Umsatzsteuerrechts eine „faktische Bindungswirkung" zu.[286] Aus der umfangreichen Rechtsprechung des EuGH zum Recht auf Vorsteuerabzug lassen sich einige Grundsätze ableiten, an denen sich die Regelungen zum Vorsteuerabzug messen lassen müssen.

II. Der Grundsatz des vollumfänglichen Abzugs

1. Der Unternehmerbegriff im Mehrwertsteuerrecht

a. Ausübung einer wirtschaftlichen Tätigkeit

Der Vorsteuerabzug steht nur einem Unternehmer zu. Die Unternehmereigenschaft setzt zwingend die Ausübung einer wirtschaftlichen Tätigkeit voraus (Art. 168, Art. 9 MwStSystRL).[287] Eine wirtschaftliche Tätigkeit in diesem Sinne ist jede nachhaltige Tätigkeit, die der Erzielung von Einnahmen dient.[288]

---

284 Der EuGH sieht die Pflicht der Mitgliedstaaten zur Bekämpfung von Umsatzsteuerbetrügereien ausdrücklich in Art. 325 AEUV i.V.m. Art. 4 Abs. 3 EUV verortet. Zur Verpflichtung der Mitgliedstaaten zum Schutz der finanziellen Interessen der Union durch die Sicherstellung der zutreffenden Erhebung der Mehrwertsteuer vgl. bspw. EuGH v. 17.7.2008, Rs. C-132/06 (Kommission/Italien), Slg. 2008, I-5457, Rn. 37 u. 46; v. 26.2.2013, Rs. C-617/10 (Åkerberg Fransson), ABl. EU 2013, Nr. C 114, 7, Rn. 25; v. 8.9.2015. Rs. C-105/14 (Tarrico), ABl. EU 2015, Nr. C 363, 11.

285 In diesen Sinne EuGH v. 19.10.2017, Rs. C-101/16 (Paper Consult), ABl. EU 2017, Nr. C 424, 3, Rn. 34.

286 *Stewen*, EuR 2008, 445; *Englisch*, in: Tipke/Lang, Steuerrecht, 2018, § 4 Rz. 17 spricht insoweit von einer „grundsätzlichen Bedeutung" sowie einer „Breitenwirkung".

287 Unter diese doch recht weite Definition fällt grds. auch die Tätigkeit der öffentlichen Hand. Art. 13 MwStSystRL, § 2 Abs. 3 UStG machen insoweit allerdings deutlich, dass in den Fällen der Ausübung hoheitlicher Tätigkeit prinzipiell keine wirtschaftliche Tätigkeit und damit kein Handeln als Unternehmer gegeben ist.

288 Vgl. EuGH v. 9.7.2015, Rs. C-331/14 (Trgovina Prizma), ABl. EU 2015, Nr. C 294, 13, Rn. 21 vgl. auch *Treiber*, in: Sölch/Ringleb, UStG, § 2 (September 2015) Rn. 60ff.

Das Recht auf Vorsteuerabzug knüpft allerdings nicht an die *tatsächliche* Ausübung einer wirtschaftlichen Tätigkeit an. Die Unternehmereigenschaft und damit das Recht auf Vorsteuerabzug beginnt vielmehr bereits mit den ersten objektiv erkennbaren Maßnahmen, die auf eine Unternehmertätigkeit gerichtet sind.[289] Somit kann der Unternehmer auch im Zusammenhang mit sog. Vorbereitungshandlungen entstandene Vorsteuerbeträge geltend machen.[290] Korrespondierend hierzu endet die Unternehmereigenschaft und damit das Recht auf Vorsteuerabzug auch nicht bereits mit der Einstellung der „eigentlichen" wirtschaftlichen Tätigkeit, sondern erst dann, wenn nach außen erkennbar endgültig keine auf eine Einnahmeerzielung gerichtete Tätigkeit mehr ausgeübt wird. Hierzu gehört insbesondere die Abwicklung aller mit dem aufgegebenen Betrieb in Zusammenhang stehenden Rechtsbeziehungen.[291]

b. Besteuerung des privaten Verbrauchs

Verwendet der Unternehmer bezogene Leistungen für private Zwecke, also für solche Zwecke, die außerhalb seines Unternehmens liegen, handelt er nicht wirtschaftlich und damit nicht als Unternehmer.[292] Steht bei Bezug der Leistungen bereits fest, dass eine private Verwendung erfolgen soll, ist ein Vorsteuerabzug nicht zulässig.[293] Stand bei Leistungsbezug die Verwendung für private Zwecke hingegen noch nicht fest, steht dem Unternehmer zwar zunächst ein Vorsteuerabzug zu, allerdings unterliegt die private Verwendung dieser Leistungen

---

289 *Stadie*, in: Rau/Dürrwächter, UStG, § 15 (Januar 2017) Rn. 140; *Oelmeier*, in: Sölch/Ringleb, UStG, § 15 (September 2018) Rn. 111, 213.

290 So EuGH v. 29.2.1996, Rs. C-110/94 (Inzo), Slg. 1996, I-857; v. 29.4.2004, Rs. C-137/02 (Faxworld), Slg. 2004, I-5547; v. 1.3.2012, Rs. C-280/10 (Polski Trawertyn), ABl. EU 2012, Nr. C 118, 2; v. 20.11.2012, Rs. C-257/11 (Gran Via Moinesti), ABl. EU 2013, Nr. C 26, 8; v. 13.3.2014, Rs. C-204/13 (Malburg), ABl. EU 2014, Nr. C 135, 18; hierzu auch *Stadie*, in: Rau/Dürrwächter, UStG, § 15 (Januar 2017) Rn. 140ff.; *Oelmeier*, in: Sölch/Ringleb, UStG, § 15 (September 2018) Rn. 112ff.

291 So begründen Mietzahlungen, die nach Beendigung der „aktiven" wirtschaftlichen Tätigkeit aufgrund einer Unkündbarkeitsklausel gezahlt werden müssen, einen Vorsteuerabzug vgl. EuGH v. 3.3.2005, Rs. C-32/03 (Fini H), Slg. 2005, I-1599; so auch BFH v. 21.4.1993, XI R 50/90, BStBl. II 1993, 696 zur Zahlung einer Milchaufgabevergütung; vgl. hierzu auch *Heidner*, in: Bunjes, UStG, 2018, § 15 Rn. 48.

292 H.M. vgl. bspw. *Stadie*, UR 2011, 125, 142; *Lohse*, IStR 2009, 486, 489; *Reiß*, UR 2010, 797, 812; *Spiegel/Heidler*, DStR 2009, 1507, 1509; *Ransiek*, UStB 2011, 223, 229.

293 *Stadie*, in: Rau/Dürrwächter, UStG, § 15 (Januar 2017) Rn. 483ff.; *Pull*, Die Sphärentheorie im Mehrwertsteuerrecht, 2014, S. 217; *Zirkl*, Die Neutralität der Umsatzsteuer, 2015, S. 87.

als unentgeltliche Wertabgabe anschließend der Belastung mit Umsatzsteuer.[294] Die zunächst erfolgte Freistellung des Unternehmers von der Umsatzsteuer wird hierdurch wieder aufgehoben und letztlich eine Besteuerung auf Ebene des Konsumenten (wieder-)hergestellt.[295] Aus Sicht des EuGH soll insoweit eine Gleichbehandlung des Unternehmers mit anderen Endverbrauchern erreicht werden.[296]

2. *Verwendung zur Ausführung besteuerter Umsätze*

a. *Zusammenhang zwischen Eingangs- und Ausgangsumsatz*

Handelt der Unternehmer wirtschaftlich und steht ihm also dem Grunde nach das Recht auf Vorsteuerabzug zu, ist im Weiteren der Umfang dieses Rechts zu prüfen.[297] Nach Art. 168 MwStSystRL ist ein Vorsteuerabzug nur möglich, *wenn und soweit* der Unternehmer die bezogenen Waren und Dienstleistungen, für die ein Vorsteuerabzug begehrt wird, *für Zwecke seiner besteuerten Umsätze*[298]

---

294 Vgl. insoweit §§ 3 Abs. 1b, 3 Abs. 9a, 10 Abs. 4 UStG.

295 Im Hinblick auf das Argument des der Umsatzsteuer zugrunde liegenden Verbrauchsteuerprinzips *Englisch*, in: Tipke/Lang, Steuerrecht, 2018, § 17 Rz. 153; *Nieskens*, in: Seer (Hrsg.), DStJG 32, 2009, 279, 283f.; *Söhn*, BB 1975, 279. Im Hinblick auf die Verwirklichung des Neutralitätsgrundsatzes *Zirkl*, Die Neutralität der Umsatzsteuer, 2015, S. 87.

296 EuGH v. 6.5.1992, Rs. C-20/91 (De Jong), Slg. 1992, Nr. C 135, 15, Rn. 15, v. 26.9.1996, Rs. C-230/94 (Enkler), Slg. 1996, I-4517, Rn. 33 u. 35; v. 20.1.2005, Rs. C-412/03 (Hotel Scandic Gasabäck), Slg. 2005, I-743, Rn. 23; v. 14.9.2006, C-72/05 (Wollny), Slg. 2006, I-8297, Rn. 33; v. 11.12.2008, Rs. C-371/07 (Danfoss und Astrazeneca), Slg. 2008, I-9549, Rn. 46; v. 23.4.2009, Rs. C-460/07 (Puffer), Slg. 2008, I-3251, Rn. 39ff.; vgl. auch *Stadie*, UStG, 2015, § 3 Rn. 56. So auch schon *Söhn*, BB 1975, 219, 220.

297 Dogmatisch unterscheidet der EuGH insoweit zwischen der Entstehung und des Umfangs des Rechts auf Vorsteuerabzug vgl. EuGH v. 11.7.1997, Rs. C-97/90 (Lennartz), Slg. 1991, I-3795, Rn. 15; v. 8.6.2000, Rs. C-400/98 (Breitsohl), Slg. 2000, I-4321, Rn. 35; v. 8.6.2000, Rs. C-396/98 (Schloßstraße), Slg. 2000, I-4279, Rn. 37; v. 30.3.2006, Rs. C-184/04 (Uudenkaupungin kaupunki), Slg. 2006, I-8039, Rn. 38f.; v. 16.2.2012, Rs. C-118/11 (Eon Aset Menidjmunt), ABl. EU 2012, Nr. C 98, 9, Rn. 57; v. 19.7.2012, Rs. C-334/10 (X), ABl. EU 2012, Nr. C 295, 3, Rn. 17; vgl. auch *Küffner/von Streit*, DStR 2012, 581, *Pull*, Die Sphärentheorie im Mehrwertsteuerrecht, 2014, S. 217.

298 Diese in Art. 168 MwStSystRL niedergelegte Voraussetzung ist in dieser Absolutheit so nicht ganz zutreffend, da auch die Verwendung für steuerfreie Umsätze teilweise den Vorsteuerabzug zulässt. Insoweit ist es daher systematisch zutreffender, insoweit von „den Vorsteuerabzug berechtigenden Umsätzen“ zu sprechen.

im Sinne des Art. 2 MwStSystRL bzw. § 1 Abs. 1 Nr. 1 UStG *verwendet*. Die Geltendmachung des Vorsteuerabzuges verlangt nach ständiger Rechtsprechung des EuGH insoweit, dass ein „direkter und unmittelbarer Zusammenhang zwischen einem bestimmten Eingangsumsatz und einem oder mehreren Ausgangsumsätzen, die zum Vorsteuerabzug berechtigten, bestehen muss".[299] Die in Art. 168 MwStSystRL genannte „Verwendung" der bezogenen Waren oder Dienstleistungen setzt voraus, dass die für den Bezug der Eingangsleistungen erbrachten Aufwendungen als Kostenelement in die Preisbildung der erbrachten besteuerten Ausgangsumsätze eingegangen sind.[300] Der EuGH verlangt insoweit also, dass die bezogenen Waren oder Dienstleistungen entweder stofflich in die besteuerten Ausgangsumsätze eingehen oder die getätigten Aufwendungen für Eingangsumsätze direkt als Kosten in die Ausgangsumsätze eingeflossen sind.[301] Für die Frage der Abzugsfähigkeit der Vorsteuer kommt es nach Ansicht des EuGH somit ausschließlich auf die (beabsichtigte)[302] Verwendung an.[303]

---

299 EuGH v. 8.6.2000, Rs. C-98/98 (Midland Bank), Slg. 2000, I-4177, Rn. 24; v. 22.2.2001, Rs. C-408/98 (Abbey National), Slg. 2001, I-1361, Rn. 26; v. 27.9.2001, Rs. C-16/00 (Cibo Participations), Slg. 2001. I-6663, Rn. 29; v. 20.10.2009, Rs. C-29/08 (SKF), Slg. 2009, I-10413, Rn. 57. Erstmals wurde die „direkte und unmittelbare Verbindung" von Eingangs- und Ausgangsumsätzen durch den EuGH in dem Urteil vom 6.4.1995, Rs. C-4/94 (BLP), Slg. 1995, I-983, Rn. 19 angesprochen.

300 So die standardmäßige Formulierung des EuGH, vgl. insoweit bspw. EuGH v. 14.7.1988, Rs. 123/87 (Jeunehomme), Slg. 1988, 4517, Rn. 13; v. 6.4.1995, Rs. C-4/94 (BLP), Slg. 1995, I-983, Rn. 19; v. 8.6.2000, Rs. C-98/98 (Midland Bank), Slg. 2000, I-4177, Rn. 30; v. 22.2.2001, Rs. C-408/98 (Abbey National), Slg. 2001, I-1361, Rn. 28; v. 26.5.2005, Rs. C-465/03 (Kretztechnik), Slg. 2005, I-4357, Rn. 35; v. 8.2.2007, Rs. C-435/05 (Investrand B.V.), Slg. 2007, I-1315, Rn. 23.

301 *Englisch*, in: Tipke/Lang, Steuerrecht, 2018, § 17 Rz. 324; *Englisch/Datzer*, IStR 2013, 629, 630.

302 Für die Entstehung des Rechts auf Vorsteuerabzug ist es grds. unerheblich, wenn die tatsächliche Verwendung von der beabsichtigten Verwendung abweicht, vgl. EuGH v. 29.2.1996, Rs. C-110/94 (Inzo), Slg. 1996, I-857, Rn. 20 u. 21; v. 15.1.1998, Rs. C-37/95 (Ghent Coal), Slg. 1998, I-1, Rn. 20; v. 8.6.2000, Rs. C-396/98 (Schloßstraße), Slg. 2000, I-4279, Rn. 42; v. 8.6.2000, Rs. C-98/98 (Midland Bank), Slg. 2000, I-4177, Rn. 22.

303 *Slotty-Harms*, UVR 2005, 78, 80 und *Teufel*, Beteiligungsverwaltung, Kapitalüberlassung und Kapitalbeschaffung, 2010, S. 85 beschreiben dieses Vorgehen als „ausgangsumsatzbezogene" Betrachtungsweise.

b. Zeitliche Verknüpfung von Eingangs- und Ausgangsumsatz

Nach Auffassung des EuGH verlangt die Voraussetzung „Verwendung zur Erbringung besteuerter Ausgangsumsätze", dass die Eingangsumsätze grundsätzlich *vor Erbringung* der Ausgangsumsätze bezogen werden müssen.[304]Werden die betreffenden Eingangsumsätze erst nach dem besteuerten Umsatz ausgeführt, scheidet eine direkte kausale Zurechnung der Vorsteuerbeträge aus den Eingangsumsätzen zu dem betreffenden Ausgangsumsatz in der Regel aus und ist nur dann möglich, wenn die entsprechenden Kosten zum Zeitpunkt der Ausführung bereits absehbar waren und entsprechend Eingang in die Preiskalkulation gefunden haben.[305]

Ist dies nicht der Fall, scheidet ein Vorsteuerabzug aber nicht generell aus. Vielmehr handelt es sich bei diesen Kosten dann um sog. allgemeine Kosten, die keinem bestimmten Ausgangsumsatz, sondern der wirtschaftlichen Tätigkeit des Unternehmers insgesamt zuzuordnen sind.[306] Diese in den Eingangsumsätzen enthaltene Umsatzsteuer ist dann als Vorsteuer abziehbar, wenn die allgemeinen Aufwendungen als (indirekte) Kostenelemente in die Preiskalkulation der Ausgangsumsätze des Unternehmers eingegangen sind.[307] Die Zuordnung bezogener Leistungen zu einem bestimmten Ausgangsumsatz oder zu den Allgemeinkosten kann je nach Fallgestaltung spürbare ökonomische Auswirkungen für den Unternehmer haben.[308]

---

304 EuGH v. 8.6.2000, Rs. C-98/98 (Midland Bank), Slg. 2000, I-4177, Rn. 31.

305 EuGH v. 8.6.2000, Rs. C-98/98 (Midland Bank), Slg. 2000, I-4177, Rn. 30ff.; kritisch hierzu *Grünwald*, Zuordnung von Vorsteuerbeträgen, 2005, S. 89ff.

306 EuGH v. 8.6.2000, Rs. C-98/98 (Midland Bank), Slg. 2000, I-4177, Rn. 31. Hierbei muss es sich nicht zwingend um Gemeinkosten im betriebswirtschaftlichen Sinne handeln, vgl. in diesem Sinne *Englisch*, in: Tipke/Lang, Steuerrecht, 2018, § 17 Rz. 325.

307 Zur Voraussetzung der Abziehbarkeit der Vorsteuerbeträge solcher allgemeinen Aufwendungen vgl. bspw. EuGH v. 29.10.2009, Rs. C-29/08 (SKF), Slg. 2009, I-10413, Rn. 58; v. 16.2.2012, Rs. C-118/11 (Eon Asset Menidjmunt), ABl. EU 2012, Nr. C 98, 9, Rn. 48; v. 18.7.2013, Rs. C-26/12 (PPG Holdings), ABl. EU 2013, Nr. C 260, 10, Rn. 22.

308 Ob die Zuordnung zu den allgemeinen Kosten oder zu einem bestimmten Ausgangsumsatz für den Unternehmer ökonomisch günstiger ist, hängt im Wesentlich davon ab, ob der bestimmte Ausgangsumsatz vollständig zum Vorsteuerabzug berechtigt oder nicht.

c. *Verwendung für die Erbringung besteuerter Ausgangsumsätze*

aa. *Maßgeblichkeit der Verwendungsabsicht*

Der Vorsteuerabzug setzt voraus, dass die bezogenen Eingangsumsätze für besteuerte Ausgangsumsätze verwendet wurden. Erforderlich ist allerdings nicht, dass der Unternehmer die Eingangsleistungen auch tatsächlich für besteuerte Umsätze verwendet, abzustellen ist vielmehr auf die Verwendungsabsicht im Zeitpunkt des Leistungsbezugs.[309] Dies gilt auch in den Fällen des sog. „erfolglosen Unternehmers“[310], also dann, wenn der Unternehmer tatsächlich überhaupt keine besteuerten Umsätze ausgeführt hat. Das Recht auf Vorsteuerabzug erfordert lediglich, dass der Unternehmer die Absicht besteuerte Umsätze auszuführen, glaubhaft darlegt. Diese Absicht ist anhand objektiver Anhaltspunkte[311] zum Zeitpunkt des Leistungsbezuges[312] zu prüfen.[313] Handelte der Unternehmer

309 So bleibt ein einmal entstandenes Recht auf Vorsteuerabzug grds. auch bestehen, wenn die Eingangsumsätze tatsächlich nicht für besteuerte Umsätze verwendet wurden; vgl. EuGH v. 29.2.1996, Rs. C-110/94 (Inzo), Slg. 1996, I-857, Rn. 20 und 21; v. 15.1.1998, Rs. C-37/95 (Ghent Coal), Slg. 1998, I-1, Rn. 20; v. 8.6.2000, Rs. C-396/98 (Schloßstraße), Slg. 2000, I-4279, Rn. 42; v. 8.6.2000, Rs. C-98/98 (Midland Bank), Slg. 2000, I-4177, Rn. 22.

310 Dieser Begriff findet sich bspw. bei *Englisch*, in: Tipke/Lang, Steuerrecht, 2018, § 17 Rz. 329 oder auch *Heidner*, in: Bunjes, UStG, 2018, § 15 Rn. 56.

311 Vgl. EuGH, Rs. C-257/11 (GVM), DB 2012, 2851; EuGH v. 8.6.2000, Rs. C-396/98 (Schloßstraße), Slg. 2000, I-4279; Rs. C-400/98 (Breitsohl), Slg. 2000, I-4321, Rn. 34; v. 19.7.2012, Rs. C-334/10 (X), ABl. EU 2012, Nr. C 295, 3, Rn. 19, 23; v. 22.3.2012, Rs. C-153/11 (Klub), ABl. EU 2012, Nr. C 133, 9, Rn. 41; hierzu auch *Heidner*, in: Bunjes, UStG, 2018, § 15 Rn. 56.

312 Vgl. EuGH v. 8.6.2000, Rs. C-396/98 (Schloßstraße), Slg. 2000. I-4279, Rn. 47; kritisch zu den Auswirkungen auf das deutsche Verfahrensrecht *Widmann*, UR 2000, 336, 341. Zum gleichen Ergebnis kommend auch *Blankenheim*, „Steuerpflichtiger“ und Unternehmerbegriff im Umsatzsteuerrecht, 2005, S. 210, der allerdings betont, dass die wirtschaftliche Tätigkeit im Sinne des Artikel 9 MwStSystRL bereits mit den Investitionstätigkeiten des Steuerpflichtigen beginnt.

313 Gleiches gilt grds. auch für sog. „Fehlmaßnahmen“, also solche Eingangsumsätze, die zwar nach der Absicht des Unternehmers zur Erbringung besteuerter Umsätze verwendet werden sollten, letztlich aber anderweitig oder überhaupt nicht verwendet wurden, vgl. EuGH v. 8.6.2000, Rs. C-400/98 (Breitsohl), Slg. 2000, I-4321, Rn. 42; v. 8.6.2000, C-396/98 (Schloßstraße), Slg. 2000, I-4279, Rn. 42; *Oelmeier*, in: Sölch/Ringleb, UStG, § 15 (Juni 2018) Rn. 213.

diesbezüglich jedoch in betrügerischer Absicht, können die bereits erstatteten Vorsteuerbeträge nachträglich zurückgefordert werden.[314]

Im Ergebnis ist somit nach Ansicht des EuGH ein Zusammenhang mit beabsichtigten steuerpflichtigen Umsätzen für die Gewährung des Vorsteuerabzugs ausreichend.[315] Von diesem Grundsatz macht der EuGH jedoch unter bestimmten Umständen in grenzüberschreitenden Situationen eine Ausnahme. Führt die gegenseitige Zuweisung des Besteuerungsrechts letztlich dazu, dass ein Umsatz im Ergebnis in keinem Mitgliedstaat besteuert wird (d.h. die beteiligten Mitgliedstaaten behandeln den Umsatz jeweils als auf ihrem Gebiet nicht als steuerbar), ist nach Ansicht des EuGH dennoch ein Vorsteuerabzug in dem Mitgliedstaat des Leistungsbezugs zu gewähren. Die Tatsache, dass eine unterschiedliche Qualifikation der Ausgangsumsätze durch die einzelnen Mitgliedstaaten letztlich zu einer Nichtbesteuerung der ausgeführten Umsätze führt, kann dem Steuerpflichtigen nicht zum Nachteil gereichen.[316] Insofern knüpft das Recht auf Vorsteuerabzug nach Ansicht des EuGH also nicht an die tatsächliche – auch nicht beabsichtigte – Ausführung steuerpflichtiger Umsätze an, sondern es reicht vielmehr aus, dass die Ausgangsumsätze theoretisch der Besteuerung unterliegen würde.[317] Eine Versagung des Vorsteuerabzuges wäre in dieser Konstellation nur

---

314 EuGH v. 29.2.1996, Rs. C-110/94 (Inzo), Slg. 1996, I-857, Rn. 24; v. 21.3.2000, Rs. C-110/98 bis 147/98 (Galbafrisa u.a.), Slg. 2000, I-1577, Rn. 46; v. 8.6.2000, Rs. C-400/98 (Breitsohl), Slg. 2000, I-4321, Rn. 39. Das Vorliegen einer „betrügerischen Absicht" ist durch das nationale Gericht zu beurteilen, vgl. EuGH v. 22.3.2012, Rs. C-153/11 (Klub), ABl. EU 2012, Nr. C 133, 9, Rn. 52. So bereits *Stadie*, in: Woerner (Hrsg.), DStJG 13, 1990, 179, 186f.; zustimmend auch *Blankenheim*, „Steuerpflichtiger" und Unternehmerbegriff im Umsatzsteuerrecht, 2005, S. 212f.

315 Zustimmend insoweit *Pflüger*, UR 1996, 180, 182f.; *Blankenheim*, „Steuerpflichtiger" und Unternehmerbegriff im Umsatzsteuerrecht, 2005, S. 208f.; *Dziadkowski/Robisch/Sabitzer*, UR 1995, 434; zum gleichen Ergebnis kommend *Günther*, Vertrauensschutz bei Angaben Dritter, 2013, S. 231.

316 EuGH v. 22.12.2010, Rs. C- 277/09 (RBS Deutschland Holding), Slg. 2010, I-13805, Rn. 41f. für den Fall, dass der Erwerb von Leasingfahrzeugen in einem Mitgliedstaat zwar einen Vorsteuerabzug nach sich zieht, die Erbringung der Leasingleistung jedoch aufgrund unterschiedlicher rechtlicher Qualifikationen in keinem Mitgliedstaat als steuerbar angesehen wird.

317 So *Oertel*, UR 2011, 222, 227, die die Ansicht vertritt, dass der EuGH auch eine Doppelbesteuerung aufgrund eines Qualifikationskonfliktes in Kauf nehmen würde. Ein solcher Fall ist dem EuGH bislang zwar noch nicht explizit zur Entscheidung vorgelegt worden, allerdings hat der EuGH bereits deutlich gemacht, dass eine Doppelbesteuerung aufgrund unterschiedlicher Anwendung der Vorschriften der Richtlinie ein Verstoß der Pflichten der Mitgliedstaaten begründen könnte und somit vermieden

bei einer rechtsmissbräuchlichen Gestaltung zulässig.[318] Das bloße Ausnutzen steueroptimierender Geschäftsmodelle stellt allerdings keinen Gestaltungsmissbrauch dar, der den Ausschluss des Vorsteuerabzugsrechts rechtfertigt.[319]

Der BFH hat sich der Rechtsprechung des EuGH mittlerweile angeschlossen.[320] Die vorherige Rechtsprechung des BFH „kein Umsatz, kein Unternehmer, kein Vorsteuerabzug“[321] wurde hierdurch überholt.

bb. Kein Vorsteuerabzug bei steuerfreien Ausgangsumsätzen

Die Ausführung steuerfreier Ausgangsumsätze steht dem Recht auf Vorsteuerabzug in der Regel entgegen.[322] So steht dem Unternehmer im Zusammenhang mit Umsätzen, für die eine Möglichkeit zur Option besteht, auch nur dann und ab dem Zeitpunkt ein Recht auf Vorsteuerabzug zu, wenn von dem Optionsrecht

---

werden sollte, vgl. EuGH v. 26.1.2012, Rs. C-218/10 (ADV Allround), ABl. EU 2012, Nr. C 73, 2, Rn. 43. Die deutsche Finanzverwaltung hat auf eine mögliche Nichtbesteuerung reagiert und in ihren Verwaltungsanweisungen eine Möglichkeit vorgesehen, bei drohenden Steuerausfällen eine abweichende zivilrechtliche Beurteilung der Leasinggestaltung vorzunehmen, vgl. Abschn. 3.5 Abs. 5 S. 4 UStAE.

318 Zur Frage des Gestaltungsmissbrauches vgl. bspw. EuGH v. 21.2.2006, Rs. C-255/02 (Halifax u.a.), Slg. 2006, I-1609.

319 So hat der EuGH festgestellt, dass der Steuerpflichtige bei der Ausübung seiner Tätigkeit sich auch von dem Aspekt der Höhe der Steuerschuld leiten lassen kann, vgl. EuGH v. 9.10.2001, Rs. C-108/99 (Fitzgerald), Slg. 2001, I-7257, Rn. 73; v. 21.2.2006, Rs. C-255/01 (Halifax u.a.), Slg. 2006, I-1609, Rn. 73.

320 So bereits BFH v. 8.3.2001, V R 24/98, BStBl. II 2003, 430 unter ausdrücklicher Bezugnahme auf die EuGH-Rechtsprechung. Dies entspricht auch der geltenden Auffassung der Finanzverwaltung, vgl. Abschn. 2.6 Abs. 1 S. 1 UStAE.

321 *Robisch*, in: Bunjes, UStG, 2014, vor § 1 Rn. 15 unter Bezugnahme auf BFH v. 6.5.1993, V R 45/88, BStBl. II 1993, 564. Die Ausführungen des BFH in diesem Urteil lassen insoweit erkennen, dass er sich ausschließlich am Fiskalzweck des Umsatzsteuergesetzes orientiert und die Funktion für den Binnenmarkt insoweit außer Acht lässt, so auch *Schön*, in: Nieskens (Hrsg.), Umsatzsteuer-Kongress-Bericht 2001/2002, 17, 46f.

322 Vgl. Art. 169 MwStSystRL, § 15 Abs. 2 UStG. Etwas anderes gilt allerdings für die sog. „echten Steuerbefreiungen“, insbesondere für innergemeinschaftliche Lieferungen und Ausfuhrlieferungen. In diesen Fällen steht dem Unternehmer trotz Ausführung steuerfreier Umsätze ein vollumfänglicher Vorsteuerabzug zu, vgl. ausdrücklich Art. 169 lit. b MwStSystRL, § 15 Abs. 3 UStG. Zur Umsetzung im nationalen Recht vgl. auch *Heidner*, in: in: Bunjes, UStG, 2018, § 18 Rn. 283ff.; *Oelmaier*, in: Sölch/Ringleb, UStG, § 15 (Juni 2018) Rn. 713 ff.

tatsächlich wirksam Gebrauch gemacht wurde.[323] Konsequenterweise ist es nach Ansicht des EuGH folglich auch nicht erforderlich, dass dem Unternehmer überhaupt die Möglichkeit eingeräumt bzw. durch den nationalen Gesetzgeber beibehalten wird, auf eine gesetzlich gewährte Steuerbefreiung mit der Folge zu verzichten, dass ihm ein vollumfängliches Recht auf Vorsteuerabzug eingeräumt wird.[324] Selbst wenn der Unternehmer die bezogenen Eingangsumsätze nach der geltenden Rechtslage überhaupt nicht für besteuerte Umsätze verwenden kann, steht ihm also kein Recht auf Vorsteuerabzug zu.

cc. Gemischt genutzte Eingangsleistungen

Da ein Vorsteuerabzug nur insoweit gewährt wird, als die bezogenen Leistungen auch für besteuerte Umsätze verwendet werden (sollen), ist bei gemischt genutzten Eingangsleistungen eine Aufteilung der in Rechnung gestellten Vorsteuerbeträge erforderlich. Den entsprechenden Aufteilungsmaßstab dürfen die Mitgliedstaaten selbst bestimmen, sofern sie den Zweck und die Systematik der Richtlinie und insbesondere den Grundsatz der Neutralität beachten.[325] Deutschland hat sich im Grundsatz für eine Aufteilung entsprechend der wirtschaftlichen Zurechnung entschieden (§ 15 Abs. 4 S. 1 UStG).[326] Sofern bei länger genutzten Wirtschaftsgütern der ermittelte Aufteilungsmaßstab der

---

323 EuGH v. 9.9.2004, Rs. C-269/03 (Vermietungsgesellschaft Objekt Kirchberg), Slg. 2004, I-8067, Rn. 23; v. 30.3.2006, C-184/04 (Uudenkaupungin kaupunki), Slg. 2006, I-3039, Rn. 45. Den Mitgliedstaaten steht es insoweit frei, die Einzelheiten des Optionsrechts näher zu regeln. Sie dürfen dem Steuerpflichtigen allerdings keine Pflichten auferlegen, die über das hinausgeht, was nach Unionsrecht zulässig ist, vgl. EuGH v. 10.10.2013, Rs. C-622/11 (Pactor Vastgoed), ABl. EU 2013, Nr. C 344, 16, Rn. 43 für den Fall der Inanspruchnahme des optierenden Unternehmers für Vorsteuer des Vorlieferanten. Vgl. zu dieser Thematik auch *Schüler-Täsch*, in: Sölch/Ringleb, UStG, § 9 (Juni 2016) Rn. 8f.

324 Das Optionsrecht ist im deutschen Recht in § 9 UStG umgesetzt. Die Gesetzesänderung darf allerdings nicht dazu führen, dass das Recht auf Vorsteuerabzug rückwirkend entfällt vgl. EuGH v. 3.12.1998, Rs. C-381/97 (Belcodex), Slg. 1998, I-8153, Rn. 24.

325 EuGH v. 13.2.2008, Rs. C-437/06 (Securenta), Slg. 2008, I-1597, Rn. 33ff; v. 6.9.2012, Rs. C-496/11 (Portugal Telecom), ABl. EU 2012, Nr. C 331, 12, Rn. 42.

326 Vgl. hierzu ausführlich *Englisch*, in: Tipke/Lang, Steuerrecht, 2018, § 17 Rz. 354; *Oelmaier*, in: Sölch/Ringleb, UStG, § 15 (Juni 2018) Rn. 797ff.; *Pull*, Die Sphärentheorie im Mehrwertsteuerrecht, 2014, S. 225-230.

tatsächlichen Nutzung in den Folgejahren nicht entspricht, ist der Vorsteuerabzug entsprechend zu korrigieren.[327]

Besondere Beschränkungen des Rechts auf Vorsteuerabzug bestehen zudem bei geringfügig unternehmerisch genutzten Gegenständen sowie bei Grundstücken. Grundsätzlich kann der Unternehmer gemischt genutzte Wirtschaftsgüter für umsatzsteuerliche Zwecke seinem Unternehmen ganz, teilweise (d.h. entsprechend der tatsächlichen Nutzung) oder gar nicht zuordnen. Das Recht auf Vorsteuerabzug bestimmt sich entsprechend der ursprünglichen Zuordnungsentscheidung und zieht ggf. eine Vorsteuerkorrektur nach sich.[328] Dies gilt nach deutschem Recht jedoch nicht für geringfügig unternehmerisch genutzte Gegenstände (d.h. bei einer unternehmerischen Nutzung unter 10 %). In diesen Fällen ist eine Zuordnung zum Unternehmen nicht möglich[329], so dass im Ergebnis ein Vorsteuerabzug vollumfänglich ausscheidet[330]. Vor dem Hintergrund des Anspruchs der vollständigen Entlastung des Unternehmers von Vorsteuer ist diese Regelung durchaus kritisch zu sehen, zumal auch eine nachträgliche Überschreitung der Mindestnutzungsgrenze nach Auffassung der deutschen Finanzverwaltung nicht zum Vorsteuerabzug berechtigen soll.[331]

Auch für gemischt genutzte Grundstücke kann ein „erstmaliger" Vorsteuerabzug nur gewährt werden, soweit das Grundstück unternehmerischen Zwecken dient (Art. 168a Abs. 1 MwStSystRL, § 15 Abs. 1b UStG). Die Einführung dieser Regelung wurde vor allem dadurch gerechtfertigt, dass diese Regelung eine

---

327 Art. 184-186 MwStSystRL, § 15a UStG vgl. insoweit auch EuGH v. 17.3.2005, Rs. C-63/04 (Centralan Property), Slg. 2005, I-11087; v. 13.2.2012, Rs. C-107/13 (FIRIN), ABl. EU 2014, Nr. C 135, 14.

328 EuGH v. 11.7.1991, Rs. C-97/90 (Lennartz), Slg. 1991, I-3795 für eine vollständige Zuordnung zum Unternehmen; v. 4.10.1995, Rs. C-291/92 (Armbrecht), Slg. 1995, I-2775 für eine anteilige unternehmerische Zuordnung sowie v. 8.3.2001, Rs. C-415/98 (Bakcsi), Slg. 2001, I-1831 für eine vollständige Zuordnung zum privaten Bereich bei gleichzeitigem Vorsteuerausschluss, vgl. dazu *Lohse*, Die Zuordnung im Mehrwertsteuerrecht, 1999, S. 279ff.; *Tumpel*, in: FS Ruppe, 2007, 664, 672f.; *Schön*, in: Nieskens (Hrsg.), Umsatzsteuer-Kongress-Bericht 2001/2002, 17, 54f.

329 § 15 Abs. 1 S. 2 UStG, der auf Art. 395 Abs. 2 MwStSystRL beruht.

330 BFH v. 19.7.2011, XI R 21/10, BFH/NV 2011, 2201, 2204.

331 Vgl. Abschn. 15a.1 Abs. 6 Nr. 5 UStAE, zustimmend *Oelmaier*, in: Sölch/Ringleb, UStG, § 15 (Juni 2018) Rn. 533; *Schwarz*, UR 2000, 275, 278; a.A. *Stadie*, UStG, 2015, § 15 Rn. 346; *Tumpel*, in: FS Reiß, 2008, 123, 127; ebenso wohl *Küffner/von Streit*, DStR 2012, 636, 639.

Gleichbehandlung mit privaten Endverbrauchern sicherstellen sollte.[332] Praktisch sollte diese Regelung vor allem dem sog. *Seeling-Modell*[333], durch das sich der Unternehmer gewisse Liquiditätsvorteile durch die vollumfängliche Gewährung des Vorsteuerabzuges bei Erwerb von Grundstücken sichern konnte, entgegentreten.[334] Da prinzipiell ein Vorsteuerabzug nur zu gewähren ist, soweit eine unternehmerische Nutzung auch beabsichtigt ist, ist eine derartige „beschränkte" Zuordnung zum Unternehmensvermögen auch nur folgerichtig.[335]

III. Der Grundsatz des Sofortabzugs

1. Anspruch auf sofortige Entlastung von Umsatzsteuer

Nach ständiger Rechtsprechung des EuGH kann das Recht auf Vorsteuererstattung *sofort* für die gesamte Steuerbelastung der vorausgehenden Umsatzstufen ausgeübt werden, sofern alle für den Vorsteuerabzug erforderlichen Voraussetzungen vorliegen.[336] Der Vorsteuerabzug ist demnach zu versagen, wenn zwar

---

332 Vgl. Erwägungsgrund 9 der Richtlinie 2009/162/EU des Rates v. 22.12.2009, ABl. 2010 L 10, S. 1.

333 Benannt nach dem Urteil des EuGH v. 8.5.2003, C-269/00 (Seeling), Slg. 2003, I-4101. Hiernach gewährleistete der EuGH einem Steuerpflichtigen den vollen Vorsteuerabzug für ein teils unternehmerisch und teils private genutztes Grundstück. Die Korrektur des Vorsteuerabzuges war entsprechend der tatsächlichen Nutzung über die folgenden zehn Jahre vorzunehmen. Somit hatte der Unternehmer gegenüber dem privaten Endverbraucher einen Liquiditätsvorteil in Höhe der Vorsteuer, da er diese lediglich anteilig über die zehn Jahre zu zahlen hatte. Der EuGH sah hierin keine unrechtmäßige Benachteiligung von Nicht-Unternehmern vgl. EuGH v. 24.3.2009, Rs. C-460/07 (Puffer), Slg. 2009, I-3251, Rn. 42-47. Kritisch hierzu *Pull*, Die Sphärentheorie im Mehrwertsteuerrecht, 2014, S. 230-237.

334 *Dziadkowski*, IStR 2010, 766, 768; *Oelmeier*, in: Sölch/Ringleb, UStG, § 15 (Juni 2018) Rn. 646f.; *Zirkl*, Der Grundsatz der Neutralität, 2015, S. 66. Ausführlich zur Wirkung dieser Regelung *von Streit/Zugmaier*, DStR 2010, 524.

335 *Englisch*, in: Tipke/Lang, Steuerrecht, 2018, § 17 Rz. 338 führt aus, dass so dem „Neutralitäts- und Verbrauchsteuerprinzip nahezu optimal Rechnung getragen wird" und plädiert für eine Ausweitung dieses Systems auch auf andere Wirtschaftsgüter; ebenso *Wäger*, UR 2012, 25. Im Ergebnis ebenso *Pull*, Die Sphärentheorie im Mehrwertsteuerrecht, 2014, S. 236f., die allerdings für eine vollständige Aufgabe des „Seeling-Modells" und nicht nur für eine Bekämpfung plädiert. *Stadie*, UStG, 2015, § 15 Rn. 388 führt aus, dass insoweit der „verfehlten Rechtsprechung des EuGH" entgegengetreten wurde; a.A. *Henkow*, EC Tax Review 2008, 233, 236.

336 St. Rspr. vgl. nur EuGH 6.7.1995, Rs C-62/93 (BP Soupergaz), ABl. EG 1995, Nr. C 229, 10, Rn. 18; v. 21.3.2000, Rs. C-110/98 bis C-147/98 (Galbafrisa), Slg. 2000, I-1577,

die zugrunde liegende Leistung ausgeführt wurde, eine entsprechende Rechnung aber (noch) nicht vorliegt.[337] Auf die Entrichtung des Entgeltes durch den Leistungsempfänger kommt es allerdings nicht an.[338]

Nach Art. 167 MwStSystRL entsteht der Anspruch auf Vorsteuerabzug in der Regel zeitgleich mit der Steuerschuld des leistenden Unternehmers.[339] Vor dem Hintergrund dieser Regelung ist auch die Auffassung des EuGH, die Rechnung stelle keine materielle Voraussetzung des Rechts auf Vorsteuerabzug dar, nachvollziehbar.[340] Würde die Vorlage einer Rechnung als materielle Voraussetzung des Vorsteuerabzugs angesehen werden, wäre diese Regelung schlicht verfehlt, da die Entstehung der Steuerschuld des leistenden Unternehmers grundsätzlich nicht an die Ausgabe einer Rechnung anknüpft.[341] Nicht erforderlich und dem Gebot des Sofortabzuges auch entgegenstehend wäre es hingegen, wenn der Vorsteuerabzug an die *tatsächliche* Ausübung einer wirtschaftlichen Tätigkeit seitens

---

Rn. 43; v. 6.7.2006, Rs. C-439/04 u. C-440/04 (Kittel und Recolta Recycling), Slg. 2006, I-6161, Rn. 48; v. 10.7.2008, Rs. C-25/07 (Sosonowska), Slg. 2008, I-5129, Rn. 15; v. 23.4.2009, Rs. C-460/07 (Puffer), Slg. 2009, I-3251, Rn. 47; v. 24.10.2013, Rs. C-431/12 (Steauna Română), ABl. EU 2013, Nr. C 367, 19, Rn. 21.

337 EuGH v. 29.4.2004, Rs. C-152/02 (Terra Baubedarf), Slg. 2004, I-5583, Rn. 35. So auch *Stadie*, UR 2004, 49, 50 und *Reiß*, UR 2004, 275, 278ff., 284. An dem Erfordernis der Rechnung für den Vorsteuerabzug ändert auch die Entscheidung des EuGH v. 15.9.2016, Rs. C-518/14 (Senatex), ABl. EU 2016, Nr. C 419, 6 dem Grundsatz nach nichts, so ausdrücklich EuGH v. 21.3.2018, Rs. C-533/16 (Volkswagen), ABl. EU 2018, Nr. C 166, 11, Rn. 43; v. 12.4.2018, Rs. C-8/17 (Biosafe), DStR 2018, 787, Rn. 33; v. 21.11.2018, Rs. C-664/16 (Vadan), ABl. EU 2019, Nr. C 25, 4, Rn. 40.

338 EuGH v. 28.7.2011. Rs. C-274/10 (Kommission/Ungarn), Slg. 2011, I-7289, Rn. 46-48.

339 Vgl. *Englisch*, in: Tipke/Lang, Steuerrecht, 2018, § 17 Rz. 315.

340 EuGH v. 21.3.2018, Rs. C-533/16 (Volkswagen), ABl. EU 2018, Nr. C 166, 11, Rn. 42; v. 12.4.2018, Rs. C-8/17 (Biosafe), DStR 2018, 787, Rn. 32, v. 21.11.2018, Rs. C-644/16 (Vadan), ABl. EU 2019, Nr. C 25, 4, Rn. 40. Anders ist allerdings § 15 Abs. 1 S. 1 UStG konzipiert, wonach die Rechnung als materielle Voraussetzung des Vorsteuerabzuges zu werten ist, vgl. hierzu auch *Becker*, MwStR 2017, 610, 611; *Englisch*, in: Tipke/Lang, Steuerrecht, 2018, § 17 Rz. 341. Noch anders *Englisch*, in: Tipke/Lang, Steuerrecht, 2015, § 17 Rz. 312, 341; *ders.*, UR 2011, 488, 489, der entsprechend der vorherigen EuGH-Rechtsprechung die Rechnung als materielle Voraussetzung des Vorsteueranspruchs ansah; ebenso *Stadie*, in Rau/Dürrwächter, UStG § 15 (Januar 2017) Rn. 119.2, der den Besitz der Rechnung weiterhin als materielle Voraussetzung des Vorsteuerabzugsrechts betrachtet wissen will.

341 Eine Ausnahme bildet insoweit der unberechtigte Steuerausweis (§ 14c UStG), der im Zeitpunkt der Ausgabe der Rechnung entsteht. (§ 13b Abs. 1 Nr. 3 u. 4 UStG).

des Leistungsempfängers anknüpfen würde.[342] Ausreichend ist vielmehr, dass die Ausübung einer unternehmerischen Tätigkeit durch den Steuerpflichtigen beabsichtigt ist.[343]

In diesem Kontext ist auch die vom EuGH nunmehr ausdrücklich festgestellte rückwirkende Wirkung von Rechnungsberichtigen zu sehen, da eine bloße *ex nunc* Wirkung auf den Zeitpunkt der Rechnungsberichtigung einen Verstoß gegen den Grundsatz des Sofortabzuges begründen würde.[344]

Nach Ansicht des EuGH folgt aus dem Grundsatz des Sofortabzuges jedoch auch, dass ein Vorsteuerabzug für solche Leistungen endgültig ausscheidet, die zunächst für den nicht-unternehmerischen Bereich erworben und anschließend unternehmerisch verwendet werden. Auch eine Vorsteuerberichtigung nach Art. 184 MwStSystRL, § 15a UStG soll in diesen Fällen ausdrücklich nicht zur Anwendung kommen.[345] Diese Regelung ist mit dem Grundsatz der Belastungsneutralität allerdings nicht vereinbar, da der Unternehmer im Falle der unternehmerischen Verwendung dieser Gegenstände letztlich systemwidrig mit Umsatzsteuer belastet wird.[346] Insoweit hätte der EuGH vielmehr

---

342 So war nach Auffassung des EuGH eine spanische Regelung, die das Vorsteuerabzugsrechts vor Aufnahme einer wirtschaftlichen Tätigkeit generell ablehnte, unzulässig, EuGH v. 21.3.2000, Rs. C-110/98 bis C-147/98 (Galbafrisa), Slg. 2000, I-1577, Rn. 53.

343 EuGH v. 22.3.2012, Rs. C-153/11 (Klub), ABl. EU Nr. C 133, 9, Rn. 43; v. 19.7.2012, Rs. C-334/10 (X), ABl. EU 2012, Nr. C 295, 3, Rn. 31ff. zur Frage der Abzugsfähigkeit von Vorsteuerbeträgen auf Investitionsgüter vor Beginn der unternehmerischen Tätigkeit. Vgl. hierzu auch bereits Kapitel 2 B II 2.

344 Dies gilt auch insbesondere für die Tatsache, dass eine ex nunc Wirkung Zinsen nach § 233a AO auslösen kann. Vgl. insoweit ausdrücklich EuGH v. 15.9.2016, Rs. C-518/14 (Senatex), ABl. EU 2016, Nr. C 419, 6, Rn. 42; in diesem Sinne auch EuGH v. 21.3.2018. Rs. C-533/16 (Volkswagen), ABl. EU 2018, Nr. C 166, 11, Rn. 44. Zu den Voraussetzungen und Wirkungen von Rechnungsberichtigungen vgl. Kapitel 2 B IV 2 c. Für das Erfordernis einer Rückwirkung der Rechnungsberichtigung schon *Zirkl*, Die Neutralität der Umsatzsteuer, 2015, S. 71; a.A. *Reiß*, UR 2004, 275, 284, der insoweit ausführt, dass der Grundsatz des Sofortabzugs eine rückwirkende Rechnungsberichtigung nicht erfordert.

345 Erstmals EuGH v. 11.7.1991, Rs. C-97/90 (Lennartz), Slg. 1991, I-3795, Rn. 11f. Seit dem st. Rspr. vgl. nur EuGH v. 2.6.2005, Rs. C-378/02 (Waterschap Zeeuws Vlaanderen), Slg. 2005, I-4685, Rn. 38, v. 23.4.2009, Rs. C-460/07 (Puffer), Slg. 2009, I-3251, Rn. 44.

346 *Englisch*, in: Tipke/Lang, Steuerrecht, 2018, § 17 Rz. 331; *Lohse*, Die Zuordnung im Mehrwertsteuerrecht, 1999, S. 284; *Reiß*, UR 2010, 797, 813; *Stadie*, UStG, 2015, § 15 Rn. 105; *Theile*, Wettbewerbsneutralität der harmonisierten Umsatzsteuer, 1995, S. 58ff.; *Tumpel*, in: FS Ruppe, 2007, 664, 667.

die Nichtvereinbarkeit des Art. 184 MwStSystRL mit dem Primärrecht feststellen müssen.[347] Auf die unterschiedlichen Maßstäbe, die der EuGH bei der Prüfung unionsrechtlicher Regelungen auf der einen und nationaler Umsetzungsmaßnahmen auf der anderen Seite anlegt, wird im Folgenden noch näher einzugehen sein.

2. Vorliegen eines Vorsteuerüberschusses

Der Anspruch auf Vorsteuererstattung setzt denklogisch das Vorliegen eines Vorsteuerüberschusses voraus. Ein solcher Überschuss entsteht, wenn die Summe der vom Unternehmer geltend gemachten Vorsteuerbeträge die Summe der an den Fiskus abzuführenden Umsatzsteuer übersteigt.[348] Der Vorsteuerüberschuss kann entweder auf den folgenden Zeitraum vorgetragen oder nach von den Mitgliedstaaten festgelegten Regelungen an den Unternehmer erstattet werden.[349] Sofern der Mitgliedstaat sich für die Möglichkeit der Erstattung an den Unternehmer entscheidet, gesteht der EuGH den Mitgliedstaaten bei der Ausgestaltung des Verfahrens zwar einen gewissen Spielraum zu, verlangt aber, dass die Unternehmer „den gesamten aus diesem Mehrwertsteuerüberschuss resultierenden Forderungsbetrag (…) innerhalb einer *angemessenen Frist* durch die Zahlung flüssiger Mittel oder auf gleichwertige Weise [ohne] finanzielles Risiko erstattet bekommen".[350] Der Grundsatz des Sofortabzuges umfasst nach Auffassung des EuGH somit auch eine sofortige Erstattung eines bestehenden Vorsteuerüberschusses.[351]

Zu der Frage, welcher Zeitraum dem Grundsatz einer sofortigen Erstattung noch entspricht, hat sich der EuGH bislang noch nicht äußern müssen. In der Rechtssache *Sosonowska*[352] hat sich der EuGH lediglich generell mit der

---

347 *Englisch*, in: Tipke/Lang, Steuerrecht, 2018, § 17 Rz. 331.

348 So z.B. EuGH v. 10.7.2008, Rs. C-25/07 (Sosonowska), Slg. 2008, I-5129, Rn. 16.

349 Vgl. Art. 183 UAbs. 1 MwStSystRL; ausdrücklich auch EuGH v. 10.7.2008, Rs. C-25/07 (Sosonowska), Slg. 2008, I-5129, Rn. 16.

350 EuGH v. 25.10.2011, Rs. C-78/00 (Kommission/Italien), Slg. 2001, I-8195, Rn. 32f.; v. 10.7.2008, Rs. C-25/07 (Sosonowska), Slg. 2008, I-5129, Rn. 17; v. 24.10.2013, Rs. C-431/12 (Steauna Română), ABl. EU 2013, Nr. C 367, 19, Rn. 22. Hervorhebungen nur hier.

351 So liegt nach Auffassung des EuGH ein Verstoß gegen den Grundsatz des Sofortabzuges vor, wenn ein bestehender Vorsteuerüberschuss in mehrjährig laufende Staatsanleihen umgewandelt wird, vgl. EuGH v. 25.10.2011, Rs. C-78/00 (Kommission/Italien), Slg. 2001, I-8195, Rn. 36. Im Ergebnis ebenso *Zirkl*, Die Neutralität der Umsatzsteuer, 2015, S. 69.

352 EuGH v. 10.7.2008, Rs. C-25/07 (Sosonowska), Slg. 2008, I-5129.

Zulässigkeit einer polnischen Regelung betreffend bestehender Erstattungsfristen von Vorsteuerüberschüssen befasst. Die in Frage stehende Regelung verlängerte die Erstattungsfrist für neu registrierte Steuerpflichtige, falls diese nicht für einen gewissen Zeitraum eine Kaution in signifikanter Höhe stellten. Die Vorschrift sollte der Verhinderung bestimmter Formen von Steuerhinterziehungen dienen. Der EuGH erklärte diese Regelung für unzulässig, da sie neu registrierte Steuerpflichtige unverhältnismäßig stark einschränkte und für das Erreichen des Ziels der Bekämpfung von Steuerhinterziehungen nicht erforderlich war, da sie den Steuerpflichtigen nicht die Möglichkeit einräumte, die Vermutung einer Steuerhinterziehung zu widerlegen.[353] Die Länge der Erstattungsfrist als solche war hingegen nicht Gegenstand des Vorlageverfahrens.

3. *Verzinsung*

Das Prinzip des Sofortabzugs verbietet es den Mitgliedstaaten nicht, vor einer Vorsteuererstattung den Sachverhalt zu prüfen. Für diese Zwecke kann die Erstattungsfrist verlängert werden, sofern diese Verlängerung nicht über das hinausgeht, was für die ordnungsgemäße Durchführung des Steuerprüfungsverfahrens erforderlich ist.[354] In diesem Fall gebietet das Gebot des Sofortabzug allerdings, etwaig entstandene finanzielle Nachteile des Unternehmers durch die Zahlung von Zinsen auszugleichen.[355] Die Gründe für die verspätete Erstattung sind insoweit grundsätzlich unerheblich.[356] Eine Verlängerung der Erstattungsfrist ohne Gewährung einer entsprechenden Verzinsung ist folgerichtig nicht zulässig.[357]

Nach deutschem Recht ist für Umsatzsteueransprüche eine Verzinsung nach den allgemeinen Grundsätzen des § 233a AO in Höhe von 6 % p.a. (§ 238 Abs. 1 S. 1 AO) vorgesehen. Die Verzinsung beginnt 15 Monate nach Ablauf des

353 EuGH v. 10.7.2008, Rs. C-25/07 (Sosonowska), Slg. 2008, I-5129, Rn. 17, 28, 32.

354 EuGH v. 10.7.2008, Rs. C-25/07 (Sosonowska), Slg. 2008, I-5129, Rn. 27; v. 12.5.2011, Rs. C-107/10 (Enel Maritsa Iztok 3), Slg. 2011, I-3871, Rn. 53.

355 EuGH v. 12.5.2011, Rs. C-107/10 (Enel Maritsa Iztok), Slg. 2011, I-3871, Rn. 53; v. 24.10.2013, Rs. C-431/12 (Steauna Română), ABl. EU 2013, Nr. C 367, 19, Rn. 23; v. 28.2.2018, Rs. C-387/16 (Nidera), ABl. EU 2018, Nr. C 142, 6, Rn. 25. Im deutschen Recht erfolgt eine Verzinsung nach den Maßgaben des § 233a AO. Vgl. hierzu ausführlich *Englisch*, UR 2011, 648.

356 EuGH v. 24.10.2013, Rs. C-431/12 (Steauna Română), ABl. EU 2013, Nr. C 367, 19, Rn. 25; in diese Richtung gehend auch EuGH v. 28.2.2018, Rs. C-387/16 (Nidera), ABl. EU 2018, Nr. C 142, 6, Rn. 31.

357 EuGH v. 12.5.2011, Rs. C-107/10 (Enel Maritsa Iztok 3), Slg. 2011, I-3871, Rn. 61.

Kalenderjahres, in dem die Steuer entstanden ist und endet mit Ablauf des Tages, an dem die Steuerfestsetzung wirksam wird (§ 233a Abs. 2 S. 1 u. 3 AO). Die Verzinsung von Umsatzsteueransprüchen nach § 233a AO steht den Regelungen in der MwStSystRL zwar nicht generell entgegen, da diese als steuerliche Nebenleistungen (§ 3 Abs. 4 AO) den Rechtsordnungen der einzelnen Mitgliedstaten unterliegen (Art. 401 MwStSystRL).[358] Allerdings sind die Mitgliedstaaten auch bei der Ausgestaltung solcher Nebenleistungen nicht vollständig frei, sondern müssen auch insoweit die im Zusammenhang mit dem Vorsteuerabzug stehenden Grundsätze beachten.[359] Ein Verstoß gegen den Grundsatz des Sofortabzuges könnte darin liegen, dass die Verzinsung nach § 233a AO erst mit Ablauf von 15 Monaten nach Ablauf des Kalenderjahres, in dem die Steuer entstanden ist, beginnt (§ 233a Abs. 2 S. 1 u. S. 3 AO).[360] Im Ergebnis bedeutet dies, dass der Finanzverwaltung für die Erstattung von Vorsteuerüberschüssen ein Zeitraum von 15 Monaten verbleibt, ohne dass dem Steuerpflichtigen in dieser Zeit der bestehende Liquiditätsnachteil ausgeglichen werden muss. Auch wenn der EuGH sich zu der Angemessenheit der Frist zur Erstattung bislang noch nicht geäußert hat, so ist doch zu vermuten, dass eine Verzinsung erst mit Ablauf von 15 Monaten nach Entstehung eines Vorsteuerüberschusses den Anforderungen des Sofortabzuges nicht entspricht.

---

358 BFH v. 9.10.2002, V R 81/01, BStBl. II 2002, 587; v. 1.3.2013, V B 112/11, BFH/NV 2013, 901. *Körner*, DStR 2010, 1363, 1366 hält daher eine negative Entscheidung des EuGH insoweit für ausgeschlossen. Ausführlich zu der Problematik der Verzinsung von Umsatzsteuernachforderungen *Englisch*, UR 2011, 648 sowie *Zirkl*, Die Neutralität der Umsatzsteuer, 2015, S. 262ff. In der Rechtssache *Nidera* (EuGH v. 28.2.2018, Rs. C-387/16 (Nidera), ABl. EU 2018, Nr. C 142, 6, Rn. 21ff.) hatte der EuGH sich lediglich mit der Zulässigkeit der konkreten Anwendung von Zinsvorschriften auf den Einzelfall und nicht mit der generellen Vereinbarkeit der nationalen Zinsvorschriften mit Unionsrecht zu beschäftigen.

359 Vgl. hierzu EuGH v. 28.2.2018, Rs. C-387/16 (Nidera), ABl. EU 2018, Nr. C 142, 6, Rn. 21ff. Zu der Frage der Vereinbarkeit der Verzinsung von Umsatzsteueransprüchen mit dem Grundsatz der Neutralität, vgl. *Englisch*, UR 2011, 648, 653.

360 Zum Beginn des Zinslaufs vgl. im Einzelnen *Loose*, in: Tipke/Kruse, AO/FGO, § 233a AO (Januar 2016) Rn. 16ff. Die Verzinsung nach § 233a AO wird in der Literatur vor allem mit Blick auf die Verzinsung von Umsatzsteuernachforderungen als mit dem Grundsatz der Neutralität nicht vereinbar angesehen vgl. *Körner*, DStR 2010, 1363, 1364; *Slapio/Claus*, UR 2014, 346, 352f.; *Zirkl*, Die Neutralität der Umsatzsteuer, 2015, S. 262ff.

IV. Das substance-over-form-Prinzip

1. Herleitung und Entwicklung

Nach der Rechtsprechung des EuGH gebietet die systematische Bedeutung des Rechts auf Vorsteuerabzug, dass dem Unternehmer dieser Anspruch grundsätzlich dann zusteht, wenn die materiellen Voraussetzungen vorliegen, auch wenn nicht alle „formalen“ Anforderungen erfüllt werden.[361] Dieser Grundsatz wird allgemein mit dem Begriff „substance-over-form“ beschrieben. Der Begriff wurde vom EuGH zunächst im Zusammenhang mit der Gewährung von Steuerbefreiungen geprägt,[362] kann aber vor allem mit Blick auf die expliziten Ausführungen des EuGH in den Rechtssachen *Senatex*[363] und *Salomie und Oltean*[364] auch auf die Situation des Unternehmers in Bezug auf die Geltendmachung des Vorsteuerabzugsrechts übertragen werden.[365]

Mittlerweile kann der Grundsatz, dass die Verletzung formeller Pflichten der Geltendmachung eines materiell bestehenden Rechtes grundsätzlich nicht entgegengehalten werden kann, wohl als „common sense“ im gesamten Mehrwertsteuerrecht angesehen werden.[366]

---

361 Vgl. EuGH v. 8.5.2008, Rs. C-95/07 u. C-96/07 (Ecotrade), Slg. 2008, I-3457, Rn. 68; v. 17.7.2014, Rs. C-272/13 (Equoland), ABl. EU 2014, Nr. C 314, 16, Rn. 47 ; v. 17.7.2014, Rs. C-590/13 (Idexx), ABl. EU 2015, Nr. C 46, 14, Rn. 38 hinsichtlich der Erfüllung formaler Pflichten in Fällen des Reverse-Charge-Verfahrens. In Bezug auf die Versagung des Vorsteuerabzuges wegen fehlender Registrierung als umsatzsteuerlicher Unternehmer vgl. EuGH v. 21.10.2010, Rs. C-385/09 (Nidera Handelscompagnie), Slg. 2010, I-10385, Rn. 51; v. 9.7.2015, Rs. C-183/14 (Salomie und Oltean), ABl. EU 2015, Nr. C 294, 10, Rn. 61. In Bezug auf die Möglichkeit der Korrektur fehlerhafter Rechnungen vgl. EuGH v. 15.9.2016, Rs. C-518/15 (Senatex), ABl. EU 2016, Nr. C 419, 6, Ls.

362 Vgl. z.B. EuGH v. 27.9.2007, Rs. C-146/05 (Collée), Slg. 2007, I-7861, Rn. 31; v. 27.9.2012, Rs. C-587/10 (VSTR), ABl. EU 2012, Nr. C 366, 9, Rn. 51.

363 EuGH v. 15.9.2016, Rs. C-518/14 (Senatex), ABl. EU 2016, Nr. C 419, 6, Ls.).

364 EuGH v. 9.7.2015, Rs. C-183/14 (Salomie und Oltean), ABl. EU 2015, Nr. C 294, 10, Rn. 60 mit Verweis auf die st. Rspr. der EuGH.

365 Im Ergebnis ebenso *Bufan/Opre*, in: Lang/Melz/Kristoffersson (Hrsg.), Value Added Tax and Direct Taxation, 2009, 231, 248f.; *Zirkl*, Die Neutralität der Umsatzsteuer, 2015, S. 82 allerdings beschränkt auf die EuGH-Rechtsprechung in Bezug auf das Rechnungserfordernis im Anwendungsbereich des Reverse-Charge-Verfahrens. Insoweit eher zurückhaltend *Achatz*, in: Seer (Hrsg.), DStJG 32, 2009, 461, 463, der darauf hinweist, dass die Versagung des Vorsteuerabzuges aus formalen Gründen auch der Sicherung des Steueraufkommens dienen kann.

366 So *Kokott*, in: 100 Jahre Umsatzsteuer, 2018, 109, 127.

2. *Zulässigkeit formeller Pflichten*

Das europäische Recht gestattet den Mitgliedstaaten, den Unternehmern zusätzliche Pflichten zur Geltendmachung des Vorsteuerabzugs aufzuerlegen, welche sie für die genaue Erhebung der Steuer und zur Vermeidung von Steuerhinterziehungen für erforderlich halten, sofern diese dem Grundsatz der Verhältnismäßigkeit entsprechen, also nicht über das hinausgehen, was zur Erreichung der jeweiligen Ziele erforderlich ist.[367] So ist eine Versagung des Vorsteuerabzuges beispielweise nicht nur deshalb möglich, weil sich der Unternehmer entgegen der in Art. 213 MwStSystRL festgelegten Verpflichtung noch nicht als umsatzsteuerlicher Unternehmer registriert hat[368] oder weil der leistende Unternehmer von der Finanzverwaltung seines Ansässigkeitsstaates für umsatzsteuerlich inaktiv erklärt wurde[369].

Die Versagung des Vorsteuerabzugsrechts ist jedoch dann zulässig, wenn der Verstoß gegen die formellen Anforderungen den sicheren Nachweis verhindert, dass die materiellen Anforderungen des Vorsteuerabzugsrechts erfüllt sind.[370] In diesem Fall würde allerdings das Vorsteuerabzugsrecht auch nicht wegen eines Verstoßes gegen formelle Pflichten versagt werden, sondern schlicht, weil der Steuerpflichtige die materiellen Voraussetzungen nicht nachweisen kann und dies aufgrund eines Verstoßes gegen bestehende formelle Vorschriften auch zu verantworten hat. Da den Steuerpflichtigen für das Vorliegen der

---

367 Vgl. insoweit EuGH v. 29.7.2010, Rs. C-188/09 (Profaktor), Slg. 2008, I-4501, Rn. 26. In diesem Sinne auch EuGH v. 8.5.2008, Rs. C-95/07 u. C-96/07 (Ecotrade), Slg. 2008, I-3457, Rn. 65f. zu besonderen Aufzeichnungspflichten im Reverse-Charge-Verfahren; 18.12.1997, Rs. C-286/94, C-340/95, C-401/95 u. C-47/96 (Molenheide), Slg. 1997, I-7281, Rn. 47 zur Pfändung von Vorsteuerbeträgen bei dem Verdacht des Vorliegens eines Umsatzsteuerkarussells; v. 21.3.2000, Rs. C-110 bis 147/98 (Galbafrisa), Slg. 2000, I-1588, Rn. 52 zur Stellung eines Antrages auf Vorsteuerabzug. Ausführlich zur Zulässigkeit umsatzsteuerlicher Pflichten nach Unions- und Verfassungsrecht *Dürrschmidt*, in: Ismer/Nieskens (Hrsg.), Umsatzsteuer-Kongress-Bericht 2014, 33, 45ff.

368 St. Rspr. vgl. bspw. EuGH v. 21.10.2010, Rs. C-385/09 (Nidara Handelscompanie), Slg. 2010, I-10385, Rn. 51; v. 22.12.2010, Rs. C-438/09 (Dankowski), Slg. 2010, I-14009, Rn. 33f.; v. 14.3.2013, Rs. C-527/11 (Ablessio), UR 2013, 392, Rn. 33.

369 EuGH v. 19.10.2017, Rs. C-101/16 (Paper Consult), ABl. EU 2017, Nr. C 424, 3, Rn. 61.

370 EuGH v. 29.9.2007, Rs. C-146/05 (Collée), Slg. 2007, I-7861, Rn. 31; v. 12.7.2012, Rs. C-284/11 EMS-Bulgaria Transport), ABl. EU 2012, Nr. C 287, 14, Rn. 71; v. 28.7.2016, Rs. C-332/15 (Astone), ABl. EU 2016, Nr. C 350, 10, Rn. 46: v. 19.10.2017, Rs. C-101/16 (Paper Consult), ABl. EU 2017, Nr. C 424, 3, Rn. 42.

Voraussetzungen des Vorsteuerabzugsrechts die Feststellungslast trifft, ist dies lediglich folgerichtig und entspricht den allgemeinen Beweislastregeln.[371]

Eine Verknüpfung des Vorsteuerabzugsrechts mit der tatsächlichen Zahlung der geschuldeten Steuer ist hingegen nicht zulässig.[372] So darf bspw. als Sanktion für eine verspätete Entrichtung der Umsatzsteuer das Recht auf Vorsteuerabzug nicht eingeschränkt bzw. gänzlich versagt werden.[373]

3. Das Rechnungserfordernis

a. Grundsatz: Kein Vorsteuerabzug ohne Rechnung

Ungeachtet des substance-over-form-Prinzips kann die Gewährung des Vorsteuerabzuges zulässigerweise von der Vorlage einer ordnungsgemäßen Rechnung abhängig gemacht werden.[374] Art. 178 lit. a MwStSystRL setzt für die Ausübung des Vorsteuerabzugs voraus, dass sich der Unternehmer im Besitz einer den Anforderungen der Richtlinie (Art. 226 MwStSystRL) entsprechenden Rechnung des leistenden Unternehmers befindet. Die Anknüpfung an das Vorliegen einer Rechnung für die Gewährung des Vorsteuerabzugs wurde vom EuGH bereits in der Entscheidung *Jeunehomme* als zulässig anerkannt.[375] Somit

---

371 Zur Beweislasttragung beim Vorsteuerabzug vgl. EuGH v. 5.12.1996, Rs. C-85/95 (John Reisdorf), Slg. 1996, I-6257; v. 26.9.1996, Rs. C-230/94 (Enkler), Slg. 1996, I-4517, Rn. 24. Dem folgend BFH v. 19.10.1978, V R 39/75, BStBl. II 1979, 86; v. 28.4.1983, V R 139/79, BStBl. II 1983, 525; v. 27.6.1996, V R 51/93, BStBl. II 1996, 620 dazu ausführlich *Bornheim*, UStB 2001, 249; *Weiland*, DStR 1996, 53; *Meyer-Sievers/Opitz/Kuntze*, BB 1997, 757.

372 EuGH v. 3.3.2004, Rs. C-395/02 (Transport Service), ABl. EU 2004, Nr. C 94, 15, Rn. 26; v. 12.1.2006, Rs. C-354/03, C-355/03 u. C-484/03 (Optigen u.a.), Slg. 2006, I-483, Rn. 54. So auch *Stadie*, in: Rau/Dürrwächter, UStG, § 15 (Januar 2017) Rn. 119.1, der – allerdings mit Verweis auf die rechtliche Qualifikation der Rechnung durch den EuGH – eine Verknüpfung zwischen Umsatzsteuer und Vorsteuer ablehnt.

373 EuGH v. 12.7.2012, Rs. C-284/11 (EMS-Bulgaria Transport), ABl. EU 2012, Nr. C 287, 14, Rn. 77 zur Versagung des Vorsteueranspruchs bei verspäteter Zahlung der Umsatzsteuer im Reverse-Charge-Verfahren.

374 Der Besitz einer Rechnung führt nicht zum Entstehen des Rechts auf Vorsteuerabzug, sondern berechtigt zu dessen Ausübung. Nach der Rspr. des EuGH steht die Ausübung jedoch formellen Anforderungen gleich, vgl. EuGH v. 19.10.2017, Rs. C-101/16 (Paper Consult), ABl. EU 2017, Nr. C 424, 3, Rn. 40; v. 21.3.2018, Rs. C-533/16 (Volkswagen), ABl. EU 2018, Nr. C 166, 11, Rn. 42; v. 12.4.2018, Rs. C-8/17 (Biosafe), DStR 2018, 787, Rn. 32.

375 EuGH v. 14.7.1988, Rs. 123/87 u. 330/87 (Jeunehomme), Slg. 1988, 4517, Rn. 14.

darf der Vorsteuerabzug bei Nichtvorliegen einer (ordnungsgemäßen) Rechnung zulässigerweise versagt werden.[376] Die Rechnung muss die in Art. 226 MwStSystRL festgelegten Angaben enthalten.[377] Darüber hinaus ist es den Mitgliedstaaten jedoch grundsätzlich nicht gestattet, das Vorsteuerabzugsrecht an zusätzliche Rechnungsangaben zu knüpfen.[378] Diese sind nur zulässig, soweit sie erforderlich sind, um die zutreffende Erhebung der Mehrwertsteuer durch die Finanzverwaltung zu sichern.[379] So war vor diesem Hintergrund nach Ansicht des EuGH die Anforderung, dass die Anschrift des leistenden Unternehmers auf der Rechnung auch die Adresse sein muss, von der aus der leistende Unternehmer seine wirtschaftliche Tätigkeit ausübt[380], nicht mit Unionsrecht vereinbar.[381] Die Angaben in der Rechnung zum leistenden Unternehmer sollen lediglich der Identifizierung des leistenden Unternehmers und der zutreffenden Erhebung der Umsatzsteuer dienen. Hierzu ist jedoch nicht erforderlich, dass von der in der Rechnung angegebenen Anschrift des leistenden Unternehmers auch tatsächlich eine wirtschaftliche Tätigkeit ausgeübt wird.[382]

Zudem dürfen solche zusätzlichen Angaben durch ihre Anzahl oder ihre technischen Anforderungen die Ausübung des Rechts auf Vorsteuerabzug nicht praktisch unmöglich machen oder übermäßig erschweren, müssen also mithin dem Effektivitätsgrundsatz entsprechen.[383] Darüber hinaus ist auch der

376 So besteht auch bei Vorliegen aller sonstigen Voraussetzungen des Vorsteuerabzuges vor dem Vorliegen einer Rechnung kein Anspruch auf Vorsteuerabzug, vgl. EuGH v. 29.4.2004, Rs. C-152/02 (Terra Baubedarf), Slg. 2004, I-5583; EuGH v. 21.3.2018, Rs. C-533/16 (Volkswagen), ABl. EU 2018, Nr. C 166, 11, Rn. 43; v. 12.4.2018, Rs. C-8/17 (Biosafe), DStR 2018, 787, Rn. 33.

377 EuGH v. 15.7.2010, Rs. C-368/09 (Pannon Gép Centrum), Slg. 2010, I-7467, Rn. 40, Art. 226 MwStSystRL wurde in § 14 Abs. 4 UStG umgesetzt.

378 EuGH v. 15.7.2010, Rs. C-368/09 (Pannon Gép Centrum), Slg. 2010, I-7467, Rn. 41 zu der Frage, ob bei einer berichtigten Rechnung auch eine fortlaufende Nummerierung verlangt werden kann.

379 EuGH v. 14.7.1988, Rs. 123/87 u. 330/87 (Jeunehomme), Slg. 1988, I-4517, Rn. 17.

380 BFH v. 22.7.2015, V R 23/14, BStBl. II 2015, 914. Die Finanzverwaltung hat hingegen in der Praxis auch eine bloße Postanschrift gelten lassen, vgl. Abschn. 14.5 Abs. 2 Satz 3 UStAE, siehe insoweit auch BMF-Schr. v. 13.9.2016 – III C 2 – S 7280-a/07/10005:002, UR 2016, 936.

381 EuGH v. 15.9.2016, Rs. C-516/14 (Barlis 06), ABl. EU 2016, Nr. C 419, 6, Rn. 27; v. 15.11.2017, Rs. C-374/16 u. C-375/16 (Geissel und Butin), ABl. EU 2018, Nr. C 22, 12, Rn. 41-43.

382 EuGH v. 15.11.2017, Rs. C-374/16 u. C-375/16 (Geissel und Butin), ABl. EU 2018, Nr. C 22, 12, Rn. 48.

383 EuGH v. 14.7.1988, Rs. 123/87 u. 330/87 (Jeunehomme), Slg. 1988, I-4517, Rn. 17.

Grundsatz der Verhältnismäßigkeit zu wahren, d.h. die zusätzlich geforderten Angaben dürfen nicht über das hinausgehen, was zur Sicherstellung der genauen Erhebung der Mehrwertsteuer sowie zur Verhinderung von Steuerhinterziehungen notwendig ist.[384] So ist trotz entgegenstehender nationaler Vorschriften auch in den Fällen ein Vorsteuerabzug zu gewähren, in denen in den vorliegenden Rechnungen zwar der Leistungsempfänger bzw. der auf ihn entfallende Anteil der Vorsteuer nicht zutreffend bezeichnet ist, diese Angaben sich aber aus denen der Finanzverwaltung vorliegenden Informationen ergeben und so eine missbräuchliche Geltendmachung des Vorsteueranspruchs ausgeschlossen werden kann.[385]

Auch wenn der EuGH den Besitz der Rechnung mittlerweile nicht mehr als materielle, sondern lediglich als formelle Voraussetzung für den Vorsteuerabzug ansieht[386], ist das Vorliegen einer Rechnung für die Geltendmachung des Vorsteuerabzuges jedoch weiterhin prinzipiell erforderlich.[387] So ist auch nach der jüngeren Rechtsprechung des EuGH die Ausübung des Rechts auf Vorsteuerabzug erst ab dem Zeitpunkt des Besitzes der Rechnung möglich.[388] Auch wenn

---

384 EuGH v. 21.3.2000, Rs. C-110/98 bis C-147/98 (Galbafrisa u.a.), Slg. 2000, I-1577, Rn. 52; v. 19.9.2000, Rs. C-454/98 (Schmeik & Cofreth und Strobel), Slg. 2000, I-6973, Rn. 59.

385 EuGH v. 1.3.2012, Rs. C-280/10 (Polski Trawertyn), ABl. EU 2012, Nr. C 118, 2, Rn. 43 zur Frage, ob einer noch zu gründenden Personengesellschaft ein Anspruch auf Vorsteuer zusteht, obwohl die Rechnung auf die Gesellschafter ausgestellt ist und EuGH v. 21.4.2005, Rs. C-25/03 (HE), Slg. 2005, I-3123, Rn. 81f. zu der Frage, ob einem unternehmerisch tätigen Ehegatten ein Vorsteuererstattungsanspruch zusteht, obwohl die Rechnung auf die Ehegatten ausgestellt ist und der auf ihn entfallende Anteil an der Vorsteuer in der Rechnung nicht gesondert ausgewiesen ist. Anders ist der Fall im Rahmen der Gründung einer Kapitalgesellschaft zu beurteilen. Hier steht der Vorgründungsgesellschaft und nicht der späteren Kapitalgesellschaft das Recht auf Vorsteuerabzug zu, vgl. EuGH v. 29.4.2004, Rs. C-137/02 (Faxworld), Slg. 2004, I-5547.

386 So ausdrücklich EuGH v. 15.9.2016, Rs. C-518/14 (Senatex), ABl. EU 2016, Nr. C 419, 6, Rn. 28f.; v. 19.10.2017, Rs. C-101/16 (Paper Consult), ABl. EU 2017, Nr. C 424, 3, Rn. 40; v. 21.3.2018, Rs. C-533/16 (Volkswagen), ABl. EU 2018, Nr. C 166, 11, Rn. 42; v. 12.4.2018, Rs. C-8/17 (Biosafe), DStR 2018, 787, Rn. 32.

387 Vgl. z.B. EuGH v. 15.9.2016, Rs. C-518/14 (Senatex), ABl. EU 2016, Nr. C 419, 6; v. 21.11.2018, Rs. C-664/16 (Vadan), ABl. EU 2019, Nr. C 25, 4, Rn. 40.

388 So zuletzt EuGH v. 21.3.2018, Rs. C-533/16 (Volkswagen), ABl. EU 2018, Nr. C 166, 11, Rn. 43; v. 12.4.2018, Rs. C-8/17 (Biosafe), DStR 2018, 787, Rn. 33. Zweifel anmeldend insoweit allerdings *Reiß*, UR 2018, 457 mit Verweis auf die Entscheidung des EuGH in der Rechtssache *Balis 06 v.* 15.9.2016.

der EuGH entsprechend dem substance-over-form-Prinzip den Nachweis einzelner, dem Grunde nach erforderlicher Rechnungsangaben auf andere Weise zulässt[389], kann diese Rechtsprechung nicht so weit ausgelegt werden, dass aufgrund des Vorliegens anderer Beweismittel auf den Besitz einer Rechnung gänzlich verzichtet werden kann.[390]

War der Unternehmer tatsächlich einmal im Besitz der Rechnung und kann er diese nun nicht mehr vorlegen, ist es ihm jedoch erlaubt, die Voraussetzungen des Vorsteuerabzugsrechts durch Beibringung anderweitiger Nachweise zu belegen.[391] Zu der Frage, wie ein solcher Nachweis erbracht werden kann, schweigt die MwStSystRL und auch der EuGH hat sich bislang hierzu noch nicht geäußert. In Betracht kommen wohl aber alle nach den jeweiligen nationalen Rechtsordnungen zugelassenen Beweismittel.[392] Diese Möglichkeit sollte auch nicht durch die jüngere Rechtsprechung des EuGH zur zeitlichen Rückwirkung von Rechnungsberichtigungen obsolet geworden sein, da diese auch weiterhin dem Sinn nach das Vorliegen einer – zwar fehlerhaften – Rechnung erfordert.[393]

---

389 EuGH v. 1.3.2012, Rs. C-280/10 (Polski Trawertyn), ABl. EU 2012, Nr. C 118, 2, Rn. 48; v. 15.9.2016, Rs. C-516/14 (Barlis 06), ABl. EU 2016, Nr. 6 419, 9, Rn. 43f.

390 Dem entspricht auch die insoweit nachfolgend ergangene Rspr. des EuGH, vgl. EuGH v. 21.3.2018, Rs. C-633/16 (Volkswagen), AB. EU 2018, Nr. C 166, 11, Rn. 41f.; v. 12.4.2018, Rs. C-8/17 (Biosafe), DStR 2018, 787, Rn. 30f. In diese Richtung gehend auch *Englisch*, in: Tipke/Lang, Steuerrecht, 2018, § 17 Rz. 342; *Leiphold*, in: Sölch/Ringleb, UStG, § 14 (Oktober 2017) Rn. 315; deutlich insoweit auch *Stadie*, in: Rau/Dürrwächter, UStG, § 15 (Januar 2017) Rn. 119.2, der das Vorliegen einer Rechnung entgegen der Ansicht des EuGH allerdings weiterhin als notwendige materiellrechtliche Voraussetzung des Vorsteuerabzuges ansieht; a.A. *von Streit/Streit*, UStB 2017, 57, 61f.

391 EuGH v. 5.12.1996, Rs. C-85/95 (John Reisdorf), Slg. 1996, I-6257, Rn. 30; v. 11.6.1998, Rs. C-361/96 (Grandes sources d´eaux minerales françaises), Slg. 1998, I-2495, Rn. 38; *Stadie*, UStG, 2015, § 15 Rn. 212.

392 Vgl. *Oelmaier*, in: Sölch/Ringleb, UStG, § 15 (Juni 2018) Rn. 402. *Stadie*, UStG, 2015, § 15 Rn. 212 hält insoweit neben der Zweitschrift bzw. Kopie auch den Zeugenbeweis oder eine eidesstattliche Versicherung des Unternehmers für taugliche Beweismittel. Diese Möglichkeiten sollen nach dem BFH aber nicht gegeben sein; vgl. BFH v. 19.3.2015, V R 14/14, BStBl. II 2015, 921; kritisch hierzu *Widmann*, UR 2017, 18, 23. *Huschens*, in: 100 Jahre Umsatzsteuer 2018, 773, 798 geht davon aus, dass der Vorsteuerabzug ohne Rechnung eher die Ausnahme bleiben wird.

393 So aber wohl *Leiphold*, in: Sölch/Ringleb, UStG, § 14 (Oktober 2017) Rn. 315. Zu den Wirkungen und Voraussetzungen von Rechnungsberichtigungen vgl. Kapitel 2 B IV 2 c.

b. Kein Rechnungserfordernis in Fällen des Reverse-Charge-Verfahrens

Eine Ausnahme vom grundsätzlichen Rechnungserfordernis macht der EuGH allerdings in den Fällen, in denen der Leistungsempfänger die Umsatzsteuer auf die an ihn erbrachte Leistung schuldet.[394] Zwar können die Mitgliedstaaten die Gewährung des Vorsteuerabzugsrechts in den Fällen des Reverse-Charge-Verfahren von der Erfüllung bestimmter formeller Pflichten abhängig machen[395], diese Pflichten müssen allerdings in Einklang mit dem Ziel der Richtlinie, die zutreffende Erhebung des Mehrwertsteueraufkommen zu sichern, stehen[396]. Soweit die materiellen Voraussetzungen des Reverse-Charge-Verfahrens erfüllt sind, steht dem Leistungsempfänger daher ein Recht auf Vorsteuerabzug auch dann zu, wenn er nicht alle hiermit zusammenhängenden formellen Anforderungen erfüllt.[397] Da – anders als im regulären Besteuerungsverfahren – die Rechnung im Reverse-Charge-Verfahren keine zusätzlichen Informationen, die für die Überprüfung des Vorsteuerabzugsrechts erforderlich sind, enthält, ist diese nicht für die Sicherstellung der zutreffenden Erhebung des Steueraufkommens erforderlich und würde nur eine unnötige Förmlichkeit darstellen.[398]

---

394 Sog. Reverse-Charge-Verfahren. Zum Anwendungsbereich vgl. Art. 194-197 sowie Art. 199 MwStSystRL, § 13b UStG.

395 Vgl. Art. 178 lit. f MwStSystRL; ausdrücklich auch EuGH v. 1.4.2004, Rs. C-90/02 (Bockemühl), Slg. 2004, I-3303, Rn. 49; v. 6.2.2014, Rs. C-424/12 (Fatorie), ABl. EU 2014, Nr. C 93, 11, Rn. 33; hierzu auch *Heuermann*, in: Sölch/Ringleb, UStG, § 13b (Oktober 2017) Rn. 3ff.

396 EuGH v. 1.4.2004, Rs. C-90/02 (Bockemühl), Slg. 2004, I-3303. Rn. 49f.; v. 30.9.2010, Rs. C-392/09 (Uszodaépítő), Slg. 2010, I-3457, Rn. 38; v. 6.2.2014, Rs. C-424/12 (Fatorie), ABl. EU 2014, Nr. C 93/11, Rn. 34.

397 EuGH v. 1.4.2004, Rs. C-90/02 (Bockemühl), Slg. 2004, I-3303, Rn. 50f.; v. 8.5.2008, Rs. C-95/07 u. C-96/07. (Ecotrade), Slg. 2008, I-3457, Rn. 63; ebenso EuGH v. 30.9.2010, Rs. C-392/09 (Uszodaépítő), Slg. 2010, I-3457, Rn.39; v. 6.2.2014, Rs. C-424/12 (Fatorie), AB. EU 2014, Nr. C 93, 11, Rn. 35.

398 EuGH v. 1.4.2004, Rs. C-90/02 (Bockemühl), Slg. 2004, I-3303, Rn. 50f.; v. 8.5.2008, Rs. C-95/07 u. C-96/07 (Ecotrade), Slg. 2008, I-3457, Rn. 63; ebenso EuGH v. 30.9.2010, Rs. C-392/09 (Uszodaépítő), Rn. 39; v. 6.2.2014, Rs. C-424/12 (Fatorie), ABl. EU 2014, Nr. C 93, 11, Rn. 35. Hierzu auch *Widmann*, UR 2017, 18, 18f., dem angesichts der ansonsten „strengen“ Anforderungen des EuGH diese Ausnahme als überraschend erscheint.

c. Grundsätze der Rechnungsberichtigung

aa. Voraussetzungen einer Rechnungsberichtigung

Da die Ausübung des Rechts auf Vorsteuerabzug[399] grundsätzlich an den Besitz einer ordnungsgemäßen Rechnung anknüpft, ist der Vorsteuerabzug auch dann zu versagen, wenn die Rechnung die in Art. 226 MwStSystRL vorgeschriebenen Angaben nicht enthält.[400] Der EuGH hat jedoch ausdrücklich festgestellt, dass fehlerhafte Rechnungen berichtigt werden können und der Vorsteuerabzug dementsprechend zu gewähren ist.[401] In zeitlicher Hinsicht setzt die Rechnungsberichtigung und der damit zusammenhängende Vorsteuerabzugsanspruch dem Grundsatz nach voraus, dass die berichtigte Rechnung der Finanzverwaltung vor Erlass ihrer Entscheidung über den betreffenden Anspruch zugeleitet worden ist.[402] Wurde über den Anspruch auf Vorsteuererstattung bereits rechtskräftig entschieden, ist eine nachträgliche Berücksichtigung einer berichtigten Rechnung hingegen nicht zulässig,[403] da dies nach Auffassung des EuGH dem Erfordernis einer ordnungsgemäßen Steuererhebung und ihrer Kontrolle durch die Finanzverwaltung zuwiderlaufen würde.[404] Sofern der Unternehmer jedoch

---

399 Vgl. EuGH v. 29.4.2004, Rs. C-152/02 (Terra Baubedarf), Slg. 2004, I-5583, Rn. 32; so auch *Oelmaier*, in: Sölch/Ringleb, UStG, § 15 (Juni 2018) Rn. 353.

400 *Stadie*, UStG, 2015, § 15 Rn. 203.

401 EuGH v. 15.7.2010, Rs. C-368/09 (Pannon Gép Centrum), Slg. 2010, I-7467; v. 8.5.2013, Rs. C-271/12 (Petroma Transports), ABl. EU 2013, Nr. C 225, 35, v. 15.9.2016, Rs. C-518/14 (Senatex), ABl. EU 2016, Nr. C 419, 6, Rn. 34; vgl. ausdrücklich im nationalen Recht § 31 Abs. 5 UStDV. Zudem wird die Möglichkeit der Rechnungsberichtigung in Art. 219 MwStSystRL vorausgesetzt.

402 EuGH v. 15.7.2010, Rs. C-368/09 (Pannon Gép Centrum), Slg. 2010, I-7467, Rn. 43. Die Anforderungen an die berichtigte Rechnung dürfen zudem nicht über das hinausgehen, was in der Richtlinie vorgesehen ist EuGH v. 15.7.2010, Rs. C-368/09 (Pannon Gép Centrum), Slg. 2010, I-7467, Rn. 44.

403 Die Rechnungsberichtigung hat insoweit bis zum Schluss der mündlichen Verhandlung im mündlichen Verfahren zu erfolgen, vgl. BFH v. 20.10.2016, V R 26/15, MwStR 2017, 73; *Leiphold*, in: Sölch/Ringleb, UStG, § 14 (Oktober 2017) Rn. 821; *Wäger*, DStR 2016, 2211, 2215; a.A. FG Niedersachsen v. 15.5.2017, 11 K 10147/15, EFG 2017, 1133, Revision anhängig unter dem Az.: V R 12/17; zustimmend *Ismer/Baur-Rückert*, MwStR 2015, 574, 582 wonach die Berichtigung bis zum Erlass der ersten Behördenentscheidung erfolgen muss.

404 EuGH v. 8.5.2013, Rs. C-271/12 (Petroma Transports), ABl. EU 2013, Nr. C 225, 35, Rn. 35. In der Rechtssache *Senatex*, Urteil v. 15.9.2016, Rs. C-518/14, ABl. EU 2016, Nr. C 419, 6 hat der EuGH hierzu keine Stellung genommen, da die Finanzverwaltung erklärt hatte, die berichtigten Rechnungen als nicht verspätet anzuerkennen.

die im Verkehr zu erwartende Sorgfalt angewendet hat und ihn an der „verspäteten" Vorlage der Rechnungen kein Verschulden trifft, können möglicherweise jedoch nach Auffassung des EuGH zur Sicherung des Grundsatzes der Effektivität auch nach Erlass einer endgültigen Entscheidung durch die Finanzverwaltung berichtigte Rechnungen noch zu berücksichtigen sein.[405] In diesem Fall würde das Ziel der zutreffenden Steuererhebung sich dem Anspruch des Unternehmers auf Vorsteuererstattung unterordnen.

bb. Zeitliche Wirkung

Während die grundsätzliche Möglichkeit einer Rechnungsberichtigung somit unstreitig war[406], herrschte über die zeitliche Wirkung der Nachreichung berichtigter Rechnungen lange Zeit Unklarheit.[407] Da der EuGH in der Entscheidung *Terra Baubedarf*[408] das Recht auf Vorsteuerabzug ausdrücklich an den Besitz der Rechnung knüpfte und in der Entscheidung *Pannon Gép Centrum*[409] keine Ausführungen zu der zeitlichen Wirkung der Rechnungsberichtigung gemacht hatte, wurde kontrovers diskutiert, ob der Rechnungsberichtigung eine Rückwirkung zukommen soll.[410] Hierzu hat der EuGH in der Rechtssache *Senatex*[411] nun ausdrücklich Stellung genommen und festgestellt, dass in bestimmten Fällen der Rechnungsberichtigung eine rückwirkende Wirkung auf den Zeitpunkt der erstmaligen Ausstellung der Rechnung zukommt.[412] Der EuGH hat

---

405 Vgl. EuGH v. 14.2.2019, Rs. C-562/17 (Nestrade), BB 2019, 469, Rn. 25. Letztlich war diese Feststellung aber nicht entscheidungserheblich, da das Unternehmen die Fristen der Finanzverwaltung nicht eingehalten hat und gegen die Entscheidung auch nicht fristgerecht Rechtsmittel eingelegt hat.

406 So ausdrücklich EuGH v. 15.9.2016, C-518/14 (Senatex), ABl. EU 2016, Nr. C 419, 6, Rn. 32.

407 Die MwStSystRL enthält keine Regelungen zur Frage der Wirkung von berichtigten Rechnungen. Gleiches gilt für das nationale Recht. Weder § 31 Abs. 5 UStDV noch Abschn. 14.11 UStAE enthalten eine Regelung zur Frage der Wirkung einer Rechnungsberichtigung. Gleichwohl ging die deutsche Verwaltungspraxis davon aus, dass eine Berichtigung nur ex nunc wirken kann.

408 EuGH v. 29.4.2004, Rs. C-152/02 (Terra Baubebarf), Slg. 2004, I-5583, 37.

409 EuGH v. 15.7.2010, Rs. C-368/09 (Pannon Gép Centrum), Slg. 2010, I-7467.

410 Vgl. hierzu *Englisch*, UR 2011, 488; *Reiß*, MwStR 2016, 972, 975.

411 EuGH v. 15.9.2014, Rs. C-518/14 (Senatex), ABl. EU 2016, Nr. C 419, 6.

412 EuGH v. 15.9.2016, Rs. C-518/14 (Senatex), ABl. EU 2016, Nr. C 419, 6, Rn. 34 i.V.m. 43. In dem der Rechtssache zugrunde liegenden Sachverhalt fehlte die nach Art. 226 Nr. 3 MwStSystRL, § 14 Abs. 4 S. 1 Nr. 2 UStG erforderliche Identifikationsnummer des leistenden Unternehmers.

allerdings nicht alle Fragen im Zusammenhang mit der zeitlichen Wirkung der Berichtigung von Rechnungen geklärt.[413] So ist insbesondere weiterhin offen, ob die Rückwirkung für sämtliche nach Art. 226 MwStSystRL erforderlichen Angaben, insbesondere für den Ausweis des Steuerbetrages, gilt.[414] Nach Ansicht von *Stadie* soll zumindest eine rückwirkende Berichtigung des Umsatzsteuerbetrages nicht möglich sein.[415]

Der BFH hat sich der Rechtsprechung des EuGH zur rückwirkenden Rechnungsberichtigung mittlerweile angeschlossen.[416] Nach dem BFH sind nun auch solche Rechnungsangaben berichtigungsfähig, die als sogenannte Mindestanforderungen (d.h. Rechnungsausteller, Leistungsempfänger, Leistungsbeschreibung, Entgelt und gesondert ausgewiesene Umsatzsteuer) bezeichnet werden, sofern diese Angaben nicht so mangelhaft sind, dass sie fehlenden Angaben gleichstehen.[417]

---

413 So gibt *Oelmaier*, in: Sölch/Ringleb, UStG, § 15 (März 2018) Rn. 386 zu Bedenken, dass es bisher noch keine genaue Begriffsbestimmung der Fehlerhaftigkeit einer Rechnung gibt.

414 Vgl. *Stadie*, in: Rau/Dürrwächter, UStG, § 15 (Oktober 2016) Rn. 118.6. Zweifelnd auch *Radeisen*, DB 2017, 212, 213, der darauf hinweist, dass die USt-IdNr. lediglich als Nebenbedingung einer Rechnung angesehen wird und daher eine Übertragbarkeit auf sämtliche Anforderungen einer Rechnung nicht ohne weiteres angenommen werden kann.

415 *Stadie*, MwStR 2016, 934, der aber auch insgesamt eine Rückwirkung der Rechnung ablehnt. In diesem Sinne soll wohl zumindest nach *Hartmann*, UR 2018, 392, 398, die Entscheidung in der Rechtssache *Volkwagen* (EuGH v. 21.3.2018, Rs. C-533/16, ABl. EU 2018, Nr. C 166, 11) zu verstehen sein, da nach seiner Auffassung der EuGH den Mehrwertsteuerausweis als materielle Voraussetzung des Vorsteuerabzug wertet. Ob die Ausführungen des EuGH allerdings so zu verstehen sind, erscheint vor dem Hintergrund der Einordnung der Rechnung als bloße Ausübungsvoraussetzung des Vorsteuerabzugsrechts doch eher fraglich, ebenso Reiß, UR 2018, 457, 467.

416 BFH v. 20.10.2016, V R 26/15, BB 2017, 21 für den Fall, dass die erforderliche Beschreibung der bezogenen Leistung nicht hinreichend war. Die vorherige Rechtsprechung des BFH zur Frage der Rechnungsberichtigung war eher als restriktiv zu beschreiben und führte teilweise dazu, dass der Unternehmer systemwidrig endgültig mit Umsatzsteuer belastet wurde, vgl. *Höink/Hudasch*, BB 2017, 215; ebenfalls kritisch hierzu *Drüen*, DB 2010, 1847.

417 BFH v. 20.10.2016, V R 26/15, BB 2017, 21; *Leiphold*, in: Sölch/Ringleb, UStG, § 14 (Oktober 2017) Rn. 820. In Bezug auf die Frage der Berichtung des ausgewiesenen Umsatzsteuerbetrages bleibt abzuwarten, wie der BFH die Entscheidung des EuGH in den Rechtssachen *Biosafe* und *Volkswagen* umsetzen wird. Zu den verschiedenen Alternativen vgl. *Reiß*, UR 2018, 457, 464f.

Unter Berücksichtigung der neueren EuGH-Rechtsprechung stellt sich allerdings die Frage, ob der Anwendungsbereich der Rechnungsberichtigung nicht deutlich geringer ist, als ursprünglich anzunehmen sein könnte. Sofern der Rechnung sogenannte Annexe beigefügt sind, die Angaben enthalten, die nach Art. 226 MwStSystRL für eine ordnungsgemäße Rechnung erforderlich sind, sind diese bei der Beurteilung des Vorliegens des Vorsteuerabzugsrechts zu berücksichtigen.[418] Insoweit führt der EuGH aus, dass die Finanzverwaltung das Recht auf Vorsteuerabzug nicht wegen unvollständiger Angaben in der Rechnung versagen darf, wenn sie über sämtliche Daten verfügt, um zu prüfen, ob die materiellen Voraussetzungen des Vorsteuerabzuges erfüllt sind.[419] Ob der EuGH hiermit einen Weg für eine Art „Irgendwienachweis" eröffnen wollte, der letztlich eine Rechnungskorrektur überhaupt nicht mehr erforderlich macht, ist allerdings mehr als fraglich.[420]

Diesbezüglich ist auch anzumerken, dass eine Bezugnahme innerhalb der Rechnung auf andere Dokumente keinen neuen Gedanken des EuGH darstellt. Vielmehr findet sich eine vergleichbare Regelung bereits in § 31 Abs. 1 S. 1 UStDV, wonach eine Rechnung aus mehreren Dokumenten bestehen kann.[421] Sofern also der EuGH mit „Annexe" lediglich Dokumente im Sinne des Art. 219 MwStSystRL anerkennt, also Rechnungen im umsatzsteuerlichen Sinne, wären diese nach deutschem Recht ohnehin zu berücksichtigen.[422]

Im Ergebnis ist Entscheidung in der Rechtssache *Barlis 06*[423] daher wohl nicht so auszulegen, dass künftig auf das Vorliegen einer Rechnung zugunsten anderer

418 EuGH v. 15.9.2016, Rs. C-516/14 (Barlis 06), ABl. EU 2016, Nr. C 419, 6, Rn. 16, 17. Vgl. zur Praxis der deutschen Finanzverwaltung Abschn. 15.2a Abs. 6 UStAE, der einen Vorsteuerabzug bei derartigen fehlerhaften Angaben in Rechnungen bejaht, die der Leistungsempfänger nicht nachprüfen kann und dieser gutgläubig ist.

419 EuGH v. 15.9.2016, Rs. C-516/14 (Barlis 06), ABl. EU 2016, Nr. C 419, 6, Rn. 43. In diesem Sinne bereits EuGH v. 1.4.2004, Rs. C-90/02 (Bockemühl), Slg. 2004, I-3303. Rn. 51; v. 8.5.2008, Rs. C-95/07 u. C-96/07 (Ecotrade), Slg. 2008, I-3457, Rn. 64: v. 30.9.2010, Rs. C-392/09 (Uszodaépítő), Slg. 2010, I-8791, Rn. 40.

420 Ebenso *Schwerin/Berges*, StB 2017, 164, 168, für diese Argumentation wohl *Maunz*, UR 2016, 800, 806ff.; vgl. insoweit auch *Langer/Zugmaier*, DStR 2016, 2249, 2251f. Die Entscheidung in der Rechtssache *Volkswagen* (EuGH v. 21.3.2018, Rs. C-533/16, ABl. EU 2018, Nr. C 166, 11) hat insoweit auch nicht zur Klärung beigetragen, *Langer*, DStR 2018, 676, 680.

421 So auch *Höink/Hudasch*, BB 2017, 215, 218.

422 Vgl. *Schwerin/Berges*, StB 2017, 164, 168; Abschn. 14.5 Abs. 1 S. 4 bis 8 UStAE.

423 EuGH v. 15.9.2016, Rs. C-516/14 (Barlis 06), ABl. EU 2016, Nr. C 419, 6.

Nachweise gänzlich verzichtet werden kann[424], so dass die Fragen zum Umfang und Wirkung von Rechnungsberichtigungen wohl auch weiterhin von praktischer Relevanz sein werden.

V. Beschränkung der Vorsteuererstattung auf die „gesetzlich geschuldete" Umsatzsteuer

1. Darstellung der Rechtsprechung des EuGH

Der Anspruch auf Vorsteuerabzug umfasst nach Ansicht des EuGH nur die „tatsächlich geschuldete" Steuer.[425] Diese Regelung bezweckt dem Grundsatz nach die Verwirklichung des dem Mehrwertsteuersystems zugrunde liegenden Prinzips eines Gleichgewichts zwischen Steuer und Vorsteuer.[426] Weist der leistende Unternehmer daher entgegen der geltenden Rechtslage zu Unrecht Umsatzsteuer aus[427], steht dem Rechnungsempfänger – unabhängig von der Zahlung des Steuerbetrags – kein Anspruch auf Erstattung der Vorsteuer gegenüber dem Fiskus zu.[428] Stattdessen beschränkt sich der Anspruch des Rechnungsempfängers nach

424 So auch *Reiß*, MwStR 2016, 972, 977, der jedoch auch die Möglichkeit sieht, dass der EuGH auch ohne Vorlage einer Rechnung einen Vorsteuerabzug zulässt, wenn sich die materiellen Voraussetzungen des Anspruchs anderweitig ergeben. Anders wohl *Höink/Hudasch*, BB 2017, 215, 218, die in der Rechnung lediglich eine formale Voraussetzung des Vorsteuerabzuges sehen mit der Folge, dass bei anderweitigem Nachweis der materiellen Voraussetzungen auf diese auch verzichtet werden kann.

425 St. Rspr. vgl. EuGH v. 13.12.1989, Rs. C-342/87 (Genius Holding), Slg. 1989, 4227, Rn. 13; v. 15.3.2007, Rs. C-35/05 (Reemtsma), Slg. 2007, I-2425, Rn. 23; v. 19.9.2000, Rs. C-454/98 (Schmeink & Cofreth und Strobel), Slg. 2000, I-6973, Rn. 53; v. 6.2.2014, Rs. C-424/12 (Fatorie), ABl. EU 2014 Nr. C 93, 11, Rn. 39; v. 26.4.2017, Rs. C-564/15 (Farkas), ABl. EU 2017, Nr. C 195, 3, Rn. 47.

426 Vgl. Art. 167 MwStSystRL der prinzipiell eine Verknüpfung zwischen dem Vorsteuerabzugsrechts und der Umsatzsteuerschuld vorsieht. Allerdings ist insoweit zu beachten, dass die Zahlung der Umsatzsteuer keine Voraussetzung für den Vorsteuerabzug bildet, so dass ein fiskalisches Gleichgewicht tatsächlich nicht erreicht wird. Vgl. hierzu *Stadie*, in: Rau/Dürrwächter, UStG, § 15 (Januar 2017) Rn. 930f.

427 Die Entscheidung darüber, ob und in welcher Höhe die in der Rechnung ausgewiesene Steuer vom Rechnungsaussteller gesetzlich geschuldet ist, liegt bei der für den Leistungsempfänger zuständigen Finanzbehörde. Auf die Qualifikation der Finanzbehörde des leistenden Unternehmers kommt es hingegen nicht an; vgl. *Stadie*, in: Rau/Dürrwächter, UStG, § 15 (Januar 2017) Rn. 948.

428 EuGH v. 13.12.1989, Rs. C-342/87 (Genius Holding), Slg. 1989, 4227, Rn. 13; v. 15.3.2007, Rs. C-35/05 (Reemtsma), Slg. 2007, I-2425, Rn. 23; v. 6.2.2014, Rs. C-424/12 (Fatorie), ABl. EU 2014 Nr. C 93, 11, Rn. 39; v. 26.4.2017, Rs. C-564/15 (Farkas),

Auffassung des EuGH auf einen zivilrechtlichen Erstattungsanspruch gegen den Rechnungsaussteller.[429] Nur in den Fällen, in denen die Geltendmachung dieses Anspruchs gegen den Rechnungsaussteller „*unmöglich*" oder „*übermäßig erschwert*" ist, soll dem Rechnungsempfänger ein direkter Anspruch gegen den Fiskus zustehen.[430] Die Voraussetzungen eines Direktanspruchs gegen den Fiskus werden vom EuGH jedoch restriktiv ausgelegt, so dass auch die Insolvenz des Rechnungsausstellers und die damit verbundene Feststellung, eine Rückzahlung der vereinnahmten Umsatzsteuer sei nicht zu erwarten, für sich genommen nicht zur Begründung eines solchen Anspruchs ausreicht.[431] Aus der Rechtssache *Farkas*[432] lässt sich vielmehr entnehmen, dass ein Direktanspruch gegen den Fiskus nur dann zulässig ist, wenn die Zahlung des zu Unrecht ausgewiesenen Steuerbetrages kein wirtschaftliches Risiko für den Fiskus beinhaltet.[433]

ABl. EU 2017, Nr. C 195, 3, Rn. 47f.; hierzu auch *Heinrichshofen*, EU-UStB, 2017, 25, 26f.

429 Dem Rechnungsaussteller steht seinerseits ein Anspruch auf Berichtigung der Rechnung und Erstattung der von ihm an den Fiskus gezahlten Umsatzsteuer zu, vgl. EuGH v. 13.12.1989, Rs. C-342/87 (Genius Holding), Slg. 1989, 4227. Es handelt sich somit um eine „Erstattung übers Eck". Nach Auffassung der deutschen Finanzverwaltung setzt eine Erstattung der zu Unrecht ausgewiesenen Steuer jedoch voraus, dass der Rechnungsaussteller nachweisen kann, dass er den zu Unrecht ausgewiesenen Betrag vollständig an den Leistungsempfänger zurückgezahlt hat, vgl. Abschn. 14c.1 Abs. 5 S. 4 UStAE. Zu den zivilrechtlichen Lösungen und Gestaltungsmöglichkeiten vgl. ausführlich *Wartenburger*, in: Ismer/Nieskens (Hrsg.), Umsatzsteuer-Kongress-Bericht 2014, 145ff.

430 EuGH v. 15.3.2007, Rs. C-35/05 (Reemtsma), Slg. 2007, I-2425, Rn. 27, 41; v. 26.4.2017, Rs. C-564/15 (Farkas), ABl. EU 2017, Nr. C 195, 3, Rn. 54.

431 EuGH v. 6.2.2014, Rs. C-424/12 (Fatorie), ABl. EU 2014, Nr. C 93, 11, Rn. 39, 44, hier war die Ausstellung der Rechnung aufgrund der Anwendbarkeit des Reverse-Charge-Verfahrens rechtsgrundlos erfolgt und enthielt keinen Hinweis auf den Übergang der Steuerschuldnerschaft. Der EuGH betonte in diesem Fall die Nichteinhaltung der Vorschriften durch den Leistungsempfänger über das Reverse-Charge-Verfahren, die auch zur Sicherung des Mehrwertsteueraufkommens dienen. Vgl. hierzu auch *Nieskens*, EU-UStB 2014, 37, 38.

432 EuGH v. 26.4.2017, Rs. C-564/15 (Farkas). ABl. EU 2017, Nr. C 195, 3.

433 EuGH v. 26.4.2017, Rs. C-564/15 (Farkas), ABl. EU 2017, Nr. C 195, 3, Rn. 54ff. Ein finanzielles Risiko war für den Fiskus ausgeschlossen, da der leistende Unternehmer vor der Eröffnung des Insolvenzverfahrens den zu Unrecht ausgewiesenen Betrag an den Fiskus gezahlt hatte. Zudem setzt der Anspruch auch voraus, dass kein Fall der Steuerhinterziehung vorliegt, so die ausdrückliche Begründung des EuGH, vgl. EuGH v. 13.12.1989, Rs. C-342/87 (Genius Holding), Slg. 1989, 4227, Rn. 17; in diese

Ob für sich hiernach für Fälle des Direktanspruchs ein weiter Anwendungsbereich eröffnet, bleibt abzuwarten. [434] Die Fälle, in denen zwar die zu Unrecht in Rechnung gestellte Umsatzsteuer ordnungsgemäß abgeführt wurde und die Durchsetzung des Direktanspruchs gegenüber dem Rechnungsausteller im Sinne der EuGH-Rechtsprechung übermäßig erschwert ist, scheinen doch eher überschaubar zu sein.[435]

Bislang hat der EuGH über Direktansprüche des Leistungsempfängers gegen den Fiskus lediglich im Zusammenhang mit der Insolvenz des leistenden Unternehmers entscheiden müssen. Dies ist auch nicht weiter verwunderlich, da dies in der Praxis wohl den häufigsten Grund dafür darstellen sollte, warum eine Geltendmachung des Anspruchs gegen den Rechnungsaussteller scheitert. Ob der EuGH darüber hinaus auch in anderen Konstellationen einen Direktanspruch prinzipiell bejahen würde, ist fraglich. Die Ausführungen in der Rechtsache *Farkas*[436] lassen jedenfalls dem Grunde nach auch eine Anwendung in anderen Konstellationen zu.[437] So wäre grundsätzlich auch ein Direktanspruch in grenzüberschreitenden Fallgestaltungen denkbar, in denen ein ausländischer Rechnungsempfänger sich für Zwecke des Rückzahlungsanspruchs gegen den Rechnungsaussteller eines ausländischen Rechtsweges bemühen müsste.[438] Eine Entscheidung des EuGH zu derartigen Fallgestaltungen steht jedoch noch aus und vor dem Hintergrund der bisherigen Rechtsprechung ist wohl davon auszugehen, dass auch in diesen Konstellationen ein Direktanspruch nur gewährt wird, wenn ein wirtschaftliches Risiko für den Fiskus auszuschließen ist.

Richtung auch EuGH v. 26.4.2017, Rs. C-564/15 (Farkas), ABl. EU 2017, Nr. C 195, 3, Rn. 55.

434 So aber wohl *Heinrichshofen*, EU-UStB 2017, 25. Einschränkend *Prätzler*, jurisPR-SteuerR 32/2017 Anm. 5, der die Beschränkung auf Fälle der ordnungsgemäßen Abführung der Umsatzsteuer betont.

435 In diese Richtung gehend auch *Heuermann*, in: Sölch/Ringleb, UStG, § 13b (Oktober 2017) Rn. 40. Kritisch zu der diesbezüglichen Judikatur des EuGH insgesamt *Stadie*, in: Rau/Dürrwächter, UStG, § 15 (Oktober 2017) Rn. 962 ff., der ausführt, dass der EuGH die Rolle des Unternehmers als „Gehilfe des Staates“ bei der Steuereinsammlung verkennt; ebenso *Nieskens*, EU-UStB 2014, 37, 37f. *Oelmaier*, in: Sölch/Ringleb, UStG, § 15 (März 2018) Rn. 326 geht hingegen davon aus, dass aufgrund Möglichkeit der Rechnungsberichtigung ein Vorsteuerabzug in diesen Fällen auch nicht gewährt werden muss.

436 EuGH v. 26.4.2017, Rs. C-564/15 (Farkas), ABl. EU 2017, Nr. C 195, 3, Rn. 54.

437 Eine Anwendung des Direktanspruchs in anderen Fallgestaltungen bejahen auch *von Streit/Streit*, UR 2018, 813, 820.

438 So auch *Zirkl*, Die Neutralität der Umsatzsteuer, 2015, S. 82.

2. *Verfahrensrechtliche Geltendmachung des Direktanspruchs*

Die Ausgestaltung eines möglichen Direktanspruchs obliegt dem Grunde nach den Mitgliedstaaten.[439] Der EuGH hat zudem ausdrücklich festgestellt, dass bei Vorliegen der Voraussetzungen des Direktanspruchs dieser nicht im Ermessen der Mitgliedstaaten liegt. Eine bloße Gewährung des Anspruchs im Billigkeitswege ist damit ausgeschlossen.[440] Aus verfahrensrechtlicher Sicht stellt sich vor allem die Frage, gegenüber welchem Finanzamt der Rechnungsempfänger seinen Anspruch auf Erstattung der zu Unrecht gezahlten Steuer geltend machen kann. Die Entscheidung in der Rechtssache *Farkas* gibt insoweit einen Hinweis darauf, dass der Anspruch gegen das Finanzamt des Rechnungsausstellers zu richten sein sollte.[441] Dies erscheint aus praktischer Sicht auch sinnvoll, da nur dieses Finanzamt verlässlich prüfen kann, ob die Geltendmachung des Anspruchs gegen den Rechnungsaussteller übermäßig erschwert ist und ob ein wirtschaftliches Risiko für den Fiskus besteht. Eine ausdrückliche Zuständigkeitsregelung für derartige Fälle findet sich im deutschen Verfahrensrecht bislang jedoch nicht.[442]

VI. Reichweite des Rechts auf Vorsteuerabzug

1. *Grundsätzliche Uneinschränkbarkeit*

Das Recht auf Vorsteuerabzug ist nach Ansicht des EuGH als „integrierender Bestandteil des Mechanismus der Mehrwertsteuer" grundsätzlich nicht einschränkbar[443]. Lediglich in der Richtlinie selbst vorgesehene Einschränkungen

---

439 EuGH v. 15.3.2007, Rs. C-35/05 (Reemtsma), Slg. 2007, I-2425, Rn. 27, 41; v. 26.4.2017, Rs. C-564/15 (Farkas), ABl. EU 2017, Nr. C 195, 3, Rn. 54.

440 So aber BFH v. 30.6.2015, VII R 30/14, UR 2015, 802, der insoweit lediglich einen „Billigkeitsanspruch" gewährt und einen Anspruch aus § 37 Abs. 2 AO ablehnt, vgl. hierzu auch *Heinrichshofen*, EU-UStB 2017, 25, 27.

441 So *Heinrichshofen*, EU-UStB 2017, 25, 27. Anders BFH v. 30.6.2015, VII R 30/14, UR 2015, 802, der das Finanzamt des Rechnungsempfängers für zuständig ansieht.

442 Zur derzeitigen verfahrensrechtlichen Möglichkeit derartige Ansprüche geltend zu machen vgl. *von Streit/Streit*, UR 2018, 813, 820.

443 St. Rspr. vgl. nur EuGH v. 6.7.1995, Rs. C-62/93 (BP Soupergaz), ABl. EG 1995, Nr. C 229, 9, Rn. 18; v. 21.3.2000, Rs. C-110/98 bis C-147/98 (Galbafrisa u.a.), Slg. 2000, I-1577, Rn. 43, v. 6.7.2006, Rs. C-439/04 u. C-440/04 (Kittel und Recolta Recycling), Slg. 2006, I-6161, Rn. 47; v. 12.5.2011, Rs. C-107/10 (Enel und Maritsa Iztok 3), Slg. 2011, I-3873, Rn. 32; v. 21.3.2018, Rs. C-533/16 (Volkswagen), ABl. EU 2018, Nr. C 166, 11, Rn. 41; v. 12.4.2018, Rs. C-8/17 (Biosafe), DStR 2018, 787, Rn. 29.

sind zulässig.[444] So sieht Art. 176 MwStSystRL vor, dass der Europäische Rat auf Vorschlag der EU-Kommission solche Ausgaben festlegen kann, für die kein Recht auf Vorsteuerabzug bestehen soll. Dies sollte nach Ansicht der EU-Kommission auf jeden Fall für diejenigen Ausgaben gelten, denen kein streng wirtschaftlicher Charakter zukommt.[445] Da bislang sämtliche Vorschläge der EU-Kommission an dem Einstimmigkeitserfordernis des Europäischen Rates gescheitert sind[446], können die Mitgliedstaaten ihre bereits bestehenden Ausnahmevorschriften beibehalten (sog. Stand-Still-Klausel).[447] Art. 177 MwStSystRL erlaubt es den Mitgliedstaaten zudem aus Konjunkturgründen bestimmte Investitionsgüter ganz oder teilweise vom Vorsteuerabzug auszuschließen.[448]

Die in der Richtlinie genannten Ausnahmen sind jedoch immer eng auszulegen.[449] So dürfen die Mitgliedstaaten nach der Stand-Still-Klausel ihre Ausnahmen vom Vorsteuerabzug nur beibehalten, wenn diese bereits vor Inkrafttreten der Richtlinie in dem begehrten Umfang tatsächlich angewandt wurden und keine

---

444 Vgl. bspw. EuGH v. 21.9.1988, Rs. 50/87 (Kommission/Frankreich), Slg. 1988, 4797, Rn. 17 zur Einschränkung des Vorsteuerabzuges bei steuerpflichtigen Vermietungsleistungen, wenn der Gesamtbetrag der erzielten Einnahmen nur einen geringen Anteil des Grundstückswertes erreicht. EuGH v. 19.9.2000, Rs. C-177/99 und C-181/99 (Ampafrance und Sanofi), Slg. 2000, I-7013, Rn. 34 zum Ausschluss des Vorsteuerabzugs auf bestimmte Repräsentationsaufwendungen; v. 11.12.2008, Rs. C-371/07 (Danfoss und Astrazeneca), Slg. 2008, I-9549, Rn. 26 zum Vorsteuerausschluss bei Mahlzeiten für Arbeitnehmer; v. 23.4.2009, Rs. C-74/08 (PARAT Automotive Cabrio), Slg. 2009, I-3459, Rn. 18 hinsichtlich der Einschränkung des Vorsteuerabzug für Wirtschaftsgüter, die mit Subventionen erworben wurden.

445 Vgl. hierzu *Vellen*, UR 1998, 402, 403.

446 Der letzte Vorschlag der EU-Kommission stammte vom 17.6.1998, ABl. EG Nr. C 219/1998, 16. Seit diesem Zeitpunkt wurde dem Rat diesbezüglich kein neuer Vorschlag vorgelegt.

447 Zudem können die Mitgliedstaaten auch „neue" Ausschlüsse, die inhaltlich denen des Art. 176 MwStSystRL entsprechen aufgrund einer Ermächtigung nach Art. 395 MwStSystRL einführen. Entsprechende Ausnahmen vom Vorsteuerabzug finden sich im nationalen Recht in § 15 Abs. 1a UStG.

448 Eine derartige Regelung war in Deutschland im Jahr 1973 für kurze Zeit zur Dämpfung der Nachfrage in Kraft. Vgl. zu den Einzelheiten *Stadie*, in Rau/Dürrwächter, UStG, § 15 (Januar 2017) Rn. 42.

449 Vgl. EuGH v. 8.1.2002, Rs. C-409/99 (Metropol und Stadler), Slg. 2002, I-81, Rn. 59; v. 22.12.2008, Rs. C-414/07 (Magoora), Slg. 2008, I-10921, Rn. 28; v. 23.4.2009, Rs. C-74/08 (PARAT Automotive Cabrio), Slg. 2009, I-3459, Rn. 23.

widersprüchliche Verwaltungspraxis existiert.[450] Die Mitgliedstaaten können sich daher nicht auf die Stand-Still-Klausel berufen, wenn sie zwischenzeitlich den Vorsteuerabzug für die betreffenden Leistungen zugelassen haben.[451] Ferner dürfen Einschränkungen, die allgemein für alle Ausgaben und nicht nur für bestimmte Leistungen gelten, nicht beibehalten werden.[452] Dies gilt selbst dann, wenn die Einschränkungen der Bekämpfung von Steuerhinterziehungen und -umgehungen dienen sollen.[453]

2. *Zulässige Einschränkungen*

a. *Keine missbräuchliche Berufung auf Unionsrecht*

aa. *Allgemeines*

Mangels einer entsprechenden Rechtsgrundlage im Unionsrecht hat der EuGH schon früh das Institut des „Rechtsmissbrauchs" entwickelt, um einer rechtswidrigen Berufung auf Unionsrecht entgegenzuwirken.[454] Hieraus folgt, dass eine *missbräuchliche oder betrügerische* Berufung auf Gemeinschaftsrecht nicht zulässig ist.[455]

---

450 EuGH v. 14.6.2001, Rs. C-40/00 (Kommission/Frankreich), Slg. 2002, I-4539, Rn. 17; v. 8.1.2002, Rs. C-409/99 (Metropol und Stadler), Slg. 2002, I-81, Rn. 46, v. 11.12.2008, Rs. C-371/07 (Danfoss und Astrazeneca), Slg. 2008, I-9549, Rn. 31; v. 22.12.2008, Rs. C-414/07 (Magoora), Slg. 2008, I-10921, Rn. 39.

451 EuGH v. 8.1.2002, Rs. C-409/99 (Metropol und Stadler), Slg. 2002, I-81, Rn. 46; v. 11.12.2008, Rs. C-371/07 (Danfoss und Astrazeneca), Slg. 2008, I-9549, Rn. 33.

452 EuGH v. 23.4.2009, Rs. C-74/08 (PARAT), Slg. 2009, I-3459, Rn. 28 zum generellen Vorsteuerausschluss subventionierter Gegenstände.

453 EuGH v. 19.9.2000, Rs. C-177/99 u. C-181/99 (Ampafrance und Sanofi), Slg. 2000, I-7013, Rn. 58f.

454 Zu landwirtschaftlichen Subventionen, EuGH v. 21.7.2005, Rs. C-515/03 (Eichsfelder Schlachtbetrieb), Slg. 2005, I-7355, Rn. 37ff.; v. 14.12.2000, Rs. C-110/99 (Emsland-Stärke), Slg. 2000, I-11569, Rn. 53; v. 3.3.1993, Rs. C-8/92 (General Milk Products), ABl. EG 1993, Nr. C 85, 2; zum Gesellschaftsrecht vgl. EuGH v. 23.3.2000, Rs. C-373/97 (Diamantis), Slg. 2000, I-1705. Vgl. auch *Leiphold*, Personelle Zurechnung von Umsätzen und Vorsteuerabzug, 2008. S. 111, der insoweit eine „gefestigte Rechtsprechung" des EuGH annimmt. Zur historischen Entwicklung dieses Rechtsinstituts vgl. *Kofler*, in: Schaumburg/Englisch, Europäisches Steuerrecht, 2015, Rn. 13.17ff.

455 Für den Bereich des freien Dienstleistungsverkehrs EuGH v. 3.12.1974, Rs. 33/74 (Van Binsberger), Slg. 1974, 1299, Rn. 12; v. 5.10.1994, Rs. C-23/93 (TV10), Slg. 1994, I-4795, Rn. 21; für den Bereich des freien Warenverkehrs EuGH v. 10.1.1985, Rs. 229/83 (Lair), Slg. 1988, 3161, Rn. 43; auf dem Gebiet der gemeinsamen Agrarpolitik EuGH v. 3.3.1993, Rs. C-8/92 (General Milk Products), Slg. 1993, I-779, Rn. 21; auf dem

Das Nichtvorliegen eines Rechtsmissbrauchs stellt quasi ein „negatives Tatbestandsmerkmal" des jeweiligen Gemeinschaftsrechts dar.[456]

Dieser Grundsatz gilt ausdrücklich auch für den Bereich des Mehrwertsteuerrechts und insbesondere für das Recht auf Vorsteuerabzug.[457] Hieraus folgt, dass in Fällen des Rechtsmissbrauchs ein Vorsteuerabzug nicht gewährt wird. In Anlehnung an die Rechtsprechung des EuGH handelt es sich auch nach der Auffassung des BFH hierbei um eine weitere (negative) Voraussetzung des Vorsteuerabzugs.[458]

bb. Rechtsmissbrauch im Mehrwertsteuerrecht

(1) Begriff des Rechtsmissbrauchs in der EuGH-Rechtsprechung

Der Begriff sowie der Umgang mit dem Phänomen des Rechtsmissbrauchs sind in der MwStSystRL nicht ausdrücklich festgelegt.[459] Die Begriffe „Steuerhinterziehung", „Steuerumgehung" und „Missbrauch" finden sich zwar an einigen Stellen der Richtlinie[460], eine Antwort auf die Frage, wann ein missbräuchliches Berufen auf Rechte der MwStSystRL vorliegt, lässt sich hieraus allerdings

Gebiet der sozialen Sicherheit EuGH v. 2.5.1996, Rs. C-206/94 (Paletta), Slg. 1996, I-2357, Rn. 24.

456 *Leiphold*, Personelle Zurechnung von Umsätzen und Vorsteuerabzug, 2008, S. 111. In diesem Sinne auch *Mann*, Der Schutz des guten Glaubens, 2017, S. 331.

457 EuGH v. 6.7.2006, Rs. C-439/04 u. C-440/04 (Kittel und Recolta Recycling), Slg. 2006, I-6161, Rn. 54; v. 3.3.2005, Rs. C-32/03 (Fini H), Slg. 2005, I-1599, Rn. 32; v. 13.2.2014, Rs. C-18/13 (Maks Pen), ABl. EU 2014, Nr. C 93, 16, Rn. 26; v. 18.12.2014, Rs. C-131/13, C-163/13 u. C-164/13 (Italmoda), ABl. EU 2015, Nr. C 65, 4, Rn. 43 m.w.N. v. 28.7.2016, Rs. C-332/15 (Astone), ABl. EU 2016, Nr. C 350, 10, Rn. 50.

458 BFH v. 5.8.2010, V R 13/09, BFH/NV 2011, 81. Explizit aufgeführt ist diese Voraussetzung in der deutschen Rechtsordnung bislang allerdings nicht.

459 *Lohse*, in: FS Reiß, 2008, S. 645; *Leiphold*, Personelle Zurechnung von Umsätzen und Vorsteuerabzug, 2008, S. 111.

460 Vgl. Art. 131 u. Art. 158 Abs. 2 MwStSystRL im Zusammenhang mit Steuerbefreiungen, Art. 11 UAbs. 2, Art. 19 UAbs. 2, Art. 80 Abs. 1 u. Art. 394 MwStSystRL sowie in den hierzu ergangenen Erwägungsgründen 27., 42. u. 59. der Richtlinie werden die Begriffe „Steuerhinterziehung" und „Steuerumgehungen" verwendet. Zudem findet sich der Begriff der „Steuerhinterziehung" in Art. 273 UAbs. 2 MwStSystRL und der entsprechenden 55. Begründungserwägung.

nicht ableiten.[461] Es verbleibt daher einzig eine Analyse der hierzu ergangenen EuGH-Rechtsprechung.[462]

Eine missbräuchliche Berufung auf Regelungen der MwStSystRL liegt nach Ansicht des EuGH zunächst immer dann vor, wenn der Steuerpflichtige selbst eine Steuerhinterziehung begeht.[463] Daneben ist der Vorsteuerabzug aber auch in den Fällen des sog. *Gestaltungsmissbrauchs* zu versagen.[464] Ein solcher liegt nach Ansicht des EuGH immer dann vor, wenn die Gestaltung auf die Erlangung eines unberechtigten Steuervorteils, d.h. auf die unberechtigte Minderung der Steuerschuld, gerichtet ist.[465] Eine Missbrauchsabsicht ist – anders als in Fällen der Steuerhinterziehung und beim Rechtsmissbrauch im engeren Sinne – nicht erforderlich.[466] Die bloße Optimierung der Steuerlast ist allerdings auch nach Unionsrecht zulässig und stellt keinen Fall des Gestaltungsmissbrauchs dar.[467]

---

461 *Leiphold*, Personelle Zurechnung von Umsätzen und Vorsteuerabzug, 2008. S. 111. Zu der Entwicklung und Auslegung dieser Begriffe auch ausführlich *Lohse*, BB 2006, 2222, *ders.*, in: FS Reiß, 2008, 645.

462 Kritisch hierzu insoweit *Widmann*, UR 2019, 15, 17 der aus Gründen der Rechtsstaatlichkeit den Unionsgesetzgeber zum Erlass einer klarstellenden Regelung in der Pflicht sieht.

463 EuGH v. 21.2.2006, Rs. C-255/02 (Halifax u.a.), Slg. 2006, I-1609, Rn. 58f.; v. 6.7.2006, Rs. C-439/04 u. C-440/04 (Kittel und Recolta Recycling), Slg. 2006, I-6161, Rn. 53; v. 6.12.2012, Rs. C-285/11 (Bonik), ABl. EU 2013, Nr. C 26, 10, Rn. 38.

464 EuGH v. 21.2.2006, Rs. C-223/03 (University of Huddersfield), Slg. 2006, I-1751, Rn. 53; v. 21.2.2006, Rs. C-255/02 (Halifax u.a.), Slg. 2006, I-1609, Rn. 75.

465 EuGH v. 21.2.2006, Rs. C-255/02 (Halifax u.a.), Slg. 2006, I-1609, Rn. 74f.; v. 14.12.2000, Rs. C-110/99 (Emsland-Stärke), Slg. 2000, I-11569, Rn. 53; v. 29.4.2004, Rs. C-487/01 u. C-7/02 (Gemeente Leusden und Holin Groep), Slg. 2004, I-5337, Rn. 78; sowie GA *Maduro*, Schlussanträge vom 7.4.2005 in den Rs. C-223/02 (University of Huddersfield), Rs. C-419/02 (BUPA Hospitals) und Rs. C-255/02 (Halifax), Slg. 2006, I-1609, Rn. 64; zusammenfassend hierzu *Lange*, DB 2006, 519, 520.

466 *Billig*, UR 2006, 437, 438; *Leiphold,* Personelle Zurechnung von Umsätzen und Vorsteuerabzug 2008, S. 119; *Rüth/Ziche*, EU-UStB 2006, 25, 27. In der deutschen Rechtsordnung würde sich ein vergleichbares Korrektiv zur Bekämpfung von Missbräuchen in § 42 AO finden.

467 Vgl. EuGH v. 8.11.2007, Rs. C-251/06 (Auer), Slg. 2007, I-9689, Rn. 43; hierzu auch *Kofler*, in: Schaumburg/Englisch, Europäisches Steuerrecht, 2015, Rn. 13.17.

Die Finanzverwaltung trägt insoweit die Beweislast.[468] Liegt ein Gestaltungsmissbrauch vor, ist die Rechtslage so zu beurteilen, als ob die missbräuchliche Gestaltung nicht erfolgt wäre.[469]

(2) Auswirkungen auf das europäische Mehrwertsteuersystem

Das Europäische Mehrwertsteuersystem ist aufgrund der Ausgestaltung der Mehrwertsteuer als Allphasen-Netto-Umsatzsteuer mit Vorsteuerabzug besonders betrugsanfällig.[470] So erwähnt die Europäische Kommission in ihrem Aktionsplan vom 7. April 2016[471] erneut die *besondere* Betrugsanfälligkeit der Umsatzsteuer und schätzt den jährlichen Steuerausfall innerhalb der Gemeinschaft auf ca. 170 Milliarden Euro. Neben den Mindereinnahmen für die Finanzhaushalte der Mitgliedstaaten führen Umsatzsteuerbetrügereien aber auch zu erheblichen Wettbewerbsverzerrungen, da die betroffenen Produkte zu einem niedrigeren Preis angeboten werden können als vergleichbare „legal" besteuerte Produkte.[472] Vor diesem Hintergrund verwundert es nicht, dass nach Auffassung des EuGH die Bekämpfung von Steuerhinterziehungen, Steuerumgehungen und etwaigen Missbräuchen ein Ziel ist, das von der MwStSystRL ausdrücklich anerkannt und gefördert wird.[473] Neben der Union selbst sind auch

---

468 Vgl. EuGH v. 21.6.2012, Rs. C-80/11 u. C-142/11 (Mahagében und David), ABl. EU 2012, Nr. C 250, 5, Rn. 49.

469 EuGH v. 21.2.2006, Rs. C-255/02 (Halifax u.a.), Slg. 2006, I-1609, Rn. 94.

470 Wohl allgemeine Meinung, statt vieler *Breuer*, UR 2018, 306; *Mann*, Schutz des guten Glaubens, 2017, S. 35. Zu den wirtschaftlichen Auswirkungen sowie einzelner Begehungsformen vgl. z.B. *Alvermann*, Stbg 2011, 351; *Hummel*, UR 2014, 256; *Kemper*, UR 2005, 1; *Reiß*, in: Ismer/Nieskens (Hrsg.), Umsatzsteuer-Kongress-Bericht 2014, 161, 163-165; *Wäger*. DStR 2010, 357. Ein Grund für das Auftreten von Umsatzsteuerbetrügereien wird auch in dem Wegfall der Kontrollen an den Grenzen gesehen, vgl. EuGH v. 27.9.2007, Rs. C-184/05 (Twoh International), Slg. 2007, I-7910, Rn. 24; ebenso *Heuermann*, DStR 2015, 1416.

471 Mitteilung der Kommission an das Europäische Parlament, den Rat und den Wirtschafts- und Sozialausschuss über einen Aktionsplan im Bereich der Mehrwertsteuer, COM (2016) 148 final, UR 2016, 512; hierzu auch *Vellen*, EU-UStB 2016, 67; *Widmann*, UR 2016, 506.

472 *Küffner/Zugmaier*, UVR 2008, 30.

473 EuGH v. 29.4.2004, Rs. C-487/01 u. C-7/02 (Gemeente Leusden und Holin Groep), Slg. 2004, I-5337, Rn. 76; v. 21.2.2006, Rs. C-255/02 (Halifax u.a.), Slg. 2006, I-1609, Rn. 71; v. 6.7.2006, Rs. C-439/04 u. C-440/04 (Kittel und Recolta Recycling), Slg. 2006, I-6161, Rn. 54; v. 27.10.2011, Rs. C-504/10 (Tanoarch), Slg. 2011, I-10853, Rn. 50;

die Mitgliedstaaten verpflichtet, Mehrwertsteuerbetrügereien (ggf. auch strafrechtlich) zu sanktionieren.[474]

cc. Typische Fallgestaltungen der Umsatzsteuerhinterziehung im europäischen Binnenmarkt

(1) Der Begriff des „Umsatzsteuerkarussells"

Oft werden Umsatzsteuerbetrügereien als „Umsatzsteuerkarusselle" bezeichnet.[475] Die Verwendung dieses Begriffes ist allerdings unscharf, da hierdurch das Vorliegen eines Warenkreislaufes suggeriert wird.[476] Derartige Fallgestaltungen lagen vor allem bei Einführung des Gemeinsamen Marktes den Umsatzsteuerbetrügereien zugrunde.[477] Heute sind Umsatzsteuerhinterziehungen unter Ausnutzung der Regelungen des Europäischen Binnenmarktes in unterschiedlichsten Fallkonstellationen denkbar.[478] Dennoch lassen sich im Wesentlichen drei Grundkonstellationen erkennen.[479]

(2) Fallgruppe 1: Vortäuschung einer steuerfreien innergemeinschaftlichen Lieferung

Diese Art der Steuerhinterziehung beruht auf dem betrügerischen Ausnutzen der Vorschriften über die steuerfreien innergemeinschaftlichen Lieferungen. Der Unternehmer erklärt eine Lieferung als steuerfreie innergemeinschaftliche

---

v. 21.6.2012, Rs. C-80/11 u. C-142/11 (Mahagében und Dávid), ABl. EU 2012, Nr. C 250, 5, Rn. 41.

474 Der EuGH entnimmt die Verpflichtung der Mitgliedstaaten aus den Regelungen der MwStSystRL i.V.m. Art. 4 Abs. 3 EUV. Vgl. insoweit EuGH v. 17.7.2008, Rs. C-132/06 (Kommission/Italien), Slg. 2008, I-5457, Rn. 37 u. 46; v. 26.2.2013, Rs. C-617/10 (Åkerberg Fransson), ABl. EU 2013, Nr. C 114, 8, Rn. 25; v. 8.9.2015, Rs. C-105/14 (Tarrico), ABl. EU 2015, Nr. C 363, 11, Rn. 36; v. 21.11.2018, Rs. C-648/16 (Fontana), ABl. EU 2019, Nr. C 25, 3, Rn. 33. Kritisch hierzu *Reiß*, UR 2016, 342, 343f.

475 So auch durch den nationalen Gesetzgeber, vgl. BT-Drucks. 14/6883 u. 14/7470.

476 *Alvermann*, Stbg 2011, 351, 353; *Kemper*, UR 2005, 1; *ders.* NStZ 2006, 593, 594; *Hellmann*, wistra 2005, 161.

477 *Kemper*, NStZ 2006, 593, 594

478 *Kemper*, ZRP 2006, 205 spricht insoweit von einem „bewussten Ausnutzen der Schwachstelle der umsatzsteuerlichen Regelungen im Europäischen Binnenmarkt".

479 Fallgruppen nach *Heuermann*, DStR 2015, 1416 sowie *Reiß*, in: Ismer/Nieskens (Hrsg.), Umsatzsteuer-Kongress-Bericht 2014, 161, 163. Eine ausführliche Übersicht über in der Praxis vorkommende Umsatzsteuerbetrügereien findet sich z.B. bei *Mann*, Der Schutz des guten Glaubens, 2017, S. 39-61.

Lieferung, obwohl die Voraussetzungen – insbesondere die Lieferung in einen anderen Mitgliedstaat – hierfür tatsächlich nicht vorliegen. Hierdurch wird das Umsatzsteueraufkommen des Ansässigkeitsstaates des betrügerisch handelnden Unternehmers gemindert. In diesem Fall liegt zweifelsfrei eine Steuerhinterziehung durch den handelnden Unternehmer vor.[480] Die Beteiligung des Leistungsempfängers ist hingegen nicht zwingend erforderlich.

(3) Fallgruppe 2: Verschleierung des Erwerbs und anschließende Lieferung im Bestimmungsland

Auch bei dieser Fallgruppe erfolgt die Steuerhinterziehung unter Ausnutzung der Regelungen über steuerfreie innergemeinschaftliche Lieferungen. Anders als bei Fallgruppe 1 erfolgt hier allerdings tatsächlich eine Lieferung in einen anderen Mitgliedstaat, so dass die objektiven Voraussetzungen der Steuerbefreiung dem Grunde nach gegeben sind. Allerdings wird der Empfänger nur unzutreffend benannt, so dass dessen Identität nicht überprüft werden kann und ihm ermöglicht wird, die Waren in seinem Ansässigkeitsstaat unversteuert zu veräußern. Die eigentliche Steuerhinterziehung begeht in diesem Fall der Leistungsempfänger durch Nichterklärung späterer Umsätze.[481] Der leistende Unternehmer begünstigt dies allerdings durch sein Verhalten.

(4) Fallgruppe 3: Umsatzsteuerkarusselle unter Beteiligung sog. „Missing Trader“

Bei dieser Fallgruppe erfolgt die Steuerhinterziehung im Rahmen von grenzüberschreitenden Lieferketten unter Ausnutzung des dem geltenden Mehrwertsteuersystem immanenten Prinzips, dass ein Vorsteuerabzug unabhängig davon gewährt wird, ob die korrespondierende Umsatzsteuer tatsächlich abgeführt wurde.[482] Die Waren werden nach einem vorgefassten Gesamtkonzept unter Beteiligung eines wirtschaftlich nicht aktiven Scheinunternehmers (sog.

480 So auch *Reiß*, in: Ismer/Nieskens (Hrsg.), Umsatzsteuer-Kongress-Bericht 2014, 161, 164.

481 In der Nichterklärung des steuerpflichtigen innergemeinschaftlichen Erwerbs ist hingegen keine Steuerhinterziehung zu sehen, da dem Leistungsempfänger sowohl zeitlich als auch der Höhe nach ein korrespondierender Vorsteueranspruch zusteht vgl. EuGH v. 11.12.2014, Rs. C-590/13 (Idexx), ABl. EU 2015, Nr. C 46, 14; BFH v. 21.5.2014, V R 34/13, BStBl. II 2014, 914.

482 *Kemper*, ZRP 2006, 205; *Eggers/Günther*, BC 2002, 27, 29.

„Missing Trader“[483]) in der Regel grenzüberschreitend verkauft. Vereinfacht liegt einem Umsatzsteuerkarussell folgende Gestaltung zugrunde:

Der erste Unternehmer führt eine steuerfreie innergemeinschaftliche Lieferung an den in einem anderen Mitgliedstaat ansässigen Missing Trader aus. Dieser erklärt einen innergemeinschaftlichen Erwerb unter gleichzeitigem Vorsteuerabzug und liefert die Ware an einen anderen wirtschaftlich aktiven Unternehmer (sog. „Buffer“) im selben Mitgliedstaat, der die in Rechnung gestellte Umsatzsteuer als Vorsteuer geltend macht.[484] Da die in Rechnung gestellte und erstattete Vorsteuer von dem Missing Trader tatsächlich nicht abgeführt wird, tritt ein Steuerschaden ein. Der Buffer liefert die Ware anschließend steuerfrei wieder an den ersten Unternehmer, so dass die Waren diesen Kreislauf erneut durchlaufen können.[485] Um möglichst hohe Gewinne zu erzielen, werden in der Regel wertvolle Gegenstände wie z.B. Mobiltelefone gehandelt.[486]

dd. Umgang mit den Erscheinungsformen der Steuerhinterziehung durch den EuGH

(1) Ausgangspunkt: Keine missbräuchliche Berufung auf Unionsrecht

Ausgehend von dem allgemeinen Grundsatz, dass eine missbräuchliche Berufung auf Unionsrecht nicht möglich ist[487], ist auch einem in betrügerischer Weise geltend gemachtem Vorsteueranspruch nicht zu entsprechen.[488] Sofern der Unternehmer also selbst an einer Umsatzsteuerhinterziehung beteiligt ist, steht diesem unzweifelhaft das Recht auf Vorsteuerabzug nicht zu.[489]

---

483 Zu den einzelnen Fallgestaltungen der Beteiligung eines Missing Traders vgl. *Wenning*, UStB 2002, 265, 266f.

484 Vgl. hierzu ausführlich *Huschens*, SteuK 2012, 479; *Pahne*, Maßnahmen zur Eindämmung des Umsatzsteuerbetruges, 2006, S. 65ff.

485 In dieser vereinfachten Darstellung ist davon auszugehen, dass alle drei beteiligten Unternehmer von der Umsatzsteuerhinterziehung Kenntnis haben. In der Praxis werden allerdings mehrere Handelsstufen dazwischengeschaltet, so dass es durchaus denkbar ist, dass dem einzelnen Unternehmer die Beteiligung an einem Umsatzsteuerkarussell verborgen bleibt.

486 *Pahne*, Maßnahmen zur Eindämmung des Umsatzsteuerbetruges, 2006, S. 67.

487 Vgl. hierzu bereits Kapitel 2 B VI 2 a.

488 St. Rspr. vgl. insoweit nur EuGH v. 3.3.2005, Rs. C-32/03 (Fini H), Slg. 2005, I-1599, Rn. 34; v. 21.2.2006, Rs. C-255/02 (Halifax u.a.), Slg. 2006, I-1609, Rn. 59.

489 Vgl. EuGH v. 12.5.1998, Rs. C-367/96 (Kefelas), Slg. 1998, I-2843, Rn. 20; v. 23.3.2000, Rs. C-373/97 (Diamantis), Slg. 2000, I-1705. Rn. 33; v. 21.2.2006, Rs. C-255/02 (Halifax), Slg. 2006, I-1609, Rn. 56; v. 6.12.2012, Rs. C-285/11 (Bonik), ABl. EU 2013,

Problematischer sind hingegen die Fälle, in denen der Unternehmer selbst keine Steuerhinterziehung begeht, aber innerhalb der Lieferkette, in die der Umsatz, für den er den Vorsteuerabzug begehrt, einbezogen war, eine Steuerhinterziehung stattgefunden hat. Insoweit stellt sich die Frage, ob und unter welchen Umständen dem Unternehmer das Recht auf Vorsteuerabzug versagt werden kann. Zur Beantwortung dieser Frage ist zunächst festzustellen, dass für umsatzsteuerliche Zwecke für den Leistenden und den Leistungsempfänger zwei getrennte Steuerschuldverhältnisse gegenüber dem Fiskus bestehen, die grundsätzlich isoliert voneinander zu beurteilen sind.[490] Dies gilt auch für die Frage, ob eine Steuerhinterziehung oder ein Gestaltungsmissbrauch vorliegt.[491] Dies zeigt sich vor allem daran, dass eine Konnexität zwischen der Zahlung der Umsatzsteuer und dem Recht auf Vorsteuerabzug nicht besteht.[492] Für das Recht auf Vorsteuerabzug des Leistungsempfängers kommt es daher insbesondere nicht darauf an, ob der leistende Unternehmer die Steuer tatsächlich abgeführt hat.[493] Vielmehr ist lediglich erforderlich und maßgeblich, dass der Steuerpflichtige als Leistungsempfänger die Leistung tatsächlich bezogen hat.[494] Auch im Rahmen sog. „Umsatzsteuerkarussellgeschäfte" gelten somit prinzipiell die allgemeinen umsatzsteuerlichen Grundsätze, wonach dem Leistungsempfänger - unabhängig von der Intention seiner Vertragspartner - beim Vorliegen der materiellen Voraussetzungen ein Vorsteuerabzug zusteht.[495]

Dieser Grundsatz gilt allerdings nicht uneingeschränkt. So sind nach Auffassung des EuGH auch solche Fallkonstellationen denkbar, in denen für die Prüfung des Vorsteuerabzugs des Leistungsempfängers auch auf das Verhalten

---

Nr. C 26, 10, Rn. 36. Kritisch hierzu *Hummel*, UR 2014, 256, 257, der dies nur für den „tatsächlichen" Täter hinnehmen will.

490 Vgl. insoweit BFH v. 2.11.1989, V R 56/84, BStBl. II 1990, 253 unter II.1.c. In diese Richtung gehend auch EuGH v. 31.1.2013, Rs. C-642/11 (Stroy trans), ABl. EU 2013, Nr. C 86, 5, Rn. 41.

491 EuGH v. 12.1.2006, Rs. C-353/03, C-355/03 u. C-484/03 (Optigen), Slg. 2006, I-483, Rn. 46, 47; v. 31.1.2013, Rs. C-642/11 (Stroy trans), ABl. EU 2013, Nr. C 86, 5, Rn. 52.

492 *Leiphold*, Personelle Zurechnung von Umsätzen und Vorsteuerabzug 2008, S. 122.

493 EuGH v. 12.1.2006, Rs. C-353/03, C-355/03 u. C-484/03 (Optigen), Slg. 2006, I-483, Rn. 54; v. 6.12.2012, Rs. C-285/11 (Bonik), ABl. EU 2013, Nr. C 26, 10, Rn. 28 m.w.N. In diesem Sinne auch EuGH, Beschl. v. 3.3.2004, Rs. C-395/02 (Transport Service), Slg. 2004, I-1991, Rn. 26.

494 *Maunz*, in: Ismer/Nieskens (Hrsg.), Umsatzsteuer-Kongress-Bericht 2014, 135, 137.

495 Grdl. insoweit EuGH v. 12.1.2006, Rs. C-353/03, C-355/03 u. C-484/03 (Optigen), Slg. 2006, I-483, Rn. 46f.

anderer Unternehmer in der Leistungskette abzustellen ist und deren „missbräuchliches Verhalten“ dazu führt, dass dem Leistungsempfänger das Recht auf Vorsteuerabzug versagt wird.[496]

(2) Beteiligung bzw. Kenntnis des Leistungsempfängers

Eine Versagung des Vorsteuerabzuges setzt immer voraus, dass der Leistungsempfänger sich rechtsmissbräuchlich auf das Vorsteuerabzugsrecht beruft und dies anhand *objektiver Umstände* festgestellt werden kann.[497] Eine „verschuldensunabhängige Haftung“ würde hingegen nach Ansicht des EuGH gegen den Grundsatz der Verhältnismäßigkeit verstoßen und demnach nicht zulässig sein.[498]

Eine missbräuchliche Berufung auf das Vorsteuerabzugsrecht liegt zunächst immer dann vor, wenn der Unternehmer selbst eine Steuerhinterziehung begeht.[499] Dies wäre der Fall, wenn ein Vorsteuerabzugsrecht nach objektiver Betrachtungsweise überhaupt nicht besteht und der Leistungsempfänger hiervon Kenntnis hat.[500] Da in diesem Fall bereits die objektiven Voraussetzungen

---

496 Vgl. hierzu bspw. EuGH v. 12.1.2006, Rs. C-354, C-355/05 u. C-484/03 (Optigen u.a.), Slg. 2006, I-483, Rn. 46, 51; v. 21.6.2012, Rs. C-80/11 u. C-142/11 (Mahagében und Dávid), ABl. EU 2012, Nr. C 250, 5, Rn. 45, wonach dem Leistungsempfänger der Vorsteuerabzug versagt wird, wenn er wusste oder hätte wissen müssen, dass sein Umsatz eines Umsatzsteuerkarussells ist.

497 Gefestigte Rspr. vgl. bspw. EuGH v. 3.3.2005, Rs. C-32/03 (Fini H), Slg. 2005, I-1599, Rn. 34; v. 6.7.2006, Rs. C-439/04 u. C-440/04 (Kittel und Recolta Recycling), Slg. 2006, I-6161, Rn. 54; v. 6.12.2012, Rs- C-285/11 (Bonik), ABl. EU 2013, Nr. C 26, 10, Rn. 37; v. 13.2.2014, Rs. C-18/13 (Maks Pen), ABl. EU 2014, Nr. C 93, 16, Rn. 26; v. 18.12.2014, Rs. C-131/13, C-163/13 u. C-164/13 (Italmoda), ABl. EU 2015, Nr. C 65, 4, Rn. 44.

498 EuGH v. 11.5.2006, Rs. C-384/04 (Federation of Technological Industries), Slg. 2006, I-4191, Rn. 32; v. 21.2.2008, Rs. C-271/08 (Netto Supermarkt), Slg. 2008, I-771, Rn. 22f.; v. 21.6.2012, Rs. C-80/11 u. C-142/11 (Mahagében und Dávid), ABl. EU 2012, Nr. C 250, 5, Rn. 48.

499 EuGH v. 6.12.2012, Rs. C-285/11 (Bonik), ABl. EU 2013, Nr. C 26, 10, Rn. 38 m.w.N.; so auch BFH v. 19.4.2007, V R 48/04, BStBl. II 2009, 315. Der Einleitung eines förmlichen Ermittlungsverfahrens bedarf es insoweit zwar nicht, in der Praxis wird dies aber wohl der Regelfall sein, vgl. insoweit *Kemper*, UR 2017, 449, 451.

500 Zu den Einzelheiten der objektiven und subjektiven Tatbestandsvoraussetzungen der Steuerhinterziehung gem. § 370 AO vgl. *Ransiek*, in: Kohlmann, Steuerstrafrecht, § 370 AO (November 2018) Rn. 80ff.

des Vorsteuerabzugsrechts nicht vorliegen, handelt es sich streng genommen auch nicht um eine Einschränkung des Rechts auf Vorsteuerabzug.[501]

Darüber hinaus ist das Recht auf Vorsteuerabzug aber auch dann zu versagen, wenn der Leistungsempfänger selbst zwar keine Steuerhinterziehung begangen hat, aber die betreffende Leistung innerhalb einer Lieferkette erfolgt, in der andere Umsätze betrugsbehaftet sind.[502] Insoweit ist allerdings für den Ausschluss des Vorsteuerabzugsrechts erforderlich, dass der Steuerpflichtige *wusste* oder *hätte wissen müssen*, dass er sich durch den Umsatz, auf den er sich zur Begründung des betreffenden Rechts beruft, an einer Mehrwertsteuerhinterziehung beteiligt hat.[503] Ein Leistungsempfänger, der wusste oder hätte wissen müssen, dass sein Umsatz in eine Umsatzsteuerhinterziehung einbezogen ist, wird für Zwecke der MwStSystRL als Beteiligter der Hinterziehung angesehen und behandelt.[504] Ein kollusives Zusammenwirken zwischen Steuerhinterzieher und Leistungsempfänger ist hingegen nicht erforderlich[505], da die Versagung des Vorsteuerabzugs keine Kompensation des durch die Steuerhinterziehung ausgefallenen Betrags darstellen soll, sondern der Steuerpflichtige vielmehr aufgrund des bloßen Wissen-Müssens sein Recht auf Vorsteuerabzug verliert.[506] Es

---

501 Vgl. insoweit EuGH v. 12.5.1988, Rs. C-367/96 (Kefalas), Slg. 1998, I-2843, Rn. 20; v. 23.3.2000, Rs. C-373/97 (Diamantis), Slg. 2000, I-1705, Rn. 33; v. 21.2.2006, Rs. C-255/02 (Halifax u.a.), Slg. 2006, I-1609, Rn. 58f.; v. 6.12.2012, Rs. C-285/11 (Bonik), ABl. EU 2013, Nr. C 26, 10. Kritisch hierzu *Hummel*, UR 2014, 256, 257.

502 EuGH v. 12.1.2006, Rs. C-354/03, C-355/05 u. C-484/03 (Optigen u.a.), Slg. 2006, I-483, Ls.

503 EuGH v. 6.7.2006, Rs. C-439/04 u. C-440/04 (Kittel und Recolta Recycling), Slg. 2006, I-6161, Rn. 56 bis 61; v. 21.6.2012, Rs. C-80/11 u. 142/11 (Mahagében und Dávid), ABl. EU 2012, Nr. C 250, 5, Rn. 45; v. 6.12.2012, Rs. C-285/11 (Bonik), ABl. EU 2013, Nr. C 26, 10, Rn. 40; v. 13.2.2014, Rs. C-18/13 (Maks Pen), ABl. EU 2014, Nr. C 93, 16 Rn. 27f.; v. 18.12.2014, Rs. C-131/13, C-163/13 u. C-164/13 (Italmoda), ABl. EU 2015, Nr. C 65, 4 m.w.N.; so auch BFH v. 19.4.2007, V R 48/04, BStBl. II 2009, 315.

504 EuGH v. 6.7.2006, Rs. C-439/04 u. C-440/04 (Kittel und Recolta Recycling), Slg. 2006, I-6161, Rn. 56; v. 21.6.2012, Rs. C-80/11 u. C-142/11 (Mahagében und Dávid), ABl. EU 2012, Nr. C 250, 5, Rn. 46; v. 6.12.2013, Rs. C-285/11 (Bonik), ABl. EU 2013, Nr. C 26, 10, Rn. 39.

505 So aber in einem vergleichbaren Fall bezüglich schweizerischer Ausfuhrerstattung, EuGH v. 14.12.2000, Rs. C-110/99 (Emsland Stärke), Slg. 2000, I-11569, Rn. 52f. kritisch hierzu *Hummel*, UR 2014, 256, 257, der auch Fallbeispiele aufzeigt, in denen dies zu praktischen Problemen führen kann; *Leiphold*, Personelle Zurechnung von Umsätzen und Vorsteuerabzug, 2008, S. 126.

506 EuGH v. 18.12.2014, Rs. C-131/13, C-163/13 u. C-164/13 (Italmoda), ABl. EU 2015, Nr. C 65, 4 m.w.N.

handelt sich hierbei also um eine Art „*Strafsteuer*“[507], auch wenn der EuGH ausdrücklich die Qualifikation als Strafe verneint.[508]

Das Wissen-Müssen muss nach Ansicht des EuGH jedoch anhand *objektiver Umstände* durch die Finanzbehörden der Mitgliedstaaten festgestellt werden.[509] Die Feststellungslast trägt entsprechend der Normbegünstigungstheorie die Finanzverwaltung.[510] Insoweit reicht es allerdings nicht aus, dass der Behörde lediglich objektive Anhaltspunkte für einen Betrug innerhalb der Leistungskette vorliegen[511], vielmehr muss sie auch nachweisen, dass dem Steuerpflichtigen dies bekannt war oder er hiervon hätte Kenntnis haben müssen.[512] Maßgeblicher Zeitpunkt für diese Beurteilung ist die Geschäftsanbahnung und nicht der Zeitpunkt der Überprüfung durch die Finanzverwaltung.[513]

Im Umkehrschluss bedeutet die EuGH-Rechtsprechung, dass dem nicht bösgläubigen Leistungsempfänger der Vorsteuerabzug – auch bei Einbeziehung in

507 *Oelmaier*, in: Sölch/Ringleb, UStG, § 15 (März 2018) Rn. 57; *Kaiser/Hummel*, PStR 2015, 265, 266. Insoweit weist *Maunz*, in: Ismer/Nieskens (Hrsg.), Umsatzsteuer-Kongress-Bericht 2014, 135, 139 darauf hin, dass eine restriktive Anwendung dieser Fallgruppe erforderlich ist.

508 Der EuGH sieht in der Nichtvorlage eines rechtsmissbräuchlichen Verhaltens vielmehr ein negatives Tatbestandsmerkmal des Vorsteuerabzugs so ausdrücklich EuGH v. 18.12.2014, Rs. C-131/13, C-163/13 u. C-164/13 (Italmoda), ABl. EU 2015, Nr. C 65, 4, Rn. 57, 61.

509 EuGH v. 3.3.2005, Rs. C-32/03 (Fini H), Rn. 34; v. 6.7.2006, Rs. C-439/04 u. C-440/04 (Kittel und Recolta Recycling), Slg. 2006, I-6161, Rn. 56; v. 21.6.2012, Rs. C-80/11 u. C-142/11 (Mahagében und Dávid), ABl. EU 2012, Nr. C 250, 5, Rn. 46; v. 6.12.2012, Rs. C-285/11 (Bonik), ABl. EU 2013, Nr. C 26, 10, Rn. 39.

510 EuGH v. 21.6.2012, C-80/11 u. C-142/11 (Mahagében und David), ABl. EU 2012, Nr. C 250, 5, Rn. 46, 50; 62 v. 13.2.2014, Rs. C-18/13 (Maks Pen), ABl. EU 2014, Nr. C 93, 16. Zustimmend *Maunz*, in: Ismer/Nieskens (Hrsg.), Umsatzsteuer-Kongress-Bericht 2014, 135, 140.In diese Richtung ebenfalls BMF-Schreiben v. 7.2.2014, IV D 2-S 7100/12/10003; a.A. noch BFH v. 19.4.2007, V R 48/04, BStBl. II 2009, 315.

511 EuGH v. 21.6.2012, C-80/11 u. C-142/11 (Mahagében und David ABl. EU 2012, Nr. C 250, 5, Rn. 42.

512 EuGH v. 21.6.2012, C-80/11 u. C-142/11 (Mahagében und David), ABl. EU 2012, Nr. C 250, 5, Rn. 51.

513 In diese Richtung gehend EuGH v. 21.2.2008, Rs. C-271/06 (Netto Supermarkt), Slg. 2008, I-771, Rn. 27 und EuGH v. 27.9.2007, Rs. C-409/04 (Telos), Slg. 2007, I-7797, Rn. 48 zum Nachweis der Voraussetzungen der Steuerbefreiung bei innergemeinschaftlichen Lieferungen. So zutreffend auch *Achatz*, in: Seer (Hrsg.), DStJG 32, 2009, S. 461, 474, 484; *Drüen*, DB 2010, 1847, 1849.

ein Umsatzsteuerkarussell – nicht versagt werden kann.[514] Dies gilt selbst dann, wenn mit der Leistung an den gutgläubigen Empfänger selbst und nicht bloß auf einer anderen Handelsstufe Mehrwertsteuer hinterzogen wird.[515] Im Ergebnis ist daher wohl eher von einer restriktiven Anwendung durch den EuGH auszugehen.[516]

(3) Verpflichtung der Mitgliedstaaten

Die Mitgliedstaaten sind insoweit angehalten, die nationalen Rechtsvorschriften so anzuwenden und auszulegen, dass im Einklang mit dem Unionsrecht der Vorsteuerabzug in Fällen des Rechtsmissbrauchs versagt wird.[517] Diese Verpflichtung ergibt sich nach Auffassung des EuGH aus Art. 325 AEUV sowie Art. 2, Art. 250 Abs. 1 und Art. 273 MwStSystRL.[518] Sofern die nationalen Rechtsordnungen keine explizite Regelung zur Versagung des Vorsteuerabzugsrechts in derartigen Konstellationen vorsehen, ist der Vorsteuerabzug nach Auffassung

---

514 Mittlerweile gefestigte Rspr. vgl. bspw. EuGH v. 12.1.2006, Rs. C-354/03, C-355/03 u. C-484/03 (Optigen), Slg. 2006, I-483, Rn. 52, 55; v. 6.7.2006, Rs. C-439/04 u. C-440/05 (Kittel und Recolta Recycling), Slg. 2006, I-6161, Rn. 45, 46, 60; v. 21.6.2012, Rs. C-80/11 (Mahagében und Dávid), ABl. EU 2012, Nr. C 250, 5, Rn. 47; v. 31.1.2013, Rs. C-642/11 (Stroy trans), ABl. EU 2013, Nr. C 86, 5, Rn. 48. Hierzu auch *Maunz*, in: Ismer/Nieskens (Hrsg.), Umsatzsteuer-Kongress-Bericht 2014, S. 135, 137; *Sterzinger*, DStR 2014, 831. So auch *Zirkl*, Die Neutralität der Umsatzsteuer, 2015, S. 94.

515 EuGH v. 6.7.2006, Rs. C-439/04 u. C-440/05 (Kittel und Recolta Recycling), Slg. 2006, I-6161, Rn. 46; *Huschens*, EU-UStB 2006, 37, 38; so auch *Wäger*, UR 2006, 594, 600; im Ergebnis ebenso *Maunz*, in: Ismer/Nieskens, Umsatzsteuer-Kongress-Bericht 2014, 135, 137.

516 So *Hummel*, UR 2014, 256, 257. Ebenso *Kemper*, UR 2017, 449, 454, der davon ausgeht, dass sich die Finanzbehörden bei dem Nachweis des Vorliegens der objektiven Umstände „viel Mühe geben" müssen; in diese Richtung gehend auch *Maunz*, in: Ismer/Nieskens (Hrsg.), Umsatzsteuer-Kongress-Bericht 2014, 135, 137, 138, 140 auch wenn er insoweit ausführt, dass dem Steuerpflichtigen hierdurch „kein Freibrief erteilt wird".

517 EuGH v 5.7.2007, Rs. C-321/05 (Kofoed), Slg. 2007, I-5795, Rn. 46; v.18.7.2013, Rs. C-78/12 (Evita-K.), ABl. EU 2013, Nr. C 260, 11; v. 31.1.2013, Rs. C-642/11 (Stroy Trans), ABl. EU 2013, Nr. C 86, 5; v. 13.2.2014, Rs. C-18/13 (Maks Pen), ABl. EU 2014, Nr. C 93, 16, Rn. 36; hierzu auch ausführlich EuGH v. 18.12.2014, Rs. C-131/13, C-163/11 u. C-164/13 (Italmoda), ABl. EU 2015, Nr. C 65, 4, Rn. 53.

518 EuGH v. 17.12.2015, Rs. C-419/14 (WebMindLicenses), ABl. EU 2016, Nr. C 68, 16, Rn. 41; v. 19.10.2017, Rs. C-101/16 (Paper Consult), ABl. EU 2017, Nr. C 424, 3, Rn. 47.

des EuGH dennoch nicht zu gewähren.[519] Aus deutscher Sicht findet sich im geltenden Umsatzsteuerrecht (insbesondere in § 15 UStG) keine Regelung, die den Vorsteuerabzug in missbräuchlichen Fallgestaltungen ausschließen würde.[520] Zwingend erforderlich wäre eine solche Regelung jedoch nicht, da eine Versagung des Vorsteuerabzugsrechts in Missbrauchskonstellationen wohl auf die allgemeine Missbrauchsbekämpfungsnorm des § 42 AO gestützt werden könnte.[521] Aus Gründen der Rechtsklarheit wäre eine entsprechende Regelung im Umsatzsteuergesetz allerdings mehr als wünschenswert.[522]

ee. Bewertung

Die EuGH-Rechtsprechung zum Verbot des Vorsteuerabzugs in Missbrauchsfällen verdeutlicht anschaulich das Dilemma, in dem sich der EuGH befindet. Auf der einen Seite ist die Gewährung des Vorsteuerabzugs essentiell für das Funktionieren des geltenden Mehrwertsteuersystems, auf der anderen Seite ist gerade

---

519 Grdl. EuGH v. 18.12.2014, Rs. C-131/13, C-163/13 u. C-164/13 (Italmoda), ABl. EU 2015, Nr. C 65, 4, Rn. 54. Eine dogmatische Herleitung dieses Ansatzes lässt sich dem EuGH-Urteil *Cussens* entnehmen, vgl. EuGH v. 2.11.2017, Rs. C-251/16 (Cussens), ABl. EU 2018, Nr. C 22, 10, Rn. 30ff. Zustimmend *Heuermann*, DStR 2015, 1416, 1418 auch *Nieskens*, EU-UStB 2018, 5, 7 sieht hierin lediglich die Mechanik des § 42 AO beschrieben. Kritisch hierzu *Hummel*, BB 2015, 544, 549, der zwar das Ziel der Umsatzsteuerbekämpfung anerkennt, die Begründung des EuGH im Einzelnen jedoch als „schlicht falsch" bezeichnet; sowie *Winter*, DStR 2015, 578, 578, der hierin die Begründung eines „von den Mitgliedstaaten nicht legitimierten Steuerstrafrechts" sieht. *Wäger*, UR 2015, 81, 97 sieht ebenfalls das Ziel des EuGH als legitim an, den Weg dahin aber für eher fragwürdig. Zweifelnd insoweit auch *Stadie*, in: Rau/Dürrwächter, UStG, § 15 (Oktober 2016) Rn. 944.

520 *Oelmaier*, in: Sölch/Ringleb, UStG, § 15 (März 2018) Rn. 58. Hierzu näher *Meyer-Burow/Connemann*, UStB 2014, 255, 256, 259; *Drüen*, MwStR 2015, 841, 849. *Heuermann*, DStR 2015, 1416, 1420 ist hingegen der Auffassung, dass das Ergebnis durch eine teleologische Reduktion des § 15 Abs. 2 UStG zu erreichen ist.

521 Zustimmend *Heidner*, in: Bunjes, UStG, 2018, § 15 Rn. 189; *Nieskens*, EU-UStB 2018, 5, 7; zweifelnd insoweit *Wäger*, UR 2015, 81ff., *Reiß*, in: Ismer/Nieskens (Hrsg.), Umsatzsteuer-Kongress-Bericht 2014, S. 161, 180 geht insoweit davon aus, dass der Steuerpflichtige daneben auch für die ausgefallene Umsatzsteuer seines Vertragspartners nach § 25d UStG haftet, so dass es im Ergebnis zu einer wirtschaftlichen Überkompensation des Staates kommen würde. Hinsichtlich der parallelen Anwendbarkeit von § 25d UStG eher zurückhaltend *Drüen*, MwStR 2015, 841, 855.

522 Mit Blick auf den Unionsgesetzgeber ebenso *Widmann*, UR 2019, 15, 17.

der Vorsteuerabzug aber auch (mit)verantwortlich für hohe Steuerausfälle, die letztlich das System selbst in Frage stellen.[523]

Mag die Begründung eines im Unionsrecht selbst wurzelnden übergeordneten Rechtssatzes des Verbots missbräuchlicher Praktiken[524] und der damit einhergehenden Verpflichtung auch bei fehlender nationaler Rechtsgrundlage den Vorsteuerabzug zu versagen[525] rechtsdogmatisch schwierig oder gar nicht zu begründen sein[526], so wird das Ziel des EuGH, Steuerhinterziehungen zu vermeiden, wohl von niemandem ernsthaft in Zweifel gezogen[527]. Die insoweit vorgebrachte Kritik, Straftaten zu bekämpfen sei Aufgabe des Strafrechts und nicht des Steuerrechts,[528] wird den Anforderungen der Realität m.E. nicht gerecht. Gerade im Rahmen des Umsatzsteuerbetruges sind häufig Fallgestaltungen anzutreffen, denen mit den Maßnahmen des Strafrechts kaum beizukommen ist. So zeichnen sich Umsatzsteuerbetrügereien vor allem durch ihre Komplexität und Schnelllebigkeit aus[529], die das Strafverfolgungssystem schnell überfordern können[530]. Aus praktischen Gesichtspunkten macht es daher durchaus mehr Sinn, an dem Punkt anzusetzen, der den Betrug wirtschaftlich überhaupt erst sinnvoll macht, nämlich beim Vorsteuerabzug. Sofern tatsächlich sichergestellt wird, dass der gutgläubige Unternehmer auch weiterhin in den Genuss des Vorsteuerabzugsrechts gelangt, ist hierin auch keine systemwidrige Einschränkung des Vorsteuerabzugsrechts zu sehen. Zudem würde es auch seltsam anmuten, wenn einerseits die Mitgliedstaaten primärrechtlich zur Bekämpfung von Umsatzsteuerbetrügereien verpflichtet werden,[531] aber anderseits in Fällen

---

523 In diesem Sinne EuGH v. 19.10.2017, Rs. C-101/16 (Paper Consult), ABl. EU 2017, Nr. C 424, 3, Rn. 34.

524 EuGH v. 22.11.2017, Rs. C-251/16 (Cussens), ABl. EU 2012, Nr. C 250, 5, Rn. 30f.

525 EuGH v. 18.12.2014, Rs. C-131/13, C-163/13 u. C-164/13 (Italmoda), ABl. EU 2015, Nr. C 65, 4, Rn. 54; v. 22.11.2017, Rs. C-251/16 (Cussens), ABl. EU 2012, Nr. C 250, 5, Rn. 30ff.

526 Zu der Kritik an der Auffassung des EuGH ausführlich *Wäger*, UR 2015, 81ff.

527 Vgl. bspw. *Wäger*, UR 2015, 81, 99. *Mann*, Der Schutz des guten Glaubens, 2017, S. 62 spricht insoweit gar von „dramatischen Folgen für das Steueraufkommen der Mitgliedstaaten".

528 In diese Richtung gehend *Winter*, DStR 2015, 578, 578.

529 Zu der Gestaltung von Umsatzsteuerbetrügereien im innergemeinschaftlichen Warenhandel ausführlich *Mann*, Der Schutz des guten Glaubens, 2017, S. 59ff sowie S. 185ff.

530 Zu den Problemen bezüglich der Feststellung von Umsatzsteuerhinterziehungen in der Praxis vgl. *Mann*, Der Schutz des guten Glaubens, 2017, S. 60f.

531 Die in Art. 325 Abs. 1 AEUV verbürgte Verpflichtung der Mitgliedstaaten Betrügereien, die sich gegen die finanziellen Interessen der Union richten, zu bekämpfen, soll

von Umsatzsteuerkarussellen zur Erstattung von Vorsteuern an solche Steuerpflichtige verpflichtet wären, die hiervon wussten oder hätten wissen müssen und somit zum Erfolg derartiger Praktiken beitragen.

Letztlich wird aber wohl nur ein grundlegender Systemwechsel dem Vorsteuerabzug innewohnenden Missbrauchspotential beikommen können. Ob der jüngste Vorschlag der EU-Kommission hierzu geeignet ist, bleibt abzuwarten.[532] Um rechtsdogmatischen Bedenken entgegenzutreten, sollte der deutsche Gesetzgeber allerdings entsprechend der EuGH-Rechtsprechung[533] ausdrücklich ein negatives Tatbestandsmerkmal in § 15 UStG aufnehmen, dass für die Gewährung des Vorsteuerabzugs voraussetzt, dass kein Fall des Rechtsmissbrauchs vorliegt, um dem Grundsatz der Rechtsklarheit und der Rechtssicherheit Genüge zu tun.[534]

b. Sicherung des Umsatzsteueraufkommens

aa. Kürzung des Vorsteueranspruchs als zulässige Verwaltungssanktion – Die Rechtssache Profaktor

Eine Einschränkung des Rechts auf Vorsteuerabzug ist nach Ansicht des EuGH auch in Fällen möglich, in denen andernfalls eine effektive Steuererhebung bzw. die Sicherung des Mehrwertsteueraufkommens durch die Mitgliedstaaten nicht gewährleistet werden kann. [535] So lag der Rechtssache *Profaktor*[536] eine nationale Regelung zugrunde, die zu einer tatsächlichen Kürzung des Vorsteueranspruchs führte, sofern der Steuerpflichtige für die Aufzeichnung seiner Einnahmen keine Registrierkasse verwendete. Der EuGH sah diese Vorschrift als mit den Regelungen des Mehrwertsteuersystems für vereinbar an, da die Bekämpfung von

---

nach Ansicht des EuGH auch explizit die Bekämpfung von Umsatzsteuerbetrügereien umfassen, vgl. EuGH v. 8.9.2015, Rs. C-105/14 (Tarrico), ABl. EU 2015, Nr. C 363, 11.

532 Vgl. Vorschlag der EU-Kommission vom 4.10.2017, COM(2017) 569 final; ausführlich hierzu auch Kapitel 3 D.

533 EuGH v. 18.12.2014, Rs. C-131/13, C-163/13 u. C-164/13 (Italmoda), ABl. EU 2015, Nr. C 65, 4, Rn. 57.

534 Kritisch zu der derzeitigen Rechtslage bspw. *Wäger*, UR 2015, 81, 86.

535 Vgl. EuGH v. 29.7.2010, Rs. C-188/09 (Profaktor), Slg. 2010, I-7639; v. 8.5.2013, Rs. C-271/12, ABl. EU 2013, Nr. C 225, 35 (Petroma Transports u.a.), Rn. 27, 35f. zur Frage der nachträglichen Vervollständigung einer Rechnung nach endgültiger ablehnender Entscheidung der Finanzverwaltung. So auch schon EuGH v. 14.1.1988, Rs. 123/87 u. 330/87 (Jeunehomme), Slg. 1988, 4517, Rn. 16 zur Frage der zulässigen Anforderungen an Rechnungen.

536 EuGH v. 29.7.2010, Rs. C-188/09 (Profaktor), Slg. 2010, I-7639.

Steuerhinterziehung ein anerkanntes Ziel der MwStSystRL darstelle und die Mitgliedstaaten entsprechende Maßnahmen zur Erreichung dieses Zieles erlassen dürften.[537] Bei der vorliegenden Maßnahme handle es sich um eine zulässige Verwaltungssanktion, die aufgrund ihrer abschreckenden Wirkung der Durchsetzung der Verpflichtung zur Verwendung von Registrierkassen dienen soll.[538] Da Sanktionen bei Verstößen gegen das Unionsrecht nicht harmonisiert seien und folglich keine expliziten Regelungen in den Mehrwertsteuerrichtlinien existieren, obliege es den Mitgliedstaaten, diejenigen Sanktionen auszuwählen, die ihnen sachgerecht erscheinen, soweit sie den Grundsatz der Verhältnismäßigkeit wahren.[539]

Durch die Qualifizierung der Vorsteuerkürzung als Verwaltungssanktion hat der EuGH die Auseinandersetzung mit der Zulässigkeit einer Einschränkung des grundsätzlich „nicht einschränkbaren" Vorsteuerabzugsrechts vermieden und die Prüfung der Zulässigkeit dieser Maßnahme auf den weniger harmonisierten und vom EuGH auch weniger „streng" [540] geprüften Bereich der Verwaltungssanktionen verschoben.

---

537 EuGH 29.4.2004, Rs. C-487/01 u. C-7/02 (Gemeente Leusden und Holin Groep), Slg. 2004, I-5337, Rn. 76; v. 21.2.2006, Rs. C-255/02 (Halifax u.a.), Slg. 2006, I-1609, Rn. 71; v. 17.7.2008, Rs. C-132/06 (Kommission/Italien), Slg. 2008, I-5457, Rn. 46; v. 29.7.2010, Rs. C-188/09 (Profaktor), Slg. 2010, I-7639, Rn. 25.

538 EuGH v. 29.7.2010, Rs. C-188/09 (Profaktor), Slg. 2010, I-7639, Rn. 28.

539 EuGH v. 29.7.2010, Rs. C-188/09 (Profaktor), Slg. 2010, I-7639, Rn. 29 sowie v. 12.7.2001, Rs. C-262/99 (Louloudakis), Slg. 2001, I-5547, Rn. 67 zur Verhängung von Geldbußen bei der widerrechtlichen Einfuhr bestimmter Verkehrsmittel; v. 20.6.2013, Rs. C-253/12 (Rodopi-M 91), ABl. EU 2013, Nr. C 225, 34, Rn. 31 zur Verhängung von Sanktionen bei Verstößen gegen Berichtigungspflichten; v. 26.4.2018, Rs. C-81/17 (Zabrus Siret), ABl. EU 2018, Nr. C 211, 6, Rn. 48 zur Berichtigung von Vorsteueransprüchen. Die Prüfung der Vereinbarkeit der Verhältnismäßigkeit der Maßnahmen obliegt den nationalen Gerichten; st. Rspr. vgl. nur EuGH v. 30.11.1995, Rs. C-55/94 (Gebhard), Slg. 1995, I-4165 sowie EuGH v. 18.12.1997, Rs. C-286/94, C-340/95, C-401/95 u. C-47/96 (Molenheide u.a.), Slg. 1997, I-7281, Rn. 49.

540 Ebenso *Englisch*, in: Tipke/Lang, Steuerrecht, 2018, § 17 Rz. 26. Vgl. hierzu auch EuGH v. 20.6.2013, Rs. C-253/12 (Rodopi-M 91), ABl. EU 2013, Nr. C 225, 34, Rn. 36f., 40, wonach auch Sanktionen in Höhe der in Frage stehenden Mehrwertsteuer nicht gegen den Grundsatz der Neutralität verstoßen sowie EuGH v. 17.7.2014, Rs. C 272/13 (Equoland), ABl. EU 2014, Nr. C 314, 16, Rn. 34, wonach Sanktionen explizit nur am Grundsatz der Verhältnismäßigkeit geprüft werden.

bb. Keine zeitlich unbegrenzte Rechnungsberichtigung – Die Rechtssache Petroma Transports

Die Sicherung des Umsatzsteueraufkommens kann im Einzelfall auch der prinzipiell zulässigen Berichtigung von Rechnungen entgegenstehen. So hat der EuGH in der Rechtssache *Petroma Transports*[541] entschieden, dass Rechnungen nach einer endgültigen Entscheidung der Finanzverwaltung nicht mehr berichtigt werden können und damit ein Vorsteuerabzug nicht mehr in Anspruch genommen werden kann, da andernfalls eine zutreffende Erhebung der Mehrwertsteuer durch die Finanzbehörden nicht gewährleistet werden könne.[542] Diese Entscheidung stellt keinen Widerspruch zu der grundsätzlichen Zulässigkeit von Rechnungsberichtigungen[543] dar, vielmehr handelte es sich vorliegend um eine Sonderkonstellation, in der die zu berichtigenden Rechnungen erst viele Jahre nach der endgültigen Behördenentscheidung vorgelegt wurden.[544] In diesem Fall ist dem EuGH zuzustimmen, dass in Fällen, in denen die tatsächliche Vorsteuerabzugsberechtigung nicht nachgewiesen werden kann, das Recht auf Vorsteuerabzug nicht zu gewähren ist.[545]

Ob die Entscheidung allerding noch in ihrer Absolutheit Bestand haben kann, bleibt jedoch abzuwarten. So hat der EuGH in der Rechtssache *Nestrade*[546] entschieden, dass auch nach Erlass einer endgültigen Behördenentscheidung berichtigte Rechnungen zu berücksichtigen sind, falls den Unternehmer an der

541 EuGH v. 8.5.2013, Rs. C-271/12 (Petroma Transports), ABl. EU 2013, Nr. C 225, 35.

542 EuGH v. 8.5.2013, Rs. C-271/12 (Petroma Transports), ABl. EU 2013, Nr. C 225, 35, Rn. 35f. In der Entscheidung *Nestrade* (EuGH v. 14.2.2019, Rs. C-562/17, BB 2019, Rn. 25) lässt der EuGH jedoch eine mögliche einschränkende Auslegung dieses Grundsatzes in den Fällen anklingen, in denen der Unternehmer die gebotene Sorgfalt beachtet hat und ihn somit kein „Verschulden" an der nachträglichen Berücksichtigung treffen würde. Hierauf kam es im Ergebnis nicht an, da der Unternehmer die von der Finanzverwaltung gesetzten Fristen nicht eingehalten hatte.

543 Zu den Voraussetzungen und Wirkungen einer Rechnungsberichtigung siehe bereits unter Kapitel 2 B IV 2 c.

544 Ebenso *Sterzinger*, UR 2013, 591, 596.

545 Die Entscheidungen in den Rechtssachen *Biosafe* und *Volkswagen* stehen hierzu nicht im Widerspruch. Die Nichtanerkennung der Rechnung in der Rechtssache *Petroma Transports* beruhte vor allem darauf, dass bei Unregelmäßigkeiten auf Seiten des Rechnungsausstellers vorlagen (EuGH v. 8.5.2013, Rs. C-271/12 (Petroma Transports), ABl. EU 2013, Nr. C 225, 35, Rn. 44). Somit war die zutreffende Erhebung der Mehrwertsteuer nicht sichergestellt.

546 EuGH v. 14.2.2019, Rs. C-562/17 (Nestrade), BB 2019, 469.

verspäteten Vorlage kein Verschulden triff. Ob eine Berücksichtigung berichtigter Rechnungen jedoch auch dann möglich ist, wenn hierdurch die zutreffende Erhebung der Mehrwertsteuer gefährdet ist, lässt sich der Entscheidung nicht entnehmen. Es bleibt daher abzuwarten, ob der EuGH auch in derartigen Fällen dem Recht auf Vorsteuerabzug vor der zutreffenden Erhebung der Mehrwertsteuer den Vorrang einräumen wird.

cc. *Unzulässigkeit pauschaler Abzugsverbote – Die Rechtssache Ampafrance und Sanofi*

Nicht jede Einschränkung des Vorsteuerabzugs, die nach Ansicht der Mitgliedstaaten der Bekämpfung von Steuerhinterziehung dient, ist jedoch auch mit den Regelungen des Unionsrechts vereinbar. In der Rechtssache *Ampafrance und Sanofi*[547] hatte der EuGH über die Vereinbarkeit einer französischen Regelung mit dem Gemeinschaftsrecht zu entscheiden, die einen vollumfänglichen Ausschluss des Vorsteuerabzugsrechts für bestimmte Aufwendungen vorsah.[548] Als Begründung für diesen Ausschluss führte die französische Regierung an, dass bei dieser Art von Aufwendungen die Abgrenzung zwischen unternehmerischer und privater Veranlassung typischerweise schwierig sei und ein genereller Ausschluss des Vorsteuerabzugsrechts daher der Bekämpfung von Steuerhinterziehungen diene.[549] Dieser Auffassung hat sich EuGH nicht angeschlossen, sondern vielmehr festgestellt, dass ein vollumfänglicher Ausschluss des Vorsteuerabzugsrechts für bestimmte Ausgaben nicht dem Grundsatz der Verhältnismäßigkeit entspricht, da die Maßnahme weder geeignet noch erforderlich sei, um das Ziel der Bekämpfung von Steuerhinterziehung zu erreichen, da weitaus weniger beeinträchtigende Maßnahmen wie etwa eine Beschränkung auf einen pauschalen Abzugsbetrag oder die Erforderlichkeit eines besonderen Nachweises der betrieblichen Verwendung zur Verfügung gestanden hätten.[550]

547 EuGH v. 19.9.2000, Rs. C-177/99 u. C-181/99 (Ampafrance und Sanofi), Slg. 2000, I-7013. Ein pauschales Abzugsverbot wäre hingegen möglich gewesen, wenn dies gem. Art. 176 MwStSystRL in die Richtlinie selbst aufgenommen worden wäre.

548 Ausgeschlossen waren namentlich Aufwendungen für Unterkunft, Bewirtung, und Empfänge. Die französische Regierung stützte den Ausschluss auf die Ausnahmeregelung in Art. 17 Abs. 6 der 6. EG-Richtlinie und eine insoweit ergangene Entscheidung des Rates v. 28.7.1989, ABl. EU 1989, L 239, S. 21.

549 Vgl. EuGH v. 19.9.2000, Rs. C-177/99 u. C-181/99 (Ampafrance und Sanofi), Slg. 2000, I-7013, Rn. 53.

550 EuGH v. 19.9.2000, Rs. C-177/99 u. C-181/99 (Ampafrance und Sanofi), Slg. 2000, I-7013, Rn. 58-62. Zudem muss dem Steuerpflichtigen auch immer die Möglichkeit

c. Zulässigkeit von Ausschlussfristen

Die Mitgliedstaaten können im Rahmen der Ausgestaltung der Modalitäten des Besteuerungsverfahrens das Recht auf Vorsteuerabzug durch Ausschlussfristen beschränken, soweit diese Fristen die Ausübung des Vorsteuerabzugsrechts nicht praktisch unmöglich machen oder übermäßig erschweren.[551] Vor allem mit Blick auf den Grundsatz der Effektivität hat der EuGH diesbezüglich festgestellt, dass *angemessene* Ausschlussfristen für die Rechtsverfolgung im Interesse der Rechtssicherheit[552] liegen und damit sowohl die jeweilige Behörde als auch den Bürger schützen.[553] Der Grundsatz der Rechtsicherheit verlangt, dass die steuerliche Lage des Steuerpflichtigen in Anbetracht seiner Rechte und Pflichten gegenüber der Steuerverwaltung nicht unbegrenzt offen bleiben kann.[554]

Der EuGH hat sich bislang noch nicht zu der Frage geäußert, wie lange eine Frist tatsächlich bemessen sein muss, um noch als angemessen angesehen werden zu können. Eine Frist ist dann angemessen, wenn sie einem *durchschnittlich aufmerksamen Steuerpflichtigen* ermöglicht, die Rechte, die er aus dem Gemeinschaftsrecht ableitet, ordnungsgemäß geltend zu machen.[555] Die nicht

---

eingeräumt werden, sich von dem Vorwurf der Steuerhinterziehung entlasten zu können, vgl. bspw. EuGH v. 21.11.2018, Rs. C-648/16 (Fontana), ABl. EU 2019, Nr. C 25, 3, Rn. 44.

551 Mithin also dem allgemein geltenden Grundsatz der Effektivität genügt, vgl. EuGH v. 12.7.2012, Rs. C-284/11 (EMS-Bulgaria Transport), ABl. EU 2012, Nr. C 287, 14, Rn. 47; v. 28.7.2016, Rs. C-332/15 (Astone), ABl. EU 2016, Nr. C 350, 10, Rn. 39; v. 21.11.2018, Rs. C-81/17 (Zabrus Siret), ABl. EU 2018, Nr. C 211, 6, Rn. 38. Vgl. auch EuGH v. 8.5.2008, Rs. C-95/07 u. C-96/07 (Ecotrade), Slg. 2008, I-3457, Rn. 45.

552 Zur Anwendung des Grundsatzes der Rechtssicherheit allgemein vgl. z.B. EuGH v. 9.7.1969, Rs. C-10/69 (Portelange), Slg. 1969, 309, v. 18.3.1970, Rs. C-43/69 (Brauerei Bilger), Slg. 1979, 00127; v. 4.4.1968, Rs. C-27/67 (Fink Frucht), Slg. 1970, 3334. In der Entscheidung *Halifax* (EuGH v. 21.2.2006, Rs C-255/05, Slg. 2006, I-1609, Ls. 4) hat der EuGH festgestellt, dass Rechtssicherheit ein Ziel des gemeinsamen Mehrwertsteuersystems ist. Hierbei handelt es sich um einen allgemeinen Rechtsgrundsatz des Unionsrechts, vgl. bspw. *Wegener*, in: Calliess/Ruffert, EUV/AEUV, 2016, Art. 19 EUV Rn. 38.

553 St. Rspr. vgl. bspw. EuGH v. 17.11.1998, Rs. C-228/96 (Aprile), Slg. 1999, I-7141, Rn. 19 m.w.N.; v. 11.7.2002, Rs. C-62/00 (Marks & Spencer), Slg. 2002, I-6325, Rn. 35; v. 21.3.2018, Rs. C-533/16 (Volkswagen), ABl. EU 2018, Nr. C 166, 11, Rn. 46; v. 12.4.2018, Rs. C-8/17 (Biosafe), DStR 2018, 787, Rn. 36.

554 EuGH v. 8.5.2008, Rs. C-95/07 u. 96/07 (Ecotrade), Slg. 2008, I-3457, Rn. 44; v. 21.1.2010, Rs. C-472/08 (Alstom Power), Slg. 2010, I-623, Rn. 16.

555 EuGH v. 21.1.2010, Rs. C-472/08, (Alstom Power), Slg. 2010, I-623, Rn. 21. Im Ergebnis ebenso EuGH v. 14.2.2019, Rs. C-562/17 (Nestrade), BB 2019, 469, Rn. 44.

hinreichende Sorgfalt eines Steuerpflichtigen kann durch eine Ausschlussfrist hingegen zulässigerweise bestraft werden.[556]

Für die Ausübung des Rechts auf Vorsteuerabzug soll nach Ansicht des EuGH jedenfalls eine Frist von *zwei Jahren* als angemessen anzusehen sein.[557] Ob für die Ausübung des Vorsteuerabzugsrechts prinzipiell eine noch kürzere Frist ausreicht, ist hingegen noch nicht entschieden.[558] Keine negativen Auswirkungen dürften sich insoweit aus der Entscheidung des EuGH in der Rechtssache *Senatex*[559] ergeben, nach der einer Rechnungsberichtigung grundsätzlich rückwirkende Wirkung zukommt. Auch wenn die Berichtigung erst nach Ablauf der Ausschlussfrist erfolgt, muss dennoch ein Vorsteuerabzug gewährt werden, wenn der Steuerpflichtige bei hinreichender Sorgfalt die Fehlerhaftigkeit der Rechnung nicht erkennen konnte und kein Fall der Steuerhinterziehung vorliegt.[560]

Die Mitgliedstaaten dürfen eine einmal eingeräumte Ausschlussfrist auch verkürzen, soweit die verkürzte Frist auch weiterhin als angemessen anzusehen ist. Sofern die Verkürzung jedoch rückwirkend erfolgt, darf dies nicht dazu führen, dass dem Steuerpflichtigen hierdurch die Möglichkeit der Geltendmachung bereits entstandener Ansprüche genommen oder erschwert wird.[561]

---

556 EuGH v. 21.3.2018, Rs. C-533/16 (Volkswagen), ABl. EU 2018, Nr. C 166, 11, Rn. 47; v. 12.4.2018, Rs. C-8/17 (Biosafe), DStR 2018, 787, Rn. 37.

557 EuGH v. 8.5.2008, Rs. C-95/07 u. 96/07 (Ecotrade), Slg. 2008, I-3457, Rn. 48.

558 In Bezug auf das Vorsteuervergütungsverfahren für nicht im Mitgliedstaat der Vorsteuerentstehung ansässige Unternehmer, wurde vom EuGH die durch Unionsrecht festgelegte sechs-monatige Antragsfrist jedenfalls nicht als unangemessen angesehen; vgl. EuGH v. 21.6.2012, Rs. C-294/11 (Elsacom), ABl. EU 2012, Nr. C 250, 8. Ob diese Entscheidung allerdings auf durch die Mitgliedstaaten selbst festgelegte Ausschlussfristen übertragen werden kann, erscheint eher fraglich. Zu der Antragsfrist im besonderen Vorsteuervergütungsverfahren vgl. Kapitel 4 E IV.

559 EuGH v. 15.9.2016, Rs. C-518/14 (Senatex), ABl. EU 2016, Nr. C 419, 6.

560 Für den Fall, dass zunächst unzutreffend der ermäßigte Steuersatz angewandt wurde vgl. EuGH v. 12.4.2018, Rs. C-8/17 (Biosafe), DStR 2018, 787, Rn. 43f. sowie für den Fall, dass zunächst überhaupt keine Steuer ausgewiesen wurde EuGH v. 21.3.2018, Rs. C-533/16 (Volkswagen), ABl. EU 2018, Nr. C 166, 11, Rn. 50f. In Bezug auf die Berücksichtigung verspätet vorgelegter berichtigter Rechnungen vgl. EuGH v. 14.2.2019, Rs. C-562/17 (Nestrade), BB 2019, 469, Rn. 33ff.

561 EuGH v. 1.7.2002, Rs. C-62/00 (Marks & Spencer), Slg. 2002, I-6325, Rn. 38. Der EuGH sah insoweit die rückwirkende Verkürzung einer Frist zur Geltendmachung eines Anspruchs zur Erstattung unrechtmäßig erhobener Abgaben als mit dem Gemeinschaftsrecht unvereinbar an, da die Regelung keine Übergangsfrist für bereits entstandene Ansprüche enthielt und somit eine echte Rückwirkung bedeutete.

Für die Frage der Angemessenheit und der Zulässigkeit einer Ausschlussfrist ist es ferner irrelevant, dass dem Steuerpflichtigen für die Geltendmachung seines Anspruches gegen die Steuerbehörde eine kürzere Frist eingeräumt wird als im Gegenzug der nationalen Finanzverwaltung zur Festsetzung der Ansprüche gegen den Steuerpflichtigen zusteht. Nach Auffassung des EuGH liegt hierin insbesondere kein Verstoß gegen den im Gemeinschaftsrecht verbürgten Gleichheitsgrundsatz, da sich der Steuerpflichtige und die Finanzverwaltung insoweit nicht in derselben Situation befinden.[562]

3. *Fazit*

Zusammenfassend kann festgestellt werden, dass nach der Rechtsprechung des EuGH dem Recht auf Vorsteuerabzug auch bei einem Verstoß gegen formelle Vorschriften Vorrang einzuräumen ist, da ansonsten die Ziele des geltenden Mehrwehrwertsteuersystems nicht erreicht werden.[563] Dies entspricht auch der Ansicht des EuGH, den Vorsteuerabzug als „fundamentalen Grundsatz des Mehrwertsteuersystems" anzusehen.[564] Bei Vorliegen der materiellen Voraussetzungen des Vorsteuerabzugs gilt somit das substance-over-form-Prinzip.[565]

Uneinschränkbar ist das Recht auf Vorsteuerabzug dennoch nicht. So sind Einschränkungen zunächst möglich, wenn sich der Steuerpflichtige rechtsmissbräuchlich auf das Vorsteuerabzugsrecht beruft.[566] Dies verwundert nicht, da eine missbräuchliche Berufung auf Unionsrecht nach mittlerweile wohl

---

562 EuGH v. 19.11.1998, Rs. C-85/97 (SFT), Slg. 1988, I-7447, Rn. 32, v. 8.9.2011, Rs. C-89/10 u. C-96/10 (Q-Beef), Slg. 2011, I-78919, Rn. 42; v. 15.12.2011, Rs. C-427/10 (Banca Populare), Slg. 2011, I-13377, Rn. 27 der EuGH sah die ungleiche Situation darin, dass dem Steuerpflichtigen bekannt ist, dass er einen Anspruch gegen den Fiskus hat, währen der Fiskus grds. bei der Festsetzung der Ansprüche auf die Mitwirkung des Steuerpflichtigen angewiesen ist. Vgl. hierzu auch *Wittock*, EC Tax Review 2014, 171, 179f.

563 Nach *Kokott*, in: 100 Jahre Umsatzsteuer, 2018, 109, 127 kann dies als „common sense" im Mehrwertsteuerrecht unterstellt werden.

564 EuGH v. 25.10.2001, Rs. C-78/00, (Kommission/Italien), Slg. 2001, I-8195, Rn. 28; v. 10.7.2008, Rs. C-25/07 (Sosonowska), Slg. 2008, I-5129, Rn. 14.

565 Zur Übertragbarkeit dieses im Zusammenhang mit Steuerbefreiungen entwickelten Grundsatzes auf die Geltendmachung von Vorsteuerabzugsbeträgen vgl. *Zirkl*, Die Neutralität der Umsatzsteuer, 2015, S. 82; so auch *Kokott*, in: 100 Jahre Umsatzsteuer, 2018, 109, 127.

566 So auch *Kemper*, UR 2017, 449, der bei dem Vorliegen einer Steuerhinterziehung insoweit sogar von einer zwingenden Rechtsfolge ausgeht, UR 2017, 449, 455.

gefestigter EuGH-Rechtsprechung nicht zulässig ist.[567] Aus systematischer Sicht macht diese Einschränkung allerdings nur vordergründig Sinn. Das Recht auf Vorsteuerabzug soll eine kumulative Wirkung der Umsatzsteuer verhindern. Sofern also aufgrund missbräuchlichen Verhaltens Umsatzsteuer in der Leistungskette nicht entrichtet wird, ist eine Entlastung von der Vorsteuer theoretisch nicht möglich, so dass der Vorsteuerabzug insoweit seinen Sinn verliert und folglich aus systematischer Sicht auch nicht erforderlich ist.[568] Eine solche Sichtweise verkennt allerdings, dass keine gesamtwirtschaftliche Betrachtung zu erfolgen hat, sondern vielmehr auf den einzelnen Unternehmer abzustellen ist.[569] Dieser zahlt das die Umsatzsteuer enthaltene Entgelt an seinen Vertragspartner unabhängig davon, ob dieser die Umsatzsteuer auch tatsächlich an den Fiskus abführt. Eine Versagung des Vorsteuerabzugs führt dazu, dass ab der folgenden Leistungsstufe der Umsatzsteuer entgegen ihrer Konzeption eine kumulative Wirkung zukommt. Die Anwendungsfälle der Einschränkung des Vorsteuerabzuges in den Fällen, in denen der Steuerpflichtige keine Steuerhinterziehung begangen hat, sind daher zu Recht äußerst restriktiv zu handhaben.[570]

Die Rechtsprechung des EuGH zur Einschränkung des Vorsteuerabzugsrechts zur Sicherung der zutreffenden Steuererhebung überzeugt hingegen nur teilweise. Mag die zeitliche Beschränkung von Rechnungsberichtigungen[571] vor dem Hintergrund einer effektiven Steuererhebung und einer Missbrauchsprävention noch sinnvoll erscheinen, erschließt sich die Qualifikation des Vorsteuerabzugsverbotes als Verwaltungssanktion in den Fällen, in denen der Unternehmer gegen formelle Pflichten eines Mitgliedstaates verstößt[572],

567 Ebenfalls zu diesem Ergebnis kommend *Heuermann*, DStR 2015, 1416, 1418.

568 Insoweit wird daher zutreffend in Fällen der unterlassenen Besteuerung des innergemeinschaftlichen Erwerbs keine Steuerhinterziehung angenommen, weil dem Erwerber zugleich ein Vorsteuerabzug zusteht BFH v. 21.5.2014, V R 34/13, BStBl. II 2014, 914; im Ergebnis ebenso EuGH v. 11.12.2014, C-590/13 (Idexx), ABl. EU 2015, Nr. C 46, 14. Gleiches sollte auch in den Fällen des Übergangs der Steuerschuldnerschaft gelten, vgl. *Oelmaier*, in: Sölch/Ringleb, UStG, § 15 (März 2018) Rn. 64.

569 Daher ist auch grds. jedes umsatzsteuerliche Verhältnis eigenständig zu beurteilen, in diesem Sinne EuGH v. 31.1.2013, Rs. C-642/11 (Stroy trans), ABl. EU 2013, Nr. C 86, 5, Rn. 38.

570 Ebenso *Maunz*, in: Ismer/Nieskens (Hrsg.), Umsatzsteuer-Kongress-Bericht 2014, 135, 138.

571 Vgl. EuGH v. 8.5.2013, Rs. C-271/12 (Petroma Transports), ABl. EU 2013, Nr. C 225, 35; eisnchränkend insoweit EuGH v. 14.2.2019, Rs. C-562/17 (Nestrade), BB 2019, 469.

572 Vgl. EuGH v. 29.7.2010, Rs. C-188/09 (Profaktor), Slg. 2010, I-7639.

hingegen nicht. Insoweit drängt sich vielmehr der Verdacht auf, dass bei einer Prüfung dieser Maßnahmen an den allgemeinen Grundsätzen des Vorsteuerabzuges der EuGH zu einer Unvereinbarkeit mit dem substance-over-form-Prinzip gelangt wäre, die er unbedingt vermeiden wollte.[573] Aus Gründen der Rechtsklarheit und Vorhersehbarkeit ist diese Entscheidung jedoch mehr als misslich.

Die prinzipielle Zulässigkeit von Ausschlussfristen zur Geltendmachung des Vorsteuerabzuges ist hingegen im Kern zu begrüßen. Die zeitlich unbegrenzte Möglichkeit Rechte geltend zu machen, ist mit einem funktionierenden Rechtssystem schlicht nicht zu vereinbaren, soweit ein die erforderliche Sorgfalt anwendender Steuerpflichtiger die geltenden Fristen auch einzuhalten vermag.[574] Insoweit muss daher der Anspruch auf Vorsteuererstattung hinter dem Gebot der Rechtssicherheit zurücktreten.

VII. Vorsteuererstattung aufgrund guten Glaubens?

1. Voraussetzungen der Gewährung eines Gutglaubensschutzes im Mehrwertsteuerrecht

a. Grundsätzliche Gewährung von Vertrauensschutz in der Europäischen Rechtsordnung

Der Grundsatz des Schutzes eines berechtigten Vertrauens gilt im gesamten Europäischen Rechtsraum.[575] Die Gewährung von Vertrauensschutz wurzelt im Primärrecht[576] und ist mittlerweile als allgemeiner Rechtsgrundsatz Bestandteil der Rechtsordnung der Europäischen Union und gehört zu ihren Grundprinzipien.[577] Nach der Rechtsprechung des EuGH kann sich jeder

573 Zum Auslegungsmaßstab des EuGH bei Regelungen des Unionsrechts vgl. Kapitel 2 C II 1.

574 So auch die Rechtsprechung des EuGH vgl. nur EuGH v. 14.2.2019, Rs. C-562/17 (Nestrade), BB 2019, 469, Rn. 41 m.w.N.

575 *Classen*, in: Grabitz/Hilf/Nettesheim, Das Recht der Europäischen Union, Art. 197 AEUV (Januar 2015) Rn. 46; *Hassa*, UR 2015, 809, 809f.; *Ruffert*, in: Calliess/Ruffert, EUV/AEUV, 2016, Art. 15 GRCh Rn. 24.

576 Vgl. EuGH v. 12.7.1957, Rs. 7/56 u. 3/57 bis 7/57 (Alegra), Slg. 3, 87 zur Berücksichtigung von Vertrauensschutzaspekten bei der Aufhebung von begünstigenden Verwaltungsakten.

577 *Altmeyer*, Vertrauensschutz im Recht der Europäischen Union, 2003, S. 55; *Wegener*, in: Calliess/Ruffert, EUV/AEUV, 2016, Art. 19 EUV, Rn. 38; *Schilling*, EuGRZ 2000, 3, 21; *Streinz*, in: Streinz, EUV/AEUV, 2018, Art. 6 EUV Rn. 31; *Stettner*, in: Dauses/Ludwigs, Handbuch des EU-Wirtschaftsrechts, Bd. 1, Kapitel B, Abschn. III Rn. 36; vgl. auch EuGH v. 19.5.1992, Rs. C-104/89 u. 37/90 (Mulder), Slg. 1992, I-3061, Ls. 2

Wirtschaftsteilnehmer, bei dem begründete Erwartungen durch ein staatliches Organ geweckt wurden, auf diesen Grundsatz berufen.[578] Die Gewährung von Vertrauensschutz bewegt sich daher immer im Spannungsfeld zwischen dem Individualinteresse des Einzelnen und dem Allgemeininteresse an einer einheitlichen Beurteilung vergleichbarer Lebenssachverhalte und setzt voraus, dass Umstände vorliegen, die es gerechtfertigt erscheinen, die Rechtsposition des Einzelnen gegenüber dem Allgemeininteresse den Vorrang einzuräumen.[579] Aufgrund der vielfältigen Anwendungsfälle lassen sich die Voraussetzungen eines allgemeinen Vertrauenstatbestandes kaum aufzählen.[580] Allgemein lässt sich aus der Rechtsprechung des EuGH aber entnehmen, dass eine bereits konkretisiere Vertrauenslage vorliegen muss[581], mithin bereits eine Vermögensdisposition erfolgt ist, die kausal auf der Ausübung des Vertrauens beruht[582]. Ferner muss dieses Vertrauen schützenswert sein und das betroffene Individualinteresse das Gemeinschaftsinteresse überwiegen.[583] Letztlich findet also eine Abwägung zwischen dem Interesse der Gemeinschaft an der Verwirklichung ihrer Ziele sowie dem Prinzip der Gesetzmäßigkeit der Verwaltung und dem Individualinteresse des Einzelnen statt.[584]

Sind diese Voraussetzungen erfüllt, ist der Einzelne so zu behandeln, als lägen die Umstände, auf die er vertraut hat, tatsächlich vor. Im Ergebnis wird also die von ihm fälschlicher Weise angenommene Rechtslage fingiert.[585] Die

---

zur Haftung der EU gegenüber Milchbauern aufgrund der Verletzung bestehenden berechtigten Vertrauens.

578 Vgl. bspw. EuGH v. 14.10.1999, Rs. C-104/97 P (Atlanta), Slg. 1999, I-6983, Rn. 55; hierzu auch *Schilling*, EuGRZ 2000, 3, 21.

579 *Hassa*, UR 2015, 809. In Bezug auf die besondere Konstellation in Bezug auf das Vorsteuerabzugsrechts vgl. *Achatz*, in Seer (Hrsg.), DStJG 32, 2009, 461, 466.

580 So auch *Günther*, Vertrauensschutz bei Angaben Dritter, 2013, S. 217; *Hassa*, UR 2015, 809, 810f.; *von Streit*, UStB 2012, 288, 288, 292ff.

581 EuGH v. 28.4.1988, Rs. C-120/86 (Mulder), Slg 1988, 2321, v. 28.4.1988, Rs. C-170/86 (von Deetzen), Slg. 1988, 2355.

582 *Altmeyer*, Vertrauensschutz im Recht der Europäischen Union, 2003, S. 46.

583 *Scheuing*, in: Schulze/Zuleeg/Kadelbach, Europarecht, 2015, § 6 Rn. 41.

584 EuGH v. 28.4.1988, Rs. C-120/86 (Mulder), Slg. 1988, 2321, Rn. 22ff.; v. 28.4.1988, Rs. C-170/86 (von Deetzen), Slg. 1988, 2355, Rn. 12ff; v. 12.5.1998, Rs. C-366/95 (Steff Houlberg), Slg. 1998, I-2661, Rn. 25.

585 *Hassa*, UR 2015, 809, 811. In diese Richtung gehend auch *Achatz*, in: Seer (Hrsg.), DStJG 32, 2009, 461, 466. *Altmeyer*, Vertrauensschutz im Recht der Europäischen Union, 2003, S. 47 geht hingegen davon aus, dass das betreffende Organ die Aspekte des Vertrauensschutzes lediglich allgemein zu berücksichtigen hat.

Gewährung des Gutglaubensschutzes steht nicht im Ermessen der Mitgliedstaaten, sondern bindet alle Organe der Mitgliedstaaten sowie der Union selbst.[586]

b. Gutglaubensschutz im Mehrwertsteuerrecht

Wie bereits gezeigt, knüpft das Recht auf Vorsteuererstattung an zahlreiche formelle und materielle Voraussetzungen an.[587] Liegen diese Voraussetzungen objektiv nicht vor und steht dem Leistungsempfänger daher grundsätzlich kein Recht auf Vorsteuererstattung zu, stellt sich die Frage, ob und unter welchen Voraussetzungen der Vorsteuerabzug dennoch zu gewähren ist, wenn er die Umstände, die dem Vorsteuerabzug entgegenstehen, nicht erkannt hat bzw. nicht erkennen konnte.[588]

Zwar finden sich weder in der MwStSystRL noch im UStG ausdrückliche Regelungen eines allgemeinen Vertrauensschutztatbestandes[589], dennoch ist unbestritten, dass die Regelungen zum Vertrauensschutz auch im Bereich des Mehrwertsteuerrechts Geltung finden.[590] In der Rechtssache *Elmeka*[591] führte

---

586 EuGH v. 3.12.1998, Rs. C-381/97 (Belcodex), Slg. 1998, I-8153, Rn. 26; v. 26.4.2005, Rs. C-376/02 (Goed Wonen), Slg. 2005, I-3445, Rn. 32; v. 14.9.2006, Rs. C-181/04 bis 183/04 (Elmeka), Slg. 2006, I-8167, Rn. 31. Insoweit ist es daher kritisch zu sehen, dass der BFH den Vertrauensschutz lediglich im Rahmen eines "Billigkeitsverfahrens" und nicht im Rahmen des „regulären" Festsetzungsverfahrens gewährt, so auch *Günther*, Vertrauensschutz bei Angaben Dritter, 2013, S. 207; *Burgmaier*, UStB 2016, 341, 344; *Schilling*, EuGRZ 2000, 3, 41; *Spatschek/Stenert*, DStR 2016, 2313, 2320; *Sterzinger*, UR 2017, 609, 614.

587 So ausdrücklich EuGH v. 19.10.2017, Rs. C-101/16 (Paper Consult), ABl. EU 2017, Nr. C 424, 3, Rn. 39f.; v. 21.3.2018, Rs. C-533/16 (Volkswagen), ABl. EU 2018, Nr. C 166, 11, Rn. 40.

588 *Achatz*, in: Seer (Hrsg.), DStJG 32, 2009, 461, 464.

589 Vgl. insoweit *Achatz*, in: Seer (Hrsg.), DStJG 32, 2009, 461, 464; *Hassa*, UR 2015, 809, 811; *Radeisen*, SteuK 2011, 51, 53. Eine spezielle Vertrauensschutzregelung im Zusammenhang mit innergemeinschaftlichen Lieferungen findet sich zwar in § 6a Abs. 4 UStG, diese ist jedoch über den dort geregelten Einzelfall nicht auf andere Konstellationen übertragbar, vgl. BFH v. 30.7.2008, V R 7/03, BStBl. II 2010, 1075, Rn. 32, der bereits eine analoge Anwendung auf den durchaus vergleichbaren Fall der steuerfreien Ausfuhrleistung ablehnt. A.A. *Becker*, UR 2009, 664, 669, die eine analoge Anwendung auf alle vergleichbaren Sachverhalte für geboten hält.

590 EuGH v. 6.7.2006, Rs. C-439/04 u. C-440/04 (Kittel und Recolta Recycling), Slg. 2006, I-6161, Rn. 51; v. 14.9.2006, Rs. C-181/04 bis 183/04 (Elmeka), Slg. 2006, I-8167, Rn. 36 u. Ls. 3; v. 27.9.2007, Rs. C-409/04 (Telos), Slg. 2007, I-7797, Rn. 50. So auch *Drüen*, DB 2010, 1847; *Hassa*, UR 2015, 809, 811; *von Streit*, UStB 2012, 288, 288, 292ff. Vgl. hierzu auch *Küffner/Langer*, DB 2008, 1116.

591 EuGH v. 14.9.2006, Rs. C-181/04 bis 183/04 (Elmeka), Slg. 2006, I-8167.

der EuGH aus, dass sich der Steuerpflichtige nur dann auf eine schützenswerte Vertrauenslage berufen kann, wenn er die Sorgfalt eines „umsichtigen und besonnenen Wirtschaftsteilnehmers" hat walten lassen. In Bezug auf das Vertrauen in die Richtigkeit vorgelegter Nachweise verlangt der EuGH des Weiteren, dass der Steuerpflichtige die Unrichtigkeit auch bei „Beachtung der Sorgfalt eines ordentlichen Kaufmanns" nicht erkennen konnte.[592]

Unter Einbeziehung der EuGH-Rechtsprechung[593] gewähren die nationalen Gerichte einen Vertrauensschutz unter der Voraussetzung, dass der Steuerpflichtige alle „zumutbaren, ihm zur Verfügung stehenden Maßnahmen" ergriffen hat, um sicherzustellen, dass seine Leistung nicht zu einer Beteiligung an einer Mehrwertsteuerhinterziehung führt.[594] Eine schützenswerte Position des Steuerpflichtigen verlangt somit immer, dass bestimmte Sorgfaltspflichten eingehalten werden, andernfalls scheidet die Gewährung von Vertrauensschutz aus.[595]

Die Frage des Gutglaubensschutzes stellt sich im Mehrwertsteuerrecht in verschiedenen Konstellationen[596], nachfolgend sollen jedoch nur diejenigen Konstellationen näher betrachtet werden, die eine Relevanz für die für die Geltendmachung des Rechts auf Vorsteuerabzug aufweisen.

2. *Einzelne Fallgestaltungen*

a. *Vorsteuerabzug im Umsatzsteuerkarussell*

Wie bereits gezeigt, kann einem in betrügerischer Weise geltend gemachten Vorsteuerabzugsanspruch nicht entsprochen werden.[597] Dies gilt nicht nur für den Fall, dass der Steuerpflichtige an der Umsatzsteuerhinterziehung selbst beteiligt ist[598], sondern auch dann, wenn er von betrugsbehafteten Umsätzen innerhalb der

---

592 EuGH v. 21.2.2008, Rs. C-271/06 (Netto Supermarkt), Slg. 2008, I-771, Rn. 27.

593 Vgl. insoweit den ausdrücklichen Verweis auf EuGH v. 27.9.2007, Rs. C-409/04 (Telos), Slg. 2007, I-7797.

594 BFH v. 8.11.2007, V R 71/05, BFHE 219, 417; v. 12.5.2011, V R 46/10, BFHE 234, 436, Rn. 55 zum Nachweis der Steuerfreiheit bei innergemeinschaftlichen Lieferungen.

595 Vgl. FG Düsseldorf v. 17.6.2011, 1 K 3069/09 U, EFG 2012, 279, Rn. 2; *Hassa*, UR 2015, 809, 811. So auch *Achatz*, in: Seer (Hrsg.), DStJG 32, 2009, 461, 482.

596 *Drüen*, DB 2010, 1847, 1848; *Günther*, Vertrauensschutz bei Angaben Dritter, 2013, S. 65ff.; *Sterzinger*, DStR 2010, 2606; *Zirkl*, Die Neutralität der Umsatzsteuer, 2015, S. 93.

597 St. Rspr. vgl. nur EuGH v. 3.3.2005, Rs. C-32/03 (Fini H), Slg. 2005, I-1599, Rn. 34; v. 21.2.2006, Rs. C-255/02 (Halifax u.a.), Slg. 2006, I-1609, Rn. 59.

598 EuGH v. 12.5.1998, Rs. C-367/96 (Kefalas), Slg. 1988, I-2843, Rn. 20; v. 23.3.2000, Rs. C-373/97 (Diamantis), Slg. 2000, I-1705, Rn. 33; v. 21.2.2006, Rs. C-255/02

Leistungskette Kenntnis hatte oder hätte haben müssen.[599] Hat der Unternehmer alle Maßnahmen getroffen, die „vernünftiger Weise“ von ihm eingefordert werden können, um eine Beteiligung an einer Steuerhinterziehung zu verhindern, kann er auf die Rechtmäßigkeit der Vorumsätze vertrauen, ohne Gefahr zu laufen, das Recht auf Vorsteuerabzug zu verlieren.[600] Insoweit werden an den Unternehmer auch keine erhöhten Sorgfaltspflichten gestellt, vielmehr handelt es sich um die allgemein einzufordernden Sorgfaltspflichten, die immer dann bestehen, wenn ein weiterer Unternehmer dazwischengeschaltet ist.[601] Vor allem vor dem Hintergrund der Beseitigung der Grenzabfertigung für die Ein- und Ausfuhr innerhalb der Europäischen Union im EU-internen Wirtschaftsverkehr[602] sind für den effektiven Vollzug des Umsatzsteuerrechts in erhöhtem Maße Mitwirkungspflichten des Unternehmers erforderlich und können auch zulässigerweise

---

(Halifax), Slg. 2006, I-1609, Rn. 58f.; v. 6.12.2012, Rs. C-285/11 (Bonik), ABl. EU 2013, Nr. C 26, 10; BFH v. 19.4.2007, V R 48/04, BStBl. II 2009, 315. In diesem Fall scheidet zutreffender Weise auch eine Berufung auf den Grundsatz des Vertrauensschutzes aus, ausdrücklich EuGH v. 7.12.2010, Rs. C-285/09 (R), Slg. 2010, I-12605.

599 Vgl. insoweit EuGH v. 6.7.2006, Rs. C-439/04 u. C-440/04 (Kittel und Recolta Recycling Recolta Recyling), Slg. 2006, I-6161, Ls.; v. 21.6.2012, Rs. C-80/11 u. C-142/11 (Mahagében und David), ABl. EU 2012, Nr. C 250, 5, Rn. 46; v. 18.12.2014, Rs. C-131/13, C-163/13 u. C-164/13 (Italmoda), ABl. EU 2015, Nr. C 65, 4, Rn. 44. Die bloße Einbeziehung in ein Umsatzsteuerkarussell ist hingegen nicht ausreichend. Mittlerweile gefestigte Rspr. vgl. bspw. EuGH v. 12.1.2006, Rs. C-354/03, C-355/03 u. C-484/03 (Optigen), Slg. 2006, I-483, Rn. 52, 55; v. 6.7.2006, Rs. C-439/04 u. C-440/05 (Kittel und Recolta Recycling), Slg. 2006, I-6161, Rn. 45, 46, 60; v. 21.6.2012, Rs. C-80/11 u. C-142/11 (Mahagében und Dávid), ABl. EU 2012, Nr. C 250, 5, Rn. 47; v. 6.12.2012, Rs. C-285/11, Rn. 41, v. 31.1.2013, Rs. C-642/11 (Stroy trans), ABl. EU 2013, Nr. C 86, 5, Rn. 48. So auch *Zirkl*, Die Neutralität der Umsatzsteuer, 2015, S. 94. Vgl. hierzu auch *Sterzinger*, DStR 2014, 831.

600 EuGH v. 6.7.2006, Rs. C-439/04 u. C-440/04 (Kittel und Recolta Recycling), Slg. 2006, I-06161, Rn. 51; v. 21.6.2012, C-80/11 u. C-142/11 (Mahagében und David), ABl. EU 2012, Nr. C 250, 5, Rn. 54. In diesem Sinne auch EuGH v. 11.5.2006, Rs. C-384/04 (Federation of Technological Industries), Slg. 2006, I-4191, Rn. 33; v. 6.9.2012, Rs. C-324/11 (Gábor Tóth), ABl. EU 2012, Nr. C 331, 9, Rn. 42.

601 Vgl. *Maunz*, in: Ismer/Nieskens (Hrsg.), Umsatzsteuer-Kongress-Bericht 2014, 135, 137f.

602 Vgl. Richtlinie des Rates v. 16.12.1991 zur Ergänzung des gemeinsamen Mehrwertsteuersystems und zur Änderung der Richtlinie 77/388/EWG im Hinblick auf die Beseitigung der Steuergrenzen (91/680/EWG), ABl. Nr. L 376 v. 31.12.1991, S. 1, ABl. Nr. L 272 v. 17.9.1992, S. 7 (sog. ***Binnenmarktrichtlinie***).

verlangt werden.[603] Eine generelle Verpflichtung des Unternehmers zu überprüfen, ob auf Ebene des leistenden Unternehmers Unregelmäßigkeiten vorliegen, ergibt sich aber vor diesem Hintergrund nicht.[604] Die Mitgliedstaaten dürfen das Recht auf Vorsteuerabzug auch nicht an die Erfüllung zusätzlicher, nicht in der MwStSystRL selbst festgelegter Pflichten knüpfen.[605] Konkret bedeutet dies, dass der Leistungsempfänger prinzipiell nicht prüfen muss (und dies vielfach auch tatsächlich gar nicht kann), ob der leistende Unternehmer seinen umsatzsteuerlichen Verpflichtungen nachgekommen ist.[606] Nimmt er solche Überprüfungen nicht vor, kann ihm dies nicht entgegengehalten und der Vorsteuerabzug versagt werden.[607] Vielmehr ist es Aufgabe der zuständigen Finanzbehörden, entsprechende Kontrollmaßnahmen durchzuführen.[608]

b. Fehlerhafte Rechnungen

Fragen des Vertrauensschutzes stellen sich auch im Zusammenhang mit dem Vorliegen ordnungsgemäßer Rechnungen, die grundsätzlich eine unverzichtbare Voraussetzung für die Ausübung des Rechts auf Vorsteuerabzug darstellt.[609] Fehlen die nach den gesetzlichen Vorschriften erforderlichen Angaben oder

---

603 Vgl. EuGH v. 27.9.2007, Rs. C-184/05 (Twoh International), Slg. 2007, I-7928, Rn. 24; v. 7.12.2010, Rs. C-285/09 (R), Slg. 2010, I-12606, Rn. 42; v. 6.9.2012, Rs. C-273/11 (Mecsek-Gabona), ABl. EU 2012, Nr. C 355, 6, Rn. 34f.; *Dürrschmidt*, in: Ismer/Nieskens (Hrsg.), Umsatzsteuer-Kongress-Bericht 2014, S. 33, 34; *Englisch*, in: Tipke/Lang, Steuerrecht, 2018, § 17 Rz. 408f., 413, 420, 431. Aber auch in rein nationalen Sachverhalten sind Mitwirkungspflichten des Unternehmers unerlässlich, vgl. *Dürrschmidt*, in: Ismer/Nieskens (Hrsg.), Umsatzsteuer-Kongress-Bericht 2014, 33, 34; *Widmann*, in: Seer (Hrsg.), DStJG 32, 2009, 103, 111ff.

604 EuGH v. 21.6.2012, C-80/11 (Mahagében und David), ABl. EU 2012, Nr. C 250, 5, Rn. 61.

605 EuGH v. 21.6.2012, C-80/11 (Mahagében und David), ABl. EU 2012, Nr. C 250, 5, Rn. 56.

606 EuGH v. 21.6.2012, C-80/11 (Mahagében und David), ABl. EU 2012, Nr. C 250, 5, Ls.; v. 6.9.2012, Rs. C-324/11 (Gábor Tóth), ABl. EU 2012, Nr. C 331, 9, Rn. 15-20; v. 31.1.2013, Rs. C-642/11 (Stroy trans), ABl. EU 2013, Nr. C 86, 5; v. 28.2.2013, Rs. C-563/11 (Forvard V), ABl. EU 2014, Nr. C 129, 3; v. 6.2.2014, Rs. C-33/12 (Jagiello), ABl. EU 2014, Nr. C 175, 16, vgl. hierzu auch *Reiß*, in: Ismer/Nieskens (Hrsg.), Umsatzsteuer-Kongress-Bericht 2014, 161, 177f.

607 EuGH v. 6.9.2012, Rs. C-324/11 (Gábor Tóth), ABl. EU 2012, Nr. C 331, 9, Ls. 4.

608 EuGH v. 6.9.2012, Rs. C-324/11 (Gábor Tóth), ABl. EU 2012, Nr. C 331, 9, Rn. 42.

609 Art. 178 MwStSystRL, § 15 Abs. 1 Nr. 1 S. 2 UStG. Hierzu auch ausführlich unter Kapitel 2 B IV 2 a.

sind diese fehlerhaft, steht dem Leistungsempfänger prinzipiell kein Anspruch auf Vorsteuerabzug zu.[610] Auch wenn nach der Rechtsprechung des EuGH die Berichtigung von Rechnungen dem Grunde nach möglich ist[611] und aufgrund der mittlerweile ausdrücklich festgestellten Rückwirkung[612] auch keine Zinsnachteile für den Unternehmer mehr nach sich ziehen sollte, sind dennoch auch weiterhin Fallgestaltungen denkbar, in denen allein die Anwendung des Gutglaubensschutzes den Vorsteuerabzug sichern kann.[613] Kann der Steuerpflichtige eine berichtigte Rechnung vom leistenden Unternehmer nicht mehr verlangen (z.B. bei zwischenzeitlichem unbekanntem Wegzug oder Liquidation), hilft ihm die Möglichkeit einer rückwirkenden Rechnungsberichtigung nicht weiter.

Da dem Steuerpflichtigen eine grundsätzliche Überprüfung der Rechnung zumutbar ist, scheidet ein Vertrauensschutz bei offensichtlichen Fehlern (z.B. falsche Bezeichnung des Leistungsempfängers) allerdings aus, da insoweit die Möglichkeit der Rechnungsberichtigung ausreicht.[614] Anders muss es sich hingegen bei solchen Rechnungsangaben verhalten, die einer Prüfung durch den Leistungsempfänger gar nicht zugänglich sind.[615] Hier muss zwingend ein Gutglaubensschutz für den Leistungsempfänger eingreifen. Auch bei anderen Angaben, die zwar der Überprüfung dem Grunde nach zugänglich sind, kann

610 Gefestigte Rspr. vgl. bspw. EuGH v. 15.7.2010, Rs. C-368/09 (Pannon Gép Centrum), Slg. 2010, I-7467, Rn. 39ff.; dem folgt auch die nationale Rechtsprechung vgl. bspw. BFH v. 2.9.2010, V R 55/09, BStBl. II 2011, 235. Dem steht auch nicht die Entscheidung in der Rechtssache *Barlis 06* (EuGH v. 15.9.2016, Rs. C-516/14, ABl. EU 2016, Nr. C 419, 6) entgegen.

611 St. Rspr. Vgl. nur EuGH v. 15.7.2010, Rs. C-368/09 (Pannon Gép Centrum), Slg. 2010, I-7467; v. 8.5.2013, Rs. C-271/12 (Petroma Transports), ABl. EU 2013, Nr. C 225, 35; Rn. 34; v. 15.9.2016, Rs. C-518/14 (Senatex), ABl. EU 2016, Nr. C 419, 6, Rn. 34.

612 EuGH v. 15.9.2016, Rs. C-518/14 (Senatex), ABl. EU 2016, Nr. C 419, 6 zur Frage der rückwirkenden Rechnungsberichtigung.

613 Dies gilt vor allem vor dem Hintergrund, dass die Reichweite und der Anwendungsbereich der rückwirkenden Rechnungsberichtigung derzeit noch nicht vollständig geklärt sind, vgl. insoweit auch *Sterzinger*, UR 2017, 609, 615. Ebenfalls zu diesem Ergebnis kommend *Günther*, Vertrauensschutz bei Angaben Dritter, 2013, S. 153f.; sowie *Zirkl*, Die Neutralität der Umsatzsteuer, 2015, S. 94f. allerdings noch vor der ausdrücklichen Feststellung der rückwirkenden Wirkung von Rechnungsberichtigungen durch den EuGH.

614 Ebenso *Günther*, Vertrauensschutz bei Angaben Dritter, 2013, S. 152.

615 So kann die verwendete USt-IdNr. des leistenden Unternehmers nicht auf ihre Richtigkeit hin überprüft werden. Das nach in § 18e UStG vorgesehene Bestätigungsverfahren bezieht sich lediglich auf die Verwendung ausländischer USt-IdNr.

eine anlasslose Überprüfung nicht zwingend vom Leistungsempfänger gefordert werden, sondern nur in den Fällen, in denen ein konkreter Anlass zu Zweifeln gegeben ist.[616]

Im Ergebnis findet daher immer dann ein Gutglaubensschutz Anwendung, wenn dem Rechnungsempfänger zwar eine formal nicht ordnungsgemäße Rechnung vorliegt, er dies aber trotz der gebotenen Sorgfalt nicht erkennen konnte.[617] Diesbezüglich sieht der EuGH zur Vorbeugung von Steuerhinterziehungen es zwar grundsätzlich als zulässig an, dem Unternehmer erhöhte Sorgfaltspflichten aufzuerlegen, eine einseitige Verlagerung des Steuerausfallrisikos auf den Unternehmer ist hingegen nicht mit dem Verhältnismäßigkeitsgrundsatz vereinbar.[618] So kann nach Auffassung des EuGH die Steuerverwaltung nicht generell verlangen, dass der Leistungsempfänger prüft, ob der leistende Unternehmer über die betreffenden Gegenstände überhaupt verfügt und ob er seinen umsatzsteuerlichen Verpflichtungen nachgekommen ist, sofern keine Anhaltspunkte vorliegen, die Unregelmäßigkeiten oder eine Steuerhinterziehung in der Sphäre des Rechnungsausstellers vermuten lassen.[619] Einem Vorsteuerabzug steht es nach Auffassung des EuGH auch nicht entgegen, dass die vom Rechnungsaussteller angegebene Adresse nicht zur Ausübung einer wirtschaftlichen Tätigkeit

---

616 In diese Richtung gehend EuGH v. 21.6.2012, C-80/11 u. C-142/11 (Mahagében und David), ABl. EU 2012, Nr. C 250, 5, Rn. 61; v. 6.9.2012, Rs. C-324/11 (Gábor Tóth), ABl. EU 2012, Nr. C 331, 9, Rn. 38; v. 18.7.2013, Rs. C-78/12 (Evita-K), ABl. EU 2013, Nr. C 260, 11, Rn. 42. Zustimmend insoweit *Grünwald*, MwStR 2013, 13, 15; *Zirkl*, Die Neutralität der Umsatzsteuer, 2015, S. 95.

617 *Zirkl*, Die Neutralität der Umsatzsteuer, 2015, S. 94; *Günther*, Vertrauensschutz bei Angaben Dritter, 2013, S. 152f.; im Ergebnis ebenso *Achatz*, in: Seer (Hrsg.), DStJG 32 (2009), 461, 479ff.; *Becker*, UR 2009, 664, 665f.; *dies.*, Ortsbestimmung von sonstigen Leistungen, 2011, 51f.; *Sterzinger*, DStR 2010, 2606, 2610.

618 So bspw. EuGH v. 27.9.2007, Rs. C-409/04 (Telos), Slg. 2007, I-7797, Rn. 58 bzgl. der Voraussetzungen des innergemeinschaftlichen Erwerbs. So auch *Stadie*, in: Rau/Dürrwächter, UStG, § 15 (Januar 2017) Rn. 58ff.; *Englisch*, UR 2009, 181, 185; *Becker*, UR 2009, 664, 665f.; *Günther*, Vertrauensschutz bei Angaben Dritter, 2013, S. 157, 226f.; *Zirkl*, Die Neutralität der Umsatzsteuer, 2015, S. 95.

619 EuGH v. 21.6.2012, Rs. C-80/11 u. C-142/11 (Mahagében und Dávid), ABl. EU 2012, Nr. C 250, 5, Rn. 61, 66 v. 6.9.2012, Rs. C-324/11 (Gábor Tóth), ABl. EU 2012, Nr. C 331, 9, Rn. 38; v. 18.7.2013, Rs. C-78/12 (Evita-K), ABl. EU 2013, Nr. C 260, 11, Rn. 42. Zustimmend insoweit *Grünwald*, MwStR 2013, 13, 15.

geeignet ist und der leistende Unternehmer unter dieser Adresse auch nicht erreicht werden konnte.[620]

c. Sonderfall: Unzutreffender Ausweis von Umsatzsteuer

Einen Sonderfall fehlerhafter Rechnungen stellt allerdings der unberechtigte Ausweis von Umsatzsteuer dar. Unabhängig von der Frage der Gutgläubigkeit der beteiligten Unternehmer verweigert der EuGH das Recht auf Vorsteuerabzug mit dem Hinweis, dass nur die „tatsächlich geschuldete" Steuer im Rahmen des Vorsteuerabzugs erstattet werden kann[621] und verweist den Steuerpflichtigen prinzipiell auf einen zivilrechtlichen Ausgleichsanspruch gegen den Rechnungsaussteller.[622] In der Gewährung eines Direktanspruchs gegen den Fiskus sieht der EuGH augenscheinlich die zutreffende Erhebung des Mehrwertsteueraufkommens als gefährdet an.[623] Daher soll auch nur in Fällen, in denen ein wirtschaftliches Risiko für den Fiskus ausscheidet, ein Direktanspruch gegeben sein.[624] Im Ergebnis wird das wirtschaftliche Risiko folglich einseitig auf den Rechnungsempfänger abgewälzt, ohne dass der EuGH hierin einen Konflikt mit dem Verhältnismäßigkeitsgrundsatz sieht.[625] Die Versagung des

---

620 EuGH v. 22.10.2015, Rs. C-277/14 (PPUH Stehcemp), ABl. EU 2015, Nr. C 414, 7. Die Rechnungsadresse war auch der im Handelsregister eingetragene Firmensitz. Der EuGH hat in dieser Entscheidung allerdings nicht die Grundsätze des Vertrauensschutzes bemüht, sondern lediglich ausgeführt, dass es für den Vorsteuerabzug nur erforderlich ist, dass der leistende Unternehmer Steuerpflichtiger im Sinne der MwStSystRL ist. Hierfür jedoch lediglich erforderlich, dass er überhaupt eine wirtschaftliche Tätigkeit ausübt; nicht erforderlich ist hingegen, dass die wirtschaftliche Tätigkeit an den Ort der Rechnungsadresse ausgeübt wird.

621 St. Rspr. vgl. bspw. EuGH v. 13.12.1989, Rs. C-342/87 (Genius B.V.), Slg. 1989, 4227. Ls., Rn. 13; v. 15.3.2007, Rs. C-35/05 (Reemtsma), Slg. 2007, I-2425, Rn. 23: v. 6.2.2014, Rs. C-424/12 (Fatorie), ABl. EU 2014, Nr. C 93, 11, Rn. 39; v. 26.4.2017, Rs. C-564/15 (Farkas), ABl. EU 2017, Nr. C 195, 3, Rn. 47f. Vgl. hierzu auch bereits unter Kapitel 2 B V.

622 EuGH v. 15.3.2007, Rs. 35/05 (Reemtsma), Slg. 2007, I-2425, Rn. 27, 47; v. 26.4.2017, Rs. C-564/15 (Farkas), ABl. EU 2017, Nr. C 195, 3, Rn. 54.

623 Der EuGH begründet seine Auffassung damit, dass der unrichtige Steuerausweis die Finanzbehörden an der Überwachung der Anwendung des Reverse-Charge-Verfahrens und damit an der zutreffenden Steuererhebung gehindert hat, vgl. EuGH v. 6.2.2014, Rs. C-424/12 (Fatorie), ABl. EU 2014, Nr. C 93, 11, Rn. 38; v. 26.4.2017, Rs. C-564/15 (Farkas), ABl. EU 2017, Nr. C 195, 3, Rn. 46.

624 So ausdrücklich EuGH v. 26.4.2017, Rs. C-564/15 (Farkas), ABl. EU 2017, Nr. C 195, 3, Rn. 55, 56.

625 Kritisch hierzu auch *Stadie*, in: Rau/Dürrwächter, UStG, § 15 (Januar 2017) Rn. 883ff.

Vorsteuerabzuges unabhängig von der Bösgläubigkeit des Leistungsempfängers stellt zudem auch eine unverhältnismäßige Einschränkung des Gutglaubensschutzes sowie in dessen Folge des Grundsatzes der Neutralität dar.[626] Dem EuGH ist zwar zuzugeben, dass – anders als bei anderen formellen Fehlern der Rechnungsausstellung – der „fehlerhafte" Steuerausweis direkt zu einer Minderung des Steueraufkommens führen und die zutreffende Erhebung der Mehrwertsteuer erschweren kann,[627] mithin mag also die Rechtsprechung des EuGH somit aus fiskalischer Sicht durchaus nachvollziehbar sein. Jedoch wird diese Rechtsprechung weder der Stellung des Unternehmers im geltenden Mehrwertsteuersystem als bloßer „Steuereinsammler"[628] noch der besonderen Bedeutung des Grundsatzes des Vertrauensschutzes in der Werteordnung der Gemeinschaft gerecht.[629]

Ein unzutreffender Steuerausweis kann auch dann vorliegen, wenn der betreffende Umsatz durch die Steuerbehörden des leistenden Unternehmers und des Leistungsempfängers unterschiedlich beurteilt wird,[630] da die Steuerschuldverhältnisse des leistenden Unternehmers und des Leistungsempfänger grundsätzlich getrennt voneinander zu betrachten und nach eigenen Grundsätzen zu beurteilen sind.[631] Eine Bindungswirkung der Entscheidung über die

626 So *Zirkl*, Die Neutralität der Umsatzsteuer, 2015, S. 95; *Stadie*, in: Rau/Dürrwächter, UStG, § 14c (Mai 2018) Rn. 310f, § 15 (Januar 2017), Rn. 965, der auf nationaler Ebene § 15 Abs. 1 Nr. 1 UStG direkt anwenden will; *Günther*, Vertrauensschutz bei Angaben Dritter, 2013, S. 153 sieht hierin zudem ein Verstoß gegen das Übermaßverbot; a.A. *Leiphold*, Personelle Zurechnung von Umsätzen und Vorsteuerabzug, 2008, S. 233, der es für ausreichend hält, den Leistungsempfänger nur auf seinen Anspruch gegen den Leistenden zu verweisen.

627 Diese Gefahr besteht vor allem in Fällen des § 13b UStG, wenn der leistende Unternehmer den in Rechnung gestellten Umsatzsteuerbetrag nicht an das Finanzamt abführt.

628 Vgl. hierzu bereits unter Kapitel 1 B III 2.

629 *Günther*, Vertrauensschutz bei Angaben Dritter, 2013, S. 203.

630 In der Praxis kommen insoweit folgende Beispiele in Betracht: Vorliegen einer steuerbaren Geschäftsveräußerung im Ganzen (§ 1 Abs. 1a UStG), Bestimmung des Ortes der sonstigen Leistung (§ 3a UStG), Qualifikation der Zahlung als Entgelt (§ 10 UStG), Anwendung des Reverse-Charge-Verfahrens (§ 13b UStG) vgl. hierzu *Stadie*, in: Rau/Dürrwächter, UStG, § 15 (Januar 2017) Rn. 930.

631 In diese Richtung gehend EuGH v. 31.1.2013, Rs. C-642/11 (Stroy trans), ABl. EU 2013, Nr. C 86, 5, Rn. 52: Vgl. insoweit auch BFH v. 2.11.2989, V R 56/84, BStBl. II 1990, 253 unter II.1.c; so auch *Leiphold*, Personelle Zurechnung von Umsätzen und Vorsteuerabzug 2008, S. 122 allerdings im Zusammenhang mit der Zurechnung von Steuerbetrügereien.

Qualifikation einer Leistung auf Ebene des leistenden Unternehmers für den Leistungsempfänger besteht gerade nicht.[632] Geht nun das Finanzamt des leistenden Unternehmers von einer Steuerpflicht der betreffenden Leistung aus, während das Finanzamt des Leistungsempfängers diese verneint, steht dem Leistungsempfänger kein Vorsteuerabzug zu, obwohl er systemwidrig mit Umsatzsteuer belastet wurde.[633] Hier wird die Notwendigkeit des Eingreifens von Vertrauensschutzregeln besonders deutlich, da der Rechnungsempfänger den „unrichtigen" Steuerausweis nicht hätte erkennen und auch nicht verhindern können.[634] Anders als in den sonstigen Fällen des unberechtigten Steuerausweises müsste hier m. E. auch nach den Grundsätzen der Rechtsprechung des EuGH ein Vorsteuerabzug zu gewähren sein, da in Fällen von Qualifikationskonflikten die Mitgliedstaaten dazu verpflichtet sind, Maßnahmen zur Herstellung der Neutralität der Umsatzsteuer und der Sicherung der zutreffenden Erhebung der Mehrwertsteuer zu ergreifen.[635]

d. *Vertrauen auf staatliches Handeln*

Seinen eigentlichen und auch deutlich weiteren Anwendungsbereich findet der Vertrauensschutz bei staatlichem Handeln.[636] Der Bürger soll auf den Fortbestand einer Regelung oder auf ein behördliches Handeln vertrauen können.[637]

---

632 BFH, Beschl. v. 18.7.1991 – V B 42/91, BStBl. II 1991, 888.

633 Nach Auffassung des EuGH ist es nicht erforderlich, dass der Sachverhalt beim leistenden Unternehmer und beim Leistungsempfänger in kohärenter Weise beurteilt werden, vgl. EuGH v. 26.1.2012, Rs. C-218/10 (ADV Allround), ABl. EU 2012, Nr. C 73, 2, Rn. 45; in diese Richtung gehend auch EuGH v. 31.1.2013, Rs. C-642/11 (Stroy trans), ABl. EU 2013, Nr. C 86, 5, Rn. 41. Wer in diesem Fall letztlich wirtschaftlich den „Schaden" der nicht abziehbaren Umsatzsteuer trägt, hängt von der Vertragsgestaltung und letztlich von der Verhandlungsposition der jeweiligen Vertragspartei ab. Zu den zivilrechtlichen Ansprüchen in diesem Zusammenhang vgl. ausführlich *Wartenburger*, in: Ismer/Nieskens, Umsatzsteuer-Kongress-Bericht 2014, 145.

634 *Stadie*, in: Rau/Dürrwächter, UStG, § 15 (Januar 2017) Rn. 950, 957, der insoweit ausdrücklich darauf hinweist, dass dies nicht der im Mehrwertsteuersystem zugrundeliegenden Risikoverteilung zwischen Staat und Unternehmer als bloßer „Steuereinsammler" entspricht.

635 Vgl. EuGH v. 26.1.2012, Rs. C-218/10 (ADV Allround), ABl. EU 2012, Nr. C 73, 2, Rn. 45; zustimmend *Stadie*, in: Rau/Dürrwächter, UStG, § 15 (Januar 2017) Rn. 950.

636 So wurden die Grundsätze des Vertrauensschutzes durch den EuGH vor allem im Zusammenhang mit gewährten Subventionen in der Agrarwirtschaft entwickelt, vgl. z.B. EuGH v. 19.5.1992, Rs. C-104/89 und C-37/90 (Mulder), Slg. 1992, I-3061.

637 *Sachs*, in: Sachs, Grundgesetz, 2018, Art. 20 Rn. 122, 129, 130.

Die Gewährung eines Vertrauensschutzes setzt eine Vertrauenslage voraus, die auf einem Rechtsetzungsakt oder auf einer Maßnahme allgemeinen Charakters beruht.[638]

Soweit die Richtlinie den Mitgliedstaaten die Möglichkeit zum Erlass von Rechtsvorschriften einräumt[639], steht es diesen frei, diese einzuschränken oder auch wieder zurückzunehmen.[640] Hierbei sind die Mitgliedstaaten allerdings an die Grundsätze des Vertrauensschutzes und der Rechtssicherheit gebunden.[641] So darf dem Steuerpflichtigen ein einmal durch eine frühere Regelung erworbenes Recht nicht wieder genommen werden.[642] Dementsprechend ist eine rückwirkende Versagung des Vorsteuerabzuges ausgeschlossen.[643]

Auch behördliche Entscheidungen bzw. Auskünfte können ein schützenswertes Vertrauen begründen.[644] So hatte in der Rechtssache *Elmeka*[645] die zuständige Finanzbehörde dem Unternehmer auf Nachfrage mitgeteilt, dass die betreffende Leistung umsatzsteuerfrei sei. Im Folgenden wurde diese Auffassung jedoch revidiert und die Leistung (zutreffender Weise) der Umsatzsteuer unterworfen. Diesbezüglich führte der EuGH aus, dass derartige Auskünfte der Steuerbehörden ein schützenswertes Vertrauen des Unternehmers begründen können.[646] Für den Bereich des Vorsteuerabzugs bedeutet dies, dass auch behördlichen Auskünften im Einzelfall eine vertrauensbegründende Wirkung zukommen kann, die im Ergebnis zu einer Gewährung des Vorsteuerabzuges führt, obwohl die objektiven Voraussetzungen tatsächlich nicht vorliegen.

---

638 EuGH v. 5.6.1973, Rs. C-81/72 (Kommission/Rat), Slg. 1973, 00575, Ls. 2, Rn. 10; *Schmahl*, in: Schulze/Zuleeg/Kadelbach, Europarecht, 2015, § 6 Rn. 41.

639 So können die Mitgliedstaaten gem. Art. 137 MwStSystRL Optionsrechte für bestimmte ansonsten steuerfreie Umsätze einführen (vgl. § 9 UStG). Hierzu auch *Wenzel*, in: Rau/Dürrwächter, UStG, § 9 (Juli 2013) Rn. 27.

640 EuGH v. 3.12.1998, Rs. C.381/97 (Belcodex), Slg. 1998, I-8153, Rn. 18f.; v. 8.6.2000, Rs. C-396/98 (Schloßstraße), Slg. 2000, I-4279, Rn. 34.

641 EuGH v. 3.12.1998, Rs. C-381/97 (Belcodex), Slg. 1998, I-8153, Rn. 23.

642 EuGH v. 11.7.2002, C-62/00 (Marks & Spencer), Slg. 2002, I-6325, Rn. 45; v. 29.4.2004, Rs. C-17/01 (Sudholz), Slg. 2004, I-04243, Rn. 40; v. 12.5.2011, C-107/10 (Enel Maritsa Iztok 3), Slg. 2011, I-3873, Rn. 39.

643 Hierunter fällt allerdings nicht die Vorsteuerberichtigung im Sinne des Art. 184 MwStSystRL, § 15a UStG, vgl. EuGH v. 29.4.2004, Rs. C-487/01 u. C-7/02 (Gemente Leusden und Holin Groep), Slg. 2004, I-3039.

644 *Schmahl*, in: Schulze/Zuleeg/Kadelbach, Europarecht, 2015, § 6 Rn. 41.

645 EuGH v. 14.9.2006, Rs. C-181/04 bis C-183/04 (Elmeka), Slg. 2006, Nr. C 281, 4.

646 EuGH v. 14.9.2006, Rs. C-181/04 bis C-183/04 (Elmeka), Slg. 2006, Nr. C 281, 4, Rn. 34-36.

VIII. Zusammenfassung der Grundsätze des Vorsteuerabzugs

Das Recht auf Vorsteuerabzug beinhaltet die Verpflichtung, den Unternehmer „vollumfänglich“[647] von ihm in Rechnung gestellter Umsatzsteuer zu entlasten, soweit er die bezogenen Leistungen für besteuerte Umsätze verwendet.[648] Der Abzug hat grundsätzlich sofort zu erfolgen[649]; etwaige finanzielle Nachteile aufgrund einer verspäteten Erstattung sind auszugleichen.[650]

Als „integraler Bestandteil des Mechanismus der Mehrwertsteuer“[651] kann das Recht auf Vorsteuerabzug grundsätzlich nicht eingeschränkt werden.[652] Liegen die materiellen Voraussetzungen des Abzugsrechts vor, darf dieses auch bei einem Verstoß gegen unionsrechtlich vorgesehene formale Anforderungen grundsätzlich nicht versagt werden.[653] Eine Ausnahme hierzu bildet lediglich das Rechnungserfordernis, sodass bei Nichtvorlage einer Rechnung der Vorsteuerabzug prinzipiell nicht gewährt wird.[654]

---

647 St. Rspr. vgl. nur EuGH v. 14.2.1985, Rs. 268/83 (Rompelmann), Slg. 1985, 655, Rn. 19; v. 21.9.1988, Rs. 50/87 (Kommission/Frankreich), Slg. 1988, 4797, Rn. 15; v. 21.2.2006, Rs. C-255/02 (Halifax u.a.), Slg. 2006, I-1609, Rn. 78.

648 EuGH v. 6.4.1995, Rs. C-4/94 (BLP), Slg. 1995, I-983, Rn. 26.

649 St. Rspr. EuGH v. 6.7.1995, Rs. C-62/93 (BP Soupergaz), ABl. EG 1995, Nr. C 229, 9, Rn. 18; v. 21.3.2000, Rs. C 110/98 bis C-147/98 (Galbafrisa u.a.), Slg. 2000, I-1577, Rn. 43; v. 6.7.2006, Rs. C-439/04 u. C-440/04 (Kittel und Recolta Recycling), Slg. 2006, I-6161, Rn. 48; v. 10.7.2008, Rs. C-25/07 (Sosonowska), Slg. 2008, I-5129, Rn. 15; v. 23.42009, Rs. C-460/07 (Puffer), Slg. 2009, I-3251, Rn. 47; v. 24.10.2013, Rs. C-431/12 (Steauna Română), ABl. EU 2013, Nr. C 367, 13, Rn. 21.

650 EuGH v. 12.5.2011, Rs. C-107/10 (Enel Maritsa Iztok 3), Slg. 2011, I-3873, Rn. 53; v. 24.10.2013, Rs. C-431/12 (Steauna Română), ABl. EU 2013, Nr. C 367, 13, Rn. 23.

651 St. Rspr. vgl. EuGH v. 22.12.2010, Rs. C-438/09 (Dankowski), Slg. 2010, I-4009, Rn. 22; v. 6.7.2006, Rs. C-439/04 u. 440/04 (Kittel und Recolta Recycling), Slg. 2006, I-6161, Rn. 47; v. 12.9.2013, Rs. C-388/11 (Le Crédit Lyonnais), ABl. EU 2013, Nr. C 325, 2, Rn. 26.

652 St. Rspr. vgl. bspw. EuGH v. 6.7.1995, Rs. C-62/93 (BP Soupergaz), Rn. 18; v. 21.3.2000, Rs. C-110/98 (Galbafrisa), 2000, I-1577, Rn. 43 ; v. 6.7.2006, Rs. C-439/04 u. C 440/04 (Kittel und Recolta Recycling), Slg. 2006, I-6161, Rn. 47; v. 12.5.2011, Rs. C-107/10 (Enel und Maritsa Iztok 3), Slg. 2011, I-3873, Rn. 32.

653 Vgl. EuGH v. 8.5.2008, Rs. C-95/07 u. 96/07 (Ecotrade), Slg. 2008, I-3457, Rn. 68; v. 17.7.2014, Rs. C-272/13 (Equoland), ABl. EU 2014, Nr. C 315, 16, Rn. 47; v. 17.7.2014, Rs. C-590/13 (Idexx), ABl. EU 2015, Nr. C 46, 14, Rn. 38; v. 21.10.2010, Rs. C-385/09 (Nidera Handelscompagnie), Slg. 2010, I-10385, Rn. 51; v. 9.7.2015, Rs. C-183/14 (Salomie und Oltean), ABl. EU 2015, Nr. C 294, 10, Rn. 61.

654 Grdl. hierzu EuGH v. 14.7.1988, Rs. 123/87 (Jeunehomme), Slg. 1988, 4517, Rn. 14; bestätigt durch EuGH v. 29.4.2004, Rs. C-152/02 (Terra Baubedarf), Slg. 2004, I-5583,

Erst Recht darf daher das Recht auf Vorsteuerabzug nicht als Sanktion für einen Verstoß gegen mitgliedstaatliche Formvorschriften eingeschränkt werden.[655] Dies gilt selbst dann, wenn diese Formvorschriften der genauen Steuererhebung bzw. der Verhinderung von Steuerhinterziehungen dienen sollen.[656] Soweit der EuGH derartige Einschränkungen dennoch zulässt, vermeidet er jedoch diese als solche zu bezeichnen, sondern prüft sie vielmehr am deutlich weniger strengen Maßstab der Verwaltungssanktionen.[657]

Einschränkungen des Rechts auf Vorsteuerabzug sind jedoch ausnahmsweise in den Fällen der Steuerhinterziehung[658] bzw. des Gestaltungsmissbrauchs[659] zulässig. Liegen die Voraussetzungen der Versagung des Vorsteuerabzugs vor, sind die Mitgliedstaaten nicht nur berechtigt, sondern vielmehr aufgrund der unionsrechtlich gebotenen Loyalitätspflicht auch zur Versagung verpflichtet.[660] Aus der bisherigen Rechtsprechung des EuGH lässt sich aber eine eher restriktive

---

Rn. 38. Unter bestimmten Umständen soll jedoch auch ein anderweitiger Nachweis zulässig sein, vgl. EuGH v. 15.9.2016, Rs. C-516/14 (Barlis 06), ABl. EU 2016, Nr. C 419, 6, Rn. 44. Die Reichweite dieser Möglichkeit ist bislang aber noch nicht abschließend geklärt.

655 St. Rspr. vgl. bspw. EuGH v. 20.10.2010, Rs. C-386/09 (Nidera Handelscompanie), Slg. 2010, I-10385, Rn. 51; v. 22.12.2010, Rs. C-438/09 (Dankowski), Slg. 2010, I-4009, Rn. 33f.; v. 12.7.2012, Rs. C-284/11 (EMS-Bulgaria Transport), ABl. EU 2012, Nr. C 287, 14, Rn. 77; v. 14.3.2013, Rs. C-527/11 (Ablessio), UR 2013, 392, Rn. 33. Eine Ausnahme bilden insoweit Verjährungs- oder Ausschlussfristen, die – soweit angemessen – aus Gründen der Rechtssicherheit prinzipiell anerkannt sind, vgl. EuGH v. 14.2.2019, Rs. C-562/17 (Nestrade), BB 2019, 469, Rn. 41 m.w.N.

656 EuGH v. 18.12.1997, Rs. C-284/94, C-340/95, 4, C-401/95 und C-407/96 (Molenheide), Slg. 1997, I-7281, Rn. 47; v. 21.3.2000, Rs. C-110/98 bis C-147/98 (Galbafrisa u.a.), Slg. 2000, I-1588, Rn. 52; v. 8.5.2008, Rs. C-95/07 (Ecotrade), Slg. 2008, I-3457, Rn. 66; v. 9.7.2015, Rs. C-183/14 (Salomie und Oltean), ABl. EU 2015, Nr. C 294, 10, Rn. 63.

657 EuGH v. 29.7.2010, Rs. C-188/09 (Profaktor), Slg. 2010, I-7639, Rn. 28.

658 EuGH v. 21.2.2006, Rs. C-255/02 (Halifax u.a.), Slg. 2006, I-1609, Rn. 58, 59; v. 6.7.2006, Rs. C-439/04 u. C-440/04 (Kittel und Recolta Recycling), Slg. 2006, I-6161, Rn. 53; v. 6.12.2012, Rs. C-285/11 (Bonik), ABl. EU 2013, Nr. C 26, 10, Rn. 38.

659 EuGH v. 21.2.2006, Rs. C-223/03 (University of Huddersfield), Slg. 2006, I-1751, Rn. 53; v. 21.2.2006, Rs. C-255/02 (Halifax u.a.), Slg. 2006, I-1609, Rn. 75.

660 EuGH v. 5.7.2007, Rs. C-321/05 (Kofoed), Slg. 2007, I-5795, Rn. 46; v. 18.7.2013, Rs. C-78/12 (Evita-K), v. 31.1.2013, Rs. C-642/11 (Stroy trans). ABl. EU 2013, Nr. C 86, 5; v. 13.2.2012, Rs. C-18/13 (Maks Pen), ABl. EU 2014, Nr. C 93, 16, Rn. 36; v. 18.12.2014, Rs. C-131/13, C-163/13 u. C-164/13 (Italmoda), ABl. EU 2015, Nr. C 65, 4, Rn. 53.

Anwendung dieser Einschränkung entnehmen.[661] Im Ergebnis darf dem gutgläubigen Unternehmer der Vorsteuerabzug auch dann nicht versagt werden, wenn „sein" Umsatz Teil eines Umsatzsteuerkarussells war.[662]

Der Vorsteuerabzug ist auch dann zu gewähren, wenn die Rechnung nicht den gesetzlichen Vorgaben entspricht, der Unternehmer aber auf deren Richtigkeit vertrauen durfte.[663] Eine Ausnahme bildet hier allerdings der unrichtige Steuerausweis, hier will der EuGH das wirtschaftliche Risiko des Steuerausfalls systemwidrig allein dem Rechnungsempfänger aufbürden und lässt ein Vorsteuerabzugsrecht in der Regel nicht zu.[664]

Verfahrensrechtlich obliegt die Ausgestaltung des Vorsteuerabzugsrechts den Mitgliedstaaten, die jedoch insoweit die Grundsätze der Effektivität und der Äquivalenz beachten müssen.[665] So sind insbesondere Ausschlussfristen zulässig, soweit sie angemessen sind und das Recht auf Vorsteuerabzug nicht übermäßig erschweren oder gar unmöglich machen.[666]

---

661 Vgl. *Hummel*, UR 2014, 256, 257; *Kemper*, UR 2017, 449, 454. In diese Richtung gehend ebenfalls *Maunz*, in: Ismer/Nieskens (Hrsg.), Umsatzsteuer-Kongress-Bericht 2014, 135, 140.

662 Mittlerweile gefestigte Rspr. vgl. bspw. EuGH v. 12.1.2006, Rs. C-354/03, C-355/03 und C-484/03 (Optigen), Slg. 2006, I-483, Rn. 52, 55; v. 6.7.2006, Rs. C-439/04 u. C-440/05 (Kittel und Recolta Recycling), Slg. 2006, I-6161, Rn. 45, 46, 60; v. 21.6.2012, Rs. C-80/11 u. C-142/11 (Mahagében und Dávid), ABl. EU 2012, Nr. C 250, 5, Rn. 47; v. 6.12.2012, Rs. C-285/11, Rn. 41, v. 31.1.2013, Rs. C-642/11 (Stroy trans), ABl. EU 2013, Nr. C 86, 5, Rn. 48. Hierzu auch *Maunz*, in: Ismer/Nieskens (Hrsg.), Umsatzsteuer-Kongress-Bericht 2014, 135, 137; *Sterzinger*, DStR 2014, 831. So auch *Zirkl*, Die Neutralität der Umsatzsteuer, 2015, S. 94.

663 Vgl. insoweit EuGH v. 21.6.2012, Rs. C-80/11 u. C-142/11 (Mahagében und David), ABl. EU 2012, Nr. C 250, 5, Rn. 61; v. 6.9.2012, Rs. C-324/11 (Gábor Tóth), ABl. EU 2012, Nr. C 331, 9, Rn. 38; v. 18.7.2013, Rs. C-78/12 (Evita-K), ABl. EU 2013, Nr. C 260, 11, Rn. 43.

664 Vgl. EuGH v. 13.12.1989, Rs. C-342/87 (Genius B.V.), Slg. 1989, 4227, Ls., Rn. 13; v. 15.3.2007, Rs. C-35/05 (Reemtsma), Slg. 2007, I-2425, Rn. 23; v. 6.2.2014, Rs. C-424/12 (Fatorie), ABl. EU 2014, Nr. C 93, 11, Rn. 39. Ebenso EuGH v. 26.4.2017, Rs. C-564/15 (Farkas), ABl. EU 2017, Nr. C 195, 3, Rn. 47f. Zur Stellung des Unternehmers im Mehrwertsteuerrecht vgl. Kapitel 1 B III 2.

665 *Classen*, in: Grabitz/Hilf/Nettesheim, Das Recht der Europäischen Union, Art. 197, AEUV (Januar 2015) Rn. 23; *Englisch*, in: Tipke/Lang, Steuerrecht, 2018, § 4 Rz. 42.

666 EuGH v. 17.2.2012, Rs. C-284/11 (EMS-Bulgaria Transport), ABl. EU 2012, Nr. C 287, 14; v. 28.7.2016, Rs. C-332/15 (Astone), ABl. EU 2016, Nr. C 350, 10; in diese Richtung gehend auch EuGH v. 8.5.2008, Rs. C-95/07 u. C-96/07 (Ecotrade), Slg. 2008, I-3457, Rn. 45.

Im Ergebnis lässt sich an der Rechtsprechung des EuGH deutlich die besondere Bedeutung ablesen, die dem Recht auf Vorsteuerabzug im geltenden System des europäischen Mehrwertsteuerrechts aber auch zur Schaffung eines europäischen Binnenmarktes zukommt.[667] Diese ist stets bei der Auslegung und Anwendung von Bestimmungen des Vorsteuerabzuges im Blick zu behalten.

C. Primärrechtlicher Schutz des Rechts auf Vorsteuerabzug

I. Allgemeine Grundlagen

1. *Prüfungsmaßstab für unionsrechtliche Regelungen*

Der EuGH entscheidet gem. Art. 267 AEUV über die Auslegung von europäischem Primärrecht sowie über die Gültigkeit von Handlungen der Organe der Gemeinschaft, insbesondere in Bezug auf die Setzung von Sekundärrecht.[668] Die Regelungen der MwStSystRL stehen als sekundäres Unionsrecht im Rang unter dem Primärrecht[669] und sind somit grundsätzlich einer Prüfung am Maßstab des gesamten Primärrechts zugänglich.[670]

Die nationalen Gerichte dürfen nur die Gültigkeit von Unionsrechtsakten bejahen.[671] Sofern sie hingegen von der Ungültigkeit solcher Rechtsakte ausgehen, ist zwingend eine Vorlage an den EuGH vorzunehmen, da diesem gem. Art. 263 AEUV das Verwerfungsmonopol unionsrechtlicher Regelungen zusteht.[672] Stellt ein nationales Gericht also die Vereinbarkeit einer nationalen

667 Ebenso *Zirkl*, Die Neutralität der Umsatzsteuer, 2015, S. 11.

668 Vgl. *Ehricke*, in: Streinz, EUV/AEUV, 2018, Art. 267 AEUV Rn. 11; *Wegener*, in: Calliess/Ruffert, EUV/AEUV, 2016, Art. 267 AEUV Rn. 9f.

669 *Zirkl*, Die Neutralität der Umsatzsteuer, 2015, S. 267.

670 Zum allgemeinen Verhältnis von Primär- zu Sekundärrecht vgl. EuG v. 10.7.1990, Rs. T-51/89 (Tetra Pak), Slg. 1990, II-347, Rn. 25; *Haratsch/Koenig/Pechstein*, Europarecht, 2016, Rn. 377; vgl. insoweit *Schiff*, EuZW 2015, 899, 902; *Geismann*, in: von der Groeben/Schwarze/Hatje, Europäisches Unionsrecht, 2015, Art. 288 AEUV Rn. 26; *Nettesheim*, in: Grabitz/Hilf/Nettesheim, Das Recht der Europäischen Union, Art. 288 AEUV (August 2012) Rn. 226; *ders.*, EuR 2006, 737, 746ff.; *Ruffert*, in: Calliess/Ruffert, EUV/AEUV, 2016, Art. 288 AEUV Rn. 8f.; *Schroeder*, in: Streinz, EUV/AEUV, 2018, Art. 288 AEUV Rn. 20.

671 EuGH v. 22.10.1987, Rs. 314/85 (Foto Frost), NJW 1988, 1451, Rn. 14.

672 EuGH v. 22.10.1987, Rs. 314/85 (Foto Frost), NJW 1988, 1451, Rn. 15ff.; v. 6.12.2005, Rs. C-461/03 (Gaston Schul Douane), Slg. 2005, I-10513, Rn. 21f. Vgl. hierzu *Kahl*, in: Calliess/Ruffert, EUV/AEUV, 2016, Art. 4 EUV Rn. 82.

Umsetzungsmaßnahme mit den Unionsgrundrechten in Frage, muss zwingend eine Vorlage gem. Art. 267 AEUV an den EuGH erfolgen.[673]

2. *Prüfungsmaßstab nationaler Umsetzungsmaßnahmen*

Aufgrund des Vorrangs des gesamten unmittelbar anwendbaren Unionsrechts vor dem nationalen Recht sind nationale Vorschriften stets an diesem zu messen.[674] Einer Vorschrift des Primärrechts kommt nach der Rechtsprechung des EuGH unmittelbare Wirkung zu, wenn diese eine „hinreichend klare und unbedingte Verpflichtung für den Mitgliedstaat begründet".[675] Eine solche Verpflichtung besteht bereits immer in Bezug auf die Grundfreiheiten[676] sowie für die Grundrechte der GRCh[677].

In Bezug auf Akte des Sekundärrechts ist zunächst zwischen Verordnungen und Richtlinien zu differenzieren. Während Verordnungen nach Art. 288 Abs. 2 AEUV ohne weiteren Umsetzungsakt in den nationalen Rechtsordnungen unmittelbar gelten, müssen Richtlinien nach Art. 288 Abs. 3 AEUV durch die Mitgliedstaaten umgesetzt werden, um unmittelbare Geltung zu erlangen. Verordnungen sind somit bereits immer dann unmittelbar anwendbar, wenn ihre Regelungen hinreichend bestimmt und unbedingt sind.[678]

In Ausnahmefällen kommt allerdings auch Richtlinien eine unmittelbare Wirkung zu, wenn der Mitgliedstaat seiner Umsetzungsverpflichtung nicht bzw. nicht hinreichend innerhalb der Umsetzungsfrist nachgekommen ist[679] und die betreffende Regelung inhaltlich unbedingt und bestimmt ist.[680] Eine

---

673 Vgl. BVerfG v. 19.7.2011, BVerfGE 129, 78, 103f.; *Kahl*, in: Calliess/Ruffert, EUV/AEUV, 2016, Art. 4 EUV Rn. 82.

674 Vgl. Leitentscheidung des EuGH hierzu v. 15.7.1967, Rs. 6/64 (Costa/E.N.E.L.), Slg. 10, 1251. Vgl. hierzu *Schöbener*, JA 2011, 885, 887.

675 EuGH v. 16.6.1966, Rs. 57/65 (Alfons Lütticke), EuR 1966, 354; v. 3.12.1974, Rs. 33/74 (van Binsbergen), NJW 1975, 1095, Rn. 24, 26.

676 Vgl. bspw. EuGH v. 22.3.1977, Rs. 74/76 (Iannelli), Slg. 1977, 557; v. 5.3.1996, Rs. C-46/93 u. C-48/93 (Brasserie du Pêcheur), Slg. 1996, I-1029, Rn. 13 für die Warenverkehrsfreiheit.

677 *Jarass*, GRCh, 2016, Art. 51 GRCh, Rn. 16.

678 EuGH v. 14.12.1971, Rs. 43/71 (Politi), Slg. 17, 1039, Rn. 9; *Schroeder*, in: Streinz, EUV/AEUV, 2018, Art. 288 AEUV Rn. 45.

679 EuGH v. 5.4.1979, Rs. 148/78 (Ratti), Slg. 1979, 1629, Rn. 43; v. 26.2.1986, Rs. 152/84 (Marshall), NJW 1986, 2178, Rn. 46.

680 EuGH v. 5.4.1979, Rs. 148/78 (Ratti), Slg. 1979, 1629, Rn. 23; v. 19.1.1982, Rs. 8/81 (Becker), Slg. 1982, 53, Rn. 25.

unmittelbare Wirkung ist jedoch nur zugunsten des Bürgers möglich.[681] In Bezug auf die Regelungen der MwStSystRL bedeutet dies, dass der Bürger sich unmittelbar auf diese Regelungen berufen kann, wenn diese genügend klar und bestimmt sind[682] sowie die Umsetzung durch den Mitgliedstaat nicht hinreichend erfolgt ist.[683] Sowohl die nationalen Gerichte als auch die nationalen Verwaltungsbehörden haben in diesen Fällen das Richtlinienrecht unmittelbar zugunsten des Bürgers anzuwenden.[684]

Darüber hinaus stellt sich zudem die Frage der Bindung nationaler Umsetzungsmaßnahmen an europäische Grundfreiheiten sowie an die in der Grundrechtecharta verbürgten europäischen Grundrechte. Unzweifelhaft sind sämtliche Handlungen der Unionsorgane sowohl an den Grundfreiheiten als auch an der GRCh zu messen.[685] Darüber hinaus gelten die Grundfreiheiten als europäisches Primärrecht unstreitig für die Mitgliedstaaten[686] unabhängig davon, welcher Handlungsform sie sich bedienen.[687]

Ob und in welchem Umfang darüber hinaus die Grundrechte der Grundrechtecharta von den Mitgliedstaaten zu berücksichtigen sind und damit als Maßstab für die Prüfung ihrer Handlungen durch den EuGH herangezogen werden können, ist demgegenüber jedoch nicht so offensichtlich.[688]Die Grundrechte der GRCh entfalten ihre Wirkung nur im Geltungsbereich des übrigen

---

681 St. Rspr. EuGH, Rs. 80/86 (Kolpinghuis Nijmegen), Slg. 1987, 3696, Rn. 10; Rs. C-425/12 (Portgás). ABl. EU 201, Nr. C 52, 17, Rn. 22ff.; vgl. hierzu auch ausführlich *Krimphove*, EuZW 2014.

682 Für den Bereich der Umsatzsteuerbefreiungen hat der EuGH dies bereits bejaht, vgl. bspw. EuGH v. 10.9.2002, Rs. C-141/00 (Kügler), Slg. 2002, I-6833, Rn. 53; v. 6.11.2003, Rs. C-45/01 (Christoph-Dornier-Stiftung), Slg. 2003, I-12911, Rn. 80.

683 Vgl. EuGH v. 11.7.2002, Rs. C-62/00 (Marks & Spencer), Slg. 2008, I-2283, Rn. 27; v. 8.6.2006, Rs. C-430/04 (Feuerbestattungsverein Halle), Slg. 2008, I-4999, Rn. 29.

684 EuGH v. 11.7.1991, Rs. C-87/90, C-88/90 u. C-89/90 (Verholen), Slg. 1991, I-3757, Rn. 16; v. 24.10.1996, Rs. C-72/95 (Kraaijeveld), Slg. 1996, I-5403, Rn. 54f.

685 Vgl. bspw. *Haratsch/Koenig/Pechstein*, Europarecht, 2016, Rn. 678; *Weber*, Die Zusage im Umsatzsteuerrecht, 2019, S. 64f.

686 *Ehlers*, in Ehlers, Europäische Grundrechte und Grundfreiheiten, § 7 Rn. 7, 11 m.w.N. Zu der Wirkung der Unionsgrundrechte als Schranken-Schranke vgl. EuGH v. 18.6.1991, Rs. C-260/89 (ERT), Slg. 1991, I-2925; zu der Funktion als eigenständige Rechtfertigungsgründe vgl. EuGH v. 12.6.2003, Rs. C-112/00 (Schmidtberger), Slg. 2003, I-5659, Rn. 65ff.

687 Vgl. EuGH v. 24.11.1982, Rs. 249/81 (Kommission/Irland), Slg. 1982, 4005, Rn. 25ff.

688 *Haratsch/Koenig/Pechstein*, Europarecht, 2016, Rn. 679.

Gemeinschaftsrechts.[689] So legt Art. 51 Abs. 1 S. 1 GRCh auch ausdrücklich fest, dass die Mitgliedstaaten „ausschließlich bei der Durchführung des Rechts der Union" an die GRCh gebunden sind. In diesem Zusammenhang ist anerkannt, dass bei einem bloßen Vollzug von Verordnungen, d.h. ohne eigenen Ermessensspielraum, die Mitgliedstaaten die allgemeinen Rechtsgrundsätze der Gemeinschaft zu berücksichtigen haben.[690] Sofern den Mitgliedstaaten beim Vollzug der Verordnung ein Ermessensspielraum eingeräumt wurde, ist dieser unionsrechtskonform auszuüben.[691]

Differenzierter ist die Geltung der Grundrechtecharta demgegenüber bei der Umsetzung von Richtlinien zu betrachten, da diese stets nationale Umsetzungsmaßnahmen auf Ebene der Mitgliedstaaten erfordern (Art. 288 Abs. 3 AEUV).[692] Ebenso wie bei der Durchführung von Verordnungen geht der EuGH auch in den Fällen, in denen den Mitgliedstaaten bei der Umsetzung von Richtlinien kein Ermessensspielraum eingeräumt wurde, davon aus, dass diese Umsetzungsmaßnahmen zwingend an sämtlichen Vorgaben des Unionsrechts, mithin auch an der Grundrechtecharta zu messen sind.[693] Auch in den Fällen, in denen den Mitgliedstaaten bei der Umsetzung von Richtlinien Spielräume verbleiben, geht der EuGH mittlerweile von einer umfassenden Bindung an die Unionsgrundrechte aus.[694]

Noch weitergehend sah der EuGH die Bindung der Mitgliedstaaten an die Unionsgrundrechte in der Rechtssache *Åkerberg Fransson*[695] an. Die dieser

---

689 Art. 6 Abs. 1 UAbs. 2 EUV stellt ausdrücklich klar, dass durch die Grundrechtecharta die in den Verträgen festgelegten Zuständigkeiten der Gemeinschaft „in keiner Weise erweitert werden". Vgl. hierzu auch *Jarass*, in Jarass, Charta der Grundrechte der EU, 2016, Art. 51 Rn. 8.

690 Grdl. EuGH v. 13.7.1989, Rs. 5/88 (Wachauf), Slg. 1989, 2609, Rn. 18. In diesem Zusammenhang weist *Engler*, Steuerverfassungsrecht im Mehrebenensystem, 2014, S. 77, darauf hin, dass die Verordnung zumeist auch im nationalen Recht als Ermächtigungsgrundlage dient.

691 EuGH v. 21.12.2011, Rs. C-411/10 u. C-493/10 (N.S.), Slg. 2011, I-13905, Rn. 65ff.

692 Ausführlich zu dieser Problematik *Weber*, Die Zusage im Umsatzsteuerrecht, 2019, S. 72ff.

693 *Matz-Lück*, Grundrechte und Grundfreiheiten im Mehrebenensystem, 2012, S.161, 181f; *Zirkl*, Die Neutralität der Umsatzsteuer, 2015, S. 152.

694 Vgl. etwa EuGH v. 12.12.2002, Rs. C-442/00 (Cabellero), Slg. 2002, I-11915; v. 27.6.2006, Rs. C-540/03 (Parlament/Rat), Slg. 2006, I-5769; v. 21.12.2011, Rs. C-465/10 (Indre), Slg. 2011, I-14081, Rn. 63ff. Ausführlich hierzu *Weber*, Die Zusage im Umsatzsteuerrecht, 2019, S. 74f.

695 EuGH v. 26.2.2013, Rs. C-617/10 (Åkerberg Fransson), ABl. EU 2013, Nr. C 114, 7.

Entscheidung zugrunde liegende nationale Vorschrift diente weder der Umsetzung einer Richtlinie, noch fiel sie in den Schutzbereich der Grundfreiheiten.[696] Gleichwohl war nach Ansicht des EuGH auch diese nationale Umsetzungsmaßnahme einer Prüfung am Maßstab der Grundrechtecharta zugänglich. Eine nationale Vorschrift unterliegt vielmehr bereits dann der Grundrechtskontrolle durch den EuGH, sobald diese nationale Rechtsvorschrift in „den Geltungsbereich des Unionsrechts fällt“[697]. Einer Prüfung durch den EuGH stünde auch nicht die Tatsache entgegen, dass die zu prüfende nationale Vorschrift nicht zur Umsetzung einer vertraglichen Verpflichtung erlassen wurde.[698]

Die Entscheidung und insbesondere die Reichweite der europäischen Grundrechtskontrolle wurde in der Literatur kontrovers diskutiert.[699] Wenig verwunderlich sah sich auch das Bundesverfassungsgericht zu einer Stellungnahme genötigt und stellte in seiner Entscheidung zur *Antiterrordatei*[700] fest, dass die Entscheidung des EuGH nicht so verstanden werden könne, dass für eine Bindung der Mitgliedstaaten an die Unionsgrundrechte „jeder sachliche Bezug einer Regelung zum bloß abstrakten Anwendungsrecht des Unionrechts [...] ausreiche“[701].

Auch wenn teilweise die Reichweite der Entscheidung in der Rechtssache *Åkerberg Fransson*[702] als weniger weit angesehen wird und für die Anwendbarkeit des unionsrechtlichen Grundrechtsschutzes beispielsweise das Vorliegen einer konkreten vertraglichen Umsetzungsverpflichtung des jeweiligen

696 *Haratsch/Koenig/Pechtstein*, Europarecht, 2016, Rn. 682. Ausführlich zu dieser Entscheidung auch *Weber*, Die Zusage im Umsatzsteuerrecht, 2019, S. 77ff.

697 EuGH v. 26.2.2013, Rs. C-617/10 (Åkerberg Fransson), ABl. EU 2013, Nr. C 114, 7, Rn. 19.

698 EuGH v. 26.2.2013, Rs. C-617/10 (Åkerberg Fransson), ABl. EU 2013, Nr. C 114, 7, Rn. 28.

699 Vgl. bspw. *Hahn*, ISR 2015, 50; *Kingreen*, EUR 2013, 446; *Lehner*, IStR 2016, 265; *Ludwigs/Sikora*, EWS 2016, 121; *Widmann*, UR 2014, 5. *Zirkl*, Die Neutralität der Umsatzsteuer, 2015, S. 154 führt insoweit aus, dass die Entscheidung in der Rechtssache *Åkerberg Fransson* lediglich nur den bereits zuvor durch den EuGH weit verstandenen Anwendungsbereich der Grundrechte widerspiegelt. In diesem Sinne ist auch die Begründung des EuGH zu verstehen, der diese Auffassung als ständige Rechtsprechung bezeichnet, vgl. EuGH v. 26.2.2013, Rs. C-617/10 (Åkerberg Fransson), ABl. EU 2013, Nr. C 114, 7, Rn. 19 m.w.N. aus der Rechtsprechung.

700 BVerfG v. 24.4.2013 – 1 BvR 1215/07 (Antiterrordatei), BVerfGE 133, 277.

701 BVerfG v. 24.4.2013 – 1 BvR 1215/07 (Antiterrordatei), BVerfGE 133, 277, Rn. 91.

702 EuGH v. 26.2.2013, Rs. C-617/10 (Åkerberg Fransson), ABl. EU 2013, Nr. C 114, 7.

Mitgliedstaates verlangt wird[703], so ist jedoch wohl im Bereich der Umsatzsteuer von einer weitreichenden Geltung an die Unionsgrundrechte auszugehen.[704]

Insbesondere aufgrund der Tatsache, dass die nationalen Vorschriften des Umsatzsteuerrechts in der Regel lediglich die Regelungen der MwStSystRL umsetzen und diese den Mitgliedstaten aufgrund ihrer Detailliertheit zudem auch kaum Umsetzungsspielräume lassen[705], müssen grundsätzlich alle nationalen Umsatzsteuervorschriften, mit Ausnahme derer, die jedweder Vorgabe im Unionsrecht, insbesondere in der MwStSystRL, entbehren[706], mit den Unionsgrundrechten vereinbar sein und sich an diesen messen lassen.[707]

II. Sicherung des Vorsteuerabzugs durch den EuGH

1. Unionsrechtliche Regelungen

a. Der Grundsatz der Neutralität

aa. Unionsrechtliche Verankerung des Grundsatzes der Neutralität

Wie bereits gezeigt, ist dem System des geltenden Mehrwertsteuerrechts das Prinzip der Neutralität immanent.[708] Wenig verwunderlich misst der EuGH daher umsatzsteuerliche Regelungen und insbesondere die Regeln des Vorsteuerabzuges vorrangig an dem sog. Grundsatz der Neutralität,[709] der in Fragen der Auslegung und Anwendung mehrwertsteuerrechtlicher Vorschriften eine

---

703 *Weber*, Die Zusage im Umsatzsteuerrecht, 2019, S. 88.

704 *Zirkl*, Die Neutralität der Umsatzsteuer, 2015, S. 155.

705 *Englisch*, in: Tipke/Lang, Steuerrecht, 2018, § 4 Rz. 30.

706 In Bezug auf den Vorsteuerabzug sind solche Regelungen jedoch nicht ersichtlich.

707 *Dobratz*, UR 2014, 425, 427; *Kokott/Dobratz*, in: Kokott, Grundfragen des Europäischen Steuerrechts, 2018, 25, 28; *Lange*, NVwZ 2014, 169, 172; *Zirkl*, Die Neutralität der Umsatzsteuer, 2015, S. 269. Anders wohl *Weber*, Die Zusage im Umsatzsteuerrecht, 2019, S. 88ff., der auch im Bereich der Umsatzsteuer wohl von Fallgestaltungen ausgeht, die keiner Kontrolle am Maßstab der europäischen Grundrechte zugänglich sind.

708 Siehe hierzu bereits unter Kapitel 1 B II.

709 So bspw. EuGH v. 6.7.1995, Rs. C-62/93 (BP Soupergaz), ABl. EG 1995, Nr. C 229, 9, Rn. 16; v. 21.3.2000, Rs. C-110/98 bis C-147/98 (Galbafrisa u.a.), Slg. 2000, I-1577, Rn. 44; v. 29.10.2009, Rs. C-174/08 (NCC Construction Danmark), Slg. 2000, I-6973, Rn. 27. Daneben gebietet der Grundsatz der Neutralität nach Ansicht des EuGH auch eine umsatzsteuerliche Gleichbehandlung gleichartiger Leistungen (sog. Wettbewerbsneutralität), vgl. bspw. EuGH v. 4.12.1989, Rs. C-189/89 (Van Tiem), Slg. I-4363, Rn. 18 hinsichtlich der Neutralität des leistenden Unternehmers; v. 5.7.1988, Rs. 269/86 (Mol), Slg. 1988, 3627, Rn. 18 hinsichtlich der Frage der Wertneutralität.

zentrale Rolle spielt.[710] Dabei findet dieser Grundsatz in den unterschiedlichsten Konstellationen Anwendung.[711] Während der Grundsatz der Belastungsneutralität der vordringliche Maßstab ist, an dem sich die Regelungen zum Vorsteuerabzug messen lassen müssen, spielt der Grundsatz der Wettbewerbsneutralität für den Vorsteuerabzug hingegen eher eine untergeordnete Rolle.[712]

Den Ausgangspunkt für die Herleitung und Bestimmung des Inhaltes des Grundsatzes der Neutralität bilden die Regelungen der einzelnen Mehrwertsteuerrichtlinien. Eine erste Erwähnung findet der Grundsatz der Neutralität bereits im Rahmen der Errichtung des gemeinsamen Mehrwertsteuersystems in der Ersten und Zweiten Richtlinie zur Harmonisierung des Mehrwertsteuersystems[713] und auch in der nachfolgenden 6. EG-Richtlinie[714] wird er mehrfach genannt. Die beiden wesentlichen Ausprägungen dieses Grundsatzes lassen sich

---

710 *De la Feria*, The EU VAT System and the Internal Market, 2009, S. 263; *Englisch*, in: Tipke/Lang, Steuerrecht, 2018, § 17 Rz. 24; *Leiphold*, Personelle Zurechnung von Umsätzen und Vorsteuerabzug, 2008, S. 3. Für die Anwendung des Grundsatzes der Neutralität in der Rechtsprechung des EuGH vgl. bspw. EuGH v. 19.9.2000, Rs. C-454/98 (Schmeink & Cofreth und Strobel), Slg. 2000, I-6973, Rn. 59; v. 29.10.2009, Rs. C-174/08 (NCC Construction Danmark), Slg. 2009, I-10567, Rn. 40; v. 29.7.2010, Rs. C-188/09 (Profaktor), Slg. 2010, I-7639, Rn. 26; v. 20.3.2013, Rs. C-259/12 (Rodopi-M 91), ABl. EU 2013, Nr. C 225, 34, Rn. 32.

711 *Henze*, in: Nieskens/Englisch (Hrsg.), Umsatzsteuer-Kongress-Bericht 2010, 7, 8. Im Ergebnis ebenso *Leiphold*, Personelle Zurechnung von Umsätzen und Vorsteuer, 2008, S. 3; *Zirkl*, Die Neutralität der Umsatzsteuer, 2015, S. 61.

712 Dem liegt der Gedanke zugrunde, dass es sich hierbei um zwei unterschiedliche Prinzipien handelt; diesem Gedanken folgend bspw. *Günther*, Vertrauensschutz bei Angaben Dritter, 2013, S. 229; *Henze*, in: Nieskens/Englisch (Hrsg.), Umsatzsteuer-Kongress-Bericht 2010, S. 7, 10ff., der allerdings für die Wettbewerbsneutralität den Begriff der *komparativen Neutralität* verwendet. Geht man wie *Zirkl*, Die Neutralität der Umsatzsteuer, 2015, S. 133, hingegen davon aus, dass Belastungsneutralität zu Wettbewerbsneutralität führt und somit nicht von zwei getrennten Prinzipien ausgegangen werden kann, sind letztlich auch die Regelungen über den Vorsteuerabzug am Grundsatz der Wettbewerbsneutralität zu messen.

713 Richtlinie 67/227/EWG vom 11.04.1967, ABl. EG Nr. L 71 S. 1301; Beweggründe 5, 8; Richtlinie 67/228/EWG vom 11.04.1967, ABl. EG Nr. L 71, S. 1301, Beweggrund 5.

714 Sechste Richtlinie des Rates v. 17.5.1977 zur Harmonisierung der Rechtsvorschriften der Mitgliedstaaten über die Umsatzsteuern – Gemeinsames Mehrwertsteuersystem: einheitliche steuerpflichtige Bemessungsgrundlage (77/388/EWG), ABl. 1977 L 145, S. 1.

allerdings vor allem aus den Erwägungsgründen 7 und 30 der MwStSystRL[715] ablesen:

„(7) Das gemeinsame Mehrwertsteuersystem sollte, selbst wenn die Sätze und Befreiungen nicht völlig harmonisiert werden, eine *Wettbewerbsneutralität* in dem Sinne bewirken, dass gleichartige Gegenstände und Dienstleistungen innerhalb des Gebiets der einzelnen Mitgliedstaaten ungeachtet der Länge des Produktions- und Vertriebswegs steuerlich gleich belastet werden.
(30) Um die *Neutralität der Mehrwertsteuer* zu erhalten, sollten die von den Mitgliedstaaten angewandten Steuersätze den normalen Abzug der Steuerbelastung der vorausgehenden Umsatzstufe ermöglichen."

Die Umsatzsteuer soll sich nach der Konzeption der MwStSystRL also zum einen *wettbewerbsneutral* verhalten, mithin also keinen Einfluss auf den Wettbewerb innerhalb des Europäischen Binnenmarktes haben (Grundsatz der Wettbewerbsneutralität)[716], zum anderen soll der Unternehmer von ihm durch einen anderen Unternehmer *in Rechnung gestellter Vorsteuer entlastet* werden (Grundsatz der Belastungsneutralität)[717]. Diese Ziele stellen die beiden wesentlichen Ausprägungen des Grundsatzes der Neutralität dar.[718]

---

715 Richtlinie 2006/112/EG vom 28.12.2006, ABl. EU Nr. L 347, Erwägungsgründe 7 und 30, Hervorhebungen nur hier.

716 Vgl. bspw. *Cloß*, Umsatzsteuerliche Behandlung von Finanz-, Versicherungs-, und öffentlichen Dienstleistungen, 2013, S. 21ff.; *Günther*, Vertrauensschutz bei Angaben Dritter, 2013, S. 230ff.; *Klenk*, in: Sölch/Ringleb, UStG, Wesen der Umsatzsteuer (Oktober 2017) Rn. 7; *Englisch*, in: Tipke/Lang, Steuerrecht, 2018, § 17 Rz. 23 formuliert diese Ausprägung positiv als „Gebot der Wettbewerbsgleichheit". *Henze*, in: Nieskens/Englisch (Hrsg.), Umsatzsteuer-Kongress-Bericht 2010, S. 7, 13, verwendet insoweit den Begriff der *komparativen Neutralität*.

717 Vgl. *Henze*, in: Nieskens/Englisch (Hrsg.), Umsatzsteuer-Kongress-Bericht 2010, S. 7, 10ff.; *Heidner*, in: Bunjes, UStG, 2018, § 15 Rn. 6; *Richter*, Die Regelungen zum Vorsteuerabzug, 2012, S. 19ff.

718 Während ein Großteil der deutschen Literatur ebenso von einer Unterteilung in Belastungs- und Wettbewerbsneutralität ausgeht, vgl. bspw. *Cloß*, Umsatzsteuerliche Behandlung von Finanz-, Versicherungs-, und öffentlichen Dienstleistungen, 2013, S. 21ff.; *Günther*, Vertrauensschutz bei Angaben Dritter, 2013, S. 230ff.; *Henze*, in: Nieskens/Englisch (Hrsg.), Umsatzsteuer-Kongress-Bericht 2010, S. 7ff., wird teilweise auch vertreten, dass die Belastungsneutralität als Teil der Wettbewerbsneutralität anzusehen ist, vgl. *Theile*, Wettbewerbsneutralität der harmonisierten Umsatzsteuer, 1995, S. 95; zustimmend *Canz*, Umsatzsteuerbesteuerung der öffentlichen Hand, 2013, S. 11; *Lohse*, Die Zuordnung im Mehrwertsteuerrecht, 1999, S. 134, ebenso *Zirkl*, Die Neutralität der Umsatzsteuer, 2015, S. 133.

Entsprechend den Ausführungen der Mehrwertsteuerrichtlinien umfasst auch nach der Rechtsprechung des EuGH der Grundsatz der Neutralität im Wesentlichen die *Wettbewerbsneutralität*[719] sowie die *Belastungsneutralität*[720]. Nach Auffassung des EuGH ergibt sich der Grundsatz der Belastungsneutralität dabei bereits explizit aus den Richtlinienregelungen über den Vorsteuerabzug, wonach der Unternehmer berechtigt ist, ihm in Rechnung gestellte Vorsteuer in Abzug zu bringen, soweit er die bezogenen Leistungen für besteuerte Umsätze verwendet.[721] Die Belastungsneutralität wird folglich durch den Vorsteuerabzug sichergestellt, der gewährleistet, dass die Umsatzsteuer für den Unternehmer wirtschaftlich keinen Kostenfaktor darstellt[722] und er so wirtschaftlich tätig werden kann, als gäbe es keine Umsatzsteuer[723]. Der Grundsatz der Wettbewerbsneutralität ist hingegen nach Ansicht des EuGH selbst nicht in den Regelungen der MwStSystRL verankert, sondern wird vielmehr als Unterfall des allgemeinen Gleichbehandlungsgrundsatzes angesehen.[724]

---

719 Vgl. bspw. EuGH v. 23.10.2003, Rs. C-109/02 (Kommission/Deutschland), Rn. 20; v. 7.12.2006, Rs. C-240/05 (Eurodental), Slg. 2006, I-11476, Rn. 36; 447ff.; v. 28.6.2007, Rs. C-363/05 (JP Morgan Fleming), Rn. 47; *Dziadkowski*, DStZ 1999, 625, 626ff.; *Lohse*, UR 2004, 582, 587ff.; *Nieskens*, UR 2004, 441, Hierzu ausführlich auch *Zirkl*. Die Neutralität der Umsatzsteuer, 2015, S. 98ff. *Henze*, in: Englisch/Nieskens (Hrsg.), Umsatzsteuer-Kongress-Bericht 2010, 7, 14 spricht insoweit auch von *komparativer Neutralität*.

720 St. Rspr. vgl. bspw. EuGH v. 21.9.1988, Rs. 50/87 (Kommission/Italien), Slg. 1988, 4797, Rn. 15; v. 14.2.1985, Rs. 268/83 (Rompelmann), Slg. 1985, 655, Rn. 19; v. 15.1.1998, Rs. C-37/95 (Ghent Coal), Slg. 1998, I, 1, Rn. 15; v. 29.4.2004, Rs. C-137/02 (Faxworld), Slg. 2004, I-5547, Rn. 37; v. 21.2.2006, Rs. C-255/02 (Halifax u.a.), Slg. 2006, I-1609, Rn. 78.

721 EuGH v. 6.3.2008, Rs. C-98/07 (Nordania Finans und BG Factoring), Slg. 2008, I-01281, Rn. 19; v. 29.10.2009, Rs. C-174/08 (NCC Construction Danmark), Slg. 2009, I-10567, Rn. 39.

722 EuGH v. 15.10.2002, Rs. C-427/98 (Kommission/Deutschland), Slg. 2002, I-8315, Rn. 73.

723 *Armand/Lenoir*, UR 2007, 529, 530.

724 EuGH v. 6.11.2003, Rs. C-45/01 (Christoph-Dornier-Stiftung), Slg. 2003, I-12911, Rn. 69; v. 8.6.2006, Rs. C-106/05 (L. u. P.), Rn. 48; v. 10.8.2008, Rs. C-309/06 (Marks & Spencer), Slg. 2008, I-2283, Rn. 49. A.A. *Lohse*, UR 2004, 582, 583, der in dem Grundsatz der Gleichbehandlung eine Ausprägung des Grundsatzes der Neutralität sieht. Nach *Kokott*, Das Steuerrecht der Europäischen Union, 2018, S. 95, soll die Wettbewerbsneutralität ihre primärrechtliche Ausprägung zudem auch in Art. 110 AEUV finden. Zu Art. 110 AEUV vgl. Kapitel 2 C II 1 c.

bb. Anwendung des Neutralitätsgrundsatzes in der Rechtsprechung des EuGH

(1) Grenzen der Belastungsneutralität

Gleichwohl der EuGH in ständiger Rechtsprechung betont, der Neutralitätsgrundsatz stelle die bereichsspezifische Ausprägung des unionsrechtlichen Gleichbehandlungsgrundsatzes im Mehrwertsteuerrecht dar,[725] wird die Frage, ob dem Neutralitätsgrundsatz damit ebenfalls der Rang europäischen Primärrechtes zukommt, für die Wettbewerbsneutralität auf der einen und die Belastungsneutralität auf der anderen Seite unterschiedlich beantwortet.

Während dem Grundsatz der Wettbewerbsneutralität im Ergebnis ebenfalls Primärrechtsrang zukommen soll[726], ergibt sich aus dem Urteil des EuGH in der Rechtssache *NCC Construction Danmark*, dass die Belastungsneutralität hingegen keinen Primärrechtsrang besitzen soll, sondern vielmehr der Ausarbeitung durch den Gesetzgeber in Form des sekundären Gemeinschaftsrechts bedarf.[727] Die Auslegungsmöglichkeiten der Vorschriften über den Vorsteuerabzug haben

---

725 Vgl. bspw. EuGH v. 26.5.2005, Rs. C-498/03 (Kingscrest Associates), ABl. EU 2005, Nr. C 182, 12, Rn. 54f.; v. 10.11.2011, Rs. C-259/10 u. C-260/10 (Rank Group), Slg. 2011, I-10947, Rn. 61; v. 15.11.2012, Rs. C-174/11 (Zimmermann), ABl. EU 2013, Nr. C, 9, Rn. 46ff.; vgl. auch *Zorn*, in: FS Ruppe, 2007, 744, 749.

726 *Kokott*, Das Steuerrecht der Europäischen Union, 2018, S. 94; *Günther*, Vertrauensschutz bei Angaben Dritter, 2013, S: 230; *Zirkl*, Die Neutralität der Umsatzsteuer, 2015, S. 173. Im Ergebnis ebenso *Streng*, Zuschüsse und Subventionen, 1999, S. 79, der in der Wettbewerbsneutralität eine Ausformung des allgemeinen Gleichheitsgrundsatzes sieht. So prüft der EuGH teilweise die Gleichbehandlung von Ausgangsumsätzen allein am Gleichbehandlungsgrundsatz vgl. EuGH v. 13.7.2000, Rs. C-36/99 (Idéal Tourisme), UR 2000, 381, Rn. 35; v. 7.3.2017, Rs. C-390/15 (RPO), veröffentlicht bei juris, Rn. 42ff. a.A. *Engler*, Steuerverfassungsrecht im Mehrebenensystem, 2014, S. 267f., die unter Verweis auf die Ausführungen des EuGH in der Rechtssache *NCC Construction Danmark* (v. 29.10.2009, Rs. C-174/08, Slg. 2009, I-10567, Rn. 41, 42) dem Neutralitätsprinzip insgesamt den Rang von Primärrecht absprechen will.

727 EuGH v. 29.10.2009, Rs. C-174/08 (NCC Construction Danmark), Slg. 2009, I-10567, Rn. 42. Im Ergebnis ebenso EuGH v. 19.7.2012, Rs. C-44/11 (Deutsche Bank), ABl. EU 2012, Nr. C 295, 7, Rn. 45 sowie EuGH v. 15.11.2012, Rs. C-174/11 (Zimmermann), ABl. EU 2013, Nr. C, 9, Rn. 50. Zustimmend insoweit *Henze*, in: Nieskens/Englisch (Hrsg.), Umsatzsteuer-Kongress-Bericht 2010, 7, 20 sowie *Kokott*, Das Steuerrecht der Europäischen Union, 2018, S. 94, die in dem Recht auf Vorsteuerabzug schlicht die „Folge einer wirtschaftspolitischen Entscheidung" sieht, die „zur Disposition des Unionsgesetzgebers" steht. Zustimmend auch *Heber*, UR 2014, 957, 963 sowie *Heuermann*, UR 2016, 909, 911.

folglich ihre Grenzen im Wortlaut des entsprechenden Sekundärrechts.[728] Auch wenn also eine andere Auslegung eher dem Neutralitätsgrundsatz entsprechen würde, darf diese nicht entgegen dem Wortlaut des Sekundärrechts erfolgen.[729] Daher verbietet es der EuGH regelmäßig, den Anwendungsbereich des Vorsteuerabzugsrechts gegenüber einer eindeutigen Bestimmung der MwStSystRL auszuweiten[730] oder einzuschränken[731]. Die Mitgliedstaaten haben vielmehr die Richtlinie auch dann anzuwenden, wenn sie diese als neutralitätswidrig ansehen.[732]

Demzufolge wird nach Auffassung des EuGH die Belastungsneutralität allein durch die unionsrechtlichen Regelungen über den Vorsteuerabzug gewährleistet.[733] Hierbei handelt es sich um einfachgesetzliche Normen des Sekundärrechts, von denen auch einfachgesetzlich abgewichen werden kann.[734] So ist es der Auffassung des EuGH nach auch nur folgerichtig, wenn aufgrund einer fehlenden Harmonisierung des Mehrwertsteuerrechts die Belastungsneutralität in grenzüberschreitenden Fallgestaltungen nicht immer vollumfänglich hergestellt werden kann.[735] Eine dem Primärrecht vergleichbare „übergesetzliche Geltung"[736] kommt dem Prinzip der Belastungsneutralität gerade nicht zu. Diesen

---

728 Dies ist zurzeit vor allem die MwStSystRL

729 EuGH v. 8.11.2001, Rs. C-338/98 (Kommission/Niederlande), Slg. 2001, I-8265, Rn. 55; v. 6.10.2005, Rs. C-204/03 (Kommission/Spanien), Slg. 2005, I-8389, Rn. 28. So auch EuGH v. 15.11.2012, Rs. C-174/11 (Zimmermann), ABl. EU 2013, Nr. C, 9, Rn. 50 bezüglich einer extensiven Auslegung einer Steuerbefreiung.

730 EuGH v. 13.3.2014, Rs. C-204/13 (Malburg), ABl. EU 2014, Nr. C 135, 18, Rn. 43 bezüglich des Vorsteuerabzuges bei Erwerb eines Mandantenstammes.

731 EuGH v. 6.10.2005, Rs. C-204/03 (Kommission/Spanien), Slg. 2005, I-8389, Rn. 28; v. 23.4.2009, Rs. C-74/08 (PARAT), Slg. 2009, I-3459, Rn. 18 jeweils zu Einschränkungen des Vorsteuerabzugsrechts bei Gegenständen, die durch Subventionen finanziert wurden.

732 EuGH v. 6.10.2005, Rs. C-204/03 (Kommission/Spanien), Slg. 2005, I-8389, Rn. 28.

733 *Zirkl,* Die Neutralität der Umsatzsteuer, 2015, S. 185. Der Grundsatz der Neutralität stellt insoweit lediglich die gleichheitskonforme Anwendung der Vorschriften des Vorsteuerabzugs sicher, vgl. *Heber,* UR 2014, 957, 964.

734 So auch *Engler*, Steuerverfassungsrecht im Mehrebenensystem, 2014, S. 267f.; *Kokott,* Das Steuerrecht der Europäischen Union, 2018, S. 94.

735 Vgl. insoweit EuGH v. 7.12.2006, Rs. C-240/05 (Eurodental), Slg. 2006, I-11479, Rn. 50ff. zur Versagung des Vorsteuerabzuges, da die Ausgangsumsätze zwar im Land der Ausführung der Umsätze nicht aber im Bezugsland der Umsatzsteuer unterlagen.

736 So GA *Bot,* Schlussantrag v. 18.6.2009, Rs. C-174/08 (NCC Construction Danmark), Rn. 86. Im Ergebnis ebenso *Heber*, UR 2014, 957, 964.

Ausführungen entsprechend, handelt es sich bei dem Grundsatz der Neutralität nach Auffassung des EuGH auch nicht um einen allgemeinen europäischen Rechtsgrundsatz des Umsatzsteuerrechts mit allgemeiner und grundsätzlicher Bedeutung[737], sondern um einen „bloßen" Auslegungsgrundsatz, der bei der Auslegung der entsprechenden Regelungen der MwStSystRL Bedeutung erlangen kann.[738]

Im Ergebnis sind die Regelungen der MwStSystRL zum Vorsteuerabzug nach der Rechtsprechung des EuGH somit zwar einer neutralitätswahrenden Auslegung zugänglich, einen Anwendungsvorrang dergestalt, dass Regelungen des Sekundärrechts wegen eines Verstoßes gegen den Neutralitätsgrundsatz als unwirksam angesehen und damit nicht angewendet werden, kommt ihm aber nicht zu.[739]

(2) Auswirkungen der neueren EuGH-Rechtsprechung zum Rechnungserfordernis

Im Ergebnis würden daher Richtlinienregelungen über den Vorsteuerabzug auch dann ihrem Wortlaut entsprechend anzuwenden sein, wenn diese offensichtlich gegen die Grundsätze des Neutralitätsprinzips verstoßen.

Dieses auf den ersten Blick doch eher problematische Verständnis des EuGH[740] könnte angesichts der neueren EuGH-Rechtsprechung bezüglich der Voraussetzung des Vorliegens einer ordnungsgemäßen Rechnung jedoch weit weniger folgenreiche Auswirkungen haben als dies auf den ersten Blick erscheint. Nach Art. 178 lit. a MwStSystRL ist das Vorliegen einer ordnungsgemäßen Rechnung zwingende Voraussetzung für die Geltendmachung des Vorsteuerabzuges. In der Entscheidung *Senatex*[741] hat der EuGH jedoch zunächst ausdrücklich klargestellt, dass es sich bei dem Rechnungserfordernis um eine „bloß" formale Voraussetzung des Vorsteuerabzugsrechts handelt, deren Nichteinhaltung prinzipiell nicht dazu führen darf, dass bei Vorliegen der materiellen

---

737 So aber *Kindl*, Gesamtschuld und Haftung im nationalen und europäischen Umsatzsteuerrecht, 2010, S. 49f. Ausführlich zu den allgemeinen Rechtsgrundsätzen vgl. bspw. *Jacoby*, Allgemeine Rechtsgrundsatze, 1997.

738 EuGH v. 19.7.2012, Rs. C-44/11 (Deutsche Bank), ABl. EU 2012, Nr. C 295, 7, Rn. 45, 60; so zuletzt auch bestätigt im Urteil v. 9.3.2017, Rs. C-573/15 (Oxycure Belgium), UR 2017, 276, Rn. 32; dazu auch ausführlich *Englisch*, in: Schaumburg/Englisch, Europäisches Steuerrecht, 2015, Rn. 12.23.

739 So auch die Einschätzung von *Zirkl*, Die Neutralität der Umsatzsteuer, 2015, S. 235.

740 Kritsch hierzu bspw. *Englisch*, in: Tipke/Lang, Steuerrecht, 2018, § 17 Rz. 24.

741 EuGH v. 15.9.2016, Rs. C-518/14 (Senatex), ABl. EU 2016, Nr. C 419, 6.

Voraussetzungen des Vorsteuerabzugsrechts, ein Vorsteuerabzug versagt wird[742]. In der am selben Tage ergangenen Entscheidung *Barlis 06*[743] hat der EuGH noch weitergehend entschieden, dass ein Vorsteuerabzug nicht allein wegen des Vorliegens einer nicht ordnungsgemäßen Rechnung versagt werden kann, wenn die Finanzverwaltung auch anderweitig über die für die Gewährung des Vorsteuerabzuges erforderlichen Angaben verfügt.[744] Die Auslegung des EuGH scheint doch eindeutig über den klaren Wortlaut des Art. 178 lit. a MwStSystRL hinauszugehen. Auch wenn der EuGH also weiterhin in Bezug auf die Belastungsneutralität den Grundsatz der Neutralität lediglich als bloßen Auslegungsgrundsatz verstanden wissen will,[745] scheint er bei der Auslegung entgegen Aussagen in früheren Entscheidungen – zumindest in Bezug auf die formellen Voraussetzungen des Vorsteuerabzugsrechts – nicht mehr an den Wortlaut des Sekundärrechts gebunden zu sein[746], wenn dies nach seinem Verständnis dem Grundsatz der Neutralität nicht in genügendem Maße zur Geltung verhilft. Diese Vorgehensweise des EuGH ist zwar prinzipiell aus Sicht des Unternehmers begrüßenswert, verhilft aber nicht unbedingt zur Rechtsklarheit.[747]

b. Der allgemeine Gleichbehandlungsgrundsatz, Art. 20 GRCh

aa. Verhältnis des Gleichheitsgrundsatzes zum Grundsatz der Neutralität

Bereits frühzeitig hat der EuGH die Geltung eines allgemeinen Gleichbehandlungsgrundsatzes aus den ungeschriebenen Diskriminierungsverboten des

---

742 EuGH v. 15.9.2016, Rs. C-518/14 (Senatex), ABl. EU 2016, Nr. C 419, 6, Rn. 38, 41 in Bezug auf die Frage der Reichweite einer Rechnungsberichtigung. Ob allerdings aus dieser Entscheidung hervorgeht, dass auf eine Rechnung gänzlich verzichtet werden kann, erscheint doch eher fraglich.

743 EuGH v. 15.9.2016, Rs. C 516/14 (Barlis 06), ABl. EU 2016, Nr. C 419, 6.

744 EuGH v. 15.9.2016, Rs. C 516/14 (Barlis 06), ABl. EU 2016, Nr. C 419, 6, Rn. 42ff. Bestätigt durch EuGH v. 21.11.2018, Rs. C-664/16 (Vadan), ABl. EU 2019, Nr. C 25, 4.

745 So nochmals ausdrücklich in der Entscheidung *Oxycure Belgium* (EuGH v. 9.3.2017, Rs. C-573/15, UR 2017, 276, Rn. 32), die nach den Entscheidungen *Senatex* und *Barlis 06* ergangen ist.

746 Vgl. EuGH v. 13.3.2014, Rs. C-204/13 (Malburg), ABl. EU 2014, Nr. C 135, 18, Rn. 38ff., allerdings betraf diese Entscheidung die materiellen Voraussetzungen des Vorsteuerabzugsrechts.

747 So geht *Huschens*, in: 100 Jahre Umsatzsteuer, 2018, 773, 798 bspw. in Bezug auf den Umfang von Rechnungsberichtigungen davon aus, dass diese Thematik in „Zukunft noch für einige Rechtsstreite sorgen" wird.

Primärrechts hergleitet.[748] Heute ist der allgemeine Gleichbehandlungsgrundsatz unionsrechtlich in Art. 20 GRCh verbürgt und ist verletzt, wenn „vergleichbare Sachverhalte unterschiedlich oder unterschiedliche Sachverhalte gleich behandelt werden, sofern dies nicht objektiv gerechtfertigt ist".[749] Dieser Grundsatz gilt unterschiedslos für alle natürlichen und juristischen Personen[750] unabhängig von der jeweiligen Staatsangehörigkeit.[751] Art. 20 GRCh gilt somit auch für Drittstaatsangehörige.[752]

Da der EuGH für Zwecke des Mehrwertsteuerrechts den allgemeinen Gleichbehandlungsgrundsatz im Grundsatz der Neutralität verwirklicht sieht,[753] stellt sich die Frage nach der Eröffnung eines eigenständigen Anwendungsbereichs des allgemeinen Gleichbehandlungsgrundsatzes neben dem Grundsatz der Neutralität. Tatsächlich hat der EuGH in früheren Urteilen ausgeführt, dass die Gleichbehandlung konkurrierender Waren und Dienstleistungen aus dem Grundsatz der Neutralität folge.[754] So stellte der EuGH in der Entscheidung in der Rechtssache *HE* fest, der Grundsatz der Gleichbehandlung sei eine Folge des Grundsatzes der Neutralität.[755] Mittlerweile sieht der EuGH jedoch den Grundsatz der Neutralität als bereichsspezifische Ausprägung des allgemeinen Gleichbehandlungsgrundsatzes an[756], der mit diesem allerdings nicht identisch

---

748 Vgl. EuGH, Rs. 1/72 (Frilli), Slg. 1972, 457, Rn. 20, 22; Rs. 117/76, 16/77 (Ruckdeschel), Slg. 1977, 1753, Rn. 7; Rs. 201/85 u. 202/85 (Klensch), Slg. 1986, 3477, Rn. 9; Rs. C-292/97 (Karlsson), Slg. 2000, I-2737, Rn. 39. Hierzu auch *Englisch*, in: Schön/Beck, Zukunftsfragen des deutschen Steuerrechts, 2009, 39, 56f.

749 EuGH v. 7.7.1993, Rs. C-217/91 (Spanien/Kommission), Slg. 1993, I-3923, Rn. 37; v. 13.12.1994, Rs. C-306/93 (Winzersekt), Slg. 1994, I-5555, Rn. 30.

750 Soweit die juristische Person nach den allgemeinen Regeln Grundrechtsträger sein kann, vgl. *Jarass*, GRCh, 2016, Art. 20 Rn. 6; *Hölscheidt*, in: Meyer, GRCh, 2014, Art. 20 Rn. 14.

751 *Jarass*, GRCh, 2016, Art. 20 Rn. 6; *Lemke*, in: von der Groeben/Schwarze/Hatje, Europäisches Unionsrecht, 2015, Art. 20 Rn. 10.

752 *Jarass*, GRCH, 2016, Art. 20 Rn. 6; *Frenz*, Handbuch des Europarechts, Bd. 4, Rn. 3211.

753 St. Rspr. vgl. nur bspw. EuGH v. 13.3.2014, Rs. C-599/12 (Jetair), ABl. EU 2014, Nr. C 135, 10, Rn. 53 m.w.N.

754 EuGH v. 12.6.1979, Rs. 126/78 (Nederlandse Spoorwegen), Slg. 1979, 2014, Rn. 12; v. 28.6.2007, Rs. C-363/05 (JP Morgan), Slg. 2007, I-5517, Rn. 46f. m.w.N.

755 EuGH v. 21.4.2005, Rs. C-25/03 (HE), Slg. 2005, I-3123, Rn. 72. Zustimmend *Lohse*, UR 2004, 582, 583.

756 Vgl. bspw. EuGH v. 26.5.2005, Rs. C-498/03 (Kingscrest Associates), ABl. EU 2005, Nr. C 182, 12, Rn. 54f.; v. 10.11.2011, Rs. C-259/10 u. C-260/10 (Rank Group), Slg. 2011, I-10947, Rn. 61; v. 15.11.2012, Rs. C-174/11 (Zimmermann), ABl. EU 2013, Nr. C, 9, Rn. 46ff.

ist.[757] Der Grundsatz der Neutralität findet immer dann Anwendung, wenn die zu vergleichenden Gruppen (z.B. Waren und Dienstleistungen) in einem Konkurrenzverhältnis zueinander stehen[758], während der Anwendungsbereich des Gleichbehandlungsgrundsatzes auch dann eröffnet ist, wenn die zu vergleichenden Gruppen zwar nicht in einem Konkurrenzverhältnis zueinanderstehen aber sich in einer vergleichbaren Situation befinden[759]. Der Neutralitätsgrundsatz beschreibt somit den Sonderfall wettbewerbsrelevanter Ungleichbehandlungen.[760] Auch in struktureller Hinsicht unterscheidet sich der allgemeine Gleichheitsgrundsatz vom Grundsatz der Neutralität. Während Verstöße gegen den allgemeinen Gleichheitsgrundsatz prinzipiell rechtfertigungsfähig sind[761], gilt der Neutralitätsgrundsatz in der Regel uneingeschränkt, sofern nicht

757 *Engler*, Steuerverfassungsrecht im Mehrebenensystem, 2014, S. 266f.; *Henze*, in: Nieskens/Englisch (Hrsg.), Umsatzsteuer-Kongress-Bericht 2010, 7, 19; *Günther*, Vertrauensschutz bei Angaben Dritter, 2013, S. 229; *Kokott*, Das Steuerrecht der Europäischen Union, 2018, S. 94.

758 So führte der EuGH in der Entscheidung *JP Morgan* v. 28.6.2007, Rs. C-363/05, Slg. 2007, I-05517, Rn. 47 aus: „Der Grundsatz der steuerlichen Neutralität schließt den Grundsatz der Beseitigung von Wettbewerbsverzerrungen ein, die sich aus einer unterschiedlichen Behandlung hinsichtlich der Mehrwertsteuer ergeben [...]. Die Verzerrung ist nachgewiesen, wenn feststeht, dass Dienstleistungen miteinander in Wettbewerb stehen und hinsichtlich der Mehrwertsteuer ungleich behandelt werden [...]. Dabei kommt es nicht darauf an, ob es sich um eine bedeutende Verzerrung handelt." Vgl. auch EuGH v. 25.4.2013, Rs. C-480/10 (Kommission/Schweden), ABl. EU 2013, Nr. C 171, 2, Rn. 17.

759 Vgl. EuGH v. 10.4.2008, Rs. C-309/06 (Marks & Spencer), Slg. 2008, I-2283, Rn. 49. So auch *Günther*, Vertrauensschutz bei Angaben Dritter, 2013, S. 229; *Henze*, in: Nieskens/Englisch (Hrsg.), Umsatzsteuer-Kongress-Bericht 2010, 7, 19. *Kokott*, Das Steuerrecht der Europäischen Union, 2018, S. 97, weist allerdings zu Recht darauf hin, dass Waren und Dienstleistungen dann vergleichbar im Sinne der EuGH-Rechtsprechung sind, wenn diese „aus Sicht des Verbrauchers vergleichbar sind". Somit führt im Ergebnis die Gleichartigkeit von Produkten in der Regel wohl dazu, dass diese in einem Wettbewerbsverhältnis zueinanderstehen.

760 *Engler*, Steuerverfassungsrecht im Mehrebenensystem, 2014, S. 266; auch *Englisch*, in: Schön/Beck, Zukunftsfragen des deutschen Steuerrechts, 2009, 39, 59 geht davon aus, dass der Neutralitätsgrundsatz nur einen Teilaspekt des allgemeinen Gleichheitsgrundsatzes darstellt.

761 Die „Ungleichbehandlung muss durch das Vorliegen objektiver Unterschiede von einigem Gewicht gerechtfertigt" sein, vgl. EuGH v. 22.5.2003, Rs. 462/99, Slg. 2003, I-5197, Rn. 115.

übergeordnete Gründe entgegenstehen.[762] Im Ergebnis verbleibt somit für den allgemeinen Gleichheitsgrundsatz auch neben dem Grundsatz der Neutralität grundsätzlich noch ein Anwendungsbereich im Mehrwertsteuerrecht.[763]

bb. Prüfung der Regelungen über den Vorsteuerabzug am allgemeinen Gleichheitsgrundsatz

Während der EuGH die steuerliche Behandlung von Ausgangsumsätzen durchaus auch isoliert am Gleichbehandlungsgrundsatz misst,[764] bleibt für eine eigenständige Prüfung des allgemeinen Gleichbehandlungsgrundsatzes nach der Ansicht des EuGH neben dem Grundsatz der Neutralität bei der Prüfung von sekundärrechtlichen Vorschriften über den Vorsteuerabzug grundsätzlich kein Raum.[765]

Eine zu beachtende Ausnahme hierzu bildet insoweit allerdings die Entscheidung in der Rechtssache *Grandes sources d´eaux minérales françaises*[766], in

---

762 Zur Einschränkung des Rechts auf Vorsteuerabzug vgl. Kapitel 2 B VI. Zur Einschränkung des Neutralitätsgrundsatzes vgl. Kapitel 2 C II 1 a bb. Insoweit auch *Engler*, Steuerverfassungsrecht im Mehrebenensystem, 2014, S. 266, die von einer prinzipiellen Uneinschränkbarkeit des Neutralitätsgrundsatzes ausgeht, ohne jedoch auf die Einschränkungen im Einzelnen einzugehen.

763 In der Entscheidung *Compass Contract Services* (EuGH v. 14.6.2017, Rs. C-38/16), ABl. EU 2017, Nr. C 277, 13 hat der EuGH neben dem Prinzip der Neutralität auch den allgemeinen Gleichbehandlungsgrundsatz als Prüfungsmaßstab einer nationalen Regelung herangezogen. *Wäger*, DStR 2017, 2017 weist darauf hin, dass diese Vorgehensweise zu vorzugswürdigen Ergebnissen führen kann.

764 Vgl. bspw. EuGH 13.3.2014, Rs. C-599/12 (Jetair), ABl. EU 2014, Nr. C 135, 10, Rn. 53; v. 7.3.2017, Rs. C-390/15, EuZW 2017, 437, Rn. 42. Zumeist prüft der EuGH jedoch zwar inhaltlich den allgemeinen Gleichheitsgrundsatz, formal handelt es sich nach Ansicht des EuGH jedoch um den Grundsatz der Neutralität, vgl. bspw. EuGH v. 23.10.2003, Rs. C-109/02 (Kommission/Deutschland), EuGHE 2003, I-12691, Rn. 22 u. 23; v. 10.11.2011, Rs. C-259/10 (The Rank Group), Slg. 2011, I-10947, Rn. 32; v. 15.11.2012, Rs. C-174/11 (Zimmermann), ABl. EU 2013, Nr. C, 9, Rn. 48.

765 So auch *Kindl*, Gesamtschuld und Haftung im nationalen und europäischen Umsatzsteuerrecht, 2009, S. 46. Kritisch hierzu *Englisch*, in: Tipke/Lang, Steuerrecht, 2018, § 17 Rz. 24; *Zirkl*, Die Neutralität der Umsatzsteuer, 2015, S. 243f. Dem EuGH insoweit zustimmend *Kokott*, Das Steuerrecht der Europäischen Union, 2018, S. 94. In der Entscheidung *Compass Contract Services* (EuGH v. 14.6.2017, Rs. C-38/16), ABl. EU 2017, Nr. C 277, 13, Rn. 24ff. hat der EuGH zwar ausdrücklich Regelungen zum Vorsteuerabzug am allgemeinen Gleichbehandlungsgrundsatz gemessen, hierbei handelte es sich aber um eine nationale Vorschrift.

766 EuGH v. 11.6.1998, Rs. C-361/96 (Grandes sources d´eaux minerales françaises), Slg. 1998, I-3495.

der der EuGH eine Auslegung sekundärrechtlicher Vorschriften über den Vorsteuerabzug[767] entgegen dem eindeutigen Wortlaut der Richtlinie in bestimmten Konstellationen aus gleichheitsrechtlichen Gesichtspunkten für geboten hielt. Auf einen Rückgriff auf den Grundsatz der Neutralität hat der EuGH in dieser Entscheidung verzichtet.[768] Erwägungen dahingehend, dass die betreffende Richtlinienbestimmung aufgrund eines Verstoßes gegen den primärrechtlich normierten Gleichheitsgrundsatz zu verwerfen sei, hat der EuGH in der Entscheidung hingegen nicht angestellt.

Soweit der EuGH in anderen Konstellationen des Mehrwertsteuerrechts den allgemeinen Gleichheitsgrundsatz als Maßstab zugrunde legt, zieht er als maßgebliche Vergleichsgruppen ausschließlich die leistenden Unternehmer heran.[769] Die Verbraucher bezieht der EuGH in seine Überlegungen hingegen nicht ein, obwohl dies zur Verwirklichung des dem geltenden Mehrwertsteuersystem zugrunde liegenden Verbrauchsteuerprinzips geboten wäre.[770]

c. Die Warenverkehrsfreiheit, Art. 34, Art. 110 AEUV

Wie bereits gezeigt, ist dem geltenden Mehrwertsteuersystem bereits immanent, dass grenzüberschreitend bezogene Waren und Dienstleistungen in gleicher Höhe mit Umsatzsteuer belastet sein müssen, wie gleichartige, rein innerstaatlich gehandelte Leistungen.[771] Im Bereich der Grundfreiheiten wird dieser

---

767 Insoweit handelt es sich um die Anforderung in Art. 3 lit. a der Achten Richtlinie 79/1072 bezüglich der Vorsteuervergütung an nicht im Inland ansässige Unternehmer. Hierzu im Einzelnen Kapitel 4.

768 EuGH v. 11.6.1998, Rs. C-361/96 (Grandes sources d´eaux minerales françaises), Slg. 1998, I-3495, Rn. 34, 38. Zu dieser Entscheidung ausführlich unter Kapitel 4 C III 3 b aa.

769 So bspw. EuGH v. 7.12.2006, Rs. C-240/05 (Eurodental), Slg. 2006, I-11479, Rn. 46; v. 29.10.2009, Rs. C-29/08, (SKF), Slg. 2009 I-10413, Rn. 67.

770 Kritisch hierzu *Zirkl*, Die Neutralität der Umsatzsteuer, 2015, S. 187; *Englisch*, in: Schön/Beck, Zukunftsfragen des deutschen Steuerrechts, 2009, 39, 59f.; *Engler*, Steuerverfassungsrecht im Mehrebenensystem, 2014, S. 272.

771 Vgl. *Becker*, Ortsbestimmung von sonstigen Leistungen, 2011, S. 55; *Lohse*, UR 2004, 582, 584; *Kogels*, EC Tax Review 2012, 230; *Tumpel*, in: Seer (Hrsg.), DStJG 32, 2009, 53, 65; *Leiphold*, Personelle Zurechnung von Umsätzen und Vorsteuerabzug, 2008. S. 4. Hierbei handelt es sich um eine Ausprägung des Gebots der Wettbewerbsneutralität, das auch als „Gebot der internationalen Belastungsneutralität“ bezeichnet wird, so *Englisch*, in: Tipke/Lang, Steuerrecht, 2018, § 17 Rz. 23. Vgl. hierzu auch Kapitel 1 B II 3.

Anspruch vor allem durch die Warenverkehrs- und die Dienstleistungsfreiheit konkretisiert.

Nach Art. 34 AEUV dürfen die Mitgliedstaaten keine mengenmäßigen Einfuhrbeschränkungen sowie Maßnahmen mit gleicher Wirkung erlassen.[772] Im Anwendungsbereich des Mehrwertsteuerrechts tritt Art. 34 AEUV allerdings hinter dem spezielleren Verbot des Art. 110 AEUV, ausländische Waren mit einer höheren inländischen Abgaben zu belasten, zurück.[773] Um Art. 110 AEUV einen möglichst weiten Anwendungsbereich einzuräumen, legt der EuGH den Warenbegriff zwar sehr großzügig aus,[774] auf Dienstleistungen findet Art. 110 AEUV jedoch ausdrücklich keine Anwendung.[775]

Da die Mehrwertsteuer unzweifelhaft eine Abgabe im Sinne des Art. 110 AEUV darstellt,[776] kann sich aus einer nicht wettbewerbsneutralen Anwendung der Regelungen über den Vorsteuerabzug auch ein Verstoß gegen Art. 110 AEUV ergeben. Zwar sind die Regelungen des Vorsteuerabzugs in der MwStSystRL derart harmonisiert, dass nicht von einem offensichtlichen Verstoß gegen die Regelungen des Art. 110 AEUV dergestalt auszugehen ist, dass eingeführten Produkte direkt eine höhere Abgabenlast auferlegt wird als einheimischen Produkten[777], jedoch kann ein Verstoß gegen Art. 110 AEUV beispielsweise auch durch unterschiedliche Besteuerungsmodalitäten begründet werden.[778] Vor

---

772 Vgl. hierzu ausführlich, *Leible/Streinz*, in: Grabitz/Hilf/Nettesheim, Das Recht der Europäischen Union, Art. 34 AEUV (Januar 2015) Rn. 28-55.

773 Vgl. hierzu grundlegend EuGH v. 22.3.1977, Rs. 74/76 (Ianelli & Volpi), Slg. 1977, 557, Rn. 9f.; sowie EuGH v. 3.3.1988, Rs. 252/86 (Bergandi), Slg. 1988, 1343, Rn. 33; so auch *Waldhoff*, in: Calliess/Ruffert, EUV/AEUV, 2016, Art. 110 AEUV Rn. 22. *Kokott*, Das Steuerrecht der Europäischen Union, 2018, S. 94 will hierin eine primärrechtliche Verankerung des Gebots der Wettbewerbsneutralität sehen.

774 *Richter*, Die Regelungen zum Vorsteuerabzug, 2012, S. 28 spricht insoweit von einem „steuerlichen Diskriminierungsverbot". In diesem Sinne auch EuGH v. 16.2.1977, Rs. 20/76 (Schöttle & Söhne), Slg. 1977, 247, Rn. 13ff.; v. 3.3.1988. Rs. 252/86 (Bergandi), Slg. 1988, 1343; v. 17.7.1997, Rs. C-90/94 (Haahr Petroleum), Slg. 1997, I-4085, Rn. 38ff.

775 Vgl. *Kamann*, in: Streinz, EUV/AEUV, 2018, Art. 110 Rn. 5; *Waldhoff*, in: Calliess/Ruffert, EUV/AEUV, 2016, Art. 110 AEUV Rn. 9.

776 *Kamann*, in: Streinz, EUV/AEUV, 2018, Art. 110 Rn. 11; *Seiler*, in: Grabitz/Hilf/Nettesheim, Das Recht der Europäischen Union, Art. 110 AEUV (Juli 2016) Rn. 20, 22, 24.

777 So auch *Zirkl*, Die Neutralität der Umsatzsteuer, 2015, S. 247, die insoweit zu dem Ergebnis kommt, dass lediglich nationale Umsetzungsmaßnahmen gegen Art. 110 AEUV verstoßen können.

778 Vgl. hierzu EuGH v. 27.2.1980, Rs. 55/79 (Kommission/Irland), Slg. 1980, 481, Rn. 8ff; v. 10.7.1984, Rs. 42/83 (Denkavit), Slg. 1984, 2649, Rn. 22ff. zu unterschiedlichen

dem Hintergrund, dass die MwStSystRL selbst unterschiedliche Modalitäten der Erstattung von Vorsteuern bei Inländern sowie bei nicht im Inland ansässigen Unternehmern vorsieht[779], könnte eine Schlechterstellung der nicht im Inland ansässigen Unternehmer durchaus einen Verstoß gegen Art. 110 AEUV begründen. Dies gilt umso mehr, als nach Ansicht des EuGH ein Verstoß gegen Art. 110 AEUV prinzipiell nicht rechtfertigungsfähig ist.[780] Bislang hat der EuGH allerdings noch keine unionsrechtliche Regelung des Vorsteuerabzugsrechts an Art. 110 AEUV gemessen.[781]

d. Die Dienstleistungsfreiheit Art. 56 AEUV

Sofern auch nach der weiten Definition des EuGH keine Waren betroffen sind, kommt eine Anwendbarkeit der Dienstleistungsfreiheit gem. Art. 56 AEUV in Betracht. Art. 56 AEUV verbietet allgemein Beschränkungen des Dienstleistungsverkehrs innerhalb der Europäischen Union. Im Ergebnis erfordert Art. 56 AEUV eine absolute Gleichbehandlung von ausländischen und inländischen Dienstleistungserbringern (sog. Inländergleichbehandlung).[782] Erfasst werden aber nicht nur offene Diskriminierungen aufgrund der Staatsangehörigkeit, sondern vielmehr sollen alle Diskriminierungen, die darauf beruhen, dass der

---

Fristen bei der Umsatzsteuer; v. 11.12.1990, Rs. C-47/88 (Kommission/Dänemark), Slg. 1990, I-4509, Rn. 18; v. 9.3.1995, Rs. C-345/93 (Fezenda Pública), Slg. 1998, I-3775, Rn. 13; v. 17.6.1998, Rs. C-68/96 (Grundig Italiana), Slg. 1998, I-3775, Rn. 13.

779 Vgl. hierzu ausführlich Kapitel 4.

780 So ausdrücklich *GA Jacobs*, Schlussantrag v. 27.3.2003, Rs. C-383/01 (De Danske Bilimportører), Rn. 28; vgl. auch EuGH v. 16.2.1977, Rs. 20/76 (Schöttle), Slg. 1977, 247, Rn. 22.

781 Das Urteil in der Rechtssache *Denkavit* v. 10.7.1984, Rs. 42/83, Slg. 1984, 2649 betraf eine nationale Vorschrift. *Zirkl*, Die Neutralität der Umsatzsteuer, 2015, S. 215f., sieht das durch den EuGH aufgestellte Verbot der Doppelbesteuerung innergemeinschaftlicher Lieferungen (EuGH v. 27.9.2007, Rs. C-409/04 (Telos), Slg. 2007, I-7797, Rn. 25; v. 27.9.2007, Rs. C-146/05 (Collée), Slg. 2007, I-7861, Rn. 39), in Art. 110 Abs. 1 AEUV verortet, so dass im Ergebnis eine Prüfung am Maßstab des Art. 110 AEUV stattfinden würde. Der EuGH hat in diesen Urteilen jedoch nicht explizit auf Art. 110 AEUV Bezug genommen. Zudem betrafen diese Urteile auch nicht unionrechtliche Vorschriften über den Vorsteuerabzug.

782 Grdl. EuGH v. 3.12.1974, Rs. 33/74 (van Binsbergen), Slg. 1974, 1299. Dies gilt auch für den Fall der passiven Dienstleistungsfreiheit. Begibt sich der Dienstleistungsempfänger in den Staat des Dienstleistungserbringers so darf dieser nicht aus Gründen der Staatsangehörigkeit diskriminiert werden vgl. EuGH v. 2.2.1989 (Cowan), Slg. 1989, 195, Rn. 20.

Erbringer der Dienstleistung in einem anderen Mitgliedstaat ansässig ist.[783] Dies gilt unstreitig auch für steuerliche Diskriminierungen.[784] So verbietet Art. 56 AEUV insbesondere eine Doppelbesteuerung von grenzüberschreitend erbrachten Dienstleistungen.[785] Eine solche wird jedoch dem Grunde nach durch die in Art. 44f MwStSystRL festgelegten Regelungen[786] über die Bestimmung des Ortes der sonstigen Leistung ausgeschlossen, so dass in der Regel von direkten Diskriminierungen nicht auszugehen sein sollte. (Mittelbare) Diskriminierungen können jedoch dort auftreten, wo Steuerbefreiungen nicht vollständig harmonisiert sind. So sind beispielsweise Vermietungsleistungen grundsätzlich von der Umsatzsteuer befreit (Art. 135 Abs. 1 lit. 1 MwStSystRL). Die Mitgliedstaaten können hiervon jedoch Ausnahmen vorsehen (Art. 135 Abs. 2 S. 2 MwStSystRL).[787] Sind die Vermietungsleistungen im Herkunftsland des Vermieters steuerfrei, im Tätigkeitsland hingegen steuerpflichtig, können zwar die im Tätigkeitsland ansässigen Unternehmer einen Vorsteuerabzug geltend machen, der im Ansässigkeitsstaat ansässige Unternehmer hingegen nicht (Art. 169 lit. a MwStSystRL).[788] Der in dem Staat ansässige Unternehmer, in dem die Vermietungsumsätze steuerbefreit sind, ist aufgrund der Versagung des Vorsteuerabzuges in seiner Belastungsneutralität eingeschränkt.[789]

Wie auch im Bereich der Warenverkehrsfreiheit könnten zudem auch die in der MwStSystRL vorgesehenen unterschiedlichen Vorsteuererstattungsmodalitäten

---

783 EuGH v. 12.2.1974, Rs. 33/74 (van Binsbergen), Slg. 1974, 1299, Rn. 10 u. 12; v. 26.11.1975, Rs. 39/75 (Coenen), Slg. 1975, 1547, Rn. 5 u. 7; v. 14.11.1995, Rs. C-484/93 (Sevensson-Gustavsson), Slg. 1995, I-3955, Rn. 10.

784 Zum Ausschluss einer Verzinsung bei Umsatzsteuererstattungen vgl. EuGH v. 7.5.1988, Rs. C-390/96 (Lease Plan), Slg. 1998, I-2553, Rn. 41.

785 *Becker*, Ortsbestimmung von sonstigen Leistungen, 2011, S. 63; *Zirkl*, Die Neutralität der Umsatzsteuer, 2015, S. 220. Der EuGH prüft eine Doppelbesteuerung grenzüberschreitender Dienstleistungen allerdings vorrangig am Grundsatz der Neutralität und nicht an Art. 56 AEUV vgl. EuGH v. 23.11.2017, Rs. C-427/16 u. C-428/16 (CHEZ Elektro Bulgaria), ABl. EU 2018, Nr. C 22, 13, Rn. 64ff.

786 Diese Regelungen wurden in Deutschland in § 3a UStG umgesetzt.

787 Hiervon hat der deutsche Gesetzgeber bspw. in § 9 Abs. 1 UStG für Vermietungen an andere Unternehmer Gebrauch gemacht.

788 Vgl. hierzu das Beispiel bei *Richter*, Die Regelungen zum Vorsteuerabzug, 2012, S. 118f.; sowie die Ausführungen bei *Zirkl*, Die Neutralität der Umsatzsteuer, 2015, S. 221. Ein vergleichbarer Sachverhalt lag auch der Entscheidung der Rechtssache *Eurodental* zugrunde (EuGH v. 7.12.2006, Rs. C-240/05, Slg. 2006, I-11479).

789 *Richter,* Die Regelungen zum Vorsteuerabzug, 2012, S. 101; *Zirkl,* Die Neutralität der Umsatzsteuer, 2015, S. 221.

für im Inland sowie im Ausland ansässige Unternehmer grundsätzlich einen Verstoß gegen Art. 56 AEUV begründen, sofern die Vorsteuererstattung an im Ausland ansässige Unternehmer gegenüber Vorsteuererstattungen im Inland ansässiger Unternehmer ungerechtfertigt erschwert ist.[790]

Anders als im Bereich des Art. 110 AEUV sind Verstöße gegen Art. 56 AEUV allerdings einer Rechtfertigung zugänglich.[791] Als Rechtfertigungsgrund kommt insbesondere die Verhinderung von Steuerumgehungen in Betracht.[792] Allerdings ist zu beachten, dass die Notwendigkeit steuerlicher Kontrollen zwar prinzipiell anerkannt ist[793], bloße Ermittlungsschwierigkeiten innerhalb der Gemeinschaft aber nicht als Rechtfertigung für eine Schlechterstellung grenzüberschreitender Sachverhalte angeführt werden können[794]. In keinem Fall kann ein bloßer grenzüberschreitender Bezug als Rechtfertigung einer Diskriminierung herangezogen werden.[795] Eine gegenüber im Inland ansässigen Unternehmern erschwerte Vorsteuererstattung für im Ausland ansässige Dienstleistungserbringer kann daher nicht allein mit dem grenzüberschreitenden Bezug gerechtfertigt werden. Jedoch hat der EuGH auch an der Dienstleistungsfreiheit bislang noch keine unionsrechtliche Regelung des Vorsteuerabzugsrechts gemessen.[796]

---

790 Hierzu im Einzelnen unter Kapitel 4 X zu Erstattungen an im übrigen Gemeinschaftsgebiet ansässige Unternehmer und Kapitel 5 C zu Erstattungen an im Drittlandsgebiet ansässige Unternehmer.

791 Zu den Rechtfertigungsgründen im Einzelnen vgl. *Randelzhofer/Forsthoff*, in: Grabitz/Hilf/Nettesheim, Das Recht der Europäischen Union, Art. 57 AEUV (März 2011) Rn. 172f. m.w.N.

792 Vgl. EuGH v. 15.5.2008, Rs. C-414/06 (Lidl Belgium), Slg. 2008, I-3601, Rn. 39ff.; bestätigt durch EuGH v. 21.10.2010, Rs. C-311/08 (SGI), Slg. 2010, I-487, Rn. 66.

793 EuGH v. 15.5.1997, Rs. C-250/95 (Futura Participations und Singer), Slg. 1997, I-2471, Rn. 31; v. 8.7.1999, Rs. C-254/97 (Baxter), Slg. 1999, I-4809, Rn. 18; v. 14.9.2006, Rs. C-386/04 (Centro di Musicologia), Slg. 2006, I-8203, Rn. 48; v. 29.11.2011, Rs. C-371/10 (National Grid), Slg. 2007, I-8251, Rn. 78.

794 EuGH v. 26.10.1995, Rs. C-151/94 (Kommission/Luxemburg), Slg. 1995, I-3599, Rn. 21; v. 8.7.1999, Rs. C-254/97 (Baxter), Slg. 1999, I-4809, Rn. 19f.; v. 14.9.2006, Rs. C-386/04 (Centro di Musicologia), Slg. 2006, I-8203, Rn. 49; v. 29.11.2011, Rs. C-371/10 (National Grid), Slg. 2011, I-12273, Rn. 78.

795 Dies ergibt sich bereits aus dem in Art. 26 AEUV niedergelegten Binnenmarktprinzip, das eine Beseitigung aller marktrelevanten Schranken innerhalb der Grenzen des Binnenmarktes verlangt, vgl. hierzu bereits Kapitel 1 B V.

796 Kritisch hierzu *Richter*, Die Regelungen des Vorsteuerabzugs, 2012, S. 221ff. Auch soweit der EuGH Umsetzungsmaßnahmen der Mitgliedstaaten prüft, wählt er als Maßstab vorrangig den Neutralitätsgrundsatz, vgl. bspw. EuGH v. 26.1.2012, Rs. C-218/10 (ADV Allround), ABl. EU 2012, Nr. C 73, 2, Rn. 43.

e. Das allgemeine Diskriminierungsverbot, Art. 18 AEUV

Art. 18 AEUV verbietet generell eine Diskriminierung aufgrund der Staatsangehörigkeit. Dieses allgemeine Diskriminierungsverbot stellt eine „besondere Ausformung“ des allgemeinen Gleichheitsgrundsatzes dar[797] und verbietet Ungleichbehandlungen, die in Bezug auf In- und EU-Ausländer aus Gründen der Staatsangehörigkeit erfolgen.[798] Hierbei handelt es sich um ein Grundprinzip des Unionsrechts.[799] Diskriminierungen aus anderen Gründen sowie zwischen EU-Ausländer und Drittstaatsangehörigen[800] werden hingegen nicht erfasst.[801] Der Anwendungsbereich des allgemeinen Diskriminierungsverbots ist beschränkt, da es in Bezug auf speziellere Diskriminierungsverbote des AEUV subsidiär ist.[802] Im Anwendungsbereich des Vorsteuerabzugsrechts kommen vor allem die Warenverkehrs- (Art. 34 AEUV) sowie die Dienstleistungsfreiheit (Art. 56 AEUV) als speziellere Diskriminierungsverbote in Betracht, so dass Art. 18 AEUV insoweit kein eigenständiger Anwendungsbereich zukommt.

f. Das allgemeine Diskriminierungsverbot, Art. 21 Abs. 2 GRCh

Nach Art. 21 Abs. 2 GRCh ist jede Diskriminierung aufgrund der Staatsangehörigkeit verboten.[803] Dieses Gebot gilt für die Mitgliedstaaten immer dann, wenn

---

797 EuGH v. 16.10.1980, Rs. 147/79 (Hochstrass), Slg. 1980, 3005, Rn. 7; v. 28.2.1997, Rs. C-29/95 (Pastoors), Slg. 1997, Rn. 14; v. 26.6.2002, Rs. C-360/00 (Ricordi), Slg. 2002, I-5089, Rn. 31.

798 *Epiney*, in: Calliess/Ruffert, EUV/AEUV, 2016, Art. 18 AEUV Rn. 8; *Haratsch/Koenig/Pechstein*, Europarecht, 2016, Rn. 732.

799 EuGH v. 27.10.2009, Rs. C-115/08 (EEZ), Slg. 2009, I-10265, Rn. 89 noch in Bezug auf die alte Rechtslage, vgl. insoweit auch *Frenz*, Handbuch des Europarechts, Bd. 4, Rn. 3225; *Haratsch/Koenig/Pechstein*, Europarecht, 2016, Rn. 731.

800 EuGH v. 7.4.2011, Rs. C-291/09 (Guarnieri), Slg. 2011, I-2685, Rn. 20; vgl. auch EuGH v. 4.6.2009, Rs. C-22/08 u. C-23/08 (Vatsouras), Slg. 2009, I-4585, Rn. 52, wonach eine Schlechterstellung von EU-Ausländern im Verhältnis zu Drittstaatsangehörigen nicht von Art. 18 Abs. 1 AEUV erfasst wird. Zustimmend *Epiney*, in: Calliess/Ruffert, EUV/AEUV, 2016, Art. 18 AEUV Rn. 41.

801 *Haratsch/Koenig/Pechstein*, Europarecht, 2016, Rn. 732; *Streinz*, in: Streinz, EUV/AEUV, 2018, Art. 18 Rn. 13.

802 Vgl. EuGH v. 12.5.1998, Rs. C-336/96 (Gilly), Slg. 1998, I-2793, Rn. 37; v. 26.6.2003, Rs. C-422/01 (Skandia und Ramstedt), Slg. 2003, I-6817, Rn. 61; v. 10.1.2006, Rs. C-224/04 (Cassa di Risparmio), Slg. 2006, I-289, Rn. 99; v. 5.3.2009, Rs. C-222/07 (UTECA), Slg. 2009, I-1407, Rn. 37f., jeweils m.w.N.

803 Inhaltlich ist Art. 21 Abs. 2 GRCh parallel zu Art. 18 Abs. 1 AEUV ausgestaltet, vgl. hierzu *Jarass*, GRCh, 2016, Art. 21 Rn. 34.

sie Unionsrecht durchführen (Art. 51 Abs. 1 GRCh).[804] Das Verbot der Diskriminierung aufgrund der Staatsangehörigkeit bildet ein „Leitmotiv des Primärrechts“ und ist innerhalb der Europäischen Union von zentraler Bedeutung.[805] Die Vorschrift steht zwar in engem Zusammenhang mit den Grundfreiheiten des Binnenmarktes, allerdings stellt Art. 21 Abs. 2 GRCh ein Grundrecht und keine Grundfreiheit dar, da es nur im Anwendungsbereich des Unionsrechts zum Tragen kommt und nicht auf die Förderung des Binnenmarktes beschränkt ist.[806] Soweit in den Verträgen jedoch spezielle Verbote der Ungleichbehandlung aufgrund der Staatangehörigkeit (insbesondere Art. 18 AEUV) bestehen, ist Art. 21 Abs. 2 GRCh subsidiär.[807] Gleiches gilt auch für die spezieller anwendbaren Grundfreiheiten.[808] In Bezug auf die im Bereich des Vorsteuerabzugsrechts vorrangig anwendbare Warenverkehrs- bzw. Dienstleistungsfreiheit kommt Art. 21 Abs. 2 GRCh daher kein eigener Anwendungsbereich zu.

g. Der Schutz der unternehmerischen Freiheit, Art. 16 GrCh

Art. 16 GRCh gewährt unternehmerische Freiheit, die nach Ansicht des EuGH die Freiheit, eine Wirtschafts- oder Geschäftstätigkeit auszuüben, die Vertragsfreiheit sowie den freien Wettbewerb umfasst.[809] Von dem persönlichen Schutzbereich sind alle selbständigen natürlichen sowie juristischen Personen erfasst.[810] Ein Eingriff in den Schutzbereich des Art. 16 GRCh liegt vor, wenn „hinreichend direkte und bedeutsame Auswirkungen auf die freie Berufsausübung“ gegeben sind.[811] Steuergesetze können in den Schutzbereich der unternehmerischen Freiheit eingreifen, wenn es sich um berufs- oder unternehmensbezogene Lenkungs- oder Erdrosselungssteuern handelt.[812] Diese Einschränkungen sind

---

804 Vgl. *Jarass*, GRCh, 2016, Art. 21 Rn. 4; hierzu auch EuGH v. 26.9.2013, Rs. C-195/12 (IBV), NVwZ 2013, 1468, Rn. 48. Zur Frage, wann die Mitgliedstaaten „Unionsrecht durchführen“ vgl. Kapitel 2 C I 2.

805 *Jarass*, GRCh, 2016, Art. 21 Rn. 35; *Hölscheidt*, in: Meyer, GRCh, 2014, Art. 21 Rn. 58.

806 *Jarass*, GRCh, 2016, Art. 21 Rn. 35.

807 Vgl. EuGH v. 15.10.2002, Rs. C-55/00 (Gottardo), Slg. 2002, I-413, Rn. 21.

808 *Jarass*, GRCh, 2016, Art. 21 Rn. 41.

809 EuGH v. 22.1.2013, Rs. C-283/11 (Sky Österreich), ABl. EU 2013, Nr. C 71, 3, Rn. 42.

810 *Bernsdorff*, in: Meyer, GRCh, 2014, Art. 16 Rn. 16; *Jarass*, GRCh, 2016, Art. 16 Rn. 10f.; *Frenz*, Handbuch des Europarechts, Bd. 4, Rn. 2671.

811 EuGH v. 23.9.2004, Rs. C-435/02 u. C-103/03 (Springer), Slg. 2004, I-8663, Rn. 49; *Jarass*, GRCh, 2016, Art. 16 Rn. 12.

812 *Kokott*, Das Steuerrecht der Europäischen Union, 2018, S. 193.

allerdings eher für den Bereich der direkten Steuern relevant und spielen für den Bereich des Umsatzsteuerrechts eine untergeordnete Rolle.[813]

Die dem Unternehmer durch das Umsatzsteuerrecht auferlegte Pflichten können jedoch Einfluss auf die unternehmerische Betätigung des Unternehmers haben und damit einen Eingriff in die nach Art. 16 GRCh geschützte unternehmerischer Freiheit haben.[814] Insbesondere die dem Unternehmer im geltenden Mehrwertsteuersystem auferlegte Pflicht als „Steuereinsammler" für den Fiskus zu fungieren, tangiert die unternehmerische Freiheit des Unternehmers.[815] Demzufolge wird dem Grunde nach in die Berufsfreiheit eingegriffen, wenn der Unternehmer entgegen seiner systematischen Stellung als bloßer „Steuereinsammler" dennoch mit Umsatzsteuer belastet und hierdurch im Wettbewerb mit anderen Unternehmern benachteiligt wird.[816] Sofern also die systematisch vorgesehene vollständige Entlastung des Unternehmers von Vorsteuern nicht gelingt, liegt prinzipiell ein Eingriff in die unternehmerische Freiheit vor. Allerdings verlangt ein zu rechtfertigender Eingriff in Art. 16 GRCh, dass eine spürbare (endgültige) Belastung des Unternehmers mit Umsatzsteuer vorliegt, die sich hinreichend negativ auf die berufliche Betätigung des Unternehmers sowie seine Wettbewerbsposition auswirkt.[817] Vor dem Hintergrund dieser doch recht hohen Hürde ist prinzipiell nicht davon auszugehen, dass die Vorschriften der MwStSystRL zum Vorsteuerabzug in die durch Art. 16 GRCh verbürgten Rechte eingreifen, solange dem Grundsatz nach eine vollständige Entlastung des Unternehmers von der Umsatzsteuer gelingt.[818] Etwas anderes gilt jedoch dann, wenn

---

813 Vgl. aber EuGH v. 26.10.2017, Rs. C-534/16 (BB construct), ABl. EU Nr. C 2017, 820, Rn. 40f. hinsichtlich der Frage, wann eine nach mehrwertsteuerlichen Regeln zu erbringende Sicherheitsleistung, die zu einer Zahlungsunfähigkeit des Unternehmers führt, in die unternehmerische Freiheit eingreift.

814 *Weber*, Die Zusage im Umsatzsteuerrecht, 2019, S. 143.

815 *Kokott*, Das Steuerrecht der Europäischen Union, 2018, S. 193. Zu der Stellung des Unternehmers im geltenden Mehrwertsteuersystem vgl. bereits Kapitel 1 B III 2.

816 So auch *Zirkl*, Die Neutralität der Umsatzsteuer, 2015, S. 211; sowie *Becker*, Ortsbestimmung von sonstigen Leistungen, 2011, S. 62; *Weber*, Die Zusage im Umsatzsteuerrecht, 2019, S. 143; *Kokott*, Das Steuerrecht der Europäischen Union, 2018, S. 193.

817 Der EuGH verlangt für einen Eingriff eine „bedeutsame Auswirkung" auf die freie Berufsausübung vgl. EuGH v. 23.9.2004, Rs. C-435/02 u. C-103/03 (Springer), Slg. 2004, I-8663, Rn. 49.

818 So auch *Reiß*, in: Englisch/Nieskens (Hrsg.), Umsatzsteuer-Kongress-Bericht 2010, 195, 233; *Zirkl*, Die Neutralität der Umsatzsteuer, 2015, S. 244. A.A. *Weber*, Die Zusage im Umsatzsteuerrecht, 2019, S. 143, der in den dem Unternehmer auferlegten umsatzsteuerlichen Pflichten eine erhebliche Einschränkung sehen will, die ggf. aber

sich der Unternehmer im System der Mehrwertsteuer „unkontrollierbaren Risiken ausgesetzt sieht".[819] Dies ist dann der Fall, wenn dem Unternehmer einseitig das gesamte Risiko der Abwälzung auferlegt und dieser trotz Anwendung der gebotenen Sorgfalt systemwidrig mit Umsatzsteuer belastet wird.[820] Einen gutgläubigen Unternehmer im Rahmen der Bekämpfung von Umsatzsteuermissbrauch für Betrügereien in der Leistungskette verantwortlich zu machen, erscheint vor diesem Hintergrund daher als problematisch.[821] Dementsprechend hat der EuGH nun auch in einer Reihe von Urteilen darauf hingewiesen, dass eine rechtliche oder faktische Haftung des Unternehmers für Fehlverhalten seiner Vertragspartner in der Leistungskette nicht besteht, wenn er dieses nicht kannte oder hätte erkennen können.[822] Die Steuerbefreiung oder die Vorsteuerentlastung soll dem Unternehmer aus Gründen der Verhältnismäßigkeit auch dann nach ständiger Rechtsprechung des EuGH nicht versagt werden, wenn dieser zwar nicht die gebotene Sorgfalt angewendet hat, aber letztlich dem Fiskus kein Steuerschaden entstanden ist.[823]

Im Ergebnis sind somit im Bereich der Regelungen über den Vorsteuerabzug durchaus Konstellationen denkbar, in denen ein Eingriff in den Schutzbereich des Art. 16 GRCh zu bejahen wäre, der einer Rechtfertigung bedarf.[824]

---

gerechtfertigt werden kann. In diesem Sinne auch *Kokott*, Das Steuerrecht der Europäischen Union, 2018, S. 193f., die dann von einem Eingriff in die unternehmerische Freiheit ausgeht, wenn der Unternehmer „unkontrollierbaren Risiken ausgesetzt" ist.

819 Vgl. *Englisch*, in: Schön/Beck, Zukunftsfragen des deutschen Steuerrechts, 2009, 39, 71; *Kokott*, Das Steuerrecht der Europäischen Union, 2018, S. 193f.

820 *Weber*, Die Zusage im Umsatzsteuerrecht, 2019, S. 143; *Englisch*, in: Schön/Beck, Zukunftsfragen des deutschen Steuerrechts, 2009, 39, 71. Im Ergebnis ebenso *Widmann*, in: FS Lang, 2010, 913, 924.

821 *Kokott*, Das Steuerrecht der Europäischen Union, 2018, S. 194. Zum Umgang des EuGH mit Umsatzsteuerbetrügereien vgl. Kapitel 2 B VI 2 a bb.

822 Vgl. EuGH v. 12.1.2006, Rs. C-354/03, C-355/03 u. C-484/03 (Optigen), Slg. 2006, I-483, Rn. 52, 55; v. 6.7.2006, Rs. C-439/04 u. C-440/05 (Kittel und Recolta Recycling), Slg. 2006, I-6161, Rn. 45, 46, 60; v. 21.2.2008, Rs. C-271/06 (Netto Supermarkt), Slg. 2008, I-771, Rn. 22f., gleichwohl der EuGH hierin keinen Verstoß gegen die unternehmerische Freiheit, sondern vielmehr auf den Grundsatz der Verhältnismäßigkeit abzustellen scheint. Vgl. hierzu auch *Englisch*, in: Schön/Beck, Zukunftsfragen des deutschen Steuerrechts, 2009, 39, 72.

823 Vgl. EuGH v. 19.9.2000, Rs. C-454/98 (Schmeink & Cofreth und Strobel), Slg. 2000, I-6973, Rn. 58ff; m.w.N.; v. 27.9.2007, Rs. C-146/05 (Collée), Slg. 2007, I-7861, Rn. 37f.

824 Insoweit setzt Art. 52 Abs. 1 S. 1 GRCh das Vorliegen einer Rechtsgrundlage für den Eingriff voraus. Zudem muss gem. Art. 52 Abs. 1, 2 GRCh der Wesensgehalt des

Der EuGH erkennt die Problematik dieser Fallgestaltungen, löst diese aber nicht über die Anwendung des Art. 16 GRCh, sondern vielmehr über die Anwendung des allgemeinen Verhältnismäßigkeitsgrundsatzes.

2. *Prüfung nationaler Umsetzungsakte*

a. *Allgemeiner Prüfungsmaßstab*

Anders als Regelungen des europäischen Sekundärrechts prüft der EuGH nationale Umsetzungsakte hingegen sehr wohl auf ihre Vereinbarkeit mit dem Grundsatz der Neutralität.[825] Dies ist seit der Entscheidung *Costa/E.N.E.L.*[826] aus Sicht des EuGH auch nur folgerichtig, wurde in dieser Entscheidung doch dem gesamten unmittelbar anwendbaren Unionsrechts der Vorrang gegenüber den nationalen Rechtsordnungen eingeräumt.[827]

Im Ergebnis können daher nationale Umsetzungsmaßnahmen als mit dem Grundsatz der Neutralität für unvereinbar angesehen und damit für unwirksam erklärt werden. Daneben kommt auch eine Prüfung an den Grundfreiheiten, den europäischen Grundrechten sowie anderen Grundsätzen des Unionsrechts in Betracht.

b. *Prüfung am Grundsatz der Neutralität*

Die Feststellung des EuGH, dass es sich bei dem Grundsatz der Neutralität nicht um europäisches Primärrecht handelt[828], hat auf die Bindungswirkung für die Mitgliedstaaten grundsätzlich keinen Einfluss, da das nationale Recht auch den Regelungen des Sekundärrechts genügen muss.[829] Enthalten die

---

Grundrechts und der Verhältnismäßigkeitsgrundsatz beachtet werden, vgl. hierzu ausführlich, *Jarass*, GRCh, 2016, Art. 52 Rn. 23ff.

825 In Deutschland sind dies vor allem das UStG sowie die UStDV.

826 EuGH v. 15.7.1964, Rs. 6/64 (Costa/E.N.E.L.). Slg. 10, 1251.

827 Zu der Frage der unmittelbaren Anwendbarkeit von Unionsrecht vgl. *Haratsch/Koenig/Pechstein*, Europarecht, 2016, Rn. 179ff.

828 Grdl. EuGH v. 29.10.2009, Rs. C-174/08 (NCC Construction Danmark), Slg. 2009, I-10567, Rn. 42, wenn wohl auch nur in Bezug auf die Belastungsneutralität.

829 *Dobratz*, UR 2014, 425, 427f. Die Qualifikation als Primärrecht oder bloßes Sekundärrecht kann jedoch ggf. Auswirkungen auf die Rechtfertigung eines Eingriffes in das garantierte Recht haben. Während Eingriffe in Primärrecht den primärrechtlichen Rechtfertigungsanforderungen genügen müssen, ist eine Einschränkung eines sekundärrechtlichen Rechts ggf. aufgrund sekundärrechtlicher Bestimmungen zulässig, vgl. hierzu *Zirkl*, Die Neutralität der Umsatzsteuer, 2015, S. 235.

Mehrwertsteuerrichtlinien bindende Regelungen, so haben die Mitgliedstaaten diese entsprechend umzusetzen.[830] Der Grundsatz der Neutralität ist insoweit zunächst unbeachtlich. Soweit die Richtlinienbestimmungen den Mitgliedstaaten jedoch ein Umsetzungsermessen einräumt, sind diese bei dessen Ausübung zur Beachtung des Neutralitätsgrundsatzes verpflichtet;[831] Einschränkungen sind prinzipiell nicht zulässig.[832]

Der Grundsatz der Neutralität ist auch bei der Auslegung und Anwendung von Richtlinienbestimmungen durch nationale Rechtsanwender zu beachten.[833] Aufgrund der Einordnung des Neutralitätsgrundsatzes als bloßen Auslegungsgrundsatz findet die Auslegung nach Ansicht des EuGH ihre Grenzen – zumindest im Hinblick auf die Regelungen über den Vorsteuerabzug – im Wortlaut des jeweiligen Sekundärrechts. Eine Auslegung darf daher grds. nicht entgegen dem Wortlaut des Sekundärrechts erfolgen.[834] Nach Auffassung des EuGH darf die Auslegung des Sekundärrechts nicht zu einer Ausweitung[835] oder

---

830 Sofern die Richtlinienvorschriften im Zeitpunkt der Umsetzung bereits geltendem Recht entsprechen, ist eine weitergehende Umsetzung entbehrlich, vgl. EuGH, Rs. C-102/08 (Salix), Slg. 2009, I-4629, Rn. 40; v. 15.5.2014, Rs. C-337/13 (Almos Agrárkülkereskedelmi), ABl. EU 2014, Nr. C 212, 11, Rn. 21; sowie auch EuGH v. 30.11.2006, Rs. C-32/05 (Kommission/Irland), Slg. 2006, I-11323, Rn. 34.

831 EuGH v. 13.12.1989, Rs. C-342/87 (Genius Holding), Slg. 1989, 4227, Rn. 18; v. 10.4.2008, Rs. C-309/06 (Marks & Spencer), Slg. 2008, I-2283, Rn. 31; v. 10.7.2008, Rs. C-25/07 (Sosonowska), Slg. 2008, I-5129, Rn. 17; v. 12.5.2011, Rs. C-107/10 (Enel Maitsa Iztok 3), Slg. 2011, I-3871, Rn. 33, 64; v. 28.7.2011, Rs. C-274/10 (Kommission/Ungarn), Slg. 2011, I-7289, Rn. 45; v. 26.1.2012, Rs. C-588/10 (Kraft Foods Polska), ABl. EU 2012, Nr. C 73, 5, Rn. 30.

832 *Zirkl,* Die Neutralität der Umsatzsteuer, 2015, S. 236. Insoweit wird der Grundsatz der Neutralität daher in der Literatur teilweise auch als absoluter, nicht einschränkbarer Grundsatz angesehen, vgl. *Engler*, Steuerverfassungsrecht im Mehrebenensystem, 2014, S. 266; *Hoffsümmer*, Steuerbefreiungen für Inlandsumsätze, 2009, S. 51. Ausnahmen werden allerdings zur Bekämpfung von Steuerhinterziehungen zugelassen, zu den Einzelheiten vgl. Kapitel 2 B IV 2 b.

833 *Englisch*, in: Tipke/Lang, Steuerrecht, 2018, § 17 Rz. 24. So sieht der EuGH den Grundsatz der Neutralität auch selbst explizit als „Auslegungsgrundsatz" an, vgl. EuGH v. 19.7.2012, Rs. C-44/11 (V-Höchst), ABl. EU 2012, Nr. C 295, 7, Rn. 45.

834 Vgl. EuGH v. 8.11.2001, Rs. C-338/98 (Kommission/Niederlande), Slg. 2001, I-8265, Rn. 55; v. 6.10.2005, Rs. C-204/03 (Kommission/Spanien), Slg. 2005, I-8389, Rn. 28. So auch EuGH v. 15.11.2012, Rs. C-174/11 (Zimmermann), ABl. EU 2013, Nr. C, 9, Rn. 50 bezüglich einer extensiven Auslegung einer Steuerbefreiung.

835 EuGH v. 13.3.2014, Rs. C-204/13 (Malburg), ABl. EU 2014, Nr. C 135, 18, Rn. 43 bezüglich des Vorsteuerabzuges bei Erwerb eines Mandantenstammes.

Einschränkung[836] einer eindeutigen Regelung des Sekundärrechts führen. Vielmehr haben die Mitgliedstaaten die Vorschriften der Richtlinie auch dann anzuwenden, wenn sie diese als neutralitätswidrig ansehen.[837]

c. Prüfung am allgemeinen Gleichheitsgrundsatz

Wie bereits ausgeführt, verzichtet der EuGH in einem Großteil seiner Entscheidungen zu den Regelungen über den Vorsteuerabzug darauf, den allgemeinen Gleichheitsgrundsatz zu prüfen.[838] Maßstab ist vielmehr der Grundsatz der Neutralität, der es verbietet, „gleichartige und deshalb miteinander in Wettbewerb stehende Leistungen hinsichtlich der Mehrwertsteuer unterschiedlich zu behandeln"[839].

In seltenen Fällen misst der EuGH jedoch nationale Rechtsakte eigenständig am allgemeinen Gleichbehandlungsgrundsatz. So hat der EuGH in der Entscheidung in der Rechtssache *Grandes sources d´eaux minérales françaises*[840] festgestellt, dass es eine nationale Regelung gegen den allgemeinen Gleichheitsgrundsatz verstößt, die es nicht im Inland ansässigen Unternehmern versagt, die Voraussetzungen des Vorsteuerabzuges nach denselben Voraussetzungen nachzuweisen, wie im Inland ansässigen Unternehmern.[841] In der Rechtssache *Compass Contract Services*[842] hat der EuGH den allgemeinen Gleichheitsgrundsatz als Prüfmaßstab einer englischen Regelung herangezogen, die für die Erstattung zu viel entrichteter Mehrwertsteuer und der Beantragung einer Vorsteuererstattung unterschiedliche Verjährungsfristen vorsah. Im Ergebnis sah das Gericht

836 EuGH v. 6.10.2005, Rs. C-204/03 (Kommission/Spanien), Slg. 2005, I-8389, Rn. 28; v. 23.4.2009, Rs. C-74/08 (PARAT), Slg. 2009, I-3459, Rn. 18 jeweils zu Einschränkungen des Vorsteuerabzugsrechts bei Gegenständen, die durch Subventionen finanziert wurden.

837 EuGH v. 6.10.2005, Rs. C-204/03 (Kommission/Spanien), Slg. 2005, I-8389, Rn. 28.

838 So auch *Zirkl*, Die Neutralität der Umsatzsteuer, 2015, S. 183.

839 EuGH v. 7.12.2006, Rs. C-240/05 (Eurodental), Slg. 2006, I-11476, Rn. 46. Dies ist auch folgerichtig, da aus Sicht des EuGH der Grundsatz der Neutralität die bereichsspezifische Ausprägung des allgemeinen Gleichheitsgrundsatzes darstellt, vgl. hierzu bereits Kapitel 2 C II 1 a.

840 EuGH v. 11.6.1998, Rs. C-361/96 (Grandes sources d´eaux minerales françaises), Slg. 1998, I-3495.

841 EuGH v. 11.6.1998, Rs. C-361/96 (Grandes sources d´eaux minerales françaises), Slg. 1998, I-3495, Rn. 34ff.

842 EuGH v. 14.6.2017, Rs. C-38/16 (Compass Contract Services), ABl. EU 2017, Nr. C 277, 13.

die beiden Situationen nicht als vergleichbar und den allgemeinen Gleichheitsgrundsatz damit als nicht verletzt an.[843] Grundsätzlich begnügt sich der EuGH allerdings mit einer Prüfung am Maßstab des Neutralitätsgrundsatzes.

d. Weitere Prüfungsmaßstäbe

Nichtsteuerliche Belastungen der Unternehmer durch nicht harmonisierte Regelungen, wie beispielsweise Befolgungskosten, Verzinsung von Steueransprüchen und Sanktionen bei Missachtung verfahrensrechtlicher Pflichten, werden vom EuGH nicht auf die Vereinbarkeit mit dem Grundsatz der Neutralität, sondern vorrangig auf ihre Vereinbarkeit mit dem Grundsatz der Verhältnismäßigkeit überprüft.[844] Der EuGH verlangt insoweit, dass die betreffende Maßnahme zur Erreichung des verfolgten Ziels geeignet ist und nicht über das Erforderliche hinausgeht,[845] wobei das Erforderlichkeitskriterium dann erfüllt ist, wenn bei mehreren gleich geeigneten Maßnahmen diejenige angewandt wird, die die am wenigsten belastenden Folgen nach sich zieht.[846] Eine Angemessenheitsprüfung im engeren Sinne nimmt der EuGH hingegen nur selten vor.[847]

Die Intensität der gerichtlichen Überprüfung nationaler Maßnahmen am Verhältnismäßigkeitsgrundsatz seitens des EuGH ist allerdings nicht einheitlich. Während bei der Überprüfung der Erforderlichkeit formaler Voraussetzungen für die Gewährung von Steuerbefreiungen oder die Geltendmachung des Vorsteuerabzuges relative strenge Maßstäbe angelegt werden,[848] ist der EuGH

843 EuGH v. 14.6.2017, Rs. C-38/16 (Compass Contract Services), ABl. EU 2017, Nr. C 277, 13, Rn. 41.

844 Vgl. hierzu bspw. zu den Verwaltungssanktionen EuGH v. 12.7.2012, Rs. C-284/11 (EMS-Bulgaria Transport), ABl. EU 2012, Nr. C 287, 14, Rn. 73, 75 zur Zulässigkeit von Säumniszuschlägen bei verspäteter Umsatzsteuerzahlung; v. 20.6.2013, Rs. C-259/12 (Rodopi-M 91), ABl. EU 2013, Nr. C 225, 34, Rn. 41; v. 17.7.2014, Rs. C-272/13 (Equoland), ABl. EU 2014, Nr. C 314, 16, Rn. 31.

845 Std. Rspr. vgl. statt vieler EuGH v. 16.3.2006, Rs. C-94/05 (Emsland Stärke), Slg. 2006, I-2619, Rn. 53; v. 8.6.2010, Rs. C-58/08 (Vodafone u.a.), Slg. 2010, I-4999, Rn. 51; v. 9.11.2010, Rs. C-92/09 (Schecke u.a.), Slg. 2010, I-11063, Rn. 74.

846 Std. Rspr. vgl. nur EuGH v. 16.10.1991, Rs. C-26/90 (Wünsche), Slg. 1991, I-4961, Rn. 13; v. 18.11.2013, Rs. C-563/12 (BDV Hungary Trading), ABl. EU 2014, Nr. C 52, 21, Rn. 30 m.w.N.

847 *Englisch*, in: Schaumburg/Englisch, Europäisches Steuerrecht, 2015, Rn. 12.16 mit Verweis auf die Entscheidungen des EuGH, in denen eine Verhältnismäßigkeitsprüfung im engeren Sinne tatsächlich vorgenommen wurde.

848 Vgl. bspw. EuGH v. 15.9.2016, Rs. C-518/14 (Senatex), ABl. EU 2016, Nr. C 419, 6, Rn. 41 zur Frage der rückwirkenden Rechnungsberichtigung; v. 9.7.2015, Rs. C-183/

in anderen Bereichen eher zurückhaltend. So werden Verwaltungssanktionen bei Nichterfüllung steuerlicher Pflichten grds. als verhältnismäßig angesehen, sofern sie nicht über das hinausgehen, was zur Erreichung des Ziels erforderlich ist, wobei der EuGH bei der Ausfüllung des Erforderlichkeitskriteriums den Mitgliedstaaten einen Beurteilungsspielraum einräumt und so ihre Unverhältnismäßigkeit nur zurückhaltend annimmt.[849]

Mangels unionsrechtlicher Vorgaben obliegt die Ausgestaltung des Besteuerungsverfahrens den Mitgliedstaaten (sog. *Grundsatz der Verfahrensautonomie*).[850] Die von den Mitgliedstaaten installierten Verfahrensmodalitäten zur Geltendmachung des Vorsteuerabzugs werden durch den EuGH ebenfalls nicht am Neutralitätsgrundsatz, sondern vielmehr vorrangig an den Grundsätzen der Äquivalenz und der Effektivität gemessen.[851]

Hiernach dürfen die verfahrensrechtlichen Vorschriften der Mitgliedstaaten die „Ausübung der durch die Gemeinschaftsrechtsordnung verliehenen Rechte nicht praktisch unmöglich machen oder erschweren“[852] oder verfahrensrechtliche

---

14 (Salomie und Oltean), ABl. EU 2015, Nr. C 294, 10, Rn. 62 zur Frage der Registrierungspflicht eines Unternehmers zur Geltendmachung des Vorsteuerabzuges; v. 8.5.2008, Rs. C-95/07 und C-96/07 Ecotrade), Slg. 2008, I-3457, Rn. 64 zu der Frage von Aufzeichnungspflichten im Reverse-Charge-Verfahren. Zur Gewährung von Steuerbefreiungen vgl. bspw. EuGH v. 27.9.2007, Rs. C-146/05 (Collée), Slg. 2007, I-7861, Rn. 31. So auch die Einschätzung von *Englisch*, in: Schaumburg/Englisch, Europäisches Steuerrecht, 2015, Rn. 12.17.

849 Vgl. EuGH v. 17.7.2014, Rs. C-272/13 (Equoland), ABl. EU 2014, Nr. C 315, 16, Rn. 44ff. Zu diesem Ergebnis kommend auch *Englisch*, in: Tipke/Lang, Steuerecht, 2018, § 17 Rz. 26.

850 Vgl. EuGH v. 19.9.2006, Rs. C-392/04 u C-422/04 (i-21), Slg. 2006, I-8559, Rn. 57; v. 12.12.2006, Rs. C-446/04 (FII Group Litigation), Abl. EU 2006, Nr. C 331, 5, Rn. 203. Hierzu auch *Englisch*, in: Tipke/Lang, Steuerecht, 2018, § 4 Rz. 45. Vgl. hierzu auch *Oellerich*, in: Schaumburg/Englisch, Europäisches Steuerrecht, 2015, Rn. 22.3. Gewisse verfahrensrechtliche Regelungen finden sich allerdings bspw. in den Art. 241ff. MwStSystRL.

851 Zusammenfassend hierzu EuGH v. 12.2.2008, Rs. C-2/06 (Kempter), Slg. 2008, I-411, Rn. 57; v. 8.9.2010, Rs. C-409/06 (Winner Wetten), Slg. 2010, I-8015, Rn. 58; v. 3.9.2009, Rs. C-2/08 (Fallimento Olimpicclub), Slg. 2009, I-7501, Rn. 24. Vgl. ausführlich hierzu auch *Wittock*, EC Tax Review 2014, 171, 177ff. Hierzu bereits Kapitel 1 C III.

852 St. Rspr. vgl. nur EuGH v. 2.12.1997, Rs. C-188/05 (Fantask), Slg. 1997, I-6783, Ls. 6, Rn. 39, 47; v. 9.11.1983, Rs. 199/82 (San Giorgio), Slg. 1983, 3595, Ls. 2, Rn. 12; v. 2.2.1988, Rs. 309/85 (Barra), Slg. 1988, 355, Ls. 3, Rn. 18; v. 25.2.1988, Rs. 331/85, 376/85 und 378/85 (Bianco), Slg. 1988, 1099, Rn. 12; v. 24.3.1988, Rs. 104/86

Vorschriften für grenzüberschreitende Sachverhalte nachteiliger ausgestalten, als für rein nationale Fallgestaltungen[853] Bislang hat der EuGH vor allem nationale Ausschluss- und Verjährungsfristen an diesem Grundsatz gemessen. Nach der Auffassung des EuGH sind Ausschlussfristen grds. zulässig, sofern sie die Durchsetzung unionsrechtlich garantierten Rechts nicht ausschließen oder erschweren und von einem sorgfältig agierenden Steuerpflichtigen eingehalten werden können.[854]

III. Gebotene Sicherstellung des Rechts auf Vorsteuerabzug

1. Kritik an der Rechtsprechung des EuGH

Nach der derzeitigen Rechtsprechung des EuGH sind die Regelungen der MwStSystRL über den Vorsteuerabzug keiner Prüfung am Maßstab des Grundsatzes der Neutralität zugänglich, obwohl es sich hierbei um eine Ausprägung des allgemeinen Gleichheitsgrundsatzes handelt, der als höherrangiges Primärrecht zwingend als Prüfungsmaßstab herangezogen werden müsste.[855] Auch eine Prüfung am allgemeinen Gleichheitsgrundsatz, gleichwohl diesem neben dem Grundsatz der Neutralität grundsätzlich ein eigenständiger Anwendungsbereich verbleibt[856], nimmt der EuGH nur in Ausnahmefällen vor.[857] In der MwStSystRL

(Kommission/Italien), Slg. 1988, 1799, Ls. 1, Rn. 7; v. 29.6.1988, Rs. 240/87 (Deville), Slg. 1988, 3513, Rn. 12; v. 19.11.1991, Rs. C-6/90 und C-9/90 (Francovich), Slg. 1991, 5357, Rn. 43; v. 8.3.2001, Rs. C-397/98 und C-410/98 (Metallgesellschaft), Slg. 2001, I-1727, Ls. 1, Rn. 85; v. 9.12.2003, Rs. C-129/00 (Kommission/Italien), Slg. 2003, I-14637, Rn. 25.

853 *Ruffert*, in: Calliess/Ruffert, EUV/AEUV, 2016, Art. 197 AEUV Rn. 14.

854 Vgl. EuGH v. 12.7.2012, Rs. C-284/11 (EMS-Bulgaria Transport), ABl. EU 2012, Nr. C 287, 14, Rn. 47; v. 28.7.2016, Rs. C-332/15 (Astone), ABl. EU 2016, Nr. C 350, 10, Rn. 39. Vgl. auch EuGH v. 8.5.2008, Rs. C-95/07 u. C-96/07 (Ecotrade), Slg. 2008, I-3457, Rn. 45. Vgl. hierzu auch *Englisch*, in: Schaumburg/Englisch, Europäisches Steuerrecht, 2015, Rn. 12.48. Zur Zulässigkeit von Ausschlussfristen vgl. Kapitel 2 B VI 2 c.

855 *Englisch*, in: Tipke/Lang, Steuerrecht, 2018, § 17 Rz. 24; *Haslehner*, StuW 2012, 242; *Zirkl*, Die Neutralität der Umsatzsteuer, 2015, S. 238. A.A. *Heber*, UR 2014, 957, 963.

856 Hierzu Kapitel 2 C II 2 b.

857 Vgl. jedoch insoweit EuGH v. 11.6.1998, Rs. C-361/96 (Grandes sources d´eaux minerales françaises), Slg. 1998, I-3495.

selbst angelegte Ungleichbehandlungen sind grundsätzlich als "Folge einer bewussten Entscheidung des Gemeinschaftsgesetzgebers" hinzunehmen.[858]

Insgesamt lässt sich feststellen, dass obwohl es sich bei den Regelungen der MwStSystRL „nur" um Vorschriften des Sekundärrechts handelt und dem Grunde nach der Anwendungsbereich höherrangigen Primärrechts eröffnet ist, der EuGH mit der Prüfung ihrer Vereinbarkeit mit Regelungen des Primärrechts auffallend zurückhaltend ist.[859] Unionsrechtliche Regelungen über den Vorsteuerabzug werden durch den EuGH vielmehr unter Berufung auf eine noch ausstehende (vollständige) Harmonisierung nicht am Primärrecht geprüft.[860] Wenn überhaupt gestattet der EuGH lediglich eine entsprechende Auslegung des Sekundärrechts, um dem jeweiligen primärrechtlichen Grundsatz des Unionsrechts Genüge zu tun.[861] Insoweit macht der EuGH von der ihm in Art. 263 AEUV übertragenen Prüfungskompetenz derzeit also nur eingeschränkt Gebrauch.[862] Hinsichtlich mitgliedstaatlicher Umsetzungsakte hat der EuGH hingegen keinerlei Hemmungen sowohl den Grundsatz der Neutralität als auch andere Grundsätze des Primärrechts als Prüfungsmaßstab heranzuziehen und im Ergebnis die entsprechenden Umsetzungsmaßnahmen ggf. als

---

858 EuGH v. 8.5.2003, Rs. C-269/00 (Seeling), Slg. 2003, I-4101, Rn. 54. Kritsch hierzu *Zirkl,* Die Neutralität der Umsatzsteuer, 2015, S. 238; sowie allgemein zu im Sekundärrecht angelegten Ungleichbehandlungen *Haslehner*, StuW 2012, 242.

859 *Englisch*, in: Schön/Beck, Zukunftsfragen des deutschen Steuerrechts, 2009, 39, 62f.; *Richter*, Die Regelungen zum, 2012, S. 221; *Zirkl*, Die Neutralität der Umsatzsteuer, 2015, S. 238; *Zorn*, in: FS Ruppe, 2007, 744, 755. Ausführlich hierzu auch *Nettesheim*, EuR 2006, 737. *Hoffsümmer*, Steuerbefreiungen für Inlandsumsätze, 2009, S. 10, 45 sieht dies in dem Wunsch nach Harmonisierung und der unterschiedlichen Grundrechtsdogmatik der einzelnen Mitgliedstaaten begründet.

860 Dies gilt für den gesamten Bereich der indirekten Steuern vgl. EuGH v. 5.10.1999, Rs. C-305/97 (Royscot), Slg. 1999, I-6671, Rn. 31; v. 13.7.2000, Rs. C-36/99 (Ideal tourisme), Slg. 2000, I-6049, Rn. 40; v. 7.12.2006, Rs. C-240/05 (Eurodental), Slg. 2006, I-11479, Rn. 53. Anders ist dies im Bereich der direkten Steuern, wo eine fehlende Harmonisierung eine Ungleichbehandlung gerade nicht rechtfertigen kann, vgl. EuGH v. 28.1.1986, Rs. 270/83 (Kommission/Frankreich), Slg. 1986, 273, Rn. 24. Hier richtet sich die Pflicht zur unionsrechtskonformen Ausgestaltung allerdings an die Mitgliedstaaten. Kritisch hierzu *Reiß*, UR 2003, 209, 217.

861 Zur Frage der Vereinbarkeit einer Regelung der 8. EG-Richtlinie mit dem allgemeinen Diskriminierungsverbot vgl. EuGH v. 11.6.1998, Rs. C-361/96 (Grandes sources d´eaux minerales françaises), Slg. 1998, I-3495.

862 *Richter*, Die Regelung zum Vorsteuerabzug, 2012, S. 222. In diese Richtung gehend auch *Zirkl,* Die Neutralität der Umsatzsteuer, 2015, S. 241.

mit dem Unionsrecht unvereinbar zu erklären.[863] Es könnte daher der Eindruck entstehen, dass der EuGH Sekundärrechtsnormen nicht am Primärrecht misst, um keine Grundrechtsverstöße von Organen der Gemeinschaft feststellen zu müssen.[864]

Im Ergebnis scheinen den unionrechtlichen Regelungen über den Vorsteuerabzug und insbesondere der MwStSystRL damit nach der Rechtsprechung des EuGH somit trotz ihrer bloßen Stellung als Sekundärrecht im Ergebnis der Charakter eines „Überrechts“[865] zuzukommen.

2. Eigener Lösungsansatz

Die MwStSystRL stellt lediglich europäisches Sekundärrecht dar und muss sich somit grundsätzlich am höherrangigen Primärrecht messen lassen.[866] Dies muss umso mehr gelten, als die Harmonisierung des Binnenmarktes durch die MwStSystRL einen unverfälschten grenzüberschreitenden Waren- und Dienstleistungsverkehr sichern[867] und damit letztlich den Grundfreiheiten zur Geltung verhelfen sollte[868].

Nicht nur aus dogmatischen Gründen erscheint die Rechtsprechung des EuGH wenig überzeugend[869], viel stärker wiegt, dass hierdurch systemtragende Prinzipien des Mehrwertsteuerrechts verletzt werden. Der Vorsteuerabzug ist nämlich nicht nur Selbstzweck, sondern dient vielmehr der Verwirklichung des

863 *Englisch*, in: Schön/Beck, Zukunftsfragen des deutschen Steuerrechts, 2009, 39 63; *Kingreen/Strömer*, EuR 1998, 263, 289. Im Ergebnis so auch *Zirkl*, Die Neutralität der Umsatzsteuer, 2015, S. 235f.

864 *Richter*, Die Regelungen zum Vorsteuerabzug, 2012, S. 221. Kritisch zu der Praxis des EuGH ebenfalls *Reiß*, in: Englisch/Nieskens (Hrsg.), Umsatzsteuer-Kongress-Bericht 2010, 195, 233f.

865 Begriff nach *Nieskens/Tehler*, BB 1997, 2134.

866 *Zirkl*, Die Neutralität der Umsatzsteuer, 2015, S. 229; im Ergebnis ebenso *Englisch*, in: Tipke/Lang, Steuerecht, 2018, § 17 Rz. 24. Allgemein zum Verhältnis zwischen Primär- und Sekundärrecht vgl. *Schiff*, EuZW 2015, 899, 901.

867 *Richter*, Die Regelungen zum Vorsteuerabzug, 2012, S.70.

868 *Richter*, Die Regelungen zum Vorsteuerabzug, 2012, S.70; in diese Richtung gehend auch *Reiß*, UR 2003, 209, 217.

869 *Englisch*, in: Tipke/Lang, Steuerrecht, 2018, § 17 Rz. 24 spricht gar von „einem erschreckenden Mangel grundrechtsdogmatischer Stringenz“. *Zirkl*, Die Neutralität der Umsatzsteuer, 2015, S. 237 sieht vorliegend eine bloße Normenkollision, die nach dem allgemeinen Grundsatz *lex superior derogat legi inferiori* zugunsten des Neutralitätsprinzips aufzulösen sei.

der Umsatzsteuer zugrunde liegenden Verbrauchsteuerprinzips[870] und ist letztlich Ausfluss aus den negativen Erfahrungen, die sich aus dem Brutto-Allphasen-System ergeben haben[871]. Soll nur eine Belastung des Endverbrauchers mit Umsatzsteuer erfolgen, muss der Unternehmer zwingend von Vorsteuer entlastet werden,[872] da andernfalls eine Abwälzung auf den Konsumenten nicht sichergestellt ist und die Umsatzsteuer letztlich systemwidrig einen Kostenfaktor für den Unternehmer darstellt.[873] Die Prüfung der Regelungen des Vorsteuerabzuges durch den EuGH erschöpft sich jedoch zumeist in der Betrachtung der Auswirkungen auf den Unternehmer, in dem er ausführt, der Vorsteuerabzug soll die „völlige Neutralität hinsichtlich der steuerlichen Belastung aller wirtschaftlichen Tätigkeiten“[874] sicherstellen. Die Auswirkungen auf den Verbraucher nimmt er hingegen nicht in den Blick, gleichwohl dies vor dem Hintergrund des Verbrauchsteuerprinzips geboten wäre.[875]

Vorsteuerregelungen müssen so ausgestaltet und ausgelegt werden, dass aus Sicht des Verbrauchers gleichartige und damit substituierbare Leistungen aus umsatzsteuerlicher Sicht gleichbehandelt werden.[876]

---

870 Auch nach Auffassung des EuGH handelt es sich bei dem Ziel nur den Endverbraucher zu belasten um ein „Grundprinzip“ des Umsatzsteuersystems, vgl. EuGH v. 24.10.1996, Rs. C-317/94 (Elida Gibbs), Slg. 1996, I-5339, Rn. 19 *Frink*, Der Ausschluss des Vorsteuerabzugs, 2002, S. 66, bezeichnet das Verbrauchsteuerprinzip als „vorrangiges Ziel im Rahmen der Umsatzbesteuerung“. Vgl. auch *Englisch*, in: Weber, Traditional and Alternative Routes to European Tax Integration, 2010, 231, 248. Hierzu auch Kapitel 1 B III.

871 Hierzu bereits Kapitel 1 A II.

872 *Englisch*, in: Schön/Beck, Zukunftsfragen des deutschen Steuerrechts, 2009, 39, 60; *Friedrich-Vache*, Verbrauchsteuerkonforme Umsatzbesteuerung, 2005, S. 18; *Reiß*, in: Seer (Hrsg.), DStJG 32, 2009, 9, 17; *Zirkl*, Die Neutralität der Umsatzsteuer, 2015, S. 187.

873 *Riedo*, Vom Wesen der Mehrwertsteuer, 1999, S. 95; *Englisch*, in: Tipke/Lang, Steuerrecht, 2018, § 17 Rz. 25.

874 St. Rspr. vgl. bspw. St. Rspr. vgl. nur EuGH v. 14.2.1985, Rs. 268/83 (Rompelmann), Slg. 1985, 655, Rn. 19; v. 15.1.1998, Rs. C-37/95 (Ghent Goal), Slg. 1998, I-1, Rn. 15; v. 29.4.2004, Rs. C-137/02 (Faxworld), Slg. 2004, I-5547, Rn. 37.

875 *Kokott*, Das Steuerrecht der Europäischen Union, 2018, S. 97; *Englisch*, in: Weber, Traditional and Alternative Routes to European Tax Integration, 2010, S. 231, 248; *Zirkl*, Die Neutralität der Umsatzsteuer, 2015, S. 191. *Becker*, Ortsbestimmung von sonstigen Leistungen, 2011, S. 60 sieht in Bezug auf den allgemeinen Gleichheitsgrundsatz dementsprechend auch den Verbraucher als alleinigen Grundrechtsträger an.

876 So auch *Becker*, Ortsbestimmung von sonstigen Leistungen, 2011, S. 60; *Engler*, Steuerverfassungsrecht im Mehrebenensystem, 2014, S. 272; *Kokott*, Das Steuerrecht der

Daneben hat eine systemkonforme Anwendung und Auslegung der Vorschriften über den Vorsteuerabzug zudem die Stellung des Unternehmers als bloßen „Steuereinsammler" zu berücksichtigen.[877] Ziel der Regelungen über den Vorsteuerabzug muss es daher sein, den Unternehmer vollständig von ihm in Rechnung gestellter Vorsteuer frei zu stellen. Dieses Ziel ist oberste Prämisse der Regelungen des Vorsteuerabzuges, da andernfalls der vom Staat in Anspruch genommene Unternehmer über Gebühr belastet wird.[878]

Vor diesem Hintergrund wird deutlich, dass Einschränkungen des Rechts auf Vorsteuerabzug grundsätzlich nicht zulässig sind,[879] sofern keine übergeordneten Prinzipien entgegenstehen. In Betracht kommen insoweit die Bekämpfung von Missbrauch und Umsatzsteuerhinterziehung[880] sowie die Sicherstellung der zutreffenden Erhebung der Umsatzsteuer durch die Mitgliedstaaten[881]. Auch wenn es sich hierbei um legitime Ziele handelt, die ebenso wie der Grundsatz

---

Europäischen Union, 2018, S. 97; *Zirkl*, Die Neutralität der Umsatzsteuer, 2015, S. 191. Im Ergebnis auch *Riedo*, Vom Wesen der Mehrwertsteuer, 1999, S. 96.

877 *Englisch*, in: Schön/Beck, Zukunftsfragen des deutschen Steuerrechts, 2009, 39, 59; *Weber*, Die Zusage im Umsatzsteuerrecht, 2019, S. 35. In diesem Sinne vgl. auch *Stadie*, in: Rau/Dürrwächter, UStG, Einf., Rn. 197, 399 (Stand: März 2017); *ders.*, in: Rau/Dürrwächter, UStG, § 2 Rn. 24 (Stand: Oktober 2017); *Wesselbaum-Neugebauer*, UR 2004, 401, Vgl. auch EuGH v. 20.10.1993, Rs. C-10/92 (Balocchi), Slg. 1993, I-5105, Rn. 25; v. 21.8.2008, Rs. C-271/08 (Netto Supermarkt), Slg. 2008, I-771, Rn. 21. Zur Stellung des Unternehmers im geltenden Mehrwertsteuersystem im Einzelnen Kapitel 1 B III 2.

878 Vgl. in diesem Sinne *Stadie*, UStG, 2015, § 15 Rn. 61. Der Unternehmer fungiert hinsichtlich der Mehrwertsteuererhebung lediglich als „Gehilfe" des Staates, vgl. bspw. *Wesselbaum-Neugebauer*, UR 2004, 401; *Tehler*, DStR 1983, 215, 217; *Widmann*, in: Seer (Hrsg.), DStJG 32, 2009, 103, 107. Grdl. EuGH v. 2010.1993, Rs. C-10/92 (Balocchi), Slg. 1993, I-5105, Rn. 25; v. 21.2.2008, Rs. C-271/06 (Netto Supermarkt), Slg. 2008, I-771, Rn. 21.

879 St. Rspr. vgl. nur EuGH v. 15.9.2016, Rs. C-516/14 (Barlis 06), ABl. EU 2016, Nr. C 419, 6, Rn. 38 m.w.N. Vgl. hierzu auch Kapitel 2 B VI 1.

880 Hierbei handelt es sich um ein angestrebtes Ziel innerhalb der Europäischen Union, zu dessen Erreichung auch die Mitgliedstaaten verpflichtet sind, vgl. bspw. EuGH v. 8.9.2015, Rs. C-105/14 (Taricco), ABl. EU 2015, Nr. C 363, 11, Rn. 36.

881 Vgl. bspw. EuGH v. 29.7.2010, Rs. C-188/09 (Profaktor), Slg. 2010, I-7639 zur Kürzung des Vorsteueranspruchs bei Nichtverwendung einer Registrierkasse. *Kokott*, in: 100 Jahre Umsatzsteuerrecht, 2018, 109, 118f. weist in diesem Zusammenhang auf die Probleme des Steuerrechts als „Massenverwaltungsrecht" und die sich hieraus ergebenden Bedürfnisse für die Verwaltung hin. Zur Einschränkung des Vorsteueranspruchs zur Sicherung der zutreffenden Steuererhebung vgl. bereits Kapitel 2 B VI 2 b.

der Vorsteuerentlastung ihren Platz im System des geltenden Mehrwertsteuerrechts haben, sind diese jedoch einschränkend anzuwenden.[882]

So darf zwar dem bösgläubigen Steuerpflichtigen das Recht auf Vorsteuerabzug unproblematisch versagt werden, da eine missbräuchliche Berufung auf Unionsrecht nach allgemeinem Rechtsverständnis nicht zulässig ist.[883] Der Missbrauch oder die Steuerhinterziehung muss aber tatsächlich stattgefunden haben, bloße Verdachtsmomente oder die Feststellung, dass bestimmte Konstellationen oder Branchen besonders betrugsgeneigt sind, kann für die Versagung eines Vorsteuerabzuges nicht ausreichen.[884] Einem gutgläubigen Unternehmer darf der Vorsteuerabzug generell nicht versagt werden, auch wenn in der Leistungskette ein Missbrauch oder eine Steuerhinterziehung stattgefunden hat.[885]

Ein besonderes Augenmerk ist in diesem Zusammenhang auch auf die Einhaltung von formellen Vorschriften zur Erlangung des Vorsteuerabzugsrechts zu legen. Wenn schon bereits die Nichteinhaltung der im Sekundärrecht selbst festgelegten formellen Anforderungen nicht ohne weiteres dazu führen darf, dass das Recht auf Vorsteuerabzug unbesehen versagt wird,[886] kann erst Recht die Nichteinhaltung von zusätzlichen durch die Mitgliedstaaten auferlegten formellen Pflichten das Recht auf Vorsteuerabzug nicht einschränken. Zwar dürfen die Mitgliedstaaten zur Sicherung der Erhebung des zutreffenden Mehrwertsteueraufkommens den Unternehmern formelle Obliegenheiten auferlegen,[887] die

882 Vgl. Kapitel 2 B VI.

883 Plastisch formuliert von *Kokott*, in: 100 Jahre Umsatzsteuer, 2018, 109, 127, die darauf hinweist, dass „Betrügern“ keine Rechte aus der Mehrwertsteuersystemrichtlinie zustehen.

884 So ausdrücklich zuletzt EuGH v. 12.4.2018, Rs. C-8/17 (Biosafe), ABl. EU 2018, Nr. C 200, 12, Rn. 39, der verlangt, dass der Betrug oder Missbrauch anhand „objektiver Umstände“ nachgewiesen wird. Vgl. auch EuGH v. 28.7.2016, Rs. C-332/15 (Astone), ABl. EU 2016, Nr. C 350, 10, Rn. 52 m.w.N. Ausführlich hierzu auch *Ehrke-Rabel*, in: 100 Jahre Umsatzsteuer, 2018, 721, 744ff. In diesem Sinne wohl auch *Kokott*, Das Steuerrecht der Europäischen Union, 2018, S. 247.

885 In diesem Sinne auch *Ehrke-Rabel*, in: 100 Jahre Umsatzsteuer, 2018, 721, 744.

886 Vgl. EuGH v. 15.9.2016, Rs. C-518/14 (Senatex), ABl. EU 2016, Nr. C 419, 6; v. 21.11.2018, Rs. C-644/16 (Vadan), ABl. EU 2019, Nr. C 25, 4, Rn. 41; v. 15.9.2016, Rs. C-516/14 (Barlis 06), ABl. EU 2016, Nr. C 419, 6, Rn. 42.

887 So sieht auch Art. 273 MwStSystRL ausdrücklich vor, dass die Mitgliedstaaten weitere Pflichte vorsehen können, um die genaue Erhebung der Mehrwertsteuer sicherzustellen, vgl. hierzu auch EuGH v. 12.4.2018, Rs. C-8/17 (Biosafe), ABl. EU 2018, Nr. C 200, 12, Rn. 38 ; v. 21.3.2018, Rs. C-533/16 (Volkswagen), ABl. EU 2018, Nr. C 166, 11, Rn. 48 m.w.N.

Nichteinhaltung dieser Pflichten darf aber in der Regel nicht dazu führen, dass bei Vorliegen der materiellen Voraussetzungen des Vorsteuerabzuges dieser zu versagen ist.[888] Das Mittel der Wahl für die Mitgliedstaaten ist in diesen Fällen vielmehr die Verhängung von Verwaltungssanktionen für die Verletzung gesetzlicher Obliegenheiten.[889]

Der Gedanke der Sicherung des Mehrwertsteueraufkommens darf auch nicht dazu führen, dass in grenzüberschreitenden Fallkonstellationen aufgrund von „Ermittlungsschwierigkeiten" bzw. erschwerter Kontrolle die Vorsteuervergütung gegenüber reinen Inlandsfällen erschwert wird.[890] Dem Mehrwertsteuersystem ist vielmehr immanent, dass auch in grenzüberschreitenden Fallkonstellationen eine Belastungsneutralität hergestellt wird.[891] Die Schlechterstellung von grenzüberschreitenden Fallkonstellationen würde zudem auch das in Art. 26 AEUV niedergelegte Binnenmarktkonzept ad absurdum führen.[892] Auch eine besondere Missbrauchsanfälligkeit von grenzüberschreitenden Fallkonstellationen mit einer korrespondierenden Einschränkung des Vorsteuerabzugsrechts darf dementsprechend nicht pauschal angenommen werden.

Aus dogmatischer Sicht wären Richtlinienregelungen, die dieser Zielsetzung widersprechen, für unanwendbar zu erklären, soweit eine entsprechende Auslegung nicht möglich ist.[893] Da vor dem Hintergrund der derzeitigen

---

888 Allgemein wird dieses Postulat mit dem Begriff „substance-over-form" zusammengefasst und vom EuGH in seinen Entscheidungen sowohl zum Vorsteuerabzug als auch zur Gewährung von Steuerbefreiungen zumeist zugrunde gelegt. *Kokott*, in: 100 Jahre Umsatzsteuer, 2018, 109, 127 beschreibt dies als „common sense" und führt aus, dass der EuGH diesen Grundsatz in seiner Rechtsprechung berücksichtigen würde. Vgl. hierzu auch Kapitel 2 B IV.

889 Diese müssen allerdings dem Grundsatz der Verhältnismäßigkeit genügen, vgl. hierzu bspw. EuGH v. 8.5.2008, Rs. C-95/07 u. 96/07 (Ecotrade), Slg. 2008, I-3457, Rn. 65ff; v. 17.7.2014, Rs. C-272/13 (Equoland), ABl. EU 2014, Nr. C 315, 16, Rn. 32ff.

890 Die Versagung des Vorsteuerabzugs ist vielmehr erst nach Erschöpfung sämtlicher Möglichkeiten der Amtshilfe sowie sämtlicher Nachweismöglichkeiten durch den Unternehmer als „ultima ratio" möglich, vgl. EuGH v. 11.19.2007, Rs. C-451/01 (ELISA), Slg. 2007, I-8251, Rn. 92ff; v. 19.122013, Rs. C-563/12 (BDV Hungary Trading), ABl. EU 2014, Nr. C 52, 21, Rn. 39 zur Erlangung einer Steuerbefreiung; so auch *Kokott*, Das Steuerrecht der Europäischen Union, 2018, S. 247.

891 So auch ausdrücklich die Regelungen in Art. 170 und Art. 171 MwStSystRL.

892 Vgl. hierzu Kapitel 1 B V.

893 So auch *Englisch*, in: Tipke/Lang, Steuerrecht, 2018[23], § 17 Rz. 24; *Richter*, Die Regelungen zum Vorsteuerabzug, 2012, S. 211f.; im Ergebnis auch *Zirkl*, Die Neutralität der Umsatzsteuer, 2015, S. 240.

Zurückhaltung des EuGH in diesem Bereich allerdings nicht davon auszugehen ist, dass der EuGH in absehbarer Zeit eine Richtlinienbestimmung für nicht mit dem Primärrecht vereinbar und damit für unanwendbar erklärt[894], sind zur Erreichung der Belastungsneutralität die Richtlinienbestimmungen entsprechend der grundsätzlichen Uneinschränkbarkeit des Rechts auf Vorsteuerabzug – notfalls auch über den eindeutigen Wortlaut der Richtlinie hinaus – auszulegen. Dieser Vorgehensweise scheint auch der EuGH – zumindest im Bereich der formellen Voraussetzungen – nicht abgeneigt zu sein.[895]

Dies muss dementsprechend auch für die nationalen Rechtsanwender gelten. In keinem Fall dürfen sich diese auf den Standpunkt zurückziehen, der Vorsteuerabzug könne nur soweit gewährt werden, als die Richtlinienregelungen diesen gewähren, auch wenn diese einer vollständigen Entlastung des Unternehmers von der Vorsteuer entgegenstehen oder erschweren.[896] Vor allem mit Blick auf die formellen Voraussetzungen des Vorsteuerabzugsrechts lässt sich der EuGH-Rechtsprechung entnehmen, dass Richtlinienvorgaben durchaus auch über ihren „eindeutigen" Wortlaut hinaus auszulegen sind, um dem Recht auf Vorsteuerabzug Genüge zu tun.

Sofern eine Auslegung aufgrund des *contra legem Verbots*[897] nicht möglich erscheint, muss zwingend eine Vorlage an den EuGH erfolgen, um insoweit

894 Ein entsprechendes Vorlageersuchen nationaler Gerichte gem. Art. 267 AEUV hätte demnach wohl derzeit keine Aussicht auf Erfolg.

895 EuGH v. 11.6.1998, Rs. C-361/96 (Grandes sources d´eaux minerales françaises), Slg. 1998, I-3495 zur Frage der Qualität des Nachweises der Entstehung des Vorsteuerabzugsrechts sowie EuGH v. 15.9.2016, Rs. C-518/14 (Senatex), ABl. EU 2016, Nr. C 419, 6; v. 21.11.2018, Rs. C-644/16 (Vadan), ABl. EU 2019, Nr. C 25, 4, Rn. 41 zu den erforderlichen Rechnungsanforderungen. EuGH v. 15.9.2016, Rs. C-516/14 (Barlis 06), ABl. EU 2016, Nr. C 419, 6, Rn. 42 mit dem Hinweis, dass neben Rechnungen auch andere Informationen für die Prüfung der Vorsteuerabzugsberechtigung zu berücksichtigen sind.

896 So aber teilweise die Argumentationslinie im Rahmen des Vergütungsverfahrens nach der 11. EG-Richtlinie, vgl. bspw. FG Köln v. 5.6.2014, 2 K 3334/12, veröffentlicht bei juris, Rn. 33ff. Vgl. hierzu ausführlich unter Kapitel 4 F.

897 Zumindest nach deutschem Rechtsverständnis bildet der Wortlaut die Grenze der Auslegung, vgl. *Herresthal*, EuZW 2007, 396 m.w.N.; *Höpfner*, Die systemkonforme Auslegung, 2008, S. 234; Manthey/Unseld, DÖV 2011, 921. *Tonikidis*, JA 2013, 598, 604. *Anweiler*, Die Auslegungsmethoden des Gerichtshofs der Europäischen Gemeinschaft, 1997, S. 407 weist insoweit daraufhin, dass der EuGH anders als nationale Gerichte, den Wortlaut nur dann als Obergrenze der Auslegung ansieht, wenn die Regelungen Eingriffe in die Marktrechte der Bürger begründen.

Klarheit über die Auslegung und Anwendung der Norm zu erhalten. Eine unreflektierte Anwendung von Richtlinienbestimmungen oder diese umsetzenden nationalen Maßnahmen kann aber in keinem Fall zutreffend sein und wird den Grundsätzen des Mehrwertsteuersystems auch in keiner Weise gerecht. Hierauf wird im weiteren Verlauf der Arbeit noch näher einzugehen sein.

Kapitel 3: Vorsteuererstattung in „Outbound“-Fällen

A. Allgemeine Grundlagen

Die umsatzsteuerliche Behandlung von grenzüberschreitend bezogenen Leistungen steht im Spannungsfeld[898] zwischen der Verwirklichung eines Europäischen Binnenmarktes durch die Beseitigung von Steuergrenzen[899] und der Berücksichtigung der Fiskalinteressen der einzelnen Mitgliedstatten durch den Erhalt bzw. die Zuweisung von Umsatzsteuereinnahmen[900]. Zur Verhinderung von ungewollten Nicht- und Doppelbesteuerungen[901] muss eine generelle Entscheidung darüber getroffen werden, welchem Staat das Besteuerungsrecht für erbrachte Leistungen zusteht. Die erforderliche Zuweisung des Besteuerungsrechts erfolgt durch einheitliche Regelungen über den Ausführungsort von Lieferungen und sonstigen Leistungen innerhalb der Europäischen Union.[902]

In Betracht kommt grundsätzlich eine Besteuerung nach dem Ursprungslandprinzip, d.h. dem Land, dem die Waren und Dienstleistungen entstammen, oder nach dem Bestimmungslandprinzip, d.h. dem Land, in dem die Waren und Dienstleistungen bezogenen und typischerweise auch verbraucht werden. Nach langen Diskussionen um das dem Binnenmarkt zugrunde zu legende Besteuerungsregime[903] scheint sich nun endgültig die Besteuerung nach dem

---

898 Vgl. insoweit auch *Reiß*, in: FS Tipke, 1995, 433, 436f.

899 Vgl. hierzu *Rokos*, UR 1992, 89; *Klezath*, UR 1992, 61f.; *Schön*, in: Nieskens (Hrsg.), Umsatzsteuer-Kongress-Bericht 2001/2001, 17, 23.

900 Vgl. hierzu *Klezath*, UR 1992, 61, 62; *Rokos*, UR 1992, 89, 92; *Schön*, in: Nieskens (Hrsg.), Umsatzsteuer-Kongress-Bericht 2001/2002, 17, 30f.

901 Der EuGH hat insoweit ausgeführt, dass den Mehrwertsteuerrichtlinien ein allgemeines Doppelbesteuerungsverbot innewohnt, vgl. EuGH v. 5.5.1982, Rs. 15/81 (Gaston Schul), EuGHE 1982, 140; v. 26.1.2012, Rs. C-218/10 (ADV Allround), ABl. EU 2012, Nr. C 73, 2, Rn. 27ff.; v. 2.10.2014, Rs. C-244/13 (Fonderie), ABl. EU 2014, Nr. C 315, 15, Rn. 31; zustimmend *Schön*, in: Nieskens (Hrsg.), Umsatzsteuer-Kongress-Bericht 2001/2002, 17, 26; vgl. hierzu auch *Kokott*, Das Steuerrecht der Europäischen Union, 2018, S. 82.

902 *Schön*, in: Nieskens (Hrsg.), Umsatzsteuer-Kongress-Bericht 2001/2002, 17, 26.

903 So führt der EuGH bspw. in dem Urteil v. 7.12.2010, Rs. C-285/09 (R), Slg. 2010, I-12605, Rn. 38 ausdrücklich aus, dass es sich hierbei lediglich um eine „Übergangsregelung“ handelt. So auch der ausdrückliche Wortlaut in Art. 402 Abs. 1 MwStSystRL. Die EU-Kommission folgt mit ihrem Vorschlag letztlich den Forderungen des Rates

Bestimmungslandprinzip durchgesetzt zu haben[904]. Da noch keine vollständige Harmonisierung der Umsatzsteuersysteme der Mitgliedstaaten – insbesondere hinsichtlich der Steuersätze – erfolgt ist, ist zur Sicherstellung der Neutralität erforderlich,[905] die Steuerbelastung importierter Leistungen auf das Niveau des Bestimmungsstaates zu bringen.[906]

Für den Unternehmer, der in seinem Ansässigkeitsstaat Leistungen aus dem Ausland bezieht, bedeutet die Verwirklichung des Bestimmungslandprinzips, dass diese Leistungen in der Regel der Besteuerung und den verfahrensrechtlichen Modalitäten seines Ansässigkeitsstaates unterliegen.

Für die tatsächliche Besteuerung der bezogenen Leistungen kommt es darauf an, ob es sich hierbei um die Lieferung von Gegenständen (Art. 14 MwStSystRL, § 3 Abs. 1 UStG) oder die Erbringung von sonstigen Leistungen (Art. 24 MwStSystRL, § 3 Abs. 9 UStG) handelt, da die Verwirklichung des Bestimmungslandprinzip auf unterschiedliche Weise erfolgt.

---

und des EU-Parlamentes, vgl. Schlussfolgerungen des Rates v. 8.11.2006 zu Verbesserungen der derzeitigen Mehrwertsteuervorschriften der EU für grenzüberschreitende Umsätze, Dok. 14257/16 FISC 190 ECOFIN 1023.

904 Vgl. insoweit den Vorschlag der EU-Kommission v. 4.10.2017, COM(2017) 569 final, der insoweit die Besteuerung nach dem Bestimmungslandprinzip als endgültig ansehen will. Vgl. hierzu auch *Widmann*, UR 2018, 10; *ders.*, in: 100 Jahre Umsatzsteuer, 2018, 987, 993f. sowie *Kraeusel*, UVR 2017, 366. Zu den Problemen der Einführung des ursprünglich angestrebten Ursprungslandprinzips vgl. bspw. *Keil*, UR 1997, 368, 370ff.; *Reiß*, in: FS Tipke, 433, 441-449.

905 Der Grundsatz der Neutralität verlangt insoweit, dass importierte Leistungen und im Inland produzierten Leistungen derselben umsatzsteuerlichen Belastung unterliegen, vgl. *Scheller/Schrömbges*, Grenzüberschreitender Warenverkehr aus Sicht der Umsatzsteuer, 2011, S. 51; *Tumpel*, in: Seer (Hrsg.), DStJG 32, 2009, 32, 53, 64f.; *Terra/Kajus*, European VAT Directives, 2009, S. 287; *Zirkl*, Die Neutralität der Umsatzsteuer, 2015, S. 126.

906 *Englisch*, in: Tipke/Lang, Steuerrecht, 2018, § 17 Rz. 395; *ders.*, in: Seer (Hrsg.), DStJG 32, 2009, 165, 170; *Reiß*, in: FS Tipke, 1995, 433, 441f.; *Tumpel*, in: Seer (Hrsg.), DStJG 32, 2009, 32, 53, 64f.

B. Bezug ausländischer Waren

I. Bezug von Waren aus einem anderen Mitgliedstaat

1. Praktische Umsetzung des Bestimmungslandprinzips

Zur Umsetzung des Bestimmungslandprinzips und der Verhinderung einer Doppelbesteuerung der Waren (d.h. sowohl im Ursprungs- als auch im Bestimmungsland), darf keine Belastung der Waren mit Umsatzsteuer im Ursprungsland erfolgen.[907]

Dies wird praktisch dadurch sichergestellt, dass die Ausführung von Lieferungen an einen anderen Unternehmer in einen anderen Mitgliedstaat – vorbehaltlich der Erfüllung bestimmter Aufzeichnungs- und Nachweiserfordernisse – für den leistenden Unternehmer umsatzsteuerfrei ist (vgl. Art. 138 MwStSystRL, §§ 4 Nr. 1b, 6a UStG). Eine Besteuerung auf Ebene des leistenden Unternehmers findet somit nicht statt. Ziel dieser Befreiung ist es, die Steuereinnahmen in den Mitgliedstaat zu verlagern, in dem der Endverbrauch der gelieferten Gegenstände erfolgt.[908]

Die Besteuerung der Lieferung erfolgt auf der Ebene des Leistungsempfängers. Dieser hat im Bestimmungsstaat der Lieferung einen steuerpflichtigen innergemeinschaftlichen Erwerb zu versteuern (Art. 2 Abs. 1 lit. b MwStSystRL, § 1 Abs. 1 Nr. 5 UStG). Durch das Zusammenwirken dieser Regelungen wird eine klare Abgrenzung der Steuerhoheiten der betroffenen Mitgliedstaaten gewährleistet.[909]

Dem Leistungsempfänger steht zeitgleich zu seinem steuerpflichtigen Erwerb ein korrespondierender Vorsteuerabzug in gleicher Höhe zu (Art. 168 lit. c MwStSystRL, § 15 Abs. 1 S. 1 Nr. 3 UStG). Für den Leistungsempfänger ergibt sich daher insoweit ein „Nullsummenspiel".[910] Die „eigentliche" Besteuerung

---

907 *Zirkl*, Die Neutralität der Umsatzsteuer, 2015, S. 91 spricht davon, dass die Umsatzsteuerbelastung „zu neutralisieren" ist.

908 Vgl. hierzu auch EuGH v. 27.9.2007, Rs. C-409/04 (Telos), Slg. 2007, I-7797, Rn. 36; v. 27.9.2007, Rs. C-146/05 (Collée), Slg. 2007, I-7861, Rn. 22; v. 27.9.2007, C-184/05 (Twoh International), Slg. 2007, I-7897, Rn. 22; v. 22.4.2010, Rs. C-536/08 und C-539/98 (X und Facet Trading BV), Slg. 2010, I-3581, Rn. 30; v. 7.12.2010, Rs. C-285/09 (R), Slg. 2010, I-12605, Rn. 37.

909 EuGH v. 6.4.2006, Rs. C-245/04 (Eder), Slg. 2006, I-3227, Rn. 30 u. 40; v. 7.12.2010, Rs. C-285/09 (R), Slg. 2010, I-12605, Rn. 38; v. 18.11.2011, Rs. C-84/09 (X), Slg. 2010, I-11645, Rn. 22.

910 Vgl. hierzu *Heidner*, in: Bunjes, UStG, 2018, § 15 Rn. 222; *Stadie*, in: Rau/Dürrwächter, UStG, § 15 (Januar 2017) Rn. 1167. Etwas anderes gilt jedoch dann, wenn der

der Waren erfolgt bei der anschließenden Lieferung an einen Endverbraucher.[911] Durch das Zusammenspiel der Befreiung der innergemeinschaftlichen Lieferung und der Besteuerung des anschließenden innergemeinschaftlichen Erwerbs im Bestimmungsland wird sichergestellt, dass der Umsatz nur einmal und zwar im Staat des Endverbrauchs besteuert wird.[912]

Eine dem Grundsatz der Neutralität widersprechende Besteuerung liegt in dieser Konstellation vor, wenn der Herkunftsstaat die Lieferung nicht von der Umsatzsteuer befreit und der Bestimmungsstaat die innergemeinschaftliche Lieferung gleichzeitig der Umsatzsteuer unterwirft.[913] Vor diesem Hintergrund kommt der Gewährung der Steuerbefreiung der innergemeinschaftlichen Lieferung zur Verwirklichung des Neutralitätsprinzips eine enorme Bedeutung zu.[914] Auch wenn die Gewährung der Steuerbefreiung grundsätzlich an die Erfüllung

---

Erwerber eine andere USt-IdNr. als die des Bestimmungslandes verwendet. In diesem Fall entsteht eine zweite Umsatzsteuer in dem Mitgliedstaat, dessen USt-IdNr. verwendet wurde. Diese Umsatzsteuer kann nicht als Vorsteuer abzogen werden, sondern wird vielmehr von der Bemessungsgrundlage abgezogen, wenn nachgewiesen wird, dass der Umsatz in dem Bestimmungsland tatsächlich besteuert wurde (vgl. Art. 41 MwStSystRL, § 3d S. 2 i.V.m. § 17 Abs. 2 Nr. 4 UStG) hierzu auch *Heidner*, in: Bunjes, UStG, 2018, § 15 Rn. 225. Hierin liegt auch kein Verstoß gegen das Gebot des Sofortabzuges, in diese Richtung gehend EuGH v. 22.4.2010, Rs. C-536/08 u. C-539/08 (X und Facet Trading BV), Slg. 2010, I-3581, Rn. 45 zur Vorgängerregelung unter der 6. EG-Richtlinie. Zum Begriff allgemein, vgl. *Mittler*, UR 2001, 385.

911 Vgl. *Englisch*, in: Tipke/Lang, Steuerrecht, 2018, § 17 Rz. 417. Sofern der Leistungsempfänger an einen in einem anderen Staat ansässigen Unternehmer liefert, wäre diese Lieferung ebenfalls steuerfrei.

912 Vgl. EuGH v. 6.4.2006, Rs. C-245/04 (Eder), Slg. 2006, I-3227, Rn. 25ff. u. 40; Schlussanträge GA *Kokott*, EuGH v. 10.11.2005, Rs. C-245/04 (Eder), EuGHE 2006, I-3227, Rn. 23ff.; Schlussanträge GA *Ruiz-Jarabo Colomer*, EuGH v. 13.1.2004, Rs. C-68/03 (Lipjes), Slg. 2004, I-5879, Rn. 35. Die Steuerbefreiung setzt aber nicht voraus, dass der innergemeinschaftliche Erwerb in einem anderen Mitgliedstaat auch tatsächlich der Besteuerung unterworfen wird, vgl. EuGH v. 28.9.2007, Rs. C-409/04 (Telos), Slg. 2007, I-7797.

913 EuGH v. 27.9.2007, Rs. C-409/04 (Telos), Slg. 2007, I-7797, Rn. 25; v. 27.9.2007, Rs. C-146/05 (Collée), Slg. 2007, I-7861, Rn. 23; v. 20.10.2016, Rs. C-24/15 (Plöckl), ABl. EU 2016, Nr. C 475, 3, Rn. 39; vgl. hierzu auch *Henze*, in: Englisch/Nieskens (Hrsg.), Umsatzsteuer-Kongress-Bericht 2010, 7, 13.

914 Der EuGH betrachtet die Umsatzsteuerbefreiung von innergemeinschaftlichen Lieferungen daher auch zutreffend als eine Ausprägung des Grundsatzes der Neutralität, vgl. EuGH v. 27.9.2007, Rs. C-146/05 (Collée), Slg. 2007, I-7861, Rn. 23; v. 27.9.2007, Rs. C-409/04 (Telos), Slg. 2007, I-7797, Rn. 25.

zahlreicher Buch- und Belegpflichten anknüpft, hat der EuGH deutlich zum Ausdruck gebracht, dass bei einem Vorliegen der materiellen Voraussetzungen der Steuerbefreiung, also wenn „aufgrund der objektiven Beweislage“ feststeht, dass der betreffende Gegenstand tatsächlich ins Ausland gelangt ist“, die Steuerbefreiung zu gewähren ist.[915] Weiterer Nachweise bedarf es in einer solchen Konstellation, außer in Betrugsfällen,[916] nicht.[917]

Als Reaktion auf diese doch recht unternehmerfreundliche Rechtsprechung vertritt die deutsche Finanzverwaltung die Auffassung, dass in Fällen, in denen Umsatzsteuer ausgewiesen wird, obwohl die materiellen Voraussetzung der Steuerbefreiung vorliegen, die Steuer als unrechtmäßig ausgewiesene Steuer behandelt wird und damit für den Leistungsempfänger nicht als Vorsteuer abzugsfähig ist.[918] Ziel dieses Ansatzes ist die Verhinderung einer unrechtmäßigen wirtschaftlichen Belastung des Fiskus indem der Leistungsempfänger zunächst die in Rechnung gestellte Umsatzsteuer als Vorsteuer abziehen kann und die Lieferung anschließend im Wege der Rechnungsberichtigung steuerfrei gestellt wird, ohne dass korrespondierend der Vorsteuerabzug rückgängig gemacht wird.[919] Dies erscheint zunächst nur konsequent, da bei Vorliegen der Voraussetzungen der Steuerbefreiung ein Vorsteuerabzug für den Leistungsempfänger nicht erforderlich ist. Auswirkungen auf die Belastungsneutralität des Leistungsempfängers können sich jedoch in den Fällen ergeben, in denen die jeweiligen Finanzbehörden der beteiligten Unternehmer unterschiedliche Rechtsauffassungen vertreten[920] oder der leistende Unternehmer sich weigert, die Lieferung tatsächlich

---

915 Vgl. grdl. EuGH v. 27.9.2007, Rs. C-146/05 (Collée), Slg. 2007, I-7861. Bei den Buch- und Belegnachweisen handelt es sich somit nicht um Tatbestandsvoraussetzungen, sondern lediglich um mögliche Beweismittel, vgl. *Meyer-Burrow/Connemann*, UStB 2016, 214, 215; *Neeser*, in: Englisch/Nieskens (Hrsg.), Umsatzsteuer-Kongress-Bericht 2010, 131, 133; *Höink/Winter*, DStR 2010, 1772.

916 Zum Umgang mit Betrugsfällen im Rahmen der innergemeinschaftlichen Lieferung vgl. ausführlich nachfolgend.

917 EuGH v. 27.9.2007, Rs. C-146/05 (Collée), Slg. 2007, I-7861; v. 27.9.2007, Rs. C-409/04 (Telos), Slg. 2007, I-7797. Dieser Rechtsprechung hat sich der BFH im Grundsatz angeschlossen vgl. BFH v. 12.5.2009, V R 65/06, BStBl. II 2010, 511; v. 28.5.2009, V R 23/08, BStBl. II 2010, 517; v. 19.3.2015, V R 14/14, BStBl. II 2015, 243.

918 Vgl. BMF-Schreiben v. 16.2.2016, III C 3 – S 7359/10/10003, BStBl. I 2016, 239. Diese Regelung wurde nun auch in Abschn. 18.11 Abs. 1a UStAE übernommen.

919 *Meyer-Burrow/Connemann*, UStB 2016, 214, 216.

920 Da die Steuerschuldverhältnisse des leistenden Unternehmers und des Leistungsempfängers getrennt zu beurteilen sind, ist eine verfahrensrechtliche Verknüpfung

als steuerfrei zu behandeln.[921] Insoweit ist allerdings anzumerken, dass es sich hierbei nicht um einen neuen Gedanken seitens der deutschen Finanzverwaltung handelt, sondern in „Inbound“-Fällen der Vorsteuerabzug in diesen Konstellationen explizit bereits durch Unionsrecht versagt wird.[922]

2. *Auswirkungen auf den Vorsteuerabzug*

Aufgrund der Anwendung des Bestimmungslandprinzips gelten zudem prinzipiell dieselben Grundsätze wie im allgemeinen Besteuerungsverfahren.[923] Nachfolgend soll daher lediglich auf die in diesem Bereich bestehenden Besonderheiten eingegangen werden.

a. *Erfordernis einer Rechnung*

Für den Vorsteuerabzug im Rahmen des innergemeinschaftlichen Erwerbs wird auf den Besitz einer Rechnung verzichtet, da dieser in Bezug auf ihre Dokumentationsfunktion keine Bedeutung zukommen würde.[924] Zwar sieht die MwStSystRL das Vorliegen einer Rechnung für die Geltendmachung des Vorsteuerabzuges vor[925], jedoch können die Mitgliedstaaten von dieser Voraussetzung absehen (Art. 181 MwStSystRL), wovon Deutschland auch Gebrauch gemacht hat[926]. Der Vorsteuerabzug kann somit nicht deshalb versagt werden, weil keine ordnungsgemäße Rechnung vorliegt.

---

und eine damit einhergehende einheitliche Beurteilung nicht erforderlich. Zur Frage der Abziehbarkeit der Vorsteuer in derartigen Konstellationen vgl. Kapitel 2 B V.

921 Eine rechtliche Handhabe gegen eine solche Praxis würde sich für den Leistungsempfänger lediglich aus dem Zivilrecht ergeben. Gerade in grenzüberschreitenden Situationen kann eine letztlich gerichtliche Durchsetzung dieses Anspruchs sich für den Leistungsempfänger aber als schwierig gestalten.

922 Eine entsprechende Regelung findet sich in Art. 4 lit. b der 11. EG-Richtlinie. Vgl. hierzu Kapitel 4 E II 2.

923 Vgl. hierzu ausführlich Kapitel 2 B.

924 *Heidner*, in: Bunjes, UStG, 2018, § 15 Rn. 223; *Oelmaier*, in: Sölch/Ringleb, UStG, § 15 (Juni 2018) Rn. 470; *Stadie*, in: Rau/Dürrwächter, UStG, § 15 (Januar 2017) Rn. 1165.

925 Vgl. insoweit Art. 178 lit. c i.V.m. Art. 220 Abs. 1 Nr. 3 i.V.m. Art. 226 MwStSystRL.

926 § 15 Abs. 1 Nr. 3 UStG sieht das Vorliegen einer Rechnung für den Vorsteuerabzug bei innergemeinschaftlichen Erwerben explizit nicht vor. Dies entspricht auch der bewussten Entscheidung des Gesetzgebers vgl. BT-Drucks. 12/2463, S. 33.

b. Verwendung der USt-IdNr.

aa. Funktion der USt-IdNr.

Die Mitgliedstaaten haben nach Art 214 MwStSystRL sicherzustellen, dass umsatzsteuerliche Unternehmer eine USt-IdNr. erhalten. Ziel der USt-IdNr. ist das ordnungsgemäße Funktionieren des Binnenmarktes. Sie soll den Nachweis des umsatzsteuerlichen Status des Steuerpflichtigen ermöglichen und die genaue Erhebung der Umsatzsteuer durch die Mitgliedstaaten erleichtern.[927] Insbesondere dient die USt-IdNr. der Kontrolle bewirkter Umsätze.[928]

Da Art. 214 MwStSystRL keine Einzelheiten über die Voraussetzungen der Erteilung der USt-IdNr. durch die Mitgliedstaaten enthält, steht den Mitgliedstaaten insoweit ein gewisser Gestaltungsspielraum zu. Hierbei müssen die Mitgliedstaaten jedoch die wirksame Erhebung der Umsatzsteuer garantieren und dürfen hinsichtlich der Erteilung der USt-IdNr. keine bedeutsamen Unterschiede zwischen den Steuerpflichtigen desselben Mitgliedstaates sowie zwischen Steuerpflichtigen unterschiedlicher Mitgliedstaaten schaffen.[929] Auch darf die Erteilung der USt-IdNr. nicht ohne Grund verweigert werden.[930]

Nach Art. 273 MwStSystRL können die Mitgliedstaaten Maßnahmen vorsehen, um die missbräuchliche Verwendung einer USt-IdNr. zu verhindern.[931] Zur Verhinderung von Steuerhinterziehungen und -umgehungen haben die Mitgliedstaaten vor Erteilung der USt-IdNr. zu prüfen, ob der Antragsteller Unternehmer ist.[932]

---

927 *Kokott*, Das Steuerrecht der Europäischen Union, 2018, S. 361.

928 So verlangt die MwStSystRL an verschiedenen Stellen, dass die USt-IdNr. in den zu erbringenden Nachweisen und Dokumenten enthalten sein muss, vgl. hierzu EuGH v. 14.3.2013, Rs. C-527/11 (Ablessio), UR 2013, 392, Rn. 18ff. In Bezug auf die Gewährung der Steuerbefreiung innergemeinschaftlicher Lieferungen sieht der EuGH die Verwendung der zutreffenden USt-IdNr. nur als formelle Voraussetzung an, vgl. EuGH v. 20.10.2016, Rs. C-24/15 (Plöckl), ABl. EU 2016, Nr. C 475, 3, Rn. 42; a.A. *Kokott*, Das Steuerrecht der Europäischen Union, 2018, S. 445.

929 EuGH v. 9.7.2015, Rs. C-144/14 (Tomoiaga), ABl. EU 2015, Nr. C 294, 7, Rn. 28f.

930 EuGH v. 14.3.2013, Rs. C-527/11 (Ablessio), UR 2013, 392, Rn. 23.

931 EuGH v. 14.3.2013, Rs. C-527/11 (Ablessio), UR 2013, 392, Rn. 30; hierzu auch *Kokott*, Das Steuerrecht der Europäischen Union, 2018, S. 362.

932 EuGH v. 14.3.2013, Rs. C-527/11 (Ablessio), UR 2013, 392, Rn. 28f.

bb. Voraussetzung für den Vorsteuerabzug

Der Grundsatz, dass das Vorsteuerabzugsrecht nicht an formelle Voraussetzungen anknüpft[933], findet auf die Verwendung der USt-IdNr. keine Anwendung.[934]

Grund hierfür ist, dass sich entsprechend dem Bestimmungslandprinzip der Ort des innergemeinschaftlichen Erwerbs und damit der Anknüpfungspunkt des Besteuerungsrechts, an dem Ort befindet, an dem die Warenbewegung endet.[935] Ohne Bedeutung ist insoweit, ob der Leistungsempfänger dort tatsächlich ansässig ist oder eine feste Niederlassung innehat.[936] Der Leistungsempfänger hat den innergemeinschaftlichen Erwerb zwingend in diesem Mitgliedstaat zu versteuern.[937] Unabhängig von dieser Regelung ist der innergemeinschaftliche Erwerb aber auch in dem Mitgliedstaat zu versteuern, dessen USt-IdNr. der Erwerber gegenüber dem leistenden Unternehmer angegeben hat.[938] Verwendet der Leistungsempfänger nicht die USt-IdNr. des eigentlichen Bestimmungsstaates, unterliegt der innergemeinschaftliche Erwerb somit zweimal der Umsatzsteuer.[939] Die auf diesen zweiten Erwerb anfallende Umsatzsteuer ist allerdings nicht als Vorsteuer abziehbar, da ansonsten für die durch die MwStSystRL beabsichtigte Besteuerung im Bestimmungsland kein Anreiz bestünde.[940] Diese

---

933 Insoweit hat der EuGH das Prinzip des substance-over-form geprägt, vgl. hierzu Kapitel 2 B IV.

934 Die Mitteilung der USt-IdNr. des Leistungsempfängers ist hingegen keine Voraussetzung für die Gewährung der Steuerbefreiung der innergemeinschaftlichen Lieferung, vgl. EuGH v. 27.9.2012, Rs. C-587/16 (VSTR), ABl. EU 2012, Nr. C 366, 9.

935 Art. 40 MwStSystRL, § 3d S. 1 UStG.

936 Vgl. *Heuermann*, in: Sölch/Ringleb, UStG, § 3d (Oktober 2017) Rn. 4.

937 Besonderheiten können sich hingegen im Rahmen sog. innergemeinschaftlicher Dreiecksgeschäfte ergeben, vgl. hierzu § 25b UStG.

938 Dies dient dem leistenden Unternehmer auch als Nachweis dafür, dass der Erwerb den Gegenstand als Unternehmer für sein Unternehmen erworben hat und die Voraussetzungen der Steuerfreiheit vorliegen, vgl. § 6a Abs. 1 Nr. 2a UStG. Für die steuerfreie innergemeinschaftliche Lieferung ist die Verwendung der USt-IdNr. zwar eine „bloße“ formelle Voraussetzung (EuGH v. 9.2.2017, Rs. C-21/16 (Euro Tyre), Rn. 32), aber „tatsächlich unabdingbar“, da sie eine zwingende Rechnungsangabe darstellt, vgl. *Heuermann*, in: Sölch/Ringleb, UStG, § 3d (Oktober 2017) Rn. 8.

939 Vgl. Art. 41 MwStSystRL, § 3d S. 2 UStG; hierzu *Heuermann*, in: Sölch/Ringleb, UStG, § 3d (Oktober 2017) Rn. 13.

940 EuGH v. 22.4.2010, Rs. C-538/08 und C-539/08 (X und Facet Trading BV), Slg. 2010, I-3581, Rn. 44. Dieser Rechtsprechung hat sich auch der BFH angeschlossen vgl. BFH v. 8.9.2010, XI R 40/08, HFR 2011, 458 mit. Anm. *Rauch*. Seit dem 30.6.2013 ist dies in § 15 Abs. 1 Nr. 3 UStG auch ausdrücklich klargestellt.

zweite Besteuerung kann allerdings wieder rückgängig gemacht werden, wenn der Erwerber nachweist, dass der innergemeinschaftliche Erwerb tatsächlich im Bestimmungsland versteuert wurde.[941] Diese Regelung basiert vor allem auf praktischen Erwägungen. Da das innergemeinschaftliche Kontrollverfahren[942] zur Überwachung des grenzüberschreitenden Warenverkehrs auf USt-IdNr. basiert, kann jedenfalls der Staat, dessen USt-IdNr. verwendet wird, die Besteuerung leicht durchführen.[943] Da jedoch das Bestimmungslandprinzip nur umgesetzt werden kann, wenn die Besteuerung tatsächlich in dem Land erfolgt, in dem die Warenbewegung endet, muss sichergestellt werden, dass die Besteuerung – unabhängig von der Verwendung der USt-IdNr. durch den Leistungsempfänger – auch dort erfolgt. Dies soll durch den gesetzlich geregelten Korrekturmechanismus sichergestellt werden. Sofern das Neutralitätsprinzip durch den Ausschluss des Vorsteuerabzugs verletzt wird, ist dies hinzunehmen, da der Leistungsempfänger die Rückgängigmachung der doppelten Besteuerung selbst in der Hand hat und so letztlich die zutreffende Erhebung der Mehrwertsteuer sichergestellt werden soll.[944] Sofern dem Unternehmer hierdurch höhere Pflichten auferlegt werden als in rein innerstaatlichen Fällen, ist dies durch den Wegfall der physischen Grenzen zwischen den Mitgliedstaaten begründet und damit hinzunehmen.[945]

Problematischer ist vielmehr die Tatsache, dass der zweite innergemeinschaftliche Erwerb erst zu dem Zeitpunkt rückgängig gemacht werden kann, in dem die Besteuerung im Bestimmungsland nachgewiesen wurde.[946] Dies kann zu Zinsbelastungen des Leistungsempfängers führen.[947] Ob diese Rechtsfolge vor der durch den EuGH explizit festgestellten Rückwirkung von Rechnungsberichtigungen[948] allerdings noch Bestand haben kann, erscheint mehr als

941 Vgl. Art. 41 Abs. 1 MwStSystRL, § 3d S. 2 UStG: „gilt der Erwerb solange in dem Gebiet des Mitgliedstaates, der die USt-IdNr. Erteilt hat, als bewirkt, bis der Erwerber nachweist". Die Besteuerung ist somit „auflösend bedingt" vgl. *Heuermann*, in: Sölch/Ringleb, UStG, § 3d (Oktober 2017) Rn. 13; *Stadie*, UStG, 2015, § 3d Rn. 6.

942 Verordnung (EG) Nr. 904/2010 v. 7.10.2010 (***Zusammenarbeits-VO***).

943 Vgl. hierzu *Heuermann*, in: Sölch/Ringleb, UStG, § 3d (Oktober 2017) Rn. 10f.

944 Im Ergebnis soll erreicht werden, dass der innergemeinschaftliche Erwerb wenigstens in einem Mitgliedstaat der Union besteuert wird, vgl. *Stadie*, UStG, 2015, § 3d Rn. 5.

945 In diesem Sinne EuGH v. 27.9.2007, Rs. C-409/04 (Teleos), Slg. 2008, I-7797, Rn. 58; v. 21.2.2008, Rs. C-271/06 (Netto-Supermarkt), Slg. 2008, I-771, Rn. 22 zur Gewährung von Steuerbefreiungen bei grenzüberschreitenden Lieferungen.

946 Vgl. § 17 Abs. 2 Nr. 4, § 17 Abs. 1 S. 7 UStG.

947 *Robisch*, UR 2014, 561, 563, *Hiller*, DStR 2015, 621, 625.

948 EuGH v. 16.9.2016, Rs. C-518/14 (Senatex), ABl. EU 2016, Nr. C 419, 6.

fraglich.[949] Eine explizite Aussage des EuGH zu dieser Problematik steht derzeit allerdings noch aus.

c. Umgang mit Fällen der Steuerhinterziehung

aa. Allgemeines

Eine weitere Besonderheit bei innergemeinschaftlichen Lieferungen ergibt sich in Bezug auf den Umgang mit Steuerhinterziehungen bzw. -betrügereien. Wie bereits aufgezeigt, ist der Vorsteuerabzug generell zu versagen, wenn der Steuerpflichtige an einer Steuerhinterziehung beteiligt ist oder bei Einhaltung der üblichen Sorgfaltspflichten die Einbeziehung seines Umsatzes in eine Steuerhinterziehung hätte erkennen können bzw. müssen.[950] Da grenzüberschreitende Warenlieferungen gerade aufgrund der Verwirklichung des Bestimmungslandprinzips durch das Zusammenspiel von steuerfreier innergemeinschaftlicher Lieferung und steuerpflichtigem innergemeinschaftlichem Erwerb besonders betrugsanfällig sind[951], beinhalten Umsatzsteuerkarusselle in der Praxis meist eine oder mehrere grenzüberschreitende Warenbewegungen, so dass der EuGH hierauf eine Antwort finden musste.[952]

bb. Gewährung der Steuerbefreiung

(1) Darstellung der EuGH-Rechtsprechung

Virulent wird der Umgang mit Steuerhinterziehungen zunächst bereits bei der Frage, ob der leistende Unternehmer in den Genuss der Steuerbefreiung kommt. Hierzu hat der EuGH ausgeführt, dass eine steuerfreie innergemeinschaftliche Lieferung prinzipiell immer dann vorliegt, wenn der betreffende Gegenstand den Lieferstaat physisch verlassen hat.[953] Da diese Prüfung für die Mitgliedstaaten aufgrund des Wegfalls der Grenzkontrollen schwierig ist[954], beschränkt sich

---

949 In diese Richtung gehend ebenfalls *Heuermann*, in: Sölch/Ringleb, UStG, § 3d (Oktober 2017) Rn. 13.

950 Siehe hierzu bereits Kapitel 2 B VI 2.

951 So *Mann*, Der Schutz des guten Glaubens, 2017, S. 59ff.; *Wäger*, UR 2015, 81.

952 Zu der Ausgestaltung von Umsatzsteuerhinterziehungen im Mehrwertsteuerrecht vgl. bereits Kapitel 2 B IV 2 a cc. Vgl. hierzu auch *Wäger*, UR 2015, 81.

953 EuGH v. 27.9.2007, Rs. C-409/04 (Telos), Slg. 2007, I-5337, Rn. 42; v. 27.9.2007, Rs. C-184/05 (Twoh International) Slg. 2007, I-7879, Rn. 23; v. 7.12.2010, Rs. C-285/09 (R), Slg. 2010, I-12605, Rn. 41; v. 20.10.2016, Rs. C-24/15 (Plöckl), ABl. EU 2016, Nr. C 475, 3, Rn. 39.

954 Vgl. *Kokott*, Das Steuerrecht der Europäischen Union, 2018, S. 441.

die Prüfung auf die vom Steuerpflichtigen vorgelegten Beweise und abgegebenen Erklärungen.[955] Mangels expliziter Regelung in der MwStSystRL sind für die Festlegung der Art der Nachweise allein die Mitgliedstaaten zuständig.[956] Die Bedingungen, die die Mitgliedstaaten an die Gewährung der Steuerbefreiung knüpfen, müssen sowohl der korrekten und einfachen Anwendung der Steuerbefreiung an sich als auch der Verhütung von Steuerhinterziehung, Steuerumgehung und Missbrauch dienen.[957] Hierbei müssen die Mitgliedstaaten die allgemeinen Grundsätze des Unionsrechts, insbesondere den Grundsatz der Verhältnismäßigkeit, beachten.[958] Demnach dürfen die Mitgliedstaaten keine Maßnahmen erlassen, die über das hinausgehen, was zur Verhinderung von Steuerhinterziehungen erforderlich ist.[959] Genügen die von den Mitgliedstaaten erlassenen Maßnahmen jedoch diesen Grundsätzen, hat der Steuerpflichtige zur Erlangung der Steuerfreiheit diese Nachweise prinzipiell auch zu erbringen.[960] Kommt der Unternehmer diesen Verpflichtungen nicht nach, kann die Steuerbefreiung zulässigerweise versagt werden, da nach Ansicht des EuGH der Versagung der Steuerbefreiung eine abschreckende Wirkung zukommen soll, die so die Durchsetzung der entsprechenden Verpflichtungen gewährleisten und Steuerhinterziehungen verhüten soll.[961]

So ist auch nicht weiter verwunderlich, dass die Gewährung der Steuerbefreiung auch die Besteuerung des anschließenden innergemeinschaftlichen

955 EuGH v. 27.9.2007, Rs. C-409/04 (Telos), Slg. 2007, I-5337, Rn. 44; v. 27.9.2007, Rs. C-184/05 (Twoh International) Slg. 2007, I-7879, Rn. 24; v. 7.12.2010, Rs. C-285/09 (R), Slg. 2010, I-12605, Rn. 42; v. 9.6.2012, Rs. C-273/11 (Mecsek Gabona), ABl. EU 2012, Nr. C 355, 6, Rn. 31, 35.

956 EuGH v. 27.7.2007 (Collée), Slg. 2007, I-7797, Rn. 24; v. 7.12.2010, Rs. C-285/09 (R), Slg. 2010, I-12605, Rn. 43; v. 9.2.2017, Rs. C-21/16 (Euro Tyre), ABl. EU 2017, Nr. C 104, 21, Rn. 33.

957 EuGH v. 7.12.2010, Rs. C-285/09 (R), Slg. 2010, I-12605, Rn. 44.

958 St. Rspr. vgl. hierzu nur EuGH v. 7.12.2010, Rs. C-285/09 (R), Slg. 2010, I-12605, Rn. 45 m.w.N. sowie EuGH v. 20.10.2016, Rs. C-24/15 (Plöckl), ABl. EU 2016, Nr. C 475, 3, Rn. 36

959 St. Rspr. Vgl. EuGH v. 29.7.2010, Rs. C-188/09 (Profaktor), Slg. 2010. I-7639, Rn. 26.; v. 14.3.2013 (Ablessio), UR 2013, 392, Rn. 30; v. 13.2.2014, Rs. C-18/13 (Maks Pen), ABl. EU 2014, Nr. C 93, 16, Rn. 43.

960 EuGH v. 27.9.2007, Rs. C-184/05 (Twoh International) Slg. 2007, I-7879, Rn. 26; v. 7.12.2010, Rs. C-285/09 (R), Slg. 2010, I-12605, Rn. 46.

961 EuGH v. 7.12.2010, Rs. C-285/09 (R), Slg. 2010, I-12605, Rn. 50 hinsichtlich der Versagung der Steuerbefreiung; in Bezug auf das Recht auf Vorsteuerabzug in diese Richtung gehend EuGH v. 29.7.2010, Rs. C-188/09 (Profaktor), Slg. 2010, I-7639, Rn. 28.

Erwerbs im Blick behält. Nach Ansicht des EuGH sind die steuerfreie innergemeinschaftliche Lieferung und der damit einhergehende spiegelbildliche innergemeinschaftliche Erwerb ein und derselbe wirtschaftliche Vorgang, auch wenn dieser sowohl für die an dem Geschäft Beteiligten als auch für die Finanzbehörden der betreffenden Mitgliedstaaten unterschiedliche Rechte und Pflichten begründen.[962] Hieraus folgt jedoch nicht zwangsläufig, dass die Steuerbefreiung der innergemeinschaftlichen Lieferung eine tatsächliche Besteuerung des innergemeinschaftlichen Erwerbs im Bestimmungsland voraussetzt, sondern lediglich, dass der Erwerb grundsätzlich im Bestimmungsland der Erwerbsbesteuerung unterfällt (d.h. dass nicht eine grundsätzliche Steuerbefreiung in dem jeweiligen Mitgliedstaat eingreift oder aus sonstigen Gründen eine Besteuerung ausscheidet).[963] Ist der leistende Unternehmer jedoch (mit) dafür verantwortlich, dass der innergemeinschaftliche Erwerb tatsächlich nicht der Besteuerung unterworfen wird, hat er also mithin eine „Beihilfe zu einem Betrug"[964] geleistet, ist eine Berufung auf den Tatbestand der Steuerbefreiung ausgeschlossen.[965] Legt der leistende Unternehmer bspw. falsche Nachweise vor, um so die Identität des Leistungsempfängers zu verschleiern und eine zutreffende Besteuerung im Bestimmungsland zu verhindern, kann dies als Steuerhinterziehung gewertet werden und im Ergebnis zu einer Versagung der Steuerfreiheit führen.[966] Der Ausgangsmitgliedstaat ist zur Versagung der Befreiung sogar verpflichtet, wenn

---

962 EuGH v. 27.9.2007, Rs. C-409/04 (Telos), Slg. 2007, I-7797, Rn. 23; so auch BFH v. 21.5.2014, V R 34/13, BStBl. II 2014, 914, Rn. 47.

963 EuGH v. 27.9.2007, Rs. C-409/04 (Telos), Slg. 2007, I-7797, Rn. 69ff. Es besteht keine strenge Konnexität zwischen der Steuerbefreiung und der Besteuerung im Bestimmungsstaat, vgl. *Kokott*, Das Steuerrecht der Europäischen Union, 2018, S. 441.

964 *Neeser*, in: Englisch/Nieskens (Hrsg.), Umsatzsteuer-Kongress-Bericht 2010, 131, 137. *GA Pedro Cruz Villalón* vertrat in seinen Schlussanträgen die Ansicht, dass der Betrug nicht durch den Verlust der Steuerfreiheit zu ahnden sei. Das Gericht folgte dieser Auffassung nicht. Zu den Schlussanträgen des GA vgl. ausführlich *Höink/Winter*, DStR 2010, 1772.

965 Vgl. EuGH v. 7.12.2010, Rs. C-285/09 (R), Slg. 2010, I-12605, Rn. 49ff.

966 EuGH v. 19.9.2000. Rs. C-454/98 (Schmeink & Cofreth und Strobel), Slg. 2000, I-6973, Rn. 62; v. 7.12.2010, Rs. C-285/09 (R), Slg. 2010, I-12605, Rn. 49 sowie Beschl. v. 3.3.2004, Rs. C-395/02 (Transport Service), Slg. 2004, I-1991, Rn. 30. Im Ergebnis ist daher eine Steuerbefreiung immer dann zu versagen, wenn der Lieferer mit dem Erwerber insoweit kollusiv zusammenarbeitet, vgl. BFH v. 21.5.2014, V R 34/13, BStBl. II 2014, 914, Rn. 50.

ernsthafte Gründe zur Annahme bestehen, dass der innergemeinschaftliche Erwerb im Bestimmungsland überhaupt nicht der Besteuerung unterliegt.[967]

Eine Versagung der Steuerfreiheit kommt demgegenüber auch bei Bösgläubigkeit jedoch nicht in Betracht, wenn eine Gefährdung des Steueraufkommens ausgeschlossen ist, da dem Steuerrecht kein Sanktionscharakter zukommt.[968]

Auch in den Fällen, in denen der leistende Unternehmer „aktiv" keinen Beitrag zur Steuerhinterziehung seines Leistungsempfängers erbringt, kann die Versagung der Steuerbefreiung zulässig sein, wenn der leistende Unternehmer nicht in gutem Glauben handelt und nicht alle erforderlichen Maßnahmen ergreift, die vernünftigerweise verlangt werden können, um sicherzustellen, dass die von ihm erbrachte Lieferung nicht zu einer Beteiligung an einer Steuerhinterziehung führt.[969]

Ist der Steuerpflichtige allerdings gutgläubig und hat alle zumutbaren Maßnahmen zur Vermeidung einer Beteiligung an einer Steuerhinterziehung ergriffen, so ist ihm auch dann eine Steuerbefreiung zu gewähren, wenn die von ihm vorgelegten Belege sich nachträglich als unzutreffend herausstellen sollten.[970]

(2) Fazit

Insgesamt ist ein Gleichklang mit der Rechtsprechung des EuGH zur Versagung des Vorsteuerabzuges bei der „Beteiligung" an Umsatzsteuerkarussellen zu beobachten, in dessen Zusammenhang sich der Leistungsempfänger nicht nur eine „aktive" Beteiligung an einer Steuerhinterziehung, sondern auch einen Verstoß gegen Sorgfaltspflichten entgegenhalten lassen muss.[971] Jedoch

---

967 EuGH v. 7.12.2010, Rs. C-285/09 (R), Slg. 2010, I-12605, Rn. 52; v. 26.7.2017, Rs. C-386/16 (Toridas), ABl. EU 2019, Nr. C 93, 10, Rn. 34.

968 So *Korf*, IStR 2007, 774, 779; *Scheller/Schrömbges*, Grenzüberschreitender Warenverkehr, 2011, S. 23.

969 EuGH v. 6.9.2012, Rs. C-273/11 (Mecsek Gabona), ABl. EU 2012, Nr. C 355, 6, Rn. 48; v. 27.9.2007, Rs. C-409/04 (Telos), Slg. 2007, I-7797, Rn. 65; v. 21.6.2012, Rs. C-80/11 u. C-142/11 (Mahagében und David), ABl. EU 2012, Nr. C 250, 5, Rn. 54. Kritisch hierzu *Kokott*, Das Besteuerungsrecht der Europäischen Union, 2018, S. 442; *Höink/Winter*, DStR 2010, 1772, 1773; *Hummel*, UR 2014, 256ff.; *Wäger*, UR 2015, 81ff.

970 Vgl. EuGH v. 27.9.2007, Rs. C-409/04 (Telos), Slg. 2007, I-7797, Rn 20. *Kokott*, Das Besteuerungsrecht der Europäischen Union, 2018, S. 442 weißt insoweit daraufhin, dass insbesondere aufgrund der fehlenden Definition der Gutgläubigkeit die innergemeinschaftliche Lieferung zum „riskanten Geschäft" wird.

971 Vgl. hierzu insbesondere EuGH v. 18.12.2014, Rs. C-131/13, C-163/13 u. C-164/13 (Italmoda), ABl. EU 2015, Nr. C 65, 4.

ist festzustellen, dass die Steuerhinterziehung sich nicht allein auf die Nichtversteuerung des innergemeinschaftlichen Erwerbs beziehen kann, da es sich hierbei aufgrund des korrespondierenden Vorsteuerabzuges mangels tatsächlicher Auswirkung auf das Umsatzsteueraufkommen nicht um eine Steuerhinterziehung handelt, sondern vielmehr die Nichtversteuerung der hieran anschließenden steuerpflichtigen Lieferung maßgeblich ist.[972] Da das bloße Verschleiern des innergemeinschaftlichen Erwerbs ohne ein gleichzeitiges Verschleiern der anschließenden Lieferung tatsächlich überhaupt keinen Sinn ergibt, kommt dieser Einschränkung allerdings nur dann eine praktische Bedeutung zu, wenn lediglich die Nichtversteuerung des innergemeinschaftlichen Erwerbs, aber nicht die anschließende Nichtversteuerung der Lieferung im Bestimmungsstaat nachgewiesen werden kann.

cc. Gewährung des Vorsteuerabzuges

Unabhängig von der Gewährung der Steuerfreiheit für den leistenden Unternehmer[973] stellt sich zudem hinsichtlich des anschließenden steuerpflichtigen Erwerbs und des damit zusammenhängenden Vorsteuerabzuges die Frage, ob der Vorsteuerabzug nach den allgemeinen Grundsätzen versagt werden kann, wenn eine Steuerhinterziehung innerhalb der Leistungskette erfolgt und der Unternehmer hiervon Kenntnis hatte oder hätte haben müssen[974].

Anders als im Rahmen des allgemeinen Besteuerungsverfahrens könnte argumentiert werden, dass zwischen der Besteuerung des innergemeinschaftlichen Erwerbs und des hieraus resultierenden Vorsteuerabzuges eine untrennbare gesetzestechnische Verknüpfung besteht, die auch in Fällen des Missbrauchs

---

972 Ausdrücklich BFH v. 21.5.2014, V R 34/13, BStBl. II 2014, 914, Rn. 58; *Oelmaier*, in: Sölch/Ringleb, UStG, § 15 (Juni 2018) Rn. 374f.; in diese Richtung gehend auch EuGH v. 26.7.2017, Rs. C-386/16 (Toridas), ABl. EU 2019, Nr. C 93, 10, Rn. 34; v. 11.12.2014, Rs. C-590/13 (Idexx), ABl. EU 2015, Nr. C 46, 14, Rn. 43, 45, 46 sowie EuGH v. 7.12.2010, Rs. C-285/09 (R), Slg. 2010, I-12605, Rn.52 mit dem Hinweis darauf, dass die einmalige Besteuerung eines Umsatzes ein Grundprinzip des gemeinsamen Mehrwertsteuersystems ist.

973 Im Rahmen der innergemeinschaftlichen Lieferung und des zeitgleich erfolgenden innergemeinschaftlichen Erwerbs bestehen unterschiedliche Rechte und Pflichten der Beteiligten gegenüber den jeweiligen Steuerbehörden, so dass eine gleichlaufende Behandlung insoweit nicht notwendigerweise erfolgen muss, vgl. EuGH v. 27.9.2007, Rs. C-409/04 (Telos), Slg. 2007, I-7797, Rn. 23; so auch BFH v. 21.5.2014, V R 34/13, BStBl. II 2014, 914, Rn. 47.

974 Vgl. hierzu Kapitel 2 B IV 2 a dd (2).

nicht aufgelöst wird und so einer Versagung des Vorsteuerabzuges entgegensteht.[975] Bereits aus der Entscheidung des EuGH in der Rechtssache *X und Facet Trading BV*[976] ergibt sich jedoch, dass zwischen innergemeinschaftlichem Erwerb und hieraus resultierendem Vorsteuerabzug ein unmittelbarer Zusammenhang gerade nicht besteht, sondern in Einzelfällen der Vorsteuerabzug auch versagt werden kann.[977] Dementsprechend ist es nur folgerichtig, dem Unternehmer auch in Fällen des innergemeinschaftlichen Erwerbs den Vorsteuerabzug zu versagen, wenn er von einer Steuerhinterziehung innerhalb der Lieferkette wusste oder hätte wissen müssen, mithin also in eine Steuerhinterziehung eingebunden war, da eine missbräuchliche Berufung auf Rechte des Unionsrechts, vorliegend des Grundsatzes der Neutralität, nicht möglich ist.[978]

Im Ergebnis bestehen daher insoweit keine Besonderheiten zum Vorsteuerabzug in rein innerstaatlichen Fallgestaltungen.

II. Bezug von Waren aus dem Drittlandsgebiet

Werden Waren aus einem Drittland in das Gemeinschaftsgebiet der Union eingeführt, entsteht Einfuhrumsatzsteuer.[979] Diese führt zu einer erstmaligen Belastung der Waren mit Umsatzsteuer, da diese im Ausfuhrland nach den Grundsätzen der internationalen Übung von der dortigen Umsatzsteuer (oder einer vergleichbaren Steuer) entlastet werden. Eine Einfuhr ohne eine vorherige Belastung mit Umsatzsteuer würde im Vergleich zu den bereits belasteten Lieferungen wettbewerbsverzerrend wirken.[980] Die Angleichung der Umsatzsteuerbelastung von

---

975 So Sächsisches FG v. 15.10.2008, 8 K 1490/09, EFG 2009, 1423, Rn. 35; der BFH hat sich im Revisionsverfahren zu dieser Frage nicht geäußert, vgl. BFH v. 8.9.2010, XI R 40/08, HFR 2011, 458 m. Anm. *Rauch*.

976 EuGH v. 22.4.2010, Rs. C-536/08 u. C-539/08 (X und Facet Trading BV), Slg. 2010, I-3581.

977 Insoweit hatte der EuGH ausgeführt, dass ein Vorsteuerabzug nur dann in Betracht kommt, wenn der Unternehmer auch die USt-IdNr. des Empfängerstaates verwendet, vgl. EuGH v. 22.4.2010, Rs. C-536/08 u. C-539/08 (X und Facet Trading BV), Slg. 2010, I-3581; vgl. auch *Rauch*, HFR 2011, 460.

978 Vgl. für die Versagung der Steuerbefreiung der innergemeinschaftlichen Lieferungen bei Beteiligung an einer Umsatzsteuerhinterziehung, EuGH v. 7.12.2010, Rs. C-285/09 (R), Slg. 2010, I-12606. Im Ergebnis wohl ebenso *Birkenfeld*, in: Birkenfeld/Wäger, USt-Hdb., § 175 (November 2014) Rn. 211f.; a.A. *Stadie*, in: Rau/Dürrwächter, UStG, § 15 (Januar 2017) Rn. 1165.

979 Zur Entstehung der Einfuhrumsatzsteuer im Einzelnen vgl. §§ 13 Abs. 2, 21 Abs. 2 UStG.

980 *Oelmaier*, in Sölch/Ringleb, UStG, § 15 (Juni 2018) Rn. 420.

aus dem Drittland bezogener Waren mit inländischen Waren erfolgt durch die Anwendung gleicher Steuersätze bei der Einfuhrumsatzsteuer und der Umsatzsteuer.[981] Die gleiche Behandlung der Einfuhrumsatzsteuer mit der Umsatzsteuer verlangt, dass auch die Einfuhrumsatzsteuer als Vorsteuer durch den Unternehmer abziehbar sein muss.[982]

Der Anspruch auf Abzug der Einfuhrumsatzsteuer entsteht entsprechend der allgemeinen Regelung in Art. 167 MwStSystRL, wenn der Anspruch auf die abziehbare Steuer entsteht. Art. 168 lit. e MwStSystRL berechtigt den Unternehmer zum Abzug der Einfuhrumsatzsteuer, wenn diese geschuldet oder entrichtet worden ist.[983] Für die Geltendmachung des Vorsteuerabzuges finden im Übrigen die allgemeinen Voraussetzungen Anwendung.[984]

Besonderheiten bestehen der Natur der Sache nach in Bezug auf die Rechnung als Voraussetzung für die Ausübung des Vorsteuerabzugsrechts. Der Unternehmer muss für den Vorsteuerabzug einen formalen Nachweis für die Entstehung der Einfuhrumsatzsteuer (EUSt) erbringen. Der Nachweis wird in der Regel durch einen zollamtlichen Beleg geführt. In der Praxis reicht insoweit der EUSt-Bescheid mit Quittung (sog. Zollquittung), die Bescheinigung über den aufgeschobenen Steuerbetrag oder der Ersatzbeleg aus.[985] Bei einem Verlust des Einfuhrbelegs wird in der Regel die Zweitschrift des Einfuhrbelegs als Nachweis anerkannt und berechtigt damit zur Geltendmachung des Vorsteuerabzuges.[986] Probleme ergeben sich allerdings, wenn weder eine Zollquittung noch ein Ersatzbeleg vorhanden ist. Aufgrund der Tatsache, dass die Einfuhr von Gegenständen in die Gemeinschaft einen behördlichen Akt nach sich zieht und somit im Regelfall von der Erhebung der EUSt auszugehen ist, wird der Vorsteuerabzug der EUSt bei fehlenden Nachweisen großzügiger behandelt als es bei fehlenden Rechnungen der Fall wäre[987]. So besteht etwa die Möglichkeit

981 *Oelmaier*, in Sölch/Ringleb, UStG, § 15 (Juni 2018) Rn. 420.

982 Vgl. EuGH v. 6.7.1995, Rs. C-62/93 (BP Soupergaz), ABl. EG 1995, Nr. C 229, 9. Sofern die Warenlieferung der allgemeinen Umsatzbesteuerung unterliegen sollte, kann der Leistungsempfänger die EUSt nicht neben dieser Umsatzsteuer als Vorsteuer abziehen, vgl. *Oelmaier*, in Sölch/Ringleb, UStG, § 15 (Juni 2018) Rn. 420.

983 Die bis zum 29.6.2016 geltende deutsche Regelung, dass nur eine bereits entrichtete Einfuhrumsatzsteuer abzugsfähig ist, entsprach somit nicht dem geltenden Unionsrecht, vgl. EuGH v. 29.3.2012, Rs. C-414/10 (Véleclair), ABl. EU 2012, Nr. C 151, 5.

984 Vgl. hierzu ausführlich bereits unter Kapitel 2 B.

985 *Oelmaier*, in Sölch/Ringleb, UStG, § 15 (Juni 2018) Rn. 449.

986 BFH v. 9.2.1995, V R 57/93, BFHE 177, 513 zur Rechtslage vor dem 30.6.2013.

987 Vgl. hierzu bereits Kapitel 2 B IV 2 a.

der Schätzung der Höhe der EUSt, wenn davon auszugehen ist, dass die Unterlagen einmal vollständig vorhanden waren, aber nun nicht mehr vorgelegt werden können. Auch ein Abzug im Billigkeitswege soll zugelassen werden, wenn die Beschaffung der Unterlagen nicht mehr möglich ist oder für den Unternehmer mit unzumutbaren Schwierigkeiten verbunden wäre.[988]

Der Unterschied zur Handhabung des Vorsteuerabzugs in Fällen des Nichtvorliegens von Rechnungen bzw. der Nichtbefreiung von innergemeinschaftlichen Lieferungen bei fehlendem Buchnachweis liegt augenscheinlich darin, dass die Entstehung der Einfuhrumsatzsteuer aufgrund der Beteiligung staatlicher Institutionen (namentlich des Zolls) anerkannt und daher eine unrechtmäßige Geltendmachung von Vorsteuerbeträgen nicht angenommen wird. Vor dem Hintergrund der Tatsache, dass neben der Entlastung des Unternehmers von der Vorsteuer auch immer die Sicherung des zutreffenden Aufkommens der Umsatzsteuer durch die Mitgliedstaaten insbesondere durch die Verhinderung von Umsatzsteuerhinterziehung im Auge behalten werden muss, ist diese ungleiche Behandlung durchaus nachvollziehbar und den systembedingten Anforderungen an die Durchführung des Vorsteuerabzuges geschuldet.

C. Bezug ausländischer sonstiger Leistungen

I. Allgemeine Grundsätze

Auch der Besteuerung sonstiger Leistungen liegt das Bestimmungslandprinzip zugrunde. Unabhängig von der Tatsache, ob die Leistung von einem im übrigen Gemeinschaftsgebiet oder im Drittlandsgebiet ansässigen Unternehmer erbracht wird, bestimmt sich der für die Besteuerung maßgebliche Ort einer sonstigen Leistung in einer Leistungsbeziehung zwischen zwei Unternehmern grundsätzlich danach, von wo aus der Leistungsempfänger sein Unternehmen betreibt (Art. 44 MwStSystRL, § 3a Abs. 2 UStG).[989] Im Ergebnis wird daher die sonstige Leistung in dem Mitgliedstaat der Besteuerung unterworfen, in dem die Leistung bezogen wird.

Für den leistenden Unternehmer bedeutet dies im Grundsatz, dass er den Umsatz in dem Ansässigkeitsstaat des Leistungsempfängers anzumelden und die Umsatzsteuer entsprechend abzuführen hat. Dem Leistungsempfänger

---

988 Vgl. hierzu *Oelmaier*, in Sölch/Ringleb, UStG, § 15 (Juni 2018) Rn. 450 sowie zur Ermittlung der EUSt im Schätzungswege vgl. Abschn. 15.11 Abs. 5-7 UStAE.

989 Ausnahmen bestehen insoweit für Beförderungsleistungen, damit zusammenhängende Restaurationsleistungen sowie für unentgeltliche Wertabgaben.

würde ein entsprechender Vorsteuerabzug in seinem Ansässigkeitsstaat zustehen, den er im Rahmen des allgemeinen Besteuerungsverfahrens nach den allgemeinen Grundsätzen geltend machen kann.[990] Insbesondere in solchen Konstellationen, in denen der leistende Unternehmer an Leistungsempfänger in verschiedenen Mitgliedstaaten Leistungen erbringt, würde dies für ihn zu einem erheblichen Verwaltungsaufwand führen, da er sich in jedem einzelnen Mitgliedstaat als umsatzsteuerlicher Unternehmer registrieren lassen müsste.[991] Um dies zu verhindern und letztlich die Besteuerung der sonstigen Leistung an sich sicherzustellen[992], ist in solchen Fällen eine Umkehr der Steuerschuldnerschaft vorgesehen (Art. 194 MwStSystRL, § 13b Abs. 1 UStG sowie § 13b Abs. 2 Nr. 1 UStG)[993], d.h. der Leistungsempfänger schuldet die Steuer auf die erbrachte sonstige Leistung. Der leistende Unternehmer muss sich also weder als Unternehmer in dem Ansässigkeitsstaat des Leistungsempfängers registrieren lassen noch die Umsatzsteuer auf die erbrachte sonstige Leistung anmelden oder abführen. Der Leistungsempfänger wiederum muss zwar die Umsatzsteuer in seinem Ansässigkeitsstaat anmelden und abführen, ihm steht aber gleichzeitig in korrespondierender Höhe ein Vorsteuerabzug zu (§ 15 Abs. 1 Nr. 4 UStG).[994] Für den Leistungsempfänger bedeutet dies somit ein Nullsummenspiel.[995]

II. Geltendmachung des Vorsteuerabzuges

Da für den Bezug sonstiger Leistungen aus dem Ausland Umsatzsteuer des Ansässigkeitsstaates des Leistungsempfängers entsteht, richtet sich der Vorsteuerabzug nach den verfahrensrechtlichen Vorschriften dieses Staates.

---

990 Zu den Grundsätzen des Vorsteuerabzuges ausführlich Kapitel 2 B.

991 *Stadie*, UStG, 2015, § 13b Rn. 3.

992 *Stadie*, UStG, 2015, § 13b Rn. 3; zu der Einführung der deutschen Regelung in § 13b UStG zudem ausdrücklich BR-Drucks. 399/01, Begr. zu Art. 14, Nr. 4 zu § 13b UStG (a.F.). Nach *Kempf*, in: FS Reiß, 2008, 275, 285 trägt der Fiskus im Anwendungsbereich des Reverse-Charge-Verfahrens kein Ausfallrisiko mehr. In diese Richtung gehend auch *Leonard*, in: Bunjes, UStG, 2018, § 13b Rn. 2.

993 Art. 194 MwStSystRL enthält eine Ermächtigungsnorm für die Mitgliedstaaten, nach dieser für bestimmte Umsätze das Reverse-Charge-Verfahren Anwendung finden kann. In den Art. 195 bis 198 MwStSystRL sind hingegen Fälle aufgezählt, in denen zwingend die Umkehr der Steuerschuld vorzusehen ist.

994 *Heuermann*, in: Sölch/Ringleb, UStG, § 13b (Oktober 2017) Rn. 281.

995 Vgl. EuGH v. 8.5.2008, Rs. C-95/07 u. C-96/07 (Ecotrade), Slg. 2008, I-3427, Rn. 56; *Stadie*, in: Rau/Dürrwächter, UStG, § 13b (Januar 2018) Rn. 19.

Besonderheiten ergeben sich lediglich aufgrund der Anwendung des Reverse-Charge-Verfahrens.

So ist für die Geltendmachung des Vorsteuerabzugsrechts das Vorliegen einer Rechnung nicht erforderlich, da der Finanzbehörde bereits alle notwendigen Informationen zur Prüfung der Vorsteuerabzugsberechtigung vorliegen und der Rechnung somit keine Beweisfunktion zukommt.[996] Die formalen Anforderungen zur Geltendmachung des Vorsteuerabzuges sind also geringer als im allgemeinen Besteuerungsverfahren.[997] Darüber hinaus ergeben sich keine Besonderheiten im Vergleich zur Geltendmachung des Vorsteuerabzugs in rein inländischen Konstellationen.

D. Auswirkungen des Reformvorschlags der EU-Kommission

Am 4. Oktober 2017 hat die EU-Kommission einen Vorschlag zur Harmonisierung und Vereinfachung des Mehrwertsteuersystems vorgelegt.[998] Hiermit soll insbesondere der im grenzüberschreitenden Warenverkehr auftretenden Mehrwertsteuerhinterziehung durch Änderungen der Besteuerung grenzüberschreitender Leistungen begegnet werden.[999] Das bisherige „zweistufige" System aus steuerfreier innergemeinschaftlicher Lieferung und korrespondierendem steuerpflichtigem innergemeinschaftlichen Erwerb soll abgeschafft werden. Die Warenlieferungen im EU-Gemeinschaftsgebiet sollen vielmehr im Bestimmungsland durch den leistenden Unternehmer versteuert werden. Damit der leistende Unternehmer sich nicht im Bestimmungsland registrieren lassen muss, soll er sämtliche Umsätze aus dem Unionsgebiet im Rahmen eines sog. großen One-Stop-Shop-Verfahrens (OSS)[1000] in seinem Ansässigkeitsstaat erklären und die entsprechende Umsatzsteuer anmelden. Die Weiterleitung der Erklärung und Zahlung der anteiligen Umsatzsteuer an die jeweiligen Mitgliedstaaten bleibt den jeweiligen nationalen

---

996 EuGH v. 30.9.2010, Rs. C-392/10 (Uszodaepito), Slg. 2010, I-8791, Rn. 32. Vgl. hierzu bereits Kapitel 2 B IV 2 b.

997 *Kokott*, Das Steuerrecht der Europäischen Union, 2018, S. 476.

998 Mitteilung der EU-Kommission v. 4.10.2017, COM(2017) 569 final.

999 Kritisch hierzu allerdings *Widmann*, UR 2018, 10, 11, der eher noch eine Zunahme von Mehrwertsteuerbetrügereien befürchtet.

1000 Zum bereits geltenden sog. Mini-One-Stop-Shop-Verfahrens (***MOSS***) für bestimmte elektronische Dienstleistungen vgl. ausführlich *Widmann*, in: FS Reiß, 2008, 321 sowie unter Kapitel 4 G.

Steuerverwaltungen vorbehalten.[1001] Eine Ausnahme von diesem System soll dann gelten, wenn der Leistungsempfänger als sog. *zertifizierter Steuerpflichtiger*[1002] anzusehen ist. Nach dem Vorschlag der EU-Kommission setzt der Status des „zertifizierten Steuerpflichtigen" voraus, dass der antragstellende Steuerpflichtige die folgenden Voraussetzungen erfüllt:

- Der Antragsteller darf keine schwerwiegenden oder wiederholten Verstöße gegen die steuer- oder zollrechtlichen Vorschriften sowie keine schweren Straftaten im Rahmen seiner Wirtschaftstätigkeit begangen haben;
- der Antragsteller weist ein hohes Maß an Kontrolle seiner Tätigkeiten und der Warenbewegungen nach, entweder mittels eines Systems zur Führung der Geschäfts- und ggf. Beförderungsunterlagen, das geeignete Steuerkontrollen ermöglicht, oder mittels eines zuverlässigen oder bescheinigten internen Prüfpfads und
- der Antragsteller weist seine Zahlungsfähigkeit nach. Dieser Nachweis gilt als erbracht, wenn der Steuerpflichtige sich in einer zufriedenstellenden finanziellen Lage befindet, die es ihm erlaubt, seinen Verpflichtungen in Zusammenhang mit der betreffenden Tätigkeit nachzukommen, oder durch Vorlage von Garantien durch Versicherungen, andere Finanzinstitutionen oder sonstige in wirtschaftlicher Hinsicht zuverlässige Dritte.

Da solche Steuerpflichtige nach Auffassung der EU-Kommission als vertrauenswürdig anzusehen sind und somit anzunehmen ist, dass sie nicht in Mehrwertsteuerbetrügereien eingebunden sind, kann insoweit auf eine Besteuerung des leistenden Unternehmers verzichtet werden. Vielmehr soll in diesen Fällen die Steuerschuldnerschaft im Rahmen des Reverse-Charge-Verfahrens auf den Leistungsempfänger übergehen, dem ein korrespondierender Vorsteuerabzug zusteht.[1003]

Durch diesen Systemwechsel soll „die gravierende Schwachstelle"[1004] des bisherigen Systems behoben und der Mehrwertsteuerbetrug eingedämmt

---

1001 Vgl. hierzu *Widmann*, UR 2018, 10,11; *Zimmermann*, UR 2017, 580. Kritisch hierzu *Vellen*, in: 100 Jahre Umsatzsteuer, 2018, 955, 983, der darauf hinweist, dass die Steuereinnahmen eines Mitgliedstaates von anderen Mitgliedstaaten erhoben werden und somit die Steuereinnahmen auch von der Motivation anderer Mitgliedstaaten abhängt.

1002 Zum Begriff des „zertifizierten" Steuerpflichtigen und den Voraussetzungen vgl. Entwurf eines Art. 13a MwStSystRL, COM(2017) 569 final. Kritisch hierzu *Widmann*, UR 2018, 10 11f.; *Vellen*, in: 100 Jahre Umsatzsteuer, 2018, 955, 974ff.

1003 EU-Kommission v. 4. 10.2017, COM(2017) 569 final.

1004 EU-Kommission v. 7.4.2016, COM(2016) 148 final, S. 14.

werden[1005]. Ob dieses Verfahren in Bezug auf die Betrugsanfälligkeit der innergemeinschaftlichen Lieferungen eine Verbesserung oder gar eine Verschlechterung mit sich bringt, muss sich noch zeigen und wird wohl ein wichtiger Grund für die Mitgliedstaaten sein, sich für oder gegen die Einführung dieses neuen Verfahrens zu entscheiden.[1006]

Systematisch bedeutet der Vorschlag der EU-Kommission eine endgültige Abkehr vom Ursprungslandprinzip[1007] und die Anerkennung des Bestimmungslandprinzips als endgültiges Besteuerungsregime innerhalb der Europäischen Union.[1008]

E. Fazit

Im Ergebnis lässt sich feststellen, dass die Umsetzung des Bestimmungslandprinzips dazu geführt hat, dass sich für die Geltendmachung des Vorsteuerabzuges in Outbound-Situationen kaum Besonderheiten ergeben. Die Umsetzung des Bestimmungslandprinzips und der Wegfall der physischen Grenzen innerhalb der Gemeinschaft haben allerdings insgesamt dazu geführt, dass an die von den Unternehmern zu erbringenden Nachweise höhere Anforderungen

1005 *Zimmermann*, UR 2017, 580, 581.

1006 Kritisch hierzu *Widmann*, UR 2018, 10, 11, der hierin ein größeres Betrugspotential und damit zusammenhängende Wettbewerbsverzerrungen sieht, als bei dem bisher geltenden System. *Zimmermann*, UR 2017, 580, 583 sieht in dem Systemwechsel zwar ebenfalls ein hohes Potential für Steuerhinterziehungen, das ggf. auch über das bisher bestehende Potential hinausgeht, sieht aber in den von der EU-Kommission zugleich vorgeschlagenen Kontrollmaßnahmen aber die realistische Möglichkeit, die Steuerausfälle letztlich in Grenzen halten zu können. *Vellen*, in: 100 Jahre Umsatzsteuer, 2018, 955, 982 sieht demgegenüber ein höheres Missbrauchspotential in der vorgeschlagenen Änderung.

1007 Inhaltlich bedeutet dies eine Abkehr von dem ursprünglich der Harmonisierung zugrunde liegenden Ziel, einen Mehrwertsteuersystem einzurichten, dass wie in einem einzigen Land funktioniert, vgl. hierzu Erste Richtlinie 67/227/EWG des Rares vom 11.4.1967 zur Harmonisierung der Rechtsvorschriften der Mitgliedstaaten über die Umsatzsteuer; Zweite Richtlinie 67/228/EWG des Rates vom 11.4.1967 zur Harmonisierung der Rechtsvorschriften der Mitgliedstaaten über die Umsatzsteuern – Struktur und Anwendungsmodalitäten des gemeinsamen Mehrwertsteuersystems.

1008 Umgesetzt werden soll dies durch eine entsprechende Änderung des Art. 402 MwStSystRL.

gestellt werden können als bei rein nationalen Sachverhalten,[1009] da die Finanzbehörden bei der Überprüfung der Sachverhaltsangaben vorrangig auf die Angaben und Unterlagen des Unternehmers angewiesen sind.[1010] Vor dem Hintergrund, dass insbesondere aufgrund der Konzeption der innergemeinschaftlichen Warenlieferung hohe Summen an Mehrwertsteuer innerhalb der europäischen Union hinterzogen werden[1011], erscheint dies allerdings grundsätzlich vertretbar. Um das Binnenmarktkonzept nicht durch allzu hohe Anforderungen zu gefährden, sind nach Auffassung des EuGH jedoch nur solche Maßnahmen zulässig, die noch als verhältnismäßig angesehen werden können.[1012] Zudem gilt insbesondere im Bereich der Steuerbefreiungen innergemeinschaftlicher Lieferungen das substance-over-form-Prinzip, das einem materiell bestehenden Anspruch auch dann zur Durchsetzung verhilft, wenn formelle Anforderungen durch den Unternehmer nicht bzw. nicht vollständig erfüllt wurden.[1013] Dieser Grundsatz wird durch einen weitgehenden Gutglaubensschutz untermauert[1014], so dass letztlich einem gutgläubigen Unternehmer weder die Steuerbefreiung[1015] noch der Vorsteuerabzug[1016] verwehrt werden

---

1009 In diesem Sinne EuGH v. 27.9.2007, Rs. C-409/04 (Teleos), Slg. 2008, I-7797, Rn. 58; v. 21.2.2008, Rs. C-271/06 (Netto-Supermarkt), Slg. 2008, I-771, Rn. 22 zur Gewährung von Steuerbefreiungen bei grenzüberschreitenden Lieferungen.

1010 EuGH v. 27.9.2007, Rs. C-409/04 (Teleos), Slg. 2008, I-7797, Rn. 44; v. 27.9.2007, Rs. C-184/05 (Twoh International), Slg. 2007, I-7897, Rn. 24; v. 6.9.2012, Rs. C-273/11 (Mecsek-Gabona), ABl. EU 2012, Nr. C 355, 6, Rn. 31, 35.

1011 *Treiber*, in: Sölch/Ringleb, UStG, § 6a (Oktober 2017) Rn. 2 führt aus, dass die geschätzten Steuerausfälle innerhalb der Gemeinschaft jährlich zwischen 60 und 100 Milliarden Euro betragen.

1012 EuGH v. 11.5.2006, Rs. C-384/04 (Technological Industries), Slg. 2006, I-4191; v. 27.9.2007, Rs. C-184/05 (Twoh International), Slg. 2007, I-7897, Rn. 25; v. 27.9.2012, Rs. C-587/10 (VSTR), ABl. EU 2012, Nr. C 366, 9, Rn. 52

1013 Vgl. EuGH v. 27.9.2007, Rs. 409/04 (Telos), Slg 2007, I-7797, Rn. 25; v. 27.9.2007, Rs. C-146/05 (Collée), Slg. 2007, I-7861, Rn. 21; v. 27.9.2012, Rs. C-587/10 (VSTR), ABl. EU 2012, Nr. C 366, 9, Rn. 40ff, 58 bei fehlender USt-IdNr.

1014 In diese Richtung gehend *Günther*, Vertrauensschutz bei Angaben Dritter, 2013, S. 203.

1015 Vgl. EuGH v. 7.12.2010, Rs- C-285/09 (R), Slg. 2010, I-12605, Rn. 49ff.; zur Frage der Bösgläubigkeit in diesen Fällen ausführlich EuGH v. 18.12.2014, Rs. C-131/13, C-163/13 u. C-164/13 (Italmoda), ABl. EU 2015, Nr. C 65, 4.

1016 EuGH v. 12.1.2006, Rs. C-354/03, C-355/03 u. C-484/03 (Optigen u.a.), Slg. 2006, I-483, Rn. 52; v. 6.7.2006, Rs. C-439/04 u. 440/04 (Kittel und Recolta Recycling), Slg. 2006, I-6161, Rn. 52.

kann.[1017] Die Rechtsprechung des EuGH mag allerdings bald der Geschichte angehören, falls dem Vorschlag der EU-Kommission gefolgt und das angestrebte große OSS-Verfahren eingeführt werden sollte.

1017 In diese Richtung gehend auch *Kokott*, Das Steuerrecht der Europäischen Union, 2018, S. 443f. jedoch mit dem Hinweis, dass der Begriff des „redlichen" Steuerpflichtigen zu unscharf ist.

Kapitel 4: Vorsteuervergütung an im übrigen Gemeinschaftsgebiet ansässige Unternehmer

A. Notwendigkeit eines grenzüberschreitenden Vorsteuerabzugs im europäischen Binnenmarkt

Wie bereits gezeigt, bestehen bei der Geltendmachung des Vorsteuerabzugs in „Outbound"-Konstellationen kaum Besonderheiten gegenüber reinen Inlandssachverhalten. Insgesamt erscheint die Geltendmachung des Vorsteuerabzuges in diesen Konstellationen folglich nicht sonderlich erschwert.[1018] Anders verhält es sich hingegen, wenn der Unternehmer Leistungen in einem Staat bezieht, in dem er für umsatzsteuerliche Zwecke nicht ansässig ist.[1019] Hier kann er die Vorsteuern nicht in seinem Ansässigkeitsstaat geltend machen, da ein Vorsteuerabzug immer nur in dem Mitgliedstaat der Vorsteuerentstehung möglich ist.[1020] Bezieht ein in Deutschland ansässiger Unternehmer bspw. in Frankreich eine Leistung, so kann er die auf diese Leistung in Frankreich anfallende Umsatzsteuer nicht in Deutschland, sondern nur in Frankreich als Vorsteuer geltend machen.

Der Gedanke einer grenzüberschreitenden Wettbewerbsneutralität in der Europäischen Union setzt jedoch voraus, dass Steuerpflichtige in jedem Fall vollständig von der Vorsteuer auf bezogene Waren und Dienstleistungen entlastet werden, unabhängig davon, ob sie die Leistungen im In-[1021] oder Ausland bezogen haben.[1022] Die grundsätzliche Vergütungsmöglichkeit derartiger Vorsteuern trägt dem Europäischen Binnenmarkt und dem Grundsatz der Neutralität Rechnung.[1023] Insoweit

---

1018 Der Schwerpunkt liegt insoweit – zumindest im Hinblick auf grenzüberschreitende Lieferungen – vielmehr in der Gewährung der Steuerbefreiung der innergemeinschaftlichen Lieferung.

1019 Zur Bestimmung der Ansässigkeit vgl. Kapitel 4 B.

1020 *Dziadkowski*, StuW 1993, 169, 176f.; *Treiber*, in: Sölch/Ringleb, UStG, § 18 (September 2016) Rn. 176.

1021 Inland in diesem Sinne bezeichnet den Mitgliedstaat, in dem der Steuerpflichtige aus umsatzsteuerlicher Sicht ansässig ist.

1022 *Haslehner*, StuW 2012, 242, 243; *Reiß*, in: FS Lang, 2010, 861, 866; *Schön*, in: Nieskens (Hrsg.), Umsatzsteuer-Kongress-Bericht 2001/2002, 17, 28f.; so auch *Kogels*, EC Tax Review 2012, 230.

1023 *Haupt*, UR 2007, 602, 602.

räumt daher die MwStSystRL in den Art. 170 und Art. 171[1024] Unternehmern, die nicht in dem Staat ansässig sind, in dem der Anspruch auf Vorsteuerabzug entstanden ist, ein Recht auf Vorsteuervergütung ein:

> „Jeder Steuerpflichtige, der im Sinne des Artikel 1 der Richtlinie 86/560 EWG, des Artikels 2 Nummer 1 und Artikel 3 der Richtlinie 2008/9/EG und des Artikels 171 der vorliegenden Richtlinie nicht in dem Mitgliedstaat ansässig ist, in dem er die Gegenstände und Dienstleistungen erwirbt oder mit der Mehrwertsteuer belastete Gegenstände einführt, hat Anspruch auf Erstattung dieser Mehrwertsteuer, soweit die Gegenstände und Dienstleistungen für Zwecke folgender Umsätze verwendet werden:
>
> a) die in Artikel 169 genannten Umsätze;
> b) die Umsätze, bei denen die Steuer nach den Artikeln 194 bis 187 und 199 lediglich vom Empfänger geschuldet wird.
>
> Die Erstattung der Mehrwertsteuer an Steuerpflichtige, die nicht in dem Mitgliedstaat, in dem sie die Gegenstände und Dienstleistungen erwerben oder mit der Mehrwertsteuer belastete Gegenstände einführen, sondern in einem anderen Mitgliedstaat ansässig sind, erfolgt nach dem in der Richtlinie 2008/9/EG vorgesehenen Verfahren.
> Die Erstattung der Mehrwertsteuer an nicht im Gebiet der Gemeinschaft ansässige Steuerpflichtige erfolgt nach dem in der Richtlinie 86/560/EWG vorgesehenen Verfahren.“[1025]

Ein Abzug von in einem anderen Mitgliedstaat entstandener Vorsteuer ist folglich – unabhängig von der Ansässigkeit des Unternehmers – nur in diesem Mitgliedstaat möglich, da es ansonsten der Einführung eines gesonderten Erstattungsverfahrens nicht bedurft hätte. [1026] Der alternativen Möglichkeit eines tatsächlich staatenübergreifenden Vorsteuerabzuges in der Weise, dass der Unternehmer sämtliche Vorsteuerbeträge in seinem Ansässigkeitsstaat hätte geltend machen können und anschließend ein finanzieller Ausgleich auf Ebene der beteiligten Mitgliedstaaten erfolgt wäre[1027], wurde aufgrund budgetärer Bedenken eine Absage erteilt[1028].

1024 Eine entsprechende Regelung fand sich auch bereits in Art. 17 Abs. 3 der 6. EG-Richtlinie.

1025 Zu dem Vorsteuervergütungsverfahren an in einem Drittstaat ansässige Unternehmer vgl. Kapitel 5.

1026 Im Ergebnis ebenso *Dziadkowski*, StuW 1993, 169, 176.

1027 So der Vorschlag der EU-Kommission zur Reformierung des Vorsteuervergütungsverfahrens an im Gemeinschaftsgebiet ansässige Unternehmer v. 19.6.1998, COM(1998) 377 final.

1028 Zu den Bedenken vgl. bspw. *Widmann*, DStR 1998, 1580, 1584. Zu der Entwicklung des Vorsteuervergütungsverfahrens an im Gemeinschaftsgebiet ansässige Unternehmer vgl. Kapitel 4 C II und D.

Anders als in Fällen, in denen der Unternehmer lediglich Leistungen aus dem Ausland im Inland bezieht, erfolgt der Vorsteuerabzug bei im Ausland bezogenen Leistungen nicht im allgemeinen Besteuerungsverfahren, sondern in einem speziell geregelten besonderen Vorsteuervergütungsverfahren, auf dessen inhaltliche Ausgestaltung und praktische Probleme im weiteren Verlauf der Arbeit näher einzugehen sein wird.

B. Ansässigkeit als maßgebliches Kriterium

Das besondere Vorsteuervergütungsverfahren findet vom Grundsatz her in Konstellationen Anwendung, in denen der Unternehmer eine Leistung in einem Mitgliedstaat der Union bezieht, in dem er nicht ansässig ist.[1029] Eine maßgebliche Bedeutung für die Abgrenzung zwischen dem allgemeinen Besteuerungsverfahren und dem besonderen Vorsteuervergütungsverfahren kommt somit dem Begriff der Ansässigkeit zu. Dieser Begriff ist im Unionsrecht nicht näher definiert, sondern wird vielmehr von der MwStSystRL lediglich an verschiedenen Stellen vorausgesetzt.[1030]

Nach der Rechtsprechung des EuGH bestimmt sich die Ansässigkeit des Unternehmers in erster Linie nach dem Sitz der wirtschaftlichen Tätigkeit und dem Vorhandensein einer festen Niederlassung, von der aus die maßgeblichen Umsätze bewirkt werden.[1031] Weitere Merkmale wie der Wohnsitz oder der gewöhnliche Aufenthalt des Unternehmers sind nur dann heranzuziehen, wenn Angaben zum Sitz der wirtschaftlichen Tätigkeit oder festen Niederlassung fehlen.[1032] Bei der Bestimmung des Sitzes der wirtschaftlichen Tätigkeit ist eine Vielzahl von Faktoren zu berücksichtigen. Hierzu zählen in erster Linie der statutarische Sitz, der Ort der zentralen Verwaltung, der Ort, an dem die Führungskräfte der Gesellschaft zusammentreffen, und der – gewöhnlich mit diesem

---

1029 So ausdrücklich Art. 3 der derzeit geltenden 11. EG-Richtlinie. Daneben erfordert die Anwendbarkeit des Vorsteuervergütungsverfahrens zudem, dass in dem Staat der Steuerentstehung keine oder nur bestimmte „unschädliche" Umsätze getätigt werden. Zu den persönlichen Voraussetzungen der Anwendbarkeit des Vorsteuervergütungsverfahrens im Einzelnen vgl. Kapitel 4 E I.

1030 *Heinrichshofen*, in: Englisch/Nieskens (Hrsg.), Umsatzsteuer-Kongress-Bericht 2010, 109, 124.

1031 EuGH v. 16.7.2009, Rs. C-244/08 (Kommission/Italien), ABl. EU 2009, Nr. C 12, Rn. 28; v. 6.11.2011, Rs. C-421/10 (Stoppelkamp), Slg. 2011, I-9309, Rn. 26.

1032 EuGH v. 6.11.2011, Rs. C-421/10 (Stoppelkamp), Slg. 2011, I-9309, Rn. 27; *Heuermann*, in: Sölch/Ringleb, UStG, § 13b (Oktober 2017) Rn. 67.

übereinstimmende – Ort, an dem die allgemeine Unternehmenspolitik dieser Gesellschaft bestimmt wird. Andere Elemente, wie der Wohnsitz der Hauptführungskräfte, der Ort, an dem die Gesellschafterversammlung zusammentritt, der Ort, an dem die Verwaltungsunterlagen erstellt und die Bücher geführt werden, und der Ort, an dem die Finanz- und insbesondere die Bankgeschäfte hauptsächlich wahrgenommen werden, können ebenfalls in Betracht gezogen werden.[1033] Ein fiktiver Sitz in der Form einer „Briefkastenfirma“ oder „Strohfirma“ ist für die Begründung der Ansässigkeit hingegen nicht ausreichend.[1034] Im Ergebnis ist der Sitz der wirtschaftlichen Tätigkeit einer Gesellschaft der Ort, an dem die wesentlichen Entscheidungen zur allgemeinen Leitung dieser Gesellschaft getroffen und die Handlungen zur zentralen Verwaltung vorgenommen werden.[1035]

Um von einer festen Niederlassung auszugehen, der die Lieferung von Gegenständen oder die Erbringung von Dienstleistungen zugeordnet wird, ist es erforderlich, dass diese Niederlassung über einen hinreichenden Grad an Beständigkeit sowie eine Struktur verfügt, die von ihrer personellen und technischen Ausstattung her eine autonome Erbringung der betreffenden Leistungen ermöglicht.[1036] Die bloße Existenz eines Stellvertreters[1037] kann hingegen keine feste Niederlassung begründen, da dieser den nationalen Steuerbehörden nur als Ansprechpartner dienen soll und keinen Einfluss auf die tatsächliche Erbringung umsatzsteuerlich relevanter Umsätze hat.[1038] Nach dieser Definition der Ansässigkeit ist davon auszugehen, dass ein Unternehmer in mehreren Staaten für umsatzsteuerliche Zwecke ansässig sein kann.[1039]

1033 EuGH v. 28.6.2007, Rs. C-73/06 (Planzer Luxembourg), Slg. 2007, I-5655, Rn. 61.

1034 EuGH v. 2.5.2006, Rs. C-341/04 (IFSC), Slg. 2006, I-3813, Rn. 35, v. 12.9.2006, Rs. C-196/04 (Cadbury Schweppes), Slg. 2006, I-7995, Rn. 68.

1035 EuGH v. 28.6.2007, Rs. C-73/06 (Planzer Luxembourg), Slg. 2007, I-5655, Rn. 63.

1036 St. Rspr. vgl. bspw. EuGH v. 17.7.1997, Rs. C-190/95 (ARO Lease), Slg. 1997, I-4383, Rn. 16; v. 7.5.1998, Rs. C-390/96 (Lease Plan), Slg. 1998, I-2553, Rn. 24; v. 6.2.2014, Rs. C-323/12 (E. ON Global Commodities), ABl. EU 2014, Nr. C 93, 7, Ls. 1, Rn. 46.

1037 So können nach Art. 2 Abs. 3 der 13. EG-Richtlinie bspw. die Mitgliedstaaten von in Drittstaaten ansässigen Unternehmern für die Durchführung des Vorsteuervergütungsverfahrens die Benennung eines steuerlichen Vertreters verlangen. Deutschland hat von dieser Möglichkeit keinen Gebrauch gemacht.

1038 EuGH v. 19.2.2009, Rs. C-1/08 (Athesia Druck), Slg. 2009, I-1255, Rn. 34; v. 6.2.2014, Rs. C-323/12 (E. ON Global Commodities), ABl. EU 2014, Nr. C 93, 7, Rn. 48.

1039 Sog. Mehrfachansässigkeit, vgl. *Heinrichshofen*, in: Englisch/Nieskens (Hrsg.), Umsatzsteuer-Kongress-Bericht 2010, 109, 124; so auch *Witte*, in: Witte, Zollkodex,

Verfügt der antragstellende Unternehmer in dem Erstattungsstaat über eine feste Niederlassung, reicht es für den Ausschluss des Vorsteuervergütungsverfahrens nicht aus, dass die feste Niederlassung abstrakt in der Lage ist, steuerbare Umsätze in dem Erstattungsstaat auszuführen. Vielmehr muss diese feste Niederlassung im maßgeblichen Vergütungszeitraum auch tatsächlich steuerbare Umsätze getätigt haben.[1040] Im Ergebnis schließt daher also nur eine „aktive feste Niederlassung" das Vorsteuervergütungsverfahren aus[1041]. Dies gilt auch dann, wenn die Niederlassung in ihrem Ansässigkeitsstaat fast ausschließlich Umsätze ausführt, die in einem anderen Mitgliedstaat besteuert werden[1042]. Dies ist nur folgerichtig, da Art. 169 lit. a MwStSystRL die Abzugsmöglichkeit der Vorsteuer im allgemeinen Verfahren in dieser Konstellation ausdrücklich vorsieht.[1043]

Vor dem Hintergrund, dass das Merkmal der Ansässigkeit über die Anwendbarkeit von allgemeinem Besteuerungsverfahren und besonderen Vorsteuervergütungsverfahren entscheidet und die beiden Verfahren für den Unternehmer zu gravierenden unterschiedlichen wirtschaftlichen Ergebnissen führen können[1044], ist auf die Prüfung der Ansässigkeit in der Praxis regelmäßig ein besonderes Augenmerk zu legen.

2013, Art. 4. Zu dem Problem der Mehrfachansässigkeit für die Anwendbarkeit des Vorsteuervergütungsverfahrens vgl. Kapitel 4 E I 2 b.

1040 EuGH v. 25.10.2012, Rs. C-318/11 u. C-319/11 (Daimler und Widex), ABl. EU 2012, Nr. C 399, 5, Rn. 37.

1041 *So Monfort*, UR 2016, 856, *ders.*, UR 2012, 931, 935 mit Verweis auf die Verwendung dieses Begriffes durch den EuGH im Urteil v. 16.7.2009, Rs. C-244/08 (Kommission/Italien), Slg. 2009, 42. Die „bloße" formale umsatzsteuerliche Registrierung ist insoweit nicht ausreichend, vgl. *Damaschke*, StbW 2013, 117, 118.

1042 EuGH, Beschl. v. 21.6.2016, Rs. C-393/15 (ESET), UR 2016, 856 m. Anm. *Monfort*.

1043 Ebenso *Monfort*, UR 2016, 856. Die Regelung des Art. 169 lit. a MwStSystRL wurde im deutschen Recht in § 15 Abs. 1 Nr. 2 UStG umgesetzt.

1044 Zum Verhältnis von allgemeinem Besteuerungsverfahren und besonderem Vorsteuervergütungsverfahren vgl. Kapitel 4 F II 5 a.

C. Historische Entwicklung des Vorsteuervergütungsverfahrens bis zur 11. EG-Richtlinie

I. Vorüberlegungen

Das geltende Vorsteuervergütungsverfahren an im Gemeinschaftsgebiet ansässige Unternehmer ist nicht bereits seit Einführung des Anspruchs auf grenzüberschreitende Vorsteuererstattung in Art. 17 Abs. 3 der 6. EG-Richtlinie in Kraft. Vielmehr war die Entwicklung und Einführung des derzeitigen Vergütungsverfahrens nach der 11. EG-Richtlinie[1045] eine Reaktion auf die praktischen Probleme, die in dem Verfahren unter der Vorgängerregelung aufgetreten waren.[1046] Eine Analyse der Regelungen des geltenden Verfahrens kann daher nicht ohne eine umfassende Auseinandersetzung mit der vorherigen Rechtslage und den sich in diesem Zusammenhang ergebenden praktischen Problemen erfolgen.

II. Beginn der Harmonisierung des Vorsteuervergütungsverfahrens

1. *Notwendigkeit der Einführung eines harmonisierten Verfahrens*

Zu Beginn der Mehrwertsteuerharmonisierung war eine Vorsteuererstattung an nicht im Inland ansässige Unternehmer für die Mitgliedstaaten nicht verbindlich vorgesehen. So fand sich daher noch in der 2. EG-Richtlinie[1047] diesbezüglich keine Regelung. Mangels einer expliziten Regelung im europäischen Recht oblag daher das Ob und Wie einer Vorsteuererstattung an nicht im Inland ansässige

---

1045 Richtlinie 2008/9/EG des Rates zur Regelung der Erstattung der Mehrwertsteuer gemäß der Richtlinie 2006/112/EG an nicht im Mitgliedstaat der Erstattung, sondern in einem anderen Staat ansässige Steuerpflichtige (RL 2008/9/EG) v. 12.2.2008, ABl. EU Nr. L 44, S. 23 (***11. EG-Richtlinie***).

1046 Siehe hierzu bereits ausdrücklich den 1. Erwägungsgrund der 11. EG-Richtlinie. Zu den Problemen bei der Anwendung des Verfahrens unter der 8. EG-Richtlinie im Einzelnen unter Kapitel 4 C IV. Vgl. hierzu auch *de la Feria*, The EU VAT System, 2009, S. 122.

1047 Zweite Richtlinie des Rates vom 11.4.1967 zur Harmonisierung der Rechtsvorschriften der Mitgliedstaaten über die Umsatzsteuer – Struktur der Anwendungsmodalitäten des gemeinsamen Mehrwertsteuersystems (67/228/EWG), ABl. EG 1967, S. 1303 (***2. EG-Richtlinie***).

Unternehmer den einzelnen Mitgliedstaaten.[1048] Hierin wurde aufgrund potentieller Wettbewerbsverzerrungen allerdings eine Gefahr für den Binnenmarkt gesehen, da Mitgliedstaaten, die ohne Einschränkungen Vorsteuerbeträge an ausländische Unternehmer erstatteten, für Unternehmer attraktiver wären als solche Staaten, die keine oder nur eine eingeschränkte Erstattung vornahmen.[1049]

Aus diesem Grund wurde in Art. 17 Abs. 3 der 6. EG-Richtlinie[1050] ausdrücklich vorgesehen, dass an nicht im Inland ansässige Unternehmer des übrigen Gemeinschaftsgebietes eine Vorsteuererstattung zwingend zu erfolgen hat. Zudem wurde festgeschrieben, dass die Modalitäten der Erstattung ebenfalls durch Gemeinschaftsrecht festgelegt werden (Art. 17 Abs. 4). Dieser in der 6. EG-Richtlinie niedergelegte Anspruch wurde unionsrechtlich mit der 8. EG-Richtlinie[1051] und in Deutschland mit dem UStG1980[1052] umgesetzt.

2. *Ziele des Vorsteuervergütungsverfahrens nach der 8. EG-Richtlinie*

Nachdem Art. 17 Abs. 4 der 6. EG-Richtlinie vorsah, dass die Modalitäten der Vorsteuererstattung an nicht im Erstattungsstaat ansässige Unternehmer auf Gemeinschaftsebene geregelt werden, diente die 8. EG-Richtlinie vor allem der Umsetzung dieser Anforderung. Ausdrücklich sollte die Einführung eines einheitlichen Vorsteuervergütungsverfahrens durch eine Harmonisierung des in Art. 17 Abs. 3 der 6. EG-Richtlinie festgelegten Anspruchs[1053] bestehende

---

1048 Dies entspricht dem allgemein geltenden Grundsatz der Subsidiarität (Art. 5 Abs. 3 AEUV), vgl. hierzu *Haratsch/Koenig/Pechstein*, Europarecht 2016, Rn. 164ff.; *Herdegen*, Europarecht, 2015, § 6 Rn. 26ff.

1049 Vgl. hierzu die allgemeine Begründung der Kommission für den Vorschlag einer 8. Richtlinie bezüglich der Erstattung von Vorsteuer an nicht im Entstehungsstaat ansässige Unternehmer v. 3.1.1978, COM(77) 721 final, ABl. 1976, Nr. C 26, S. 5 in Bezug auf die Einführung von Art. 17 Abs. 4 der 6. EG-Richtlinie.

1050 Richtlinie 77/388/EWG vom 17.5.1977, ABl. EG Nr. L 154, 1.

1051 Achte Richtlinie des Rates vom 6. Dezember 1979 zur Harmonisierung der Rechtsvorschriften der Mitgliedstaaten über die Umsatzsteuern — Verfahren zur Erstattung der Mehrwertsteuer an nicht im Inland ansässige Steuerpflichtige, RL 79/1072/EWG, ABl. EU Nr. L 331 /11 (***8. EG-Richtlinie***).

1052 Gesetz zur Neufassung des Umsatzsteuergesetzes und zur Änderung anderer Gesetze vom 29.11.1979, BGBl. I 1979, 1953.

1053 Das Vorsteuervergütungsverfahren soll ausdrücklich keine neuen Regelungen in Bezug auf den Vorsteueranspruch einführen, sondern diesen lediglich harmonisieren, vgl. hierzu EuGH v. 28.6.2007, Rs. C-73/06 (Planzer Luxembourg), Slg. 2007, I-5655, Rn. 34; v. 13.7.2000, Rs. C-136/99 (Société Monte Dei Paschi Di Siena),

Wettbewerbsverzerrungen beseitigen.[1054] Hierdurch sollte auch der wirtschaftliche Integrationsprozess auf Ebene der Europäischen Union vorangetrieben[1055] und eine Doppelbesteuerung der Unternehmer aufgrund der endgültigen Belastung mit in einem anderen Mitgliedstaat entrichteter Vorsteuer vermieden werden.[1056] Gleichzeitig sollte die 8. EG-Richtlinie aber auch bestimmte Formen von Steuerhinterziehung und -vermeidungen bekämpfen.[1057] Die Einführung eines besonderen Erstattungsverfahrens sollte zudem die Vorsteuererstattung vereinfachen und beschleunigen sowie die Finanzbehörden entlasten, indem eine umsatzsteuerliche Registrierung von Unternehmern, die im Inland keine Umsätze ausführen, sondern lediglich Leistungen beziehen, vermieden wird.[1058] Anders als bei reinen Inlandsfällen waren mit der Einführung der

---

Slg. 2000, I-6109, Rn. 20 und v. 15.3.2007, Rs. C-35/05 (Reemtsma), Slg. 2007, I-2425, Rn. 26.

1054 Vgl. hierzu 3. Erwägungsgrund der 8. EG-Richtlinie.

1055 Vgl. 4. Erwägungsgrund der 8. EG-Richtlinie. Dies hätte zudem der systematischen Bedeutung der Umsatzsteuer als Verbrauchsteuer entgegengestanden, vgl. hierzu Kapitel 1 B III.

1056 Ausdrücklich bereits 2. Erwägungsgrund der 8. EG-Richtlinie. Die Verhinderung von Doppelbesteuerung ist ein dem europäischen Mehrwertsteuersystem immanentes Prinzip, vgl. EuGH v. 5.5.1982, Rs. 15/81 (Gaston Schul), Slg. 1982, 1409.

1057 Ausdrücklich 6. Erwägungsgrund der 8.EG-Richtlinie, vgl. hierzu auch EuGH v. 11.6.1998, Rs. C-361/96 (Grandes sources d´eaux minérales françaises), Slg. 1998, I-3495, Rn. 28; v. 28.6.2008, Rs. C-73/06 (Planzer Luxembourg), Slg. 2007, I-5655, Rn. 36. Insoweit besteht ein Gleichklang mit der zu diesem Zeitpunkt geltenden 6. EG-Richtlinie, vgl. insoweit 17. Erwägungsgrund der 6. EG-Richtlinie. Zudem ist auch nach Ansicht des EuGH die Bekämpfung von Steuerhinterziehungen, Steuerumgehungen und etwaigen Missbräuchen ein Ziel, was nun in der MwStSystRL ausdrücklich anerkannt und gefördert wird. St. Rspr. vgl. bspw. EuGH v. 29.4.2004, Rs. C-487/01 u. C-7/02 (Gemeente Leusden und Holin Groep), Rn. 76; v. 21.2.2006, Rs. C-255/02 (Halifax u.a.), Slg. 2006, I-1609, Rn. 71; v. 6.7.2006, Rs. C-439/04 u. C-440/04 (Kittel und Recolta Recycling), Slg. 2006, I-6161, Rn. 54; v. 27.10.2011, Rs. C-504/10 (Tanoarch), Slg. 2010, I-10853, Rn. 50; v. 21.6.2012, Rs. C-80/11 u. C-142/11 (Mahagében und Dávid), ABl. EU 2012, Nr. C 250, 5, Rn. 41. Hieran zeigt sich zudem deutlich, dass sich das Recht auf Vorsteuerabzug immer im Spannungsfeld zwischen der wirtschaftlichen Entlastung des Steuerpflichtigen auf der einen und der Bekämpfung Steuerhinterziehung bewegt, vgl. insoweit auch EuGH v. 19.10.2017, Rs. C-101/16 (Paper Consult), ABl. EU 2017, Nr. C 424, 4, Rn. 34.

1058 *Treiber*, in: Sölch/Ringleb, UStG, § 18 (September 2016) Rn. 171. Sowie auch ausdrücklich die Begründung der Kommission zur Einführung von Art. 7 in ihrem Vorschlag v. 3.1.1978, COM(1977) 721 final, ABl. 1976, Nr. C 26, S. 5.

8. EG-Richtlinie bei grenzüberschreitenden Konstellationen fortan nicht nur die materiellen,[1059] sondern auch die formellen Voraussetzungen der Vorsteuererstattung im Wesentlichen durch europäisches Recht vorgegeben.

III. Überblick über das Verfahren

Zur Geltendmachung des Vorsteueranspruchs musste der Unternehmer einen papiergebundenen Antrag innerhalb von sechs Monaten nach Ablauf des betreffenden Kalenderjahres (d.h. des Kalenderjahres, in dem der Anspruch auf Vorsteuererstattung entstanden ist) bei der zuständigen Behörde des Erstattungsstaates, d.h. des Staates, in dem der korrespondierende Umsatzsteueranspruch entstanden ist, stellen (Art. 9, Art. 7 Abs. 1). Der Antrag hatte dem in Anhang A der Richtlinie aufgeführten Muster zu entsprechen (Art. 3 lit. a).[1060] Dem Antrag waren zudem die entsprechenden Rechnungen bzw. Einfuhrdokumente im Original (Art. 3 lit. a) sowie eine Bescheinigung der zuständigen Behörde des Ansässigkeitsstaates über die unternehmerische Tätigkeit des Unternehmers[1061] beizufügen (Art. 3 lit. b).

Der Erstattungsstaat prüfte den Antrag sowohl auf die formelle (insbesondere die Vollständigkeit des Antrages) als auch auf die materielle Vereinbarkeit mit den Anforderungen der 8. EG-Richtlinie. Nachfragen beim Antragsteller waren prinzipiell nicht vorgesehen und daher nur in Ausnahmefällen zulässig.[1062] Entsprechend dem Prüfungsergebnis gab der Erstattungsstaat dem Antrag statt und erstattete dem Antragsteller die beantragten Vorsteuerbeträge oder lehnte den Antrag ab.[1063] Ablehnende Bescheide waren entsprechend zu begründen. Gegen diese standen dem Antragsteller Rechtsbehelfsmöglichkeiten nach den

---

1059 Die materiellen Vorgaben des Anspruchs auf Vorsteuererstattung ergeben sich auch in diesen Fällen aus der MwStSystRL bzw. aus der zu der Zeit geltenden 6. EG-Richtlinie. Zu den Voraussetzungen des Vorsteuerabzugs im Einzelnen vgl. Kapitel 2 B.

1060 In Anhang C der 8. EG-Richtlinie waren diesbezüglich Hinweise auf die von den jeweiligen Mitgliedstaaten geforderten Mindestinformationen enthalten.

1061 Ein entsprechendes Muster war als Anhang B zur 8. EG-Richtlinie veröffentlicht.

1062 Art. 6 der 8. EG-Richtlinie. Die Ausnahme von Rückfragen an den Antragsteller ergibt sich auch daraus, dass die Verpflichtungen des Antragstellers in Art. 6 der 8. EG-Richtlinie bewusst deutlich restriktiver gefasst wurden, als das Pendant in Art. 22 der 6. EG-Richtlinie, um nicht unbedingt erforderliche Pflichten für den Antragsteller zu vermeiden, vgl. Begründung der Kommission zur Einführung von Art. 6 in ihrem Vorschlag v. 3.1.1978, COM(1977) 721 final, ABl. 1976, Nr. C 26, S. 5.

1063 Die Entscheidung erfolgt mittels eines Steuerbescheides i.S.d. § 155 Abs. 1 AO.

Verfahrensmodalitäten des jeweiligen Erstattungsstaates zur Verfügung (Art. 7 Abs. 4 UAbs. 2).[1064]

Die Richtlinie sah zwar vor, dass innerhalb von sechs Monaten nach Eingang des vollständigen Antrages (d.h. inklusive aller erforderlichen Dokumente) eine abschließende Entscheidung zu ergehen hatte (Art. 7 Abs. 4 UAbs. 1), Sanktionen bei einem Verstoß gegen diese Fristen, insbesondere eine Verzinsung des Erstattungsanspruchs, sah die Richtlinie allerdings nicht vor. Die in der Praxis zahlreich aufgetretenen Verstöße gegen diese Bearbeitungsfristen wurden daher lediglich im Rahmen von Vertragsverletzungsverfahren seitens der EU-Kommission gerügt.[1065] Direkte Auswirkungen für den Vergütungsanspruch der betroffenen Antragsteller ergaben sich hieraus naturgemäß jedoch nicht.[1066]

IV. Praktische Probleme bei der Durchführung des Vorsteuervergütungsverfahrens

1. *Problemüberblick*

Trotz der Intention des Unionsgesetzgebers, ein sowohl für die Antragsteller als auch für die Erstattungsbehörden der Mitgliedstaaten einfaches und schnelles Verfahren zu konzipieren, traten in der Praxis zahlreiche Probleme auf. Nicht zuletzt die von der EU-Kommission eingeleiteten Vertragsverletzungsverfahren aufgrund überlanger Bearbeitungszeiten[1067] machten deutlich, dass die

---

1064 Diesbezüglich hatten die Mitgliedstaaten die allgemeinen Grundsätze der Effektivität und der Äquivalenz zu beachten.

1065 Vgl. EuGH v. 3.6.1992, Rs. C-287/91 (Kommission/Italien), Slg. 1992, I-3515; v. 14.12.1995, Rs. C-16/95 (Kommission/Spanien), Slg. 1995, I-4883; v. 19.1.2006, Rs. C-90/05 (Kommission/Luxemburg), ABl. EU 2006, Nr. C 82, 26. Zusammenfassend hierzu auch *de la Feria*, The EU VAT System, 2009, S. 209f.

1066 Da das Vertragsverletzungsverfahren als reines Feststellungsverfahren ausgestaltet ist (Art. 258 AEUV), kann der EuGH nur den unionrechtswidrigen Zustand feststellen, ihn aber nicht beseitigen. Die Mitgliedstaaten sind zwar zur Ergreifung von Maßnahmen zur Beseitigung des unionsrechtswidrigen Zustandes verpflichtet (Art. 260 Abs. 1 AEUV), es besteht aber grds. keine Kompetenz, Zwangsvollstreckungsmaßnahmen einzuleiten. Art. 260 Abs. 2 UAbs. 2 AEUV sieht nur unter bestimmten Voraussetzungen die Verhängung eines Zwangsgeldes vor, vgl. hierzu EuGH, Rs. C-387/97 (Kommission/Griechenland), Slg. 2000, I-5047, Rn. 79ff. sowie EuGH v. 12.7.2005, Rs. C-304/02 (Kommission/Frankreich), Slg. 2005, I-6263.

1067 EuGH v. 3.6.1992, Rs. C-287/91 (Kommission/Italien), Slg. 1992, I-3515; v. 14.12.1995, Rs. C-16/95 (Kommission/Spanien), Slg. 1995, I-4883; v. 19.1.2006, Rs. C-90/05

Einführung eines harmonisierten Verfahrens gerade nicht zu der angestrebten Vereinfachung geführt hatte.[1068] Zudem führte die konkrete Auslegung und Anwendung der 8. EG-Richtlinie durch die Mitgliedstaaten in einigen Konstellationen dazu, dass der Anspruch auf Vorsteuererstattung an nicht im Inland ansässige Unternehmer tatsächlich eher erschwert oder unmöglich gemacht wurde.[1069] Nachfolgend soll auf die einzelnen Fallgestaltungen eingegangen werden, die in besonderem Umfang zu Problemen in der Praxis und letztlich zur Konzeption eines neuen Vergütungsverfahrens geführt haben.

2. *Qualifizierung der Antragsfrist als Ausschlussfrist*

Nach Art. 7 Abs. 1 UAbs. 1 der 8. EG-Richtlinie war der Antrag auf Vorsteuervergütung spätestens sechs Monate nach Ablauf des Kalenderjahres, für das die Vergütung beantragt wurde, bei der zuständigen Behörde des Erstattungsstaates zu stellen. Der EuGH hat diesbezüglich ausdrücklich festgestellt, dass es sich bei dieser Frist um eine nicht verlängerbare Ausschlussfrist und nicht um eine bloße Ordnungsfrist handelt.[1070] Im Ergebnis führte also die Nichteinhaltung dieser Frist zum Erlöschen des Vorsteuererstattungsanspruchs.[1071] Nach Ansicht des EuGH ist die Behandlung dieser Frist als Ausschlussfrist auch erforderlich[1072], da die Möglichkeit einer unbegrenzten Geltendmachung des Vorsteueranspruchs dem Grundsatz der Rechtssicherheit zuwiderlaufe, der verlangt, dass die

---

(Kommission/Luxemburg), ABl. EU 2006, Nr. C 82, 26; ausdrücklich insoweit auch *Leonard*, in: Bunjes, UStG, 2018, § 18 Rn. 36.

1068 Bezeichnender Weise fasst *de la Feria*, The EU VAT System. S. 203 die vorliegende Situation in der Frage zusammen „[...] why do traders wish to avoid the Eighth Directive procedure?".

1069 So ergab die Befragung von Unternehmern der europäischen Union im Jahr 2003, dass mehr als die Hälfte von ihnen bereits Probleme mit dem Vorsteuervergütungsverfahren gehabt und z.T. auch von der Geltendmachung materiell-rechtlich bestehender Ansprüche abgesehen hatten, vgl. SEC(2004)1128/2 v. 10.9.2004 in englischer Sprache abrufbar unter: https://ec.europa.eu/taxation_customs/sites/taxation/files/docs/body/1128-04_en.pdf, zuletzt abgerufen am 23.4.2019. Kritisch zu der praktischen Umsetzung in Deutschland *Haupt*, UR 2007, 602. *De la Feria*, The EU VAT System, 2009, S. 212 geht demgegenüber davon aus, dass die Probleme vorrangig nicht auf der Interpretation der Richtlinie beruhten, sondern vielmehr bereits in dem Verfahren an sich angelegt waren.

1070 EuGH v. 21.6.2012, Rs. C-294/11 (Elsacom), ABl. EU 2012, Nr. C 250, 8, Rn. 25.

1071 EuGH v. 21.6.2012, Rs. C-294/11 (Elsacom), ABl. EU 2012, Nr. C 250, 8, Rn. 17.

1072 EuGH v. 21.6.2012, Rs. C-294/11 (Elsacom), ABl. EU 2012, Nr. C 250, 8, Rn. 29.

Rechtsposition des Steuerpflichtigen nicht unbegrenzt offen bleiben kann.[1073] Die Behandlung der Antragsfrist als bloße Ordnungsfrist hätte zudem zur Folge, dass die Mitgliedstaaten insoweit ihre eigenen Verjährungsfristen anwenden dürfen[1074], die möglichweise strenger, d.h. kürzer, wären, als die in der Richtlinie vorgegebene Frist, so dass letztlich die Regelungen des einzelnen Mitgliedstaates über die Möglichkeit der Geltendmachung eines Vorsteuererstattungsanspruchs entscheiden würden. Dies würde aber dem Ziel der Richtlinie, die gegenwärtigen Unterschiede in den Mitgliedstaaten zu beseitigen, diametral entgegenstehen und sei daher nicht hinzunehmen.[1075]

Auch wenn die Ausführungen des EuGH zu möglicherweise kürzeren Antragsfristen in den einzelnen Mitgliedstaaten überraschen und angesichts der nur sechs-monatigen Antragsfrist der Richtlinie nicht sehr überzeugend erscheinen, ist dem EuGH allerdings zuzugeben, dass die Möglichkeit unterschiedlicher Antragsfristen in den einzelnen Mitgliedstaaten einer Harmonierung des Verfahrens wohl eher abträglich wäre, auch wenn dies im Kern bedeutet, dass günstigere nationale Regelungen keine Anwendung finden.[1076] Die praktischen Probleme des Vorsteuervergütungsverfahrens resultierten jedoch auch nicht primär aus der Behandlung der Antragsfrist als Ausschlussfrist, sondern vielmehr aus der Frage, welchen Anforderungen der Antrag genügen muss, um diese Frist zu wahren.[1077]

Eine Auseinandersetzung mit der grundsätzlichen Frage, ob etwaige unterschiedliche Fristen zur Geltendmachung des Vorsteuerabzuges für im Ausland ansässige Unternehmer einen Verstoß gegen den allgemeinen Gleichheits-

---

1073 EuGH v. 21.6.2012, Rs. C-294/11 (Elsacom), ABl. EU 2012, Nr. C 250, 8, Rn. 29. Vgl. insoweit auch EuGH v. 21.1.2010, Rs. C-472/08 (Alstom Power Hydro), Slg. 2010, I-623, Rn. 16; v. 8.5.2008, Rs. C-95/07 u. C-96/07 (Ecotrade), Slg. 2008, I-3451, Rn. 44. Zuletzt EuGH v. 26.4.2018, Rs. C-81/17 (Zabrus Siret), ABl. EU 2018, Nr. C 211, 6, Rn. 38. Zur grundsätzlichen Zulässigkeit von Ausschlussfristen vgl. Kapitel 2 B VI 2 c.

1074 Sofern zwingende Vorgaben des Unionsrechts fehlen, sind die Mitgliedstaaten berechtigt und verpflichtet, das Unionsrecht eigenständig umzusetzen.

1075 EuGH v. 21.6.2012, Rs. C-294/11 (Elsacom), ABl. EU 2012, Nr. C 250, 8, Rn. 31.

1076 Dies ergibt sich letztlich aus dem allgemeinen Anwendungsvorrang, den das Unionsrecht gegenüber dem nationalen Recht genießt. Vgl. hierzu *Ruffert*, in: Calliess/Ruffert, EUV/AEUV, 2016, Art. 1 AEUV Rn. 16-23.

1077 Ebenso *Haupt*, UR 2007, 602, 603. So auch *de la Feria*, The EU VAT System, 2009, S. 122. Zu den praktischen Problemen in Deutschland vgl. ausführlich Kapitel 4 E V 2.

grundsatz[1078] darstellen können, enthält das Urteil in der Rechtssache *Elsacom* hingegen nicht. Auch diese Entscheidung verdeutlicht einmal mehr, dass der EuGH sekundärrechtliche Regelungen über den Vorsteuerabzug nicht an primärrechtlichen Regelungen misst, sondern vielmehr die Entscheidungen des Unionsgesetzgebers insoweit als gegeben hinnimmt.[1079]

3. *Einreichung eines vollständigen Antrages*

a. *Anforderungen der Richtlinie*

Ausgangspunkt für die praktischen Probleme bei der Wahrung der Antragsfrist war die Tatsache, dass nicht der bloße Zugang des Erstattungsantrages ausreichte, sondern hierfür ein vollständiger Antrag erforderlich war.[1080]

In Bezug auf die Fristwahrung ergab sich aus Art. 7 Abs. 1 UAbs. 2 der 8. EG-Richtlinie lediglich, dass der Antrag innerhalb der sechs-monatigen Antragsfrist bei der Erstattungsbehörde vorzulegen war. Eine weitere Konkretisierung hinsichtlich des notwendigen Inhaltes erfuhr der Antrag hingegen nicht. Da allerdings Art. 3 lit. a vorsah, dass der Antrag dem als Anhang A beigefügten Muster entsprechen musste und die Mitgliedstaaten den Antragstellern eine Erläuterung bezüglich der erforderlichen Mindestinformationen zur Verfügung stellten, war jedoch davon auszugehen, dass auch die Richtlinie selbst zur Einhaltung der Antragsfrist nicht die bloße Antragstellung für ausreichend erachtete, sondern vielmehr gewisse inhaltliche Anforderungen an einen fristwahrenden Antrag stellte.

Vor dem Hintergrund, dass die Nichteinhaltung der Frist zur endgültigen Verwirkung des Vorsteuererstattungsanspruchs führte[1081], ist es nicht weiter ver-

---

1078 Zum Inhalt und Anwendungsbereich des allgemeinen Gleichheitsgrundsatzes vgl. 2 C II 1 b.

1079 Vgl. hierzu bereits Kapitel 2 C II 1 a u. b. Zur Frage der Rechtfertigung einer abweichenden Frist Kapitel 2 B VI 2 c.

1080 BFH, Urt. v. 21.10.1999, V R 76/98, BStBl. II 2000, 214, Rn. 18; Beschl. v. 24.7.2012, V B 76/11, BFH/NV 2012, 1840, Rn. 7; v. 19.12.2012, XI B 111/11, BFH/NV 2013, 785. Als Begründung führt die Rechtsprechung zudem insoweit auch aus, dass nach dem neuen Verfahren unter der 11. EG-Richtlinie ein Antrag nur dann als vorgelegt gilt, „wenn der Antragsteller alle geforderten Angaben macht". Dieser Grundsatz sei auch auf das Verfahren unter der 8. EG-Richtlinie übertragbar, vgl. FG Köln v. 21.3.2013, 2 K 586/10, EFG 2014, 1052, Rn. 27. Zusammenfassend zu dieser Problematik auch *Haupt*, UR 2007, 602, 605.

1081 So ausdrücklich EuGH v. 21.6.2012, Rs. C-294/11 (Elsacom), ABl. EU 2012, Nr. C 250, 8, Rn. 17.

wunderlich, dass die Frage, wann ein Erstattungsantrag in diesem Sinne als vollständig anzusehen war, den Gegenstand zahlreicher gerichtlicher Auseinandersetzungen zwischen Erstattungsbehörde und Antragsteller bildete.[1082] Der EuGH hat sich zu der Frage, welche Anforderungen an einen wirksamen Antrag zur Wahrung der Antragsfrist zu stellen sind, nicht geäußert[1083], da schlicht keine diese Problematik betreffende Vorlagefrage gestellt wurde.[1084] Die Beurteilung der Verwaltungspraxis der Erstattungsstaaten oblag somit allein den nationalen Gerichten.

b. Darstellung der Rechtsprechung der deutschen Finanzgerichte

aa. Umgang mit fehlenden Angaben

Ausgangspunkt für die Beurteilung der Wirksamkeit eines Antrages war aus Sicht der deutschen Finanzgerichte das als Anhang A der Richtlinie beigefügte Muster, dem der Erstattungsantrag entsprechen musste (Art. 3 lit. a der 8. EG-Richtlinie).[1085] Das Muster war in der Sprache des jeweiligen Erstattungsstaates

---

1082 Ein Kritikpunkt an dem Vorsteuervergütungsverfahren nach der 8. EG-Richtlinie war die „extrem formalistische Anwendung" durch die nationalen Behörden, die zu einer häufigen Ablehnung der Erstattungsanträge geführt hat, vgl. COM(1998) 377 final, S. 4. So auch *Langer/Zugmaier*, DStR 2007, 983, 985. So verwundert es nicht, dass auch zahlreiche Entscheidungen deutscher Finanzgerichte ergingen, die sich mit dieser Thematik auseinandersetzten.

1083 Das Urteil der in der Rechtssache *Elsacom* (EuGH v. 21.6.2012, Rs. C-294/11 (Elsacom), ABl. EU 2012, Nr. C 250, 8) enthielt insoweit keine Ausführungen.

1084 Der BFH sah insoweit keinen Grund zur Vorlage, da sich nach seiner Auffassung die Anforderungen an einem wirksamen Vergütungsantrag unmittelbar aus dem Unionsrecht ergeben und in Bezug auf die in Nr. 9a erforderlichen Angaben Eintragungsbeispiele vorliegen, vgl. BFH, Beschl. v. 19.12.2012, XI B 111/11, BFH/NV 2013, 785, Rn. 13 sowie Urteil vom 24.9.2015, V R 9/14, BStBl. II 2015, 1067, Rn. 21. Auch erschien die vorgenommene Auslegung den deutschen Finanzgerichten nicht zweifelhaft und damit vorlagewürdig, vgl. insoweit FG Köln v. 21.3.2013, 2 K 586/10, EFG 2014, 1052, Rn. 27.

1085 Einem wirksamen Antrag stand es insoweit nicht entgegen, wenn es sich nicht um einen amtlichen Vordruck, sondern um ein selbst erstelltes Formular handelte, sofern dieses in allen Einzelheiten dem amtlichen Vordruck entsprach, vgl. FG Köln v. 12.4.2011, 2 K 354/10. Dies entspricht auch den sonst üblichen Grundsätzen, vgl. BFH v. 13.4.1972, V R 16/69, BStBl. II 1972, 725; v. 15.10.1998, IV R 18/98, BStBl. II 1999, 286; v. 21.10.1999, V R 76/98, BStBl. II 2000, 214. Hierdurch soll sichergestellt werden, dass im Antrag alle von der Finanzverwaltung als entscheidungserheblich angesehenen Angaben enthalten sind, vgl. BFH v. 21.10.1999, V R 78/98, BStBl. II 1999, 286.

abgefasst, was bereits aufgrund der unterschiedlichen Sprachen in der Europäischen Union zu Problemen führen konnte.[1086]

Für einen wirksamen Antrag wurde zunächst gefordert, dass dieser vollständig sein, d.h. alle im Muster vorgesehen Angaben enthalten musste. Fehlten vorgesehene Angaben, wurde der Antrag insgesamt als unwirksam gewertet.[1087] In der Wertung – zumindest der deutschen Finanzverwaltung und Finanzgerichte – war es grundsätzlich unerheblich, welche Eintragung tatsächlich fehlte[1088], sofern es sich dabei um *entscheidungserhebliche Angaben* handelte.[1089] Besonders häufig kamen in der Praxis aber solche Fälle vor, bei denen die Angaben zum Anlass der bezogenen Waren und Dienstleistungen fehlten. Die hierzu ergangene Rechtsprechung lässt auch erahnen, warum die Antragsteller eine „extrem formalistische Anwendung"[1090] der Regelungen des Vorsteuervergütungsverfahrens kritisierten.

Angaben zu den bezogenen Waren und Dienstleistungen waren unter Ziffer 9 Buchtstabe a des Vordrucks vorzunehmen, die wie folgt gefasst war:

1086 Dieses Problem wurde bereits in dem Vorschlag der Kommission v. 17.6.1998 für ein geändertes Vorsteuererstattungsverfahren benannt, vgl. COM(1998) 377 final, S. 5. So auch *de la Feria*, The EU VAT System, 2009, S. 122. Dies war ein Grund dafür, warum nach dem Verfahren nach der 11. EG-Richtlinie nun der Antrag über das Portal des Ansässigkeitsstaates in der jeweiligen Sprache zu stellen ist.

1087 Vgl. hierzu BFH v. 21.10.1999, V R 76/98, BStBl. II 2000, 214; v. 24.7.2012, V B 76/11, BFH/NV 2012, 1840; v. 19.12.2012, XI B 111/11, BFH/NV 2013, 785; FG Köln v. 12.4.2011 – 2 K 354/10, EFG 2011, 1475; v. 18.5.2011 – 2 K 1177/06, EFG 2012, 89; v. 13.7.2011 – 2 K 459/08, EFG 2012, 2252; v. 10.11.2011 – 2 K 3985/04, veröffentlicht bei juris; v. 10.11.2011, 2 K 106/04, veröffentlicht bei juris und v. 12.12.2012 – 2 K 53/07, veröffentlich bei juris.

1088 In Bezug auf die fehlende Verpflichtungserklärung jeden unrechtmäßig erhaltenen Betrag zurückzuzahlen, vgl. BFH, Urteil v. 21.10.1999 – V R 76/98, BStBl. II 2000, 214; in Bezug auf Eintragungen zum Anlass der bezogenen Leistungen sowie zu möglichen umsatzsteuerlich relevanten Tätigkeiten vgl. BFH v. 9.1.2014, XI B 11/13, BFH/NV 2014, 915, Rn. 10 sowie FG Köln v. 12.12.2012, 2 K 53/07, veröffentlich bei juris; in Bezug auf eine fehlende Einzelauflistung der Umsatzsteuerbeträge, vgl. FG Köln v. 19.2.2014, 2 K 2170/11, veröffentlicht bei juris; in Bezug auf die fehlende Angabe der Art der Tätigkeit vgl. FG Köln v. 15.4.2015, 2 K 2028/13, veröffentlicht bei juris.

1089 FG Köln, 2 K 4510/05, EFG 2012, 1199, Rn. 36. Fälle, in denen Angaben fehlten, die letztlich aber als für die Entscheidung unerheblich eingestuft wurden und somit nicht die Unwirksamkeit des Antrages nach sich zogen, kamen – soweit ersichtlich – allerdings auch nicht vor.

1090 Vgl. EU-Kommission v. 17.6.1998, COM(1998) 377 final, S. 4.

> *„Der Antragsteller erklärt:*
> *a) daß die auf der Rückseite dieses Antrags aufgeführten Gegenstände und sonstigen Leistungen für seine Zwecke als Unternehmer verwendet worden sind anläßlich:"*
> ....
> ....

In dem vorgesehenen freien Feld sollte der Anlass der bezogenen Leistungen erläutert werden. Anhang C der 8. EG-Richtlinie enthielt hierzu folgenden Eintragungshinweis:

> *„Der Antragsteller hat unter Nr. 9 Buchstabe a) des Formulars die Tätigkeit oder des Gewerbezweigs anzugeben, für die er die Güter erworben bzw. die Leistungen erbracht hat, auf die sich der Antrag auf Steuervergütung bezieht (z.B. Beteiligung an der interanationalen Ausstellung von…in…vom…bis zum…. Stand Nr., oder grenzüberschreitende Güterbeförderung von… nach …am…)."*[1091]

Wurden in diesem Feld keine Eintragungen vorgenommen, wurde der Antrag als unwirksam abgelehnt.[1092] Ein Verweis auf andere Angaben im Antrag oder sonstige beigefügte Dokumente war nicht ausreichend.[1093] Dies erscheint vor allem mit Blick auf den Grundsatz der Rechtssicherheit[1094] allerdings nicht sonderlich problematisch, da sowohl die Rechtsfolge als auch die Tatsache, dass überhaupt Angaben erforderlich sind, für den ausländischen Antragsteller erkennbar und vorhersehbar waren.[1095]

1091 Der Wortlaut entspricht der deutschen Fassung von Punkt F des Anhangs C zur 8. EG-Richtlinie.

1092 Vgl. bspw. Urteile des FG Köln v. 14.3.2012, 2 K 508/11, EFG 2012, 1406; v. 15.04.2015, 2 K 2028/13, veröffentlicht bei juris, Rn. 30, 47; v. 13.8.2015, 2 K 630/13, EFG 2016, 81.

1093 Insbesondere wurden die Angaben in Ziffer 2 zu der gewöhnlichen Geschäftstätigkeit des Antragstellers nicht als ausreichend erachtet, vgl. FG Köln Urteile v. 10.11.2011, 2 K 3985/04, veröffentlicht bei juris; v. 9.4.2014, 2 K 1049/11, EFG 2014, 1636. Insoweit stringent wurde daher auch bei der Eintragung „Geschäftskosten – siehe Rechnungen" in Ziffer 9a der Antrag als unvollständig angesehen, vgl. FG Köln v. 6.5.2014, 2 K 14710, EFG 2014, 2001.

1094 Nach dem Gebot der Rechtssicherheit müssen Rechtsnormen inhaltlich bestimmt, widerspruchsfrei und verständlich sein, so dass der Bürger diese auch anwenden kann, vgl. *Sachs*, in: Sachs, Grundgesetz, 2018, Art. 20 Rn. 125.

1095 Der BFH sah hierin insbesondere auch keinen Verstoß gegen den Grundsatz der Effektivität und Verhältnismäßigkeit, da die geforderten Angaben für die Beurteilung des Vorliegens eines Vorsteuererstattungsanspruchs erforderlich seien und die Durchsetzung des Rechts des Antragstellers auch nicht praktisch unmöglich machen, vgl. BFH v. 24.9.2015, V R 9/14, BStBl. II 2015, 1067, Rn. 22-24.

bb. Umgang mit „unzureichenden" Angaben

Aber auch in Fällen, in denen sämtliche Eintragungen vorgenommen wurden, bedeutete dies nicht zwangsläufig, dass der Antrag als wirksam angesehen wurde. Eintragungen, die als „zu allgemein"[1096] eingestuft wurden, wurden fehlenden Eintragungen gleichgestellt und der Antrag dementsprechend als unvollständig und damit als unwirksam behandelt. In diesem Zusammenhang wurde beispielsweise die Eintragung „Geschäftskosten – siehe Rechnung" für eine Eintragung in Feld Nr. 9a nicht als ausreichend anerkannt, da es sich hierbei um einen viel zu allgemeinen Begriff handle und die Tatsache, dass Geschäftskosten vorliegen, sich von selbst verstehe.[1097]

In Abgrenzung zu dieser doch sehr restriktiven Handhabung wurden jedoch Angaben, die zum *Zweck der bezogenen Leistungen* getätigt wurden, auch dann akzeptiert, wenn diese allgemein gehalten waren, da nach Ansicht der deutschen Finanzgerichte allzu konkrete Angaben, wie sie in dem Klammerzusatz unter Punkt F des Anhangs C zur Richtlinie enthalten sind[1098], für einen wirksamen Antrag nicht gefordert werden dürften.[1099] So wurde bspw. die Eintragung „Organisation von Kongressen"[1100] als ausreichend angesehen, da diese Eintragung den Eingangssatz in Nr. 9a des Antrages „anläßlich" in sinnvoller Weise ergänzt[1101]. Die Eintragung „gewöhnliche Geschäftstätigkeit"[1102] wurde hingegen als unzureichend angesehen, da diese Beschreibung keinen Mehrwert für

---

1096 Zu der Verwendung des Begriffs „Geschäftskosten" vgl. FG Köln v.15.9.2011, 2 K 4510/05, EFG 2012, 1199, Rn. 30, 33, 34, 47 sowie die explizite Zurückweisung der eingelegten Nichtzulassungsbeschwerde durch BFH, Beschl. v. 19.12.2012, XI V 111/11, BFH/NV 2013, 785; FG Köln v. 9.4.2014, 2 K 2550/10, EFG 2014, 1634, Rn. 29; in Bezug auf die Verwendung „Betriebsausgaben laufender Betrieb", vgl. FG Köln v. 6.5.2014, 2 K 2601/11; in Bezug auf die Verwendung des Begriffs „gewöhnliche Geschäftstätigkeit" vgl. FG Köln v. 9.4.2014, 2 K 2550/10, EFG 2014, 1634.

1097 FG Köln, 2 K 4510/05, EFG 2012, 1199, Rn. 30, 33, 47. Diese Einschätzung beruht wohl auf der Tatsache, dass der Vorsteuerabzug immer die Verwendung für unternehmerische Zwecke voraussetzt, vgl. hierzu Kapitel 2 B II 2.

1098 Bei einer strikten Anlehnung an die Mindestangaben in Anhang C wäre vielmehr davon auszugehen gewesen, dass im Zusammenhang mit dem Zweck der bezogenen Leistungen auch zwingend eine Orts- und Datumsangabe zu fordern gewesen wäre. Dies erschien dann aber wohl selbst den deutschen Finanzgerichten als zu umfangreich.

1099 FG Köln v. 9.4.2014, 2 K 1049/11, EFG 2014, 1636, Rn. 57.

1100 FG Köln v. 9.4.2014, 2 K 2550/10, EFG 2014, 1634, Rn. 33.

1101 FG Köln v. 9.4.2014, 2 K 2550/10, EFG 2014, 1634, Rn. 31, 33.

1102 FG Köln v. 9.4.2014, 2 K 1049/11, EFG 2014, 1636, Rn. 56, 58.

die Prüfung des Antrages beinhalte,[1103] obwohl dieser Zusatz aus rein grammatikalischer Sicht ebenfalls eine sinnvolle Ergänzung des Eingangssatzes in Nr. 9a darstellen würde. Begründet wurde diese Handhabung damit, dass auch im Vorsteuervergütungsverfahren sämtliche materiellen Voraussetzungen des Vorsteueranspruchs, zu denen auch der Leistungsbezug für das Unternehmen zählt[1104], vorliegen müssen[1105] und der entsprechende Nachweis durch die Angaben des Antragstellers in Ziffer 9a zu erfolgen habe.[1106] Auch in den Fällen, in denen die Verhältnisse des Steuerpflichtigen der Erstattungsbehörde bereits bekannt seien, könne von diesen Anforderungen nicht abgewichen werden[1107], da dies gegen die durch Unionsrecht gebotene Auslegung der Richtlinienvorgaben verstoßen würde[1108].

Nach Ablauf der Antragsfrist konnten unvollständige Anträge prinzipiell nur unter den Voraussetzungen der Wiedereinsetzung in den vorigen Stand (§ 110 AO) vervollständigt werden[1109]. Diese Möglichkeit wurde von der Rechtsprechung aber äußerst restriktiv gehandhabt, sodass eine nachträgliche Vervollständigung von Erstattungsanträgen praktisch nicht möglich war.[1110]

1103 Vgl. hierzu auch *Sterzinger*, in: Birkenfeld/Wäger, USt-Hdb., § 214 (Mai 2015) Rn. 147. Die Art der gewöhnlichen Geschäftstätigkeit des Antragstellers ergab sich bereits aus den Angaben zu Feld Nr. 2 des Antrages, in dem der Antragsteller die Art der Tätigkeit bzw. den Gewerbezweig anzugeben hatte.

1104 Vgl. hierzu Kapitel 2 B II 2.

1105 Das Vorsteuervergütungsverfahren regelt lediglich die formellen Voraussetzungen der Erstattung und lässt die materiellen Voraussetzungen insoweit unberührt, vgl. hierzu BFH v. 18.1.2007, V R 22/05, BStBl. II 2007, 426. In diesem Sinne versteht auch der EuGH das Vorsteuervergütungsverfahren, vgl. EuGH 26.9.1996, Rs. C-302/93 (Debouche), Slg. 1996, I-4495, Rn. 18; v. 15.3.2007, Rs. C-35/05 (Reemtsma), Slg. 2007, I-2425, Rn. 25.

1106 FG Köln v. 14.3.2012, 2 K 508/11, EFG 2012, 1406, Rn. 30.

1107 FG Köln v. 14.3.2012, 2 K 508/11, EFG 2012, 1406, Rn. 36.

1108 FG Köln v. 14.3.2012, 2 K 508/11, EFG 2012, 1406, Rn. 31; zur Notwendigkeit der richtlinienkonformen Auslegung vgl. Kapitel 1 C II 1.

1109 St. Rspr. vgl. nur BFH v. 18.1.2007, V R 23/05, BStBl. II 2007, 430, Rn. 4; v. 24.9.2015, V R 9/14, BStBl. II 2015, 1067, Rn. 21. Zu den Voraussetzungen eines Antrages auf Wiedereinsetzung in den vorigen Stand vgl. ausführlich *Brandis*, in: Tipke/Kruse, AO/FGO, § 110 AO (Oktober 2018) Rn. 4-13.

1110 Soweit ersichtlich, wurden – zumindest in den veröffentlichten finanzgerichtlichen Verfahren – Anträge auf Wiedereinsetzung in den vorigen Stand in der Regel abgelehnt, so auch in BFH v. 18.1.2007, V R 23/05, BStBl. II 2007, 430. Dies galt selbst für den Fall, dass die Erstattungsbehörde in dem Ablehnungsbescheid

cc. *Umgang mit widersprüchlichen Angaben*

Im Gegensatz zu dieser doch eher restriktiven Beurteilung des Sinngehaltes der Angaben führten *widersprüchliche* Angaben innerhalb des Antrages[1111] nach Ansicht der Finanzgerichte hingegen nicht zu dessen Unzulässigkeit, da sämtliche nach dem Vordruck erforderlichen Angaben enthalten waren und somit nicht mehr von einer Unvollständigkeit ausgegangen werden konnte. Zudem bestünde nach Auffassung der Finanzgerichte in diesen Fällen für die Erstattungsbehörde die Möglichkeit, die Angaben des Antragstellers zu überprüfen,[1112] sodass seine endgültige Ablehnung des Erstattungsantrages nicht erforderlich sei. Vor dem Hintergrund, dass die Angaben im Erstattungsantrag der Überprüfung des Vorliegens der Voraussetzungen des Vorsteuererstattungsanspruchs dienen sollen[1113], erscheint diese Vorgehensweise doch wenig konsistent.

4. *Beifügung weiterer Dokumente*

a. *Beifügung weiterer Dokumente als Wirksamkeitsvoraussetzung*

Neben der Einreichung des Antrages sah die 8. EG-Richtlinie zudem die Beifügung der Rechnungen bzw. Einfuhrdokumente im Original (Art. 3 lit. a) sowie einer Ansässigkeitsbescheinigung bzw. einer Bescheinigung des Ansässigkeitsstaates, dass es sich bei dem Antragsteller um einen umsatzsteuerlichen Unternehmer handelt (Art. 3 lit. b)[1114], vor. Lagen diese Dokumente nicht vor, wurde der Antrag ebenfalls als unwirksam angesehen und der Vorsteuererstattungsantrag endgültig abgelehnt.[1115]

---

hierauf nicht hingewiesen hat, vgl. FG Köln v. 26.1.2015, K 2037/13, EFG 2015, 1140. Ebenso schätzt auch *Haupt*, UR 2007, 602, 607 die diesbezüglich ergangene Rechtsprechung ein.

1111 Z.B. sind in diesem Zusammenhang Fälle denkbar, in denen die Beschreibung des Anlasses der Ausgaben in Feld Nr. 9a nicht zu der Beschreibung der Art der Tätigkeit oder des Geschäftszweiges passt.

1112 FG Köln v. 14.3.2012, 2 K 508/11, EFG 2012, 1406, Rn. 37; hierzu auch *Sterzinger*, in: Birkenfeld/Wäger, USt-Hdb., § 214 (Mai 2015) Rn. 147.

1113 In diesem Sinne FG Köln v. 14.3.2012, 2 K 508/11, EFG 2012, 1406.

1114 Nach Ansicht der deutschen Finanzgerichte durfte die vorgelegte Unternehmerbescheinigung nicht älter als 1 Jahr sein, vgl. FG Köln v. 13.11.2003, 2 K 1496/01.

1115 Vgl. BFH v. 18.1.2007, V R 23/05, BStBl. II 2007. 430; v. 19.11.2014, V R 39/13, BStBl. II 2015, 352.

b. Zeitliche Vorgaben der Beifügung zusätzlicher Dokumente

Nach der Rechtsprechung mussten sowohl der Antrag als auch die Rechnungen innerhalb der Antragsfrist eingereicht werden[1116], wohingegen die Unternehmerbescheinigung noch im Laufe des Verfahrens nachgereicht werden konnte, um den Anspruch auf Vorsteuererstattung zu erlangen.[1117] Mag diese unterschiedliche Behandlung zunächst verwundern, so beruht sie doch letztlich auf dem Wortlaut der 8. EG-Richtlinie selbst.[1118] Art. 3 lit. a der 8. EG-Richtlinie sah insoweit ausdrücklich vor, dass dem Antrag auf Erstattung die Rechnungen bzw. Einfuhrdokumente im Original *beizufügen waren*. Hieraus lässt sich schließen, dass diese Dokumente mit dem Antrag einzureichen waren, sodass auch insoweit die Antragsfrist des Art. 7 Abs. 1 UAbs. 2 gelten muss.[1119] In Bezug auf die Bescheinigung des Ansässigkeitsstaates führte Art. 1 lit. b hingegen lediglich aus, dass dieser Nachweis überhaupt zu führen ist. Ein Bezug zum Antrag in Art. 3 lit. a oder gar der Antragsfrist in Art. 7 Abs. 1 UAbs. 2 lässt sich dieser Vorschrift jedoch nicht entnehmen, sodass eine Verknüpfung der Wirksamkeit des Erstattungsantrages an das Vorliegen der Unternehmerbescheinigung innerhalb der Antragsfrist nicht als zulässig erscheint.

c. Zulässigkeit von Ersatzdokumenten

aa. Anforderungen der Richtlinie

Nach Art. 3 lit. a der 8. EG-Richtlinie waren die Rechnungen bzw. Einfuhrdokumente *im Original* einzureichen. Ausnahmen von diesem Grundsatz, z.B. in Fällen des unverschuldeten Abhandenkommens dieser Originale, sah die Richtlinie nicht vor. Auch enthielt sie insoweit kein Umsetzungsermessen für die Mitgliedstaaten, Ausnahmen von dieser Anforderung vorzusehen.

Ausgehend von dem durch den EuGH aufgestellten Grundsatz, dass Richtlinienbestimmungen über den Vorsteuerabzug nicht entgegen ihres eindeutigen

---

1116 Der BFH sieht die Vorlage von Originalrechnungen als eine zusätzlich zur Einreichung des Antrages existierende Obliegenheit des Antragsellers an, vgl. BFH v. 24.7.2012, V B 76/11, BFH/NV 2012, 1840, Rn. 8.

1117 Die Unternehmerbescheinigung konnte auch noch im Laufe des Klageverfahrens zulässigerweise vorgelegt werden, vgl. insoweit FG Köln v. 13.11.2003. 2 K 4850/00, EFG 2004, 382; v. 24.2.2011, 2 K 813/10, EFG 2011, 1477; vgl. insoweit auch *Haupt*, UR 2007, 602, 607.

1118 A.A. *Haupt*, UR 2007, 602, 607.

1119 Zu der gleichen Frage im Anwendungsbereich der 11. EG-Richtlinie vgl. Kapitel 4 E V.

Wortlautes ausgedehnt werden dürfen,[1120] selbst wenn eine andere Interpretation dem Grundsatz der Neutralität eher entsprechen würde,[1121] dürften Ersatzdokumente zur Wahrung der Wirksamkeit des Erstattungsantrages folglich grds. nicht ausreichen.

bb. Die Rechtssache Grandes sources d´eaux minérales françaises

Mit dieser Problematik war der EuGH in der Rechtssache *Grandes sources d´eaux minerales françaises*[1122] befasst. Der EuGH führte diesbezüglich zunächst aus, dass im Vorsteuervergütungsverfahren der Nachweis der Vorsteuerabzugsberechtigung durch Zweitschriften – unabhängig von der Verantwortlichkeit für das Abhandenkommen des Originals – entsprechend den eindeutigen Vorgaben der 8. EG-Richtlinie prinzipiell nicht möglich ist.[1123] Grund hierfür war nach Auffassung des EuGH, dass Art. 3 lit. a der 8. EG-Richtlinie anders als Art. 18 Abs. 1 lit. a und Art. 22 Abs. 3 der 6. EG-Richtlinie nicht explizit die Möglichkeit des Nachweises der Vorsteuerabzugsberechtigung durch Ersatzdokumente vorsah.[1124] Diese Abweichung erfolgte nach Ansicht des EuGH vor allem zu dem Zweck, Steuerhinterziehungen und – umgehungen zu vermeiden, da die Erstattungsbehörden gem. Art. 7 Abs. 3 der 8. EG-Richtlinie dazu verpflichtet waren, die eingereichten Rechnungen mit einem Sichtvermerk zu versehen, um eine nochmalige Einreichung zu verhindern.[1125] Dies wäre bei der Zulassung von Zweitschriften nicht ohne weiteres gewährleistet. Allerdings sei es auf Grundlage des Grundsatzes der Verhältnismäßigkeit den Mitgliedstaaten nicht versagt, den Nachweis durch Zweitschriften zuzulassen, wenn der Antragsteller das Abhandenkommen der Originaldokumente nicht zu vertreten hat und die Gefahr der Stellung eines weiteren Antrages – mit dem Ergebnis einer doppelten

---

1120 Vgl. EuGH v. 13.3.2014, Rs. C-204/13 (Malburg), ABl. EU 2014, Nr. C 135, 18, Rn. 43 allerdings hinsichtlich der Regelungen der MwStSystRL.

1121 EuGH v. 6.10.2005, Rs. C-204/03 (Kommission/Spanien), Slg. 2005, I-8389, Rn. 28.

1122 EuGH v. 11.6.1998, Rs. C-361/96 (Grandes sources d´eaux minerales françaises), Slg. 1998, I-3495.

1123 EuGH v. 11.6.1998, Rs. C-361/96 (Grandes sources d´eaux minerales françaises), Slg. 1998, I-3495, Rn. 26.

1124 EuGH v. 11.6.1998, Rs. C-361/96 (Grandes sources d´eaux minerales françaises), Slg. 1998, I-3495, Rn. 24, 27.

1125 EuGH v. 11.6.1998, Rs. C-361/96 (Grandes sources d´eaux minerales françaises), Slg. 1998, I-3495, Rn. 25, 28.

Vorsteuervergütung – nicht besteht.[1126] Die Mitgliedstaaten seien zudem aufgrund des allgemeinen Diskriminierungsverbotes sogar zu einer Anerkennung von Zweitschriften verpflichtet, wenn sie in rein nationalen Situationen diese Möglichkeit zulassen.[1127]

cc. Bewertung

Die Entscheidung in der Rechtssache *Grandes sources d´eaux minerales françaises* verdeutlich sehr schön das Spannungsfeld, in dem sich die Rechtsprechung des EuGH zur Frage der Reichweite sekundärrechtlicher Regelungen über den Vorsteuerabzug bewegt. Auf der einen Seite hat der EuGH in ständiger Rechtsprechung den Grundsatz des „substance over form“ geprägt, wonach formelle Fehler prinzipiell nicht zur Versagung des Vorsteuerabzuges führen dürfen.[1128] Dementsprechend müssen bei Verlust der Originalrechnungen grundsätzlich auch alternative Nachweismöglichkeiten bestehen, um das Recht auf Vorsteuerabzug erlangen zu können.[1129] Die Versagung des Vorsteuerabzuges aufgrund des Verlustes der Originalrechnung trotz Vorliegens der materiellen Voraussetzungen erscheint hiermit nicht vereinbar.

Auf der anderen Seite wird nach Ansicht des EuGH die Belastungsneutralität als Ausprägung des Grundsatzes der Neutralität hinsichtlich des Vorsteuerabzuges jedoch allein durch das Sekundärrecht festgelegt und steht damit prinzipiell im Belieben des Unionsgesetzgebers.[1130] Sofern der Unionsgesetzgeber

---

1126 EuGH v. 11.6.1998, Rs. C-361/96 (Grandes sources d´eaux minerales françaises), Slg. 1998, I-3495, Rn. 31.

1127 EuGH v. 11.6.1998, Rs. C-361/96 (Grandes sources d´eaux minerales françaises), Slg. 1998, I-3495, Rn. 34, 38 unter Verweis auf das im Urteil v. 14.2.1995, Rs. C-279/93 (Schumacker), Slg. 1995, I-225, Rn. 30 und das festgeschriebene allgemeine Diskriminierungsverbot. Dem haben sich die deutschen Finanzgerichte angeschlossen, vgl. z.B. BFH v. 20.8.1998, V R 55/96, DStR 1998, 1829; FG Köln v. 14.10.2004, 2 K 5767/01, DStRE 2006, 365, 367.

1128 St. Rspr. vgl. bspw. EuGH v. 9.2.2017, Rs. C-21/16 (Euro Tyre), ABl. EU 2017, Nr. C 104, 21. Bezüglich des Grundsatzes des substance-over-form-Prinzips, vgl. Kapitel 2 B IV.

1129 Vgl. insoweit EuGH v. 5.12.1996, Rs. C-85/95 (John Reisdorf), Slg. 1996, I-6257, Rn. 30. Der BFH ist dieser Rechtsprechung gefolgt, vgl. BFH v. 23.10.2014, V R 23/13, BStBl. II 2015, 313.

1130 Diese Einschätzung der EuGH-Rechtsprechung teilend *Zirkl*, Die Neutralität der Umsatzsteuer, 2015, S. 185. Dem EuGH zustimmend *Kokott*, Das Steuerrecht der Europäischen Union, 2018, S. 94.

nun für im Ausland ansässige Unternehmer andere und im Ergebnis strengere Verfahrensmodalitäten für die Vorsteuererstattung als für im Inland ansässige Unternehmer vorsieht, begründet dies nach Auffassung des EuGH zunächst keinen Verstoß gegen den Neutralitätsgrundsatz.[1131] Auch eine andere, dem Neutralitätsgrundsatz eher entsprechende Auslegung der Vorschriften der 8. EG-Richtlinie scheidet demgemäß aus, sofern diese dem eindeutigen Wortlaut der Richtlinie nicht entspricht.[1132] Auf Grundlage des Grundsatzes der Neutralität (zumindest nach dem Verständnis de EuGH) wäre dementsprechend eine abweichende Auslegung der eindeutigen Anforderung in Art. 3 lit. a der 8. EG-Richtlinie nicht möglich gewesen.[1133]

Konsequenterweise begründet der EuGH seine weiteren Ausführungen in der Entscheidung *Grandes sources d'eaux minerales françaises* daher auch nicht mit dem Grundsatz der Neutralität, sondern vielmehr mit dem Grundsatz der Verhältnismäßigkeit[1134] sowie dem allgemeinen Diskriminierungsverbot[1135]. Die Sicherung dieser Grundsätze kann nach Ansicht des EuGH somit im Einzelfall dazu führen, dass eine Auslegung der Richtlinie entgegen ihrem eindeutigen Wortlaut zu erfolgen hat.[1136] Das grundsätzlich auch bei der Auslegung von

1131 Vgl. EuGH v. 29.10.2009, Rs. C-174/08 (NCC Danmark), Slg. 2009, I-10567, Rn. 42. Im Ergebnis ebenso EuGH v. 19.7.2012, Rs. C-44/11 (Deutsche Bank), Rn. 45; v. 15.11.2012, Rs. C-174/11 (Zimmermann), ABl. EU 2013, Nr. C, 9, Rn. 50.

1132 Vgl. EuGH v. 8.11.2001, Rs. C-338-98 (Kommission/Niederlande), Slg. 2001, I-08265, Rn. 55; v. 6.10.2005, Rs. C-204/03 (Kommission/Spanien), Slg. 2005, I-08389, Rn. 28.

1133 Eine Aufweichung dieses Grundsatzes kann aber möglichweise in der Entscheidung in der Rechtssache *Senatex* (EuGH v. 15.9.2016, Rs. C-518/14, ABl. EU 2016, Nr. C 419, 6, gesehen werden, wobei über die tatsächliche Reichweite der Entscheidung noch weitestgehend Unklarheit herrscht, vgl. hierzu bspw. *Huschens*, in: 100 Jahre Umsatzsteuer, 2018, 773, 798.

1134 EuGH v. 11.6.1998, Rs. C-361/96 (Grandes sources d'eaux minerales françaises), Slg. 1998, I-3495, Rn. 30 unter Verweis auf EuGH v. 5.7.1977, Rs. 114/76 (Bela-Mühle), Slg. 1977, 1211, Rn. 5 bis 7 und die generelle Verpflichtung den Grundsatz der Verhältnismäßigkeit zu wahren.

1135 EuGH v. 11.6.1998, Rs. C-361/96 (Grandes sources d'eaux minerales françaises), Slg. 1998, I-3495, Rn. 34, 38 unter Hinweis auf den 5. Erwägungsgrund der 8. EG-Richtlinie, nach dem die Richtlinie nicht zu einer unterschiedlichen Behandlung von Steuerpflichtigen aufgrund ihrer Ansässigkeit führen darf.

1136 EuGH v. 11.6.1998, Rs. C-361/96 (Grandes sources d'eaux minerales françaises), Slg. 1998, I-3495, Rn. 38.

Sekundärrecht geltende *contra-legem-Verbot*[1137] scheint insoweit irrelevant.[1138] Es bleibt zu vermuten, dass der EuGH in den Regelungen der 8. EG-Richtlinie durchaus einen Verstoß gegen Grundsätze des Primärrechts erkannt hat. Um diesen jedoch nicht feststellen zu müssen und letztlich die Regelungen als nicht mit dem Primärrecht vereinbar und damit für unanwendbar zu erklären[1139], wurde die Auflösung dieses Normenkonflikts auf die Auslegung des Sekundärrechts durch die Mitgliedstaaten verlegt. Auch wenn im Ergebnis dem Primärrecht zu seiner Geltung verholfen wird, ist dieses Vorgehen alles andere als systematisch konsequent.

5. Das Unterschriftenerfordernis

Ein weiteres praktisches Problem stellte sich bei dem Erfordernis, den Antrag zu unterschreiben. Das als Anhang A zur 8. EG-Richtlinie beigefügte Muster sah lediglich vor, dass der Vergütungsantrag unterschrieben werden musste. Der in Deutschland für Zwecke des Vorsteuervergütungsverfahrens zu verwendende Vordruck[1140] verlangte hiervon abweichend allerdings eine *eigenhändige* Unterschrift. Die deutsche Finanzverwaltung ging daher davon aus, dass, da die Möglichkeit der Antragstellung durch einen Bevollmächtigten in der 8. EG-Richtlinie nicht ausdrücklich vorgesehen war, nur eine eigenhändige

---

1137 *Manthey/Unseld*, DÖV 2011, 921, 922 sehen hierin einen „Begriff des europäischen Verfassungsrechts" weisen allerdings darauf hin, dass der EuGH bei der Auslegung nationaler Umsetzungsakte dieses Verbot häufig zugunsten der Effektivität des Sekundärrechts zurücktreten lässt.

1138 In späteren Entscheidungen hat der EuGH in Bezug auf die Rechnungsvoraussetzung in Art. 178 lit. a MwStSystRL auch entgegen dem eindeutigen Wortlaut der Richtlinie dem Recht auf Vorsteuerabzug unter bestimmten Voraussetzungen den Vorzug eingeräumt vgl. EuGH v. 15.9.2016, Rs. C-518/14 (Senatex), ABl. EU 2016, Nr. C 419, 6; v. 21.11.2018, Rs. C-644/16 (Vadan), ABl. EU 2019, Nr. C 25, 4, Rn. 41; v. 15.9.2016, Rs. C-516/14 (Barlis 06), ABl. EU 2016, Nr. C 419, 6, Rn. 42. Vor diesem Hintergrund erscheint die Entscheidung in der Rechtssache Grandes sources d´eaux minerales françaises rückblickend nicht mehr nur singulär.

1139 Zu der Weigerung des EuGH Normen des Sekundärrechts als nicht mit dem Primärrecht vereinbar anzusehen vgl. bereits Kapitel 2 C IV.

1140 Insoweit war vorgesehen, dass der Antrag „nach amtlich vorgeschriebenem Vordruck" einzureichen war. Nach der Rechtsprechung durften diesbezüglich grds. auch privat erstellte Vordrucke verwendet werden, sofern diese in allen Einzelheiten den amtlichen Vordrucken entsprachen, vgl. hierzu bspw. BFH v. 13.4.1972, V R 16/69, BStBl. II 1972, 725, 726; v. 15.10.1998, IV R 18/98, BStBl. II 1999, 286, 290; v. 4.7.2002, V R 31/01, BStBl. II 2003, 45, 46.

Unterschrift des Antragstellers für die Wirksamkeit des Antrages ausreichte. Die Unterschrift eines rechtsgeschäftlich Bevollmächtigten wurde mit Verweis auf § 150 Abs. 3 AO, der eine höchstpersönliche Unterschrift des Steuerpflichtigen für die wirksame Abgabe einer Steuererklärung erfordert, als nicht ausreichend angesehen.[1141]

Diese Praxis erklärte der EuGH in der Rechtssache *Yeasu Europe*[1142] jedoch für nicht mit dem Unionsrecht vereinbar. Nach Ansicht des EuGH handle es sich bei dem in Anhang A verwendeten Begriff der „Unterschrift" um einen Begriff des Gemeinschaftsrechts, der als solcher eine einheitliche Auslegung erfahren muss.[1143] Dies gilt umso mehr, als die 8. EG-Richtlinie eine Harmonisierung des Vorsteuervergütungsverfahrens innerhalb der Europäischen Union bezwecke.[1144] Da der Begriff der „Unterschrift" in Anhang A zur 8. EG-Richtlinie keine zusätzlichen Merkmale wie z.B. „eigenhändig" aufweise, ergebe sich aus der Richtlinie selbst nicht die Verpflichtung einer eigenhändigen Unterschrift.[1145] Art. 6 der 8. EG-Richtlinie untersage den Mitgliedstaaten zudem ausdrücklich, den Antragstellern weitere, über die in der Richtlinie hinaus genannten Pflichten, aufzuerlegen, sodass die Mitgliedstaaten die Wirksamkeit des Erstattungsantrages nicht an zusätzliche Anforderungen knüpfen dürften.[1146]

1141 FG Köln v. 21.2.2008, 2 K 754/04, EFG 2008, 1161; v. 19.10.2006, 2 K 1629/05, EFG 2007, 635; v. 25.1.2007, 2 K 1092/05, EFG 2007, 1386. Zu dieser Frage waren beim BFH unter den Az. V R 17/08, XI R 19/08 und XI R 20/08 Revisionsverfahren zu dieser Frage anhängig. In dem Verfahren XI R 19/08 wurde die Vorlagefrage an den EuGH gestellt. Vgl. hierzu auch *Prätzler*, UStB 2008, 332, der darauf hinweist, dass mindestens eine Beschwerde an die EU-Kommission wegen dieser Rechtsauffassung erfolgt ist. Zu dem Erfordernis der höchstpersönlichen Unterschrift bei Steuererklärungen allgemein vgl. *Rätke*, in: Klein, AO, 2018, § 150 Rn. 37.

1142 EuGH v. 3.12.2009, Rs. C-433/08 (Yaesu Europe), Slg. 2009, I-11487, Rn. 29. Vor dem Hintergrund des allgemein geltenden Gebots der einheitlichen Anwendung des Unionsrechts (vgl. bspw. EuGH v. 10.1.1980, Rs. C-69/79 (Jordens-Vosters), Slg. 1980, 75, Rn. 6) ist diese Ausführung nicht weiter verwunderlich.

1143 Der Grundsatz der einheitlichen Auslegung des Unionsrechts wird durch den EuGH in ständiger Rechtsprechung betont, vgl. insoweit grdl. EuGH v. 10.1.1980, Rs. C.69/79 (Jordens-Vosters), Slg. 1980, 75, Rn. 6.

1144 EuGH v. 3.12.2009, Rs. C-433/08 (Yaesu Europe), Slg. 2009, I-11487, Rn. 21, 22, 23 mit Verweis auf die EuGH-Rspr. v. 13.7.2000, Rs. C-136/99 (Société Monte Dei Paschi Di Siena), Slg. 2000, I-6109, Rn. 20 und v. 15.3.2007, Rs. C-35/05 (Reemtsma), Slg. 2007, I-2425, Rn. 26.

1145 EuGH v. 3.12.2009, Rs. C-433/08 (Yaesu Europe), Slg. 2009, I-11487, Rn. 25.

1146 EuGH v. 3.12.2009, Rs. C-433/08 (Yaesu Europe), Slg. 2009, I-11487, Rn. 26, 27.

Im Ergebnis reichte somit auch die Unterschrift eines Bevollmächtigten für die Wirksamkeit des Erstattungsantrages aus.[1147]

6. Prüfungskompetenz des Erstattungsstaates

An dem Vorsteuervergütungsverfahren nach der 8. EG-Richtlinie war der Ansässigkeitsstaat des Antragstellers formal nicht beteiligt. Der Erstattungsantrag war beim Erstattungsstaat zu stellen und durch diesen auch zu bescheiden. Es liegt daher nahe anzunehmen, dass der Erstattungsbehörde als „Herrin des Verfahrens"[1148] eine vollumfassende Prüfungskompetenz hinsichtlich sämtlicher Voraussetzungen des Vorsteuererstattungsanspruchs zukam.

Der Ansässigkeitsstaat war lediglich zur Ausstellung einer Ansässigkeitsbescheinigung entsprechend dem Muster in Anhang B der 8. EG-Richtlinie verpflichtet. Insoweit stellte sich die Frage, ob der Erstattungsstaat trotz des Vorliegens einer entsprechenden Ansässigkeitsbescheinigung überprüfen konnte und ggfs. auch musste, ob der Unternehmer tatsächlich in dem angegebenen Ansässigkeitsstaat über einen Sitz seiner wirtschaftlichen Tätigkeit verfügte bzw. eine feste Niederlassung unterhielt, von der aus er Umsätze tätigte und somit letztlich zur Geltendmachung der Vorsteuerbeträge im Vorsteuervergütungsverfahren nach der 8. EG-Richtlinie berechtigt war.

In der Rechtssache *Planzer Luxembourg* stellt der EuGH fest, dass der Ansässigkeitsbescheinigung zwar eine gewisse Vermutungswirkung für die Ansässigkeit des Antragstellers in dem betreffenden Mitgliedstaat zukommt, es dem Erstattungsstaat bei begründeten Zweifeln jedoch nicht verwehrt sei, sich über die Richtigkeit der Angaben zu vergewissern.[1149] In diesen Fällen durfte die Erstattungsbehörde jedoch den Anspruch auf Vorsteuererstattung nicht ohne weitere Nachfragen verweigern, vielmehr seien zunächst alle Möglichkeiten zur

---

1147 Dies haben sowohl die deutsche Finanzverwaltung als auch die deutsche Finanzgerichte jedoch nicht in Bezug auf Vorsteuervergütungen an im Drittlandansässige Unternehmer gelten lassen vgl. Kapitel 5 B II 3 a bb.

1148 So *Stadie*, in: Rau/Dürrwächter, UStG, § 18 (Oktober 2016) Rn. 732.

1149 EuGH v. 28.6.2007, Rs. C-73/06 (Planzer Luxembourg), Slg. 2007, I-5655, Rn. 40, 42. Hierzu auch FG Köln v. 21.8.2008, 2 K 5044/03, EFG 2009, 1257. Dieser Auffassung ist der BFH gefolgt, vgl. Vgl. BFH v. 22.1.2004, V R 71/01, BStBl. II 2004, 1317, Rn. 21; vgl. insoweit auch BFH v. 22.10.2003, V R 103/01, BStBl. II 2004, 30, Rn. 26. Die Vermutungswirkung soll sich zudem auch auf die Unternehmereigenschaft des Antragstellers erstrecken, vgl. FG Köln v. 14.10.2004, 2 K 5767/01, EFG 2005, 1982, Rn. 30.

Erlangung der entsprechenden Auskünfte beim Steuerpflichtigen selbst[1150] oder bei den Behörden des Ansässigkeitsstaates[1151] auszuschöpfen. Erst wenn diese Nachforschungen den Verdacht der Erstattungsbehörde, dass die persönlichen Voraussetzungen für die Vorsteuererstattung des Antragstellers nicht gegeben sind, erhärten, sei eine Versagung des Vorsteuererstattungsanspruchs zulässig.[1152] Keinesfalls darf der Vorsteuererstattungsanspruch somit allein unter Verweis auf Ermittlungsschwierigkeiten aufgrund des grenzüberschreitenden Bezugs versagt werden.[1153] Dies gilt umso mehr, als das Verfahren nach der 8. EG-Richtlinie „auf einem Mechanismus der Zusammenarbeit und des gegenseitigen Vertrauens zwischen den Steuerverwaltungen der Mitgliedstaaten“[1154] beruht.

V. Bewertung

Auch wenn der Anspruch auf Vorsteuererstattung nach der 8. EG-Richtlinie dem Vorsteueranspruch nach der 6. EG-Richtlinie prinzipiell gleichsteht[1155], zeigten sich in der Praxis doch erheblich Unterschiede. Insbesondere das im allgemeinen Besteuerungsverfahren doch recht uneingeschränkt geltende

1150 EuGH v. 28.6.2007, Rs. C-73/06 (Planzer Luxembourg), Slg. 2007, I-5655, Rn. 47; v. 13.7.2000, Rs. C-136/99 (Société Monte Dei Paschi Di Siena), Slg. 2000, I-6109, Rn. 31.

1151 Der EuGH weist insoweit daraufhin, dass der Erstattungsbehörde verschiedene Instrumente der Verwaltungskooperation und der Amtshilfe zur Bekämpfung der Steuerhinterziehung zur Verfügung stehen, vgl. EuGH v. 28.6.2007, Rs. C-73/06 (Planzer Luxembourg), Slg. 2007, I-5655, Rn. 48.

1152 EuGH v. 28.6.2007, Rs. C-73/06 (Planzer Luxembourg), Slg. 2007, I-5655, Rn. 49 unter Verweis auf die Rechtsprechung des EuGH zum Umgang mit dem Missbrauch von Gestaltungsmöglichkeiten, vgl. EuGH v. 3.3.2005, Rs. C-32/03 (Fini H), Slg. 2005, I-1599, Rn. 33, 34 und v. 12.9.2006, Rs. C-196/04 (Cadbury Schweppes), Slg. 2006, I-7995, Rn. 55.

1153 Dies entspricht der ständigen Rechtsprechung des EuGH vgl. hierzu bspw. EuGH v. 26.10.1995, Rs. C-151/94, (Kommission/Luxemburg), Slg. 1995, I-3599, Rn. 21; v 29.11.2011, Rs. C-371/10 (National Grid), Slg. 2011, I-12273, Rn. 84. In diese Richtung gehend auch EuGH v. 8.7.1999, Rs. C-254/97 (Baxter), Slg. 1999, I-4809, Rn. 19.

1154 EuGH v. 28.6.2007, Rs. C-73/06 (Planzer Luxembourg), Slg. 2007, I-5655, Rn. 38.

1155 EuGH v. 28.6.2008, Rs. C-73/06 (Planzer Luxembourg), Slg. 2007, I-5655, Rn. 35 explizit zum Anspruch nach der 6. EG-Richtlinie. Dies muss konsequenterweise nun für den in der MwStSystRL verankerten Anspruch gelten.

substance-over-form-Prinzip[1156], erlangte im Anwendungsbereich des Vorsteuervergütungsverfahrens kaum Bedeutung. Eine Analyse der Rechtsprechung der deutschen Finanzgerichte zeigt im Ergebnis vielmehr, dass der Vorsteuererstattungsanspruch aus zahlreichen formalen Gründen endgültig versagt wurde.[1157] Formelle Fehler bei der Antragstellung gingen folglich grundsätzlich zu Lasten des Antragstellers und führten zu einem endgültigen Verlust des Vorsteuererstattungsanspruchs.[1158]

Dies scheint weder mit dem Grundsatz der Neutralität noch mit dem allgemeinen Gleichheitsgrundsatz vereinbar zu sein, wurden doch nicht im Inland ansässige Unternehmer deutlich striktere Formvorschriften auferlegt als im Inland ansässigen Unternehmern. Zu beachten ist insoweit allerdings, dass die wenigsten Versagungsgründe aufgrund solcher Pflichten erfolgten, die den Antragsstellern durch die Mitgliedstaaten eigenständig auferlegt wurden, sondern diese Pflichten vielmehr durch das Unionsrecht selbst begründet wurden.[1159]

Beschränkt man sich insoweit auf die Aussage des EuGH, bei dem Grundsatz der Neutralität handle es sich lediglich um einen Auslegungsgrundsatz und nicht um Primärrecht,[1160] könnte man den Standpunkt vertreten, dass ungeachtet primärrechtlicher Vorgaben die Erstattung an nicht im Inland ansässige Unternehmer aufgrund unionsrechtlicher Regelungen strengeren Vorgaben unterliegt

---

1156 Hierzu Kapitel 2 B IV.

1157 So verwundert es nicht, dass der BFH die endgültige Versagung eines Vorsteueranspruchs aufgrund der Vorlage eines nicht ordnungsgemäßen Erstattungsantrages als „verhältnismäßig“ ansah, BFH v. 24.9.2015, V R 9/14, BStBl. II 2015, 1067, Rn. 23.

1158 *Langer/Zugmaier*, DStR 2007, 983. In diese Richtung gehend auch *Haupt*, UR 2007, 602, 607. Unter Berücksichtigung der neueren Rechtsprechung des FG Köln sowie der Praxis des BZSt vgl. auch *Montag*, MwStR 2014, 643, 646f., die insbesondere in der Rechtsprechung zu den Eintragungen in Feld Nr. 9a einen Verstoß gegen das allgemeine Diskriminierungsverbot des Art. 18 AEUV sieht.

1159 So auch die Einschätzung von *de la Feria*. The EU VAT System, 2009, S. 211f. So auch im Wesentlichen die Begründung der deutschen Finanzgerichte vgl. bspw. FG Köln v. 10.6.2015, 2 K 2221/12, EFG 2016, 1746 unter II 1b). A.A. *Haupt*, UR 2007, 602, 607, der mit dem Hinweis auf Regelungen in anderen Mitgliedstaaten von „überschießenden deutschen Regelungen“ spricht. Im Ergebnis auch *Montag*, MwStR 2014, 643, 647f. Eine Ausnahme bildet hier wohl nur das Erfordernis der eigenhändigen Unterschrift, das vom EuGH wenig verwunderlich als unionsrechtswidrig angesehen wurde, vgl. EuGH v. 3.12.2009, Rs. C-433/08 (Yaesu Europe), Slg. 2009, I-11487.

1160 Vgl. EuGH v. 19.7.2012, Rs. C-44/11 (Deutsche Bank), ABl. EU 2012, Nr. C 295, 7, Rn. 45, 60; so zuletzt auch bestätigt im Urteil v. 9.3.2017, Rs. C-573/15 (Oxycure Belgium), UR 2017, 276, Rn. 32.

als die Erstattung an im Inland ansässige Unternehmer und diese Ungleichbehandlung nicht nur keinen Verstoß gegen Primärrecht begründet, sondern einer Prüfung an diesem auch gar nicht zugänglich ist.

Auf diesen Standpunkt zieht sich aber der EuGH bereits selbst nicht zurück. Schon in der Rechtssache *Grandes sources d´eaux minerales françaises*[1161] hat der EuGH aufgrund des Verhältnismäßigkeitsgrundsatzes und des allgemeinen Diskriminierungsverbotes von einer wörtlichen Anwendung der 8. EG-Richtlinie zugunsten des Neutralitätsgebotes abgesehen.

Ob der EuGH diese Entscheidung jedoch über den tatsächlich entschiedenen Einzelfall hinaus als allgemeine Auslegungsmaxime der Regelungen der 8. EG-Richtlinie hätte angewendet wissen wollen,[1162] erscheint doch eher fraglich, verneint er doch bereits im Grundsatz das Vorliegen vergleichbarer Sachverhalte, da grenzüberschreitenden Konstellationen tendenziell ein höheres Missbrauchspotential immanent sei, das eine strengere und damit abweichende Behandlung von reinen Inlandssachverhalten rechtfertige.[1163] Vor diesem Hintergrund ist wohl auch nicht davon auszugehen, dass der EuGH das Erfordernis der Stellung eines inhaltlich besonders ausgestalteten Vergütungsantrages als Voraussetzung einer Vorsteuererstattung an nicht im Inland ansässige Unternehmer als einen

---

1161 EuGH v. 11.6.1998, Rs. C-361/96 (Grandes sources d´eaux minerales françaises), Slg. 1998, I-3495.

1162 So *Montag*, MwStR 2014, 643, die hierin wohl eine allgemeine Auslegungsmaxime für das Vorsteuervergütungsverfahren sehen will.

1163 EuGH v. 11.6.1998, Rs. C-361/96 (Grandes sources d´eaux minerales françaises), Slg. 1998, I-3495, Rn. 27, 28 mit Verweis auf das in dem 6. Erwägungsgrund der 8.EG-Richtlinie explizit aufgeführtem Ziel der Bekämpfung von Steuerhinterziehung; a.A. *Montag*, MwStR 2014, 643, 646f., die insbesondere in den Anforderungen in Bezug auf die Eintragungen zu Ziffer 9a einen Verstoß gegen den allgemeinen Diskriminierungsgrundsatz sehen will. Auch wenn insoweit zu berücksichtigen sein sollte, dass die Amtshilfe in der EU vor Geltung der EU-Amtshilfe-Richtlinie (Richtlinie 2011/16/EU des Rates vom 15.2.2011 über die Zusammenarbeit der Verwaltungsbehörden im Bereich der Besteuerung und zur Aufhebung der Richtlinie 77/799/EWG, ABl. 2011 Nr. L 64, 1 in Deutschland umgesetzt durch das EUAHiG v. 26.6.2013, BGBl. I 2013, 1809 (***EU-Amtshilfe-Richtlinie)*** noch nicht so stark ausgeprägt gewesen ist, hat der EuGH bereits zur Vorgängerregelung grds. entschieden, dass Ermittlungsschwierigkeiten in grenzüberschreitenden Fallkonstellationen grds. nicht zur Versagung eines Steuervorteils führen dürfe, vgl. EuGH v. 11.10.2007, Rs. C-451/05 (ELISA), Slg. 2007, I-8251, Rn. 94. Der EuGH scheint also ungeachtet von möglichen Ermittlungsschwierigkeiten von einem erhöhten Missbrauchspotential ausgegangen zu sein.

Verstoß gegen den Grundsatz der Verhältnismäßigkeit ansehen würde, steht das Erfordernis der Stellung eines wirksamen Antrages prinzipiell doch in einem angemessenen Verhältnis zu der Sicherung des Mehrwertsteueraufkommens und zur Verhinderung von Steuerhinterziehungen.[1164]

Auch ist diesbezüglich zu beachten, dass der EuGH der Festlegung einer unionsrechtlichen Ausschlussfrist zur Stellung eines Vorsteuervergütungsantrages prinzipiell unkritisch gegenübersteht, gleichwohl für rein inländische Fallkonstellationen keine Ausschlussfrist für die Geltendmachung des Vorsteueranspruchs im europäischen Sekundärrecht vorgesehen ist.[1165] Der EuGH scheint folglich eine grundsätzlich unterschiedliche Behandlung von reinen Inlandsfällen zu Fällen der Vorsteuererstattung im Vorsteuervergütungsverfahren zu billigen, ohne eine explizite Prüfung am Gleichheitsgrundsatz vorzunehmen.

Die für den Unternehmer in Bezug auf im europäischen Sekundärrecht selbst festgelegte Formvorschriften deutliche großzügigere Rechtsprechung des EuGH[1166] ist erst ergangen nachdem die 8. EG-Richtlinie bereits nicht mehr in Kraft war. Ob der EuGH seine Rechtsprechung zu im Sekundärrecht festgelegten formalen Vorschriften auch auf das Vorsteuervergütungsverfahren an nicht im Inland ansässige Unternehmer übertragen wissen will, muss sich folglich nun an Entscheidungen zum Verfahren nach der 11. EG-Richtlinie zeigen.[1167]

Unabhängig von der Frage der Vereinbarkeit der Regelungen des Vorsteuervergütungsverfahrens mit europäischem Primärrecht, waren die praktischen Probleme sowohl für die Erstattungsbehörden als auch für die Antragsteller so eklatant auffällig und schlicht mehr hinnehmbar, dass sie letztlich zu einer

---

1164 Dies gilt umso mehr, als der EuGH aufgrund des Wegfalls der physischen Grenzen zwischen den Mitgliedstaaten erhöhte Pflichten an die Unternehmer bei grenzüberschreitenden Fallkonstellationen als verhältnismäßiges Mittel zur Sicherung des zutreffenden Mehrwertsteueraufkommens ansieht, in diesem Sinne EuGH v. 27.9.2007, Rs. C-184/05 (Twoh International), Slg. 2007, I-7910, Rn. 22ff.; sowie *Heuermann*, DStR 2015, 1416; a.A. Montag, *MwStR* 2014, 643, 647f, die in den Pflichtangaben im Erstattungsantrag einen unverhältnismäßig hohen Aufwand für den Unternehmer sieht.

1165 Vgl. EuGH v. 21.6.2012, Rs. C-294/11 (Elsacom), ABl. EU 2912, Nr. C 250, 8, Rn. 29ff.

1166 Vgl. EuGH v. 15.9.2016, Rs. C-518/14 (Senatex), ABl. EU 2016, Nr. C 419, 6; v. 21.11.2018, Rs. C-644/16 (Vadan), ABl. EU 2019, Nr. C 25, 4, Rn. 41; v. 15.9.2016, Rs. C-516/14 (Barlis 06), ABl. EU 2016, Nr. C 419, 6.

1167 Hierzu Kapitel 4 D.

Reformierung des Vorsteuervergütungsverfahrens und damit zur Einführung des Verfahrens nach der 11. EG-Richtlinie geführt haben.[1168]

D. Reform des Vorsteuervergütungsverfahrens

I. Notwendigkeit der Einführung eines neuen Verfahrens

1. Erste Reformüberlegungen der EU-Kommission

Neben den langen Bearbeitungszeiten, die für die Unternehmer eine finanzielle Belastung aufgrund der erforderlichen Vorfinanzierung der ausgelegten Umsatzsteuer bedeuteten[1169], erweckte die sehr formalistische Anwendung der Vorschriften der 8. EG-Richtlinie durch die Mitgliedstaaten bei den Unternehmern wohl den Eindruck, dass diese von der Geltendmachung ihres unionsrechtlich begründeten Anspruchs abgehalten werden sollten.[1170] Vor diesem Hintergrund verzichteten viele Unternehmer nach eigenen Angaben gar gänzlich darauf, ihren eigentlich bestehenden Anspruch überhaupt geltend zu machen.[1171] Dieses Ergebnis war nach Ansicht der EU-Kommission allerdings nicht hinnehmbar, stellte es letztlich den im europäischen Mehrwertsteuersystem verankerten Grundsatz der Steuerneutralität selbst in Frage.[1172] Da aber auch die Mitgliedstaaten aufgrund fehlender Informationen vor erhebliche praktische Probleme

---

1168 Vgl. hierzu ausführlich EU-Kommission v. 29.10.2004, COM(2004) 728 final, S. 1 unter Verweis auf eine in 2003 durchgeführte Umfrage von Unternehmern. Die Kommission hatte bereits 1998 einen Vorschlag für eine Änderung des Vorsteuervergütungsverfahrens an nicht im Inland ansässige Unternehmer vorgeschlagen, der aber letztlich gescheitert war, vgl. Vorschlag der Kommission v. 17.6.1998, COM(1998) 377 final.

1169 Dies galt umso mehr, als in der 8. EG-Richtlinie eine verbindliche Verzinsung für verspätet erstattet Vorsteuervergütungen nicht vorgesehen war.

1170 Hierzu auch ausführlich *de la Feria*, The EU VAT System, 2009, S. 111f. Die Unternehmer versuchten auch die Anwendung der 8. EG-Richtlinie durch eine weite Interpretation der Regelungen über den Ort der sonstigen Leistung zu umgehen, da die Regelungen der 8. EG-Richtlinie als zu langsam und umständlich angesehen wurden vgl. hierzu Schlussanträge des *GA Jacobs* v. 14.12.2000, Rs. C-108/00 (SPI), Rn. 30.

1171 So die Einschätzung der EU Kommission, vgl. Vorschlag der EU Kommission v. 17.6.1998, COM(1998) 377 final, S. 5.

1172 Vorschlag der EU-Kommission v. 17.6.1998, COM(1998) 377 final, S. 6. *De la Feria*, The EU VAT System, 2009, S. 93 bezeichnete das Vorsteuervergütungsverfahren nach der 8. EG-Richtlinie gar als „a serious obstacle to intra-community trade“.

gestellt wurden,[1173] war nach Ansicht der EU-Kommission die Einführung eines völlig neuen Vorsteuervergütungssystems zwingend erforderlich.[1174]

Vor dem Hintergrund dieser Erfahrungen sollte das Vergütungsverfahren vollständig reformiert werden. Nach der Vorstellung der EU-Kommission sollte der Unternehmer die Vorsteuer nun nicht mehr in dem Staat der Vorsteuerentstehung geltend machen, sondern vielmehr die ausländische Vorsteuer im Rahmen des allgemeinen Besteuerungsverfahrens von seiner Steuerschuld in seinem Ansässigkeitsstaat abziehen können.[1175] Um Verschiebungen des Mehrwertsteueraufkommens zwischen den Mitgliedstaaten zu vermeiden, hätte ein bilaterales Erstattungs- und Ausgleichssystem zwischen dem Ansässigkeitsstaat und dem Mitgliedstaat der Vorsteuerentstehung errichtet werden müssen. Zur Verhinderung von Steuerhinterziehungen wäre zudem ein grenzüberschreitendes Kontrollsystem mit dem Austausch zwischenstaatlicher Kontrollmittleilungen erforderlich geworden. Ein Vorsteuervergütungsverfahren nach dem bislang geltenden Modell wäre nur noch für im Drittland ansässige Unternehmer zur Anwendung kommen. Für im Gemeinschaftsgebiet ansässige Unternehmer wäre es hingegen obsolet geworden.[1176]

Der Vorschlag der EU-Kommission wurde unterschiedlich aufgenommen. Während ein Abzug der Vorsteuer im Sitzstaat des Unternehmers und die grundsätzliche Einführung eines Clearingsystems teilweise positiv bewertet wurde[1177], wurde die Einführung eines Kontrollverfahrens und der damit zusammenhängenden potentiell negativen Auswirkungen auf die Unternehmer

---

1173 So ist auch im Vorsteuervergütungsverfahren ein Vorsteueranspruch nur dann gegeben, soweit Eingangsleistungen tatsächlich für besteuerte Umsätze verwendet wurden. Dies zu beurteilen, stellte die Erstattungsstaaten aber vor erhebliche Probleme, da Nachfragen an den Antragsteller nur in Ausnahmefällen zugelassen waren (Art. 6 der 8. EG-Richtlinie) und Nachfragen beim Ansässigkeitsstaat nur nach den allgemeinen Amtshilfevorschriften möglich waren.

1174 Vorschlag der EU-Kommission zur Änderung des Vorsteuervergütungsverfahrens v. 17.6.1998, COM(1998) 377 final, S. 6f. Zu den praktischen Problemen auch *Vellen*, UR 1998, 402, 406.

1175 Dies hätte einen tatsächlichen grenzüberschreitenden Vorsteuerabzug bedeutet.

1176 Zu den Einzelheiten des vorgeschlagenen Vorsteuervergütungssystems sowie der erforderlichen Anpassungen der damals geltenden 6. EG-Richtlinie, vgl. im Einzelnen Vorschlag der EU-Kommission zur Änderung des Vorsteuervergütungsverfahrens v. 17.6.1998, COM(1998) 377 final.

1177 So bereits *Reiß*, UR 1997, 22, 24. Konkret zu dem Vorschlag der EU-Kommission eher zustimmend *Widmann*, DStR 1998, 1580.

als problematisch angesehen.[1178] Der Vorschlag der EU-Kommission konnte sich letztlich nicht durchsetzen. Insbesondere das zwingend erforderliche Clearingsystem zwischen den Mitgliedstaaten hätte erhebliche budgetäre Risiken für die Mitgliedstaaten beinhaltet[1179], die diese augenscheinlich nicht bereit waren zu tragen.[1180]

2. Einführung des Vorsteuervergütungsverfahrens nach der 11. EG-Richtlinie

Da der Vorschlag der EU-Kommission vom 17. Juni 1998 nicht den Zuspruch der Mitgliedstaaten gefunden hatte, aber die Probleme des Vorsteuervergütungsverfahrens unter der 8. EG-Richtlinie offensichtlich weiterhin bestanden[1181], machte die EU-Kommission am 29. Oktober 2004 einen erneuten Vorschlag zur Reformierung des Vorsteuervergütungsverfahrens[1182]. Aus ihren Erfahrungen mit dem vorherigen Vorschlag kam die EU-Kommission zu dem Schluss, dass die Geltendmachung ausländischer Vorsteuer im Ansässigkeitsstaat zwar auch weiterhin die beste Variante zur Reform des bisherigen Vorsteuervergütungsverfahrens darstelle, allerdings zumindest auf absehbare Zeit nicht durchsetzbar sein und somit auch nicht weiterverfolgt werde.[1183]

Die nun vorgeschlagene Alternative der EU-Kommission stellte zwar eine Modernisierung des Verfahrens dar, ohne aber die grundlegenden Prinzipien,

---

1178 In Bezug auf die Einführung eines Überprüfungsverfahrens kritisch *Widmann*, DStR 1998, 1580, 1584. Zu dem Vorschlag der EU-Kommission insgesamt kritisch *Dziadkowski*, IStR 1998, 527.

1179 Vgl. hierzu *Widmann*, DStR 1998, 1580, 1543, der diese Risiken bereits beim Vorschlag der EU-Kommission sah und dieses Verfahren als „Elchtest" der Harmonisierungsbestrebungen an.; *ders.*, UR 1998, 217, 218.

1180 So auch die Prognose von *Vellen*, UR 1998, 402, 407. Der Vorschlag war zwar auf breite Zustimmung seitens der Wirtschaft und auch des Europäischen Parlaments gestoßen, eine Einigung konnte hierüber aber offensichtlich nicht erzielt werden, vgl. Kommission v. 29.10.2004, COM(2004) 728 final, S. 3.

1181 Kommission v. 29.10.2004, COM(2004) 728 final, S.2f. unter Bezugnahme auf eine im Jahr 2003 durchgeführte Steuerumfrage europäischer Unternehmen, SEC(2004)1128/2 vom 10.9.2004 in englischer Sprache abrufbar unter: https://ec.europa.eu/taxation_customs/sites/taxation/files/docs/body/112804_en .pdf, zuletzt abgerufen am 23.4.2019. Auf die bestehenden Probleme des Verfahrens machte später auch noch einmal *Haupt*, UR 2007, 602, 607 aufmerksam.

1182 Kommission v. 29.10.2004, COM(2004) 728 final.

1183 Kommission v. 29.10.2004, COM(2004) 728 final, S. 7.

d.h. Erstattung der Vorsteuer auch weiterhin durch den Staat der Vorsteuerentstehung, anzutasten.[1184] Den Kern der Modernisierung des Verfahrens stellte der Einsatz neuer Technologien dar, um so den Arbeitsaufwand der Mitgliedstaaten zu reduzieren. Zudem sollte die Antragstellung für die Unternehmer dadurch vereinfacht werden, dass der Antrag, unabhängig davon in welchem Mitgliedstaat der Vorsteuerabzug begehrt wird, immer in dem jeweiligen Ansässigkeitsstaat des Antragstellers zu stellen ist.[1185]

Der Vorschlag der EU-Kommission sah als Beginn des neuen Verfahrens den 1. Juli 2006 vor.[1186] Hierbei erwies sich die EU-Kommission allerdings als deutlich zu optimistisch. Die Beratungen auf EU-Ebene zogen sich vielmehr über mehrere Jahre hin.[1187] Vor allem in Bezug auf die technische Durchführbarkeit und die erforderliche Abstimmung der Mitgliedstaaten untereinander schienen die Mitgliedstaaten dem neuen Verfahren erhebliche Bedenken entgegenzubringen.[1188] Allen Bedenken zum Trotz trat das Vorsteuervergütungsverfahren unter der 11. EG-Richtlinie[1189] zum 1. Januar 2010 in Kraft.[1190] Im Folgenden zeigte sich jedoch, dass die Bedenken der Mitgliedstaaten hinsichtlich der praktischen Durchführbarkeit des Verfahrens nicht völlig unbegründet waren. Aufgrund der teils erheblichen Probleme bei der Durchführung wurde

---

1184 *Monfort*, IWB 2008, 461, 466 sieht hierin dennoch eine „revolutionäre" Veränderung des Verfahrens.

1185 EU-Kommission v. 29.10.2004, COM(2004) 728 final, S. 8 sowie Vorschlag für eine entsprechende Richtlinie, S. 30ff.; zustimmend insoweit *Nieskens*, UR 2004, 410, 412; kritisch insoweit jedoch *Filtzinger*, UR 2007, 169, 177f., der erhebliche Probleme für die Verwaltung sowie die antragstellenden Unternehmen befürchtete so auch *de la Feria*, The EU VAT System, 2009, S. 126.

1186 Vgl. Art. 10 des Richtlinienvorschlages der EU-Kommission v. 29.10.2004, COM(2004) 728 final.

1187 Zu den politischen Hintergründen im Vorfeld zur Einführung der 11. EG-Richtlinie, vgl. *von Streit*, UStB 2009, 64, 65.

1188 Vgl. hierzu *Filtzinger*, UR 2007, 169, 175.

1189 Richtlinie 2008/9/EG des Rates zur Regelung der Mehrwertsteuer gemäß der Richtlinie 2006/12/EG an nicht im Mitgliedstaat der Erstattung, sondern in einem anderen Mitgliedstaat ansässige Steuerpflichtige (RL 2008/9/EG), v. 12.2.2008, ABL. EU Nr. L 44, S. 23 (***11. EG-Richtlinie***).

1190 Art. 28 Abs. 1 der 11. EG-Richtlinie.

für den Erstattungszeitraum 2010 die Antragsfrist einmalig um acht Monate verlängert.[1191] Seitdem gilt das Vorsteuervergütungsverfahren ohne wesentliche Änderungen fort.

3. Ziele des neuen Vorsteuervergütungsverfahrens

Durch die Einführung des neuen Verfahrens sollte das Vorsteuervergütungsverfahren insgesamt modernisiert, beschleunigt und vereinfacht werden. Gleichzeitig sollte die Stellung der Unternehmer im Verfahren, insbesondere durch Einführung einer verbindlichen Verzinsung des Erstattungsanspruchs, gestärkt werden.[1192] Ein weiteres Ziel war die Stärkung des Einspruchsrechts der Unternehmer, was insbesondere vor dem Hintergrund, dass die Unternehmer ihren rechtlichen Anspruch bei der Durchführung des Vorsteuervergütungsverfahrens nicht hinreichend berücksichtigt sahen[1193], durchaus nachvollziehbar erscheint.[1194] Insgesamt sollte mit der Einführung des Verfahrens unter der 11. EG-Richtlinie folglich auf die Probleme reagiert werden, die im Rahmen des Erstattungsverfahrens unter der 8. EG-Richtlinie aufgetreten waren.[1195] Die darüber hinaus mit der 8. EG-Richtlinie verfolgten Ziele[1196] werden auch weiterhin durch die 11. EG-Richtlinie verfolgt.

1191 Vgl. insoweit Vorschlag der EU-Kommission v. 15.7.2010, COM(2010) 381 final, S. 2. Zur Antragsfrist vgl. insoweit Art. 15 Abs. 1 der 11. EG-Richtlinie sowie Kapitel 4 E IV.

1192 Erwägungsgründe 2 und 3 der 11. EG-Richtlinie, hierzu auch *Atanasova/Maunz*, DStR 2009, 1185, 1189.

1193 Siehe hierzu auch Kapitel 4 C IV.

1194 Da der Wortlaut in Art. 23 Abs. 2 der 11. EG-Richtlinie hinsichtlich des Einspruchsrechts insoweit allerdings dem Wortlaut des Art. 7 Abs. 4 UAbs. 2 der 8. EG-Richtlinie entspricht, stellt sich die Frage, wie die 11. EG-Richtlinie genau das Einspruchsrecht des Unternehmers stärken soll.

1195 Erwägungsgrund 1 der 11. EG-Richtlinie, vgl. auch *Leonard*, in: Bunjes, UStG, 2018, § 18 Rn. 36; *Treiber*, in: Sölch/Ringleb, UStG, § 18 (September 2016) Rn. 173; *Riegel/Walke*, BB 2016, 1692, 1693.

1196 Zu den Gründen der Einführung des Vorsteuervergütungsverfahrens unter der 8. EG-Richtlinie vgl. Kapitel 4 C II 1.

II. Grundsätze des Vorsteuervergütungsverfahrens

1. *Überblick über das Verfahren*

Das Vorsteuervergütungsverfahren unter der 11. EG-Richtlinie ist nun vollständig elektronisch ausgestaltet. Der vergütungsberechtigte Unternehmer stellt den Vergütungsantrag[1197] – unabhängig von dem jeweiligen Erstattungsstaat – über ein elektronisches Portal seines Ansässigkeitsstaates (Art. 7). Hierdurch wird der Antragsteller nicht mehr mit den Antragserfordernissen jedes einzelnen Mitgliedstaates konfrontiert, sondern muss sich grundsätzlich nur mit dem elektronischen Portal seines Ansässigkeitsstaates vertraut machen.[1198] Sprachbarrieren fallen prinzipiell weg.[1199] Auch die Beifügung etwaiger zusätzlicher Dokumente (z.B. Rechnungen i.S.d. Art. 10) erfolgt ausschließlich elektronisch.

Der Antragsteller erhält von seinem Ansässigkeitsstaat bei erfolgreicher Antragsstellung eine Empfangsbestätigung (Art. 15 Abs. 2). Hierbei handelt es sich nicht um einen Verwaltungsakt im Sinne des § 118 AO, da hierdurch keine verbindliche Regelung getroffen werden soll, sondern vielmehr wird der Antragsteller im Sinne einer „bloßen" Mitteilung lediglich über den Zeitpunkt des Antragseinganges informiert.[1200] Rechtsbehelfe sind gegen die Empfangsbestätigung daher nicht zulässig und auch nicht vorgesehen.[1201] Der Ansässigkeitsstaat

---

1197 Bei dem Vergütungsantrag handelt es sich wohl nicht um eine Steuervergütungsanmeldung i.S.d. § 155 Abs. 4 AO, da sowohl Art. 15 Abs. 1 S. 1 der 11. EG-Richtlinie als auch § 18 Abs. 9 S. 2 Nr. 2 und 3 UStG sowie § 61a Abs. 1 und Abs. 2 UStDV von einem „Antrag" sprechen, vgl. *Stadie*, UStG, 2015, § 18 Rn. 155; so wohl auch *Leonard*, in: Bunjes, UStG, 2018, § 18 Rn. 54; a.A. BFH v. 18.7.2008, V R 41/06, BStBl. II 2009, 2; FG Köln v. 9.11.2010, 2 K 5679/04, EFG 2011, 1367 sowie *Treiber*, in: Sölch/Ringleb, UStG, § 18 (September 2018) Rn. 212; *Sterzinger*, in: Birkenfeld/Wäger, USt-Hdb., § 214 (Mai 2015) Rn. 204.

1198 *Monfort*, IWB 2008, 461, 464.

1199 Auch wenn nach Art. 12 der 11. EG-Richtlinie die Erstattungsstaaten festlegen dürfen, in welcher Sprache die Eintragungen zu tätigen sind, haben fast alle Mitgliedstaaten auch Eintragungen in englischer Sprache zugelassen, vgl. insoweit die vom BZSt zur Verfügung gestellte Präferenzliste, abrufbar unter: http://www.bzst.de/DE/Steuern_International/Vorsteuerverguetung/01_Inlaendische_Unternehmer/Hilfsmittel/Praeferenzliste_EU_Staaten.html?nn=22786. (zuletzt abgerufen am 23.4.2019)

1200 Vgl. *Seer*, in: Tipke/Kruse, AO/FGO, § 118 (Oktober 2015) Rn. 10, 15.

1201 So enthält weder die 11. EG-Richtlinie noch das umsetzende nationale Recht die Möglichkeit gegen den Inhalt der Empfangsbestätigung Rechtsbehelfe einzulegen. Sofern eine unzulässige Empfangsbestätigung zu einer Ablehnung des Vorsteuervergütungsanspruchs führen sollte, müsste hiergeben Einspruch eingelegt werden.

leitet den Antrag anschließend ebenfalls auf elektronischem Wege an den jeweiligen Erstattungsstaat weiter. Dabei erfolgt bereits auf dieser Ebene durch den Ansässigkeitsstaat eine Vollständigkeitsprüfung, d.h. sofern nicht alle in dem elektronischen Portal vorgesehene Eintragungsmöglichkeiten erfolgt sind, wird der Antrag nicht an den Erstattungsstaat weitergeleitet. Zudem prüft der Ansässigkeitsstaat, ob der Antragsteller die persönlichen Antragsvoraussetzungen erfüllt (Art.18). Sieht der Ansässigkeitsstaat die Antragsvoraussetzungen insoweit als nicht erfüllt an, leitet er den Antrag nicht weiter und informiert den Antragsteller über seine Entscheidung (Art. 18 Abs. 2). Fraglich ist, welche Rechtsqualität dieser Entscheidung zukommt. Eine explizite Möglichkeit gegen diese Entscheidung vorzugehen, enthält die 11. EG-Richtlinie nicht, da Art. 23 nur Rechtsbehelfe gegen Entscheidungen des Erstattungsstaates vorsieht, diesem allerdings der Antrag in der vorliegenden Konstellation überhaupt nicht vorgelegt wird. Unzweifelhaft muss dem Antragsteller aber gegen eine ablehnende Entscheidung des Ansässigkeitsstaates die Möglichkeit eines Rechtsbehelfs zustehen.[1202]

Sobald dem Erstattungsstaat der Antrag durch den Ansässigkeitsstaat zugeleitet wurde, setzt dieser den Antragsteller unverzüglich über dessen Eingang in Kenntnis (Art. 19 Abs. 1). Hierbei handelt es sich mangels rechtlicher Regelung um eine bloße Mitteilung und nicht um einen anfechtbaren Verwaltungsakt im Sinne des § 118 AO.

Die tatsächliche Prüfung des Erstattungsantrages (d.h. Bestehen und Höhe des Vorsteuererstattungsanspruchs) erfolgt anschließend durch den Erstattungsstaat.[1203] Dieser kann bei Bedarf sowohl beim Antragsteller als auch beim Ansässigkeitsstaat zusätzliche Dokumente oder Informationen anfordern, die nach seiner Ansicht für die Prüfung des Antrages erforderlich sind (Art. 20). Der Erstattungsstaat entscheidet abschließend über den Antrag und zahlt etwaige Vorsteuerbeträge an den Antragsteller aus (Art. 19 Abs. 2).[1204] Für die Bearbeitung des Erstattungsantrages sind in der 11. EG-Richtlinie zudem feste Bearbeitungszeiten vorgegeben (z.B. Art. 19 Abs. 2). Zwar enthielt auch

---

1202 Zu den verschiedenen Klagemöglichkeiten vgl. *Treiber*, in: Sölch/Ringleb, UStG, § 18g (September 2016) Rn. 15, der wohl von der VA-Eigenschaft der Mitteilung nach Art. 18 Abs. 2 ausgeht, so auch *Leonhard*, in: Bunjes, UStG, 2018, § 18g Rn. 5.

1203 Zum Prüfungsrecht der beteiligten Mitgliedstaaten vgl. im Einzelnen Kapitel 4 E V 1.

1204 Hierbei handelt es sich um einen Steuerbescheid i.S.d. § 155 Abs. 1 AO, vgl. § 61 Abs. 4 UStDV, vgl. auch *Stadie*, UStG, 2015, § 18 Rn. 155; *Sterzinger*, in: Birkenfeld/Wäger, USt-Hdb., § 214 (Mai 2015) Rn. 203.

die Vorgängerregelung feste Bearbeitungsfristen (vgl. Art. 7 Abs. 1 der 8. EG-Richtlinie), da eine Überschreitung dieser Fristen allerdings keine negativen Konsequenzen für den Erstattungsstaat, insbesondere keine Verzinsung des Vorsteuervergütungsanspruches, nach sich zog,[1205] waren die vorgegebenen Bearbeitungsfristen nach der 8. EG-Richtlinie jedoch bedeutungslos.[1206]

2. *Vergleich mit dem Verfahren unter der 8. EG-Richtlinie*

Da die Einführung des Vorsteuervergütungsverfahrens nach der 11. EG- Richtlinie eine unmittelbare Reaktion auf die Probleme unter der 8. EG-Richtlinie darstellte, ist für die Auslegung der Regelungen der 11. EG-Richtlinie ein Verständnis dafür entscheidend, in welchen Punkten sich die Verfahren tatsächlich unterscheiden und inwieweit lediglich der Einsatz moderner Technologien zu verfahrensrechtlichen Unterschieden führt, die Kernpunkte des Verfahrens aber nicht angetastet werden sollten.

Zunächst ist insoweit anzumerken, dass vor allem die Umstellung von einem papierbasierten auf ein elektronisches Verfahren zu erheblichen Unterschieden sowohl bei der Durchführung des Verfahrens als auch bei den hieraus resultierenden rechtlichen Fragestellungen führt. Während ein papierbasiertes Verfahren prinzipiell die Möglichkeit bietet, einzelne Felder des Antrages überhaupt nicht auszufüllen und so zu einer offensichtlichen Unvollständigkeit des Antrages führen kann,[1207] ist diese Möglichkeit bei einem elektronischen Verfahren praktisch nicht mehr möglich, da nur vollständig ausgefüllte Anträge überhaupt an den Erstattungsstaat weitergeleitet werden. Fehlende Angaben können daher im Anwendungsbereich der 11. EG-Richtlinie nur noch vorkommen, wenn die tatsächlich im Antrag vorgenommenen Eintragungen inhaltlich nicht als ausreichend erachtet werden.[1208]

1205 Von der Möglichkeit der Einleitung eines Vertragsverletzungsverfahrens durch die EU-Kommission einmal abgesehen, welches für den Unternehmer selbst allerdings keine direkten Konsequenzen bedeutete.

1206 Was sich auch daran zeigte, dass die Unternehmer tatsächlich über überlange Bearbeitungszeiten klagten, vgl. *de la Feria*, The EU VAT System, 2009, S. 122; *Leonard*, in: Bunjes, UStG, 2018, § 18 Rn. 36.

1207 Vgl. hierzu Kapitel 4 C III 2 b aa; siehe auch st. Rspr. des FG Köln, vgl. insoweit nur FG Köln v. 10.11.2011, 2 K 106/04, veröffentlicht bei juris.

1208 Hierzu im Einzelnen Kapitel 4 F II 4 b cc.

Anders als beim Verfahren unter der 8. EG-Richtlinie kommt zudem dem Ansässigkeitsstaat nun aufgrund der tatsächlichen Einbindung in das Verfahren eine gewisse Prüfungskompetenz zu[1209].

Einen völlig anderen Stellenwert erhält auch die Möglichkeit der Einholung von Informationen durch den Erstattungsstaat beim Antragsteller oder dem Ansässigkeitsstaat. Während nach Art. 6 Abs. 4 der 8. EG-Richtlinie die Einholung von weiteren Informationen nur in Ausnahmefällen zulässig war und der Antragsteller möglichst nicht durch zusätzliche Nachfragen behelligt werden sollte, ist nun nach Art. 20 Abs. 1 der 11. EG-Richtlinie die Möglichkeit der Einholung zusätzlicher Informationen sowohl beim Antragsteller als auch beim Ansässigkeitsstaat ausdrücklich vorgesehen. Dies macht deutlich, dass eine Interaktion zwischen Antragsteller bzw. Ansässigkeitsstaat und Erstattungsstaat nun eher die Regel denn die Ausnahme sein soll.

E. Das Verfahren nach der 11. EG-Richtlinie im Einzelnen

I. Persönlicher Anwendungsbereich

1. Anforderungen in Bezug auf den Erstattungsstaat

a. Keine Ansässigkeit im Erstattungsstaat

Wie auch das Verfahren unter der 8. EG-Richtlinie setzt das geltende Vorsteuervergütungsverfahren in Bezug auf den Antragsteller voraus, dass dieser im Erstattungsstaat weder ansässig ist noch bestimmte „schädliche“[1210] Umsätze erbringt. Sind diese Voraussetzungen nicht erfüllt, kommt nur eine Erstattung der betreffenden Vorsteuerbeträge im allgemeinen Besteuerungsverfahren in Betracht.[1211]

Die 11. EG-Richtlinie arbeitet zur Bestimmung des persönlichen Anwendungsbereiches mit einer „Ansässigkeitsfiktion“, indem die Kriterien realer Ansässigkeit mit der Erbringung bestimmter Umsätze verknüpft werden.[1212]

1209 Die EU-Kommission verwendet insoweit die Formulierung: „If you are eligible for a refund, the authorities will pass on your claim to the authorities in the other country.“ https://europa.eu/youreurope/business/vat-customs/refund/eu-businesses (zuletzt abgerufen am 23.4.2019). Dies spricht dafür, dass der Ansässigkeitsstaat eine gewisse Vorprüfung vornimmt. Zu der Prüfungskompetenz der beteiligten Staaten vgl. Kapitel 4 E V 1.

1210 Zu den „schädlichen“ Umsätzen im Einzelnen vgl. Kapitel 4 E I 1 b.

1211 Zum Verhältnis des allgemeinen Besteuerungsverfahrens und des Vorsteuervergütungsverfahrens vgl. Kapitel 4 F II 5 a.

1212 So *Stadie*, in: Rau/Dürrwächter, UStG, § 18 (Oktober 2016) Rn. 565.

Auch für Zwecke der 11. EG-Richtlinie ist die Ansässigkeit des antragstellenden Unternehmers nach den allgemeinen Grundsätzen zu ermitteln.[1213] So bestimmt sich die Ansässigkeit in erster Linie nach dem Sitz der wirtschaftlichen Tätigkeit und dem Vorhandensein einer festen Niederlassung, von der aus die maßgeblichen Umsätze bewirkt werden.[1214] Weitere Merkmale wie der Wohnsitz oder der gewöhnliche Aufenthalt des Unternehmers sind nur dann heranzuziehen, wenn Angaben zum Sitz der wirtschaftlichen Tätigkeit oder der festen Niederlassung fehlen.[1215]

Die weitere Voraussetzung in Art. 3 lit. a der 11. EG-Richtlinie, dass der Antragsteller in dem Erstattungsstaat nicht den Sitz seiner wirtschaftlichen Tätigkeit haben sowie keine feste Niederlassung unterhalten darf, von der aus Umsätze bewirkt werden, entspricht insoweit der Rechtsprechung des EuGH, dass eine „aktive feste Niederlassung“[1216] im entsprechenden Mitgliedstaat der Anwendbarkeit des Vorsteuervergütungsverfahrens entgegensteht.[1217]

1213 Zur Bestimmung der Ansässigkeit bei der Anwendung des Vorsteuervergütungsverfahrens an im Drittlandsgebiet ansässige Unternehmer vgl. EuGH v. 28.6.2007, Rs. C-73/06 (Planzer Luxembourg), Slg. 2007, I-5655.

1214 Dies gilt unabhängig davon, ob die Leistungen, auf die die geltend gemachten Vorsteuerbeträge entfallen, für diese Niederlassung bezogen wurden oder nicht, vgl. EuGH v. 16.7.2009, Rs. C-244/08 (Kommission/Italien), ABl. EU 2009, Nr. C 12, Rn. 28; v. 6.11.2011, Rs. C-421/10 (Stoppelkamp), Slg. 2011, I-9309, Rn. 26, so auch *Leonhard*, in: Bunjes, UStG, 2018, § 18 Rn. 38; *Treiber*, in: Sölch/Ringleb, UStG, § 18 (Oktober 2017) Rn. 182.

1215 EuGH v. 6.11.2011, Rs. C-421/10 (Stoppelkamp), Slg. 2011, I-9309, Rn. 27; *Heuermann*, in: Sölch/Ringleb, UStG, § 13b (Oktober 2017) Rn. 67. Der bloße Wohnsitz im Inland kann bei Sitz im Ausland keine Ansässigkeit begründen vgl. *Leonhard*, in: Bunjes, UStG, 2018, § 18 Rn. 38; *Stadie*, UStG, 2015, § 18 Rn. 129; *Treiber*, in: Sölch/Ringleb, UStG, § 18 (Oktober 2017) Rn. 181.

1216 *Monfort*, UR 2016, 856.

1217 Vgl. insoweit EuGH v. 25.10.2012, Rs. C-318/11 und C-319/11 (Daimler und Widex), ABl. EU Nr. C 399, 5, Rn. 36, 37; unter Verweis auf EuGH v. 16.7.2009, Rs. C-244/09 (Kommission/Italien), ABl. EU Nr. C 220, 12, Rn. 30, 31 zur Anwendbarkeit der 8. EG-Richtlinie. *Leonard*, in: Bunjes, UStG, 2018, § 18 Rn. 38 stellt insoweit zusammenfassend fest, dass der Unternehmer bei Vorliegen einer „aktiven festen Niederlassung“ im Inland die Vorsteuern auch dann im allgemeinen Besteuerungsverfahren geltend machen muss, wenn über die betreffende Leistung nicht über diese Niederlassung bezogen wurden.

b. Keine Ausführung „schädlicher" Umsätze im Erstattungsstaat

Der Antragsteller darf im Erstattungsstaat grundsätzlich selbst keine Umsätze ausführen (Art. 3 lit. b).[1218] Ausgenommen von diesem Verbot sind die Erbringung gewisser steuerfreier Beförderungsleistungen und damit verbundene Nebenleistungen (Art. 3 lit. b (i))[1219] sowie solcher Umsätze, bei denen aufgrund der Anwendbarkeit des Reverse-Charge-Verfahrens der Leistungsempfänger die Steuer für diese Umsätze schuldet (Art. 3 lit. b (ii)). Ob der Leistungsempfänger die aus der Anwendbarkeit des Reverse-Charge-Verfahrens resultierenden Umsatzsteuerbeträge auch tatsächlich abführt, ist insoweit ohne Belang.[1220]

Neben diesen explizit in der Richtlinie aufgeführten Ausnahmen stehen grundsätzlich alle Umsätze, die im Erstattungsstaat ausgeführt werden, der Anwendbarkeit des Vorsteuervergütungsverfahrens entgegen. Dies gilt auch dann, wenn es sich lediglich um steuerfreie Umsätze handelt und somit im Ergebnis keine Steuerschuld im Erstattungsstaat entsteht.[1221] In diesem Fall unterliegt der Unternehmer vielmehr dem allgemeinen Besteuerungsverfahren mit allen sich hieraus ergebenden Rechten und Pflichten.[1222]

Vor dem Hintergrund, dass Erstattungsanträge auch einen Zeitraum von weniger als einem Kalenderjahr umfassen dürfen (Art. 17), können sich Fälle ergeben, in denen der Antragsteller zwar in dem betreffenden Kalenderjahr schädliche Umsätze ausführt, diese aber nicht den Zeitraum betreffen, für den der Antragsteller einen Erstattungsantrag stellt. Für diese Konstellationen trifft die Richtlinie keine explizite Aussage, so dass die Mitgliedstaaten eigene verfahrensrechtliche Regelungen für diese Fälle finden müssen.[1223]

1218 Anknüpfungspunkt für die Beantwortung der Frage, ob „schädliche" Leistungen ausgeführt wurden, ist die Bestimmung des Ortes der sonstigen Leistung. Dass dies im Einzelfall schwierig sein kann, zeigt die Entscheidung des EuGH v. 25.1.2001, Rs. C-429/01 (Kommission/Frankreich), Slg. 2001, I-637, der die Erbringung einer komplexen Leistung mit eingebundenen Subunternehmern zugrunde lag.

1219 Hierbei handelt es sich im Einzelnen um die Erbringung von Beförderungsleistungen und damit verbundene Nebenleistungen, die nach den Art. 144, 146, 148, 149, 151, 153, 159 oder Art. 160 der MwStSystRL steuerfrei sind, also um solche Leistungen, die im Zusammenhang mit steuerfreien innergemeinschaftlichen Erwerben sowie steuerfreien Ausfuhren stehen.

1220 *Stadie*, in: Rau/Dürrwächter, UStG, § 18 (Oktober 2016) Rn. 614ff.; *Treiber*, in: Sölch/Ringleb, § 18 (April 2015) Rn. 186.

1221 *Stadie*, in: Rau/Dürrwächter, UStG, § 18 (Oktober 2016) Rn. 566.

1222 *Kraeusel/Reiß/Haunhorst*, in: Reiß/Kraeusel/Langer, UStG, § 18 (September 2016) Rn. 514.

1223 Zu der Behandlung derartiger Fälle in Deutschland vgl. Kapitel 4 F II 5 a bb.

2. *Anforderungen in Bezug auf den Ansässigkeitsstaat*

a. *Ansässigkeit in einem anderen EU-Mitgliedstaat*

Die Anwendbarkeit der 11. EG-Richtlinie setzt des Weiteren voraus, dass der Antragsteller in einem anderen EU-Mitgliedstaat ansässig ist. Bei einer Ansässigkeit in einem Drittstaat findet hingegen das Vorsteuervergütungsverfahren nach der 13. EG-Richtlinie[1224] Anwendung. Auch insoweit ist die Ansässigkeit nach den allgemeinen Grundsätzen der EuGH-Rechtsprechung zu bestimmen.[1225] Für die Anwendbarkeit des Verfahrens nach der 11. EG-Richtlinie ist daher eine bloß augenscheinliche wirtschaftliche Tätigkeit beispielsweise in Form einer „Briefkastenfirma" oder „Strohfirma" in einem anderen Mitgliedstaat nicht ausreichend.[1226] Der Sitz der wirtschaftlichen Tätigkeit einer Gesellschaft ist vielmehr der Ort, an dem die wesentlichen Entscheidungen zur allgemeinen Leitung dieser Gesellschaft getroffen und die Handlungen zu deren zentraler Verwaltung vorgenommen werden.[1227] Die bloß über einen Steuervertreter erfolgende Erfassung einer Gesellschaft für Zwecke der Mehrwertsteuer in einem Mitgliedstaat ist hingegen nicht ausreichend.[1228]

b. *Anwendung bei Mehrfachansässigkeit*

Für die Anwendung des Verfahrens nach der 11. EG-Richtlinie kann der Fall der Mehrfachansässigkeit des Antragstellers in verschiedenen Mitgliedstaaten (d.h. Fälle, in denen der Antragsteller über Betriebsstätten oder Zweigniederlassungen

---

1224 RL. 86/560/EWG v. 17.11.1986, ABl. EG Nr. L 326, S. 40 (***13. EG-Richtlinie***). Zu den Einzelheiten der Erstattung nach der 13. EG-Richtlinie vgl. Kapitel 5.

1225 In diesem Sinne EuGH v. 28.06.2007, Rs. C-73/06 (Planzer Luxemburg), Slg. 2007, I-5655, Rn. 54 zur 13. EG-Richtlinie.

1226 EuGH v. 28.6.2007, Rs. C-73/06 (Planzer Luxembourg), Slg. 2007, I-5655, Rn. 62. In der zugrunde liegenden Rechtssache war der Antragsteller eigentlich in einem Drittstaat wirtschaftlich tätig, so dass eine Erstattung nach der 13. Richtlinie vorzunehmen gewesen wäre, vgl. zu dem Erstattungsverfahren nach der 13. EG-Richtlinie im Einzelnen Kapitel 5. Vgl. hierzu auch EuGH v. 2.5.2006, Rs. C-341/04 (IFSC), Slg. 2006, I-3813, Rn. 35, v. 12.9.2006, Rs. C-196/04 (Cadbury Schweppes), Slg. 2006, I-7995, Rn. 68.

1227 EuGH v. 28.6.2007, Rs. C-73/06 (Planzer Luxembourg), Slg. 2007, I-5655, Rn. 63.

1228 EuGH v. 19.2.2009, Rs. C-1/08 (Athesia Druck), Slg. 2009, I-1255, Rn. 34; v. 6.2.2014, Rs. C-323/12 (E.ON Global Commodities), ABl. EU 2014, Nr. C 93, 7, Ls. 1, Rn. 46, 52, 53. Zustimmend *Treiber*, in: Sölch/Ringleb, UStG, § 18 (Oktober 2017) Rn. 182.

in verschiedenen Mitgliedstaaten verfügt)[1229] zu praktischen Problemen führen. Kann die bezogene Eingangsleistung nicht einem bestimmten Unternehmensteil zugeordnet werden, stellt sich die Frage, bei welchem Mitgliedstaat der Antrag auf Erstattung zu stellen ist (Art. 7) und nach welchem Recht über die Erstattung der Vorsteuerbeträge (Art. 6)[1230] zu entscheiden ist. Für diese Fälle enthält die 11. EG-Richtlinie keine Kollisionsregelung, sondern setzt in Art. 3 lediglich voraus, dass der Antragsteller „in einem anderen Mitgliedstaat ansässig ist". Aus dieser Formulierung kann jedoch nicht geschlossen werden, dass die 11. EG-Richtlinie nicht in Fällen der Mehrfachansässigkeit gilt. In diesem Fall müsste der Unternehmer die Vorsteuererstattung nämlich im allgemeinen Besteuerungsverfahren geltend machen, was allerdings dem in Art. 170 MwStSystRL ausdrücklich niedergelegten Vereinfachungszweck der Vorsteuererstattung an nicht im Erstattungsstaat ansässige Unternehmer widersprechen würde.[1231] Alternativ kann auch nicht allein für Zwecke der Anwendung des Vorsteuervergütungsverfahrens davon ausgegangen werden, dass eine Betriebsstätte oder Niederlassung als Antragsberechtigter im Sinne der 11. EG-Richtlinie anzusehen wäre. Eine solche Sichtweise würde gegen den Grundsatz der Einheit des Unternehmens verstoßen[1232], da einem aus umsatzsteuerlicher Sicht unselbständigen Unternehmensteil eigenständige Rechte zugesprochen würden.[1233] Unter Beachtung des Grundsatzes der Einheit des Unternehmens sowie der Zielrichtung des Vorsteuervergütungsverfahrens, die Erstattung an im Ausland ansässige Unternehmer

---

1229 Der EuGH geht insoweit von der grundsätzlichen Möglichkeit der Mehrfachansässigkeit aus vgl. insoweit EuGH v. 17.7.1997, Rs. C-190/95, Slg. 1007, I-4383; v. 7.5.1998, Rs. C-390/96, Slg. 1998, I-2553. So auch *Heinrichshofen*, in: Englisch/Nieskens (Hrsg.), Umsatzsteuer-Kongress-Bericht 2010, 109, 124; *Huschens*, EU-UStB 2007, 37, 38; ebenso *Stadie*, in: Sölch/Ringleb, UStG, § 18 (Oktober 2016) Rn. 582.

1230 So besteht nach Art. 176 MwStSystRL die Möglichkeit für die Mitgliedstaaten, für bestimmte Leistungen den Ausschluss des Vorsteuerabzuges beizubehalten (Stand-Still-Klausel). Sofern die geltend gemachten Vorsteuerbeträge in den Anwendungsbereich dieser Klausel fallen, kann die Zuständigkeit des jeweiligen Mitgliedstaats letztlich über ihre Erstattungsfähigkeit entscheiden.

1231 So *Stadie*, in: Sölch/Ringleb, UStG, § 18 (Oktober 2016) Rn. 583.

1232 Der Grundsatz der Einheit des Unternehmens besagt, dass ein Unternehmer zwar mehrerer Betriebsstätten bzw. Niederlassungen aber nur ein umsatzsteuerliches Unternehmen haben kann, vgl. *Stadie*, in: Rau/Dürrwächter, UStG, § 2 (Oktober 2016) Rn. 605. Dies gilt auch in den Fällen, in denen Unternehmensteile im Ausland belegen sind vgl. EuGH v. 23.3.2006, Rs. C-210/04 (FCE Bank), Slg. 2006, I-2804, Rn. 37, 51.

1233 *Stadie*, in: Sölch/Ringleb, UStG, § 18 (Oktober 2016) Rn. 583.

zu vereinfachen, ist daher als maßgebliches Kriterium für die Bestimmung der Ansässigkeit des Antragstellers der Sitz der wirtschaftlichen Tätigkeit heranzuziehen, auch wenn durch eine Sitzverlegung möglichweise Vorsteuerabzugsverbote in einzelnen Mitgliedstaaten umgangen werden können.[1234]

Für die Bestimmung der Ansässigkeit ist der Zeitraum maßgeblich, für den die Vorsteuervergütung begehrt wird. Auf die Ansässigkeit des Antragstellers im Zeitpunkt der Antragstellung kommt es hingegen nicht an.[1235]

c. *Ausführung besteuerter Umsätze*

aa. *Erforderlicher Bezug zum Erstattungs- sowie zum Ansässigkeitsstaat*

Da sich auch im Vorsteuervergütungsverfahren die materielle Erstattungsfähigkeit der Vorsteuerbeträge nach den in der MwStSystRL festgelegten Grundsätzen richtet[1236], ist für die Erstattung der betreffenden Vorsteuerbeträge erforderlich, dass die bezogenen Leistungen nach den Regelungen des Erstattungsstaates für Umsätze verwendet werden, die nach seiner Auslegung der MwStSystRL der Mehrwertsteuerpflicht unterliegen (Art. 5). Wie auch im Anwendungsbereich des allgemeinen Besteuerungsverfahrens ist für die Gewährung des

1234 *Stadie*, in: Sölch/Ringleb, UStG, § 18 (Oktober 2016) Rn. 583; *Sterzinger*, in: Birkenfeld/Wäger, USt-Hdb., § 214 (Mai 2015) Rn. 34.

1235 Auch wenn die missverständliche Formulierung in Art. 3 der 11. EG-Richtlinie den Rückschluss zulässt, dass die Ansässigkeit – anders als die Frage der Ausführung schädlicher Umsätze – im Zeitpunkt der Antragstellung zu prüfen ist, würde eine derartige Auslegung m.E. zu Art. 18 Abs. 1 der 11. EG-Richtlinie im Widerspruch stehen, da die Prüfung der persönlichen Voraussetzungen des Antragstellers durch den Ansässigkeitsstaat in Bezug auf den Erstattungszeitraum und nicht hinsichtlich des Zeitpunktes der Antragstellung erfolgt, ebenso *Treiber*, in: Sölch/Ringleb, UStG, § 18 (Oktober 2017) Rn. 183; a.A *Stadie*, in: Rau/Dürrwächter, UStG, § 18 (Oktober 2016), Rn. 585 unter Verweis auf den Wortlaut der Regelung in Art. 3 der 11. EG-Richtlinie; *ders.*, UStG, 2015, § 18 Rn. 128; *Sterzinger*, in: Birkenfeld/Wäger, USt-Hdb., § 214 (Mai 2015) Rn. 63 mit Verweis auf die Regelung im deutschen Recht.

1236 *Stadie*, in: Rau/Dürrwächter, UStG, § 18 (Oktober 2016) Rn. 635; *Treiber*, in: Sölch/Ringleb, UStG, § 18 (Oktober 2017) Rn. 177. In diesem Sinne auch *Leonard*, in: Bunjes, UStG, 2018, § 18 Rn. 37. Ziel der Regelungen des Vorsteuervergütungsverfahrens ist lediglich die Harmonisierung des Erstattungsverfahrens und nicht die Aufstellung eigener Grundsätze vgl. insoweit EuGH v. 26.9.1996, Rs. C-302/93 (Debouche), Slg. 1996, I.4495, Rn. 18; v. 15.3.2007, Rs. C-35/05 (Reemtsma), Slg. 2007, I-2425, Rn. 25.

Vorsteuerabzuges nicht die tatsächliche Ausführung, sondern vielmehr die Absicht, besteuerte Umsätze auszuführen, entscheidend.[1237]

Daneben setzt die Erstattung der Vorsteuerbeträge dem Grunde nach aber auch voraus, dass der Antragsteller in seinem Ansässigkeitsstaat selbst besteuerte Umsätze ausübt, mithin also vorsteuerabzugsberechtigt ist (Art. 6 Abs. 1).[1238] Die Einhaltung dieser Voraussetzung wird dadurch sichergestellt, dass der Ansässigkeitsstaat keine Anträge von Antragstellern an den Erstattungsstaat weiterleitet, die lediglich umsatzsteuerfreie Umsätze ausführen, der Kleinunternehmerregelung unterfallen oder die Pauschalbesteuerung für landwirtschaftliche Erzeuger in Anspruch nehmen (Art. 18 Abs. 1 lit. b bis d). Diese Regelung setzt letztlich EuGH-Rechtsprechung um.[1239] In der Rechtssache *Debouche*[1240] hatte der EuGH entschieden, dass einem Antragsteller, der Umsätze erbringt, die zwar im Erstattungsstaat der Umsatzsteuer unterliegen, aber in seinem Ansässigkeitsstaat steuerfrei behandelt werden, kein Anspruch auf Vorsteuervergütung zusteht.[1241] Hierbei handelt es sich nach Ansicht des EuGH um einen der MwStSystRL immanenten Grundsatz, dass Vorsteuerbeträge nur dann erstattet werden können, wenn die bezogenen Leistungen im Zusammenhang mit der Erbringung steuerpflichtiger Umsätze stehen.[1242] Diese „doppelte Betrachtung", dass die erbrachten Umsätze des Antragstellers sowohl in seinem Ansässigkeitsstaat als auch im Erstattungsstaat der Besteuerung unterliegen müssen, trägt dem Gedanken Rechnung, dass sowohl zu den Konkurrenten im Ansässigkeitsstaat als auch zu denjenigen im Erstattungsstaat Wettbewerbsgleichheit hergestellt

---

1237 EuGH v. 21.9.2017, Rs. C-441/16 (SMS group), ABl. EU 2017, Nr. C 392, 10, Rn. 58.

1238 Zu diesem Ergebnis kam auch der EuGH, vgl. Urteil v. 26.9.1996, Rs. C-302/93 (Debouche), Slg. 1996, I-4507, Rn. 13 zu der Vorsteuervergütung nach der 8. EG-Richtlinie, die diese Regelung nicht enthielt.

1239 Vgl. Vorschlag der EU-Kommission zur Einführung eines neuen Vorsteuervergütungsverfahrens v. 29.10.2004, COM(2004) 728 final, S. 17.

1240 EuGH v. 26.9.1996, Rs. C-302/93 (Debouche), Slg. 1996, I-4507 zum Verfahren unter der 8. EG-Richtlinie.

1241 EuGH v. 26.9.1996, Rs. C-302/93 (Debouche), Slg. 1996, I-4507, Rn. 13. Der EuGH stützte sich hauptsächlich auf das Argument, dass der Antragsteller keine Unternehmerbescheinigung seines Ansässigkeitsstaates vorlegen konnte, die voraussetzte, dass er in seinem Ansässigkeitsstaat umsatzsteuerpflichtige Umsätze erbringt. Zu der Entscheidung ausführlich *de la Feria*, The EU VAT System, 2009, S. 204.

1242 EuGH v. 26.9.1996, Rs. C-302/93 (Debouche), Slg. 1996, I-4507, Rn. 15 mit Hinweis auf Art. 17 der 6. EG-Richtlinie. Im Zusammenhang mit dem allgemeinen Besteuerungsverfahren vgl. insoweit auch EuGH v. 7.12.2006, Rs. C-240/05 (Eurodental), Slg. 2006, I-11479, Rn. 41, 58.

werden muss.[1243] Den Konkurrenten im Ansässigkeitsstaat steht nämlich kein Vorsteuerabzug zu, während den Konkurrenten im Erstattungsstaat zwar ein Vorsteuerabzug zusteht, die Erbringung der besagten Leistungen jedoch der Umsatzsteuer unterliegt. Die Gewährung des Vorsteuerabzugsrechts würde dem Antragsteller somit in dieser Konstellation einen nicht zu tolerierenden Wettbewerbsvorteil einräumen.[1244]

bb. Ermittlung des anzuwendenden pro-rata Satzes

Erbringt der Unternehmer teils steuerfreie und teils steuerpflichtige Umsätze, ist eine Erstattung der Vorsteuer nur nach Maßgabe des sog. Vorsteueraufteilungsschlüssels möglich.[1245] Dies gilt auch für das Vorsteuervergütungsverfahren.[1246] Fraglich ist insoweit lediglich, welcher Aufteilungsschlüssel in den Fällen Anwendung findet, in denen sich nach Anwendung der entsprechenden Regelungen aus Sicht des Ansässigkeitsstaates und aus Sicht des Erstattungsstaates unterschiedliche Aufteilungsschlüssel ergeben. Den Ausgangspunkt für die Bestimmung der Höhe der erstattungsfähigen Vorsteuer bildet in diesen Fällen zunächst Art. 5 UAbs. 2. Hiernach richtet sich die Höhe der erstattungsfähigen Steuer nach den Regelungen des Erstattungsstaates. Sofern sich allerdings nach Anwendung der Regelungen des Ansässigkeitsstaates ein niedrigerer erstattungsfähiger Betrag ergibt, ist die Vorsteuervergütung auf diesen Betrag beschränkt (Art. 6 UAbs. 2). Im Ergebnis ist somit immer der niedrigere Aufteilungsschlüssel anzuwenden.[1247]

Diese Regelung entspricht auch der noch zur Vorgängerregelung der 8. EG-Richtlinie ergangenen Entscheidung des EuGH in der Rechtssache *Société Monte Dei Paschi Di Siena*[1248]. In dem zugrunde liegenden Sachverhalt stellte sich

---

1243 So auch *Schön*, in: Nieskens (Hrsg.), Umsatzsteuer-Kongress-Bericht 2001/2002, 17, 29f.

1244 EuGH v. 26.9.1996, Rs. C-302/93 (Debouche), Slg. 1996, I-4507, Rn. 19.

1245 Zu der Ermittlung der Höhe der abzugsfähigen Vorsteuer in den Fällen, in denen der Unternehmer sowohl umsatzsteuerfreie als auch umsatzsteuerpflichtige Umsätze ausübt, vgl. Kapitel 2 B II 2 c cc.

1246 *Stadie*, in: Rau/Dürrwächter, UStG, § 18 (Oktober 2016) Rn. 640; *Treiber*, in: Sölch/Ringleb, UStG, § 18 (Oktober 2017) Rn. 179.

1247 Vgl. *Birkenfeld*, in: Birkenfeld/Wäger, USt-Hdb., § 26 (November 2010) Rn. 97 mit Berechnungsbeispiel; *Stadie*, in: Rau/Dürrwächter, UStG, § 18 (Oktober 2016) Rn. 640.

1248 EuGH v. 13.7.2000, Rs. C-136/99 (Société Monte Dei Paschi Di Siena), Slg. 2000, I-6109, Rn. 32. Diese Regelung diente auch explizit der Umsetzung dieser Rechtsprechung vgl. Vorschlag der EU-Kommission zur Einführung eines neuen

ebenfalls die Frage, welcher Aufteilungsmaßstab dem Vorsteuervergütungsverfahren zugrunde zu legen ist, wenn sich nach der Anwendung der Regelungen des Erstattungs- und des Ansässigkeitsstaates unterschiedliche Aufteilungsschlüssel ergeben. Im Ergebnis entschied sich der EuGH für eine „doppelte Höchstgrenze“[1249], indem er sowohl den Aufteilungsschlüssel des Erstattungsstaates als auch den des Ansässigkeitsstaates als Obergrenze für die Erstattung in einer Art „Meistbenachteiligungsprinzip“[1250] ansah.[1251]

Auch wenn ein solches Ergebnis für den Antragsteller nicht vorteilhaft ist, lässt es sich aufgrund der derzeit noch unvollständigen Harmonisierung des Mehrwertsteuersystems[1252] innerhalb der Gemeinschaft wohl nicht vermeiden, da einerseits das Prinzip der Wettbewerbsneutralität verlangt, dass der Steuerpflichtige nicht besser gestellt wird als seine Konkurrenten im Ansässigkeitsstaat und anderseits aber der Erstattungsstaat auch nicht gezwungen werden kann, eine höhere Erstattung vorzunehmen als seine eigenen, dem Unionsrecht entsprechenden Regelungen vorsehen.[1253]

Vorsteuervergütungsverfahrens v. 29.10.2004, COM(2004) 728 final, S. 17; ebenso *Stadie*, in: Rau/Dürrwächter, UStG, § 18 (Oktober 2016) Rn. 639f.

1249 *Schön*, in: Nieskens (Hrsg.), Umsatzsteuer-Kongress-Bericht 2001/2002, 17, 30.

1250 So *Schön*, in: Nieskens (Hrsg.), Umsatzsteuer-Kongress-Bericht 2001/2002, 17, 30.

1251 EuGH v. 13.7.2000, Rs. C-136/99 (Société Monte Dei Paschi Di Siena), Slg. 2000, I-6109, Rn. 32.

1252 Der EuGH weist insoweit darauf hin, dass erst eine schrittweise Harmonisierung des Mehrwertsteuersystems stattgefunden hat, vgl. EuGH v. 5.12.1989, Rs. C-165/88 (ORO Amsterdam Beheer und Concerto), Slg. 1989, I-4081, Rn. 21; v. 7.12.2006, Rs. C-240/05 (Eurodental), Slg. 2006, I-11479, Rn. 50. Die unvollständige Harmonisierung kann aber für den Steuerpflichtigen auch vorteilhaft sein. So steht einem Unternehmer dennoch ein Vorsteuerabzug zu, wenn die von ihm erbrachte Leistung, für die er Vorleistungen bezieht, zwar grds. steuerpflichtig ist, aufgrund unterschiedlicher Qualifikation durch die Mitgliedstaaten aber letztlich überhaupt nicht versteuert wird, vgl. EuGH v. 22.10.2010, Rs. 277/09 (RBS Deutschland), Slg. 2010, I-13805, Rn. 41 für den Fall, dass für den Erwerb von Leasingfahrzeugen zwar im Ansässigkeitsstaat des Unternehmers Vorsteuer geltend gemacht werden kann, die Leasingleistung jedoch aufgrund unterschiedlicher Qualifikationen der beteiligten Mitgliedstaaten letztlich überhaupt nicht besteuert wird.

1253 So auch *Schön*, in: Nieskens (Hrsg.), Umsatzsteuer-Kongress-Bericht 2001/2002, 17, 30f., in diesem Sinne auch EuGH v. 7.12.2006, Rs. C-240/05 (Eurodental), Slg. 2006, I-11479, Rn. 56, 58 betreffend den Fall, dass dem Steuerpflichtigen der Vorsteuerabzug versagt wird, weil in seinem Ansässigkeitsstaat die Leistung steuerfrei, ist aber im Bestimmungsland der Besteuerung unterliegt.

d. Zusammenspiel mit dem allgemeinen Besteuerungsverfahren

Das allgemeine Besteuerungsverfahren und das besondere Vorsteuervergütungsverfahren schließen sich gegenseitig aus. Eine Wahlmöglichkeit zwischen den beiden Verfahren besteht für den Antragsteller nicht.[1254] Dies ergibt sich bereits aus dem Wortlaut der Art. 170 und Art. 171 MwStSystRL, die im Anwendungsbereich der 11. EG-Richtlinie die Erstattung im allgemeinen Besteuerungsverfahren nicht bloß vorsehen, sondern explizit auf das besondere Vergütungsverfahren verweisen.

Dieser strikte Grundsatz ist vor allem vor dem Hintergrund der Intention des Unionsgesetzgebers, die Erstattung von Vorsteuern an nicht im Inland ansässige Unternehmer zu beschleunigen und unionsweit zu harmonisieren[1255], durchaus nachzuvollziehen. Würde dem Antragsteller eine Wahlmöglichkeit zwischen den Verfahren eingeräumt werden oder ein Nebenher der Verfahren gestattet sein, wäre das Ziel der Vereinfachung und Beschleunigung kaum erreichbar.[1256] In der Praxis kann dies jedoch zu erheblichen Problemen und letztlich sogar zu einer systemwidrigen Versagung von Vorsteuererstattungen an in einem anderen Mitgliedstaat ansässige Unternehmer führen. Geht der Unternehmer fälschlicherweise davon aus, dass er dem allgemeinen Besteuerungsverfahren unterliegt und stellt daher keinen Antrag im Vorsteuervergütungsverfahren, ist auch in den Fällen, in denen sich die Annahme des Unternehmers als falsch herausstellt (z.B. wegen der Nichtanwendbarkeit der Vorschriften über die Umkehr der Steuerschuldnerschaft) nach Ablauf der relativ kurzen neun-monatigen Antragsfrist[1257] eine Erstattung im Vorsteuervergütungsverfahren nicht mehr möglich. In diesen Konstellationen würde der Unternehmer endgültig wirtschaftlich mit Vorsteuer belastet werden.[1258] Vor dem Hintergrund, dass die Harmonisierung

---

1254 Explizit zur deutschen Rechtslage vgl. *Leonard*, in: Bunjes, UStG, 2018, § 18 Rn. 37; *Sterzinger*, in: Birkenfeld/Wäger, USt-Hdb., § 214 (Mai 2015) Rn. 331; *Stadie*, in: Rau/Dürrwächter, UStG, § 18 (Oktober 2016), Rn. 750; *ders.*, UStG, 2015, § 18 Rn. 126; *Treiber*, in: Sölch/Ringleb, UStG, § 18 (September 2016) Rn. 250.

1255 *Leonard*, in: Bunjes, UStG, 2018, § 18 Rn. 36.

1256 Ebenso *Sterzinger*, in: Birkenfeld/Wäger, USt-Hdb., § 214 (Mai 2015) Rn. 339.

1257 Zu den Einzelheiten der Antragsfrist vgl. Kapitel 4 E IV.

1258 Um dies zu verhindern empfiehlt *Stadie*, in: Rau/Dürrwächter, UStG, § 18 (Oktober 2016), Rn. 750 in Zweifelsfällen, in jedem Fall einen Antrag im Vorsteuervergütungsverfahren zu stellen, um die Frist zu wahren; so auch *Treiber*, in: Sölch/Ringleb, § 18 (September 2016) Rn. 252. *Leonard*, in: Bunjes, UStG, 2018, Rn. 37 geht davon aus, dass aufgrund der Möglichkeit der Umdeutung einer Steuererklärung im allgemeinen Verfahren in einen Vergütungsantrag keine Nachteile für den Antragsteller

des Vorsteuervergütungsverfahrens letztlich auch dazu führen sollte, die Doppelbelastung mit Umsatzsteuer durch eine Versagung des Vorsteuerabzuges zu verhindern[1259], erscheint dieses Ergebnis zumindest problematisch.[1260]

Da die 11. EG-Richtlinie insoweit keine Regelungen trifft, obliegt es den Mitgliedstaaten durch die Ausgestaltung ihrer verfahrensrechtlichen Modalitäten, den Zielen der 11. EG-Richtlinie zu entsprechen.[1261]

II. Sachlicher Anwendungsbereich

1. Keine Erstattung zu Unrecht in Rechnung gestellter Umsatzsteuer

Erstattungsfähig ist die Umsatzsteuer, die dem Antragsteller von einem anderen Unternehmer im Erstattungsstaat in Rechnung gestellt wurde.[1262] Ebenso wenig wie bei der Vorsteuererstattung im regulären Verfahren kommt es darauf an, ob der Antragsteller die Umsatzsteuer tatsächlich an den leistenden Unternehmer gezahlt und ob dieser die Umsatzsteuer an den Fiskus abgeführt hat.[1263]

---

entstehen. Insoweit verkennt er jedoch, dass aufgrund der unterschiedlichen Fristen die Steuererklärung auch nach Ablauf der Antragsfrist eingereicht werden kann.

1259 So ausdrücklich der 2. Erwägungsgrund der 8. EG-Richtlinie.

1260 Zur Zulässigkeit der Ausschlussfrist im Verfahren nach der 11. EG-Richtlinie sowie zur Erforderlichkeit eines Gutglaubensschutzes vgl. Kapitel 4 E IV sowie Kapitel 4 E IX.

1261 Zur Anwendung der Vorschriften über den Vorsteuerabzug durch die Mitgliedstaaten vgl. Kapitel 2 C III 2.

1262 Zur deutschen Rechtslage *Stadie*, UStG, 2015, § 18 Rn. 134; *Treiber*, in: Sölch/Ringleb, UStG, § 18 (September 2016) Rn. 176.

1263 *Stadie*, in: Rau/Dürrwächter, UStG, § 18 (Oktober 2016) Rn. 579, weist insoweit darauf hin, dass es unklar ist, ob die Erstattung der Vorsteuer nicht eine tatsächliche Zahlung durch den Leistungsempfänger voraussetzt, weil Art. 5 der 11. EG-Richtlinie insoweit die Formulierung „belastet" verwendet. Da die 11. EG Richtlinie jedoch nur die verfahrensrechtlichen Modalitäten der Erstattung regeln will und die materiellen Voraussetzungen des Vorsteuerabzuges insoweit unberührt lässt, kann m.E. nicht davon ausgegangen werden, dass die Richtlinie die Vorsteuererstattung an die Zahlung der Vorsteuer an den leistenden Unternehmer voraussetzt, zumal in der Richtlinie auch keine Regelungen darüber getroffen werden, wie diese Zahlung nachzuweisen sein sollte. Dies lässt sich auch dem Urteil des EuGH v. 30.6.2016, Rs. C-55/16 (Evo Bus), ABl. EU 2016 Nr. C 343, 1 entnehmen, wonach der Vorsteueranspruch nicht von dem Nachweis der Zahlung abhängig gemacht werden kann. Das noch zur 8. EG-Richtlinie ergangene Urteil ist m.E. auch auf das Verfahren nach der 11. EG-Richtlinie übertragbar, so auch *Monfort*, UR 2016, 857, 857f.

Auch im Rahmen des Vorsteuervergütungsverfahrens gilt der allgemeine Grundsatz, dass nur die „tatsächlich" geschuldete Umsatzsteuer als Vorsteuer erstattungsfähig ist,[1264] da die Regelungen zum Vorsteuervergütungsverfahren lediglich die Harmonisierung des allgemein bestehenden Vorsteuervergütungsanspruchs bezwecken und nicht das bestehende System der Vorsteuererstattung in Frage stellen sollen.[1265] Der durch Artikel 4 lit. a explizit festgelegte Ausschluss dieser Beträge von der Vorsteuererstattung setzt somit lediglich EuGH-Rechtsprechung um.[1266] Soweit also Umsatzsteuer zu Unrecht in Rechnung gestellt wurde, scheidet ein Direktanspruch gegen den Fiskus auch im Vorsteuervergütungsverfahren aus.[1267] Sollten tatsächlich einmal die durch den EuGH festgelegten hohen Hürden eines Direktanspruchs vorliegen,[1268] steht die Regelung in Art. 4 lit. a augenscheinlich einer Geltendmachung im Vorsteuervergütungsverfahren entgegen. Dies gilt umso mehr, als der EuGH wohl davon auszugehen scheint, dass ein solcher Direktanspruch beim Finanzamt des Rechnungsausstellers geltend zu machen wäre[1269], wohingegen Anträge auf Vorsteuervergütung bei einer zentral zuständigen Stelle des jeweiligen Mitgliedstaates[1270] zu stellen sind. Ein solches Ergebnis würde der besonderen Fallkonstellation m.E. aber auch am ehesten gerecht werden, da nur so eine Überprüfung der tatsächlichen Verhältnisse des leistenden Unternehmers, die für die Feststellung, dass

1264 Ausdrücklich EuGH v. 15.3.2007, Rs. C-35/05 (Reemtsma), Slg. 2007, I-2425, Rn. 26 noch zum Verfahren unter der 8. EG-Richtlinie. So auch *Monfort*, IWB 2008, 461, 463. Zu den Grundsätzen der Erstattung zu Unrecht in Rechnung gestellter Vorsteuer im allgemeinen Verfahren vgl. Kapitel 2 B V.

1265 Noch zum Verfahren unter der 8. EG-Richtlinie aber m.E. so auf das Verfahren unter der 11. EG-Richtlinie übertragbar vgl. EuGH 26.9.1996, Rs. C-302/93 (Debouche), Slg. 1996, I-4495, Rn. 18; v. 15.3.2007, Rs. C-35/05 (Reemtsma), Slg. 2007, I-2425, Rn. 25.

1266 *Monfort*, IWB 2008, 461, 463.

1267 Vgl. bspw. EuGH v. 13.12.1989, Rs. 342/87 (Genius Holding), Slg. 1989, 4227, Rn. 13; v. 15.3.2007, Rs. C-35/05 (Reemtsma), Slg. 2007, I-2425, Rn. 23.

1268 Zu den Voraussetzungen eines Direktanspruches gegen den Fiskus in derartigen Fallkonstellationen ausführlich EuGH v. 26.4.2017, Rs. C-564/15 (Farkas), ABl. EU 2017 Nr. C 195, 3; hierzu bereits Kapitel 2 B V.

1269 So *Heinrichshofen*, EU-UStB 2017, 25, 26.

1270 Die zuständigen Finanzbehörden der jeweiligen Mitgliedstaaten sind auf der Homepage des BZSt unter folgendem Link abrufbar: https://ec.europa.eu/taxation_customs/sites/taxation/files/docs/body/refund_contact_details_table_en .pdf. (zuletzt abgerufen am 15.4.2019)

die Geltendmachung des Anspruchs „übermäßig erschwert" ist[1271], zwingend erforderlich ist, ermöglicht wird und eine missbräuchliche Erstattung der Vorsteuer an den Rechnungsempfänger ausgeschlossen werden kann. Im Ergebnis müsste somit ein Direktanspruch des ausländischen Leistungsempfängers im allgemeinen Besteuerungsverfahren geltend gemacht werden. Eine entsprechende explizite verfahrensrechtliche Regelung steht im deutschen Umsatzsteuerrecht allerdings noch aus.[1272]

2. Ausschluss der Erstattung bei (potentiell) steuerfreien Lieferungen

Ebenfalls nicht vergütungsfähig sind solche Vorsteuern, die auf die Lieferung von Gegenständen entfallen, die als innergemeinschaftliche Lieferungen (Art. 138 MwStSystRL) oder Ausfuhrlieferungen (Art. 146 Abs. 1 MwStSystRL) steuerfrei sind oder befreit sein könnten (Art. 4 lit. b). Hintergrund dieser Regelung ist die Verhinderung einer doppelten Erstattung der Vorsteuerbeträge; einmal an den Leistungsempfänger im Wege des Vorsteuervergütungsverfahrens und einmal dadurch, dass der leistende Unternehmer die Rechnung berichtigt und die bereits gezahlte Umsatzsteuer wieder erstattet bekommt.[1273] Diese Regelung stellt eine weitergehende Einschränkung des Rechts auf Vorsteuerabzug im Vergleich zu der bisherigen Regelung in Art. 5 UAbs. 2 der 8. EG-Richtlinie dar, wonach ein Vorsteuerabzug im Zusammenhang mit inngemeinschaftlichen Lieferungen und Ausfuhrlieferungen nur für den Fall ausdrücklich ausgeschlossen war, in denen der Erwerber den Transport veranlasst hatte.[1274]

Der in Art. 4 lit. b genannte Vorsteuerausschluss ist restriktiv nur auf die Befreiungstatbestände der innergemeinschaftlichen Lieferung sowie der Ausfuhrlieferung zu beschränken. Eine Ausdehnung auf alle Konstellationen, in denen möglichweise eine Umsatzsteuerbefreiung in Betracht kommt, ist von dieser Vorschrift hingegen nicht gedeckt.[1275] Allerdings ist zu beachten, dass der

---

1271 EuGH v. 15.3.2007, Rs. C-35/05 (Reemtsma), Slg. 2007, I-2425, Rn. 27, 41; v. 26.4.2017, Rs. C-564/15 (Farkas), ABl. EU 2017, Nr. C 195, 3, Rn. 54.

1272 So auch die Einschätzung von *von Streit/Streit*, UR 2018, 813, 820.

1273 Vgl. Vorschlag der EU-Kommission zur Einführung eines neuen Vorsteuervergütungsverfahrens v. 29.10.2004, COM(2004) 728 final, S. 16, hierzu auch *Monfort*, IWB 2008, 461, 463f. In diese Richtung gehend auch *von Streit*, UStB 2015, 105, 111.

1274 So *Monfort*, IWB 2008, 461, 463.

1275 *Monfort*, IWB 2008, 461, 464. Eine derartige Auslegung würde zum einen gegen den ausdrücklichen Wortlaut der Richtlinie und zum anderen auch gegen die ausdrückliche Intention der Richtlinie verstoßen, wonach diese Vorschrift nur der spezifischen

Anwendungsbereich des Art. 4 lit. b sich mit dem des Art. 4 lit. a überschneidet. Liegen die Voraussetzungen einer Steuerbefreiung nämlich tatsächlich vor und weist der Rechnungsaussteller dennoch Umsatzsteuer aus, handelt es sich um „fälschlicherweise" in Rechnung gestellte Umsatzsteuer, die bereits nach Art. 4 lit. a nicht vergütungsfähig ist. Diese Regelung gilt – anders als Art. 4 lit. b – für sämtliche Befreiungsvorschriften. Art. 4 lit. b hat somit nur in den Fällen einen eigenen Anwendungsbereich, in denen die Voraussetzungen der Steuerbefreiung zwar im Zeitpunkt der Rechnungserteilung noch nicht vorlagen[1276], aber nachträglich hergestellt werden können. Diese Einschränkung dient dem grundsätzlichen Ziel der MwStSystRL, Steuerhinterziehungen zu verhindern und die Steuererhebung durch die Mitgliedstaaten sicherzustellen.[1277] Problematisch ist allerdings, dass in den Fällen, in denen die Voraussetzungen der Steuerbefreiung zwar durchaus hergestellt werden könnten, der Rechnungsaussteller sich hierzu aber nicht bemüht[1278] oder ihm die Berufung auf den Steuerbefreiungstatbestand wirtschaftlich zu „unsicher" erscheint[1279] oder auch eine unterschiedliche Beurteilung des Sachverhaltes durch die beteiligten Steuerverwaltungen vorliegt[1280],

---

Gefährdungssituation im Zusammenhang mit innergemeinschaftlichen und Ausfuhrlieferungen begegnen soll, vgl. COM(2004) 728 final, S. 16.

1276 Z.B. weil bestimmte Beleg- oder Buchnachweise noch nicht erbracht worden sind. Zu den Voraussetzungen der Steuerbefreiung einer innergemeinschaftlichen Lieferung oder einer Ausfuhrlieferung vgl. *Treiber*, in: Sölch/Ringleb, UStG, § 6 (September 2016) Rn. 20-39 sowie *Treiber*, in: Sölch/Ringleb, UStG, § 6a (Oktober 2017) Rn. 30-66.

1277 EuGH v. 29.4.2004, Rs. C-487/01 und C-7/02 (Gemeente Leusden und Holin Groep), Rn. 76; v. 21.2.2006, Rs. C-255/02 (Halifax u.a.), Slg. 2006, I-1609, Rn. 71; v. 6.7.2006, Rs. C-439/04 u. C-440/04 (Kittel und Recolta Recycling), Slg. 2006, I-6161, Rn. 54; v. 26.10.2010, Rs. C-97/09 (Schmelz), Slg. 2010, I-10465, Rn. 57; v. 27.10.2011, Rs. C-504/10 (Tanoarch), Rn. 50; v. 21.6.2012, Rs. C-80/11 u. C-142/11 (Mahagében und Dávid), ABl. EU 2012, Nr. C 250, 5, Rn. 41.

1278 Indem er bspw. nicht die notwendigen Nachweise beibringt.

1279 So weist *Treiber*, in: Sölch/Ringleb, UStG, § 6a (Oktober 2017) Rn. 89 zu Recht darauf hin, dass aufgrund der Tatsache, dass die Gewährung der Steuerbefreiungen in nicht unwesentlichem Maße auch von den Angaben des Leistungsempfängers abhängt, das Risiko für den leistenden Unternehmer „ganz erheblich sind".

1280 Vgl. hierzu bereits Kapitel 3 B. Ein Anspruch auf eine einheitliche Beurteilung des Sachverhaltes beim leistenden Unternehmer sowie bei Leistungsempfänger besteht nach deutschem Recht nicht, vgl. hierzu auch *von Streit/Streit*, UR 2018, 813, 814. Nach Auffassung des EuGH würde diesbezüglich auch nur dann ein Handlungsbedarf bestehen, wenn die Mitgliedstaaten die betreffenden Umsätze „systematisch

der Rechnungsempfänger endgültig wirtschaftlich mit Umsatzsteuer belastet wird. Hintergrund dieser den Unternehmer augenscheinlich systemwidrig mit Umsatzsteuer belastenden Regelung ist letztlich die recht großzügige Rechtsprechung des EuGH in Bezug auf die Steuerfreiheit innergemeinschaftlicher Lieferungen bzw. Ausfuhrlieferungen, wonach die Steuerbefreiung prinzipiell nur an die tatsächliche physische Bewegung der Waren über die Grenze knüpft und ein Verstoß gegen die zahlreichen gesetzlich normierten Buch- und Belegnachweise im Einzelfall bei Nachweis der tatsächlichen Warenbewegung einer Steuerbefreiung nicht entgegensteht.[1281] Folglich kann die Steuerfreiheit „relativ einfach" nachträglich hergestellt werden, ohne dass sichergestellt werden kann, dass die zunächst in der Rechnung ausgewiesene Vorsteuer nicht zu Unrecht erstattet wird. Art. 4 lit. b der 11. EG-Richtlinie stellt somit eine gesetzgeberische Entscheidung dahingehend dar, dass das Recht auf Vorsteuerabzug zur Verhinderung von Mehrwertsteuerhinterziehungen und letztlich Mehrwertsteuerausfällen in bestimmten Fallkonstellationen eingeschränkt werden kann.[1282]

Unzweifelhaft ist das Recht auf Vorsteuerabzug in Fällen der Steuerhinterziehung und des Missbrauches einzuschränken, dies setzt jedoch voraus, dass tatsächlich eine solche Konstellation vorliegt. Das bloße Vorliegen einer betrugsgeneigten Situation ist für die Einschränkung des Vorsteuerabzugsrechts hingegen grds. nicht ausreichend.[1283] Die Versagung des Rechts auf Vorsteuerabzug in Konstellationen, in den die unrechtmäßige Geltendmachung von Vorsteuerbeträgen nicht ausgeschlossen werden kann, ist somit mit dem Grundsatz der Neutralität nicht vereinbar.[1284] Dies gilt vorliegend umso mehr, als auch eine Geltendmachung der betreffenden Vorsteuerbeträge im allgemeinen Besteuerungsverfahren nach dem insoweit eindeutigen Wortlaut der Regelung in Art. 171 Abs. 1 MwStSystRL ausscheidet.[1285] Im Ergebnis wäre die Vorsteuer in diesen Fallkonstellationen somit überhaupt nicht erstattungsfähig. Um den

---

unterschiedlich" behandeln würden, vgl. EuGH v. 26.1.2012, Rs. C-218/10 (SDV Allround), ABl. EU 2012, Nr. C 73, 2, Rn. 43.

1281 Grdl. EuGH v. 27.9.2007, Rs. C-146/05 (Collée), Slg. 2007, I-7861.

1282 Zur Einschränkung des Rechts auf Vorsteuerabzug in den Fällen der Steuerhinterziehung vgl. 2 B VI 2 a.

1283 So ausdrücklich EuGH v. 12.4.2018, Rs. C-8/17 (Biosafe), ABl. EU 2018, Nr. C 200, 12, Rn. 39 sowie v. 28.7.2016, Rs. C-332/15 (Astone), ABl. EU 2016, Nr. C 350, 10, Rn. 52 m.w.N.

1284 Vgl. hierzu Kapitel 2 C III 2.

1285 Zum Verhältnis des allgemeinen Besteuerungsverfahrens und des Vorsteuervergütungsverfahrens vgl. Kapitel 4 E I 2 d.

Unternehmer von einer systemwidrigen Belastung mit Vorsteuer zu bewahren, müsste daher Art. 4 lit. b der 11. EG-Richtlinie so ausgelegt werden, dass eine Vorsteuererstattung zumindest dann möglich ist, wenn der Unternehmer nachweisen kann, dass der Leistungserbringer die Umsätze nicht nachträglich steuerfrei gestellt hat. Dies würde auch dem Ziel der zutreffenden Erhebung der Mehrwertsteuer innerhalb der Europäischen Union gerecht werden. Ob der EuGH eine derartige Auslegung unterstützen würde, erscheint jedoch fraglich, erfolgten die jüngsten neutralitätswahrenden Auslegungen des Unionsrechts doch allesamt im Zusammenhang mit den formellen Voraussetzungen des Vorsteuerabzugsrechts,[1286] während vorliegend der materielle Umfang des Rechts auf Vorsteuererstattung betroffen ist[1287]. Es ist daher wohl davon auszugehen, dass in derartigen Konstellationen der Unternehmer auch weiterhin systemwidrig mit Umsatzsteuer belastet wird und ihm nur geraten werden kann, den leistenden Unternehmer möglichst zu einer steuerfreien Behandlung des Umsatzes zu drängen oder einen zivilrechtlichen Ausgleich zu erzielen.[1288]

3. *Umfang der Erstattung*

a. *Begrenzung durch den Zusammenhang mit der Ausführung besteuerter Umsätze*

Wie im Rahmen des allgemeinen Besteuerungsverfahrens ist auch im Vorsteuervergütungsverfahren nur eine Erstattung von Vorsteuern möglich, soweit die Leistungen für besteuerte Umsätze bezogen werden (pro-rata Abzug). Werden die bezogenen Leistungen sowohl für Umsätze verwendet werden, die einen Vorsteuerabzug zulassen, als auch für solche, die einen Vorsteuerabzug ausschließen,

---

1286 Vgl. EuGH v. 15.9.2016, Rs. C-518/14 (Senatex), ABl. EU 2016, Nr. C 419, 6; v. 21.11.2018, Rs. C-644/16 (Vadan), ABl. EU 2019, Nr. C 25, 4; v. 15.9.2016, Rs. C-516/14 (Barlis 06), ABl. EU 2016, Nr. C 419, 6.

1287 Die Regelung scheint daher eher von der Entscheidung des EuGH in der Rechtssache Malburg (EuGH v. 13.3.2014, Rs. C-204/13, ABl. EU Nr. C 135, 18 umfasst zu sein, wonach sich eine über den eindeutigen Wortlaut des Sekundärrechts hinausgehende Auslegung des Rechts auf Vorsteuerabzug verbietet, selbst wenn dies dem Grundsatz der Neutralität entgegenstehen sollte.

1288 Vgl. zu möglichen Steuerklauseln im Vertrag und zivilrechtlichen Ausgleichansprüchen *Wartenburger*, in: in: Ismer/Nieskens (Hrsg.), Umsatzsteuer-Kongress-Bericht 2014, 145.

ist gemäß Art. 173 MwStSystRL[1289] ein entsprechender Aufteilungsschlüssel zu ermitteln und die Vorsteuerbeträge lediglich entsprechend anteilig abzuziehen (Art. 6 UAbs. 2). Die 11. EG-Richtlinie trifft daher grundsätzlich keine eigenständigen materiellen Voraussetzungen für die Vergütung von Vorsteuern. Ergeben sich nach der Anwendung der entsprechenden nationalen Regelungen aus Sicht des Erstattungsstaates und des Ansässigkeitsstaates unterschiedliche pro-rata Sätze, ist aufgrund des Zusammenspiels von Art. 5 UAbs. 2 und Art. 6 UAbs. 2 der niedrigere Satz für die Berechnung der Höhe der Erstattung maßgeblich.[1290]

b. Mindestvergütungssumme

Eine Erstattung im Vorsteuervergütungsverfahren setzt voraus, dass die Vergütungssumme mindestens 50 Euro beträgt (Art. 17 Abs. 2).[1291] Wird diese Mindestgrenze nicht erreicht, können die Vorsteuerbeträge auch nicht auf den folgenden Vergütungszeitraum übertragen werden, sondern erlöschen endgültig.[1292] Dieser Mindestbetrag könnte dem Gebot des EuGH, den Unternehmer *vollständig*[1293] von Umsatzsteuer zu entlasten, entgegenstehen, da der im Ausland ansässige Unternehmer, wenn auch nur zu einem geringen Teil, in den Fällen endgültig mit der Umsatzsteuer belastet ist, in denen der Erstattungsbetrag den Mindestbetrag nicht übersteigt. Allerdings ist insoweit zunächst zu beachten, dass der EuGH Einschränkungen dieses Gebots für zulässig erachtet,

---

1289 Zu den Grundsätzen der Ermittlung des Aufteilungsschlüssels im allgemeinen Besteuerungsverfahren vgl. Kapitel 2 B II 2 c cc sowie Kapitel 4 E I 2 c bb bezüglich der Ermittlung des Aufteilungsschlüssels im besonderen Vorsteuervergütungsverfahren.

1290 Dies entspricht der Rechtslage unter der Vorgängerregelung, so auch *Atanasova/Maunz*, DStR 2009, 1185, 1187. Zur Vorgängerregelung bereits EuGH v. 26.9.1996, Rs. C-302/93 (Debouche), Slg. 1996, I-4507.

1291 Sog. Bagatellgrenze vgl. *Stadie*, in: Rau/Dürrwächter, UStG, § 18 (Oktober 2016) Rn. 696. Dieser Mindestgrenze gilt für die Fälle, in denen das Kalenderjahr als Erstattungszeitraum gewählt wird. Wählt der Antragsteller abweichend hiervon einen kürzeren Erstattungszeitraum, beträgt die Mindestgrenze 400 Euro. In dem Richtlinienvorschlag der EU-Kommission betrug die Bagatellgrenze lediglich 25 Euro, diese war den Mitgliedstaaten wohl zu gering, vgl. COM(2004) 728 final, S. 33. Auch Art. 7 der 8. EG-Richtlinie enthielt eine Mindestgrenze von 200 Rechnungseinheiten.

1292 *Stadie*, in: Rau/Dürrwächter, UStG, § 18 (Oktober 2016) Rn. 697.

1293 St. Rspr. vgl. nur EuGH v. 24.2.1985, Rs. 268/83 (Rompelmann), Slg. 1985, 655, Rn. 19; v. 15.1.1998, Rs. C-37/95 (Ghent Goal), Slg. 1998, I-1, Rn. 16; v. 29.4.2004, Rs. C-137/02 (Faxworld), Slg. 2004, I-5547, Rn. 37.

sofern diese in der MwStSystRL selbst erfolgen.[1294] Einschränkungen in der 11. EG-Richtlinie, die ja den Anspruch auf Vorsteuer aus Art. 170 bzw. Art.171 MwStSystRL lediglich harmonisieren soll[1295], wären demnach nach Auffassung des EuGH ebenfalls zulässig. Zudem dürfen auch im allgemeinen Besteuerungsverfahren die Mitgliedstaaten bei lediglich geringfügigen Vorsteuerüberschüssen auf eine Erstattung bzw. einen Übertrag in den folgenden Besteuerungszeitraum verzichten.[1296] Bei einem Betrag von 50 Euro kann jedoch wohl von einem lediglich geringfügigen Überschuss ausgegangen werden, sodass kein Verstoß gegen den Grundsatz der vollständigen Entlastung vorliegen dürfte und auch vor dem Hintergrund einer grundsätzlich zu erfolgenden Gleichbehandlung von grenzüberschreitenden Fällen zu reinen Inlandsfällen die festgelegte Mindestvergütungssumme als nicht problematisch anzusehen sein sollte.

III. Erstattungszeitraum

1. Zeitliche Zuordnung der Vorsteuerbeträge

Nach Art. 14 Abs. 1 sind die Vorsteuerbeträge dem Erstattungszeitraum zuzuordnen, in dem sie in Rechnung gestellt wurden und die Vorsteuer entstanden ist.[1297] Es müssen also alle allgemein zur Entstehung und Ausübung des Rechts auf Vorsteuerabzug erforderlichen Voraussetzungen vorliegen.[1298] Auf die tatsächliche Zahlung der Vorsteuerbeträge kommt es – ebenso wie im allgemeinen Besteuerungsverfahren – nicht an.[1299] Erfolgt die Rechnungsstellung somit in einem Erstattungszeitraum nach Bezug der Leistung, ist auch erst in diesem Erstattungszeitraum die Vorsteuer im Vergütungsverfahren geltend

---

1294 Vgl. insoweit nur EuGH v. 15.1.1998, Rs. C-37/95 (Ghent Goal), Slg. 1998, I-1, Rn. 16; v. 29.4.2004, Rs. C-137/02 (Faxworld), Slg. 2004, I-5547, Rn. 37.

1295 EuGH v. 28.6.2007, Rs. C-73/06 (Planzer Luxembourg), Slg. 2007, I-5655, Rn. 34; v. 13.7.2000, Rs. C-136/99 (Monti Die Paschi Di Siena), Slg. 2000, I-6109, Rn. 20 und v. 15.3.2007, Rs. C-35/05 (Reemtsma), Slg. 2007, I-2425, Rn. 26.

1296 Vgl. Art. 183 UAbs. 2 MwStSystRL.

1297 *Monfort*, IWB 2008, 461, 465; *Stadie*, in: Rau/Dürrwächter, UStG, § 18 (Oktober 2016) Rn. 670.

1298 *Treiber*, in: Sölch/Ringleb, UStG, § 18 (Oktober 2017) Rn. 197. So auch EuGH v. 21.3.2018, Rs. C-533/16 (Volkswagen), Rn. 40ff.

1299 *Stadie*, in: Rau/Dürrwächter, UStG, § 18 (Oktober 2016) Rn. 671. Noch zum Verfahren unter der 8. EG-Richtlinie vgl. insoweit EuGH v. 30.6.2016, Rs. C-55/16 (Evo Bus), ABl. EU 2016 Nr. C 343, 1; sowie *Herrmann*, UR 1997, 328, 332.

zu machen.[1300] Gleiches galt prinzipiell auch für den Fall, dass zwar bereits in dem Vergütungszeitraum der Leistungserbringung eine Rechnung vorlag, diese aber den Anforderungen der MwStSystRL an eine ordnungsgemäße Rechnung nicht entsprach. Auch in diesem Fall war eine Geltendmachung des Vorsteuerabzugs erst in dem Vergütungszeitraum möglich, in dem eine ordnungsgemäße Rechnung vorlag.[1301] Entsprechend den Grundsätzen der Entscheidung in der Rechtssache *Senatex*[1302] muss aber die Rückwirkung einer Rechnungsberichtigung auch auf das Vorsteuervergütungsverfahren Anwendung finden mit der Folge, dass die Vorsteuer in dem Vergütungszeitraum geltend zu machen ist, in dem die Leistung bezogen wurde und die „nicht ordnungsgemäße“ Rechnung vorlag.[1303] Auf den praktischen Umgang mit diesen Fällen wird nachfolgend noch einzugehen sein.

2. Wahl des Antragszeitraumes

Nach Art. 16 kann der Antragsteller den Erstattungszeitraum innerhalb der dort vorgegebenen Parameter frei wählen. Der Zeitraum darf dabei nicht mehr als ein Kalenderjahr betragen und muss mindestens drei Monate umfassen.[1304] In dem Fall, dass der Erstattungszeitraum weniger als ein Kalenderjahr umfasst, muss der Erstattungsbetrag allerdings abweichend von der ansonsten geltenden Mindestsumme von 50 Euro mindestens 400 Euro betragen. Diese Regelung trägt dem Gedanken der Verwaltungsökonomie Rechnung und soll die

---

1300 *Stadie*, in: Rau/Dürrwächter, UStG, § 18 (Oktober 2016) Rn. 670; *Treiber*, in: Sölch/Ringleb, UStG, § 18 (Oktober 2017) Rn. 197. Zum besonderen Vorsteuervergütungsverfahren EuGH v. 21.3.2018, Rs. C-533/16 (Volkswagen), ABl. EU 2018, Nr. C 166, 11, Rn. 50; zum allgemeinen Besteuerungsverfahren vgl. EuGH v. 29.4.2004, Rs. C-152/02 (Terra Baubedarf), Slg. 2004, I-5583.

1301 *Langer/Zugmaier*, DStR 2016, 2249, 2254.

1302 EuGH v. 15.9.2016, Rs. C-518/14 (Senatex), ABl. EU 2016, Nr. C 419, 6.

1303 *Burgmaier*, UStB 2016, 341, 343; *Langer/Zugmaier*, DStR 2016, 2249, 2254; *Schwerin/Berges*, StB 2017, 164, 167. Vgl. hierzu auch EuGH v. 21.3.2018, Rs. C-533/16 (Volkswagen), ABl. EU 2018, Nr. C 166, 11 im Anwendungsbereich der 8. EG-Richtlinie sowie v. 14.2.2019, Rs. C-562/17 (Nestrade), BB 2019, 469 im Anwendungsbereich der 13. EG-Richtlinie.

1304 Bei einem Vorliegen der sonstigen Anforderungen kann der Unternehmer somit bis zu 5 Anträge pro Kalenderjahr stellen, da er in dem fünften Antrag noch solche Vorsteuerbeträge geltend machen kann, die er in den vorherigen Anträgen vergessen hatte, vgl. auch zum Hintergrund dieser Regelung *Treiber*, in: Sölch/Ringleb, UStG, § 18 (Oktober 2017) Rn. 198.

Erstattungsstaaten vor einer Vielzahl von Erstattungsanträgen mit geringem Volumen bewahren.[1305]

Die generelle Zulässigkeit von Erklärungszeiträumen ist auch für den Vorsteuerabzug im Rahmen des allgemeinen Besteuerungsverfahrens vorgesehen[1306], so dass sich insoweit keine Besonderheiten zum Vorsteuerabzug im allgemeinen Verfahren ergeben und insbesondere auch kein Verstoß gegen das Gebot des Sofortabzuges vorliegt.[1307] Auch die Tatsache, dass die Gewährung eines kürzeren Erstattungszeitraums an einen höheren Mindestbetrag geknüpft ist, erscheint im Rahmen der Abwägung des Rechts auf Sofortabzug und der schonenden Verwendung von Verwaltungsressourcen vor allem im Hinblick auf den weiterhin nicht besonders hohen Mindestbetrag von 400 Euro nicht sonderlich problematisch. Zu beachten ist allerdings, dass die Richtlinie dem Antragsteller - soweit die betragsmäßigen Grenzen erfüllt sind - ein Wahlrecht in Bezug auf den Erstattungszeitraum einräumt. Falls der Unternehmer in dem Kalenderjahr zu irgendeinem Zeitpunkt die Voraussetzungen des Vorsteuervergütungsverfahrens nicht erfüllen sollte, stellt sich die Frage, ob und in welchem Umfang das Vorsteuervergütungsverfahren oder das allgemeine Besteuerungsverfahren für das betreffende Kalenderjahr Anwendung finden und wie mit etwaigen bereits im Rahmen des Vorsteuervergütungsverfahrens erstatteten Vorsteuerbeträgen umzugehen ist. Hierzu enthält die 11. EG-Richtlinie keinerlei Vorgaben, so dass es den Mitgliedstaaten obliegt, für diese Fälle eine entsprechende Regelung zu finden.[1308]

3. *Verzinsung*

Als Reaktion auf die von den Antragstellern beklagten regelmäßig auftretenden langen Bearbeitungszeiten der Erstattungsanträge unter der 8. EG-Richtlinie und der daraus resultierenden verspäteten Vorsteuererstattung[1309] wurde in Art. 27

1305 *Stadie*, in: Rau/Dürrwächter, UStG, § 18 (Oktober 2016) Rn. 682.

1306 Nach Art. 252 Abs. 2 UAbs. 2 MwStSystRL können die Mitgliedstaaten den Steuerzeitraum frei wählen, sofern dieser den Zeitraum von einem Jahr nicht überschreitet. Vgl. hierzu auch EuGH v. 10.7.2008, Rs. 25/07 (Sosonowska), Slg. 2008, I-5129, Rn. 16; v. 25.10.2001, Rs. C-78/00 (Kommission/Italien), Slg. 2001, I-8195, Rn. 31f.

1307 Zum Gebot des Sofortabzuges vgl. Kapitel 2 B III.

1308 Zum Umgang mit derartigen Fallkonstellationen im nationalen Recht vgl. Kapitel 4 F II 5 a bb.

1309 Zu den Problemen unter der Vorgängerregelung vgl. *de la Feria*, The EU VAT System, 2009, S. 122; *Vellen*, UR 1998, 402, 406.

eine verbindliche Zinsregelung eingeführt. Die Verzinsung von Vorsteuervergütungsansprüchen ist dem Grundsatz des Sofortabzuges[1310] entsprechend auch erforderlich, da es der Konzeption des Mehrwertsteuersystems nicht entspricht, dass der Unternehmer die Umsatzsteuer, die er wirtschaftlich nicht endgültig tragen soll, über einen längeren Zeitraum ohne entsprechenden wirtschaftlichen Ausgleich finanziert.[1311]

Die nun in der 11. EG-Richtlinie verankerte verbindliche Verzinsung soll die Mitgliedstaaten vor allem dazu anhalten, über die Erstattungsanträge zeitnah zu entscheiden.[1312] Beginn und Ende der Verzinsung ergeben sich jeweils aus der Richtlinie selbst, während der Zinssatz sich nach dem entsprechenden nationalen Recht des Erstattungsstaates bestimmt.[1313] Eine Verzinsung erfolgt hingegen nicht, wenn der Antragsteller selbst Mitwirkungspflichten verletzt.[1314]

IV. Antragsfrist

1. Allgemeine Grundsätze

Die 11. EG-Richtlinie sieht eine Frist zur Geltendmachung des Vorsteuererstattungsanspruchs von neun Monaten vor (Art. 15 Abs. 1 S. 1).[1315] Anträge, die nach dieser Frist gestellt werden, stehen der wirksamen Geltendmachung eines Vorsteuererstattungsanspruchs entgegen.[1316] Nach Auffassung des EuGH handelt es sich bei dieser Frist um eine nicht verlängerbare Ausschlussfrist, deren Nichteinhaltung zu einer endgültigen Versagung des Rechts auf Vorsteuerabzug führt.[1317]

1310 Zur Erforderlichkeit der Verzinsung eines Vorsteuererstattungsanspruchs vgl. bspw. EuGH v. 12.5.2011, Rs. C-107/10 (Enel Maritsa Iztok), Slg. 2011, I-3871, Rn. 53.

1311 Vgl. EuGH v. 12.5.2011, Rs. C-107/10 (Enel Maritsa Iztok), Slg. 2011, I-3871, Rn. 53; v. 24.10.2013, Rs. C-431/12 (Steaua Română), ABl. EU 2013, Nr. C 367, 19, Rn. 23.

1312 Vgl. hierzu *Monfort*, DStR 2008, 1261, 1265.

1313 Die Verzinsung beginnt, wenn die Erstattung nicht innerhalb von zehn Arbeitstagen nach der Entscheidung des Erstattungsstaaten erfolgt, Art. 27 Abs. 1 i.V.m. Art. 21 Abs. 1. Der derzeitige im deutschen Steuerrecht geltende Zinssatz beträgt gem. § 238 Abs. 1 S. 1 AO 6 % p.a. Zu der Umsetzung im nationalen Recht vgl. Kapitel 4 F II 5 d.

1314 *Leonard*, in: Bunjes, UStG, 2018, § 18 Rn. 48; *Treiber*, in: Sölch/Ringleb, UStG, § 18 (Oktober 2017) Rn. 210.

1315 Unter der 8. EG-Richtlinie betrug die Antragsfrist lediglich sechs Monate.

1316 Zu den inhaltlichen Anforderungen eines wirksamen Antrages ausführlich unter Kapitel 4 F II 4 b.

1317 Noch zu dem Verfahren unter der 8. EG-Richtlinie EuGH v. 21.6.2012, Rs. C-294/11 (Elsacom), ABl. EU 2012, Nr. C 250, 8, Rn. 34, Ls.

Ausschlussfristen zur Geltendmachung des Vorsteuerabzuges sind keine Besonderheit des Vorsteuervergütungsverfahrens, sondern finden sich auch im allgemeinen Besteuerungsverfahren[1318] und sind dem Grunde nach mit dem Grundsatz der Neutralität vereinbar, sofern die Ausübung des Rechts auf Vorsteuerabzug hierdurch nicht „unmöglich gemacht oder übermäßig erschwert wird" und ein „durchschnittlich aufmerksamer Steuerpflichtiger" diese wahren kann.[1319] In diesem Zusammenhang hat der EuGH eine Frist von zwei Jahren noch als angemessen angesehen[1320], wobei der EuGH jedoch über die Angemessenheit einer kürzeren Frist bislang noch nicht entscheiden musste. Sind nach dem EuGH von den Mitgliedstaaten gesetzte Fristen zur Ausübung des Rechts auf Vorsteuerabzug also grundsätzlich zulässig, muss dies seiner Rechtsprechung entsprechend dem Grunde nach auch für im Sekundärrecht selbst angelegte Fristen gelten.[1321]

Zunächst ist dem EuGH zuzugeben, dass Ausschlussfristen dem Grunde nach zulässig sein müssen, da die unbegrenzte Möglichkeit der Bürger Rechte gegenüber den Mitgliedstaaten geltend zu machen dem Grundsatz der Rechtsicherheit entgegensteht, der als allgemeiner Rechtsgrundsatz[1322] als übergeordneter Auslegungs- und Gültigkeitsmaßstab den Rang von Primärrecht innehat[1323].

1318 So können in Deutschland bspw. Ansprüche bezüglich der Umsatzsteuer grds. nach Ablauf von 4 Jahren nach Ablauf des Kalenderjahres, in dem die Steuer entstanden ist, nicht mehr geltend gemacht werden (§ 169 Abs. 2 Nr. 2 AO). Dies gilt sowohl für den Fall, dass sich hieraus eine Zahllast zugunsten des Fiskus ergibt als auch für den Fall, dass sich ein Erstattungsanspruch zugunsten des Steuerpflichtigen ergeben würde.

1319 Vgl. EuGH v. 21.1.2010, Rs. C-472/08 (Alstom Power), Slg. 2010, I-623, Rn. 23. Die uneingeschränkte Möglichkeit der Geltendmachung des Vorsteuerabzugs würde nach Auffassung des EuGH zudem gegen den Grundsatz der Rechtssicherheit verstoßen, der gebiet, dass die Lage des Steuerpflichtigen gegenüber der Verwaltung nicht unbegrenzt lange offen bleiben kann vgl. EuGH v. 21.3.2018, Rs. C-533/16 (Volkswagen), ABl. EU 2018, Nr. C 166, 11, Rn. 46 m.w.N.

1320 EuGH v. 8.5.2008, Rs. C-95/07 u. C-96/07 (Ecotrade), Slg. 2008, I-3457, Rn. 48.

1321 So war folgerichtig auch eine weitergehende Beschäftigung mit der Zulässigkeit der Antragsfrist in der 8. EG-Richtlinie in der Entscheidung Elsacom (EuGH v. 21.6.2012, Rs. C-294/11, ABl. EU 2012, Nr. C 250, 8 aus Sicht des EuGH auch entbehrlich.

1322 *Gaitanides*, in: von der Groeben/Schwarze/Hatjes, Europäisches Unionsrecht, 2015, Art. 19 EUV Rn. 23; *Wegener*, in: Calliess/Ruffert, EUV/AEUV, 2016, Art. 19 Rn. 38.

1323 *Gaitanides*, in: von der Groeben/Schwarze/Hatjes, Europäisches Unionsrecht, 2015, Art. 19 EUV Rn. 20; *Wegener*, in: Calliess/Ruffert, EUV/AEUV, 2016, Art. 19 Rn. 36.

Demgegenüber muss prinzipiell auch das Recht auf Vorsteuerentlastung, und sei es noch so relevant für das System der geltenden Mehrwertsteuer, zurückstehen. Für die notwendige Berücksichtigung der Interessen des Unternehmers sorgt der EuGH in seinen Entscheidungen zu den durch die Mitgliedstaaten auferlegten Ausschlussfristen dergestalt, als diese so ausgestaltet sein müssen, dass sie von einem „durchschnittlich aufmerksamen Steuerpflichtigen" gewahrt werden können.[1324] Insoweit lässt sich ein Gleichklang mit anderen Einschränkungen des Vorsteuerabzugsrechts erkennen, da bspw. eine Versagung des Vorsteuerabzugsrechts in Missbrauchskonstellationen immer dann ausscheidet, wenn der Unternehmer gutgläubig war und die gebotene Sorgfalt an den Tag gelegt hat.[1325] Der EuGH versucht insoweit einen ausgewogenen Ausgleich zwischen dem Recht auf Vorsteuerabzug und anderen Grundsätzen des Unionsrechts herzustellen.

Diese Überlegungen lässt der EuGH jedoch in seinen Ausführungen in der Entscheidung *Elsacom*[1326] vermissen. Vielmehr stellt der EuGH lediglich darauf ab, dass eine einheitliche Frist für Anträge im Vorsteuervergütungsverfahren notwendig sei, um das Ziel der Harmonisierung des Verfahrens innerhalb der Europäischen Union zu erreichen, da andernfalls den Mitgliedstaaten die Möglichkeit eingeräumt werden würde, kürzere Erstattungsfristen anzuwenden.[1327] Eine Prüfung dahingehend, ob die in der Erstattungsrichtlinie festgelegte Frist angemessen und von einem die gebotene Sorgfalt anwendenden Steuerpflichtigen eingehalten werden kann, enthält die Entscheidung hingegen nicht. Auch fehlen Ausführungen dahingehend, dass die Anwendung unterschiedlicher Fristen für die Erstattung an im Ausland ansässige Unternehmer auf der einen und im Inland ansässige Unternehmer auf der anderen Seite einen Verstoß gegen den allgemeinen Gleichheitsgrundsatz nach sich ziehen könnte.

Da wohl grundsätzlich davon auszugehen ist, dass sich im Ausland ansässige Unternehmer mit im Inland ansässigen Unternehmern in einer vergleichbaren

---

1324 Vgl. EuGH v. 21.1.2010, Rs. C-472/08 (Alstom Power), Slg. 2010, I-623, Rn. 23. Die uneingeschränkte Möglichkeit der Geltendmachung des Vorsteuerabzugs würde nach Auffassung des EuGH zudem gegen den Grundsatz der Rechtssicherheit verstoßen, der gebiet, dass die Lage des Steuerpflichtigen gegenüber der Verwaltung nicht unbegrenzt lange offen bleiben kann vgl. EuGH v. 21.3.2018, Rs. C-533/16 (Volkswagen), ABl. EU 2018, Nr. C 166, 11, Rn. 46 m.w.N.

1325 Vgl. hierzu Kapitel 2 C III 2.

1326 EuGH v. 21.6.2012, Rs. C-294/11 (Elsacom), ABl. EU 2012, Nr. C 250, 8.

1327 EuGH v. 21.6.2012, Rs. C-294/11 (Elsacom), ABl. EU 2012, Nr. C 250, 8, Rn. 31f.

Situation in Bezug auf die Geltendmachung des Vorsteuerabzuges befinden[1328], scheint der EuGH implizit von einer Rechtfertigung dieser Ungleichbehandlung auszugehen. In Betracht käme hier wohl der objektive Rechtfertigungsgrund der Verwaltungspraktikabilität,[1329] da ein berechtigtes Interesse der Verwaltung dahingehend besteht, dass Vorsteuererstattungen an nicht im Inland ansässige Unternehmer zeitnah geprüft und entschieden werden können, da – anders als in reinen Inlandsfällen – nicht von längerfristigen Sachverhalten und Leistungsbeziehungen auszugehen ist. Zudem ist dem EuGH auch insoweit recht zu geben, dass eine in allen Mitgliedstaaten geltende verbindliche Antragsfrist auch im Interesse des antragstellenden Unternehmers liegt; vor allem in den Konstellationen, in denen Unternehmer in mehreren Mitgliedstaaten Anträge auf Vorsteuererstattung stellen.

Dennoch stellt diese doch recht kurz bemessene Frist eine erhebliche Einschränkung des Rechts auf Vorsteuererstattung dar. Dies muss bei der Frage, welche Anforderungen an die Einhaltung der Antragsfrist zu stellen sind, entsprechend berücksichtigt werden.[1330] Hierauf wird im weiteren Verlauf der Arbeit noch näher einzugehen sein.

2. *Auswirkungen der Entscheidung in der Rechtssache Senatex*

Wie bereits ausgeführt, hat der EuGH in der Rechtssache *Senatex*[1331] festgestellt, dass Rechnungsberichtigungen prinzipiell eine Rückwirkung zukommt.[1332] Da das Vorsteuervergütungsverfahren lediglich den Anspruch auf Vorsteuervergütung an nicht im Inland ansässige Unternehmer harmonisieren und nicht das bestehende System in Frage stellen soll[1333], müssen die Grundsätze der Rechnungsberichtigung prinzipiell auch auf das Vorsteuervergütungsverfahren

1328 Vgl. zu den Voraussetzungen der Gleichartigkeit im Sinne des Art. 20 GRCh *Kokott*, Das Steuerrecht der Europäischen Union, 2018, S. 97.

1329 Hierzu *Jarass*, GrCh, 2016, Art. 20 Rn. 13.

1330 Dies gilt umso mehr vor dem Hintergrund, dass der EuGH die Verletzung formaler Vorschriften, auch wenn diese im Sekundärrecht selbst angelegt sind, nicht mehr als Einschränkung des Rechts auf Vorsteuerabzug anzuerkennen scheint, vgl. grdl. EuGH v. 15.9.2016, Rs. C-518/14 (Senatex), ABl. EU 2016, Nr. C 419, 6.

1331 EuGH v. 15.9.2016, Rs. C-518/14 (Senatex), ABl. EU 2016, Nr. C 419, 6.

1332 Zu den Wirkungen und den Voraussetzungen der rückwirkenden Rechnungsberichtigung bereits Kapitel 2 B IV 2 c.

1333 EuGH v. 26.9.1996, Rs. C-302/93 (Debouche), Slg. 1996, I-4495, Rn. 18; v. 15.3.2007, Rs. C-35/05 (Reemtsma), Slg. 2007, I-2425, Rn. 25.

Anwendung finden.[1334] Die Anwendung dieser Grundsätze kann aufgrund der relativ kurzen Antragsfrist allerdings dazu führen, dass das Recht auf Vorsteuerabzug aufgrund des Ablaufs der Antragsfrist endgültig nicht mehr geltend gemacht werden kann.[1335] Versagt bspw. die Erstattungsbehörde die Vorsteuervergütung aufgrund der Vorlage einer nicht ordnungsgemäßen Rechnung und legt der Antragsteller hiergegen keinen Rechtsbehelf ein, kann er nach Ablauf der Antragsfrist aufgrund der Vorlage einer berichtigten Rechnung das Recht auf Vorsteuerabzug weder im ursprünglichen Vergütungszeitraum noch im Vergütungszeitraum der Rechnungsberichtigung geltend machen, sofern die ursprüngliche Antragsfrist bereits abgelaufen ist.[1336] Vor dem Hintergrund, dass das Vorsteuervergütungsverfahren die Belastung ausländischer Unternehmer mit Umsatzsteuer eigentlich verhindern soll,[1337] könnte man zu der Auffassung gelangen, dass der endgültige Verlust des Vorsteuerabzugsrechts im Ergebnis so nicht stehen bleiben kann.[1338]

Diese aus wirtschaftlichen Gesichtspunkten nachvollziehbare Ansicht ist jedoch nicht zu teilen. Betrachtet man den insoweit zugrundeliegenden Sachverhalt, stellt man vielmehr fest, dass der Antragsteller nicht schutzlos ist. Zunächst kann der Vorsteueranspruch zwar mit der Begründung im ursprünglichen Erstattungszeitraum versagt werden, die vorgelegten Rechnungen seien nicht ordnungsgemäß. Hiergegen steht dem Antragsteller aber die Möglichkeit des Einspruchs zur Verfügung (Art. 23 Abs. 1). Im Rahmen des Rechtsbehelfsverfahrens kann der Antragsteller dann die berichtigten Rechnungen vorlegen und den Vorsteuerabzug erlangen.[1339] Eine Schutzlücke für den Antragsteller,

---

1334 So auch *Burgmaier*, UStB 2016, 341, 343; *Langer/Zugmaier*, DStR 2016, 2249, *2254; Schwerin/Berges*, StB 2017, 164, 167. In diesem Sinne ist auch die Entscheidung in der Rechtssache *Nestrade* (EuGH v. 14.2.2019, Rs. C-562/17, BB 2019, 469) zu verstehen, in der der EuGH die Möglichkeit einer rückwirkenden Rechnungsberichtigung im Anwendungsbereich der 13. EG-Richtlinie stillschweigend voraussetzt. Nichts anderes kann daher im Anwendungsbereich der 11. EG-Richtlinie gelten.

1335 So *Langer/Zugmaier*, DStR 2016, 2229, 2254; *Sterzinger*, UStB 2017, 14, 15.

1336 Vgl. *Burgmaier*, UStB 2016, 341, 343f.; *Schwerin/Berges*, StB 2017, 164, 168; a.A. *Stadie*, in: Rau/Dürrwächter, UStG, § 18 (Oktober 2016) Rn. 670, zumindest insoweit als der Umsatzsteuerbetrag in der ursprünglichen Rechnung falsch ausgewiesen wurde.

1337 2. Erwägungsgrund der 8. EG-Richtlinie.

1338 So im Ergebnis noch *Leonard*, in: Bunjes, UStG, 2017, § 18 Rn. 41.

1339 So auch *Sterzinger*, UStB 2017, 14, 15. So lag auch der Fall, der der Entscheidung des EuGH in der Rechtssache *Nestrade* zugrunde gelegen hat (EuGH v. 14.2.2019, Rs. C-562/17, BB 2019, 469), die zur 13. EG-Richtlinie ergangen ist.

die eine Ausnahme von dem Grundsatz der Antragsfrist als Ausschlussfrist rechtfertigen würde, ist nicht erkennbar. In diese Richtung kann auch nicht Entscheidung in der Rechtssache *Volkswagen* gedeutet werden.[1340] Gegenstand der Entscheidung war eine slowakische Regelung, nach dieser der Anspruch auf Vorsteuererstattung fünf Jahre nach Ausführung der zugrundeliegenden Leistung nicht mehr ausgeübt werden konnte. In dem zu entscheidenden Fall stellte der Leistungsempfänger erst nach Ablauf dieser Frist erstmals eine Rechnung mit Vorsteuerausweis aus, so dass auch erst zu diesem Zeitpunkt die Voraussetzungen der Geltendmachung des Vorsteuerabzuges vorlagen. Vor diesem Hintergrund führte der EuGH aus, dass Ausschlussfristen zwar prinzipiell zulässig seien,[1341] diese aber einem sorgfältigen Steuerpflichtigen nicht entgegengehalten werden können, wenn kein Fall der Steuerhinterziehung vorliegt.[1342] Dies bedeutet im Umkehrschluss allerdings, dass dem nicht sorgfältigen Steuerpflichtigen sehr wohl der Ablauf einer Ausschlussfrist entgegengehalten werden kann. Wenn wie in der vorliegenden Fallkonstellation der Antragsteller die Einlegung eines Einspruchs versäumt, kann ihm also sehr wohl der Ablauf der Antragsfrist entgegengehalten werden.[1343] Nur sofern die berichtigte Rechnung erst nach Ablauf der Antragsfrist vorliegt und der Antragsteller diesen Vorsteuerbetrag trotz Einhaltung der von ihm zu erwartenden Sorgfaltspflichten nicht im Vorsteuervergütungsverfahren geltend machen konnte, kann ihm der Ablauf der Antragsfrist nicht entgegengehalten werden.[1344]

Dies wäre wohl aber nur dann der Fall, wenn die Parteien ursprünglich davon ausgegangen sind, dass die Leistung nicht der Umsatzsteuer unterliegt und erst nach Ablauf der Antragsfrist (insbesondere aufgrund einer Betriebsprüfung beim leistenden Unternehmer) eine Rechnung mit Umsatzsteuerausweis vorliegt.[1345] Ob in diesen Fallkonstellationen allerdings der Rechnungsberichtigung überhaupt eine rückwirkende Wirkung zukommt, ist bislang noch nicht abschließend geklärt.[1346]

1340 EuGH v. 21.3.2018, Rs. C-533/16 (Volkswagen), ABl. EU 2018, Nr. C 166, 11.

1341 EuGH v. 21.3.2018, Rs. C-533/16 (Volkswagen), ABl. EU 2018, Nr. C 166, 11, Rn. 47.

1342 EuGH v. 21.3.2018, Rs. C-533/16 (Volkswagen), ABl. EU 2018, Nr. C 166, 11, Rn. 50.

1343 So ausdrücklich EuGH v. 14.2.2019, Rs. C-562/17 (Nestrade), BB 2019, 469, Rn. 43.

1344 So EuGH v. 21.3.2018, Rs. C-533/16 (Volkswagen), ABl. EU 2018, Nr. C 166, 11, Rn. 51.

1345 Gleiches müsste auch gelten, wenn die Parteien ursprünglich den ermäßigten Steuersatz zugrunde gelegt hätten. In diesem Fall müsste der darüberhinausgehende Betrag auch noch nach Ablauf der Antragsfrist geltend gemacht werden können.

1346 So auch die Einschätzung von *Wäger*, DStR 2016, 2211, 2215. Ablehnend jedenfalls *Stadie*, in: Rau/Dürrwächter, UStG, § 18 (Oktober 2016) Rn. 670. Ein solches

V. Inhaltliche Anforderungen an den Erstattungsantrag

1. *Vorüberlegung: Prüfungskompetenz der beteiligten Mitgliedstaaten*

a. *Geteilte Prüfungskompetenz?*

Wie bereits gezeigt, ist das Vergütungsverfahren unter der 11. EG-Richtlinie stark formalisiert, um eine einheitliche Gewährung des Erstattungsanspruchs innerhalb der Europäischen Union sicherzustellen.[1347] Daher ist es nicht verwunderlich, dass die 11. EG-Richtlinie auch den Inhalt des Erstattungsantrages im Einzelnen vorgibt.[1348]

Anders als noch im Verfahren unter der 8. EG-Richtlinie ist an dem Verfahren nach der 11. EG-Richtlinie neben dem Erstattungsstaat auch der Ansässigkeitsstaat beteiligt, da er neben der Ausgestaltung des elektronischen Portals zur Einräumung der Möglichkeit der Antragstellung auch zur Weiterleitung des Vergütungsstaates an den Erstattungsstaat zuständig ist. Es stellt sich daher die Frage, in welchem Umfang dem Ansässigkeitsstaat auch ein Prüfungsrecht der Vorsteuervergütungsanträge zusteht und inwieweit der Erstattungsstaat an diese Feststellungen gebunden ist.

b. *Prüfung der persönlichen Antragsvoraussetzungen*

Aus Art. 18 ergibt sich für den Ansässigkeitsstaat das Recht und die Pflicht einer ersten Prüfung. So übermittelt der Ansässigkeitsstaat den Erstattungsantrag nicht an den Erstattungsstaat, wenn der Antragsteller persönlich nicht

---

Ergebnis ergibt sich auch nicht aus der Entscheidung in der Rechtssache *Volkswagen* (EuGH v. 21.3.2018, Rs. C-533/16, ABl. EU 2018, Nr. C 166, 11) vgl. *Hartmann*, UR 2018, 392, 398; *Langer*, DStR 2018, 676, 679f.; *Reiß*, UR 2018, 457, 464f. Gleiches gilt auch für die Entscheidung in der Rechtsache *Nestrade* (EuGH v. 14.2.2019, Rs. C-562/17, BB 2019, 468), da hier nur unzutreffende USt-Id.-Nr. verwendet wurden. Hinsichtlich der Korrektur von Pflichtangaben im Sine des § 14 Abs. 4 UStG geht zumindest das FG Köln davon aus, dass die Vorsteuern im Vorsteuervergütungsverfahren für den Zeitraum geltend zu machen sind, in dem die Rechnungen berichtigt wurden, vgl. FG Köln v. 16.3.2018, 2 K 1050/17, allerdings war insoweit ursprünglich davon ausgegangen worden, dass die Voraussetzungen einer Steuerbefreiung vorlagen, sodass keine Vorsteuer offen ausgewiesen wurde.

1347 EuGH v. 28.6.2007, Rs. C-73/06 (Planzer Luxembourg), Slg. 2007, I-5655, Rn. 34; v. 13.7.2000, Rs. C-136/99 (Société Monte Dei Paschi Di Siena), Slg. 2000, I-6109, Rn. 20 und v. 15.3.2007, Rs. C-35/05 (Reemtsma), Slg. 2007, I-2425, Rn. 26.

1348 Dies war zudem auch schon bereits im Verfahren nach der 8. EG-Richtlinie der Fall, als das Muster des von den Mitgliedstaaten zu verwendenden Erstattungsantrages als Anhang A der Richtlinie beigefügt war.

antragsberechtigt ist, weil er z.B. kein umsatzsteuerlicher Unternehmer ist oder nur steuerfreie Umsätze ausführt.[1349] In diesem Fall teilt der Ansässigkeitsstaat seine Entscheidung dem Antragsteller mit, der diese mit Rechtsmitteln anfechten kann.[1350] Die noch unter dem Verfahren nach der 8. EG-Richtlinie erforderliche Ansässigkeitsbescheinigung[1351] ist insoweit nicht mehr erforderlich.[1352] Sofern der Ansässigkeitsstaat den Antrag also an den Erstattungsstaat weiterleitet, hat er hiermit implizit bestätigt, dass der Antragsteller als umsatzsteuerlicher Unternehmer in dem Ansässigkeitsstaat registriert ist und die persönlichen Voraussetzungen für die Teilnahme am Vorsteuervergütungsverfahren erfüllt.[1353] Diese Entscheidung bindet den Erstattungsstaat in tatsächlicher und rechtlicher Hinsicht,[1354] da das harmonisierte Vorsteuervergütungsverfahren auf einem „Mechanismus der Zusammenarbeit und des gegenseitigen Vertrauens zwischen den Steuerverwaltungen der Mitgliedstaaten" beruht.[1355] Nur wenn der Erstattungsstaat begründete Zweifel an diesen Angaben hat, kann die Erstattung in zulässiger Weise verweigert werden[1356], da eine betrügerische Berufung auf

1349 Die EU-Kommission verwendet insoweit die Formulierung: „If you are eligible for a refund, the authorities will pass on your claim to the authorities in the other country." https://europa.eu/youreurope/business/vat-customs/refund/eu-businesses. (zuletzt abgerufen am 23.4.2019)

1350 So *Birkenfeld*, in: Birkenfeld/Wäger, USt-Hdb., § 25 (November 2010), Rn. 153, auch wenn die Möglichkeit der Anfechtung sich nicht aus der Richtlinie unmittelbar ergibt, muss sich dies doch aufgrund der allgemeinen Grundsätze der Rechtsstaatlichkeit ergeben. In einem positiv beschiedenen Fall müsste dann in jeden Fall auch die Antragsfrist nach Art. 15 Abs. 1 S. 1 als gewahrt gelten.

1351 Vgl. Art. 3 lit. b der 8. EG-Richtlinie.

1352 *Neeser/Blottko*, UVR 2008, 300. 302.

1353 Die Weiterleitung hat an den Erstattungsstaat in diesem Falle innerhalb von 15 Tagen zu erfolgen, vgl. Art. 48 Abs. 1 der Verordnung (EU) Nr. 904/2010 des Rates vom 7. Oktober 2010 über die Zusammenarbeit der Verwaltungsbehörden und die Betrugsbekämpfung auf dem Gebiet der Mehrwertsteuer, ABl. Nr. L 268/2010, 1-18. Vgl. insoweit auch *Birkenfeld*, in: Birkenfeld/Wäger, USt-Hdb., § 26 (November 2010), Rn. 154; *Stadie*, in. Rau/Dürrwächter, UStG, § 18 (Oktober 2016) Rn. 592; *ders.*, UStG, 2015, § 18 Rn. 147.

1354 EuGH v. 28.6.2007, Rs. C-73/06 (Planzer Luxembourg), Slg. 2007, I-5655, Rn. 41 noch zum Verfahren unter der 8. EG-Richtlinie.

1355 EuGH v. 28.6.2007, Rs. C-73/06 (Planzer Luxembourg), Slg. 2007, I-5655, Rn. 38; *Birkenfeld*, in: Birkenfeld/Wäger, USt.-Hdb., § 26 (November 2010) Rn. 21.

1356 EuGH v. 28.6.2007, Rs. C-73/06 (Planzer Luxembourg), Slg. 2007, I-5655, Rn. 42f.; in diese Richtung gehend auch EuGH v. 20.2.1997, Rs. C-260/95 (DFDS), Slg. 1997, I-1005, Rn. 23.

Rechte des Gemeinschaftsrechts nicht zulässig und von den Mitgliedstaaten auch zu verhindern ist.[1357] In diesem Fall hat der Erstattungsstaat allerdings zunächst den Sachverhalt aufzuklären.[1358] Hierfür steht ihm nun auch nach Art. 20 Abs. 1 ausdrücklich die Möglichkeit zur Verfügung, beim Antragsteller oder bei den zuständigen Behörden des Ansässigkeitsstaates die notwendigen Informationen einzuholen. Da dies eine erhebliche verfahrensrechtliche Vereinfachung im Vergleich zu der Rechtslage unter der 8. EG-Richtlinie darstellt, wo Ersuchen an den Ansässigkeitsstaat überhaupt nicht und Ersuchen gegenüber dem Antragsteller nur in Ausnahmefällen zulässig waren[1359], muss im Verfahren nach der 11. EG-Richtlinie umso mehr gelten, dass die Versagung des Rechts auf Vorsteuerabzug nur dann erfolgen kann, wenn sich die Zweifel des Erstattungsstaates an den durch den Ansässigkeitsstaat bestätigten Angaben auch tatsächlich erhärtet haben.[1360]

c. Inhaltliche Prüfung des Erstattungsantrages

aa. Vollständigkeit des Antrages

(1) Erforderliche Angaben im Sinne von Art. 15 Abs. 1 S. 2

Nach Art. 15 Abs. 1 S. 2 gilt ein Antrag nur dann als vorgelegt, wenn er alle in den Artikeln 8, 9 und 11 geforderten Angaben enthält, andernfalls ist die Ausschlussfrist nicht gewahrt und das Recht auf Vorsteuerabzug verwirkt.[1361] Insoweit stellt sich die Frage, welcher Staat hierüber zu entscheiden hat. Neben der Prüfung der persönlichen Antragsvoraussetzungen kommt dem Ansässigkeitsstaat bereits aus rein tatsächlichen Gründen eine gewisse automatisierte

---

1357 *Birkenfeld*, in: Birkenfeld/Wäger, USt-Hdb., § 26 (November 2010) Rn. 154 m.w.N. Im Ergebnis ebenso *Stadie*, in: Rau/Dürrwächter, UStG, § 18 (Oktober 2016) Rn. 735; a.A. wohl *Huschens*, UVR 2008, 272, 278, der in keinem Fall von einer Prüfungskompetenz des Erstattungsstaates ausgehen will.

1358 *Birkenfeld*, in: Birkenfeld/Wäger, USt-Hdb., § 26 (November 2010) Rn. 156. In diese Richtung gehend bereits EuGH v. 28.6.2007, Rs. C-73/06 (Planzer Luxembourg), Slg. 2007, I-5655, Rn. 50. So auch allgemein *Kokott*, Das Steuerrecht der Europäischen Union, 2018, S. 235 wonach die Versagung von im Unionsrecht begründeter Pflichten immer nur die *ultima ratio* sein kann.

1359 Vgl. Art. 6 der 8. EG-Richtlinie.

1360 So ausdrücklich EuGH v. 28.6.2007, Rs. C-73/06 (Planzer Luxembourg), Slg. 2007, I-5655, Rn. 41 zum Verfahren unter der 8. EG-Richtlinie.

1361 Dies ergibt sich aus der Zusammenschau mit Art. 15 Abs. 1, der fordert, dass der Antrag innerhalb von neun Monaten nach Ablauf des entsprechenden Kalenderjahres einzureichen ist.

„Vorprüfungskompetenz“ in Bezug auf den Inhalt des Erstattungsantrages zu. Die Einbindung des Ansässigkeitsstaates beschränkt sich nämlich nicht auf eine bloße „Briefkastenfunktion“.[1362] Da die Stellung der Erstattungsanträge über das elektronische Portal des Ansässigkeitsstaates erfolgt und diese anschließend an den Erstattungsstaat weitergeleitet werden, erhält der Erstattungsstaat vielmehr bereits keine unvollständigen Anträge, mithin also solche, bei denen erforderliche Felder nicht ausgefüllt wurden.[1363] Allerdings umfasst die automatisierte Prüfung des Erstattungsstaates nicht in allen Fällen eine inhaltliche Prüfung der Eintragungen des Antragstellers[1364], so dass sich die Frage stellt, ob und in welchen Fällen die erfolgreiche Absendung des Antrages durch den Antragsteller die Antragsfrist des Art. 15 Abs. 1 wahrt.[1365]

Die 11. EG-Richtlinie ist wie alle Regelungen des Unionsrechts autonom,[1366] d.h. ohne Verweisung auf die nationalen Rechtsordnungen[1367], auszulegen. Sowohl der EuGH als auch das EuG legen eine Regelung in der Regel nach ihrem Wortlaut[1368], ihrer Systematik und ihrer Teleologie

---

1362 Ebenso *Treiber*, in: Sölch/Ringleb, UStG, § 18 (Oktober 2017) Rn. 201; *Leonard*, in: Bunjes, UStG, 2018, Rn. 43; im Ergebnis auch *Stadie*, in: Rau/Dürrwächter, UStG, § 18 (Oktober 2016) Rn. 731f.; so aber *Neeser/Blottko*, UVR 2008, 300, 302.

1363 *Kraeusel/Reiß/Haunhorst*, in: Reiß/Kraeusel/Langer, UStG, § 18 (Januar 2018) Rn. 157.1 sowie *Stadie*, in: Rau/Dürrwächter, UStG, § 18 (Oktober 2016) Rn. 731, 732; *Treiber*, in: Sölch/Ringleb, UStG, § 18 (Oktober 2017) Rn. 201 beide unter Verweis auf den Bericht des FinAussch. zum JStG 2009, BT-Drucks. 16/11108, 39f. zu Art. 7 Nr. 13 in Bezug auf die Umsetzung der Regelungen der 11. EG-Richtlinie in deutsches nationales Recht.

1364 Dies wäre nur dann der Fall, wenn das elektronische Portal so ausgestaltet wäre, dass nur Anträge weitergeleitet werden, die auch inhaltlich den Anforderungen der 11. RG-Richtlinie an wirksame Anträge entsprechen. Von einer derartigen inhaltlichen Prüfung wird jedoch wohl nicht auszugehen sein.

1365 Dies gilt insbesondere für die Fälle, in denen für die Beschreibung der bezogenen Leistungen gem. Art. 9 Abs. 1 die Kennziffer 10 = Sonstiges verwendet wurde und gem. Art. 9 Abs. 2 eine zusätzliche Beschreibung erforderlich ist. Vgl. zu dieser Problematik nachfolgend Kapitel 4 E V 2.

1366 Vgl. EuGH v. 6.10.1982, Rs. 283/81 (C.I.L.F.I.T.), Rn. 18 bis 20; *Bochardt*, in: Schulze/Zuleeg/Kadelbach, Europarecht, 2015, § 15 Rn. 32; *Reimer*, Juristische Methodenlehre, 2016, Teil C Rn. 270.

1367 *Kaufmann*, in: Dauses/Ludwigs, Handbuch des EU-Wirtschaftsrechts, P.II (Mai 2017) Rn. 63.

1368 Zu der Problematik der Mehrsprachigkeit vgl. *Reimer*, Juristische Methodenlehre, 2016, Teil C Rn. 290ff.

aus.[1369] Besondere Bedeutung kommt insoweit der teleologischen Auslegung und insbesondere dem Prinzip der Wirksamkeit des Unionsrechts (*effet utile*)[1370] zu.[1371] Während der historischen Auslegung zunächst eine eher geringe Bedeutung zukam,[1372] berücksichtigt der EuGH bei der Auslegung von unionsrechtlichen Regelungen mittlerweile durchaus auch deren historische Entstehungsgeschichte.[1373] Bei einer historischen Auslegung von Sekundärrecht sind vor allem Vorschläge für Verordnungen und Richtlinien, Weiß- und Grünbücher sowie Ratsprotokolle zu berücksichtigen.[1374] Im Übrigen ersetzt die Bezugnahme auf die Erwägungsgründe größtenteils die historische Auslegung.[1375]

Aus dem Wortlaut des Art. 15 Abs. 1 S. 1 lässt sich zwar entnehmen, dass für die Fristwahrung der Zugang beim Ansässigkeitsstaat entscheidend ist. Welcher Staat allerdings darüber entscheidet, ob der Antrag alle erforderlichen Angaben enthält und im Sinne von Art. 15 Abs. 1 S. 2 „als vorgelegt gilt", lässt sich dem Wortlaut der Regelung hingegen nicht entnehmen, da Art. 15 Abs. 1 S. 2 keinen offensichtlichen Bezug zu einem der beiden beteiligten Staaten enthält.[1376]

Bei einer systematischen Auslegung ist zunächst zu beachten, dass Art. 15 Abs. 1 S. 2 in unmittelbarem Kontext zu Art. 15 Abs. 1 S. 1 steht, der eindeutig festlegt, dass es für die Fristwahrung auf den Eingang des Antrages beim Ansässigkeitsstaat ankommt.[1377] Da Art. 15 Abs. 1 S. 2 explizit auf keinen der beteiligten Staaten verweist, liegt das Ergebnis nahe, dass auch hinsichtlich der Feststellung i.S.d. Art. 15 Abs. 1 S. 2 der Ansässigkeitsstaat zuständig ist. Dieses

---

1369 Beispielhaft hierzu EuGH v. 17.11.1983, Rs. 292/82 (Merck), Slg. 1983, 3781, Rn. 12; v. 3.10.2013, Rs. C-583/11 (P – Inuit), Rn. 50ff.; EuG v. 15.12.1999, Rs. T-132/96 und 143/96, Slg. 1999, II-3663, Rn. 133; vgl. hierzu auch *Martens*, Methodenlehre des Europäischen Gemeinschaftsrechts, 2013, S. 329ff.

1370 Vgl. bspw. EuGH, Beschl. v. 17.1.1979, Rs. 792/79 (Camera Care), Slg. 1980, 119, Rn. 17f.

1371 *Reimer*, Juristische Methodenlehre, 2016, Teil C Rn. 271.

1372 So *Reimer*, Juristische Methodenlehre, 2016, Teil C Rn. 271, kritisch hierzu *Hartley*, The Foundations of European Community Law, 2014, S. 73.

1373 Vgl. bspw. EuGH v. 3.10.2013, Rs. C-583/11 (P – Inuit), Rn. 50ff.; v. 19.12.2013, Rs. C-274/12 (Telefónica), Rn. 24; v. 11.9.2014, Rs. C-525/12 (Kommission/Deutschland), Rn. 43, 47. Ausführlich zur historischen Auslegung *Martens*, Methodenlehre des Unionsrechts, 2013, S. 385ff.

1374 *Riesenhuber*, in: Riesenhuber, Europäische Methodenlehre, 2015, § 10 Rn. 35ff.

1375 *Reimer*, Juristische Methodenlehre, 2016, Teil C Rn. 350.

1376 So auch *Stadie*, in: Rau/Dürrwächter, UStG, § 18 (Oktober 2016) Rn. 705.

1377 Zustimmend insoweit auch *Stadie*, in: Rau/Dürrwächter, UStG, § 18 (Oktober 2016) Rn. 705, der aber letztlich eine Prüfungskompetenz des Ansässigkeitsstaates verneint.

Ergebnis wird auch durch Art. 15 Abs. 2 gestützt, wonach dem Antragsteller der Antragseingang durch den Ansässigkeitsstaat bestätigt wird. Hierdurch soll der Antragsteller darüber Kenntnis erhalten, ob die Frist des Art. 15 Abs. 1 S. 1 gewahrt wurde. Ferner enthält Art. 15 Abs. 2 auch keinen Hinweis darauf, dass dieser einschränkend nur auf eine der beiden in Art. 15 Abs. 1 genannten Fallgestaltungen Anwendung finden soll, sodass bei einer systematischen Auslegung davon auszugehen ist, dass die Empfangsbestätigung auch den Fall des Art. 15 Abs. 1 S. 2 umfassen und dem Ansässigkeitsstaat damit letztlich auch insoweit ein Prüfungsrecht zukommen soll. Auch eine systematische Betrachtung der gesamten Richtlinie stützt dieses Auslegungsergebnis. Der Aufbau der Richtlinie folgt nummerisch dem Gang des Vorsteuervergütungsverfahrens. Nach den allgemeinen Regelungen der persönlichen und sachlichen Voraussetzungen in den Art. 1 bis 7 und den inhaltlichen Anforderungen an den Antrag in den Art. 7 bis 17, wird die Prüfungskompetenz des Ansässigkeitsstaates in Bezug auf die persönlichen Antragsvoraussetzungen in Art. 18 genannt. Der Erstattungsstaat wird hingegen erst in den Art. 19 bis 27 genannt. Es herrscht somit eine räumliche Trennung der Zuständigkeiten von Ansässigkeits- und Erstattungsstaat.

Dieses Ergebnis wird auch durch eine teleologische Auslegung der Regelung gestützt. Die 11. EG-Richtlinie sollte die Probleme der 8. EG-Richtlinie beheben und insbesondere der Auffassung der Unternehmer, ihr bestehender Vergütungsanspruch würde durch den Erstattungsstaat vereitelt[1378], entgegentreten. Vor diesem Hintergrund ist die in Art. 15 Abs. 2 genannte Empfangsbestätigung nur zielführend, wenn dem Antragsteller hiermit bestätigt wird, dass er die Antragsfrist tatsächlich eingehalten hat.[1379] Dieses in der 11. EG-Richtlinie im Vergleich zur 8. EG-Richtlinie neu eingeführte Institut würde erheblich an Bedeutung verlieren, wenn die Fälle des Art. 15 Abs. 1 S. 2 hiervon ausgenommen wären.

Der anderslautenden Auffassung von *Stadie*[1380] ist hingegen nicht zu folgen. Dieser gibt zwar zu, dass der Wortlaut des Art. 15 Abs. 1 S. 1 eine Prüfungskompetenz des Ansässigkeitsstaates nahelegt, letztlich aber der Erstattungsstaat über

---

1378 Vgl. insoweit Ausführungen im Vorschlag der EU-Kommission v. 29.10.2004 COM(2004) 728 final.

1379 So auch die Einschätzung von *Treiber*, in: Sölch/Ringleb, UStG, § 18 (Oktober 2017) Rn. 201 sowie *Leonard*, in: Bunjes, UStG, 2018, Rn. 43, die davon ausgehen, dass der Ansässigkeitsstaat den Antrag auch auf Vollständigkeit prüft.

1380 *Stadie*, in: Rau/Dürrwächter, UStG, § 18 (Oktober 2016) Rn. 732. So auch die Auffassung der deutschen Finanzverwaltung (vgl. BMF-Schreiben v. 3.12.2009, IV B 9-S 7359/09/10001, BStBl. I 2009, 1520, Rn. 42) sowie der deutschen Finanzgerichte vgl. ausdrücklich FG Köln v. 20.1.2016, 2 K 1514/13, EFG 2016, 845.

die Vollständigkeit und damit die Fristwahrung des Antrages zu entscheiden hat. Er begründet dies zum einen mit Art. 12, nach dem der Ansässigkeitsstaat die Sprache des Antrages bestimmen und somit den Inhalt besser prüfen kann, und zum anderen damit, dass Art. 15 Abs. 2 keine Entscheidung über den Antrag vorsieht, sondern es sich insoweit lediglich um eine Empfangsbestätigung handelt.

Diese Argumente überzeugen allerdings nicht. Zu dem Argument der Sprache ist bereits anzumerken, dass Deutschland – wie auch die meisten anderen Mitgliedstaaten – auch englische Einträge zulässt.[1381] Die Überprüfung englischer Einträge scheint somit in den meisten Mitgliedstaaten offensichtlich unproblematisch zu sein. Zudem bietet die elektronische Ausgestaltung des Verfahrens dem Ansässigkeitsstaat die Möglichkeit, die Eingabemöglichkeiten so auszugestalten, dass nur solche Anträge gesendet werden können, die den Anforderungen des Art. 15 Abs. 1 S. 2 entsprechen.[1382] Erfüllt die Eingabemaske diese Anforderungen nicht, kann dies nicht zu Lasten des Antragstellers gehen.[1383] Auch das Argument, dass es sich bei dem Bestätigungsvermerk nach Art. 15 Abs. 2 – anders als bei Art. 18 Abs. 2 – nicht um eine Entscheidung handelt, überzeugt nicht. Anders als in Bezug auf die Prüfung der persönlichen Antragsvoraussetzungen ist eine Entscheidung nämlich gar nicht notwendig. Während die Prüfung nach Art. 18 eine inhaltliche Auseinandersetzung mit den Angaben des Antragstellers erfordert, die trotz der vom Erstattungsstaat gewählten Sprache dem Ansässigkeitsstaat offensichtlich möglich ist, und somit zeitlich versetzt zu der Antragstellung erfolgen muss und damit die Möglichkeit einer gesonderten Entscheidung eröffnet, erfordert die Vollständigkeitsprüfung nach Art. 15 Abs. 1 lediglich eine Feststellung darüber, ob sämtliche vorgesehenen Felder ausgefüllt wurden. Da diese Entscheidung durch eine entsprechende Programmierung der Eingabemaske zeitgleich mit der Antragstellung erfolgt, besteht keine Notwendigkeit für eine gesonderte Entscheidung über die Vollständigkeit des Antrages, die über das hinausgeht, was ohnehin schon durch die Empfangsbestätigung des Art. 15 Abs. 2 bestätigt wird.

1381 Vgl. hierzu die Angaben in der Präferenzliste, die auf der Webseite des BZSt veröffentlicht wurde, abrufbar unter: http://www.bzst.de/DE/Steuern_ International/Vorsteuerverguetung/01_Inlaendische_Unternehmer/ Hilfsmittel/Praefe renzliste_EU_Staaten.html?nn=22786. (zuletzt abgerufen am: 23.4.2019)

1382 Vgl. *Sterzinger*, in: Birkenfeld/Wäger, USt-Hdb., § 214 (Mai 2015) Rn. 148.

1383 Vgl. *Sterzinger*, in: Birkenfeld/Wäger, USt-Hdb., § 214 (Mai 2015) Rn. 148; allgemein zu Eintragungen in papierbasierten Steuererklärungen vgl. *Frizen*, Das Deklarationsprinzip im Einkommensteuerrecht, 2009, S. 72.

Die Prüfungskompetenz der Vollständigkeit des Antrages und damit auch der Einhaltung der Antragsfrist obliegt folglich dem Ansässigkeitsstaat.[1384]

(2) Beifügung von Rechnungsdokumenten

Sofern der Erstattungsstaat von dem in Art. 10 eingeräumten Wahlrecht Gebrauch macht und die Vorlage von Rechnungen fordert, müssen für einen wirksamen Antrag die Rechnungen ebenfalls innerhalb der Antragsfrist eingereicht werden.[1385] Die Prüfung dieser Voraussetzung obliegt allerdings dem Erstattungsstaat, da die insoweit erforderliche inhaltliche Auseinandersetzung mit den Rechnungsangaben durch den Ansässigkeitsstaat sinnvollerweise nicht vorgenommen werden kann.

Dieser Kompetenzverteilung steht auch nicht der Funktion des Bestätigungsvermerks gem. Art. 15 Abs. 2 entgegen, da Art. 15 Abs. 1 S. 2 ausdrücklich nicht auf Art. 10 verweist. Hierfür spricht auch der durch die 11. EG-Richtlinie an den Ansässigkeitsstaat formulierte Ausgestaltungsauftrag der elektronischen Portale. Diese müssen so ausgestaltet sein, dass nur solche Anträge an den Ansässigkeitsstaat weitergeleitet werden, die den Vorgaben des Art. 15 Abs. 1 entsprechen. In Bezug auf die nach Art. 10 etwaig erforderliche Beifügung von Rechnungen muss das Portal demgegenüber lediglich die elektronische Übermittlung der erforderlichen Rechnungen ermöglichen.

bb. Materielle Voraussetzungen des Vorsteuererstattungsanspruchs

Die Prüfung der materiellen Voraussetzungen des Vorsteuererstattungsanspruchs obliegt unzweifelhaft dem Erstattungsstaat (Art. 23 Abs. 1).[1386] Dies entspricht auch den budgetären Interessen der beteiligten Mitgliedstaaten. Da die erstattete Vorsteuer zu Lasten des Haushaltes des Erstattungsstaates geht und ein Ausgleich der Mitgliedstaaten untereinander nicht vorgesehen ist, ist es auch zutreffend, dem Erstattungsstaat die Entscheidungshoheit über das Vorliegen der materiellen Voraussetzungen des Vorsteuererstattungsanspruchs zuzubilligen.[1387]

1384 Im Ergebnis ebenso *Herzig*, BC 2010, 2; *Leonard*, in: Bunjes, UStG, 2018, Rn. 43; *Treiber*, in: Sölch/Ringleb, UStG, § 18 (Oktober 2017) Rn. 201 mit dem Hinweis darauf, dass die Vollständigkeitsprüfung automationsgestützt erfolgt.

1385 Vgl. hierzu nachfolgend Kapitel 4 E VI 2.

1386 *Monfort*, IWB 2008 Nr. 9, 461, 466f.; *Stadie*, in: Rau/Dürrwächter, UStG, § 18 (Oktober 2017) Rn. 732.

1387 Insoweit wird im Ergebnis auch den Bedenken von *Stadie*, in: Rau/Dürrwächter, UStG, § 18 (Oktober 2016) Rn. 732 Rechnung getragen, der sichergestellt sehen will,

2. *Anforderungen an einen wirksamen Erstattungsantrag*

Nach Art. 15 Abs. 1 S. 2 gilt ein Antrag nur dann als vorgelegt, wenn dieser alle in den Artikeln 8, 9 und 11 geforderten Angaben enthält.

Art. 8 Abs. 1 fordert zunächst detaillierte Angaben über den Antragsteller selbst, den Erstattungszeitraum sowie eine Erklärung, dass dieser in dem Erstattungsstaat selbst keine das Vorsteuervergütungsverfahren ausschließende Umsätze getätigt hat. Nach Art. 8 Abs. 2 ist eine detaillierte Beschreibung der bezogenen Leistungen und des leistenden Unternehmers sowie die Angabe der Steuerbemessungsgrundlage und des sich hieraus ergebenden Vorsteuerabzugsbetrages erforderlich. Art. 8 Abs. 2 lit. h i.V.m. Art. 9 erfordert zudem eine Beschreibung der bezogenen Leistungen anhand der in Art. 9 Abs. 1 vorgegebenen Kennziffern 1 bis 10, wobei die Kennziffer 10 mit der Beschreibung „Sonstiges" für diejenigen bezogenen Lieferungen und Leistungen vorgesehen ist, die nicht unter die spezifischen Kennziffern 1 bis 9[1388] fallen. Darüber hinaus räumt die 11. EG-Richtlinie den Mitgliedstaaten die Möglichkeit ein, eine weitergehende Aufschlüsselung der bezogenen Leistungen über die Verwendung der Kennziffern 1 bis 10 anhand weiterer, näher aufgeschlüsselter harmonisierter Kennziffern zu verlangen.[1389]

Macht der jeweilige Erstattungsstaat hiervon keinen Gebrauch, ist für die Beschreibung der bezogenen Waren und Dienstleistungen prinzipiell die Verwendung der in Art. 9 Abs. 1 vorgegebenen Kennziffern ausreichend, soweit nicht die Kennziffer 10 = Sonstiges verwendet wird, da in diesem Fall Art. 9 Abs. 1 S. 2 zusätzlich vorsieht, dass „die Art der gelieferten Gegenstände und

---

dass die Erstattungsbehörde als „Herrin des Verfahrens" gilt, in hinreichendem Maße Rechnung getragen.

1388 Den Kennziffern sind die folgenden Beschreibungen zugeordnet: 1 = Kraftstoff, 2 = Vermietung von Beförderungsmitteln, 3 = Ausgaben für Transportmittel (die nicht unter Nr. 1 oder 2 fallen), 4 = Maut und Straßenbenutzungsgebühren, 5 = Fahrkosten wie Taxiskosten, Kosten für die Benutzung öffentlicher Verkehrsmittel, 6 = Beherbergung, 7 = Speisen, Getränke und Restaurantdienstleistungen, 8 = Eintrittsgelder für Messen und Ausstellungen und 9 = Luxusausgaben, Ausgaben für Vergnügungen und Repräsentationsaufwendungen.

1389 Die weitergehende Aufschlüsselung ergibt sich im Einzelnen aus der Verordnung (EG) Nr. 1174 der Kommission vom 30. November 2009 mit Durchführungsbestimmungen zu den Art. 34a und 37 der Verordnung (EG) Nr. 1798/2003 des Rates in Bezug auf die Erstattung der Mehrwertsteuer gemäß der Richtlinie 2008/9/EG des Rates, ABl. Nr. L 314 v. 1.12.2009, S. 50. Deutschland hat von diesem Recht keinen Gebrauch gemacht.

erbrachten Dienstleistungen" anzugeben ist. Welchen Anforderungen diese Beschreibung im Einzelnen genügen muss, ergibt sich aus der Richtlinie hingegen nicht. Vergleichbare Eintragungshinweise, wie sie als Anhang C der 8. EG-Richtlinie beigefügt waren[1390], existieren nicht.

Einen Anhaltspunkt für die Anforderungen an die Beschreibung der bezogenen Waren und Dienstleistungen enthält allerdings der Kommissionsvorschlag vom 4. Oktober 2004.[1391] In diesem Zusammenhang hatte die EU-Kommission vorgeschlagen, dass „eine vollständige Beschreibung der betreffenden Gegenstände und Dienstleistungen erforderlich" ist[1392]. Der Vorschlag der EU-Kommission hätte hinsichtlich der Beschreibung der bezogenen Leistungen folglich erhöhte Anforderungen mit sich gebracht. Da der endgültige Richtlinientext im Hinblick auf die gewählte Formulierung jedoch deutlich abgeschwächt ist, ist davon auszugehen, dass an die Beschreibung keine allzu hohen inhaltlichen Anforderungen zu stellen sind, jedenfalls sollte keine vollumfängliche Beschreibung erforderlich sein, da ansonsten der Textvorschlag der EU-Kommission übernommen worden wäre.

Auch lassen die Beschreibungen der Kennziffern 1 bis 9 keinen Rückschluss auf die inhaltlichen Anforderungen, die an die Beschreibung bei Verwendung der Kennziffer 10 zu stellen sind, zu. Die einzelnen Kennziffern erscheinen auf den ersten Blick relativ zufällig. Auf den zweiten Blick lässt sich jedoch erkennen, dass es sich hierbei zum größten Teil um solche Aufwendungen handelt, für die die Mitgliedstaaten den Vorsteuerabzug entsprechend Art. 176 MwStSystRL teilweise eingeschränkt bzw. ausgeschlossen haben (z.B. „Luxusaufwendungen" oder „Repräsentationsaufwendungen"). Auch enthielt der Richtlinienentwurf EU-Kommission vom 4. Oktober 2004 den Vorschlag, den Mitgliedstaaten die Möglichkeit einzuräumen, den Ansatz von Kraftfahrzeugkosten, Fahrtkosten bzw. Luxusausgaben gänzlich vom Vorsteuerabzug auszuschließen.[1393] Die

1390 Zu den Anforderungen an einen wirksamen Antrag unter der 8. EG-Richtlinie vgl. Kapitel 4 C III 1.

1391 Auch wenn Kommissionsvorschläge nicht wie nationale Materialien zum Gesetzgebungsprozess behandelt werden können, da es sich bei der EU-Kommission nicht um ein Organ der Legislative handelt, kann hieraus doch insbesondere aus dem weiteren Fortgang der Gesetzgebung ein Rückschluss auf die Intention des Unionsgesetzgebers gezogen werden, vgl. *Riesenhuber*, in: Riesenhuber, Europäische Methodenlehre, 2015, § 10 Rn. 27f.; in diesem Sinne auch EuGH v. 16.12.1997, Rs. C-104/96 (Rabobank), Slg. 1997, I-7211, Rn. 25.

1392 Vgl. EU-Kommission v. 29.10.2004, COM(2004) 728 final, S. 33.

1393 Vgl. COM(2004) 728 final, S. 9.

Beschreibung der Kennziffern 1 bis 9 diente daher wohl vor allem dem Zweck, solche Aufwendungen einfach identifizieren zu können, die bereits dem Grunde nach das Recht auf Vorsteuerabzug potentiell ausschließen. Einen Anhaltspunkt für die erforderliche Beschreibung bei der Verwendung der Kennziffer 10 lässt sich hieraus jedenfalls nicht ableiten. Vielmehr lässt die Verwendung des Begriffs „Art“[1394] in Art. 9 Abs. 2 den Schluss zu, dass keine allzu konkrete Beschreibung erforderlich ist, sondern vielmehr auch eher allgemein gehaltene Beschreibungen für einen wirksamen Antrag ausreichen.

Für diese Auslegung spricht auch, dass die durch die doch recht kurz bemessene Antragsfrist erhebliche Einschränkung des Vorsteuerabzugsrechts nur dann gerechtfertigt ist, wenn der Antragsteller diese auch bei Wahrung der gebotenen Sorgfalt einhalten kann.[1395] Wenn wie vorliegend das Sekundärrecht selbst keine konkreten Vorgaben an den Inhalt des Erstattungsantrages macht, dann müssen auch allgemeinere Angaben für einen wirksamen Antrag ausreichen, wenn andernfalls das Vorsteuerabzugsrecht endgültig versagt wird.

Daneben können die Mitgliedstaaten gemäß Art. 11 die Wirksamkeit des Antrages zudem von der Vornahme der Beschreibung der Geschäftstätigkeit des Antragstellers anhand harmonisierter Codes[1396] abhängig machen.

3. *Zustimmung durch Zeitablauf?*

Vor dem Hintergrund der oft sehr langen Dauer der Erstattungsverfahren unter der 8. EG-Richtlinie[1397] sieht die 11. EG-Richtlinie nun für den Erstattungsstaat eine verbindliche Bearbeitungsfrist vor. Nach Art. 19 Abs. 2 teilt der Erstattungsstaat dem Antragsteller innerhalb von vier Monaten nach Eingang des Erstattungsantrages mit, ob er die Erstattung gewährt oder abweist.[1398] Sofern nach

---

1394 Der Begriff „Art“ wird vielmehr als Sammelbegriff für einzelne, diesem Oberbegriff untergeordneter Subjekte verwendet vgl. *Duden*, 1. Band, 1964, S. 336. Das Erfordernis einer detaillierten Bezeichnung lässt sich diesem Begriff jedenfalls nicht entnehmen.

1395 Vgl. hierzu bereits Kapitel 4 E IV.

1396 Sog. NACE-Codes abgedruckt in der Verordnung (EG) Nr. 1893/2006 des Europäischen Parlaments und des Rates v. 20.12.2006 zur Aufstellung der statistischen Systematik der Wirtschaftszweige NACE Revision 2 und zur Änderung der Verordnung (EWG) Nr. 3037/90 des Rates sowie einiger Verordnungen der EG über bestimmte Bereiche der Statistik, ABl. Nr. L 393/2006, 7ff.

1397 Zu dieser Problematik vgl. Kapitel 4 D I.

1398 Hierbei handelt es sich um einen Verwaltungsakt im Sinne des § 118 AO, gegen diesen gem. Art. 23 der Einspruch statthaft ist.

Ansicht des Erstattungsstaates für diese Entscheidung erhebliche Informationen fehlen, kann er diese innerhalb der Vier-Monatsfrist beim Antragsteller bzw. beim Ansässigkeitsstaat nachfordern.

In diesem Zusammenhang stellt sich nun die Frage, welche Konsequenzen sich ergeben, wenn der Erstattungsstaat die in Art. 19 Abs. 2 vorgegebene Bearbeitungsfrist nicht einhält. Der Vorschlag der EU-Kommission sah noch vor, dass eine Verletzung der Bearbeitungsfristen dazu führt, dass der Antrag als bewilligt anzusehen ist.[1399] Dieses Bestreben ist zweifelsfrei von dem Ziel getrieben, die Mitgliedstaaten zu einer zügigeren Bearbeitung der Erstattungsanträge anzuhalten und somit die wirtschaftlichen Interessen der Unternehmer zu stärken.[1400] Diese Regelung hat jedoch augenscheinlich keinen Eingang in die 11. EG-Richtlinie gefunden. Es ist zu vermuten, dass die Mitgliedstaaten dann doch nicht so tiefgreifende Zugeständnisse an das Ziel der Beschleunigung des Verfahrens machen wollten. Die sprachlich missverständliche Formulierung in Art. 22 Abs. 1, die Erstattung habe „innerhalb von zehn Tagen […] nach Ablauf der Frist des Art. 19 Abs. 2 zu erfolgen“, kann m.E. nicht so verstanden werden, dass eine Erstattung zwangsläufig im Sinne einer Zustimmungsfiktion zu erfolgen hat, sobald die vier-monatige Bearbeitungsfrist abgelaufen ist. Vielmehr ist diese Aussage lediglich im Kontext des Art. 27 Abs. 1 als maßgeblicher Anknüpfungspunkt für den Beginn des Zinslaufs zu sehen. So beginnt der Zinslauf nach Art. 27 Abs. 1 i.V.m. Art. 22 Abs. 1 in den Fällen, in denen der Erstattungsstaat nicht rechtzeitig entscheidet, mit Ablauf der vier-monatigen Frist nach Art. 19 Abs. 2. Die ursprüngliche Bestrebung der EU-Kommission, die Mitgliedstaaten durch das scharfe Schwert der Zustimmungsfiktion zur zügigen Bearbeitung der Erstattungsanträge anzuhalten, hat somit lediglich als kleiner Anreiz in Form einer verbindlichen Verzinsung Eingang ins Unionsrecht gefunden.

VI. Beifügung zusätzlicher Dokumente

1. Zulässigkeit der Anforderung zusätzlicher Dokumente

Der Besitz einer Rechnung ist wie im allgemeinen Besteuerungsverfahren grundsätzlich Voraussetzung für die Ausübung des Rechts auf Vorsteuerabzug

---

1399 In dem ursprünglichen Vorschlag war sogar nur eine Bearbeitungszeit von 3 Monaten vorgesehen, vgl. COM(2004) 728 final, S. 34.

1400 Diese hatten in der Befragung in 2003 angegeben, dass neben den hohen formalistischen Hürden auch die lange Verfahrensdauer sie von der Geltendmachung ihrer Vorsteuererstattungsansprüche abhalten würde, vgl. COM(2004) 728 final.

(Art. 178 lit. a MwStSystRL).[1401] Kann der Unternehmer die Rechnung nicht vorlegen und den Bezug der Leistung nicht anderweitig nachweisen, ist ihm das Recht auf Vorsteuerabzug zulässigerweise zu versagen,[1402] da den Steuerpflichtigen insoweit die Feststellungslast über das Vorliegen der Voraussetzungen des Vorsteuerabzugsrechts trifft.[1403] Da der Rechnung insoweit eine wichtige Dokumentationsfunktion[1404] zukommt und letztlich auch der Verhinderung von unrechtmäßigen Vorsteuererstattungen dienen soll[1405], ist es nicht verwunderlich, dass nach Art. 20 Abs. 1 UAbs. 2 der 11. EG-Richtlinie der Erstattungsstaat bei begründeten Zweifeln am Bestehen des Vorsteueranspruchs die Einreichung der Rechnungen oder Einfuhrdokumenten im Original verlangen kann. Insoweit bestehen keine Besonderheiten zum regulären Verfahren, in dem die Steuerbehörden ebenfalls zulässigerweise die Vorlage entsprechender Dokumente zum Nachweis des Vorsteuerabzugsrechts durch die Unternehmer verlangen können[1406]

Vor dem Hintergrund der jüngeren EuGH-Entscheidungen zum Rechnungserfordernis zur Gewährung des Vorsteuerabzuges muss aus Gründen des allgemeinen Gleichbehandlungsgrundsatzes und des Effektivitätsgrundsatzes allerdings in den Fällen, in denen der Antragsteller die Rechnungen und Einfuhrdokumente im Original nicht mehr vorlegen kann, die Vorlage von

1401 Dies gilt vor allem vor dem Hintergrund, dass das Verfahren nach der 11. EG-Richtlinie lediglich den Anspruch auf Vorsteuererstattung nach der MwStSystRL harmonisieren soll vgl. EuGH v. 28.6.2007, Rs. C-73/06 (Planzer Luxembourg), Slg. 2007, I-5655, Rn. 34; v. 13.7.2000, Rs. C-136/99 (Monti Die Paschi Di Siena), Slg. 2000, I-6109, Rn. 20 und v. 15.3.2007, Rs. C-35/05 (Reemtsma), Slg. 2007, I-2425, Rn. 26.

1402 St. Rspr. vgl. nur EuGH v. 1.3.2012, Rs. C-280/10 (Polski Trawertyn), ABl. EU 2012, Nr. C 118, 2, Rn. 41; v. 22.10.2015, Rs. C-277/14 (PPUH Stehcemp), Rn. 29; v. 15.9.2016, Rs. C-518/14 (Senatex), ABl. EU 2016, Nr. C 419, 6, Rn. 29; v. 15.9.2016, Rs. C-516/14 (Barlis 06), ABl. EU 2016, Nr. C 419, 6, Rn. 41.

1403 Vgl. EuGH v. 18.7.2013, Rs. C-78/12 (Evita-K), ABl. EU 2013, Nr. C 260, 11, Rn. 37; v. 15.9.2016, Rs. C-516/14 (Barlis 06), ABl. EU 2016, Nr. C 419, 6, Rn. 46.

1404 So ausdrücklich EuGH v. 1.3.2012, Rs. C-280/10 (Polski Trawertyn), ABl. EU 2012, Nr. C 118, 2, Rn. 48 sowie v. 1.4.2004, Rs. C-90/02 (Bockemühl), Slg. 2004, I-3303, Rn. 51f.

1405 In diesem Sinne EuGH v. 8.5.2013, Rs. C-271/12 (Petroma Transports), ABl. EU 2013, Nr. C 225, 35, Rn. 35.

1406 Vgl. EuGH v. 27.9.2007, Rs. C-184/05 (Twoh International), Slg. 2007, I-7910, Rn. 24; v. 15.9.2016, Rs. C-515/14 (Barlis 06), ABl. EU 2016, Nr. C 419, 6, Rn. 46.

Zweitschriften[1407] oder der anderweitige Nachweis der Abzugsvoraussetzungen[1408] trotz des entgegenstehenden Wortlautes der Richtlinie zulässig sein.

2. *Beifügung von Dokumenten als Wirksamkeitserfordernis*

Neben der ausdrücklichen Anforderung von entsprechenden Nachweisen räumt Art. 10 dem Erstattungsstaat die Möglichkeit ein, ab einer Bemessungsgrundlage von 1.000 Euro oder in Fällen des Kraftstoffbezugs ab 250 Euro die Vorlage der Kopie der Rechnung oder des betreffenden Einfuhrdokumentes *zusammen mit* dem Erstattungsantrag zu verlangen.[1409] Auch wenn die 11. EG-Richtlinie keine ausdrückliche Regelung für den Fall enthält, dass die nach Art. 10 erforderlichen Rechnungen nicht innerhalb der Antragsfrist des Art. 15 Abs. 1 S. 1 eingereicht werden, so ergibt sich entsprechend der in Art. 10 verwendeten Formulierung „zusammen mit", dass die Antragsfrist auch insoweit gelten muss und eine Nichteinreichung innerhalb der Antragsfrist zu einem endgültigen Verlust des Vorsteuerabzugsrechts führt.[1410]

Dem steht auch nicht entgegen, dass die Nichtvorlagefiktion des Art. 15 Abs. 1 S. 2 ausdrücklich nur dann greift, wenn der Antrag nicht die in den Artikeln 8, 9 und 11 geforderten Angaben enthält. Es kann nämlich nicht davon ausgegangen werden, dass die in Art. 10 niedergelegten Anforderungen ausdrücklich ausgenommen sind.[1411] Vielmehr umfasst Art. 15 Abs. 1 S. 2 nur die inhaltlichen Anforderungen an den Erstattungsantrag. Art. 10 enthält hingegen gerade keine

---

1407 Hierzu bereits EuGH v. 11.6.1998, Rs. C-361/96 (Grandes sources d´eaux minerales françaises), Slg. 1998, I-3495, Ls. 2.

1408 Vgl. EuGH v. 21.11.2018, Rs. C-664/16 (Vadan), ABl. EU 2019, Nr. C 25, 4, Rn. 41; v. 15.9.2016, Rs. C-516/14 (Barlis 06), ABl. EU Nr. C 419, 6, Rn. 42ff.

1409 Deutschland hat von dieser Möglichkeit Gebrauch gemacht. Vgl. hierzu Kapitel 4 F II 3 c.

1410 Ebenso *Leonard*, in: Bunjes, UStG, 2018, § 18 Rn. 45; *Stadie*, in: Rau/Dürrwächter, UStG, § 18 (Oktober 2016) Rn. 719; so auch die tatsächliche Handhabung in anderen Mitgliedstaaten vgl. insoweit *Riegel/Walke*, BB 2016, 1692, 1694 mit Verweis auf die veröffentlichten Hinweise der jeweiligen nationalen Finanzverwaltungen. Zur Praxis der deutschen Finanzverwaltung sowie der deutschen Finanzgerichte vgl. Kapitel 4 F II 3 c.

1411 So aber *Atanasova/Maunz*, DStR 2009, 1185, 1188; *Kraeusel/Reiß/Haunhorst*, in: Reiß/Kraeusel/Langer, UStG, § 18 (Januar 2018) Rn. 525; *Monfort*, DStR 2008, 1261, 1264; *ders.* UStB 2013, 274, 275; *Riegel/Walke*, BB 2016, 1692, 1695; *Sterzinger*, in: Birkenfeld/Wäger, USt-Hdb., § 214 (Mai 2015) Rn. 149; *Treiber*, in: Sölch/Ringleb, UStG, § 18 (Oktober 2017) Rn. 203.

Angaben zum Inhalt des Erstattungsantrages, sondern regelt lediglich die Beifügung zusätzlicher Dokumente. Art. 15 Abs. 1 S. 2 kann daher bereits denklogisch nicht auf Art. 10 verweisen. Dies bedeutet aber nicht, dass die Nichteinreichung der nach Art. 10 geforderten Dokumente innerhalb der Antragsfrist nicht zu einem Verlust des Vorsteuerabzugsrechts führen kann. Vielmehr ergibt sich diese Rechtsfolge bereits aus der allgemeinen Frist nach Art. 15 Abs. 1 S. 1, wonach der Antrag innerhalb der Neun-Monatsfrist einzureichen ist. Diese Frist muss aufgrund der Formulierung „zusammen mit" in Art. 10 auch für die zusätzlich einzureichenden Dokumente gelten. Für den in Art. 15 Abs. 1 S. 2 geregelten Sonderfall der Nichtvorlagefiktion ist folglich überhaupt kein Bedarf.[1412]

Auch das Argument, der Vorsteuerabzug könne nicht von der Vorlage von Rechnungsdokumenten und damit von bloßen Formalia abhängig gemacht werden, da dies dem Grundsatz der Neutralität widerspreche,[1413] verfängt nicht. Zwar ist zutreffend, dass bei Vorliegen der materiellen Voraussetzungen des Vorsteuerabzugsrechts dieses grundsätzlich nicht wegen formeller Mängel versagt werden kann[1414], diese Ansicht verkennt jedoch zunächst, dass der EuGH Ausschlussfristen prinzipiell als zulässig anerkennt, auch wenn diese dazu führen sollten, dass das Recht auf Vorsteuerabzug endgültig verwirkt wird.[1415] Insoweit ist nicht ersichtlich, warum prinzipiell zulässige Ausschlussfristen zwar den Erstattungsantrag an sich erfassen sollten, für zwingend beizufügende Dokumente aber gerade nicht gelten soll. Die Einreichung bestimmter Dokumente innerhalb einer vorgegebenen Frist ist also prinzipiell mit dem Grundsatz der Neutralität vereinbar.[1416]

1412 Im Ergebnis ebenso *Leonard*, in: Bunjes, UStG, 2018, § 18 Rn. 45; *Stadie*, in: Rau/Dürrwächter, UStG, § 18 (Oktober 2016) Rn. 719. A.A. *Atanasova/Maunz*, DStR 2009, 1185, 1188; *Monfort*, UStB 2013, 274, 275; *ders.*, IWB 2008, 461, 465; *ders.*, DStR 2008, 1261, 1264; *Riegel/Walke*, BB 2016, 1692, 1694; *Sterzinger*, in: Birkenfeld/Wäger, USt-Hdb., § 214 (Mai 2015) Rn. 149; *Treiber*, in: Sölch/Ringleb, UStG, § 18 (Oktober 2017) Rn. 203. Unklar insoweit *Langer*, DB 2009, 647, der aber wohl nur den Wortlaut des Art. 10 wiederholt.

1413 So *Riegel/Walke*, BB 2016, 1692, 1696.

1414 St. Rspr. vgl. EuGH v. 21.10.2010, Rs. C-385/09 (Nidera Handelscompagnie), Slg. 2010, I-10385, Rn. 42; v. 1.3.2012, Rs. C-280/10 (Polski Trawertyn), ABl. EU 2012, Nr. C 118, 2, Rn. 43; v. 9.7.2015, Rs. C-183/14 (Salomie und Oltean), Rn. 58 u. 59; v. 15.9.2016, Rs. C-516/14 (Barlis 06), ABl. EU 2016, Nr. C 419, 6, Rn. 42.

1415 Ausdrücklich EuGH v. 21.6.2012, Rs. C-294/11 (Elsacom), ABl. EU 2012, Nr. C 250, 8, Rn. 17.

1416 Vgl. in diesem Sinne EuGH v. 12.7.2012, Rs. C-284/11 (EMS-Bulgaria Transport), ABl. EU 2012, Nr. C 287, 14; v. 28.7.2016, Rs. C-332/15 (Astone), ABl. EU 2016, Nr. C

Auch wenn der EuGH in letzter Zeit die Anknüpfung des Vorsteuerabzuges an formale Voraussetzungen, auch an solchen, die durch Unionsrecht selbst begründet sind, zugunsten der Wahrung des Grundsatzes der Neutralität immer mehr abzulehnen scheint[1417], kann die Rechtsprechung wohl nicht so verstanden werden, dass auf sämtliche im Sekundärrecht niedergelegten formalen Anforderungen verzichtet werden kann. Dies gilt umso mehr im Anwendungsbereich des Vorsteuervergütungsverfahrens, da in diesem Bereich die formellen Voraussetzungen des Vorsteuerabzuges – anders als im allgemeinen Besteuerungsverfahren – unionsrechtlich detailliert geregelt sind. Ein umfänglicher Verzicht auf diese formellen Voraussetzungen würde im Ergebnis dazu führen, dass dem Ziel der Harmonisierung des Vorsteuervergütungsverfahrens an nicht im Inland ansässige Unternehmer nicht in hinreichendem Maße Rechnung getragen und die Regelungen der 11. EG-Richtlinie weitgehend obsolet würden.[1418]

Zudem entspricht diese Auslegung auch eher der weiteren Zielsetzung der Richtlinie, das Verfahren sowohl für den Antragsteller als auch für den Erstattungsstaat zu beschleunigen und zu vereinfachen.[1419] Müsste die Erstattungsbehörde auch in den Fällen, in denen gem. Art. 10 eindeutig die Vorlage der Rechnungs- und Einfuhrdokumente erforderlich ist, immer entsprechend Art. 20 eine Anfrage an den Antragstellersteller richten, würde dies dem Ziel der Beschleunigung und Vereinfachung diametral entgegenstehen.[1420]

350, 10: vgl. auch EuGH v. 8.5.2008, Rs. C-95/07 u. C-96/07 (Ecotrade), Slg. 2008, I-3457, Rn. 45.

1417 So bspw. EuGH v. 15.9.2016, Rs. C-15.9.2016 (Senatex), ABl. EU 2016, Nr. C 419, 6. Hierzu bereits Kapitel 2 C II 1.

1418 Hierbei handelte es sich um ein erklärtes Ziel bei der Einführung des Vorsteuervergütungsverfahrens, vgl. Erwägungsgründe zur 8. EG-Richtlinie. Insoweit ist nicht davon auszugehen, dass durch die Einführung des Verfahrens nach der 11. EG-Richtlinie dieses Ziel obsolet geworden ist.

1419 Vgl. 2. Erwägungsgrund der 11. EG-Richtlinie.

1420 A.A. *Riegel/Walke*, BB 2016, 1692, 1696, die insoweit davon ausgehen, dass die Möglichkeit der Anforderung weiterer Dokumente nach Art. 20 einer derartigen Rechtsfolge zwingend entgegenstehen muss. Bei einer derartigen Auslegung hätte Art. 10 praktisch keinen eigenständigen Anwendungsbereich mehr, so dass das den Mitgliedstaaten explizit eingeräumte Wahlrecht sinnlos wäre. Dies würde letztlich auch dem Gedanken des „effet utile" entgegenstehen, der auch bei der Auslegung von Sekundärrecht zu beachten ist, vgl. in diesem Sinne EuGH v. 25.10.2005, Rs. C-350/03 (Schulte), Slg. 2005, I-9215, Rn. 69; v. 3.9.2009, Rs. C-489/07 (Messner), Slg. 2009, I-7315, Rn. 24.

Dieses Auslegungsergebnis wird auch durch die historische Entwicklung der 11. EG-Richtlinie gestützt. Bereits im Anwendungsbereich der 8. EG-Richtlinie stellte sich die Frage, ob ein wirksamer Antrag erfordert, dass die Originale der Rechnungen innerhalb der Antragsfrist eingereicht werden.[1421] Wenn der Richtliniengeber hätte regeln wollen, dass die Einreichung der Dokumente nicht für die Einhaltung der Antragsfrist relevant ist, hätte er dies in der 11. EG-Richtlinie ausdrücklich niedergelegt. Auch wenn sich in Art. 3 lit. a der 8. EG-Richtlinie insoweit die Formulierung „beizufügen sind" findet, kann in der nun gewählten Formulierung „zusammen mit" keine derartige Abweichung gesehen werden, die eine andere Beurteilung zu rechtfertigen vermag. Gegen diese Auslegung spricht auch nicht, dass Art. 26 Abs. 2 S. 2 ausführt, dass der Zinslauf nicht vor Einreichung der nach Art. 10 erforderlichen Dokumente beginnt und somit die Richtlinie selbst von der Möglichkeit des Auseinanderfallens von Antragstellung und Einreichung der Rechnungsdokumente ausgeht.[1422] Diese Möglichkeit besteht nämlich auch innerhalb der neun-monatigen Antragsfrist, mit dem Ergebnis, dass alle relevanten Unterlagen vor Ablauf der Frist des Art. 15 Abs. 1 eingereicht werden. Auch wenn der Regelung über den Zinslauf nach Art. 26 Abs. 2 S. 2 zugegebenermaßen nur ein geringer Anwendungsbereich zukommt, kann hieraus nicht geschlossen werden, dass eine Nachreichung der Dokumente im Sinne des Art. 10 für die Wirksamkeit des Antrages unbeachtlich ist.[1423]

Somit ist davon auszugehen, dass ein wirksamer Erstattungsantrag die Einreichung der nach Art. 10 erforderlichen Dokumente innerhalb der Antragsfrist verlangt.[1424]

1421 Vgl. Art. 3 lit. a der 8. EG-Richtlinie. Zu dieser Problematik vgl. auch Kapitel 4 C III 3 a.

1422 So *Riegel/Walke*, BB 2016, 1691, 1696.

1423 Die Norm wird nämlich nicht im Sinne eines Verstoßes gegen den „effet utile"-Grundsatz gänzlich ihres Anwendungsbereiches beraubt. So aber *Riegel/Walke*, BB 2016, 1691, 1696.

1424 Im Ergebnis so auch *Leonard,* in: Bunjes, UStG, 2018, § 18 Rn. 45; *Stadie*, in: Rau/Dürrwächter, UStG, § 18 (Oktober 2016) Rn. 719. Dies entspricht auch der Praxis der deutschen Finanzverwaltung sowie der deutschen Finanzgerichte, vgl. hierzu Kapitel 4 F II 3 c. A.A. *Treiber*, in: Sölch/Ringleb, UStG, § 18 (Oktober 2017) Rn. 203 sowie *Monfort*, DStR 2008, 1261, 1264.

VII. Einschränkungen des Vorsteuererstattungsanspruchs

1. *Keine Vorsteuererstattung in Fällen der Steuerhinterziehung oder des Steuerbetruges*

Nach Art. 24 Abs. 1 haben die Mitgliedstaaten auf betrügerische Weise oder sonst zu Unrecht erstattete Vorsteuern vom Antragsteller nebst etwaiger Zinsen und Bußgelder zurückzufordern. Bei dieser Regelung handelt es sich um die Umsetzung der allgemeinen Grundsätze der EuGH-Rechtsprechung, wonach eine betrügerische oder missbräuchliche Geltendmachung des Anspruchs auf Vorsteuerabzug nicht zulässig ist[1425] und die Mitgliedstaaten zur Sicherung der finanziellen Interessen der Union verpflichtet sind (Art. 4 Abs. 3 EUV i.V.m. Art. 325 AEUV)[1426]. Art. 24 Abs. 1 enthält somit nicht nur eine bloße Bevollmächtigung für die Mitgliedstaaten gegenüber den Antragstellern tätig zu werden, sondern vielmehr eine klare Verpflichtung, den Anspruch gegen den Antragsteller entsprechend durchzusetzen.[1427]

Die Anforderung an die Mitgliedstaaten, Zinsen und Bußgelder bei der Rückforderung zu Unrecht erlangter Vorsteuern nach dem jeweiligen nationalen Recht zu erheben, entspricht ebenfalls allgemeinen Grundsätzen, die verlangen, dass die Mitgliedstaaten bei der Bekämpfung von Mehrwertsteuerbetrügereien dieselben Maßnahmen ergreifen wie bei Handlungen, die gegen ihre eigenen finanziellen Interessen gerichtet sind.[1428]

1425 St. Rspr. vgl. nur EuGH v. 6.7.2006, Rs. C-439/04 u. C-440/04 (Kittel und Recolta Recycling), Slg. 2006, I-6161, Rn. 54; v. 3.3.2005, Rs. C-32/03 (Fini H), Rn. 32; v. 13.2.2014, Rs. C-18/13 (Maks Pen), ABl. EU 2014, Nr. C 93, 16, Rn. 26; v. 18.12.2014, Rs. C-131/13 u.a. (Italmoda), ABl. EU 2015, Nr. C 65, 4, Rn. 43 m.w.N. v. 28.7.2016, Rs. C-332/15 (Astone), ABl. EU 2016, Nr. C 350, 10, Rn. 50; vgl. hierzu auch *Oelmaier*, in: Sölch/Ringleb, UStG, § 15 (Oktober 2017) Rn. 374a.

1426 Zur Verpflichtung der Mitgliedstaaten zum Schutz der finanziellen Interessen der Union durch die Sicherstellung der zutreffenden Erhebung der Mehrwertsteuer vgl. bspw. EuGH v. 17.7.2008, Rs. C-132/06 (Kommission/Italien), Slg. 2008, I-5457, Rn. 37 u. 46; v. 26.2.2013, Rs. C-617/10 (Åkerberg Fransson), ABl. EU 2013, Nr. C 114, 7, Rn. 25; v. 8.9.2015. Rs. C-105/14 (Tarrico), ABl. EU 2015, Nr. C 363, 11, Rn. 39; Schlussantrag des GA *Bobek* v. 13.7.2017, Rs. C-574/15, Celex-Nr. 62015CC0574.

1427 Nach deutschem Recht würde eine derartige Rückforderung gem. § 37 Abs. 2 S. 1 AO mittels eine Rückforderungsbescheides erfolgen vgl. hierzu *Stadie*, in: Rau/Dürrwächter, UStG, § 18 (Oktober 2016) Rn. 744.

1428 Vgl. EuGH v. 28.10.2010, Rs. C-367/98 (SGS Belgium u.a.), Slg. 2010, I-10761, Rn. 40 bis 42; v. 6.2.2013, Rs. C-617/10 (Åkerberg Fransson), ABl. EU 2013, Nr. C 114, 7, Rn. 26; v. 8.9.2015, Rs. C-105/14 (Taricco), ABl. EU 2015, Nr. C 363, 11, Rn. 50.

Wie im allgemeinen Besteuerungsverfahren auch, darf die Versagung des Vorsteuererstattungsanspruchs auf Grundlage des Art. 24 Abs. 1 nur dann erfolgen, wenn auch tatsächlich anhand objektiver Umstände feststeht, dass die Vorsteuern zu Unrecht erstattet worden sind. Bloße Verdachtsmomente reichen insoweit nicht aus.[1429]

2. *Versagung der Erstattung als Sanktion?*

Nach Art. 24 Abs. 2 ist es den Mitgliedstaaten erlaubt, die Erstattung von Vorsteuerbeträgen auszusetzen, bis die Höhe etwaiger aufgrund der betrügerisch erlangten Vorsteuer festgesetzter verwaltungsrechtlicher Sanktionen oder Zinsen erreicht ist. Dies stellt zwar eine erhebliche Einschränkung des Rechts auf Vorsteuerabzug dar, ist aber letztlich ebenfalls nur einer konsequenten Umsetzung der allgemein im Umsatzsteuerrecht herrschenden Grundsätze geschuldet. So ist auch im allgemeinen Besteuerungsverfahren ein Einbehalt von Vorsteuerbeträgen bereits dann zulässig, wenn der Steuerpflichtige Vorschriften nicht einhält, die der Bekämpfung von Steuerhinterziehung dienen.[1430] Daneben steht dem Grundsatz des Sofortabzuges[1431] auch nicht entgegen, dass der Fiskus allgemein eigene Ansprüche aus dem Steuerschuldverhältnis gegen den Steuerpflichtigen mit dessen Ansprüchen auf Vorsteuererstattung verrechnet.[1432] Es wäre es daher vielmehr verwunderlich, wenn die Mitgliedstaaten zwar einerseits verpflichtet wären, gegen einen betrügerisch handelnden Antragsteller nach nationalem Recht bestehende Sanktionen und Zinsen zu verhängen[1433], gleichzeitig aber bei deren Nichtentrichtung, dem Antragsteller später entstehende Vorsteuervergütungsbeträge auszuzahlen hätten. Zur Beitreibung der ausstehenden Beträge müssten die Mitgliedstaaten in diesem Fall auf die allgemeinen Möglichkeiten

---

1429 Vgl. insoweit EuGH v. 12.4.2018, Rs. C-8/17 (Biosafe), ABl. EU 2018, Nr. C 200, 12 Nr. 39 zur Frage des Vorsteuerabzugs; vgl. auch EuGH v. 28.7.2016, Rs. C-532/15 (Astone), ABl. EU 2016, Nr. C 350, 10 Rn. 52.

1430 EuGH v. 29.7.2010, Rs. C-188/09 (Profaktor), Slg. 2010, I-7639.

1431 Zum Grundsatz des Sofortabzuges und der Auswirkung auf die Ausübung des Rechts auf Vorsteuerabzug vgl. Kapitel 2 B III.

1432 Nach dem EuGH muss die Erstattung des Vorsteuerüberschusses durch flüssige Mittel oder in gleichwertiger Weise dergestalt erfolgen, dass ihm dem Unternehmer kein finanzielles Risiko aufgebürdet wird, vgl. EuGH v. 25.1.2001, Rs. C-78/00, Slg. 2001, I-8195, Rn. 34. Die Aufrechnung stellt insoweit eine Erstattung in gleichwertiger Weise dar.

1433 So Art. 24 Abs. 1 der 11. EG-Richtlinie.

der grenzüberschreitenden Beitreibung[1434] zurückgreifen. Dies würde einer vom EuGH geforderten effektiven und umfassenden Bekämpfung des Mehrwertsteuerbetruges[1435] jedoch nicht entsprechen.

VIII. Rechtsschutz gegen ablehnende Entscheidungen

Wird dem Erstattungsantrag nicht oder nicht in vollem Umfang entsprochen, muss der Erstattungsstaat dem Antragsteller die Möglichkeit eines Rechtsbehelfs gegen diese Entscheidung einräumen (Art. 23 Abs. 2). Nach dem allgemein im Mehrwertsteuerrecht geltenden Grundsatz der Verfahrensautonomie, richten sich Form und Frist des Rechtsbehelfs nach den Vorgaben des jeweiligen Mitgliedstaates.[1436] Die Mitgliedstaaten müssen bei der Ausgestaltung des Verfahrens allerdings die allgemeinen Grundsätze des Unionsrechts, insbesondere den Grundsatz der Äquivalenz, beachten. Folglich darf die Ausgestaltung des Verfahrens nicht nachteiliger sein als für vergleichbare rein inländische Sachverhalte.[1437]

Das erklärte Ziel der 11. EG-Richtlinie, das Einspruchsrecht der Unternehmer zu stärken[1438], hat sich im Richtlinientext allerdings nicht niedergeschlagen, entspricht der Wortlaut in Art. 23 Abs. 2 doch der Vorgängerregelung in der 8. EG-Richtlinie[1439]. Die explizite Erwähnung der Stärkung des Einspruchsrechts des Unternehmers lässt sich allerdings so verstehen, dass die Mitgliedstaaten bei der Gewährung des Rechtschutzes eine Schlechterstellung ausländischer Unternehmer explizit vermeiden sollen. Eine rechtliche Auswirkung hat diese Klarstellung jedoch nicht, da diese Anforderung bereits vom Äquivalenzgrundsatz[1440] umfasst ist, verdeutlich aber einmal mehr, dass die 11. EG-Richtlinie als

---

1434 Vgl. Richtlinie 2010/24/EU des Rates vom 16.3.2010 über die Amtshilfe bei der Beitreibung von Forderungen in Bezug auf bestimmte Steuern, Abgaben und sonstige Maßnahmen, ABl. L 84, S. 1 (***EU-Beitreibungsrichtlinie***).

1435 In diesem Sinne EuGH v. 26.2.2013, Rs. C-617/10 (Åkerberg Fransson), ABl. EU 2013, Nr. C 114, 7, Rn. 25; v. 8.9.2015, Rs. C-105/14 (Taricco), ABl. EU 2015, Nr. C 363, 11, Rn. 36.

1436 Kapitel 1 C III.

1437 Zu dem Grundsatz der Äquivalenz im Rahmen des Steuerverfahrensrechts vgl. Kapitel 1 C III 2.

1438 3. Erwägungsgrund der 11. EG-Richtlinie.

1439 Vgl. Art. 7 Abs. 4 UAbs. 2 der 8. EG-Richtlinie.

1440 Dieser besagt, dass die Ausübung unionsrechtlich begründeter Rechte nicht schlechter ausgestaltet werden darf, als die Ausübung vergleichbarer rein innerstaatlich begründeter Rechte.

Reaktion auf die praktischen Probleme des Verfahrens unter der 8. EG-Richtlinie zu verstehen ist. Bei der Ausgestaltung des Rechtsschutzes gegen ablehnende Entscheidungen im Vorsteuervergütungsverfahren ist folglich ein besonderes Augenmerk darauf zu legen, dass die Antragsteller nicht schlechter gestellt sind, als Unternehmer in rein inländischen Sachverhaltskonstellationen.[1441]

IX. Gewährung eines Gutglaubensschutzes?

1. Grundsätzliche Gewährung eines Gutglaubensschutzes

Wie bereits gezeigt, kann dem Antragsteller das Recht auf Vorsteuererstattung im Rahmen des Vorsteuervergütungsverfahrens aus zahlreichen, insbesondere formalen, Gründen versagt werden. Geht der Antragsteller irrigerweise davon aus, sämtliche formale Anforderungen erfüllt zu haben, obwohl dies objektiv nicht der Fall ist, stellt sich die Frage nach der Anwendbarkeit eines Gutglaubensschutzes.[1442] Da der Vertrauensschutz sämtlichen Bereichen des Unionsrechts immanent ist,[1443] muss dieser auch bei einem Fehlen ausdrücklicher Regelungen in einzelnen Rechtsbereichen gewährt werden.[1444] Folglich ist auch im Anwendungsbereich der 11. EG-Richtlinie von einer grundsätzlichen Geltung der Regelungen des Vertrauensschutzes auszugehen.

2. Vertrauensschutzgeneigte Konstellationen

a. Erfordernis eines Gutglaubensschutzes

Vertrauensschutzgeneigte Konstellationen sind im Vorsteuervergütungsverfahren an einigen Stellen denkbar. Vor allem die Tatsache, dass die Nichteinhaltung der doch recht kurz bemessenen Antragsfrist zu einer endgültigen Verwirkung

1441 Hinsichtlich der Ausgestaltung des Rechtsschutzes in Deutschland vgl. Kapitel 4 F II 5 b.

1442 Zu den Grundsätzen der Gewährung eines Vertrauensschutzes im europäischen Mehrwertsteuersystem vgl. Kapitel 2 B VII.

1443 Vgl. *Dürrschmidt*, in: Ismer/Nieskens (Hrsg.), Umsatzsteuer-Kongress-Bericht 2014, 33, 65 sowie in Bezug auf innergemeinschaftliche Reihengeschäfte, *Reiß*, UR 2015, 733, 748ff., 754ff. Zur Herleitung und zum Umfang des Vertrauensschutzes im Mehrwertsteuerrecht vgl. ausführlich *Günther*, Vertrauensschutz bei Angaben Dritter, 2013, passim.

1444 Für die allgemeine Anwendbarkeit vertrauensschutzrechtlicher Regelungen im Mehrwertsteuerrecht *Dürrschmidt*, in: Ismer/Nieskens (Hrsg.), Umsatzsteuer-Kongress-Bericht 2014, S. 33, 65; *Drüen*, DB 2010, 1847, 1848.

des Vorsteuerabzugsrechts führt[1445], lässt die Notwendigkeit eines Vertrauensschutzes deutlich werden. Dies gilt umso mehr, als die Richtlinie an einigen Stellen die Übermittlung von Informationen der beteiligten Mitgliedstaaten an den Antragsteller vorsieht, die durchaus dazu geeignet wäre, bei dem Antragsteller ein berechtigtes Vertrauen hervorzurufen.

b. Bestätigungsvermerk gem. Art. 15 Abs. 2

aa. Auswirkungen auf Art. 15 Abs. 1 S. 1

Der Ansässigkeitsstaat hat dem Antragsteller gem. Art. 15 Abs. 2 unverzüglich nach erfolgter Antragstellung eine elektronische Empfangsbestätigung zu übermitteln. Hieraus kann der Antragsteller erkennen, wann sein über das elektronische Portal des Ansässigkeitsstaates gestellter Antrag bei diesem eingegangen ist. Hierdurch soll der Antragsteller darüber informiert werden, ob die Antragsfrist des Art. 15 Abs. 1 gewahrt wurde.

Der EuGH hat ausdrücklich festgestellt, dass die Grundsätze des Vertrauensschutzes auch bei behördlichem Handeln gewahrt werden müssen,[1446] der Steuerpflichtige mithin also auf die Vorhersehbarkeit des Verwaltungshandelns vertrauen kann.[1447] Konkret bedeutet dies, dass einem bestimmten Verhalten des Steuerpflichtigen eine für ihn vorhersehbare Rechtsfolge folgen muss.[1448] Aus vertrauensschutzrechtlichen Gesichtspunkten kann dem Antragsteller daher bei Erhalt einer entsprechenden Empfangsbestätigung innerhalb der Antragsfrist in keinem Fall entgegengehalten werden, der Antrag sei beim Ansässigkeitsstaat überhaupt nicht bzw. nicht fristwahrend eingegangen. Das technische Risiko der Antragstellung (z.B. Verlorengehen der Daten, Abbruch der weiteren Übermittlung) geht somit nach Erhalt des Bestätigungsvermerks auf den Ansässigkeitsstaat über. Eine Versagung des Vorsteueranspruchs aufgrund der Regelung des Art. 15 Abs. 1 S. 1 ist somit nicht mehr möglich.

Lehnt der Erstattungsstaat den Antrag dennoch mit Verweis auf Art. 15 Abs. 1 S. 1 ab, ist dem Antragsteller aufgrund der vorliegenden Empfangsbestätigung

---

1445 EuGH v. 21.6.2013, Rs. C-294/11 (Elsacom), ABl. EU 2012, Nr. C 250, 8, Rn. 33, 34.

1446 EuGH v. 14.9.2006, Rs. C-181/04 bis 183/04 (Elmeka), Slg. 2006, I-8167, Rn. 26ff.

1447 EuGH v. 17.9.2007, Rs. C-409/04 (Telos), Slg. 2007, I-7797, Rn. 50; v. 21.2.2008, Rs. C-271/06 (Netto Supermarkt), Slg. 2008, I-771, Rn. 21 zur nachträglichen Nichtanerkennung von Belegen im Zusammenhang mit der Gewährung von Steuerbefreiungstatbeständen.

1448 *Günther*, Vertrauensschutz bei Angaben Dritter, 2013, S. 220.

Vertrauensschutz zu gewähren und dieser so zu stellen, als sei der Antrag rechtzeitig eingegangen.[1449]

bb. Auswirkungen auf Art. 15 Abs. 1 S. 2

(1) Problemaufriss

In der Praxis werden Fälle, in denen der Antragsteller eine Empfangsbestätigung des Ansässigkeitsstaates erhält und der Antrag anschließend „verloren" geht, allerdings kaum vorkommen. Allenfalls während der Anfänge des neu eingeführten elektronischen Verfahrens wären solche Fälle wohl denkbar gewesen. Nachdem das Verfahren nun schon mehrere Jahre durchgeführt wird, sollten solche technischen Probleme nicht mehr auftreten.

In Bezug auf vertrauensschutzrechtliche Aspekte weitaus problematischer erweist sich hingegen die Regelung des Art. 15 Abs. 1 S. 2. Nach dieser Regelung gelten Anträge dann als nicht vorgelegt, wenn diese die nach den Artikeln 8, 9 und 11 erforderlichen Angaben nicht enthalten. Es stellt sich daher die Frage, ob der Bestätigungsvermerk nach Art. 15 Abs. 2 für den Antragsteller auch ein Vertrauen dahingehend begründet, dass der Antrag nicht nur fristgerecht eingegangen ist, sondern auch sämtliche, für einen wirksamen Antrag erforderlichen Angaben enthält.

Diesbezüglich ist zunächst zu berücksichtigen, dass die Ausgestaltung des elektronischen Portals und damit die Eintragungsmöglichkeiten allein dem Ansässigkeitsstaat obliegen. Der Antragsteller hat insoweit keinen Einfluss darauf, ob die von ihm getätigten Angaben den Anforderungen der Richtlinie entsprechen, sondern ist auf die zutreffende Umsetzung durch den Ansässigkeitsstaat angewiesen. Sofern die technische Umsetzung durch den Ansässigkeitsstaat nicht den Anforderungen der Richtlinie entspricht, kann dies dem Antragsteller folglich nicht entgegengehalten werden.[1450] Das Portal muss daher so ausgestaltet sein, dass der Antragsteller sämtliche erforderlichen Angaben tätigen und der Antrag nicht erfolgreich versendet werden kann, wenn diese Angaben gänzlich fehlen.

Anders zu beurteilen könnten allerdings solche Fälle sein, in denen das elektronische Portal nicht nur die Auswahl vorgegebener Antwortmöglichkeiten

---

1449 Zur allgemeinen Rechtsfolge bei Gewährung von Gutglaubensschutz vgl. z.B. *Hassa*, UR 2015, 809, 811.

1450 Zum Vorsteuervergütungsverfahren vgl. *Sterzinger*, in: Birkenfeld/Wäger, USt-Hdb., § 214 (Mai 2015) Rn. 148; allgemein zu papierbasierten Anträgen *Frizen*, Das Deklarationsprinzip im Einkommensteuerrecht, 2009, S. 72.

verlangt, sondern aufgrund der Einfügung eines Freifeldes dem Antragssteller die Vornahme einer eigenständigen Eintragung ermöglicht. Virulent wird dies in den Fällen, in denen der Antragsteller bei der Beschreibung der bezogenen Waren und Dienstleistung nach Art. 9 die Kennziffer 10 = Sonstiges wählt und insoweit eine weitergehende Beschreibung erforderlich wird.[1451] Auch wenn je nach Programmierung der Portale bloße Aneinanderreihungen von Zahlen und Buchstaben nicht möglich sein sollten, ist wohl nicht davon auszugehen, dass nur derartige Eintragungen zugelassen werden, die auch inhaltlich den Anforderungen des Art. 9 Abs. 2 entsprechen.[1452] Es ist vielmehr davon auszugehen, dass auch in diesen Fällen der Antragsteller einen Bestätigungsvermerk gem. Art. 15 Abs. 2 erhält. Insoweit stellt sich daher die Frage, ob und in welchem Umfang hierdurch ein schutzwürdiges Vertrauen begründet wird.

(2) Begründung schutzwürdigen Vertrauens

Die Gewährung eines Vertrauensschutzes erfordert immer das Vorliegen eines schutzwürdigen Vertrauens.[1453] So ist ein Vertrauensschutz dann zu versagen, wenn Angaben bewusst unzutreffend erfolgen oder unrichtige Unterlagen vorgelegt werden.[1454] Für die Gewährung von Vertrauensschutz im Rahmen des Vorsteuervergütungsverfahrens bedeutet dies, dass dem antragstellenden Unternehmer dann kein Vertrauensschutz zukommen kann, wenn er im Antrag *bewusst unzutreffende oder fehlerhafte Angaben* getätigt hat. Auch bei *erkennbar sinnfreien Eintragungen*[1455] ist die Gewährung eines Vertrauensschutzes nicht angebracht, da der Antragsteller selbst erkennen konnte, dass diese Eintragungen nicht für eine wirksame Antragstellung ausreichen und somit fehlenden Eintragungen gleichstehen. Dies entspricht auch der Rechtsprechung zu der Gewährung von Gutglaubensschutz bei dem Vertrauen auf Angaben Dritter. Sofern der Unternehmer nicht die vernünftigerweise zu erwartende Sorgfaltspflicht

---

1451 Zu den inhaltlichen Anforderungen an die nach Art. 9 Abs. 2 erforderliche Beschreibung vgl. Kapitel 4 E V 2.

1452 Zu den inhaltlichen Anforderungen nach Art. 9 Abs. 2 vgl. Kapitel 4 E V 2.

1453 *Dürrschmidt*, in: Ismer/Nieskens (Hrsg.), Umsatzsteuer-Kongress-Bericht 2014, 33, 66. Zu den Voraussetzungen eines Vertrauensschutzes vgl. Kapitel 2 B VII.

1454 Zur Versagung einer Steuerbefreiung in den Fällen bewusst unzutreffender Angaben durch den Unternehmer vgl. EuGH v. 7.12.2010, Rs. C-285/09 (R), EuGHE 2010, I-12605; *Dürrschmidt*, in: Ismer/Nieskens (Hrsg.), Umsatzsteuer-Kongress-Bericht 2014, 33, 67.

1455 In Betracht kommt insoweit die bloße Aneinanderreihung von Buchstabenkombinationen oder die Verwendung von Phantasiewörtern.

walten lässt, wird ihm ein Gutglaubensschutz nicht gewährt.[1456] Allerdings ist anzumerken, dass die 11. EG-Richtlinie eine derartige nachgelagerte Prüfung der Angaben des Antragstellers durch den Ansässigkeitsstaat überhaupt nicht vorsieht. Die Prüfung der erforderlichen Angaben erfolgt vielmehr in dem Verfahrensabschnitt vor Versendung der Empfangsbestätigung. Eine weitergehende Prüfung des Antrages durch den Ansässigkeitsstaat erfolgt nur in Bezug auf die persönlichen Antragsvoraussetzungen.[1457]

Besondere praktische Relevanz erlangen in diesen Zusammenhang allerdings auch vielmehr die Fälle, in denen der Erstattungsstaat den Antrag als nicht wirksam ansieht, weil nach seiner Ansicht nicht alle nach Art. 15 Abs. 1 S. 2 erforderlichen Angaben enthalten sind. Diesbezüglich ist jedoch anzumerken, dass dem Erstattungsstaat keine Prüfungskompetenz in Bezug auf das Vorliegen der Wirksamkeitsvoraussetzungen des Antrages zukommt, so dass eine derartige Entscheidung bereits einen Verstoß gegen die Kompetenzverteilung der Richtlinie darstellt.[1458] Selbst, wenn der Erstattungsstaat jedoch eine solche Prüfungskompetenz annimmt, muss er bei seiner Entscheidung jedenfalls die Grundsätze des Vertrauensschutzes berücksichtigen. Sofern also keine „bewusst" sinnfreien Eintragungen vorliegen, sondern vielmehr aus Sicht des Antragstellers unter Anwendung vernünftigerweise zu erwartender Sorgfaltspflichten ausreichende Angaben zur Beschreibung der bezogenen Waren und Dienstleistungen getätigt wurden, sind bei Vorlage einer Empfangsbestätigung die Grundsätze des Vertrauensschutzes durch den Erstattungsstaat zu berücksichtigen.[1459]

1456 EuGH v. 6.7.2006, Rs. C-439/04 u. C-440/04 (Kittel und Recolta Recycling), Slg. 2006, I-6161, Rn. 51; v. 21.6.2012, Rs. C-80/11 u. C-142/11 (Mahagében und Dávid), ABl. EU 2012, Nr. C 250, 5, Rn. 54.

1457 Art. 18 der 11. EG-Richtlinie.

1458 Zur Kompetenzverteilung der Richtlinie bereits Kapitel 4 E V 1.

1459 Entgegen der Auffassung von *Stadie*, in: Rau/Dürrwächter, UStG, § 18 (Oktober 2016) Rn. 705, 732 wird hierdurch auch keine Prüfungslücke begründet, da der Ansässigkeitsstaat durch die Ausgestaltung des Portals sicherstellen kann, dass erforderliche Angaben getätigt werden. Reicht dies dem Erstattungsstaat nicht aus, kann er zudem die Verwendung festgelegter Subcodes und damit eine genauere Beschreibung verlangen. In diesem Sinne auch FG Köln v. 20.1.2016, 2 K 1514/13, EFG 2016, 845.

(3) Abwägung der Interessen des Antragstellers mit dem Allgemeininteresse

Neben der Feststellung eines berechtigten Interesses setzt die Gewährung von Vertrauensschutz zudem voraus, dass das Interesse des Antragstellers das Allgemeininteresse überwiegt.[1460] Dies bedeutet, dass letztlich eine Abwägung zwischen dem Interesse an der Verwirklichung der Ziele der Gemeinschaft sowie dem Grundsatz der Gesetzmäßigkeit der Verwaltung und dem Individualinteresse des Betroffenen stattfinden muss.[1461]

Erklärtes Ziel der 11. EG-Richtlinie ist neben der Beschleunigung und Vereinfachung des Vorsteuervergütungsverfahrens[1462] auch die Bekämpfung von Umsatzsteuerbetrügereien.[1463] Auf der anderen Seite ist das Interesse des Antragstellers an seinem Recht auf Vorsteuerabzug zu berücksichtigen, das der EuGH als wesentliches Element des Mehrwertsteuersystems ansieht.[1464] Bei der Abwägung dieser Interessen ist zunächst zu berücksichtigen, dass keinerlei Anhaltspunkte für eine Steuerhinterziehung oder -betrug vorliegen, wenn Angaben lediglich als unzureichend angesehen werden.[1465] Als berücksichtigungsfähiges Ziel verbleibt

---

1460 EuGH v. 28.4.1988, Rs. C-120/86 (Mulder), Slg. 1988, 2321, v. 28.4.1988, Rs. C-170/86 (von Deetzen), Slg. 1988, 2355.

1461 EuGH v. 28.4.1988, Rs. C-120/86 (Mulder), Slg. 1988, 2321, Rn. 22ff.; v. 28.4.1988, Rs. C-170/86 (von Deetzen), Slg. 1988, 2355 Rn. 12ff.

1462 2. Erwägungsgrund der 11. EG-Richtlinie.

1463 St. Rspr. vgl. nur bspw. EuGH v. 7.12.2010, Rs. C-285/09 (R), DB 2010, 2774, Rn. 36. Die Entscheidung ist zwar explizit zur MwStSystRL ergangen, da die 11. EG-Richtlinie aber nicht bezweckt, das durch die MwStSystRL geschaffene System in Frage zu stellen (vgl. EuGH v. 15.3.2007, Rs. C-35/07 (Reemtsma), Slg. 2007, I-2425, Ls. noch zur 8. EG-Richtlinie), ist davon auszugehen, dass auch der 11. EG-Richtlinie die Bekämpfung von Umsatzsteuerbetrügereien immanent ist. Das Ziel der Bekämpfung von Steuerhinterziehung war zudem ausdrücklich als Erwägungsgrund der 8. EG-Richtlinie aufgeführt, es ist nicht ersichtlich, dass sich dieses Ziel durch die Einführung der 11. EG-Richtlinie geändert haben soll, vielmehr wurden in die Erwägungsgründe zur 11. EG-Richtlinie augenscheinlich nur die Ziele aufgenommen, in denen sich das Verfahren nach der 11. EG-Richtlinie von dem Verfahren nach der 8. EG-Richtlinie unterscheidet.

1464 Vgl. hierzu bereits Kapitel 2 B I.

1465 Anders würde es sich verhalten, wenn der Antragsteller bewusst falsche Angaben getätigt hätte, um die Identität des leistenden Unternehmers zu verschleiern und so die Besteuerung der Eingangsumsätze zu verhindern; vgl. hierzu EuGH v. 7.10.2010, Rs. C-285/09 (R), Slg. 2010, I-12605 hinsichtlich des umgekehrten Falles der Verschleierung des zutreffenden Leistungsempfängers.

somit allein die Beschleunigung und Vereinfachung des Verfahrens. Diesbezüglich ist zwar zuzugeben, dass sinnfreie oder unvollständige Angaben in der Regel zu Nachfragen im Sinne des Art. 20 und somit zu einer Verzögerung des Verfahrens führen, die nach Art. 15 Abs. 1 S. 2 erforderlichen Angaben allerdings gerade nicht in jedem Fall dazu führen, dass der Erstattungsstaat über den Antrag ohne weitere Nachfragen entscheiden kann.[1466] Zudem ist zu berücksichtigen, dass die Beschleunigung des Verfahrens nicht ausschließlich im Interesse der Mitgliedstaaten, sondern zumindest auch im Interesse der Antragsteller erfolgen sollte. Dies zeigt nicht zuletzt die Einführung einer verbindlichen Verzinsung für verspätete Erstattungen.[1467] Es würde insoweit seltsam anmuten, wenn ein Ziel der Richtlinie, dass auch den Interessen der Antragsteller dienen soll, letztlich bei der Interessenabwägung dazu führt, dass dem Antragsteller kein Vertrauensschutz gewährt wird. Vor dem Hintergrund der Bedeutung des Rechts auf Vorsteuerabzug ist bei der gebotenen Abwägung der Interessen diesem Recht daher der Vorrang einzuräumen und dem Antragsteller Vertrauensschutz zu gewähren. Er ist in diesem Fall folglich so zu stellen, als lägen die Umstände, auf die er vertraut hat, tatsächlich vor;[1468] vorliegend mithin also so, als ob die Antragsfrist nicht verstrichen wäre.[1469] Sollten aus Sicht des Erstattungsstaates Unklarheiten bestehen oder weitere Informationen erforderlich sein, können diese unproblematisch nach Art. 20 Abs. 1 angefordert werden.

1466 Vgl. FG Köln v. 20.1.2016, 2 K 1514/13, EFG 2016, 845, Rn. 81; v. 14.9.2016, 2 K 195/14, EFG 2016, 2098, Rn. 43. Zudem sieht auch die 11. EG-Richtlinie in Art. 20 ja gerade ausdrücklich die Möglichkeit der Einholung weiterer Informationen und Unterlagen vor.

1467 Vgl. insoweit auch den 3. Erwägungsgrund der 11. EG-Richtlinie, der ausdrücklich ausführt, dass durch die Verzinsung die Stellung der Unternehmer im Verfahren gestärkt werden soll.

1468 In diesem Sinne *Hassa*, UR 2015, 809, 811.

1469 Dies wird auch im Urteil des EuGH v. 21.6.2012, C-294/11 (Elsacom), ABl. EU 2012, Nr. C 250, 8 angedeutet, hier stellt der EuGH zwar ausdrücklich fest, dass es sich bei der Antragsfrist um eine nicht verlängerbare Ausschlussfrist handelt, stellt aber explizit die Möglichkeit der Wiedereinsetzung in den vorigen Stand in den Raum. Die Gewährung der Wiedereinsetzung stellt insoweit eine Möglichkeit dar, dem Gedanken des Vertrauensschutzes hinreichend Rechnung zu tragen.

cc. *Kein Gutglaubensschutz für die nach Art. 10 beizufügenden Rechnungen*

Wie bereits gezeigt, ist für einen wirksamen Antrag die Beifügung von Rechnungen innerhalb der Antragsfrist erforderlich, soweit der Erstattungsstaat von seinem in Art. 10 niedergelegten Wahlrecht Gebrauch gemacht hat.[1470] Der Bestätigungsvermerk nach Art. 15 Abs. 2 kann jedoch kein berechtigtes Vertrauen des Antragstellers dahingehend begründen, dass auch die nach Art. 10 erforderlichen Rechnungen innerhalb der Antragsfrist vollständig eingegangen sind, da Art. 15 Abs. 1 S. 2 explizit nicht auf Art. 10 verweist. Der Antragsteller kann sich somit auch bei Vorlage des Bestätigungsvermerks nach Art. 15 Abs. 2 nicht darauf berufen, die erforderlichen Rechnungen seien ebenfalls fristgerecht vorgelegt worden. Das Risiko einer unzureichenden Datenübermittlung trägt insoweit der Antragsteller, sofern es ihm nicht gelingt, die fristgemäße Übersendung der Rechnungen anderweitig nachzuweisen.[1471]

c. *Weiterleitung des Antrages nach Art. 18*

Der Ansässigkeitsstaat prüft gem. Art. 18 das Vorliegen der persönlichen Antragsvoraussetzungen und leitet den Antrag gem. Art. 18 Abs. 1 nur dann an den Erstattungsstaat weiter, wenn diese nach seiner Feststellung auch vorliegen. Diese Regelung bedeutet jedoch zum einen nicht, dass dem Erstattungsstaat bei berechtigten Zweifeln kein Prüfungsrecht der persönlichen Voraussetzungen des Antragstellers zukommt[1472], zum anderen folgt hieraus auch nicht, dass bei einer Weiterleitung des Antrages es dem Erstattungsstaat aus Gründen des Vertrauensschutzes verwehrt ist, den Antrag diesbezüglich abzulehnen.[1473] Da dem Ansässigkeitsstaat durch die 11. EG-Richtlinie jedoch eine „Vorprüffunktion" zugesprochen wird[1474], sind Nachfragen des Erstattungsstaates auf berechtigte

---

1470 Kapitel 4 E VI 2.

1471 Insoweit befindet sich der Antragsteller in derselben Situation wie im Verfahren unter der 8. EG-Richtlinie, in dem ihn ebenfalls das Risiko der Übermittlung des papiergebundenen Antrages sowie sämtlicher beizufügender Dokumente traf.

1472 Vgl. Kapitel 4 E V 1 a

1473 Sofern der Antragsteller insoweit die Erstattung der Vorsteuer im allgemeinen Besteuerungsverfahren verlangen kann, ist es vielmehr Aufgabe des Ansässigkeitsstaates dies sicherzustellen.

1474 So auch *Stadie*, in: Rau/Dürrwächter, UStG, § 18 (Oktober 2016) Rn. 732; *Treiber*, in: Sölch/Ringleb, UStG, § 18 (Oktober 2017) Rn. 184.

Zweifel zu beschränken[1475] und eine Ablehnung des Vorsteuerabzuges nur dann rechtmäßig, wenn sich diese Zweifel nach Einholung weiterer Informationen erhärtet haben.[1476]

d. Bestätigung des Erstattungsstaates gem. Art. 19 Abs. 1

Nach Art. 19 Abs. 1 setzt der Erstattungsstaat den Antragsteller unverzüglich nach Eingang des Antrages elektronisch über das Datum des Eingangs in Kenntnis.[1477] Diese Eingangsbestätigung dient vor allem anderen Regelungen der Richtlinie als Anknüpfungspunkt. So knüpfen die Bearbeitungsfristen (Art. 19 Abs. 2, Art. 20) sowie die Erstattungsfristen (Art. 22) und letztlich auch die Verzinsung des Anspruchs (Art. 27) immer an das Eingangsdatum des Erstattungsantrages beim Erstattungsstaat an. Der Erstattungsstaat kann bei übermittelter Empfangsbestätigung also für Zwecke dieser Fristen folglich kein anderes Datum zugrunde legen.

Für die Einhaltung der Antragsfrist als solche (Art. 15 Abs. 1 S. 1) hat die Eingangsbestätigung hingegen keine Bedeutung, da es insoweit lediglich auf den Eingang des Antrags beim Ansässigkeitsstaat ankommt und dieser bereits durch die Eingangsbestätigung nach Art. 15 Abs. 2 geschützt ist.

X. Vergleich des Vorsteuervergütungsverfahrens mit dem allgemeinen Besteuerungsverfahren

Das Vorsteuervergütungsverfahren nach der 11. EG-Richtlinie dient lediglich der Harmonisierung des sich aus der MwStSystRL ergebenden Anspruchs auf Vorsteuerabzug. Ein eigenständiges System wird hierdurch nicht begründet.[1478] Somit müssen prinzipiell auch für die Erstattung von Vorsteuern im besonderen Vorsteuervergütungsverfahren zwingend die in der MwStSystRL festgelegten materiellen Voraussetzungen des Vorsteuerabzugs vorliegen.[1479] Dies bedeutet

---

1475 *Sterzinger*, in: Birkenfeld/Wäger, USt-Hdb., § 214 (Mai 2015) Rn. 138 geht davon aus, dass diese Voraussetzung im Regelfall nicht mehr durch den Erstattungsstaat geprüft wird.

1476 Vgl. hierzu bereits Kapitel 4 E V 1 a.

1477 Hierbei handelt es sich nicht um einen Verwaltungsakt, sodass ein Rechtsbehelf hiergegen nicht zur Verfügung steht.

1478 EuGH v. 26.9.1996, Rs. C-302/99 (Debouche), Slg. 1996, I-4495, Rn. 18; v. 15.3.2007, Rs. C-35/05 (Reemtsma), Slg. 2007. I-2425, Rn. 25 wenngleich noch zur Vorgängerregelung. In diesem Sinne aber auch EuGH v. 21.2.2018, Rs. C-533/16 (Volkswagen), ABl. EU 2018, Nr. C 166, Rn. 35 explizit zur Erstattung nach der 11. EG-Richtlinie.

1479 Vgl. bspw. *Treiber*, in: Sölch/Ringleb, UStG, § 18 (September 2016) Rn. 171.

aber nicht, dass die 11. EG-Richtlinie keine von der MwStSystRL abweichenden Anforderungen an den Vorsteuerabzug stellen kann.[1480] Der grenzüberschreitende Bezug schlägt sich auch in der Höhe des Erstattungsanspruchs wieder. Für dessen Ermittlung sind nämlich sowohl die Regelungen des Ansässigkeits- als auch des Erstattungsstaates im Rahmen einer „doppelten Betrachtungsweise“ maßgeblich, so dass im Ergebnis bei abweichenden Regelungen diejenige Anwendung findet, die dem Antragsteller den geringeren Umfang an Vorsteuervergütung einräumt.[1481] Dies mag für den Antragsteller misslich sein, ist aber aufgrund der fehlenden vollständigen Harmonisierung des Mehrwertsteuersystems zur Sicherung der Wettbewerbsneutralität erforderlich und stellt keine Einschränkung des allgemeinen Gleichheitsgrundsatzes dar.[1482]

Anders als die MwStSystRL enthält die 11. EG-Richtlinie zahlreiche formelle Anforderungen hinsichtlich der Geltendmachung des Rechts auf Vorsteuerabzug, sodass die Frage der Gewährung eines Vorsteuerabzugs trotz Verletzung formeller, im Unionsrecht begründeter Pflichten viel virulenter ist als im allgemeinen Besteuerungsverfahren. Insoweit stellt sich daher die Frage, wie das nach der EuGH-Rechtsprechung im allgemeinen Besteuerungsverfahren doch recht umfangreich anzuwendende substance-over-form-Prinzip[1483] sich auf die formellen Voraussetzungen der 11. EG-Richtlinie auswirkt. Die Anwendung des substance-over-form-Prinzip wird wohl nicht dazu führen, dass die ausdrücklich in Art. 15 Abs. 1 S. 1 festgelegte Ausschlussfrist für die Geltendmachung

---

1480 Materiell werden von der Vorsteuervergütung gem. Art. 5 z.B. nicht Vorsteuerbeträge erfasst, die auf Leistungen entfallen, die für Zwecke der in Art. 169 lit. c MwStSystRL genannten Umsätze verwendet werden. Dies kann nach Ansicht des EuGH jedoch nicht dazu führen, dass der Anwendungsbereich des Vorsteuervergütungsverfahrens entgegen dem eindeutigen Wortlaut der Richtlinie erweitert wird; vgl. hierzu EuGH v. 15.7.2010, Rs. C-582/08 (Kommission/Vereinigtes Königreich), Slg. 2010, I-7196, Rn. 35ff. zwar zur 13. EG-Richtlinie, aber auf die 11. EG-Richtlinie übertragbar, so auch *Stadie*, in: Rau/Dürrwächter, UStG, § 18 (Oktober 2016) Rn. 572. *Treiber*, in: Sölch/Ringleb, UStG, § 18 (Oktober 2017) Rn. 179 geht insoweit davon aus, dass die deutschen Regelungen über den Vorsteuerabzug in § 15 Abs. 2 u. 3 UStG durch Art. 170 MwStSystRL „überlagert werden“. Kritisch hierzu *Haslehner*, StuW 2012, 242, der hierin einen Verstoß gegen das Diskriminierungsverbot sehen will.

1481 Die nun in Art. 5 und 6 niedergelegte Ermittlungsmethode geht letztlich auf die Rspr. des EuGH zurück vgl. EuGH v. 26.9.1996, Rs. C-302/93 (Debouche), Slg. 1996, I-4507.

1482 So auch *Schön*, in: Nieskens (Hrsg.), Umsatzsteuer-Kongress-Bericht 2001/2001, 17, 29f.

1483 Vgl. hierzu Kapitel 2 B IV.

des Vorsteuerabzugs im Vorsteuervergütungsverfahren insgesamt als irrelevant anzusehen ist, sodass auch weiterhin bei einer nicht fristgerechten Stellung des Vergütungsantrages von einem endgültigen Verlust des Vorsteuerabzugsrechts auszugehen sein wird.[1484] Allerdings dürfen auch im Vorsteuervergütungsverfahren die formalen Anforderungen nicht überspannt werden. Enthält die Richtlinie keine oder nur rudimentäre Vorgaben zu den Anforderungen, denen der Antragsteller zur Erlangung der Vorsteuervergütung genügen muss, muss zur Wahrung des Neutralitätsgrundsatzes diejenige Auslegung gewählt werden, die dem Antragsteller den Anspruch auf Vorsteuererstattung am weitesten sichert. Dies gilt umso mehr, als der EuGH vermehrt auch explizite formelle Regelungen der MwStSystRL auf den Prüfstand zu stellen scheint.[1485] Ob und in welchem Umfang dies auch für die formellen Voraussetzungen des Vorsteuervergütungsverfahrens gilt, bleibt abzuwarten.[1486]

Insbesondere stellt sich in diesem Zusammenhang die Frage, ob der EuGH seine ursprüngliche Feststellung, Ungleichbehandlungen zwischen der Vorsteuererstattung im allgemeinen Verfahren und der Vorsteuervergütung im besonderen Verfahren seien aufgrund des Ziels der Einführung eines besonderen Vorsteuervergütungsverfahrens, bestimmten Formen der Steuerhinterziehung zu verhindern, gerechtfertigt[1487], beibehält und dies als Begründung für eine restriktive Auslegung der Regelungen zum Vorsteuervergütungsverfahren heranziehen will. Zwar ist die Bekämpfung von Steuerhinterziehungen auch im allgemeinen Besteuerungsverfahren als legitimes Ziel der Einschränkung des Vorsteuerabzugsrechts anerkannt, jedoch nur dann, wenn anhand objektiver Umstände tatsächlich davon auszugehen ist, dass eine Steuerhinterziehung oder ein Missbrauch vorliegt.[1488] Der bloße grenzüberschreitende Bezug von Leistungen im Vorsteuervergütungsverfahren ist wohl nicht pauschal geeignet, derartige objektive Anhaltspunkte für eine Steuerhinterziehung zu begründen.

1484 So hat der EuGH die Ausschlussfrist im Vorsteuervergütungsverfahren als völlig unproblematisch angesehen, vgl. EuGH v. 21.6.2012, Rs. C-294/11 (Elsacom), ABl. EU 2012, Nr. C 250, 8 noch zur kürzeren Antragsfrist unter der 8. EG-Richtlinie. In diesem Sinne auch EuGH v. 14.2.2019, Rs. C-562/17 (Nestrade), BB 2019, 469, Rn. 41.

1485 Grdl. EuGH v. 16.9.2016, Rs. C-518/14 (Senatex), ABl. EU 2016, Nr. C 419, 6.

1486 Die Entscheidung in der Rechtssache *Volkswagen* (EuGH v. 21.3.2018, Rs. C-533/16, ABl. EU 2018, Nr. C 166, 11) betraf eine nationale Regelung.

1487 EuGH v. 11.6.1998, Rs. C-361/96 (Grandes sources d´eaux minerales françaises), Slg. 1998, I-3495, Rn. 27f.

1488 Vgl. Kapitel 2 B VI 2 a.

Es bleibt daher abzuwarten, wie der EuGH mit den durch Unionsrecht begründeten formalen Voraussetzungen des Vorsteuerabzugsrechts im Vorsteuervergütungsverfahren umzugehen gedenkt

Soweit die Mitgliedstaaten demgegenüber im Bereich des Vorsteuervergütungsverfahrens eigenständige Regelungen getroffen haben, ist auch nach der Auffassung des EuGH eine Prüfung am Grundsatz der Neutralität und insbesondere am substance-over-form-Prinzip uneingeschränkt möglich.[1489] Hierauf wird im weiteren Verlauf der Arbeit noch näher einzugehen sein.

F. Umsetzung der 11. EG-Richtlinie in Deutschland

I. Überblick über die gesetzliche Normierung im deutschen Recht

1. Umsetzungsverpflichtung

Wie alle Richtlinien ist auch die 11. EG-Richtlinie an die Mitgliedstaaten gerichtet[1490], die diese in nationales Recht umsetzen müssen, damit sie eine allgemeine Wirkung gegenüber jedermann entfalten[1491]. Die 11. EG-Richtlinie war durch die Mitgliedstaaten bis zum 1. Januar 2010 in nationales Recht umzusetzen.[1492] In Deutschland erfolgte die Umsetzung mit dem JStG 2009.[1493] Die 11. EG-Richtlinie findet hiernach Anwendung auf Erstattungsanträge, die nach dem 31. Dezember 2009 gestellt werden.[1494]

1489 So hat der EuGH bspw. das durch nationales Recht begründete zusätzliche Erfordernis der „eigenhändigen" Unterschrift als nicht mit dem Unionsrecht vereinbar angesehen vgl. EuGH v. 3.12.2009, Rs. C-433/08 (Yeasu Europe), Slg 2009, I-11487, Rn. 25ff. Zur Umsetzung der Regelungen des Vorsteuervergütungsverfahrens im nationalen Recht vgl. Kapitel 4 F. auch dürfen die Mitgliedstaaten die Vorsteuererstattung nicht an zusätzliche Voraussetzungen knüpfen, wenn sie bereits über sämtliche notwendigen Informationen verfügen, vgl. EuGH v. 14.2.2019, Rs. C-562/17 (Nestrade), BB 2019, 469, Rn. 45.

1490 Vgl. allgemein Art. 288 Abs. 3 AEUV sowie ausdrücklich Art. 31 der 11. EG-Richtlinie.

1491 Siehe *König*, in: Schulze/Zuleeg/Kadelbach, Europarecht, 2015, § 2 Rn. 44 m.w.N.

1492 Art. 29 der 11. EG-Richtlinie.

1493 Jahressteuergesetz 2009 (JStG 2009) v. 19.12.2008, BGBl. I 2008, 2794.

1494 § 27 Abs. 14 UStG, § 74a UStDV.

2. *Regelungen in § 18 Abs. 9 UStG*

Das Vorsteuervergütungsverfahren an nicht im Inland ansässige Unternehmer ist im nationalen Umsatzsteuerrecht in § 18 Abs. 9 UStG normiert.[1495] Satz 1 dieser Vorschrift enthält eine Ermächtigung für das Bundesministerium der Finanzen (BMF), Einzelheiten des Vorsteuervergütungsverfahrens durch Rechtsverordnung zu regeln. Der Umfang der Ermächtigung ist in § 18 Abs. 9 S. 2 UStG näher ausgeführt. Dennoch ist § 18 Abs. 9 UStG keine reine Ermächtigungsnorm, sondern regelt bereits selbst Einzelheiten des Verfahrens, wie beispielsweise die Anwendung eines pro-rata-Satzes zur Ermittlung der Höhe der erstattungsfähigen Vorsteuer.[1496]

3. *Regelungen in §§ 59ff. UStDV*

Von der in § 18 Abs. 9 S. 1 und 2 UStG niedergelegten Ermächtigung hat das BMF in den §§ 59 bis 62 UStDV Gebrauch gemacht. Auch wenn dem Wortlaut nach durch § 18 Abs. 9 UStG dem BMF hinsichtlich des Verordnungserlasses ein Ermessen eingeräumt wird („kann"), ist dieses Ermessen auf null reduziert, da Art. 171 MwStSystRL zwingend die Einführung eines abweichenden Verfahrens für die Erstattung von Vorsteuern an nicht im Inland ansässige Unternehmer vorsieht.[1497] Die §§ 59, 60 und 62 UStDV enthalten insoweit gemeinsame Vorschriften für die Erstattung an im Gemeinschaftsgebiet sowie im Drittlandsgebiet ansässige Unternehmer. Die unterschiedlichen Anforderungen der beiden Verfahren ergeben sich aus § 61 UStDV (für im Gemeinschaftsgebiet ansässige Unternehmer) sowie § 61a UStDV (für im Drittlandsgebiet ansässige Unternehmer[1498]).

Insgesamt kann bei einer Zusammenschau der Vorschriften des § 18 Abs. 9 UStG i.V.m. §§ 59 bis 62 UStDV festgestellt werden, dass der deutsche Gesetzgeber auf eine vollständige wortwörtliche Übernahme des Textes der 11. EG-

---

1495 Der umgekehrte Fall, d.h. im Inland ansässiger Unternehmer begehrt eine Vorsteuervergütung in einem anderen Mitgliedstaat, ist in § 18h UStG angesprochen. Die Einzelheiten der Vorsteuererstattung kann insoweit naturgemäß nicht der deutsche Gesetzgeber regeln, sondern ergibt sich vielmehr aus der 11. EG-Richtlinie sowie ihrer Umsetzung im nationalen Recht des entsprechenden Mitgliedstaates.

1496 *Stadie*, in: Rau/Dürrwächter, UStG, § 18 (Oktober 2016) Rn. 558; *Treiber*, in: Sölch/Ringleb, UStG, § 18 (Oktober 2017) Rn. 175.

1497 *Treiber*, in: Sölch/Ringleb, UStG, § 18 (September 2016) Rn. 175.

1498 Zu den Einzelheiten des Vorsteuervergütungsverfahrens an im Drittlandsgebiet ansässige Unternehmer vgl. Kapitel 5.

Richtlinie verzichtet hat. Dies ist allerdings auch nicht zwingend erforderlich, sofern die Umsetzung der Richtlinie dennoch vollständig und genau erfolgt (Art. 4 Abs. 3 EUV).[1499] Die Mitgliedstaaten dürfen insoweit nämlich die Umsetzungsformen und -mittel ergreifen, die der Wirksamkeit der Richtlinie am besten zur Geltung verhelfen.[1500] Insoweit billigt der EuGH den Mitgliedstaaten bei der Umsetzung von Richtlinien in nationales Recht einen gewissen Wertungsspielraum zu[1501], der insbesondere dann zum Tragen kommt, wenn der Mitgliedstaat die Mindestbestimmungen der Richtlinie überschreitet.[1502] Diese Umsetzung muss allerdings dem Grundsatz der Verhältnismäßigkeit entsprechen und daher objektiv erforderlich und angemessen sein, um die Erreichung des Hauptziels der Richtlinie zu gewährleisten.[1503]

4. Ausführungen im Umsatzsteuer-Anwendungserlass

Wie im Umsatzsteuerrecht im Allgemeinen üblich, sind auch zum Vorsteuervergütungsverfahren umfangreiche Verwaltungsvorschriften im Umsatzsteuer-Anwendungserlass (UStAE) ergangen.[1504] Verwaltungsvorschriften enthalten die Verwaltungsauffassung über gesetztes Recht, stellen selbst jedoch kein Recht dar.[1505] Sie dienen der Gleichmäßigkeit der Besteuerung[1506] und erhöhen die Rechtssicherheit.[1507] Verwaltungsanweisungen binden allerdings nur die Behörden und ihre Bediensteten, gegenüber dem Steuerpflichtigen und den Gerichten entfalten sie hingegen keine Bindungswirkung.[1508] Zur Erfüllung des Umsetzungsauftrages sind Regelungen in Verwaltungsanweisungen daher grundsätzlich nicht geeignet.[1509]

1499 *Haratsch/Koenig/Pechstein*, Europarecht, 2016, Rn. 383; so auch *Calliess/Kahl/Puttler*, in: Calliess/Ruffert, EUV/AEUV, 2016, Art. 4 EUV Rn. 56; *Nettesheim*, Das Recht der Europäischen Union, Art. 288 (August 2018) Rn. 120; *Streinz*, in: Streinz, EUV/AEUV, 2018, Art. 4 EUV Rn. 46.

1500 EuGH v. 8.4.1976, Rs. 48/75 (Royer), Slg. 1976, S. 497, Rn. 69, 73.

1501 Vgl. EuGH v. 8.5.2008, Rs. C-491/06 (Danske Svineproducenter), Slg. 2008, I-3339, Rn. 31.

1502 *Haratsch/Koenig/Pechstein*, Europarecht, 2016, Rn. 385.

1503 Vgl. EuGH v. 8.5.2008, Rs. C-491/06 (Danske Svineproducenter), Slg. 2008, I-3339, Rn. 31; vgl. hierzu auch *Haratsch/Koenig/Pechstein*, Europarecht, 2016, Rn. 385.

1504 Vgl. Abschn. 18.10 bis 18.15 UStAE.

1505 *Englisch*, in: Tipke/Lang, Steuerrecht, 2018, § 5 Rz. 31.

1506 BVerfG v. 31.5.1988, 1 BvR 520/83, BVerfGE 78, 214.

1507 *Englisch*, in: Tipke/Lang, Steuerrecht, 2018, § 5 Rz. 32.

1508 Ausführlich hierzu *Tipke*, StRO III, 2012, 1436ff.

1509 Vgl. hierzu EuGH v. 30.5.1991, Rs. C-361/88 (TA-Luft), Slg. 1991, I-2567, Rn. 20f.

II. Die Regelungen der 11. EG-Richtlinie im nationalen Recht

1. Allgemeines

Auch wenn auf eine vollständige wortgetreue Umsetzung der 11. EG-Richtlinie in nationales Recht verzichtet wurde, finden sich doch ihre wesentlichen Grundsätze wortgleich im nationalen Recht wieder, so dass insoweit die Ausführungen zu den Regelungen des Unionsrechts Anwendung finden.[1510] Zu beachtende Unterschiede bestehen allerdings zunächst dort, wo die Richtlinie den Mitgliedstaaten ausdrücklich Wahlrechte eingeräumt hat.[1511] Daneben hat der deutsche Gesetzgeber zudem auf die Umsetzung bestimmter Richtlinienregelungen verzichtet bzw. diese schlicht nicht vorgenommen. Schließlich trifft die Richtlinie für einige verfahrensrechtliche Fallkonstellationen selbst keine Regelungen, sodass die Mitgliedstaaten nach dem Grundsatz der Verfahrensautonomie angehalten sind, diese „Lücken" unter Beachtung der allgemeinen Grundsätze des Unionsrechts zu „füllen."

2. Wörtliche Umsetzung des Richtlinientextes

Einzelne Regelungen der 11. EG-Richtlinie wurden durch den deutschen Gesetzgeber wortgetreu in nationales Recht umgesetzt.[1512] Insoweit wurde zunächst unstreitig der Umsetzungsverpflichtung aus Art. 4 Abs. 3 EUV i.V.m. Art. 288 Abs. 3 AEUV nachgekommen.[1513]

Auch soweit eine wortgetreue Umsetzung der Richtlinie erfolgt ist, kann sich der nationale Rechtsanwender bei Einschränkungen oder Verletzungen des Grundsatzes der Neutralität oder anderer primärrechtlicher Regelungen nicht auf den Standpunkt zurückziehen, die Einschränkungen ergäben sich aus der Richtlinie selbst und seien daher keiner Prüfung an höherrangigem Primärrecht zugänglich.[1514] Vielmehr muss auch hinsichtlich dieser Regelungen geprüft werden, ob sie nicht einer neutralitätswahrenden Auslegung zugänglich sind.

1510 Zu dem Inhalt und der Auslegung der Regelungen der 11. EG-Richtlinie im Einzelnen vgl. Kapitel 4 E.

1511 Zu der Ausübung von in der 11. EG-Richtlinie vorgesehenen Umsetzungsspielraumen vgl. im Einzelnen nachfolgend Kapitel 4 F II 3.

1512 So wurde bspw. die neun-monatige Antragsfrist sowie die Länge des Vergütungszeitraums wörtlich aus den Regelungen der 11. EG-Richtlinie übernommen, vgl. § 61 Abs. 2 S. 1, § 60 S. 1 u. S. 2 UStDV.

1513 Zur Umsetzungsverpflichtung der Mitgliedstaaten Kapitel 1 C I.

1514 Vgl. hierzu bereits Kapitel 2 C III 2.

Die Ausführungen hinsichtlich der Richtlinienregelungen gelten insoweit entsprechend.[1515]

3. *Ausübung von Wahlrechten durch den nationalen Gesetzgeber*

a. *Beschreibung der bezogenen Leistungen*

Nach Art. 9 Abs. 2 kann der Erstattungsstaat für die nach Art. 9 Abs. 1 erforderliche Beschreibung der bezogenen Leistungen die Verwendung zusätzlicher (neben den in Art. 9 Abs. 1 genannten) Codes verlangen.[1516] Deutschland hat von dieser Möglichkeit ausdrücklich keinen Gebrauch gemacht.[1517] Für die Fälle, in denen der Antragsteller die in Art. 9 Abs. 1 vorgesehene Kennziffer 10 = Sonstiges verwendet,[1518] folgt hieraus, dass sich weder aus der Richtlinie selbst noch aus nationalem Recht verbindliche Vorgaben für die Art der Beschreibung der bezogenen Waren und Dienstleistungen ergeben, sondern der Antragsteller die Eintragungen „frei" vornehmen kann. Die elektronischen Portale der Ansässigkeitsstaaten haben dem Rechnung getragen, als Freifelder zur erforderlichen Beschreibung eingerichtet wurden.[1519] Eintragungshinweise für den Antragsteller, wie sie für das Verfahren nach der 8. EG-Richtlinie vorlagen, existieren nicht, so dass dem Antragsteller keinerlei Hinweise darauf zur Verfügung stehen, welchen Anforderungen ein wirksamer Antrag genügen muss.[1520] Dieser Umstand muss bei der Prüfung der Wirksamkeit des Erstattungsantrages zugunsten des Antragstellers berücksichtigt werden. Hierauf wird im weiteren Verlauf der Arbeit noch näher einzugehen sein.[1521]

1515 Vgl. hierzu bereits Kapitel 4 E.

1516 Zu dem nach der Richtlinie erforderlichen Umfang der Beschreibung der bezogenen Leistungen vgl. Kapitel 4 E V 2.

1517 Vgl. insoweit auch die Hinweise auf der Webseite des BZSt abrufbar unter: https://www.bzst.de/DE/Steuern_International/Vorsteuerverguetung/02_Unternehmer_Ausland_EU/Unternehmer_Ausland_EU_node.html (zuletzt abgerufen am 14.4.2019); so auch *Treiber*, in: Sölch/Ringleb, UStG, § 18 (Oktober 2017) Rn. 202a.

1518 Zu den Eintragungsmöglichkeiten hinsichtlich der Beschreibung der bezogenen Waren und Dienstleistung vgl. Kapitel 4 E V 2.

1519 Hierzu *Sterzinger*, in: Birkenfeld/Wäger, USt-Hdb., § 214 (Mai 2015) Rn. 148.

1520 So auch EG Köln v. 20.1.2016, 2 K 1514/13, EFG 2016, 845. Anhang C zur 8. EG-Richtlinie enthielt Hinweise auf die vorzunehmenden Mindestinformationen, die für einen wirksamen Erstattungsantrag als erforderlich angesehen wurden.

1521 Sofern der Antragsteller aus seiner Sicht hinreichende Angaben getätigt hat, diese allerdings als nicht ausreichend angesehen werden sollten, kann ihm eine mögliche Fristversäumnis nicht entgegengehalten werden vgl. hierzu Kapitel 4 E IX 2 a bb.

b. Beschreibung der Geschäftstätigkeit des Antragstellers

Nach Art. 11 kann der Erstattungsstaat verlangen, dass der Antragsteller seine Geschäftstätigkeit entsprechend der auf EU-Ebene harmonisierten Codes (sog. NACE-Codes)[1522] beschreibt. Von dieser Möglichkeit hat Deutschland Gebrauch gemacht[1523], so dass ein wirksamer Antrag im Sinne des Art. 15 Abs. 1 S. 2 die Verwendung der entsprechenden NACE-Codes voraussetzt. Problematisch ist jedoch, dass weder § 18 Abs. 9 UStG noch die §§ 59 bis 62 UStDV ausdrücklich festlegen, dass die Verwendung der NACE-Codes für einen wirksamen Erstattungsantrag erforderlich ist. Es ist daher fraglich, ob die Verpflichtung zur Verwendung der NACE-Codes hinreichend in nationales Recht umgesetzt wurde. Der bloße Hinweis auf den Webseiten des BZSt stellt zumindest keine hinreichende Umsetzung dar.[1524] Als Folge wäre die Verwendung der NACE-Codes für einen wirksamen Antrag nicht erforderlich.[1525]

Eine Umsetzung der Verpflichtung zur Verwendung der NACE-Codes könnte allerdings dadurch erfolgt sein, dass § 61 Abs. 1 UStDV voraussetzt, der Antragsteller habe einen Vergütungsantrag „nach amtlich vorgeschriebenen Datensatz" über das elektronische Portal seines Ansässigkeitsstaates zu stellen. Insoweit könnte argumentiert werden, der deutsche Gesetzgeber habe hierdurch auf die formellen Anforderungen der 11. EG-Richtlinie Bezug nehmen wollen

---

1522 Abgedruckt in der Verordnung (EG) Nr. 1893/2006 des Europäischen Parlaments und des Rates v. 20.12.2006 zur Aufstellung der statistischen Systematik der Wirtschaftszweige NACE Revision 2 und zur Änderung der Verordnung (EWG) Nr. 3037/90 des Rates sowie einiger Verordnungen der EG über bestimmte Bereiche der Statistik, ABl. Nr. L 393/2006, 7ff.

1523 Vgl. insoweit die Hinweise auf den Webseiten des BZSt, abrufbar unter: https://www.bzst.de/DE/Steuern_International/Vorsteuerverguetung/02_Unternehmer_Ausland_EU/Unternehmer_Ausland_EU_node.html (zuletzt abgerufen am 14.4.2019); vgl. hierzu auch *Treiber*, in: Sölch/Ringleb, UStG, § 18 (Oktober 2017) Rn. 202a.

1524 Da der EuGH schon Verwaltungsanweisungen insoweit nicht ausreichend lässt, kann erst recht kein bloßer Hinweis für eine Umsetzung genügen vgl. EuGH v. 1.3.1983, Rs. 300/81 (Kommission/Italien), Slg. 1983, 449; v. 9.12.1986, Rs. 239/85 (Kommission/Belgien), Slg. 1986, 3645; v. 30.6.1991, Rs. C-361/88 (TA-Luft), Slg. 1991, I-2567, Rn. 20f. So auch *Nettesheim*, Das Recht der Europäischen Union, Art. 288 AEUV (August 2012) Rn. 121; *Ruffert*, in: Calliess/Ruffert, EUV/AEUV, 2016, Art. 288 AEUV Rn. 29.

1525 Eine unzureichende Richtlinienumsetzung führt dazu, dass sich insoweit keine Verpflichtungen gegenüber dem Einzelnen aus dieser Richtlinie ergeben, vgl. *Haratsch/König/Pechstein*, Europarecht, 2016, Rn. 392.

und die Pflicht zur Verwendung der NACE-Codes hinreichend in nationales Recht umgesetzt.[1526]

Die Mitgliedstaaten müssen den Inhalt der Richtlinie so in nationales Recht umsetzen, dass ihre vollständige Anwendung in hinreichend bestimmter und klarer Weise gewährleistet ist.[1527] Die Umsetzung muss dergestalt erfolgen, dass der Betroffene von seinen Rechten und Pflichten Kenntnis erlangen kann,[1528] dabei müssen vor allem die Pflichten "so bestimmt und klar" benannt sein, „dass die Rechtssicherheit garantiert ist"[1529]. Je nach Inhalt der Richtlinie kann hierfür allerdings auch ein allgemeiner rechtlicher Rahmen genügen.[1530]

Diesbezüglich ist vorliegend anzumerken, dass § 61 Abs. 1 UStDV[1531] zum einen weder einen Hinweis darauf enthält, dass der „amtliche Datensatz" sich nach den Vorgaben der 11. EG-Richtlinie richtet und zum anderen, dass Art. 11 hinsichtlich der Verwendung der NACE-Codes den Mitgliedstaaten ausdrücklich ein Wahlrecht einräumt. Selbst wenn also aus § 61 Abs. 1 UStDV ausdrücklich hervorgehen sollte, dass sich die geforderten Angaben unmittelbar aus der 11. EG-Richtlinie ergeben, würde dies im konkreten Fall nicht weiterhelfen, weil die Richtlinie den Mitgliedstaaten insoweit ein Wahlrecht einräumt und die Art der Ausübung durch den Mitgliedstaat durch den Betroffenen nicht ohne

---

1526 So FG Köln v. 20.1.2016, 2 K 1514/13, EFG 2016, 845, Rn. 54f. mit Verweis auf die Formulierung „nach amtlich vorgeschriebenem Vordruck" zur Vorgängerregelung. FG v. 14.9.2016. 2 K 195/14, EFG 2016, 2088, Rn. 39 lässt hingegen Zweifel des Gerichts hinsichtlich der erforderlichen Umsetzung einzelner Richtlinienstellen erkennen, lässt das Ergebnis allerdings offen.

1527 EuGH v. 23.5.1985, Rs. 29/84 (Kommission/Deutschland), Slg. 1985, 1661; v. 9.4.1987, Rs. 363/85 (Kommission/Italien), Slg. 1987, 1733; *Nettesheim*, Das Recht der Europäischen Union, Art. 288 AEUV (August 2018) Rn. 120.

1528 EuGH v. 8.7.1999, Rs. C-354/98 (Kommission/Frankreich), Slg. 1999, I-4927.

1529 EuGH v. 9.9.1999, Rs. C 217/97 (Kommission/Deutschland), Slg. 1999, I-5087, Rn. 34; in diese Richtung gehend ebenfalls EuGH v. 27.10.1992, Rs. C-74/91 (Kommission/Deutschland), Slg. 1992, I-5347; v. 28.4.1993, Rs. C-306/91 (Kommission/Italien), Slg. 1993, I-2133; v. 19.9.1996, Rs. C-236/95 (Kommission/Griechenland), Slg. 1996, I-4459.

1530 EuGH v. 23.5.1985, Rs. 29/84 (Kommission/Deutschland), Slg. 1985, 1661; v. 9.4.1987, Rs. 363/85 (Kommission/Italien), Slg. 1987, 1733.

1531 § 61 Abs. 1 S. 1 UStDV hat folgenden Wortlaut: *„Der im übrigen Gemeinschaftsgebiet ansässige Unternehmer hat den Vergütungsantrag nach amtlich vorgeschriebenem Datensatz durch Datenfernübertragung über das in dem Mitgliedstaat, in dem der Unternehmer ansässig ist, eingerichtete elektronische Portal dem Bundeszentralamt für Steuern zu übermitteln."*

Weiteres erkannt werden kann. Vor dem Hintergrund, dass die Verpflichtung zur hinreichend „klaren und bestimmten" Umsetzung der Information der Betroffenen über ihre Rechte und Pflichten dienen soll[1532] und die Nichtangabe der NACE-Codes gem. Art. 15 Abs. 1 S. 2 zum endgültigen Verlust des Vorsteuerabzugsrechts führt, erscheint der bloße Bezug auf den „amtlich vorgeschriebenen Datensatz" in § 61 Abs. 1 UStDV als unzureichend.

Allerdings ist zu beachten, dass die Ansässigkeitsstaaten ihre elektronischen Portale nach den Anforderungen der jeweiligen Erstattungsstaaten einrichten und daher davon auszugehen ist, dass die Übermittlung eines Antrages betreffend die Erstattung deutscher Umsatzsteuer zwingend die Eingabe der NACE-Codes erfordert. Ob hierin allerdings eine Umsetzung gesehen werden kann, die „die vollständige Anwendung der Richtlinie in klarer und bestimmter Weise gewährleistet"[1533], darf mehr als bezweifelt werden, zumal die Einrichtung des elektronischen Portals nicht durch Deutschland, sondern durch einen anderen Mitgliedstaat erfolgt.[1534] Vor dem Hintergrund, dass der Antragsteller durch die verbindliche Auswahlmöglichkeit im elektronischen Portal des Ansässigkeitsstaates jedoch praktisch zu zutreffenden Angaben „gezwungen" wird, erscheint eine etwaige unzureichende Umsetzung der Richtlinie aus Rechtssicherheitsaspekten jedoch eher unproblematisch.

Sofern das Portal des Ansässigkeitsstaates hingegen keinen Rückschluss auf die Erforderlichkeit der Verwendung der NACE-Codes zur Beschreibung der Geschäftstätigkeit zulassen sollte (z.B. durch Ausgestaltung der Eingabemöglichkeit als Freifeld mit der Möglichkeit der Eingabe eines Freitextes), wäre die unzureichende Richtlinienumsetzung auch aus Rechtsschutzgesichtspunkten bedenklich, da für den Antragsteller nicht ersichtlich ist, welchen Anforderungen der Erstattungsantrag genügen muss. In diesem Fall dürfte der Erstattungsantrag

---

1532 Vgl. EuGH v. 8.7.1999, Rs. C-354/98 (Kommission/Frankreich), Slg. 1999, I-4927, Ls. 2; *Nettesheim*, Das Recht der Europäischen Union, Art. 288 AEUV (August 2012) Rn. 120.

1533 Vgl. EuGH v. 28.2.1991, Rs. C-131/88 (Kommission/Deutschland), Slg. 1991, I-825; v. 30.5.1991, Rs. C-361/88 (TA-Luft), Slg. 1991, I-2567, Rn. 15.

1534 Wenn schon weder der Erlass einer Norm zur Verpflichtung der richtlinienkonformen Anpassung von Vorschriften (EuGH v. 18.12.1997, Rs. C-263/96 (Kommission/Belgien), Slg. 1997, I-7453) noch die entsprechende Auslegung durch den Richter (EuGH v. 4.12.1997, Rs. C-207/96 (Kommission/Italien), Slg. 1997, I-8669) zur erforderlichen Umsetzung ausreicht, dann kann erst recht das Vertrauen eines Staates auf die praktische Ausgestaltung eines elektronischen Portals durch einen anderen Staat nicht zur hinreichenden Umsetzung der Richtlinie ausreichen.

daher nicht wegen eines Verstoßes gegen Art. 11 i.V.m. Art. 15 Abs. 1 S. 2 abgelehnt werden.

c. Beifügung zusätzlicher Dokumente

aa. Nach Art. 10 erforderliche Dokumente

Nach Art. 10 kann der Erstattungsstaat verlangen, dass ab einer Steuerbemessungsgrundlage von 1.000 Euro bzw. bei einem Bezug von Kraftstoff ab 250 Euro eine Kopie der entsprechenden Rechnung bzw. des entsprechenden Einfuhrdokuments vorgelegt wird. Von dieser Möglichkeit hat der deutsche Gesetzgeber Gebrauch auch gemacht. Allerdings verlangt § 61 Abs. 2 S. 3 UStDV in der derzeit geltenden Fassung die elektronische Übersendung der *vollständigen entsprechenden Originaldokumente*.[1535] Ob diese Vorgaben mit Unionsrecht vereinbar sind, darf bezweifelt werden.[1536] Die deutsche Finanzgerichtsbarkeit (zumindest das FG Köln) geht dementsprechend davon aus, dass auch die elektronische Übersendung von Kopien ausreichend ist.[1537] Diese Auslegungsweise ist auch aus Neutralitätsgesichtspunkten geboten, dürfen die Mitgliedstaaten doch prinzipiell dem Unternehmer keine zusätzlichen formellen Pflichten zur Erlangung des Rechts auf Vorsteuerabzug auferlegen, soweit diese nicht zur Sicherung der Erhebung des zutreffenden Mehrwertsteueraufkommens erforderlich sind.[1538]

1535 § 61 Abs. 2 S. 3 UStDV führt insoweit aus, dass *„die Rechnungen und Einfuhrbelege als eingescannte Originale vollständig beizufügen"* sind (§ 61 Abs. 2 S. 3 UStDV i.d.F. der 3. VO zur Änderung stl. VO und weiterer VO v. 12.7.2917, BGBl. I 2017, 2360). Bis zum 31.12.2014 reichte die elektronische Übermittlung „in Kopie" aus (§ 61 Abs. 2 S. 3 UStDV i.d.F. v. 30.12.2014 geändert durch VO v. 22.12.2014, BGBl. I 2014, 2392). Da der Gesetzestext augenscheinlich nur papierbasierte Rechnungen im Blick hatte, sollte bei elektronischen Rechnungen die Übersendung der elektronischen Rechnung ausreichen, so auch *Treiber*, in: Sölch/Ringleb, UStG, § 18 (Oktober 2017) Rn. 205.

1536 Ebenso *Wäger*, UR 2018, 45, 72. Der BFH hatte noch zu der Vorgängerregelung, die nicht die Vorlage von Originaldokumenten verlangt, entschieden, dass die elektronische Kopie einer Kopie ausreichend ist, vgl. BFH v. 17.5.2017, BStBl. II 2017, 925 sowie v. 30.8.2017, XI R 24/16, BStBl. II 2018, 151 beide zur Rechtslage v. 1.1.2010 bis 29.12.2014.

1537 Explizit zur Neufassung des § 61 Abs. 2 S. 3 UStDV vgl. FG Köln v. 11.5.2016, 2 K 2463/13, EFG 2016, 2102, Rn. 25ff. Das Urteil wurde durch den BFH bestätigt, allerdings ausdrücklich in Bezug auf die bis zum 31.12.2014 geltende Rechtslage, vgl. BFH v. 20.8.2017, XI R 24/16, BStBl. II 2018, 151.

1538 So bspw. EuGH v. 12.4.2018, Rs. C-8/17 (Biosafe), ABl. EU 2018, Nr. C 200, 12, Rn. 38.

Vorliegend ist nicht ersichtlich, inwieweit die Anforderung der elektronischen Übersendung von eingescannten Originalen der zutreffenden Ergebung der Mehrwertsteuer durch die deutsche Finanzverwaltung dienen soll. Macht das Erfordernis der Vorlage von Originalen in einem papiergebundenen Verfahren durchaus noch Sinn, da die Erstattungsbehörde durch das Anbringen von Sichtvermerken die Verwendung dieser Rechnungen für weitere Erstattungen verhindern kann, ist dies im elektronischen Verfahren schlicht nicht möglich.[1539] Gleiches gilt auch für die Anforderung, dass die Rechnungen vollständig einzureichen sind. Soweit sich aus den eingereichten Dokumenten sämtliche erforderlichen Angaben zur Prüfung der Voraussetzungen des Vorsteuerabzugsrechts ergeben, muss auch die Einreichung von unvollständigen Rechnungen als ausreichend erachtet werden.[1540]

Die Umsetzung der Richtlinienbestimmung durch den deutschen Gesetzgeber geht somit über das Erforderliche hinaus und ist entsprechend dem Grundsatz der Neutralität dahingehend einschränkend auszulegen, dass auch die elektronische Übersendung eingescannter Kopien ausreicht.

Unabhängig von der Form der einzureichenden Rechnungen erfordert ein wirksamer Antrag bei einem Überschreiten der maßgeblichen Wertgrenzen jedoch in jedem Fall die Übersendung der Rechnungs- bzw. Einfuhrdokumente innerhalb der neun-monatigen Antragsfrist.[1541]

1539 So auch die Begründung des FG Köln, Urt. v. 11.5.2016, 2 K 2463/13, EFG 2016, 2102, Rn. 25ff.

1540 So auch die Einschätzung des FG Köln (Urteil v. 15.2.2018, 2 K 1386/17) allerdings noch zur alten Rechtslage. Die Gesetzesänderung kann daher durchaus als Reaktion auf die Rechtsprechung der deutschen Finanzgerichte verstanden werden. Zudem ergibt sich aus der Rechtsprechung des EuGH, dass das Recht auf Vorsteuerabzug auch bei unvollständigen Rechnungen nicht verweigert werden kann, wenn die Steuerverwaltung über „sämtliche Daten verfügt, um zu prüfen, ob die für dieses Recht geltenden materiellen Voraussetzungen erfüllt sind", EuGH v. 15.9.2016, Rs. C-516/14 (Barlis 06), ABl. EU 2016, Nr. C 419, 6, Rn. 42, 43; v. 21.11.2018, Rs. C-664/16 (Vadan), ABl. EU 2019, Nr. C 25 4, Rn. 41.

1541 So ausdrücklich die Auffassung der deutschen Finanzgerichte vgl. bspw. FG Köln v. 13.9.2017, 2 K 395/16, EFG 2017, 1775, Rn. 19 m.w.N. Zu der grundsätzlichen Frage, ob für die Einreichung der Rechnungen ebenfalls die 9-monatige Antragsfrist gilt, vgl. bereits Kapitel 4 E VI 2. Für die Wahrung der Antragsfrist ist allerdings nicht erforderlich, dass die Rechnungen vollständig übermittelt werden, sofern sich aus den übermittelten Teilen alle notwendigen Informationen zur Prüfung des Vorsteueranspruchs ergeben vgl. FG Köln v. 9.11.2016, 2 K 1912/15, EFG 2017, 1697, Rn. 36f.; Revision anhängig unter Az.: XI R 22/17.

bb. Anforderung zusätzlicher Dokumente bei begründeten Zweifeln

Auch von der Möglichkeit, bei begründeten Zweifeln an dem Bestehen des Rechts auf Vorsteuerabzug die Originale anzufordern (Art. 19 Abs. 1 UAbs. 3), hat Deutschland Gebrauch gemacht, so dass in derartigen Fällen, unabhängig von der Höhe der Steuerbemessungsgrundlage, die Vorlage der Originaldokumente verlangt werden kann (§ 61 Abs. 2 S. 2 UStDV). Die Richtlinie enthält zwar keinen Hinweis zur Auslegung des Begriffs „begründete Zweifel", vor dem Hintergrund des erklärten Ziels der Richtlinie, das Verfahren zu vereinfachen und letztlich auch zu beschleunigen[1542], sowie unter Beachtung des Verhältnismäßigkeitsgrundsatzes[1543] ist entsprechend dem Gebot der richtlinienkonformen Auslegung[1544] dieser Begriff allerdings eng auszulegen und auf Fälle zu beschränken, in denen die unzulässige Geltendmachung des Vorsteuerabzuges möglich erscheint.[1545]

Kann der Antragsteller die Originale nicht mehr vorlegen, muss zumindest in den Fällen, in denen ihn an diesem Umstand kein Verschulden trifft, das Bestehen des Rechts auf Vorsteuerabzug durch einen anderweitigen Nachweis belegt werden können.[1546]

d. Zulässige Sprache des Vergütungsantrages

Nach Art. 12 kann der Erstattungsstaat festlegen, in welcher Sprache bzw. in welchen Sprachen der Antrag zulässigerweise gestellt werden kann. Für Vergütungsanträge, die deutsche Vorsteuer betreffen, sind Anträge in deutscher und

---

1542 Vgl. 2. Erwägungsgrund der 11. EG-Richtlinie; so auch *Sterzinger*, in: Birkenfeld/Wäger, USt-Hdb., § 214 (Mai 2015) Rn. 16.

1543 Zum Umfang und der Geltung des Grundsatzes der Verhältnismäßigkeit vgl. Kapitel 1 C III 2.

1544 Zum Gebot und Umfang der richtlinienkonformen Auslegung ausführlich vgl. Kapitel 1 C II 1.

1545 So auch *Neeser/Blottko*, UVR 2008, 300, 303; *Treiber*, in: Sölch/Ringleb, UStG, § 18 (Oktober 2017) Rn. 205a. Zur Auslegung dieser Voraussetzung in der Rechtsprechung vgl. FG Köln v. 5.10.2017, 2 K 2259/14, EFG 2017, 1921.

1546 Vgl. in diesem Sinne EuGH v. 11.6.1998, Rs. C-361/96 (Grandes sources d´eaux minerales françaises), Slg. 1998, I-3495, Rn. 30, 31. In diesem Sinne auch EuGH v. 15.9.2016, Rs. C-516/14 (Barlis 06), ABl. EU 2016, Nr. C 419, 6. Die Verpflichtung zur Vorlage von Originaldokumenten stellt grds. auch keinen Verstoß gegen den Verhältnismäßigkeitsgrundsatz dar vgl. *Sterzinger*, in: Birkenfeld/Wäger, USt-Hdb., § 214 (Mai 2015) Rn. 173; in diesem Sinne auch *Stadie*, UStG, 2015, § 18 Rn. 152.

englischer Sprache zulässig.[1547] Eine ausdrückliche gesetzestechnische Umsetzung hat allerdings auch die Ausübung dieses Wahlrechts nicht erfahren. Auch insoweit stellt sich daher die Frage, ob für die ausreichende Umsetzung allgemein auf die Anforderung der Antragstellung „nach amtlich vorgeschriebenem Datensatz" in § 61 Abs. 1 UStDV verwiesen werden kann. Auch wenn eine hinreichende Umsetzung dieser Richtlinienbestimmung zweifelhaft erscheint, sollten sich aus Rechtssicherheitsaspekten nur dann Probleme ergeben, wenn sich aus dem Portal des Ansässigkeitsstaates nicht erkennen lässt, dass Einträge nur in deutscher und englischer Sprache zulässig sind.[1548]

4. *Nicht erfolgte Umsetzung von Richtlinienvorschriften*

a. *Umfang der Vorsteuervergütung*

Nach Art. 4 sind solche Vorsteuerbeträge nicht im Wege des Vorsteuervergütungsverfahrens zu erstatten, die entweder unrechtmäßig in Rechnung gestellt wurden (Art. 4 lit. a) oder die für Lieferungen von Gegenständen in Rechnung gestellt wurden, die steuerfrei sind bzw. steuerfrei gestellt werden könnten (Art. 4 lit. b).

Der Ausschluss zu Unrecht in Rechnung gestellter Vorsteuerbeträge ergibt sich bereits aus § 59 S. 1 UStDV, da dieser die erstattungsfähigen Vorsteuerbeträge an die Voraussetzungen des § 15 UStG knüpft. Da nach § 15 UStG zu Unrecht in Rechnung gestellte Steuerbeträge nicht als Vorsteuer abzugsfähig sind,[1549] wurde Art. 4 lit. a folglich hinreichend in nationales Recht umgesetzt.[1550]

Anders verhält es sich hingegen mit den nach Art. 4 lit. b ausgeschlossenen Vorsteuerbeträgen. Soweit Lieferungen lediglich umsatzsteuerfrei gestellt werden können, handelt es sich nicht um zu Unrecht in Rechnung gestellte

---

1547 Vgl. insoweit die Hinweise auf den Webseiten des BZSt, abrufbar unter: https://www.bzst.de/DE/Steuern_International/Vorsteuerverguetung/02_Unternehmer_Ausland_EU/Unternehmer_Ausland_EU_node.html. (zuletzt abgerufen am 14.4.2019); vgl. auch *Treiber*, in: Sölch/Ringleb, UStG, § 18 (Oktober 2017) Rn. 202.

1548 Zu dieser Problematik bereits ausführlich Kapitel 4 F II 3 b.

1549 Zu der Abzugsfähigkeit zu Unrecht in Rechnung gestellter Steuerbeträge vgl. bereits Kapitel 2 B v. Kritsch hierzu *Stadie*, in: Rau/Dürrwächter, UStG, § 18 (Oktober 2016) Rn. 577.

1550 Entspricht die nationale Rechtslage bereits den Vorgaben der Richtlinie, wird ein mitgliedstaatliches Tätigwerden in der Regel nicht verlangt, vgl. EuGH v. 27.11.1997, Rs. C-137/96 (Kommission/Deutschland, Slg. 1997, I-6749; v. 18.12.1997, Rs. C-360/95 (Kommission/Spanien), Slg. 1997, I-7337.

Steuerbeträge, da zum Zeitpunkt der Rechnungsausstellung die Voraussetzungen der Steuerfreiheit nicht vorlagen, so dass die Voraussetzungen für den Vorsteuerabzug nach § 15 UStG dem Grunde nach vorliegen. Eine ausdrückliche Umsetzung des Verbotes der Erstattung derartiger Vorsteuern hat auch nicht in den speziellen Vorschriften der § 18 Abs. 9 UStG, §§ 59 bis 62 UStDV stattgefunden und kann auch nicht „hineininterpretiert werden", so dass dieses Abzugsverbot folglich – entgegen der ausdrücklichen Regelung in der Richtlinie – nicht in deutsches Recht umgesetzt wurde.[1551] Ein unmittelbar auf Art. 4 lit. b beruhendes Abzugsverbot kommt ebenfalls nicht in Betracht, da eine Direktwirkung von Richtlinien zu Lasten des Bürgers nicht zulässig ist.[1552]

Die deutsche Finanzverwaltung nimmt hingegen keine Unterscheidung zwischen Vorsteuern nach Art. 4 lit. a und Art. 4 lit. b vor, da nach ihrer Ansicht auch in den Konstellationen des Art. 4 lit. b es sich für Zwecke der Anwendung des Vorsteuervergütungsverfahrens um eine zu Unrecht ausgewiesene Steuer i.S.d. § 14c Abs. 1 UStG handelt, die vom Antragsteller daher nach den allgemeinen Grundsätzen nicht als Vorsteuer geltend gemacht werden kann[1553]. In letzter Konsequenz sind diese Vorsteuerbeträge nach Ansicht der Finanzverwaltung folglich überhaupt nicht abzugsfähig, ohne dass eine entsprechende Vorschrift im nationalen Recht besteht.[1554] Diese Vorgehensweise ist mit dem Grundsatz

---

1551 So *Stadie*, in: Rau/Dürrwächter, UStG, § 18 (Oktober 2016) Rn. 643; zustimmend *von Streit*, UStB 2015, 105, 111; a.A. *Sterzinger*, in: Birkenfeld/Wäger, USt-Hdb., § 214 (Mai 2015) Rn. 92 mit Verweis auf die Möglichkeit einer richtlinienkonformen Auslegung der §§ 59ff. UStDV sowie *Kraeusel/Reiß/Haunhorst*, in: Reiß/Kraeusel/Haunhorst, UStG, § 18 (Januar 2018), die eine Umsetzung in § 59 UStDV i.V.m. §§ 15 Abs. 1, 14 Abs. 4 UStG sehen wollen.

1552 *Stadie*, in: Rau/Dürrwächter, UStG, § 18 (Oktober 2016) Rn. 576 und Rn. 643; eine belastende Direktwirkung von Richtlinien (sog. umgekehrt vertikale unmittelbare Richtlinienwirkung) lehnt der EuGH auch in ständiger Rechtsprechung ab, vgl. z.B. EuGH Rs. 80/86 (Kolpinghuis Nijmegen), Slg. 1987, 3969, Rn. 10, Rs. C-425/12 (Portgás), Slg. 2011, I-14035, Rn. 22ff.; vgl. hierzu auch *Krimphove*, EuZW 2014, 178ff.; vgl. hierzu auch *Nettesheim*, Das Recht der Europäischen Union, Art. 288 AEUV (August 2012) Rn. 160.

1553 Vgl. Abschn. 18.11 Abs. 1a UStAE. Zu Unrecht in Rechnung gestellte Umsatzsteuer ist prinzipiell nicht als Vorsteuer abzugsfähig vgl. Kapitel 2 B V.

1554 Die entsprechenden Vorschriften im UStAE (Abschn. 18.11 Abs. 1a UStAE) haben keinen Gesetzescharakter. Kritisch hierzu *Meyer/Burow/Connemann*, UStB 2016, 214-216, die zu Recht darauf hinweisen, dass es Konstellationen geben kann, in denen diese Auffassung zu einer systemwidrigen Belastung des Leistungsempfängers führen kann. Dies gilt umso mehr, als die Beurteilung der Steuerfreiheit einer Leistung auf Ebene des leistenden Unternehmers und des Leistungsempfängers durchaus

der Rechtssicherheit jedoch nicht vereinbar, so dass derartige Vorsteuern bis zum Erlass einer eindeutigen Vorschrift im nationalen Recht zu erstatten wären.[1555]

b. Ablehnung eines unvollständigen Antrages

aa. Praxis der deutschen Finanzverwaltung und der Finanzgerichte

Wie bereits ausgeführt, gilt nach Art. 15 Abs. 1 S. 2 ein Antrag, der nicht alle nach Art. 8, 9 und 11 erforderlichen Angaben enthält, als nicht vorgelegt und somit als unwirksam.[1556] Sowohl die deutsche Finanzverwaltung als auch die deutsche Finanzgerichtsbarkeit sind der einhelligen Auffassung, dass Deutschland als Erstattungsstaat nach der 11. EG-Richtlinie das Recht zusteht, Erstattungsanträge als unwirksam abzulehnen, wenn diese nicht die nach Art. 8, 9 und 11 erforderlichen Angaben enthalten.[1557] Unabhängig von der Frage, ob Deutschland als Erstattungsstaat insoweit nach der 11. EG-Richtlinie überhaupt eine Prüfungskompetenz zusteht[1558], stellt sich jedoch zudem die Frage, ob Art. 15 Abs. 1 S. 2 überhaupt derart in nationales Recht umgesetzt wurde, dass eine Ablehnung des Erstattungsantrages zulässig wäre.

bb. Keine wörtliche Umsetzung im nationalen Recht

Eine wörtliche Umsetzung in nationales Recht hat die Regelung des Art. 15 Abs. 1 S. 2 nicht erfahren. Wie in den Fällen der Nichtumsetzung der Sprachregelung sowie der Verwendung der NACE-Codes zur Beschreibung der gewöhnlichen Geschäftstätigkeit[1559] könnte auch insoweit argumentiert werden, dass Art. 15 Abs. 1 S. 2 mit der Formulierung „nach amtlich vorgeschriebenem Datensatz" in § 61 Abs. 1 UStDV hinreichend in deutsches Recht umgesetzt wurde.[1560] Da sich anders als in den beiden vorgenannten Fällen die Möglichkeit der Ablehnung eines Antrages durch den Erstattungsstaat gem. Art. 15 Abs. 1 S. 2 nicht aus der

---

unterschiedlich ausfallen kann, vgl. *Sterzinger*, in: Birkenfeld/Wäger, USt-Hdb., § 214 (Mai 2015) Rn. 95 m.w.N.

1555 *Stadie*, in: Rau/Dürrwächter, UStG, § 18 (Oktober 2016) Rn. 643 spricht davon, dass der Unternehmer auf die Rechtslage nach deutschem Recht „vertrauen durfte". Zum Grundsatz des Vorbehalts des Gesetzes vgl. allgemein *Grzeszick*, in: Maunz/Düring, GG, Art. 20 (Januar 2010) Rn. 75.

1556 Kapitel 4 E V 2

1557 Vgl. bspw. FG Köln v. 14.9.2016, 2 K 195/14, EFG 2016, 2098, Rn. 35ff.

1558 Vgl. hierzu bereits Kapitel 4 E V 1 b aa.

1559 Vgl. insoweit bereits Kapitel 4 F II 3 b.

1560 So FG Köln v. 20.1.2016, 2 K 1514/13, EFG 2016, 845, Rn. 54f.

Ausgestaltung des elektronischen Portals des Ansässigkeitsstaates ergibt, stellen sich vorliegend jedoch in deutlich drängenderer Weise Fragen der Rechtssicherheit und des Rechtsschutzes, die eine nähere Auseinandersetzung mit der Frage der hinreichenden Umsetzung des Art. 15 Abs. 1 S. 2 in nationales Recht rechtfertigen.

cc. Richtlinienkonforme Auslegung und Rechtsfortbildung

Zunächst käme eine richtlinienkonforme Auslegung des § 61 Abs. 1 UStDV in Betracht[1561], die auch zu Lasten des Bürgers erfolgen kann.[1562] Da auch die richtlinienkonforme Auslegung ihre Grenzen in den nationalen Auslegungsmethoden findet[1563], ist hierfür zwingend auf den allgemeinen Auslegungskanon im nationalen Recht zurückzugreifen.[1564] Diesbezüglich ist allerdings anzumerken, dass weder die grammatikalische noch die systematische Auslegung weiterhelfen, da die nationalen Vorschriften schlicht keinen Hinweis auf ein Ablehnungsrecht des deutschen Fiskus i.S.d. Art. 15 Abs. 1 S. 2 der 11. EG-Richtlinie enthalten, der für eine entsprechende Auslegung fruchtbar gemacht werden könnte. Eine historische Auslegung in dem Sinne, dass die Rechtslage der Vorgängerregelung zu berücksichtigen wäre[1565], ist ebenfalls nicht möglich, da das Verfahren unter der 8. EG-Richtlinie bezüglich der Aufgabenverteilung zwischen Ansässigkeits- und Erstattungsstaat gänzlich anders ausgestaltet war.[1566]

Mit Blick auf die Entstehungsgeschichte dieser Vorschriften[1567] ist anzumerken, dass die Möglichkeit der Ablehnung eines unvollständigen Antrages gem. Art. 15 Abs. 1 S. 2 in den Gesetzesmaterialien nicht explizit angesprochen

---

1561 Zur Verpflichtung der richtlinienkonformen Auslegung für Behörden und Gerichte vgl. bspw. EuGH v. 10.4.1983 (von Colson), Slg. 1984, 1891.

1562 So ausdrücklich EuGH v. 8.10.1987, Rs. C-80/86 (Kolpinghuis Nijmegen), Slg. 1987, 3969, Rn. 10, 14; v. 5.10.2004, Rs. C-397/01 bis C-403/01 (Pfeiffer u.a.), Slg. 2004, I-8835; v. 5.7.2005, Rs. C-321/05 (Kofoed), Slg. 2007, I-5795, Rn. 45.

1563 *Englisch*, in: Tipke/Lang, Steuerrecht, 2018, § 5 Rz. 94.

1564 Hierunter fallen nach allgemeiner Ansicht die Wortlautauslegung, die systematische Auslegung, die historische Auslegung sowie die teleologische Auslegung, vgl. hierzu *Reimer*, Juristische Methodenlehre, 2016, Teil C Rn. 269.

1565 Hierbei handelt es sich um die historische Auslegung im engeren Sinne, vgl. *Reimer*, Juristische Methodenlehre, 2016, Teil C Rn. 321.

1566 Im Verfahren unter der 8. EG-Richtlinie kam dem Ansässigkeitsstaat in Bezug auf die Prüfung der Zulässigkeit des Erstattungsantrags unstreitig keine Kompetenz zu.

1567 Diese Vorgehensweise wird auch als *genetische Auslegung* bezeichnet, vgl. insoweit *Martens*, Methodenlehre des Unionsrechts, 2013, S. 385.

wurde[1568], sondern in der Gesetzesbegründung lediglich ausgeführt wird, dass der Ansässigkeitsstaat die Vollständigkeit des Antrages automationsgestützt prüft[1569]. Eine Kompetenz des Erstattungsstaates zur Ablehnung des Erstattungsantrages aufgrund einer Unvollständigkeit im Sinne des Art. 15 Abs. 1 S. 2 lässt sich hieraus nicht ableiten. Auch eine teleologische Auslegung hilft nicht weiter, da ein entsprechendes Ziel, das eine derartige Auslegung unterstützen würde, nicht ersichtlich ist.[1570]

Neben der Auslegung von Rechtsnormen kommt nach deutschem Rechtsverständnis allerdings auch eine Ausfüllung von Gesetzeslücken durch Gesetzesergänzung in Betracht.[1571] Ist eine Rechtsnorm nicht anwendbar, ohne dass ihr jenseits des Wortlauts des Gesetzes eine weitere Bestimmung hinzugefügt wird, ist sie also schon „normlogisch" lückenhaft, darf der Rechtsanwender das Recht nicht verweigern.[1572] Vielmehr ist eine *teleologisch adäquate Ergänzung* (d.h. eine teleologische Extension) vorzunehmen.[1573] Durch diese teleologische Extension wird der zu eng geratene bzw. unvollständige Wortlaut einer Rechtsnorm im Wege der Rechtsfortbildung durch unmittelbaren Rückgriff auf die der Regelungsmaterie zugrundeliegende Rechtsprinzipien bzw. Grundwertungen erweitert bzw. ergänzt.[1574] Zudem sind auch *teleologische Lücken* zu schließen, die durch eine Diskrepanz von Wortlaut und gesetzgeberischem Regelungsanliegen gekennzeichnet sind. Der Rechtsanwender darf jedoch in keinem Fall an die Stelle des demokratisch legitimierten Gesetzgebers treten.[1575] Ist die Intention des Gesetzgebers nicht hinreichend klar, hat eine Rechtsfortbildung zu unterbleiben.[1576] Auch bei einem *bewussten Regelungsverzicht* kann die Schließung

1568 Vgl. BT-Drucks. 16/11108, S. 40, rechte Spalte 1. Spiegelstrich.

1569 Vgl. BT-Drucks. 16/11108, S. 40, rechte Spalte 2. Spiegelstrich

1570 Zur teleologischen Auslegung ausführlich *Reimer*, Juristische Methodenlehre, 2016, Teil C Rn. 357ff.

1571 *Larenz*, Methodenlehre der Rechtswissenschaft, S. 366; *Tipke*, StRO III, 2012, S. 1638.

1572 *Englisch*, in: Tipke/Lang, Steuerrecht, 2018, § 5 Rz. 74; *Larenz/Canaris*, Methodenlehre der Rechtswissenschaft, S. 193 u. 220f.; *Zippelius*, Juristische Methodenlehre, 2012, S. 64, 68ff.

1573 *Englisch*, in: Tipke/Lang, Steuerrecht, 2018, § 5 Rz. 74; so auch *Tipke*, StRO III, 2012, S. 1645.

1574 Vgl. *Larenz/Canaris*, Methodenlehre der Rechtswissenschaft, S. 216ff.; *Englisch*, in: Tipke/Lang, Steuerrecht, 2018, § 5 Rz. 86; so auch BFH v. 18.4.2012, X R 7/10, BFH/NV 2012, 1363.

1575 *Englisch*, in: Tipke/Lang, Steuerrecht, 2018, § 5 Rz. 74.

1576 Vgl. insoweit z.B. BFH v. 11.4.2013, III R 11/12, BStBl. II 2013, 666, 668.

einer Regelungslücke durch Rechtsfortbildung nicht erfolgen,[1577] ansonsten handelt es sich um eine *unzulässige Rechtsschöpfung contra legem*[1578].

Im Steuerrecht hat die Rechtsfortbildung stets sowohl unter Berücksichtigung subjektiv-teleologischer als auch objektiv-teleologischer Kriterien zu erfolgen.[1579] Dies bedeutet, dass eine planwidrige Regelungslücke vorliegen kann, wenn entweder die im Gesetzgebungsverfahren ausdrücklich geäußerten Vorstellungen keinen Niederschlag im Gesetzgebungsverfahren gefunden haben oder wenn nach objektiv-teleologischen Gesichtspunkten zur Vermeidung von Wertungswidersprüchen eine Gleichbehandlung gesetzlich geregelter Fallgestaltungen mit ungeregelten Sachverhalten erforderlich ist.[1580]

Vorliegend ist insoweit festzustellen, dass § 18 Abs. 9 UStG sowie §§ 59 bis 62 UStDV vornehmlich die 11. EG-Richtlinie umsetzen sollten.[1581] In der Gesetzesbegründung sind zunächst die wesentlichen Grundzüge und inhaltlichen Anforderungen des Verfahrens nach der 11. EG-Richtlinie relativ ausführlich dargestellt. In Bezug auf die Antragsfrist ergibt sich mit Verweis auf Art. 15 der 11. EG-Richtlinie aus der Gesetzesbegründung lediglich, dass der Antrag – anders als im Verfahren nach der 8. EG-Richtlinie – nun innerhalb von neun Monaten nach Ablauf des Kalenderjahres beim Ansässigkeitsstaat eingereicht werden muss. Die Möglichkeit, dass ein unvollständiger Antrag im Sinne des Art. 15 Abs. 1 S. 2 als unwirksam anzusehen ist, wird nicht explizit angesprochen.[1582] Insoweit könnte man nun zu der Auffassung gelangen, dass mit dem pauschalen Verweis auf Art. 15 die Möglichkeit der Ablehnung nach Art. 15 Abs. 1 S. 2 auch miteinbezogen werden sollte und insofern von einer beabsichtigten Ablehnungskompetenz des Erstattungsstaates ausgegangen wurde. Allerdings führt die Gesetzesbegründung in Bezug auf die Prüfungskompetenz der

---

1577 Vgl. hierzu BFH v. 18.1.2012, II R 31/10, BStBl. II 2012, 519; vgl. hierzu auch *Tipke*, StRO III, 2012, S. 1641.

1578 BVerfG v. 3.4.1990, 1 BvR 1186/89, BVerfGE 82, 6, 12; BVerfG v. 16.2.2012, 1 BvR 127/10, HFR 2012, 545, 546.

1579 *Englisch*, in: Tipke/Lang, Steuerrecht, 2018, § 5 Rz. 81; BFH v. 11.2.2010, V R 38/08, BStBl. II 2010, 873, 874f.

1580 *Larenz*, Methodenlehre der Rechtswissenschaft, S. 374f.; *Englisch*, in: Tipke/Lang, Steuerrecht, 2018, § 5 Rz. 75f.; vgl. insoweit auch BFH v. 18.4.2012, X R 7/10, BStBl. II 2013, 791, Rn. 64, wonach ein „sinnwidriges Ergebnis“ verlangt wird.

1581 BT-Drucks. 16/11108, S. 39f. unter Hinweis auf die Änderungen im Vergleich zur 8. EG-Richtlinie, die in § 18 Abs. 9 UStG sowie §§ 59 bis 62 UStDV a.F. umgesetzt wurde.

1582 BT-Drucks. 16/11108, S. 40 rechte Spalte, 1. Spiegelstrich.

beteiligten Staaten weiter aus, dass der Ansässigkeitsstaat die Vollständigkeit des Antrages durch die automationsgestützte Festlegung von Pflichtfeldern prüft.[1583] Da der Gesetzgeber davon auszugehen scheint, dass die Einhaltung der Antragsfrist durch den Ansässigkeitsstaat überprüft wird[1584], liegt hinsichtlich der nicht erfolgten Umsetzung der Regelung in Art. 15 Abs. 1 S. 2 keine planwidrige Regelungslücke vor. Vielmehr ist der Gesetzgeber davon ausgegangen, dass die Regelung überhaupt nicht umgesetzt werden musste, da sie für die Konstellation, dass Deutschland als Erstattungsstaat fungiert, keine Anwendung findet. Auch die Gesetzesbegründung zu der in § 18g UStG geregelten umgekehrten Fallkonstellation, in der Deutschland als Ansässigkeitsstaat fungiert, zeigt, dass der Gesetzgeber in dieser und nur in dieser Konstellation Deutschland die Kompetenz zur Vollständigkeitsprüfung zuweisen will.[1585]

Im Ergebnis ist davon auszugehen, dass vorliegend auch *eine teleologische Ergänzung* des § 61 Abs. 1 UStDV ausscheidet, und daher eine Ablehnung unvollständiger Vorsteuervergütungsanträge gemäß Art. 15 Abs. 1 S. 2 der 11. EG-Richtlinie auch aufgrund einer fehlenden einschlägigen Rechtsgrundlage[1586] im nationalen Recht ausscheidet.

dd. Umgang mit „unvollständigen" Anträgen in der Rechtsprechung der deutschen Finanzgerichte

Trotz der nicht bestehenden Prüfungskompetenz des Erstattungsstaates in Bezug auf die Vollständigkeitsprüfung sowie der fehlenden Rechtsgrundlage im nationalen Recht werden in der Praxis Erstattungsanträge aufgrund unzureichender Angaben gem. Art. 15 Abs. 1 S. 2 der 11. EG-Richtlinie regelmäßig als unwirksam abgelehnt und dem Unternehmer das Recht auf Vorsteuerabzug endgültig versagt. Während die Prüfungskompetenz des Erstattungsstaates insoweit

1583 BT-Drucks. 16/11108, S. 40, rechte Spalte 2. Spiegelstrich.

1584 Dies entspricht auch der Verteilung der Prüfungskompetenz in der Richtlinie, vgl. Kapitel 4 E V 1 c aa.

1585 Vgl. BT-Drucks. 16/11108, S. 42 zu Art. 7 Nr. 16. Insoweit ist allerdings festzuhalten, dass § 18g UStG keine Hinweise auf die Antragsfrist nach Art. 15 Abs. 1 S. 1 oder S. 2 enthält. § 18g UStG verweist insoweit lediglich auf die 11. EG-Richtlinie. Die hinreichende Umsetzung der Richtlinie mittels eines derartigen Hinweises ist allerdings mehr als fraglich, vgl. EuGH v. 20.3.1997 (Kommission/Deutschland), Slg. 1997, I-1653, Rn. 36.

1586 Neben der fehlenden Prüfungskompetenz, vgl. hierzu bereits Kapitel 4 E V 1.

schlicht vorausgesetzt wird[1587], soll die Umsetzung von Art. 15 Abs. 1 S. 2 durch den Wortlaut „nach amtlichem Datensatz" in § 61 Abs. 1 UStDV hinreichend erfolgt sein.[1588]

Für einen wirksamen Antrag gem. Art. 15 Abs. 1 S. 2 ist nach Auffassung der deutschen Finanzgerichte entscheidend, dass die vorgenommene Eintragung einen inhaltlichen Bezug zu den geforderten Angaben sowie einen entsprechenden Erklärungsmehrwert aufweist.[1589] Dieser Mehrwert kann auch minimal sein, da sich nach Auffassung der Finanzgerichtsbarkeit aus den Regelungen der 11. EG-Richtlinie keine allzu hohen Anforderungen ableiten lassen.[1590] Dies gilt umso mehr, als keine Ausfüllhinweise hinsichtlich der amtlichen Datensätze existieren.[1591] So reicht es für die Beschreibung der bezogenen Waren und Dienstleistung bei Verwendung der Kennziffer 10 = Sonstiges aus, dass die insoweit getätigten Angaben überhaupt einen Erklärungswert enthalten, der über die im Antrag geforderte „Beschreibung" hinausgeht, und nicht inhaltsleer sind.[1592] Für die nach Art. 8 Abs. 2 lit. d geforderte Angabe der Nummer der Rechnung soll insoweit entgegen der Auffassung der Finanzverwaltung[1593] die Angabe der Referenznummer anstelle der Rechnungsnummer i.S.v. § 14 S. 1 Abs. 4 Nr. 4 UStG ausreichen.[1594] Fehlende[1595] oder lediglich pauschale Angaben, etwa unter

---

1587 Soweit ersichtlich hat sich hiermit bislang lediglich das FG Köln in einem Urteil damit auseinandergesetzt und die Prüfungskompetenz des Erstattungsstaates schlicht damit bejaht, dass der Ansässigkeitsstaat ausschließlich die in Art. 18 genannten Voraussetzungen prüft und im Übrigen auch „sinnfreie" Eintragungen zu einer Weiterleitung des Antrages führen können, vgl. FG Köln v. 20.1.2016, 2 K 1514/13, EFG 2016, 845 Rn. 55-57.

1588 FG Köln v. 20.1.2016, 2 K 1514/13, EFG 2016, 845 Rn. 53f. mit Hinweis darauf, dass die Vorgängerregelung insoweit ausreichend lediglich auf den „amtlich vorgesehenen Datenvordruck" Bezug genommen hat; ausdrücklich offengelassen hingegen in FG Köln v. 14.9.2016, 2 K 195/14, EFG 2016, 2098, Rn. 39.

1589 Urteil des FG Köln v. 14.9.2016, 2 K 195/14, EFG 2016, 2098, Rn. 42.

1590 Vgl. FG Köln v. 20.1.2016, 2 K 1514/13, EFG 2016, 845 sowie v. 14.9.2016, 2 K 195/14, EFG 2016, 2098, Rn. 44.

1591 Vgl. FG Köln v. 14.9.2016, 2 K 195/14, EFG 2016, 2098, Rn. 49.

1592 Insoweit sollen daher auch Eintragungen wie „ProfFees" und „Goods" zur Beschreibung der bezogenen Leistungen ausreichend sein, vgl. FG Köln v. 20.1.2016, 2 K 1514/13, EFG 2016, 845.

1593 Abschn. 14.5 UStAE.

1594 Urteil des FG Köln v. 14.9.2016, 2 K 195/14, EFG 2016, 2098; Revision anhängig unter XI R 13/17.

1595 Vgl. bspw. BFH v. 24.9.2015, V R 9/14, BStBl. II 2015, 1067 noch zur Vorgängerregelung.

Wiederholung der allgemeinen Beschreibung der Unternehmenstätigkeit oder die bloße Erklärung, es handele sich um Geschäftskosten, haben hingegen die Unwirksamkeit des Antrages zur Folge.[1596] Die Frage, ob die getätigten Angaben Nachfragen der Erstattungsbehörde nach sich ziehen, kann hingegen nicht als Prüfungsmaßstab für die Geeignetheit der Eintragungen herangezogen werden.[1597]

5. *Verfahrensrechtliche Ausgestaltung der Vorsteuervergütung*

a. *Verhältnis von allgemeinen Besteuerungsverfahren zum besonderem Vorsteuervergütungsverfahren*

aa. *Allgemeines*

Aus Art. 170, 171 MwStSystRL ergibt sich, dass für nicht im Inland ansässige Unternehmer zwingend das besondere Vorsteuervergütungsverfahren nach der 11. EG-Richtlinie Anwendung findet. Das allgemeine Besteuerungsverfahren und das besondere Vorsteuervergütungsverfahren schließen sich gegenseitig aus. Ein Wahlrecht besteht insoweit nicht.[1598] Die bloße Abgabe einer Steuererklärung im allgemeinen Besteuerungsverfahren steht der Anwendung des besonderen Vorsteuervergütungsverfahrens nicht entgegen. So kann etwa durch die Abgabe einer Umsatzsteuererklärung im allgemeinen Besteuerungsverfahren daher in Fällen, in denen das besondere Vorsteuervergütungsverfahren grundsätzlich Anwendung findet, der Vorsteuerabzug nicht geltend gemacht und eine etwaige Versäumnis der neun-monatigen Antragsfrist geheilt werden.[1599]

1596 FG Köln v. 14.9.2016, 2 K 195/14, EFG 2016, 2098, Rn. 43 mit Verweis auf BFH, Beschl. v. 19.12.2012, XI B 111/11, BFH/NV 2013/785 zum Verfahren unter der 8. EG-Richtlinie.

1597 FG Köln v. 20.1.2016, 2 K 1514/13, EFG 2018, 845, Rn. 81; v. 14.9.2016, 2 K 195/14, EFG 2016, 2098, Rn. 43 sowie FG Köln v. 9.4.2014, 2 K 1049/11, EFG 2014, 1636.

1598 Vgl. *Leonard*, in: Bunjes, UStG, 2018, § 18 Rn. 37; *Stadie*, in: Rau/Dürrwächter, UStG, § 18 (Oktober 2016) Rn. 750; *Sterzinger*, in: Birkenfeld/Wäger, USt-Hdb., § 214 (Mai 2015) Rn. 331; *Treiber*, in: Sölch/Ringleb, UStG, § 18 (September 2016) Rn. 250. Je nach Höhe der festzusetzenden Steuer ist die Umsatzsteuer gem. § 18 Abs. 2 UStG monatlich, vierteljährlich oder jährlich festzusetzen.

1599 Vgl. *Stadie*, in: Rau/Dürrwächter, UStG, § 18 (Oktober 2017) Rn. 751; *Sterzinger*, in: Birkenfeld/Wäger, USt-Hdb., § 214 (Mai 2015) Rn. 342.

bb. Unterjähriger Wechsel der Voraussetzungen

Da die Umsatzsteuer als Abschnittssteuer ausgestaltet ist[1600], ist grundsätzlich für jeden einzelnen Abschnitt zu prüfen, ob die Voraussetzungen des allgemeinen Besteuerungsverfahrens oder des besonderen Vorsteuervergütungsverfahrens vorliegen. Unproblematisch sind dabei Fälle, in denen in einem Jahr die Voraussetzungen des allgemeinen Besteuerungsverfahrens und in einem anderen Jahr die des besonderen Vorsteuervergütungsverfahrens vorliegen. Entsprechend findet jeweils das eine oder das andere Verfahren Anwendung.

Problematischer sind hingegen die Fälle, in denen in demselben Kalenderjahr sowohl die Voraussetzungen des allgemeinen Besteuerungsverfahrens als auch die des besonderen Vorsteuervergütungsverfahrens vorliegen, da hierfür weder die MwStSystRL noch die 11. EG-Richtlinie explizite Regelungen vorsehen.[1601]

Die deutsche Verwaltungspraxis stellt insoweit auf das Kalenderjahr als Ganzes und nicht auf die nach der 11. EG-Richtlinie sowie nach § 60 UStDV vorgesehen Vergütungszeiträume ab.[1602] Solange in dem entsprechenden Kalenderjahr die Voraussetzungen des allgemeinen Besteuerungsverfahrens nicht vorgelegen haben, ist eine Geltendmachung der Vorsteuerbeträge im besonderen Vorsteuervergütungsverfahren möglich. Liegen hingegen ab einem bestimmten Zeitpunkt im Kalenderjahr die Voraussetzungen des allgemeinen Besteuerungsverfahrens vor, sind sämtliche Vorsteuerbeträge – auch solche, die in einen Zeitraum fallen, in dem die Voraussetzungen des besonderen Vorsteuervergütungsverfahrens vorgelegen haben – im allgemeinen Besteuerungsverfahren geltend zu machen.[1603] Die Mindestvergütungssumme[1604] sowie die Beschränkungen hinsichtlich des

---

1600 Vgl. Art. 252 MwStSystRL, § 16 Abs. 1 UStG.

1601 Art. 3 der 11. EG-Richtlinie stellt bezüglich der Antragsvoraussetzungen lediglich auf den Erstattungszeitraum ab. Dieser kann gem. Art. 16 aber ausdrücklich auch weniger als ein Jahr betragen.

1602 Unter der Voraussetzung der Einhaltung der entsprechenden Mindestvergütungssumme kann der Vergütungszeitraum zwischen 3 Monaten und einem Kalenderjahr frei gewählt werden (§ 60 UStDV).

1603 Abschn. 18.15 Abs. 1 UStAE; hierzu auch *Sterzinger*, in: Birkenfeld/Wäger, USt-Hdb., § 214 (Mai 2015) Rn. 359 mit dem Hinweis, dass bei Ausführung eines „schädlichen“ Umsatzes durch die Wahl der Besteuerungszeiträume doch ein faktisches Wahlrecht für den Antragsteller besteht. So auch *Leonard*, in: Bunjes, UStG, 2018, § 18 Rn. 37: *Treiber*, in: Sölch/Ringleb, UStG, § 18 (September 2016) Rn. 250, a.A. wohl *Stadie*, UStG, 2015, § 18 Rn. 126, 143.

1604 Dies sind für Anträge, die das gesamte Kalenderjahr betreffen 50 Euro und für andere Anträge 400 Euro, vgl. § 61 Abs. 3 UStDV,

Umfangs des Vorsteuerabzugsrechts[1605] gelten für diese Vorsteuerbeträge (d.h. für solche, die eigentlich im Rahmen des besonderen Vorsteuervergütungsverfahrens geltend zu machen wären) entsprechend.[1606] Dies ist unter Gleichheitsgesichtspunkten auch zutreffend, da ansonsten Antragsteller, die für einen Teil des Jahres die Voraussetzungen des allgemeinen Besteuerungsverfahrens erfüllen, besser gestellt wären als solche, die im gesamten Kalenderjahr diese Voraussetzungen nicht erfüllen, obwohl eine derartige Differenzierung in der 11. EG-Richtlinie nicht vorgesehen ist.

Problematisch ist allerdings, dass nach Auffassung der deutschen Finanzverwaltung bei einem unterjährigen Wechsel vom allgemeinen Besteuerungsverfahren in das besondere Vorsteuervergütungsverfahren nicht das BZSt, sondern das örtlich zuständige Finanzamt zuständig ist,[1607] obwohl sich aus den §§ 59 und 60 UStDV sowie § 5 Abs. 1 Nr. 8 FVG eine eindeutige Zuständigkeit des BZSt ergibt. Dies mag zur Verhinderung von Doppelvergütungen[1608] und somit zur Sicherung der zutreffenden Umsatzsteuererhebung sachgerecht sein, widerspricht aber letztlich dem klaren Gesetzeswortlaut.[1609] Insoweit ist daher der Gesetzgeber aufgerufen die zweckmäßige Regelung in Gesetzeswortlaut umzusetzen.

bb. Vorsteuervergütungsverfahren und Verpflichtung zur Abgabe einer Umsatzsteuererklärung

Nach Auffassung des BFH[1610] soll – unabhängig von der tatsächlichen Ausführung von Umsätzen im Inland – für die Anwendbarkeit des Vorsteuerver-

---

1605 Zu der Bestimmung der Höhe des Vorsteuerabzugs im Einzelnen vgl. Kapitel 4 E II 3.

1606 So ausdrücklich Abschn. 18.15 Abs. 1 Nr. 3 UStAE zustimmend *Stadie*, in: Rau/Dürrwächter, UStG, § 18 (Oktober 2016) Rn. 753. Soweit kann also nicht durch bloße Ausführung eines einzelnen Umsatzes bspw. die Mindestvergütungssumme umgangen werden. A.A. *Treiber*, in: Sölch/Ringleb, § 18 (September 2016) Rn. 254, der die Mindestvergütungssumme nicht für anwendbar hält.

1607 Abschn. 18.15 Abs. 1 S. 4 Nr. 2 UStAE.

1608 Sofern Vorsteuerbeträge sowohl im besonderen Vergütungsverfahren als auch im allgemeinen Besteuerungsverfahren vergütet wurden, kommt eine Änderung der entsprechenden Steuerfestsetzungen unter den Voraussetzungen des § 174 Abs. 2 AO in Betracht, vgl. *Stadie*, in: Rau/Dürrwächter, UStG, § 18 (Oktober 2016) Rn. 758.

1609 So auch *Stadie*, in: Rau/Dürrwächter, UStG, § 18 (Oktober 2016) Rn. 756; *Treiber*, in: Sölch/Ringleb, UStG, § 18 (September 2016) Rn. 253.

1610 Vgl. BFH v. 14.4.2011, V R 14/10, BStBl. II 2011, 834; v. 7.3.2013, V R 12/12, BFH/NV 2013, 1133; v. 28.8.2013, XI R 5/11, BStBl. II 2014, 497; v. 19.11.2014, V R 41./13. UR 2015, 276. Zustimmend *Stadie*, in: Rau/Dürrwächter, UStG, § 18 (Oktober 2016) Rn. 751; *Treiber*, in: Sölch/Ringleb, UStG, § 18 (April 2015) Rn. 188 sowie

gütungsverfahrens immer dann kein Raum sein, wenn der Antragsteller verpflichtet ist, im allgemeinen Besteuerungsverfahren eine Umsatzsteuererklärung abzugeben[1611]. Den Grund sieht der BFH darin, dass durch die ansonsten erfolgende „Verfahrensdoppelung" die unionsrechtlich angestrebte „Vereinfachung des Besteuerungsverfahrens" nicht erreicht werden könne.[1612] § 59 Abs. 1 Nr. 1 UStDV, der lediglich voraussetzt, dass der Antragsteller keine Umsätze i.S.d. § 1 Abs. 1 Nr. 1 oder Nr. 5 UStG im Inland ausgeführt hat, sei daher richtlinienkonform einschränkend auszulegen.[1613] Zweifel, insbesondere in Bezug auf die Anwendbarkeit des Reverse-Charge-Verfahrens,[1614] sollen jedoch in keinem Fall zu Lasten des ausländischen Antragstellers gehen, so dass Erklärungen, die in dem unzutreffenden Verfahren eingereicht wurden, entsprechend umzudeuten sind.[1615]

Dem BFH ist zunächst zuzugeben, dass eine Verfahrensdoppelung dergestalt, dass sowohl das allgemeine Besteuerungsverfahren als auch das Vorsteuervergütungsverfahren durchzuführen sind, dem in Art. 170, 171 MwStSystRL innewohnenden Vereinfachungsgedanken wohl nicht gerecht werden würde.[1616] Die vom BFH vorgenommene teleologische Reduktion des § 59 UStDV wird durch § 15 Abs. 4b UStG gestützt, wonach für die Geltendmachung von Vorsteuern durch im Drittland ansässige Unternehmer für den Fall, dass sie Umsatzsteuer

---

Monfort, UR 2012, 341, 354 für die Fälle, in denen der Antragsteller die Steuer als Leistungsempfänger schuldet; ablehnend *Sterzinger*, in: Birkenfeld/Wäger, USt-Hdb., § 214 (Mai 2015) Rn. 368; *von Streit*, DStR 2011, 2233, 234f.

1611 Eine derartige Verpflichtung kann sich bspw. aus § 18 Abs. 3 S. 1 i.V.m. § 16 Abs. 1 bis 4 und § 17 UStG ergeben.

1612 BFH v. 14.4.2011, V R 14/10, BStBl. II 2011, 834, Rn. 29; v. 28.8.2013, XI R 5/11, BStBl. II 2014, 497, Rn. 32.

1613 BFH v. 7.3.2013, V R 12/12, BFH/NV 2013, 1133, Rn. 15, 17; v. 28.8.2013, XI R 5/11, BStBl. II 2014, 497, Rn. 30; v. 19.11.2014, V R 41/13, BFHE 248, 406, Rn. 22.

1614 Im Anwendungsbereich des Reverse-Charge-Verfahrens schuldet der ausländische Unternehmer als Leistungsempfänger die Umsatzsteuer auf die an ihn erbrachte Leistungen gem. § 13b Abs. 5 UStG. Diesbezüglich muss eine Umsatzsteuererklärung im allgemeinen Besteuerungsverfahren abgeben werden; vgl. hierzu *Heuermann*, in: Sölch/Ringleb, UStG, § 13b (Oktober 2017) Rn. 281.

1615 BFH v. 7.3.2013, V R 12/12, BFH/NV 2013, 342, Rn. 20f. Ob hierdurch allerdings sämtlichen Nachteilen für die Antragsteller abgeholfen werden kann, erscheint insoweit allerdings fraglich; zustimmend *Bader*, DStZ 2013, 482f; *von Streit*, DStR 2011, 2233, 2234f.

1616 Nach *von Streit*, IStR 2002, 700 wäre dies die einzige nach der derzeitigen Gesetzeslage zulässig Konsequenz.

als Leistungsempfänger schulden, die allgemeinen Einschränkungen des Vorsteuervergütungsverfahrens gelten.[1617] Hieran zeigt sich, dass drittlandsansässige Unternehmer in den Fällen, in denen sie Umsatzsteuer lediglich als Leistungsempfänger schulden, die korrespondierende Vorsteuer im allgemeinen Besteuerungsverfahren und nicht im besonderen Vorsteuervergütungsverfahren geltend machen können. Dies entspricht auch der eindeutigen Intention des Gesetzgebers.[1618] Auch wenn in Bezug auf das Vorsteuervergütungsverfahren an im übrigen Gemeinschaftsgebiet ansässige Unternehmer eine vergleichbare Regelung fehlt, ist jedoch nicht ersichtlich, warum drittlandsansässige Unternehmer derartige Beträge nicht im Vorsteuervergütungsverfahren geltend machen dürfen und dieses für im übrigen Gemeinschaftsgebiet ansässige Unternehmer hingegen Anwendung finden soll. Insoweit ist daher mit dem BFH davon auszugehen, dass in diesen Fällen das besondere Vergütungsverfahren keine Anwendung findet, gleichwohl eine Klarstellung durch den Gesetzgeber zu begrüßen wäre.[1619]

Für den Antragsteller kann es daher zu dem durchaus unbefriedigenden Ergebnis kommen, dass nach Auffassung der Finanzverwaltung das besondere Vorsteuervergütungsverfahren zwar prinzipiell Anwendung findet, der Antrag aber (zumindest teilweise) aus anderen Gründen abgelehnt wird und im anschließenden finanzgerichtlichen Verfahren das Finanzgericht zu der Auffassung gelangt, dass die betreffenden Vorsteuerbeträge im allgemeinen Verfahren geltend zu machen sind. Selbst wenn nach Ansicht des BFH sicherzustellen ist, dass dem Antragsteller hierdurch keinerlei verfahrensrechtliche Nachteile entstehen[1620], trägt die derzeitige Rechtslage jedenfalls nicht zur Beschleunigung und Vereinfachung der Vorsteuererstattung an ausländische Unternehmer bei.

cc. Verfahrensrechtliche Besonderheiten bei „Mischfällen"

Liegen in einem Kalenderjahr sowohl die Voraussetzungen des besonderen Vorsteuervergütungsverfahrens als auch die des allgemeinen Besteuerungsverfahrens

---

1617 Vgl. hierzu Kapitel 5 B II 2 a.

1618 Vgl. BT-Drucks. 14/6877, S. 37.

1619 So auch *Stadie*, in: Rau/Dürrwächter, UStG, § 18 (Oktober 2016) Rn. 752, der jedoch zumindest in Fällen des § 14c UStG eine Gesetzesänderung dahingehend vorschlägt, dass in diesen Fällen keine Steuererklärung im allgemeinen Besteuerungsverfahren abzugeben ist.

1620 Z.B. weil aufgrund der Dauer des finanzgerichtlichen Verfahrens mittlerweile Festsetzungsverjährung im Sinne des § 169 AO eingetreten ist, vgl. hierzu BFH v. 7.3.2013, V R 12/12, BFH/NV 2013, 1133, Rn. 20 zu den verschiedenen Rechtsschutzmöglichkeiten.

vor, sind bereits im Vorsteuervergütungsverfahren erstattete Vorsteuerbeträge im allgemeinen Besteuerungsverfahren zu berücksichtigen (§ 62 Abs. 1 UStDV). Dies entspricht auch dem Gedanken der Belastungsneutralität und ist zur Sicherung des Verbrauchsteuerprinzips auch ausreichend, da der Unternehmer nur einmal von der ihm in Rechnung gestellte Umsatzsteuer entlastet werden soll.

Daneben sind in diesen Fällen die geltend gemachten Vorsteuerbeträge durch Vorlage von Originalrechnungen nachzuweisen (§ 62 Abs. 2 UStDV). Dies stellt sowohl gegenüber dem besonderen Vorsteuervergütungsverfahren[1621] als auch gegenüber dem allgemeinen Besteuerungsverfahren[1622] eine zusätzliche formelle Anforderung an die Geltendmachung des Vorsteuerabzugsrechts dar und soll der zutreffenden Erhebung der Mehrwertsteuer dienen, da so durch Sichtvermerke diese entwertet werden können, um so eine erneute Erstattung von Vorsteuern zu vermeiden.[1623] Insoweit ist anzumerken, dass die Mitgliedstaaten durchaus berechtigt sind, den Vorsteuerabzug an die Erfüllung zusätzlicher formeller Pflichten zu knüpfen, sofern diese zur zutreffenden Erhebung der Umsatzsteuer erforderlich sind.[1624] Ob die zwingende Vorlage von Originaldokumenten allerdings angesichts der vielfältigen technischen Möglichkeiten zur Fälschung bzw. Manipulation von Rechnungen[1625] überhaupt geeignet ist, die zutreffende Erhebung der Mehrwertsteuer zu sichern, darf allerdings bezweifelt werden. [1626]

Sollte hierin dennoch ein geeignetes Mittel zur Verhinderung von Steuerausfällen gesehen werden, so geht das Erfordernis der Vorlage von Originalrechnung m.E. nicht über das zur Erreichung des Ziels Erforderliche hinaus, da das Recht auf Vorsteuerabzug prinzipiell zulässigerweise an den Besitz einer

1621 Hier kann der Erstattungsstaat bei begründeten Zweifeln die Vorlage von Originaldokumenten verlangen, vgl. Art. 20 Abs. 1 UAbs. 3 der 11. EG-Richtlinie, § 61 Abs. 2 S. 2 UStDV.

1622 Art. 178 MwStSystRL sowie § 15 Abs. 1 UStG setzen zwar den Besitz einer Rechnung voraus, die zwingende Vorlage dieser ist für den Vorsteuerabzug allerdings nicht erforderlich.

1623 Vgl. Abschn. 18.15 Abs. 2 S. 3 UStAE; *Treiber*, in: Sölch/Ringleb, UStG, § 18 (September 2016) Rn. 254. Kritisch hierzu *Sterzinger*, in: Birkenfeld/Wäger, UStG, § 214 (Mai 2015) Rn. 354, der hierin nur einen verwaltungstechnischen Mehraufwand aber kein wirkliches Hindernis für Steuerhinterzieher sieht.

1624 Vgl. bereits Kapitel 2 B VI 2.

1625 So *Kemper*, in: 100 Jahre Umsatzsteuer, 2018, 749, 760.

1626 *Sterzinger*, in: Birkenfeld/Wäger, UStG, § 214 (Mai 2015) Rn. 354.

Rechnung geknüpft werden kann[1627] und hier eine besondere "Fehleranfälligkeit" der Vorsteuererstattung dahingehend gesehen werden kann, dass aufgrund der parallelen Anwendung zweier Verfahren eine Doppelerstattung nicht auszuschließen ist.

Allerdings muss zur Wahrung des allgemeinen Gleichheitsgrundsatzes auch in diesen Konstellationen bei einem unverschuldeten Verlust der Rechnungsoriginale die Möglichkeit eines anderweitigen Nachweises gegeben sein.[1628] § 62 Abs. 2 UStDV ist dementsprechend unionsrechtskonform einschränkend dahingehend auszulegen, dass auch ein anderweitiger Nachweis der Vorsteuerabzugsberechtigung zulässig ist, soweit die zutreffende Erhebung der Mehrwertsteuer gesichert ist.

b. Einspruch gegen ablehnende Entscheidungen

Nach Art. 23 Abs. 2 hat der Erstattungsstaat dem Antragsteller die Möglichkeit eines Einspruchs gegen ablehnende Entscheidungen einzuräumen, der Form und Frist nach dem Rechtsbehelf entspricht, den der jeweilige Mitgliedstaat bei rein nationalen Vorgängen vorsieht. Nach deutschem Recht ist gegen ablehnende Entscheidungen gem. § 347 Abs. 1 S. 1 Nr. 1 AO der Einspruch statthaft. Aufgrund der Wirkungen der Ausschlussfrist können im Rahmen des Einspruchsverfahrens nach Ablauf der Antragsfrist hingegen keine zusätzlichen Vorsteuerbeträge geltend gemacht oder unwirksame Anträge durch nachträgliche Angaben geheilt werden.[1629] Im Gegensatz zu der Wirkung, die dem Einspruch im allgemeinen Besteuerungsverfahren zukommt[1630], ist im Vorsteuervergütungsverfahren der Einspruch somit aufgrund der Behandlung der Antragsfrist als Ausschlussfrist stark begrenzt. So können bspw. im ursprünglichen Antrag nicht geltend gemachte Vorsteuerbeträge nicht im Rahmen des Einspruchsverfahrens „nachgemeldet" werden, während im allgemeinen Besteuerungsverfahren im Rahmen des Einspruchsverfahrens durchaus weitere Vorsteuerbeträge geltend gemacht werden können.[1631]

1627 St. Rspr. des EuGH, so bereits EuGH v. 14.7.1988, Rs. 123/87 (Jeunehomme), Slg. 1988, I-4517, Rn. 14.

1628 EuGH v. 11.6.1998, Rs. C-361/96 (Grandes sources d´eaux minerales françaises), Slg. 1998, I-2495, Rn. 38

1629 Vgl. *Bozza-Bodden*, EFG 2016, 845, 849.

1630 Nach § 367 Abs. 2 S. 1 AO ist der Bescheid grds. in vollem Umfang zu überprüfen.

1631 Zu den Wirkungen des Einspruchs im Allgemeinen vgl. *Seer*, in: Tipke/Kruse, AO/FGO, § 367 (Mai 2015) Rn. 10ff.

Eine Verletzung des in Art. 23 Abs. 2 explizit niedergelegten Äquivalenzprinzips[1632] kann hierin allerdings nicht gesehen werden, da dieser Grundsatz lediglich verlangt, dass nationale Verfahren betreffend unionsrechtlicher Sachverhalte nicht ungünstiger ausgestaltet sein dürfen als entsprechende Verfahren, die rein nationales Recht betreffen.[1633] Da das Einspruchsverfahren im Vorsteuervergütungsverfahren aber entsprechend dem Verfahren bei nationalen Sachverhalten ausgestaltet ist, ist dem Äquivalenzprinzip Genüge getan. Der eingeschränkte Prüfungsumfang ergibt nicht aus dem nationalen Recht, sondern vielmehr aus dem Unionsrecht selbst.

c. *Wiedereinsetzung in den vorigen Stand*

Ebenfalls keine Regelungen enthält die 11. EG-Richtlinie hinsichtlich Fragen der Wiedereinsetzung in den vorigen Stand, so dass insoweit die nationalen Vorschriften zur Anwendung kommen. Nach § 110 AO ist eine Wiedereinsetzung in den vorigen Stand zu gewähren, wenn der Steuerpflichtige eine Ausschlussfrist unverschuldet versäumt hat. Der hierfür erforderliche Antrag ist grundsätzlich innerhalb eines Monats nach Wegfall des Hindernisses zu stellen und die bisher versäumte Handlung nachzuholen (§ 110 Abs. 2 AO). Für den vorliegenden Fall bedeutet dies, dass der Antragsteller die erforderlichen Anpassungen des Antrages innerhalb eines Monats nach der Mitteilung der Erstattungsbehörde vorzunehmen bzw. die erforderlichen Dokumente einzureichen hat. Allerdings besteht für die Wiedereinsetzung in den vorigen Stand nach deutschem Verfahrensrecht eine absolute zeitliche Grenze. Nach Ablauf eines Jahres der relevanten Frist (hier der Antragsfrist) kann eine Wiedereinsetzung in den vorigen Stand nur dann gewährt werden, wenn ein Fall der *höheren Gewalt* vorliegt (§ 110 Abs. 3 AO). Unter dem Begriff der höheren Gewalt wird ein außergewöhnliches, von außen kommendes Ereignis, das unter den gegebenen Umständen auch durch äußerste, nach Lage der Sache anzuwendende Sorgfalt nicht abgewendet werden kann, verstanden.[1634] Hierzu zählen nicht nur Krieg und Naturereignisse, sondern in Einzelfällen auch das Verhalten der Finanzbehörde.[1635] So gilt auch als Fall der höheren Gewalt, wenn der Steuerpflichtige durch die Finanzbehörde von der Stellung eines fristgerechten Antrages abgehalten wurde oder wenn die Fristversäumnis auf das rechts- oder treuwidrige Verhalten der Finanzbehörde

---

1632 Zum Umfang des Äquivalenzprinzips vgl. Kapitel 1 C III 3.

1633 Vgl. z.B. *Haratsch/Koenig/Pechtstein, Europarecht*, 2016, Rn. 302.

1634 Vgl. BFH v. 29.9.1988, IV R 217/85, BStBl. II 1989, 196.

1635 Vgl. hierzu *Rätke*, in: Klein, AO, 2018, § 110 Rn. 120.

zurückgeführt werden kann.[1636] Dies ist dann der Fall, wenn der Sachverhalt von der Finanzbehörde nicht innerhalb der Frist des § 110 Abs. 3 AO geprüft wurde und die für die Wiedereinsetzung sprechenden Tatsachen vor Ablauf der Jahresfrist für die Finanzbehörde erkennbar gewesen sind, sodass bei sofortiger Entscheidung eine Wiedereinsetzung zu gewähren gewesen wäre.[1637]

In der vorliegenden Fallkonstellation würde daher die absolute Zeitgrenze des § 110 Abs. 3 AO wohl nicht greifen, wenn die zuständige Erstattungsbehörde erst nach Ablauf der Jahresfrist des § 110 Abs. 3 AO über den Erstattungsantrag entscheiden würde, zumal ein solches Vorgehen auch gegen die ausdrücklich in der Richtlinie vorgesehenen Bearbeitungsfristen verstoßen würde.[1638] Eine Analyse der einschlägigen finanzgerichtlichen Entscheidungen zeigt jedoch, dass die deutschen Finanzgerichte bei der Gewährung der Wiedereinsetzung in den vorigen Stand überaus zurückhaltend sind und diese die Voraussetzungen prinzipiell als nicht gegeben ansehen[1639], so dass der absoluten zeitlichen Grenze des § 110 Abs. 3 AO – zumindest bislang – keine praktische Relevanz zukommt.

d. Verzinsung

Nach Art. 27 sind verspätet erstattete Vorsteuervergütungsbeträge zu verzinsen. Während sich Beginn und Ende des Zinszeitraumes aus der Richtlinie selbst ergeben, sieht Art. 27 Abs. 2 vor, dass der anzuwendende Zinssatz sich nach dem jeweiligen nationalen Recht bestimmt.[1640] Entsprechend § 238 Abs. 1 S. 1 AO sind daher auch Vorsteuervergütungen nach der 11. EG-Richtlinie mit 6 % jährlich zu verzinsen.[1641] Die Verzinsung unterscheidet sich hinsichtlich des Zinslaufs damit deutlich von der in § 233a AO niedergelegten allgemeinen Verzinsung[1642],

---

1636 BFH v. 8.2.2001, VII R 59/99, BStBl. II 2001, 506; BGH v. 20.2.2008, XII ZB 179/07, NJW-RR 2008, 878 zu § 278 ZPO.

1637 BFH v. 15.5.1996, X R 99/97, BFH/NV 1996, 891; v. 30.10.2001, II R 40/01, BFH/NV 2002, 503.

1638 Nach Art. 19 Abs. 2 der 11. EG-Richtlinie hat der Erstattungsstaat grds. innerhalb von vier Monaten nach Antragseingang über den Antrag zu entscheiden.

1639 Vgl. bspw. FG Köln v. 8.3.2016, 2 K 794/13, EFG 2016, 1212; v. 13.9.2017, 2 K 395/16, EFG 2017, 1775, Rn. 20

1640 Gem. § 235 AO beträgt der Zinssatz für Steuerforderungen derzeit 6 %.

1641 Die Höhe des durch den Gesetzgeber pauschal festgelegten Zinssatzes ist unabhängig von der tatsächlichen Lage am Kapitalmarkt nicht rechtswidrig, vgl. BFH v. 9.11.2017, III R 10/16, BFHE 260, 9.

1642 Nach § 233a AO beginnt der allgemeine Zinslauf mit Ablauf von 15 Monaten nach Entstehung der Steuerforderung.

auf die sich drittländische Unternehmer direkt berufen können[1643]. Eine gem. Art. 3 Abs. 2 der 13. EG-Richtlinie unzulässige Besserstellung drittländischer Antragsteller kann hierin allerdings nicht gesehen werden, da die Regelungen in Art. 27 Abs. 1 der 11. EG-Richtlinie in der Regel dazu führen werden, dass eine Verzinsung deutlich früher eintritt als bei Anwendung des § 233a AO.[1644]

III. Kritik und Ausblick

Das Vorsteuervergütungsverfahren ist entsprechend den Vorgaben der 11. EG-Richtlinie auch in Deutschland stark formalisiert. So nehmen formale Vorschriften – anders als im allgemeinen Besteuerungsverfahren – bei der Geltendmachung des Vorsteuerabzuges eine zentrale Rolle ein. Unabhängig vom Bestehen der materiellen Voraussetzungen des Vorsteuerabzugs werden daher Ansprüche auf Vorsteuererstattung vielfach allein aus rein formalen Gründen endgültig versagt.[1645] Dies scheint mit dem im Umsatzsteuerrecht herrschenden substance-over-form-Prinzip[1646] nicht vereinbar zu sein.[1647] Dies gilt insbesondere vor dem Hintergrund, dass entsprechend den jüngsten Entwicklungen in der EuGH-Rechtsprechung Verstöße gegen formelle Vorschriften grundsätzlich nicht zum Verlust des Vorsteuerabzugsrechts führen dürfen und etwaige Sanktionen in einem „angemessenen Verhältnis zur Schwere des Verstoßes" stehen müssen.[1648] Dementsprechend kommt einer Rechnungsberichtigung auch eine rückwirkende Wirkung zu.[1649]

1643 BFH v. 17.4.2008, V R 41/06, BStBl. II 2009, 2.

1644 So aber *Atanasova/Maunz*, DStR 2009, 1185, 1189. *Stadie*, in: Rau/Dürrwächter, UStG, § 18 (Oktober 2016) Rn. 677 will hierin zumindest bei größeren Beträgen einen Verstoß gegen den Neutralitätsgrundsatz sowie den Grundsatz der Verhältnismäßigkeit sehen. Da es sich bei der Festlegung des Zinslaufes allerdings um die Umsetzung von EU-Recht handelt, würde der EuGH diese Auffassung jedoch voraussichtlich nicht teilen.

1645 So *Burgmaier*, UStB 2016, 341, 346; im Ergebnis auch *Wäger*, UR 2016, 125, 165.

1646 Vgl. Kapitel 2 B IV.

1647 Im Ergebnis ebenso *Burgmaier*, UStB 2016, 342, 343, der allerdings insoweit den Grundsatz der Verhältnismäßigkeit bemüht sowie *Montag*, MwStR 2014, 643, 646ff., die in der derzeitigen Praxis sowohl einen Verstoß gegen den Grundsatz der Verhältnismäßigkeit als auch gegen das allgemeine Diskriminierungsverbot sieht, allerdings nicht klar zwischen EU-ansässigen und Drittlandsunternehmern unterscheidet; a.A. wohl *Sterzinger*, UStB 2017, 14, 15, der in der Versagung des Vorsteuerabzuges teilweise wohl eine angemessene Sanktion sieht.

1648 EuGH v. 16.9.2016, Rs. C-518/14 (Senatex), ABl. EU 2016, Nr. C 419, 6, Rn. 43.

1649 EuGH v. 16.9.2016, Rs. C-518/14 (Senatex), ABl. EU 2016, Nr. C 419, 6, Rn. 38, 42.

Überträgt man diese Rechtsprechung auf das Vorsteuervergütungsverfahren so stellt sich die Frage, warum nicht auch unvollständige Anträge nach Ablauf der Antragsfrist rückwirkend ergänzt oder berichtigt werden sollten mit der Folge, dass die Antragsfrist als gewahrt gilt.[1650] Dies gilt umso mehr, als das Vorsteuervergütungsverfahren keine eigenständigen materiellen Anforderungen für den Vorsteueranspruch begründen wollte, sondern lediglich der Harmonisierung der Erstattung an nicht im Inland ansässige Unternehmer dienen sollte.[1651] Soweit hiergegen vorgebracht wird, dass anders als bei fehlerhaften Rechnungen ein fehlerhafter Antrag stets vom Unternehmer selbst zu verantworten ist,[1652] ist dem zu entgegnen, dass für eine derartige Differenzierung das Urteil in der Rechtssache *Senatex* keine Anhaltspunkte liefert. Die Schwere des Verstoßes spielt lediglich für die Verhängung von Sanktionen und nicht für die Versagung des Vorsteuerabzugsrechts eine Rolle.[1653] Somit wäre trotz der Behandlung der Antragsfrist als Ausschlussfrist[1654] und den detaillierten Vorgaben der 11. EG-Richtlinie eine weitgehende Berücksichtigung des substance-over-form-Prinzips – zumindest hinsichtlich der Möglichkeit den Vergütungsantrag zu berichtigen oder zu ergänzen – auch im Vorsteuervergütungsverfahren durchaus möglich.

Die Analyse der Rechtsprechung hat gezeigt, dass die deutsche Finanzverwaltung einen Vorsteuerabzug auch bei geringfügigen Verstößen gegen formelle Anforderungen versagt. Der substance-over-form-Gedanke scheint insoweit unbeachtlich.[1655] Dies verwundert umso mehr, als das Verfahren nach der 11. EG-Richtlinie doch auch die Unternehmer stärken und sie bei der

1650 So *Burgmaier*, UStB 2016, 341, 343. Auch das FG Köln hält die Übertragbarkeit der Grundsätze der Entscheidung Senatex auf das Vorsteuervergütungsverfahren zumindest im Bereich der Beifügung von Rechnungen für möglich, auch wenn dies in der Entscheidung ausdrücklich offengelassen wurde vgl. FG Köln v. 9.11.2016, 2 K 1912/15, EFG 2017, 1697, Rn. 40.

1651 EuGH v. 15.3.2007, Rs. C-35/05 (Reemtsma), Slg. 2007, I-2425, Rn. 25, wenngleich noch zur Vorgängerregelung; in diesem Sinne auch EuGH v. 21.3.2018, Rs. C-533/16 (Volkswagen), ABl. EU 2016, Nr. C 166, 11, Rn. 35 zur 11. EG-Richtlinie.

1652 *Sterzinger*, UStB 2017, 14, 15.

1653 EuGH v. 16.9.2016, Rs. C-518/14 (Senatex), ABl. EU 2016, Nr. C 419, 6, Rn. 42. Die deutsche Regierung wollte insoweit die Gewährung des Vorsteuerabzuges im Zeitpunkt der Rechnungsberichtigung als Sanktion für die fehlerhafte Rechnung werten.

1654 EuGH v. 21.6.2012, Rs. C-294/11 (Elsacom), ABl. EU 2012, Nr. C 250, 8.

1655 Vgl. bspw. FG Köln v. 20.1.2016, 2 K 1514/13, veröffentlich bei juris, Rn. 32.

Geltendmachung des Vorsteuerabzugs in grenzüberschreitenden Situationen unterstützen sollte.[1656]

Diese doch sehr profiskalische Betrachtungsweise der Finanzverwaltung wird von den Finanzgerichten – zumindest vom FG Köln – jedoch nicht geteilt. So hat das FG Köln nun in mehreren Entscheidungen dem Recht auf Vorsteuerabzug trotz formaler „Mängel" des Vergütungsantrages den Vorrang vor der strikten Einhaltung von Formvorschriften eingeräumt.[1657] Ob der BFH sich dieser Auffassung anschließt oder weiterhin den Totalverlust des Vorsteuerabzuges als verhältnismäßiges Mittel bei formalen Fehlern ansehen will[1658], muss sich noch zeigen.[1659] Sofern der BFH der Judikatur des FG Köln folgt, wird das Vorsteuervergütungsverfahren vielleicht seiner Aufgabe zur Vereinfachung des Vorsteuerabzugs für nicht im Inland ansässige Unternehmer gerecht werden und stellt kein „Nichtvergütungsverfahren" mehr dar.[1660]

Trotz dieser unternehmerfreundlicheren Tendenzen des FG Köln bleiben jedoch auch weiterhin Fragen nach der Kompetenzverteilung in der Richtlinie sowie einer tauglichen Rechtsgrundlage zur Ablehnung unvollständiger Anträge offen. Eine wünschenswerte Klärung dieser Fragen durch den EuGH wird in naher Zukunft allerdings wohl nicht zu erwarten sein. Aufgrund der bestehenden Zuständigkeitsregelungen ist derzeit ausschließlich das FG Köln für Klagen im Zusammenhang mit dem Vorsteuervergütungsverfahren in erster Instanz zuständig.[1661] Macht das FG Köln insoweit nicht von seinem Vorlagerecht[1662] Gebrauch, wird eine Rechtskontrolle durch den EuGH praktisch nicht mehr

---

1656 So ausdrücklich 3. Erwägungsgrund der 11. EG-Richtlinie.

1657 Vgl. FG Köln v. 9.11.2016, 2 K 1912/15, EFG 2017, 1697 und v. 15.2.2018, 2 K 1386/17 zur Einreichung unvollständiger Rechnungen; v. 11.5.2016, 2 K 2463/13, EFG 2016, 2102 zur Vorlage von Rechnungskopien; v. 14.9.2016, 2 K 195/14, EFG 2016, 2098 zur Verwendung der Referenznummer statt der Rechnungsnummer; v. 20.1.2016, 2 K 1514/13, EFG 2016, 845 zur Verwendung „allgemeiner" Begriffe bei der Beschreibung der bezogenen Leistungen.

1658 Vgl. BFH v. 24.9.2015, V R 9/14, BStBl. II 2015, 1067, Rn. 23 noch zum Verfahren unter der 8. EG-Richtlinie. Kritisch hierzu *Burgmaier*, UStB 2016, 341, 342f.

1659 Bei Abschluss der Arbeit waren die gegen die Urteile des FG Köln eingelegten Revisionen noch anhängig.

1660 *Wäger*, UR 2016, 125, 165.

1661 Das FG Köln ist wegen des Sitzes des BZSt als beklagter Behörde gem. § 38 Abs. 1 FGO zuständig.

1662 Zu den Voraussetzungen der Vorlageberechtigung und der Vorlageverpflichtung nationaler Gerichte im Verfahren nach Art. 267 AEUV vgl. *Wegener*, in: Calliess/Ruffert, EUV/AEUV, 2016, Art. 267 AEUV Rn. 27-33.

durchgeführt[1663], da sich der BFH auch weiterhin nicht als besonders „vorlagefreudig" erweist.[1664]

Die restriktive Handhabung des Vorsteuervergütungsverfahrens in Deutschland hat jedoch dazu geführt, dass die EU-Kommission beschlossen hat, ein Vertragsverletzungsverfahren gegen die Bundesrepublik Deutschland einzuleiten.[1665] Auch wenn ein solches Verfahren keine unmittelbaren Auswirkungen für die Antragsteller hat, bleibt doch zu hoffen, dass es einen Anstoß dafür liefert, dass die deutsche Finanzverwaltung und auch die Finanzgerichtsbarkeit ihre derzeitige Praxis noch einmal überdenken und entsprechend anpassen.[1666]

Bedenklich ist vor diesem Hintergrund allerdings auch die Tendenz des deutschen Gesetzgebers, den Bestrebungen der Finanzgerichtsbarkeit, dem Antragsteller das Recht auf Vorsteuerabzug trotz des Vorliegens „formeller Mängel" zu gewähren, mit Änderungen der deutschen Umsetzungsvorschriften entgegenzuwirken. So wurde sowohl die Möglichkeit der Vorlage elektronischer Rechnungskopien[1667] als auch die Möglichkeit der Vorlage „unvollständiger" Rechnungen[1668] durch eine Änderung des § 61 Abs. 2 S. 3 UStDV ausdrücklich ausgeschlossen,[1669] gleichwohl Art. 10 der 11.EG-Richtlinie den Mitgliedstaaten nur die Möglichkeit einräumt, die Vorlage einer „Kopie der Rechnung oder des Einfuhrdokumentes" zu verlangen. Die Umsetzung im deutschen Recht geht somit eindeutig über den Wortlaut der Richtlinie hinaus. Vor allem vor dem

---

1663 So auch *Heinrichshofen*, UStB 2012, 344, 345; *Burgmaier*, UStB 2016, 341, 342.

1664 Während in 2015 der BFH lediglich eine einzige Vorlage an den EuGH gerichtet hat (*Wäger*, UR 2016, 125, 166), stellte er in 2016 immerhin bereits fünf Vorlagen an den EuGH (vgl. *Wäger*, UR 2017, 85, 110); in 2017 waren es vier Vorlagen, vgl. *Wäger*, UR 2018, 45, 75 und in 2018 immerhin acht, vgl. *Wäger*, UR 2019, 41, 62.

1665 Laut der Pressemittelung vom 24.1.2019 hat die EU-Kommission beschlossen, ein entsprechendes Vertragsverletzungsverfahren vor dem EuGH einzuleiten. Die hierzu ergangene Pressemitteilung der EU-Kommission abrufbar unter: https://ec.europa.eu/germany/news/20190124-vertragsverletzungsverfahren-deutschland_de. (zuletzt abgerufen am 15.4.2019).

1666 Auch wenn die bloße Absicht der Einleitung eines Vertragsverletzungsverfahrens die deutschen Finanzgerichte nicht zu einer anderen Praxis veranlassen mag (so FG Köln v. 25.8.2015, 2 K 975/14, BB 2015, 2774, Rn. 25) so führen tatsächlich eingeleitete Vertragsverletzungsverfahren doch zumindest manchmal zum Eingreifen des Gesetzgebers vgl. hierzu Kapitel 5 B II 3 a bb.

1667 Vgl. FG Köln v. 11.5.2016, 2 K 2463/13, EFG 2016, 2098.

1668 Vgl. FG Köln v. 9.11.2016, 2 K 1912/15, EFG 2017, 1697; v. 15.2.2018, 2 K 1386/17

1669 In der derzeit gültigen Fassung sind *„eingescannte Originale vollständig beizufügen"*.

Hintergrund, dass der EuGH in der Rechtssache *Yeasu Europe*[1670] bereits eindeutig entschieden hat, dass die Mitgliedstaaten über den Wortlaut der Richtlinie hinaus keine zusätzlichen Anforderungen an die Vorsteuererstattung im Vorsteuervergütungsverfahren begründen dürfen, wäre eine Vorlage dieser Regelungen an den EuGH durch die nationalen Gerichte mehr als angebracht. Es bleibt insoweit allerdings abzuwarten, ob diese ihrer Vorlageverpflichtung nach Art. 267 AEUV nachkommen werden. Angesichts der Bedeutung des Rechts auf Vorsteuerabzug im gemeinschaftlichen Mehrwertsteuersystem wäre dies mehr als wünschenswert.

G. Das MOSS-Verfahren

Seit dem 1. Januar 2015 liegt der Leistungsort bei Telekommunikations-, Rundfunk- und Fernseh- sowie auf elektronischem Weg erbrachten Dienstleistungen an Nichtunternehmer in dem Staat, in dem der Leistungsempfänger ansässig ist oder seinen Wohnsitz oder gewöhnlichen Aufenthaltsort innehat (§ 3a Abs. 5 UStG).[1671] Damit erfolgt die Umsatzbesteuerung dieser Leistungen künftig einheitlich nicht mehr in dem Staat, in dem der leistende Unternehmer ansässig ist, sondern an ihrem Verbrauchsort. In der Folge hätten sich die leistenden Unternehmer in sämtlichen Mitgliedstaaten für umsatzsteuerliche Zwecke registrieren lassen und diversen Melde- und Erklärungspflichten nachkommen müssen, in denen sie die genannten Leistungen ausführen. Um diesen erheblichen bürokratischen Aufwand und die damit verbundenen Kosten einzudämmen, wurde ein vereinfachtes Besteuerungsverfahren, das sog. "Mini-One-Stop-Shop" (MOSS)-Verfahren eingeführt.[1672] Danach können die Unternehmer die ausländische Steuer an eine Anlaufstelle in ihrem Sitzstaat abführen, die diese an das jeweilige Bestimmungsland weiterleitet. Die Teilnahme an dem MOSS-Verfahren ist freiwillig, so dass der Unternehmer sich auch weiterhin in

---

1670 EuGH v. 3.12.2009, Rs. C-433/08 (Yaesu Europe), Slg. 2009, I-11487. Insoweit hatte der EuGH die Anforderung des deutschen Gesetzgebers, dass der Antrag auf Vorsteuervergütung nach der 8. EG-Richtlinie eine "eigenhändig" Unterschrift des Antragstellers voraussetzte, als nicht mit den Unionsrecht vereinbar angesehen, da die 8. EG-Richtlinie eine derartige Qualifikation der Unterschrift nicht vorsah.

1671 Eingeführt durch Gesetz v. 25.7.2014, BGBl. I 2014, 1768.

1672 Siehe 8. Erwägungsgrund der Richtlinie 2008/8/EG, vgl. hierzu auch *Leonard*, in: Bunjes, UStG, 2018, § 18h Rn. 1; *Treiber*, in: Sölch/Ringleb, UStG, § 18h (September 2016) Rn. 2; *Sterzinger*, in: Rau/Dürrwächter, UStG, § 18h (Oktober 2017) Rn. 40.

den übrigen Mitgliedstaaten als umsatzsteuerlicher Unternehmer registrieren lassen kann.[1673] Im nationalen Recht wurde das MOSS-Verfahren in § 18h UStG umgesetzt.[1674]

Üben im übrigen Gemeinschaftsgebiet ansässige Unternehmer nach § 3a Abs. 5 UStG im Inland steuerpflichtige Umsätze aus und beantragen in ihrem Ansässigkeitsstaat die Teilnahme am MOSS-Verfahren, so sind sie im Gegenzug in Deutschland von den ansonsten geltenden Erklärungspflichten befreit (§18 Abs. 4e UStG). Praktisch sind die ausgeführten Umsätze, die in den Anwendungsbereich des MOSS-Verfahrens fallen, in einer besonderen Steuererklärung gegenüber dem BZSt auf elektronischem Weg zu erklären und die sich ergebende Steuer insgesamt zu entrichten. Diese Regelung gilt allerdings nur für Umsätze in den Mitgliedstaaten der EU, in denen der Unternehmer keine umsatzsteuerliche Betriebsstätte innehat. Die Teilnahme an dieser Sonderregelung ist von dem Unternehmer auf elektronischem Weg beim BZSt zu beantragen. Ein Widerruf der Teilnahme ist unter Einhaltung einer Widerrufsfrist grundsätzlich bis zum Beginn eines neuen Besteuerungszeitraums (Kalendervierteljahr) mit Wirkung ab diesem Zeitraum möglich.[1675]

Vorsteuern, die in einem anderen Mitgliedstaat der EU entstanden ist, können nicht im MOSS-Verfahren geltend gemacht werden (Art. 369j MwStSystRL). Vielmehr erfolgt ihre Vergütung entweder im Vorsteuervergütungsverfahren nach der 11. EG-Richtlinie oder, falls der Unternehmer in diesem Mitgliedstaat noch weitere Umsätze ausführt, im allgemeinen Besteuerungsverfahren des jeweiligen Mitgliedstaates.[1676] Der Unternehmer muss daher im MOSS-Verfahren

---

1673 Die Einzelheiten des MOSS-Verfahrens finden sich in den Artikeln 369a-369k MwStSystRL.

1674 Die Regelung wurde zum 1.10.2014 mit Art. 28 Abs. 3 des KroatienAnpG v. 25.7.2014, BGBl. I 2014, 1266 in das UStG eingefügt und ist erstmals auf Besteuerungszeiträume anzuwenden, die nach dem 31.12.2014 enden (§ 27 Abs. 20 UStG). Eine ähnliche Regelung gab es bereits seit dem 1.7.2003 für nicht im Gemeinschaftsgebiet ansässige Unternehmer, die ausschließlich auf elektronischem Wege sonstige Leistungen an im Gemeinschaftsgebiet ansässige Nichtunternehmer erbringen und in keinem Mitgliedstaat der EU als Unternehmer umsatzsteuerlich erfasst sind (vgl. § 18 Abs. 4c und Abs. 4d UStG).

1675 Zum technischen Ablauf des MOSS-Verfahrens in Deutschland vgl. insbesondere die Informationen des BZSt abrufbar unter https://www.bzst.de/DE/Steuern_International/Mini_One_Stop_Shop/Mini_ One_Stop_Shop_node.html. (zuletzt abgerufen am 15.4.2019)

1676 *Sterzinger*, in: Rau/Dürrwächter, UStG, § 18h (Oktober 2017) Rn. 150f; *Treiber*, in: Sölch/Ringleb, UStG, § 18h (September 2016) Rn. 4.

zunächst die Umsatzsteuer in voller Höhe (d.h. ohne Abzug etwaiger Vorsteuerbeträge) entrichten und erhält anschließend die Vorsteuer in den jeweiligen Mitgliedstaaten erstattet. Vor dem Hintergrund der Verwaltungsökonomie und der Tatsache, dass das MOSS-Verfahren eine Vereinfachung für die Unternehmer darstellen soll, sollte über eine Zusammenlegung dieser beiden Verfahren nachgedacht werden.[1677]

1677 So auch *Treiber*, in: Sölch/Ringleb, UStG, § 18h (September 2016) Rn. 4.

Kapitel 5: Vorsteuervergütung an drittlandsansässige Unternehmer

A. Historische Entwicklung

I. Entwicklung auf europäischer Ebene

1. Anspruch auf Vorsteuererstattung vor Einführung der 13. EG-Richtlinie

Die grundsätzliche Möglichkeit einer Vorsteuererstattung an im Drittland ansässige Unternehmer war ebenfalls bereits in Art. 17 Abs. 3, Abs. 4 der 6. EG-Richtlinie angelegt. Allerdings stand dieser Anspruch unter dem Vorbehalt, dass er von den Mitgliedstaaten eingeschränkt bzw. gänzlich ausgeschlossen werden konnte.[1678] Nach Ansicht des Unionsgesetzgebers war dem Vorsteuervergütungsanspruch an im Drittlandsgebiet ansässigen Unternehmern folglich zunächst nicht derselbe Stellenwert beizumessen, wie dem Erstattungsanspruch gegenüber im Gemeinschaftsgebiet ansässigen Unternehmern.[1679] So war das Vorsteuervergütungsverfahren nach der 8. EG-Richtlinie auch ausdrücklich nur auf in der EU ansässige Unternehmer anwendbar.[1680] Auf einen Vorschlag für eine harmonisierte Regelung für drittlandsansässige Unternehmer hatte die EU-Kommission zum Zeitpunkt der Einführung der 8. EG-Richtlinie vielmehr bewusst verzichtet, da „die Beziehungen der einzelnen Mitgliedstaaten der Union zu anderen Staaten so unterschiedlich ausgestaltet seien, dass während der Geltung des Mehrwertsteuersystems unter der 6. EG-Richtlinie ein gemeinsames Erstattungssystem nicht eingeführt werden könne".[1681] Dementsprechend

---

1678 Diese Einschränkung wurde auch ausdrücklich in den 7. Erwägungsgrund der 8. EG-Richtlinie aufgenommen.

1679 So ging die EU-Kommission bei Ihrem Vorschlag zur Einführung der 8. EG-Richtlinie auch nur explizit davon aus, dass die fehlende oder uneinheitliche Erstattung von Vorsteuern an im Gemeinschaftsgebiet ansässige Unternehmer zu Verkehrsverlagerungen und Wettbewerbsverzerrungen führen kann. Im Zusammenhang mit in Drittstaaten ansässigen Unternehmern finden sich diese Bedenken nicht, vgl. Kommission v. 3.1.1978, COM(1977) 721 final, S. 1.

1680 Siehe Art. 2 der 8. EG-Richtlinie.

1681 Vorschlag der Kommission v. 2.1.1978, COM(1977) 721 final, S. 1.

führte Art. 8 der 8. EG-Richtlinie bezüglich der Erstattung an im Drittlandsgebiet ansässige Unternehmer auch lediglich aus:

> *„Es steht den Mitgliedstaaten frei, bei nicht im Gebiet der Gemeinschaft ansässigen Steuerpflichtigen die Erstattung auszuschließen oder von besonderen Bedingungen abhängig zu machen.*
> *Die Erstattung darf nicht zu günstigeren Bedingungen erfolgen, als für die in der Gemeinschaft ansässigen Unternehmer."*

Es war daher weiterhin den Mitgliedstaaten überlassen, ob und unter welchen Voraussetzungen diese eine Erstattung von Vorsteuern an im Drittlandsgebiet ansässige Unternehmer vornahmen.[1682] Die einzige Vorgabe des Unionsgesetzgebers bestand lediglich darin, dass Vorsteuererstattungen gegenüber Drittlandsunternehmern nicht zu besseren Konditionen erfolgen durften als gegenüber im übrigen Gemeinschaftsgebiet ansässigen Unternehmern.[1683] Ein auf Unionsrecht begründeter verbindlicher Anspruch auf Erstattung von Vorsteuern wurde Drittlandsunternehmern erst mit Einführung der 13. EG-Richtlinie[1684] zum 1. Januar 1988 eingeräumt[1685].

2. *Einführung der 13. EG-Richtlinie*

Da das Ob und Wie der Vorsteuererstattung an im Drittlandgebiet ansässige Unternehmer allein den Mitgliedstaaten oblag, unterschieden sich die Modalitäten der Erstattung in den einzelnen Mitgliedstaaten teils erheblich voneinander. In dieser Tatsache sah die EU-Kommission potenzielle Wettbewerbsverzerrungen und Verkehrsverlagerungen zu Lasten der Steuerpflichtigen eines Mitgliedstaates, die Leistungen an in Drittstaaten ansässige Unternehmer erbrachten, wenn nach den Regelungen des jeweiligen Mitgliedstaates spürbar strengere Erstattungsmodalitäten und -bedingungen galten als in anderen Mitgliedstaaten der Gemeinschaft. Da eine derartige Situation dazu geeignet sei, eine harmonische Entwicklung der Wirtschaftsbeziehungen zu Drittländern zu beeinträchtigen, sollte nach Ansicht der EU-Kommission eine einheitliche Regelung für

---

1682 Siehe auch Vorschlag der EU-Kommission v. 2.1.1978, COM(1977) 721 final, S. 1.

1683 Art. 8 Abs. 2 der 8. EG-Richtlinie.

1684 Dreizehnte Richtlinie 86/560/EWG des Rates zur Harmonisierung der Rechtsvorschriften der Mitgliedstaaten über die Umsatzsteuern – Verfahren der Erstattung der Mehrwertsteuer an nicht im Gebiet der Gemeinschaft ansässige Steuerpflichtige v. 17.11.1986, ABl. EG Nr. L 326, 40 (***13. EG-Richtlinie***).

1685 Vgl. Art. 5 Abs. 1 der 13. EG-Richtlinie.

alle Mitgliedstaaten getroffen werden.[1686] Nach Ansicht des Europäischen Parlamentes verstieß die unterschiedliche Behandlung von im Inland ansässigen und im Drittland ansässigen Unternehmern sogar gegen den Grundgedanken des Mehrwertsteuersystems selbst, da in diesen Fällen eine Kumulation der Steuer eintreten würde.[1687] Dem Gedanken des Unionsgesetzgebers folgend ist daher nach dem geltenden Mehrwertsteuersystem unabhängig von der Ansässigkeit des Leistungsempfängers prinzipiell eine Vorsteuererstattung durchzuführen.[1688]

Inhaltlich sollte sich die einzuführende Regelung zwar an der 8. EG-Richtlinie orientieren, jedoch gleichzeitig flexibel genug sein, um den unterschiedlichen Verhältnissen in den einzelnen Drittstaaten gebührend Rechnung zu tragen.[1689] Dementsprechend enthält die 13. EG-Richtlinie auch nur sehr rudimentäre Regelungen für die Vorsteuererstattung an nicht im Gemeinschaftsgebiet ansässige Unternehmer. Hauptregelungsgehalt der 13. EG-Richtlinie ist insoweit, dass eine Vorsteuererstattung überhaupt vorgenommen werden muss. Die 13. EG-Richtlinie gilt seit ihrer Einführung zum 1. Januar 1988 (Art. 5 Abs. 1) unverändert fort.

II. Umsetzung im deutschen Umsatzsteuerrecht

Auch wenn die 13. EG-Richtlinie und damit auch dem Grunde nach der Anspruch eines im Drittland[1690] ansässigen Unternehmers nach den Vorgaben des Unionsrechts erst zum 1. Januar 1988 in nationales Recht umgesetzt werden musste, enthielt bereits der ab dem 1. Januar 1980 gültige § 18 Abs. 9 UStG1980[1691] einen verbindlichen Anspruch für im Drittland ansässige

---

1686 Vgl. Vorschlag der Kommission für eine 13. EG-Richtlinie zur Regelung der Erstattung an nicht im Gemeinschaftsgebiet ansässige Steuerpflichtige v. 27.8.1982, COM(1982) 443 final, ABl. 1982, Nr. C 223, S. 5, 6.

1687 Vgl. Resolution des Europäischen Parlamentes zur 8. EG-Richtlinie, ABl. EG 1979, Nr. C 39, 14 unter Punkt 4; hierzu auch *Haslehner*, StuW 2012, 242, 246.

1688 So auch *Haslehner*, StuW 2012, 242, 246.

1689 Vgl. Vorschlag der Kommission für eine 13. EG-Richtlinie zur Regelung der Erstattung an nicht im Gemeinschaftsgebiet ansässige Steuerpflichtige v. 27.8.1982, COM(1982) 443 final, ABl. 1982, Nr. C 223, S. 5, 6.

1690 Für Zwecke der Anwendbarkeit des Vorsteuervergütungsverfahrens gelten nach deutschem Recht abweichend von Art.6 Abs. 1 lit. b, Abs. 2 lit. c und d MwStSystRL i.V.m. Art. 5 Abs. 1 und 2 MwStSystRL Unternehmer, die auf den Kanarischen Inseln, in Ceuta oder in Melilla ansässig sind, als im Gemeinschaftsgebiet ansässig, vgl. Abschn. 18.11 Abs. 4 S. 2 UStAE.

1691 UStG vom 19.11.1979 gültig ab dem 1.1.1980, BGBl. I 1979, 1953.

Unternehmer auf Vorsteuervergütung von in Deutschland entstandener Vorsteuer. Eine Unterscheidung zwischen im übrigen Gemeinschaftsgebiet und im Drittlandsgebiet ansässigen Unternehmern enthielt § 18 Abs. 9 UStG1980 nicht. Das bereits im UStG1980 vorgesehen Vorsteuervergütungsverfahren an im Drittlandgebiet ansässige Unternehmer wurde vom deutschen Gesetzgeber zur Umsetzung der 13. EG-Richtlinie daher für ausreichend erachtet, so dass diese Vorschriften zunächst unverändert beibehalten wurden.[1692]

Erst mit dem Jahressteuergesetz 1996 vom 11. Oktober 1995[1693] wurden eigenständige Vorschriften für das Vorsteuervergütungsverfahren an in Drittstaaten ansässige Unternehmer in das UStG rückwirkend zum 3. Juni 1995 aufgenommen.[1694] Die neu eingeführten Vorschriften schränkten das Vorsteuervergütungsverfahren an drittlandsansässige Unternehmer im Vergleich zu im Gemeinschaftsgebiet ansässigen Unternehmern ein. Insbesondere wurde das Vorsteuervergütungsverfahren nur dann gewährt, wenn mit dem Drittstaat Gegenseitigkeit vereinbart wurde[1695]. Zudem wurde der Vergütungsmindestbetrag auf 500 DM angehoben.[1696] Nach der Begründung des Gesetzgebers beruhten die beschlossenen Einschränkungen vollständig auf Gemeinschaftsrecht (d.h. auf der 13. EG-Richtlinie).[1697] Seit diesem Zeitpunkt waren die Verfahren für im übrigen Gemeinschaftsgebiet und für im Drittlandsgebiet ansässige Unternehmer in Deutschland unterschiedlich ausgestaltet.

Das Vorsteuervergütungsverfahren wurde im Laufe der Jahre immer wieder an einzelnen Stellen angepasst. Das Verfahren als solches sowie die Voraussetzungen für den Anspruch auf Vorsteuervergütung sind im Wesentlichen

---

1692 Vgl. *Stadie*, in: Rau/Dürrwächter, UStG, § 18 (Oktober 2016) Rn. 558. Insbesondere lag hierdurch insoweit kein Verstoß gegen Art. 3 Abs. 2 der 13. EG-Richtlinie vor, wonach die Erstattung nicht zu günstigeren Konditionen als an im übrigen Gemeinschaftsgebiet ansässige Unternehmer erfolgen darf.

1693 BGBl. I 1995, 1250.

1694 Art. 41 Abs. 6 JStG 1996. Zur Verfassungsmäßigkeit der Rückwirkung vgl. *Henseler*, DB 1996, 2152; *Kraeusel*, UR 1995, 357, 374f.

1695 Zur Vereinbarkeit der Einführung der Gegenseitigkeitsklausel mit Europarecht vgl. EuGH v. 7.6.2007, Rs. C-335/05 (Rizeni Letoveho Provozou), Slg. 2007, I-4307, Rn. 19, Ls. Die Gegenseitigkeitsklausel verstößt zudem auch nicht gegen Verfassungsrecht, vgl. BFH v. 10.4.2003, V R 35/01, BStBl. II 2003, 782, Rn. 21.

1696 Vgl. hierzu *Schlienkamp*, UR 1997, 77.

1697 BR-Drucks. 171/95, S. 151 und 153. So auch *Kraeusel*, UR 1995, 357, 374; *Arzberger*, DB 1995, 2184; *ders*, DB 1995, 2242; *Henseler*, DB 1996, 2152; kritisch hierzu *Schlienkamp*, UR 1997, 77, 82.

allerdings unverändert geblieben. Eine gravierende Änderung hat das Verfahren jedoch mit Wirkung zum 1. Juli 2016 erfahren.[1698] Ebenso wie das Vergütungsverfahren nach der 11. EG-Richtlinie ist das Vergütungsverfahren an im Drittland ansässige Unternehmer nun ebenfalls vollständig elektronisch ausgestaltet werden. Außer in Härtefällen können Anträge, die nach dem 30. Juni 2016 gestellt werden[1699], nur noch elektronisch an die zuständige Behörde[1700] übermittelt werden.[1701]

B. Das Vorsteuervergütungsverfahren nach der 13. EG-Richtlinie

I. Überblick über das Verfahren

Da die Ausgestaltung des Vergütungsantrages sowie die Verfahrensmodalitäten der Erstattung den einzelnen Mitgliedstaaten obliegen, sind – anders als bei dem Verfahren nach der 11. EG-Richtlinie – selbst für Zwecke eines bloßen Überblicks über das Verfahren zwingend die nationalen Vorschriften des jeweiligen Erstattungsstaates zu betrachten. Die Vorsteuervergütung nach der 13. EG-Richtlinie setzt zunächst einen Antrag des Unternehmers voraus (Art. 3 Abs. 1 S. 1, § 61a Abs. 1 UStDV).[1702] Dieser war bis zum 30. Juni 2016 papiergebunden nach amtlich vorgeschriebenem Vordruck bei der zuständigen Behörde zu stellen. Ab dem 1. Juli 2016 ist dieser Antrag grundsätzlich auf elektronischem

---

1698 Die erforderliche Änderung des § 61 Abs. 1 UStDV erfolgte durch das Gesetz zur Modernisierung des Besteuerungsverfahrens v. 18.7.2016, BGBl. I 2016, 1679.

1699 § 74a Abs. 4 UStDV.

1700 Dies ist auch insoweit das BZSt, § 5 Abs. 1 Nr. 8 FVG.

1701 In Härtefällen ist auch weiterhin die Stellung eines papierbasierten Antrags möglich, § 61a Abs. 1 S. 3 UStDV. Da die Formulierung insoweit der in § 18 Abs. 3 S. 3 UStG bezüglich der Form der Übermittlung der Umsatzsteuererklärungen im allgemeinen Besteuerungsverfahren entspricht, ist davon auszugehen, dass die Auslegung des Begriffs „unbillige Härte" entsprechend zu erfolgen hat.

1702 Bei dem Vergütungsantrag handelt es sich wohl nicht um eine Steuervergütungsanmeldung i.S.d. § 155 Abs. 4 AO, da sowohl Art. 15 Abs. 1 S. 1 der 11. EG-Richtlinie als auch § 18 Abs. 9 S. 2 Nr. 2 und 3 UStG sowie § 61a Abs. 1 und Abs. 2 UStDV von einem „Antrag" sprechen, vgl. *Stadie*, UStG, 2015, § 18 Rn. 155; so wohl auch *Leonard*, in: Bunjes, UStG, 2018, § 18 Rn. 54; a.A. BFH v. 18.7.2008, V R 41/06, BStBl. II 2009, 2; FG Köln v. 9.11.2010, 2 K 5679/04, EFG 2011, 1367 sowie *Treiber*, in: Sölch/Ringleb, UStG, § 18 (September 2018) Rn. 212; *Sterzinger*, in: Birkenfeld/Wäger, USt-Hdb., § 214 (Mai 2015) Rn. 204. Hierzu auch Kapitel 4 D II 1.

Wege zu übermitteln und kann nur noch in Härtefällen in Papierform abgegeben werden[1703].

Die Antragsfrist beträgt sechs Monate (§ 61a Abs. 2 S. 1 UStDV) und ist ebenfalls eine Ausschlussfrist.[1704] Über den Erstattungsantrag entscheidet ausschließlich das BZSt mittels Steuerbescheid (§ 61Abs. 4 UStDV) eine formelle Beteiligung der Steuerbehörde des Ansässigkeitsstaates des Antragstellers ist nicht vorgesehen.[1705]

II. Einzelheiten des Vergütungsverfahrens

1. Antragsberechtigung

a. Ansässigkeit im Drittlandsgebiet

Ein Unternehmer ist dann antragsberechtigt, wenn dieser im Erstattungsstaat keine „schädlichen" Umsätze[1706] ausübt und in einem Drittstaat[1707] ansässig ist.

Die Ansässigkeit bestimmt sich auch für Zwecke der 13. EG-Richtlinie nach den allgemeinen Grundsätzen, so dass zur Begründung der Ansässigkeit eine tatsächliche wirtschaftliche Tätigkeit vorausgesetzt wird und auch insoweit bloße „Briefkastenfirmen" oder „Strohfirmen" nicht ausreichen.[1708]. Es stellen sich zwar grundsätzlich dieselben Probleme wie bei der Antragsberechtigung nach der 11. EG-Richtlinie[1709], wobei aufgrund der Tatsache, dass eine Erstattung

---

1703 Ein Muster des papiergebundenen Antrages auf Vorsteuererstattung ist abrufbar unter: http://www.bzst.de/DE/Steuern_International/ Vorsteuervergutung/03_Unternehmer_Drittstaaten/Hilfsmittel/USt1T_Blankoformular.html (zuletzt abgerufen am 15.4.2019).

1704 Vgl. BFH v. 18.1.2007, V R 23/05, BStBl. II 2007, 430 unter II.4. Zu den Antragsvoraussetzungen, die für eine Wahrung der Antragsfrist vorliegen müssen vgl. im Einzelnen Kapitel 5 B II 3.

1705 Der Ansässigkeitsstaat erteilt dem Antragsteller jedoch eine Ansässigkeitsbescheinigung, die dem Erstattungsantrag beizufügen ist. Zu den beizufügenden Dokumenten im Erstattungsverfahren vgl. Kapitel 5 B II 3 b.

1706 Zu der Bestimmung der schädlichen Umsätze vgl. im Einzelnen Kapitel 5 B II 1 c.

1707 Abweichend von Art. 6 Abs. 1 lit. b, Abs. 2 lit. c und d MwStSystRL i.V.m. Art. 5 Abs. 1 und Abs. 2 MwStSystRL gelten auf den Kanarischen Inseln, in Ceuta oder in Melilla ansässiger Unternehmer für Zwecke der Anwendung des Vorsteuervergütungsverfahrens als im Gemeinschaftsgebiet ansässig, vgl. Abschn. 18.11 Abs. 4 S. 2 UStAE.

1708 Zur Bestimmung der Ansässigkeit nach der 13. EG-Richtlinie vgl. EuGH v. 28.6.2007, Rs. C-73/06 (Planzer Luxembourg), Slg. 2007, I-5655, Rn. 58, 62, 63.

1709 Vgl. Kapitel 4 B.

nach der 13. EG-Richtlinie unter strengeren Voraussetzungen erfolgt als eine Erstattung nach der 11. EG-Richtlinie, zumeist die Prüfung der Ansässigkeit in einem Mitgliedstaat im Vordergrund stehen wird.[1710]

Nach der Rechtsprechung des EuGH umfasst der Begriff „Drittländer" im Sinne der 13. EG-Richtlinie alle Länder, die Nicht-Mitgliedstaaten der Union sind.[1711] Dies gilt ungeachtet möglicher bestehender bilateraler oder multilateraler Abkommen (insbesondere des GATS[1712]) mit diesen Ländern.[1713]

b. Vereinbarung von Gegenseitigkeit

Nach Art. 2 Abs. 2 dürften die Mitgliedstaaten die Erstattung der Vorsteuer an im Drittlandsgebiet ansässige Unternehmer von der Vereinbarung einer Gegenseitigkeitsklausel abhängig machen. Dies bedeutet, dass der Ansässigkeitsstaat entweder keine der Umsatzsteuer vergleichbare Steuer erhebt oder, wenn er doch eine vergleichbare Steuer erhebt, diese im Erstattungsstaat ansässigen Unternehmern ebenfalls erstattet.[1714] Hierin liegt nach Auffassung des EuGH kein Verstoß gegen das allgemeine unionsrechtliche Gebot, abgeleitetes Unionsrecht entsprechend geschlossener völkerrechtlicher Verträge auszulegen[1715], da die 13. EG-Richtlinie den Mitgliedstaaten nur die Möglichkeit einräumt, die

---

1710 So der der Rechtssache *Planzer Luxembourg* zugrunde liegende Sachverhalt vgl. EuGH v. 28.6.2007, Rs. C-73/06 (Planzer Luxembourg), Slg. 2007, I-5655.

1711 EuGH v. 7.6.2007, Rs. C-335/05 (Rizeni Letoveho Provozu), Slg. 2007, I-4307, Rn. 21.

1712 General Agreement on Trade in Services (GATS) in der deutschen Fassung: Allgemeines Übereinkommen über den Handel mit Dienstleistungen (***GATS***) v. 15.4.1994, BGBl. II 1994, 1643.

1713 EuGH v. 7.6.2007, Rs. C-335/05 (Rizeni Letoveho Provozu), Slg. 2007, I-4307, Rn. 15.

1714 Vgl. *Stadie*, in: Rau/Dürrwächter, UStG, § 18 (Oktober 2016) Rn. 661; *Treiber*, in: Sölch/Ringleb, UStG, § 18 (September 2016) Rn. 222. Eine Zusammenstellung der Staaten, bei denen von einer derartigen Gegenseitigkeit auszugehen ist, ist dem BMF-Schreiben v. 17.10.2004, BStBl. I 2014, 1369 zu entnehmen. In besonderen Konstellationen verzichtet die deutsche Finanzverwaltung auf das Erfordernis der Gegenseitigkeit und erstattet auch in diesen Fällen die Vorsteuer an im Drittland ansässige Unternehmer, vgl. hierzu ausführlich Abschn. 18.11 Abs. 4 S. 4 UStAE.

1715 Zur Verpflichtung Bestimmungen des abgeleiteten Gemeinschaftsrechts in Übereinstimmung mit bestehenden völkerrechtlichen Verträgen auszulegen, vgl. st. Rspr. des EuGH v. 10.9.1996, Rs. C-61/94 (Kommission/Deutschland), Slg. 1996, I-3989, Rn. 52; v. 1.4.2004, Rs. C-286/02 (Bellio F.lli), Slg. 2004, I-3465, Rn. 33; v. 12.1.2006, Rs. C-311/04 (Algemene Scheeps Agentuur Dordrecht), Slg. 2006, I-609, Rn. 25; v. 8.3.2007, Rs. C-447/05 u. C-448/05 (Thomson und Vestel), Slg. 2007, I-2049, Rn. 30.

Erstattung von der Vereinbarung eines Gegenseitigkeitserfordernisses abhängig zu machen, aber den Mitgliedstaaten insoweit keine Verpflichtung auferlegt.[1716] Die Mitgliedstaaten können daher in den Fällen auf das Erfordernis der Gegenseitigkeit verzichten, in denen mit Drittstaaten geschlossene Verträge diesem Erfordernis entgegenstehen.[1717]

Die Vorsteuervergütung darf nach h.M. allerdings auch in den Fällen zulässigerweise von der Vereinbarung einer Gegenseitigkeitsklausel abhängig gemacht werden, in denen sich der Antragsteller auf die „Meistbegünstigungsklausel" nach Art. II Abs. 1 GATS[1718] berufen kann.[1719] Selbst wenn das Erfordernis der Gegenseitigkeit möglicherweise einen Verstoß gegen Art. II Abs. 1 GATS darstellen sollte, würde dies im Ergebnis jedoch nicht zu dessen Unanwendbarkeit führen, da die Regelungen des GATS dem Einzelnen keine direkten Rechte verleihen.[1720]

Das Gegenseitigkeitserfordernis verstößt auch nicht gegen typischerweise in Doppelbesteuerungsankommen vorgesehene Diskriminierungsverbote[1721], da dieses nicht auf die Staatsangehörigkeit, sondern auf die Ansässigkeit der

---

1716 EuGH v. 7.6.2007, Rs. C-335/05 (Rizeni Letoveho Provozu), Slg. 2007, I-4307, Rn. 17, 18.

1717 EuGH v. 7.6.2007, Rs. C-335/05 (Rizeni Letoveho Provozu), Slg. 2007, I-4307, Rn. 19.

1718 Art. II Abs. 1 GATS lautet: *„Jedes Mitglied gewährt hinsichtlich aller Maßnahmen, die unter dieses Übereinkommen fallen, den Dienstleistungen und Dienstleistungserbringern eines anderen Mitglieds sofort und bedingungslos eine Behandlung, die nicht weniger günstig ist als diejenige, die es den gleichen Dienstleistungserbringern eines anderen Landes gewährt."*

1719 Vgl. FG Köln v. 16.10.2008, 2 K 3126/04, EFG 2009, 106, Rn. 28. Hierbei handelt es sich um die Umsetzung des. EuGH-Urteils v. 7.6.2007, Rs. C-335/05 (Rizeni Letoveho Provozu), Slg. 2007, I-4307, Rn. 19.

1720 Vgl. FG Köln v. 16.8.2008, 2 K 3126/04, EFG 2009, 222, Rn. 28; dies entspricht insoweit der st. Rspr. des EuGH, vgl. insoweit nur EuGH v. 5.10.1994, Rs. C-280/92 (Deutschland/Rat), Slg. 1993, I-2667, Rn. 9. Zustimmend insoweit *Stadie*, in: Rau/Dürrwächter, UStG, § 18 (Oktober 2016) Rn. 663.

1721 Die entsprechende Formulierung eines solchen Diskriminierungsverbots nach Art. 24 Abs. 1 OECD-MA lautet: *„Staatsangehörige eines Vertragsstaats dürfen im anderen Vertragsstaat keiner Besteuerung oder damit zusammenhängenden Verpflichtung unterworfen werden, die anders oder belastender ist als die Besteuerung und die damit zusammenhängenden Verpflichtungen, denen Staatsangehörige des anderen Staates unter gleichen Verhältnissen, insbesondere hinsichtlich der Ansässigkeit, unterworfen sind oder unterworfen werden können. Diese Bestimmung gilt ungeachtet des Artikels 1 auch für Personen, die in keinem Vertragsstaat ansässig sind."*

antragstellenden Unternehmer abstellt.[1722] Ferner ist das Gegenseitigkeitserfordernis als solches auch völkerrechtlich anerkannt.[1723] Das im deutschen Recht vorgesehene Erfordernis der Art. 2 Abs. 2 der 13. EG-Richtlinie sie ausdrücklich legimitiert.[1724] Fraglich ist jedoch, ob dies keinen Verstoß gegen europäisches Primärecht und insbesondere den in Art. 20 GrCh verbürgten allgemeinen Gleichheitsgrundsatz, der auf für Nicht-Unionsbürger gilt, darstellt.[1725] Insoweit ist zunächst festzuhalten, dass im Drittlandsgebiet ansässige Unternehmer sich hinsichtlich der Vorsteuervergütung prinzipiell in derselben Situation befinden wie im übrigen Gemeinschaftsgebiet ansässige Unternehmer, da beide Gruppen mit Umsatzsteuer belastete Eingangsleistungen bezogen haben und eine systemgerechte Erstattung begehren.[1726] Eine Rechtfertigung für das zusätzliche Erfordernis der Gegenseitigkeit bei im Drittland ansässigen Unternehmern ist hingegen nicht ersichtlich[1727], sodass eine Vereinbarkeit mit dem Gleichheitsgrundsatz zumindest problematisch erscheint.[1728]

1722 Vgl. BFH v. 10.4.2003, V R 35/01, BStBl. II 2003, 782; zustimmend *Stadie*, in: Rau/Dürrwächter, UStG, § 18 (Oktober 2016) Rn. 662; *Treiber*, in: Sölch/Ringleb, UStG, § 18 (September 2016) Rn. 223.

1723 BVerfG v. 23.3.1971, 2 BvR 59/71, BVerfGE 30, 49.

1724 Vgl. z.B. EuGH v. 15.7.2010, Rs. C-582/08 (Kommission/Vereinigtes Königreich), Slg. 2919, I-7195, Rn. 34. Zustimmend *Treiber*, in: Sölch/Ringleb, UStG, § 18 (September 2016) Rn. 223; im Ergebnis ebenso *Schlienkamp*, UR 1997, 77, 81.

1725 Zum allgemeinen Diskriminierungsverbot vgl. bereits Kapitel 2 C II 1 e und f.

1726 In diesem Sinne auch *Haslehner*, StuW 2012, 242, 246. Das Erfordernis der Erstattung von Vorsteuern an im Drittlandsgebiet ansässige Unternehmer wurde vom Europäischen Gesetzgeber daher auch als durch das Mehrwertsteuersystem selbst vorgegeben angesehen, vgl. Resolution des Europäischen Parlaments zur 8. EG-Richtlinie, ABl. EG 1979, Nr. 39, 14 unter Punkt 4. Nur so wird auch dem Verbrauchsteuerprinzip gerecht vgl. hierzu bereits Kapitel 1 B III.

1727 Auch wenn der EuGH dem Unionsgesetzgeber insoweit ein weites Ermessen zubilligt und die gerichtliche Kontrolle auf die Feststellung offensichtlicher Fehler beschränkt, vgl. EuGH v. 7.3.2027, Rs. C-390/15 (RPO), ABl. EU 2017, Nr. C 144, 5, Rn. 54. *Kingreen*, in: Ehlers, Europäische Grundrechte und Grundfreiheiten, 2014, § 21 Rn. 16 führt insoweit zudem aus, dass die Rechtfertigungsprüfung des EuGH „uneinheitlich" ist und „übergreifende dogmatische Leitsätze fehlen".

1728 Da das Erfordernis der Gegenseitigkeit aber ausschließlich durch Sekundärrecht zugelassen ist, wird eine Prüfung des § 18 Abs. 9 S. 4 UStG durch den EuGH wohl nicht erfolgen. In diese Richtung gehend EuGH v. 15.7.2010, Rs. C-582/08 (Kommission/Vereinigtes Königreich), Slg. 2010, I-7195, Rn. 43; kritisch hierzu *Haslehner*, StuW 2012, 242, 247f.; ebenso *Reiß*, in: FS Lang, 2010, 861, 886ff.

Deutschland hat von der nach Art. 2 Abs. 2 eingeräumten Möglichkeit Gebrauch gemacht und die Erstattung von Vorsteuern an im Drittland ansässige Unternehmer prinzipiell von der Vereinbarung einer Gegenseitigkeitsklausel mit dem betreffenden Staat abhängig gemacht (§ 18 Abs. 9 S. 4 UStG). Eine Ausnahme ist jedoch für die Fälle vorgesehen, in denen der Antragsteller lediglich elektronische Dienstleistungen im Sinne des § 3a Abs. 5 UStG erbringt und diese im Rahmen des MOSS-Verfahrens in einem anderen Mitgliedstaat angemeldet und abgeführt hat.[1729] In diesen Fällen kann auch ohne eine bestehende Gegenseitigkeitsklausel mit dem jeweiligen Ansässigkeitsstaat eine Vorsteuervergütung verlangt werden.[1730]

c. Keine Ausführung „schädlicher" Umsätze im Erstattungsstaat

Wie auch im Verfahren nach der 11. EG-Richtlinie setzt die Anwendbarkeit des Vorsteuervergütungsverfahrens nach der 13. EG-Richtlinie voraus, dass der Antragsteller im Erstattungsstaat keine „schädlichen" Umsätze[1731] im Inland ausführt, da ansonsten das allgemeine Besteuerungsverfahren Anwendung findet.[1732]

Nach Art. 1 lit. a und lit. b der 13. EG-Richtlinie steht die Ausführung steuerfreier Beförderungsleistungen und damit verbundener Nebenleistungen sowie solcher Leistungen, für die der Leistungsempfänger die Steuer im Rahmen des sog. Reverse-Charge-Verfahrens schuldet, der Anwendbarkeit des Vorsteuervergütungsverfahrens nicht entgegen. Diese Regelung hat der deutsche Gesetzgeber in § 59 UStDV umgesetzt. Ebenso wie im Verfahren unter der 11. EG-Richtlinie sollen nach der Rechtsprechung jedoch Vorsteuerbeträge, für die der antragstellende Unternehmer als Leistungsempfänger die Umsatzsteuer gem. § 13b Abs. 5 UStG schuldet, nur im allgemeinen Besteuerungsverfahren geltend gemacht

---

1729 Zu den Voraussetzungen und der Wirkungsweise des MOSS-Verfahrens im Einzelnen vgl. Kapitel 4 G.

1730 Vgl. *Treiber*, in: Sölch/Ringleb, UStG, § 18 (September 2016) Rn. 224. Zusätzlich verzichtet die Finanzverwaltung auf das Erfordernis der Gegenseitigkeit, wenn der Unternehmer nur Umsätze ausgeführt hat, für die der Leistungsempfänger die Steuer schuldet oder wenn er als mittlerer Unternehmer Umsätze in einem innergemeinschaftlichen Dreiecksgeschäft erbracht hat, Abschn. 18.11 Abs. 4 S. 4 UStAE.

1731 Für die Bestimmung der Ausübung „schädlicher" Umsätze gelten dieselben Grundsätze wie beim Verfahren nach der 11. EG-Richtlinie, vgl. hierzu Kapitel 4 E I 1 b.

1732 Sofern das allgemeine Besteuerungsverfahren Anwendung findet, gelten die allgemeinen Grundsätze dieses Verfahrens. Insbesondere ist das Vorliegen einer Gegenseitigkeitsklausel nicht erforderlich, vgl. z.B. *Schlienkamp*, UR 1997, 77, 78 m.w.N.

werden können und damit die Anwendbarkeit des Vorsteuervergütungsverfahren ausschließen.[1733] Bei der hiernach gebotenen Anwendung des allgemeinen Besteuerungsverfahren gelten aus Gründen der Gleichbehandlung dieselben Einschränkungen des § 18 Abs. 9 S. 4 und S. 5 UStG[1734] wie im besonderen Vorsteuervergütungsverfahren (§ 15 Abs. 4b UStG)[1735].

Die Ausführung elektronischer Umsätze im Sinne des § 3a Abs. 5 UStG, für die der Antragsteller nach Maßgabe des § 18 Abs. 4c UStG am MOSS-Verfahren teilnimmt und die entsprechende Anmeldung in Deutschland abgibt, steht der Anwendbarkeit des Vorsteuervergütungsverfahrens hingegen nicht entgegen.[1736] Dies macht auch Sinn, da der Antragsteller in diesem Fall gerade nicht am allgemeinen Besteuerungsverfahren, sondern am „besonderen" MOSS-Verfahren teilnimmt, etwaige Vorsteuerbeträge aber nicht im MOSS-Verfahren erstattet werden.[1737]

2. *Erstattungsfähige Vorsteuerbeträge*

a. *Erstattungsfähige Beträge dem Grunde nach*

Art und Umfang der erstattungsfähigen Vorsteuerbeträge ergeben sich grundsätzlich aus den allgemeinen Bestimmungen in Art. 170 MwStSystRL[1738]. Dieser allgemein für alle Unternehmer bestehende Anspruch soll für nicht im Entstehungsstaat der Vorsteuer ansässige Unternehmer durch die entsprechenden Erstattungsrichtlinien[1739] lediglich harmonisiert werden[1740].

1733 Vgl. *Stadie*, in: Rau/Dürrwächter, UStG, § 18 (Oktober 2016) Rn. 751; *Treiber*, in: Sölch/Ringleb, UStG, § 18 (September 2016) Rn. 251.

1734 Zu den Einschränkungen des Vorsteuervergütungsanspruchs ausführlich im Nachfolgenden.

1735 Vgl. zu dieser Regelung BT-Drucks. 14/6877, S. 37; *Stadie*, in. Rau/Dürrwächter, UStG, § 15 (Januar 2017) Rn. 1935-1938; *ders.*, UStG, 2015, § 15 Rn. 506; *Oelmaier*, in: Sölch/Ringleb, UStG, § 15 (Juni 2018) Rn. 945.

1736 Vgl. § 59 S. 1 Nr. 4 UStDV; *Treiber*, in: Sölch/Ringleb, UStG, § 18 (Oktober 2017) Rn. 191.

1737 Zu der Geltendmachung von Vorsteuerbeträgen im MOSS-Verfahren ausführlich unter Kapitel 4 G.

1738 Zuvor Art. 17 Abs. 3 der 6. EG-Richtlinie. Vgl. hierzu *Treiber*, in: Sölch/Ringleb, UStG § 18 (September 2016) Rn. 177.

1739 Dies ist für im übrigen Gemeinschaftsgebiet ansässige Unternehmer die 11. EG-Richtlinie (zuvor die 8. EG-Richtlinie) sowie für im Drittland ansässige Unternehmer die 13. EG-Richtlinie.

1740 Für die 8. EG-Richtlinie, vgl. EuGH v. 13.7.2000, Rs. C-136/99 (Société Monte Dei Paschi Di Siena), Slg. 2000, I-6109, Rn. 20; v. 15.3.2007, Rs. C-35/05 (Reemtsma),

Dieser Grundsatz führt aber nicht dazu, dass Art. 170 MwStSystRL es erlaubt, von eindeutigen Bestimmungen in der 13. EG-Richtlinie abzuweichen.[1741] Die Bestimmungen der 13. EG-Richtlinie sind vielmehr *lex specialis* gegenüber Art. 170 und Art. 171 MwStSystRL, so dass dem generellen Erstattungsanspruch des Art. 170 MwStSystRL kein Vorrang gegenüber dem Wortlaut der 13. EG-Richtlinie eingeräumt werden kann.[1742]

So kann nach Auffassung des EuGH die Erstattung von Vorsteuern, die im Zusammenhang mit der Erbringung von bestimmten Finanz- und Versicherungsumsätzen[1743] stehen, zulässigerweise versagt werden, da Art. 2 Abs. 1 der 13. EG-Richtlinie nicht auf Art. 169 lit. c MwStSystRL verweist. Dies gilt selbst dann, wenn der betreffende Mitgliedstaat gegenüber im übrigen Gemeinschaftsgebiet ansässigen Unternehmern diese Beträge erstattet.[1744] Eine Rechtfertigung dieser Ungleichbehandlung sei nicht erforderlich, da diese durch die 13. EG-Richtlinie selbst begründet wird und daher einer Überprüfung am primärrechtlichen Gleichheitsgrundsatz durch den EuGH nicht zugänglich ist.[1745] Insoweit

---

Slg. 2007, I-2425, Rn. 36; für die 13. EG-Richtlinie vgl. EuGH v. 15.7.2010, Rs. C-582/08 (Kommission/Vereinigtes Königreich), Slg. 2010, I-7195, Rn. 30; für die 11. EG-Richtlinie vgl. EuGH v. 21.3.2018, Rs. C-533/16 (Volkswagen), ABl. EU 0218, Nr. C 166, 11, Rn. 35.

1741 Vgl. EuGH v. 15.7.2010, Rs. C-582/08 (Kommission/Vereinigtes Königreich), Slg. 2010, I-7195, Rn. 33.

1742 EuGH v. 15.7.2010, Rs. C-582/08 (Kommission/Vereinigtes Königreich), Slg. 2010, I-7195, Rn. 35 zu dem Ausschluss bestimmter Vorsteuerbeträge aufgrund von Art. 2 Abs. 1 der 13. EG-Richtlinie.

1743 Es handelt sich hierbei um Finanz- und Versicherungsdienstleistungen, die außerhalb der Europäischen Gemeinschaft bezogen werden oder die unmittelbar in Zusammenhang mit solchen Gegenständen stehen, die zur Ausfuhr aus der Gemeinschaft bestimmt sind.

1744 EuGH v. 15.7.2010, Rs. C-582/08 (Kommission/Vereinigtes Königreich), Slg. 2010, I-7195, Rn. 34ff. Deutschland hat diese Regelung nicht umgesetzt, so dass auch diese Vorsteuerbeträge zu erstatten sind. Der Anwendungsbereich sollte, insbesondere auch aufgrund der Tatsache, dass der Leistungsort regelmäßig beim Leistungsempfänger sein wird (Art. 44 MwStSystRL, § 3a Abs. 2 UStG), allerdings eher überschaubar sein, vgl. *Stadie*, in: Rau/Dürrwächter, UStG, § 18 (Oktober 2016) Rn. 572f. Ob das Vorgehen des deutschen Gesetzgebers allerdings mit dem Unionsrecht vereinbar ist, erscheint nach dem Urteil des EuGH zumindest fraglich; eher zustimmend wohl *Haslehner*, StuW 2012, 242, 250f.; während *Treiber*, in: Sölch/Ringleb, UStG, § 18 (September 2016) Rn. 226 eine Unionsrechtskonformität unproblematisch annimmt.

1745 Der EuGH vertrat insoweit die Auffassung, dass das Gebot der Rechtssicherheit gebiete, dass die Mitgliedstaaten auf die Primärrechtskonformität von Sekundärrecht

zeigt sich einmal mehr, dass sekundärrechtliche Regelungen seitens des EuGH nicht am Primärrecht gemessen werden.[1746]

Daneben können die Mitgliedstaaten die Erstattung bestimmter Ausgaben generell ausschließen oder von zusätzlichen Bedingungen abhängig machen (Art. 4 Abs. 2). Deutschland hat von dieser Ermächtigung in § 18 Abs. 9 S. 5 UStG Gebrauch gemacht[1747], als die auf den Bezug von Kraftstoff entfallende Vorsteuer generell vom Abzug ausgeschlossen ist, da in der Geltendmachung derartiger Beträge ein erhöhtes Missbrauchspotential gesehen wurde.[1748]

b. Mindestvergütungssumme

Auch bei in Drittstaaten ansässigen Unternehmern ist ein Mindestbetrag für die Geltendmachung des Vorsteuervergütungsanspruchs vorgesehen. Da die 13. EG-Richtlinie – anders als die 11. EG-Richtlinie – keine ausdrückliche Regelung über eine Mindestsumme getroffen hat, obliegt deren Festsetzung den Mitgliedstaaten. Diesbezüglich haben diese zunächst zu beachten, dass die Erstattung an im Drittland ansässige Unternehmer gem. Art. 3 Abs. 2 nicht zu günstigeren Konditionen erfolgen darf als die Vorsteuererstattung an im übrigen Gemeinschaftsgebiet ansässige Unternehmer. Die in der 11. EG-Richtlinie vorgesehenen Mindestbeträge dürfen daher nicht unterschritten werden.[1749] Dass ein solcher Fall in der Praxis tatsächlich vorkommt, erscheint jedoch eher unwahrscheinlich. So beträgt in Deutschland die Mindestgrenze für einen zulässigen

---

vertrauen können vgl. EuGH v. 15.7.2010, Rs. C-582/08 (Kommission/Vereinigtes Königreich), Slg. 2010, I-7195, Rn. 46.

1746 So auch *Haslehner*, StuW 2012, 242, 247.

1747 Zustimmend *Stadie*, in: Rau/Dürrwächter, UStG, § 18 (Oktober 2016) Rn. 657; *Treiber*, in: Sölch/Ringleb, UStG, § 18 (September 2016) Rn. 226. Kritisch hierzu *Schlienkamp*, UR 1997, 77, 81, der darauf hinweist, dass ein solcher genereller Ausschluss eine wirksame Ausnahmeregelung der EU-Kommission (vgl. Art. 27 Abs. 6 der 6. EG-Richtlinie) voraussetzt. Diese Auffassung verkennt m.E. aber, dass Art. 4 Abs. 2 der 13. EG-Richtlinie den Ausschluss bestimmter Ausgaben explizit vorsieht und insoweit die allgemeinen Grundsätze der 6. EG-Richtlinie bzw. der MwStSystRL keine Anwendung finden. In diesem Sinne EuGH v. 15.7.2010, Rs. C-582/08 (Kommission/Vereinigtes Königreich), Slg. 2010, I-7195.

1748 *Arzberger*, DB 1995, 2242; *Schlienkamp*, UR 1997, 77, 81 zur erstmaligen Einführung der Beschränkung mit dem JStG1996.

1749 Gem. Art. 17 der 11. EG-Richtlinie beträgt die Mindestvergütungssumme für Anträge die das Kalenderjahr umfassen 50 Euro und bei kürzeren Erstattungszeiträumen 400 Euro.

Vergütungsantrag 500 Euro bzw. 1.000 Euro, wenn der Vergütungszeitraum nicht das gesamte Kalenderjahr umfasst (§ 61a Abs. 3 S. 1 UStDV). Auch wenn die 13. EG-Richtlinie die Festlegung einer Mindestvergütungssumme grundsätzlich zulässt, sind m.E. die Mitgliedstaaten bei der Festlegung der Höhe einer solchen Mindestvergütungssumme nicht völlig frei. Würden die Grenzen derart hoch festgelegt, dass Erstattungen an im Drittlandsgebiet ansässige Unternehmer praktisch nicht mehr oder nur noch in Einzelfällen vorkommen würde, würde dies den Anforderungen der 13. EG-Richtlinie, Vorsteuervergütungen auch an Drittlandsunternehmer zu gewähren, nicht genügen. Dies würde die Zielsetzung, Wettbewerbsverzerrungen zu verhindern, ad absurdum führen.[1750]

Zu der Frage, wann diese Grenze überschritten ist, hat sich der EuGH bislang noch nicht äußern müssen; eine Mindestgrenze von 500 Euro sollte jedoch noch von Art. 4 Abs. 2 der 13. EG-Richtlinie gedeckt sein, da diese sowohl das Bedürfnis der Steuerbehörden der Mitgliedstaaten nach einer Vermeidung von „Bagatellfällen" als auch dem Anspruch auf Harmonisierung der Vorsteuervergütung an in Drittstaaten ansässige Unternehmer gerecht wird. Eine erneute signifikante Anhebung der Mindestgrenze[1751] wäre hingegen wohl als problematisch anzusehen.

c. *Verzinsung*

Eine Verzinsung des Anspruchs auf Vorsteuervergütung ist in der 13. EG-Richtlinie nicht ausdrücklich vorgesehen und bestimmt sich daher nach nationalem Recht. Da im deutschen Recht keine eigenständigen Regelungen für die Verzinsung des Vorsteuervergütungsanspruchs getroffen wurden[1752], können sich die im Drittland ansässigen Unternehmer direkt auf die allgemeinen Verzinsung von Steueransprüchen nach § 233a AO berufen, da andernfalls ein Verstoß gegen das allgemeine Diskriminierungsverbot vorliegen würde.[1753] Nach

---

1750 Vgl. EU-Kommission v. 19.7.1982, COM(1992) 443 final, ABl. 1982, Nr. C 223, 5, 6. Durch die Einführung der 13. EG-Richtlinie hat der Unionsgesetzgeber eine Grundsatzentscheidung dahingehend getroffen, dass eine Vorsteuererstattung unabhängig von der Ansässigkeit des Leistungsempfängers durchzuführen ist. Diese bindet auch den nationalen Gesetzgeber vgl. *Haslehner*, StuW 2012, 242, 247.

1751 Die bestehenden Wertgrenzen wurden zum 1.1.2010 durch Gesetz v. 19.12.2008. BGBl. 2008, 2795 verdoppelt.

1752 Anders als bei Vorsteuervergütungsansprüchen an im übrigen Gemeinschaftsgebiet ansässige Unternehmer, vgl. insoweit § 61 Abs. 5 UStDV.

1753 BFH v. 17.4.2008, V R 41/06, BStBl. II 2008, 858, Ls. Auch wenn die Entscheidung eine Vorsteuervergütung an einem im übrigen Gemeinschaftsgebiet ansässigen Unternehmer betrifft, soll diese auch auf im Drittland ansässige Unternehmer Anwendung

§ 233a Abs. 2 S. 1 u. 3 AO beginnt der Zinslauf 15 Monate nach Ablauf des Kalenderjahres, in dem der entsprechende Steueranspruch entstanden ist und endet mit Ablauf des Tages, an dem die Steuerfestsetzung wirksam wird. Nach den allgemeinen Regelungen des § 238 AO beträgt der Zinssatz für Steuervergütungsansprüche 6 % p.a.

3. *Inhalt des Erstattungsantrages*

a. *Ausgestaltung des Antrages*

aa. *Anlehnung an das Verfahren nach der 8. EG-Richtlinie*

Wie bereits ausgeführt, waren die Vorsteuervergütungsverfahren an drittlandsansässige sowie im übrigen Gemeinschaftsgebiet ansässige Unternehmer in Deutschland zunächst identisch ausgestaltet.[1754] Für beide Verfahrensarten galten somit zunächst dieselben Voraussetzungen. Dementsprechend entsprach auch der im Verfahren nach der 13. EG-Richtlinie vorgesehene Erstattungsantrag dem Antrag, der als Anhang A der 8. EG-Richtlinie beigefügt war, sodass auch die insoweit ergangene Rechtsprechung auf das Verfahren nach der 13. EG-Richtlinie grundsätzlich Anwendung findet.[1755] Für die Wirksamkeit des Antrages musste dieser daher in allen Einzelheiten dem amtlich vorgeschriebenen Vordruck entsprechen[1756] und vollständig ausgefüllt werden.[1757] Inhaltsleere Eintragungen werden nach der Rechtsprechung auch in diesem Verfahren fehlenden Eintragungen gleichgesetzt[1758] und führen damit zur Unwirksamkeit des

---

finden, vgl. *Stadie*, in: Rau/Dürrwächter, UStG, § 18 (Oktober 2018) Rn. 678, der allerdings für Anträge nach dem 31.12.2009 einen Zinsanspruch abzulehnen scheint. Bejahend *Atanasova/Maunz*, DStR 2009, 1185, 1189; *Leonard*, in: Bunjes, UStG, 2018, § 18 Rn. 63; *Sterzinger*, in: Birkenfeld/Wäger, USt-Hdb., § 214 (Mai 2015) Rn. 316. Zu der Verzinsung von Vorsteuervergütungsansprüchen bei im übrigen Gemeinschaftsgebiet ansässigen Unternehmern vgl. Kapitel 4 F II 5 d.

1754 Zur historischen Entwicklung des Vorsteuervergütungsverfahrens nach der 13. EG-Richtlinie vgl. Kapitel 5 A.

1755 So wurde explizit auf das als Anhang A zur 8. EG-Richtlinie beigefügte Muster vgl. FG Köln v. 18.5.2011, 2 K 1177/06, EFG 2012, 599, Rn. 38 sowie auch auf die Eintragungshinweise in Anhang C der 8. EG-Richtlinie verwiesen vgl. bspw. FG Köln v. 10.6.2015, 2 K 2221/12, EFG 2016, 1746, Rn. 66.

1756 BFH v. 21.10.1999, V R 76/98, BStBl. II 2000, 214, Rn. 18; v. 24.7.2012, V B 76/11, BFH/NV 2012, 1840; v. 19.12.2012, XI B 111/11, BFH/NV 2013, 785.

1757 St. Rspr. vgl. bspw. FG Köln v. 18.5.2011, 2 K 1177/06, EFG 2012, 599, Rn. 38ff.; FG Köln v. 23.3.2015, 2 K 1199/14, EFG 2015, 1321, Rn. 31, 39.

1758 FG Köln v. 9.4.2014, 2 K 2550/10, EFG 2014, 1634, Rn. 29.

Antrages. Ebenso kann ein unwirksamer Antrag auch nicht durch Nachbesserung „geheilt" werden.[1759] Dementsprechend wird die sechs-monatige Antragsfrist[1760] nur durch die Vorlage eines vollständigen, dem amtlichen Muster in allen Einzelheiten entsprechenden Antrages gewahrt.[1761]

Die Neuregelung des Vergütungsverfahrens an im übrigen Gemeinschaftsgebiet ansässige Unternehmer durch die 11. EG-Richtlinie hatte keine Auswirkungen auf das Verfahren nach der 13. EG-Richtlinie, da die Änderungen nicht nachvollzogen wurden und keine Anpassung des Verfahrens erfolgte. Das Verfahren nach der 13. EG-Richtlinie orientiert sich somit auch weiterhin am Verfahren nach der 8. EG-Richtlinie.

Bis zum 30. Juni 2016 war der Erstattungsantrag in Deutschland nach amtlich vorgeschriebenem papiergebundenem Vordruck bei der zuständigen Behörde[1762] einzureichen (§ 61a Abs. 1 UStDV). Ab dem 1. Juli 2017 ist der Antrag – mit Ausnahme von Härtefällen -nur eine elektronische Übermittlung zulässig.[1763]

bb. Das Unterschriftenerfordernis

Da der Erstattungsantrag demjenigen entsprach, der für das Verfahren nach der 8. EG-Richtlinie vorgesehen war, wurde ebenfalls eine eigenhändige Unterschrift

---

1759 Eine Berücksichtigung fehlender Nachweise ist nur im Rahmen der Wiedereinsetzung in den vorigen Stand möglich.

1760 Die Länge der Antragsfrist obliegt ebenfalls den jeweiligen Mitgliedstaaten, so dass es insoweit grds. als unproblematisch anzusehen sein sollte, dass die Antragsfrist kürzer ist als die für im Gemeinschaftsgebiet ansässige Unternehmer. In diesem Zusammenhang darf m.E. allerdings keine so kurze Frist gewählt werden, dass der Anspruch praktisch nicht mehr geltend gemacht werden kann. Da die Antragsfrist unter der 8. EG-Richtlinie allerdings auch nur sechs Monate betragen hat, ist diese Antragsfrist insoweit als mit den Zielen der Richtlinie vereinbar anzusehen.

1761 BFH v. 21.10.1999, V R 76/98, BStBl. II 2000, 214; v. 14.12.2012, B V 19/12, BFH/NV 2013, 602, v. 9.1.2014, XI B 11/12, BFH/NV 2014, 915; v. 24.9.2015, V R 9/14, BStBl. II 2015, 1067; *Leonard*, in: Bunjes, UStG, 2018, § 18 Rn. 55; *Stadie*, in: Rau/Dürrwächter, UStG, § 18 (Oktober 2016) Rn. 705; *Treiber*, in: Sölch/Ringleb, UStG, 2018 (September 2016) Rn. 235.

1762 Zuständig für das Vorsteuervergütungsverfahren ist ebenso wie bei im übrigen Gemeinschaftsgebiet ansässigen Unternehmern gem. § 5 Abs. 1 Nr. 8 FVG das BZSt.

1763 Zu der Einreichung der Anträge zwischen dem 30.12.2014 bis zum 30.6.2016 wegen der Änderung der UStDV v. 22.12.2014 (BGBl. I 2014, 2392) 30.12.2014 und der sich hieraus ergebenden Ungenauigkeiten im Einzelnen *Treiber*, in: Sölch/Ringleb, UStG, § 18 (September 2016), Rn. 230ff.

für die Wirksamkeit des Antrages als erforderlich angesehen.[1764] Die ablehnende Entscheidung des EuGH in der Rechtssache *Yeasu Europe*[1765] war nach Ansicht des BFH auf das Verfahren nach der 13. EG-Richtlinie allerdings nicht übertragbar[1766], so dass auch nach dieser Entscheidung weiterhin für im übrigen Gemeinschaftsgebiet ansässige Unternehmer die eigenhändige Unterschrift des Antragstellers für einen wirksamen Erstattungsantrag erforderlich war.[1767] Die EU-Kommission sah hierin allerdings einen Verstoß gegen Unionsrecht[1768] und leitete gegen die Bundesrepublik Deutschland ein Vertragsverletzungsverfahren ein.[1769] Die Einführung der elektronischen Antragstellung kann somit durchaus als Reaktion auf dieses Verfahren angesehen werden, da nun aufgrund der geänderten Antragsmodalitäten keine Unterschrift mehr erforderlich ist. Sofern in Härtefällen auch weiterhin noch papiergebundene Anträge eingereicht werden, sind diese durch den Antragsteller allerdings auch weiterhin eigenhändig zu unterschreiben.[1770] Die Kritik der EU-Kommission wurde insoweit folglich nicht umgesetzt. Da aufgrund der Umstellung des Verfahrens auf eine elektronische Antragstellung papiergebundene Anträge wohl nur noch ausnahmsweise vorkommen werden, ist ein erneutes Vertragsverletzungsverfahren aufgrund der geringen praktischen Relevanz eher unwahrscheinlich. Diese Praxis zeigt aber eine bedenkliche Einstellung des deutschen Gesetzesgebers zur Verpflichtung, unionsrechtliche Vorgaben umzusetzen.[1771]

1764 Vgl. bspw. FG Köln v. 25.1.2007, 2 K 1092/05, EFG 2007, 1386.

1765 EuGH v. 3.12.2009, Rs. C-433/08 (Yaesu Europe), Slg. 2009, I-11487.

1766 Vgl. BFH v. 8.8.2013, V R 3/11, BStBl. II 2014, 46 mit der Begründung, dass Art. 3 der 13. EG-Richtlinie nicht mit Art. 3 i.V.m. Anhang A der 8. EG-Richtlinie vergleichbar sei.

1767 Vgl. bspw. FG Köln v. 25.8.2015, 2 K 975/14, BB 2015, 2774; v. 25.8.2015, 2 K 997/14, EFG 2015, 1869; v. 25.8.2015, 2 K 2193/14, EFG 2015, 1866.

1768 Auch der (Nicht-)Vorsteuervergütung an im Drittland ansässige Unternehmen kann nach Ansicht der EU-Kommission prinzipiell eine wettbewerbsverzerrende Wirkung zukommen, vgl. EU-Kommission v. 19.7.1982, COM(1982) 443 final.

1769 Rs. Nr. 2011/2087, vgl. IP/14/1038 v. 25.9.2014, abrufbar unter http://europa.eu/rapid/press-release_IP-14-1038_de.htm (zuletzt abgerufen am 15.4.2019). Das Verfahren wurde am 8.12.2016 wegen der Änderung der deutschen Verfahrensvorschriften eingestellt.

1770 So ausdrücklich § 61a Abs. 1 S. 3 UStDV; vgl. hierzu auch *Treiber*, in: Sölch/Ringleb, UStG, § 18 (September 2016) Rn. 240.

1771 Eine parallele Entwicklung lässt sich bei den Anforderungen der im Verfahren nach der 11.EG-Richtlinie einzureichenden Rechnungen erkennen, vgl. insoweit die Änderungen des § 61 Abs. 2 S. 3 UStDV.

b. Beizufügende Dokumente

Dem Antrag sind – unabhängig von etwaigen Wertgrenzen – die entsprechenden Rechnungen und Einfuhrbelege im Original beizufügen (§ 61a Abs. 2 S. 3 UStDV). Diese Dokumente sind entsprechend dem Vergütungsverfahren an im übrigen Gemeinschaftsgebiet ansässige Unternehmer ebenfalls innerhalb der Antragsfrist einzureichen.[1772] Sofern die Originale der entsprechenden Dokumente abhandengekommen sind und den Antragsteller hieran kein Verschulden trifft, muss der Anspruch auf Vorsteuervergütung auch bei Vorlage einer entsprechenden Zweitschrift gewährt werden, wenn hierdurch der tatsächliche Vorgang nachgewiesen werden kann und sichergestellt ist, dass auf Grundlage dieser wirtschaftlichen Vorgänge keine weiteren Anträge gestellt werden.[1773] Trifft den Antragsteller an dem Abhandenkommen oder an der verspäteten Vorlage hingegen ein Verschulden, ist der Anspruch auf Vorsteuervergütung zu versagen.[1774]

Des Weiteren ist eine Bescheinigung des Ansässigkeitsstaates einzureichen, dass der Antragsteller in dem Staat als Unternehmer eingetragen ist (§ 61a Abs. 4 UStDV). Diese Bescheinigung muss dem Muster nach Art. 9 Abs. 2 der 8. EG-Richtlinie entsprechen[1775] und den betreffenden Vergütungszeitraum abdecken.[1776] Der Bescheinigung des Ansässigkeitsstaates kommt allerdings keine Bindungswirkung, sondern nur eine Vermutungswirkung zu, so dass es bei begründeten Zweifeln der Erstattungsbehörde nicht verwehrt ist, eigene Nachforschungen zu betreiben und den Vorsteueranspruch ggf. abzulehnen.[1777] § 61a

---

1772 Vgl. BFH v. 18.1.2007, V R 23/05, BStBl. II 2007, 430; v. 19.11.2014, V R 39/13, BStBl. II 2014, 352; Abschn. 18.14 Abs. 4 S . 2 UStAE; sowie *Stadie*, in: Rau/Dürrwächter, UStG, § 18 (Oktober 2016) Rn. 723.

1773 EuGH v. 11.6.1998, Rs. C-361/96 (Grandes sources d´eaux minerales françaises), Slg. 1998, I-.3495; so auch BFH v. 20.8.1998, V R 55/96, BStBl. II 1999, 324; v. 28.10.2010, V R 17/08, BFH/NV 2011, 658.

1774 Vgl. z.B. BFH v. 7.4.2003, V B 28/02, BFH/NV 2003, 1195 m.w.N.; v. 19.11.2014, V R 39/13, BFH/NV 2015, 455. Dies steht auch im Einklang mit der EuGH-Rspr., da eine Zweitschrift nur dann als Nachweis ausreichen soll, wenn den Unternehmer am Abhandenkommen des Originals kein Verschulden trifft vgl. EuGH v. 11.6.1998, Rs. C-361/96 (Grandes sources d´eaux minerales françaises), Slg. 1998, I-.3495. Die grundsätzliche Verpflichtung zur Vorlage von Originalrechnungen stellt auch keinen Verstoß gegen das Verhältnismäßigkeitsprinzip dar vgl. *Sterzinger*, in: Birkenfeld/Wäger, USt-Hdb., § 214 (Mai 2015) Rn. 173.

1775 Vgl. FG Köln v. 11.2.2015, 2 V 3334/14, EFG 2015, 868.

1776 BFH v. 18.1.2007, R 22/05, BStBl. II 2007, 426.

1777 Vgl. *Stadie*, UStG, 2015, § 18 Rn. 154; *Treiber*, in: Sölch/Ringleb, UStG, § 18 (September 2016) Rn. 243, 184 m.w.N.

Abs. 4 UStDV enthält jedoch keine Antwort auf die Frage, ob ein wirksamer Erstattungsantrag voraussetzt, dass die Unternehmerbescheinigung innerhalb der Antragsfrist eingereicht werden muss oder ob diese nachträglich im Erstattungsverfahren vorgelegt werden kann.[1778] Auch wenn aus verwaltungsökonomischer Sicht eine derartige Verpflichtung sinnvoll erscheinen mag[1779], lässt für eine derartige Auslegung der Wortlaut des § 61a Abs. 4 UStDV schlicht keinen Raum, so dass eine Nachreichung bis zum Abschluss des Verfahrens möglich sein muss.

Daneben muss der Antrag zudem eine Erklärung des Antragstellers enthalten, dass er im Erstattungsstaat keine das Vorsteuervergütungsverfahren ausschließenden Umsätze[1780] getätigt hat (Art. 3 Abs. 1 S. 3) sowie eine Verpflichtungserklärung, dass er etwaige zu Unrecht erstattete Beträge zurückzahlt.[1781]

C. Stellungnahme

Das Vorsteuervergütungsverfahren an im Drittland ansässige Unternehmer zeigt sehr plastisch, dass in der Theorie die Erstattungsrichtlinien zwar lediglich das Verfahren der grenzüberschreitenden Vorsteuererstattung harmonisieren und das durch die MwStSystRL festgelegte allgemeine System der Vorsteuervergütung prinzipiell unangetastet lassen sollten[1782], in der Praxis jedoch die Voraussetzungen der Vorsteuervergütung erheblich von rein innerstaatlichen Fallkonstellationen abweichen.

Anders als beim Vergütungsverfahren an in der Gemeinschaft ansässige Unternehmer ist die Vorsteuervergütung an im Drittlandsgebiet ansässige Unter-

1778 So *Stadie*, in: Rau/Dürrwächter, UStG, § 18 (Oktober 2016) Rn. 728; im Ergebnis ebenso *Sterzinger*, in: Birkenfeld/Wäger, USt-Hdb., § 214 (Mai 2015) Rn. 237, der allerdings die Verpflichtung, die Bescheinigung innerhalb der Antragsfrist vorzulegen aus dem Wortlaut des § 61a Abs. 4 UStDV ableiten will. Offengelassen insoweit BFH v. 18.1.2007, V R 22/05, BFH/NV 2007, 1053 sowie *Leonard*, in: Bunjes, UStG, 2018, § 18 Rn. 59; ablehnend insoweit *Meyer*, EFG 2005, 913, 916.

1779 *Stadie*, in: Rau/Dürrwächter, UStG, § 18 (Oktober 2016) Rn. 728.

1780 Zu den „schädlichen“ Umsätzen vgl. Kapitel 5 B II 1 c.

1781 Vgl. BFH v. 21.10.1999, V R 76/98, DStRE 2000, 437. Die entsprechenden Erklärungen sind im amtlich vorgeschriebenen Vordruck enthalten und sind insoweit durch die Verpflichtung in § 61a Abs. 1 S. 1 UStDV, den Erstattungsantrag nach amtlich vorgeschriebenem Vordruck bzw. nach amtlich vorgeschriebenem Datensatz zu stellen. Eine gleiche Erklärung enthielt auch der Antrag unter der 8. EG-Richtlinie.

1782 Vgl. EuGH v. 15.7.2010, Rs. C-582/08 (Kommission/Vereinigtes Königreich), Slg. 2010, I-7195, Rn. 30.

nehmer nicht nur an besondere formelle Vorschriften geknüpft, vielmehr kann auch der Umfang der grundsätzlich zu erstattenden Vorsteuer nach Auffassung des EuGH zulässigerweise durch die Mitgliedstaaten beschränkt werden, unabhängig davon, ob diese Beschränkungen auch für Erstattungen an Inländer oder im übrigen Gemeinschaftsgebiet ansässige Unternehmer gelten.[1783] Im Drittlandsgebiet ansässige Unternehmer können somit in zweifacher Hinsicht von einer Ungleichbehandlung betroffen sein. Zum einen kann der Bezug gleichartiger Leistungen in verschiedenen Mitgliedstaaten zu einer unterschiedlichen Höhe der Vorsteuererstattung führen, abhängig davon, welche Vorsteuerbeträge ein Mitgliedstaat generell vom Abzug ausschließt. Der Ausschluss vom Vorsteuerabzug gilt allerdings für sämtliche Unternehmer, die in diesem Mitgliedstaat Leistungen beziehen. Zum anderen kann der Mitgliedstaat darüber hinaus aber auch die Erstattung bestimmter Aufwendungen nur gegenüber drittlandsansässigen Unternehmern versagen. Während die erste Form der Ungleichbehandlung vor allem auf der weiterhin noch nicht vollständig erfolgten Harmonisierung des europäischen Mehrwertsteuersystems beruht[1784] und derzeit wohl so hinzunehmen ist,[1785] beruht die zweite Form der Ungleichbehandlung auf einer

1783 Vgl. Art. 3 Abs. 2 der 13. EG-Richtlinie, bestätigt insoweit durch EuGH v. 15.7.2010, Rs. C-582/08 (Kommission/Vereinigtes Königreich), Slg. 2010, I-7195, Rn. 33. Soweit nach Art. 5 Abs. 2 und Art. 6 Abs. 2 der 11. EG-Richtlinie sich eine „doppelte" Beschränkung des Anspruchs auf Vorsteuervergütung ergibt, ist dies prinzipiell keiner eigenständigen Entscheidung der 11. EG-Richtlinie geschuldet, sondern beruht vielmehr darauf, dass die in Art. 169, Art. 173 MwStSystRL angelegte Beschränkung des Vorsteuerabzuges mangels vollständiger Harmonisierung im Binnenmarkt den gesetzlichen Bestimmungen sowohl des Ansässigkeits- als auch des Erstattungsstaates genügen muss.

1784 Bereits seit Beginn des gemeinsamen Mehrwertsteuersystems waren Vorsteuerbeträge auf bestimmte Aufwendungen vom Abzug ausgeschlossen. So sah Art. 17 Abs. 6 der 6. EG-Richtlinie bereits vor, dass die Mitgliedstaaten die bestehenden Einschränkungen bis zu einer Harmonisierung auf EU-Ebene beibehalten dürfen. Eine vergleichbare Regelung findet sich in Art. 176 MwStSystRL und auch im Vorfeld der Harmonisierung des Vorsteuervergütungsverfahrens sollte einheitlich festgelegt werden, welche Ausgaben nicht zum Vorsteuerabzug berechtigen, vgl. COM(2004) 728 final, S. 9. Eine entsprechende Harmonisierung ist bislang noch nicht erfolgt.

1785 In diese Richtung gehend auch *Schön*, in: Umsatzsteuer-Kongress-Bericht 2001/2002, 17, 30f. allerdings zur Frage der Höhe der erstattungsfähigen Vorsteuer bei grenzüberschreitendem Bezug. Ein Verstoß gegen Art. 20 GrCh kann hierin ebenfalls nicht gesehen werden, da nur Handlungen desselben Rechtsträgers als Vergleichsmaßstab herangezogen werden können, vgl. *Jarass*, GRCh, 2016, Art. 20 Rn. 9; *Hölscheidt*, in: Meyer, GRCh, 2014, Art. 20 Rn. 21.

eigenständigen Entscheidung des Unionsgesetzgebers, den Mitgliedstaaten die unterschiedliche Behandlung von drittlandsansässige Unternehmer zu ermöglichen. Dies verwundert umso mehr vor dem Hintergrund, als im Vorfeld der Einführung der 8. EG-Richtlinie das Europäische Parlament mit Blick auf die in Art. 8 Abs. 1 eingeräumte Möglichkeit, die Erstattung an im Drittland ansässige Unternehmer auszuschließen oder von besonderen Bedingungen abhängig zu machen, ausgeführt hat, dass eine unterschiedliche Behandlung von im Drittland ansässigen Unternehmern und im Gemeinschaftsgebiet ansässigen Unternehmern gegen „das Prinzip des Mehrwertsteuersystems selbst" verstoße.[1786] Hierin kann durchaus eine Grundentscheidung des Unionsgesetzgebers dahingehend gesehen werden, dass die Ansässigkeit des Leistungsempfängers keine Bedeutung für den Umfang der Vorsteuervergütung haben soll.[1787] Da der EuGH jedoch bereits festgestellt hat, dass Einschränkungen des Vorsteuerabzugsrechts auf Grundlage des Art. 4 Abs. 2 der 13. EG-Richtlinie rechtfertigungslos zulässig sind,[1788] kann diese Ungleichbehandlung wohl nur durch eine Entscheidung des Europäischen Gesetzgebers beseitigt werden.

Auch in formeller Hinsicht unterscheidet sich die Vorsteuervergütung an im Drittland ansässige Unternehmer stark von der Geltendmachung von Vorsteuerbeträgen im allgemeinen Besteuerungsverfahren. Die lediglich rudimentäre Festlegung des Verfahrens in der 13. EG-Richtlinie eröffnet den Mitgliedstaaten - anders als die 11. EG-Richtlinie - große Spielräume bei der Umsetzung und zumindest der deutsche Gesetzgeber nutzt diese augenscheinlich, um möglichst restriktiv mit Erstattungsgesuchen von drittlandsansässigen Unternehmern umzugehen. Ob diese Vorgehensweise dem Anspruch der Richtlinie, bestehende Wettbewerbsverzerrungen zu vermeiden[1789], gerecht wird, darf bezweifelt werden. Der deutsche Gesetzgeber und vor allem die deutsche Finanzverwaltung scheinen insoweit eher eigene fiskalische Interessen im Blick zu haben als die Herstellung des europäischen Binnenmarktes.[1790] Besonders deutlich lässt sich dies an der Tatsache ablesen, dass weder die Finanzverwaltung noch die Finanzgerichte die eindeutige Entscheidung des EuGH in der Rechtssache *Yaesu*

1786 Vgl. Resolution des Europäischen Parlamentes zur 8. EG-Richtlinie, AB. 1979 EG, Nr. C 39, 14 unter Punkt 4.

1787 So *Haslehner*, StuW 2012, 242, 246f.

1788 Vgl. EuGH v. 15.7.2010, Rs. C-582/08 (Kommission/Vereinigtes Königreich), Slg. 2010, I-7195, Rn. 34.

1789 Vgl. EU-Kommission v. 19.7.1982, COM(1982) 443 final, ABl. EG 1092, Nr. C 223, 5.

1790 Ebenfalls kritisch in Bezug auf die deutsche Erstattungspraxis *Heinrichshofen*, UStB 2012, 344, 345; *Montag*, MwStR 2014, 643, 648; *Wäger*, UR 2016, 125, 165.

Europe[1791] auf Verfahren unter der 13. EG-Richtlinie anwenden wollten, sondern vielmehrt auch weiterhin auf einer eigenhändigen Unterschrift des Antragstellers bestanden[1792]. Auch das daraufhin eingeleitete Vertragsverletzungsverfahren der EU-Kommission[1793] scheint den deutschen Gesetzgeber nicht wirklich zum Umdenken gebracht zu haben, ist doch weiterhin bei papiergebundenen Anträgen eine eigenhändige Unterschrift des Antragstellers erforderlich.[1794] Aber auch darüber hinaus lässt sich an der Judikatur zum Vorsteuervergütungsverfahren nach der 13. EG-Richtlinie deutlich ablesen, dass die Vorsteuervergütung auch bei minimalen Verstößen gegen Formvorschriften endgültig versagt wird.[1795]

Da anders als bei den formellen Regelungen der Vorsteuervergütung an im übrigen Gemeinschaftsgebiet ansässige Unternehmer sowie der der Festlegung des Umfanges der Vorsteuervergütung die formelle Anforderungen an die Vorsteuervergütung nicht im Sekundärrecht selbst begründet sind, sondern vielmehr durch die Mitgliedstaaten festgelegt werden, stellt sich prinzipiell nicht die Frage der Überprüfbarkeit dieser Regelungen durch den EuGH.[1796] Insbesondere können die nationalen Regelungen uneingeschränkt am Grundsatz der Neutralität und insbesondere an der Belastungsneutralität gemessen werden. Insoweit gilt, dass Einschränkungen des Rechts auf Vorsteuerabzug prinzipiell nur insoweit zulässig sind, als diese erforderlich sind, um Steuerhinterziehungen zu vermeiden und die zutreffende Erhebung der Mehrwertsteuer sicherzustellen.[1797] Diese Einschränkungen müssen aber dem Grundsatz der Verhältnismäßigkeit

---

1791 EuGH v. 3.12.2009, Rs. C-433/08 (Yaesu Europe), Slg. 2009, I-11487.

1792 Vgl. grdl. BFH v. 8.8.2013, V R 3/11, BStBl. II 2014, 46.

1793 Vgl. die hierzu die am 25.9.2014 ergangene Pressemitteilung der EU-Kommission abrufbar unter: http://europa.eu/rapid/press-release_IP-14-1038_de.htm. (zuletzt abgerufen am 15.4.2019). Das Verfahren wurde am 8.12.2016 mit Blick auf die geänderte Gesetzgebung eingestellt.

1794 Vgl. § 61a Abs. 1 S. 3 UStDV. Im Ergebnis erfolgte die Einstellung des Vertragsverletzungsverfahrens damit grundlos.

1795 Vgl. BFH v. 21.10.1999, V R 76/98, BStBl. II 2000, 214; v. 14.12.2012, B V 19/12, BFH/NV 2013, 602, v. 9.1.2014, XI B 11/12, BFH/NV 2014, 915; v. 24.9.2015, V R 9/14, BStBl. II 2015, 1067.

1796 Zum Umfang der Prüfung europäischen Sekundärrechts durch den EuGH vgl. Kapitel 2 C II 1.

1797 Vgl. Kapitel 2 B VI 2. Für die 13. EG-Richtlinie findet sich das Ziel der Verhinderung von Steuerhinterziehungen und -umgehungen explizit im 3. Erwägungsgrund der Richtlinie.

genügen.[1798] Die Vereinbarkeit der derzeitigen deutschen Praxis mit dem Verhältnismäßigkeitsgrundsatz erscheint jedoch mehr als fraglich, stünden doch augenscheinlich auch weniger einschneidende Maßnahmen als die endgültige Versagung des Rechts auf Vorsteuerabzug wie etwa die Anforderung zusätzlicher Dokumente oder Informationen zur Verfügung.[1799] Dies gilt umso mehr, als dass die Gewährung des Vorsteuerabzugsrechts bei Vorliegen der materiellen Voraussetzungen nicht verwehrt werden darf, wenn lediglich gegen formale Obliegenheiten verstoßen wurde.[1800]

Ob zumindest die deutsche Finanzgerichtsbarkeit zu einer Entspannung der Situation für die im Drittland ansässigen Unternehmer beitragen wird, bleibt abzuwarten. Lässt sich aus der jüngeren Judikatur der deutschen Finanzgerichte in Bezug auf die Erstattung an im übrigen Gemeinschaftsgebiet ansässige Unternehmer doch eine gewisse Abkehr vom „strengen Formalismus“ erkennen[1801], so scheint dies in Bezug auf die Vorsteuervergütung an im Drittlandsgebiet ansässige Unternehmer zumindest bislang noch nicht der Fall zu sein.[1802] Ob vor

---

1798 Vgl. insoweit bereits Kapitel 2 B VI 2 a zur Einschränkung des Rechts auf Vorsteuerabzug in Fällen der Steuerhinterziehung und des Missbrauches.

1799 In diese Richtung gehend auch *Montag*, MwStR 2014, 643, 647f.; so allgemein zur Gewährung des Vorsteuerabzugs auch *Kokott*, Das Steuerrecht der Europäischen Union, 2018, S. 247. Zur Frage der Bestimmung der Erforderlichkeit vgl. z.B. *Kingreen*, in: Calliess/Ruffert, EUV/AEUV, 2016, Art. 36 AEUV Rn. 93-97; a.A. FG Köln. v. 25.8.2015, 2 K 2193/14, EFG 2015, 1866, Rn. 43f., das insoweit davon ausgeht, dass das Erfordernis der eigenhändigen Unterschrift der Verhinderung von Steuerhinterziehung dient.

1800 Vgl. EuGH v. 8.5.2008, Rs. C-95/07 u. C-96/07 (Ecotrade), Slg. 2008, I-3457, Rn. 68; v. 17.7.2014, Rs. C-272/13 (Equoland), ABl. EU 2014, Nr. C 314, 16, Rn. 47; v. 17.7.2014, Rs. C-590/13 (Idexx), ABl. EU 2015, Nr. C 46, 14, Rn. 38 hinsichtlich der Erfüllung formaler Pflichten in Fällen des Reverse-Charge-Verfahrens. In Bezug auf die Versagung des Vorsteuerabzuges wegen fehlender Registrierung als umsatzsteuerlicher Unternehmer vgl. EuGH v. 21.10.2010, Rs. C-385/09 (Nidera Handelscompagnie), Slg. 2010, I-10385, Rn. 51; v. 9.7.2015, Rs. C-183/14 (Salomie und Oltean), ABl. EU 2015, Nr. C 294, 10, Rn. 61. In Bezug auf die Möglichkeit der Korrektur fehlerhafter Rechnungen vgl. EuGH v. 15.9.2016, Rs. C-518/15 (Senatex), ABl. EU 2016, Nr. C 419, 6, Ls. Zum Prinzip des substance-over-form vgl. Kapitel 2 B IV.

1801 Vgl. hierzu bereits Kapitel 4 F III.

1802 Vgl. bspw. FG Köln v. 10.6.2015, 2 K 2221/12, EFG 2016, 1746 hinsichtlich der Anforderungen an eine Unternehmerbescheinigung; v. 25.8.2015, 2 K 2193/14, EFG 2015, 1866 zur Frage der eigenhändigen Unterschrift.

allem die Entscheidung in der Rechtssache *Senatex*[1803] die deutschen Gerichte zu einem Umdenken bewegen wird, bleibt abzuwarten.[1804] Dem Ansinnen der EU-Kommission, auch in diesen Konstellationen Wettbewerbsverzerrungen zu vermeiden, wird wohl nur durch deutlich detailliertere unionsrechtliche Vorgaben nachzukommen sein. Auf absehbare Zeit wird eine solche Regelung allerdings wohl an dem Einstimmigkeitserfordernis des Art. 113 AEUV und den unterschiedlichen Vorstellungen der einzelnen Mitgliedstaaten scheitern. Im Ergebnis wird somit wohl auch weiterhin die Ansässigkeit des Unternehmers bei der Gewährung des Rechts auf Vorsteuerabzug, entgegen der eindeutigen Intention des Unionsgesetzgebers[1805], eine zentrale Rolle spielen.

1803 EuGH v. 15.9.2016, Rs. C-518/14 (Senatex), ABl. EU 2016, Nr. C 419, 6.

1804 So hält das FG Köln die Übertragbarkeit der Grundsätze der Entscheidung *Senatex* auf das Vorsteuervergütungsverfahren an im übrigen Gemeinschaftsgebiet ansässige Unternehmer zumindest im Bereich der Beifügung von Rechnungen für möglich, vgl. FG Köln v. 9.11.2016, 2 K 1912/15, EFG 2017, 1697, Rn. 40.

1805 Vgl. Resolution des Europäischen Parlamentes zur 8. EG-Richtlinie, ABl. EG 1979, Nr. C 39, 14 unter Punkt 4; hierzu auch *Haslehner*, StuW 2012, 242, 246.

Kapitel 6: Schlussthesen

Kapitel 1 A: Die Entwicklung der Umsatzsteuer zu einer Allphasen-Netto-Umsatzsteuer mit Vorsteuerabzug

1. Vorläufer einer Umsatzsteuer gab es im deutschen Rechtsraum zwar bereits im Mittelalter. Aufgrund der Ausgestaltung als indirekte Steuer und ihrer Betrugsanfälligkeit spielte sie bis Anfang des 20. Jahrhunderts zur Deckung des Finanzbedarfs allerdings keine Rolle (I).
2. Während des 1. Weltkrieges erlebte die Umsatzsteuer eine Renaissance und entwickelte sich rasch zu einer aufkommensstarken Steuer. Die eingeführte Brutto-Umsatzsteuer führte jedoch aufgrund ihrer kumulativen Wirkung zu Wettbewerbsverzerrungen und Behinderungen des grenzüberschreitenden Warenverkehrs und war daher mit einem harmonisierten Mehrwertsteuersystem auf europäischer Ebene nicht vereinbar (II).
3. Die mit der 1. und 2. EG-Richtlinie beginnende Harmonisierung des europäischen Mehrwertsteuersystems hin zu einer Allphasen-Netto-Umsatzsteuer mit Vorsteuerabzug diente vor allem der Gewährleistung von Wettbewerbsneutralität und der Beseitigung von Steuergrenzen. Der in Art. 113 AEUV niedergelegte Harmonisierungsauftrag verlangt dabei keine vollständige Harmonisierung der Steuersysteme der Mitgliedstaaten, sondern lediglich eine so weite Angleichung, wie sie für die Schaffung eines gemeinsamen Marktes erforderlich ist (III).

Kapitel 1 B: Die Stellung des Rechts auf Vorsteuerabzug im geltenden Mehrwertsteuersystem

4. Die der Umsatzsteuer zugrunde liegenden Grundprinzipien (allgemeine, proportionale Allphasen-Nettoumsatzsteuer mit Vorsteuerabzug) sind bei der Auslegung und Anwendung der Vorschriften des Mehrwertsteuerrechts zwingend zu beachten (I).
5. Diese Prinzipien werden häufig mit dem Schlagwort der „Neutralität der Umsatzsteuer" zusammengefasst. Nach der Rechtsprechung des EuGH lässt sich diese in das Prinzip der Belastungsneutralität sowie das Prinzip der Wettbewerbsneutralität unterteilen (II).

6. Das Prinzip der Belastungsneutralität verlangt eine vollständige Entlastung des Unternehmers von Umsatzsteuer, sofern er die bezogenen Leistungen für wirtschaftliche Tätigkeiten verwendet. Die Belastungsneutralität wird durch die Regelungen über den Vorsteuerabzug sichergestellt (II 1).
7. Demgegenüber soll das Gebot der Wettbewerbsneutralität eine gleiche steuerliche Behandlung miteinander in Wettbewerb stehender Leistungen sicherstellen. Eine gleichmäßige Belastung der Verbraucher innerhalb der Europäischen Union wird hierdurch allerdings nicht gewährleistet (II 2).
8. Eine spezielle Ausprägung der Wettbewerbsneutralität stellt das Gebot der internationalen Besteuerungsneutralität dar. Dieses Prinzip verlangt zum einen, dass ein Vorsteuerabzug unabhängig von der Ansässigkeit des Leistungsempfängers zu gewähren ist und zum anderen, dass durch die Verwirklichung des Bestimmungslandprinzips aus einem anderen Mitgliedstaat bezogene Leistungen demselben Steuersatz unterliegen wie innerstaatliche Leistungen (II 3).
9. Die Umsatzsteuer ist als allgemeine Verbrauchsteuer konzipiert, da sie im Ergebnis vom Konsumenten getragen werden soll. Das Recht auf Vorsteuerabzug stellt letztlich die Umsetzung des Verbrauchsteuerkonzepts sicher, da andernfalls die kumulative Wirkung der Umsatzsteuer einer vollständigen Abwälzung auf den Konsumenten entgegenstehen würde (III 1).
10. Aus Praktikabilitätsgründen ist die Umsatzsteuer als indirekte Steuer ausgestaltet und wird direkt beim Unternehmer erhoben. Dieser fungiert als „Steuereinnehmer für Rechnung des Staates und im Interesse der Staatskasse". Als solcher darf er keinem unverhältnismäßig hohen Risiko einer systemwidrigen endgültigen Belastung mit Umsatzsteuer ausgesetzt sein (III 2).
11. Solange die Steuersysteme der einzelnen Mitgliedstaaten noch nicht vollständig harmonisiert sind, kann eine grenzüberschreitende Wettbewerbsneutralität wirksam nur durch das Bestimmungslandprinzip verwirklicht werden. Dies entspricht im Gegensatz zum Ursprungslandprinzip auch eher dem Gedanken des Verbrauchsteuerkonzepts. Das Bestimmungslandprinzip liegt dem Regelungssystem der MwStSystRL zugrunde (IV).
12. Ohne das Recht auf Vorsteuerabzug ist die Herstellung einer grenzüberschreitenden Wettbewerbsneutralität nicht möglich. Letztlich stellt der Vorsteuerabzug somit die Verwirklichung des Europäischen Binnenmarktes sicher (V).

Kapitel 1 C: Der Einfluss des Europäischen Rechts auf das nationale Umsatzsteuerrecht

13. Die zur Harmonisierung der Umsatzsteuer auf europäischer Ebene erlassenen Richtlinien sind von den Mitgliedstaaten in nationales Recht umzusetzen. Bei der Umsetzung sind die Mitgliedstaaten an die allgemeinen Grundsätze des Unionsrechts gebunden (I). Hierzu zählen insbesondere der Grundsatz der Äquivalenz und der Effektivität sowie der allem staatlichen Handeln zugrundeliegende Grundsatz der Verhältnismäßigkeit (III).
14. Der Einfluss des Unionsrechts auf das nationale Umsatzsteuerrecht beschränkt sich nicht auf die bloße Umsetzung europäischer Richtlinien. Vielmehr sind die nationalen Vorschriften so auszulegen, dass sie europäischen Vorgaben entsprechen. Eine derartige Auslegung kann allerdings nicht in beliebigem Umfang erfolgen, eine Grenze bilden vielmehr die nationalen Auslegungsmethoden. Besteht Unklarheit über die Auslegung von Unionsrecht oder Bedenken hinsichtlich dessen Wirksamkeit, haben die nationalen Gerichte zur Wahrung der Rechtseinheit innerhalb der Europäischen Union den EuGH zur Klärung anzurufen (II).

Kapitel 2: Das Recht auf Vorsteuerabzug im harmonisierten Mehrwertsteuerrecht

15. Die materiell-rechtlichen Vorgaben des Rechts auf Vorsteuerabzug sind vollständig durch Unionsrecht vorgegeben (A I 1). Die Regelungen im nationalen Umsatzsteuerrecht setzen diese Vorgaben um (A II 1).
16. Verfahrensrechtliche Vorgaben bezüglich des Rechts auf Vorsteuerabzug enthält die MwStSystRL für rein innerstaatliche Fallgestaltungen kaum. Insoweit obliegt es daher den Mitgliedstaaten, verfahrensrechtliche Grundsätze für die Geltendmachung des Vorsteuerabzuges festzulegen (A I 2 a). Im Gegensatz hierzu sind die verfahrensrechtlichen Modalitäten des Vorsteuerabzugs in grenzüberschreitenden Fällen – zumindest bei im Gemeinschaftsgebiet ansässigen Unternehmern – deutlich detaillierter durch Unionsrecht vorgegeben (A I 2 b).
17. Das Recht auf Vorsteuerabzug stellt ein „Grundprinzip" des europäischen Mehrwertsteuersystems dar und dient neben der Verhinderung einer kumulativen Belastung von Leistungen mit Umsatzsteuer auch ihrer gleichen steuerlichen Belastung unabhängig von der „Länge des Produktions- und Vertriebswegs". Gleichzeitig gilt der Vorsteuerabzug aufgrund seiner Betrugsanfälligkeit jedoch als „Achillesferse" des europäischen

Mehrwertsteuersystems. Bei der Gewährung des Vorsteuerabzugs ist daher ein wesentliches Augenmerk auf die Verhinderung von Umsatzsteuerhinterziehung und -betrug zu legen (B I).

18. Einem Unternehmer steht ein Recht auf Vorsteuerabzug nur zu, soweit er die bezogenen Leistungen für besteuerte Umsätze verwendet. Hierfür ist ein „direkter und unmittelbarer" Zusammenhang erforderlich. Zur Bestimmung dieses Zusammenhangs ist jedoch nicht auf die tatsächliche Ausführung besteuerter Umsätze abzustellen. Maßgeblich ist allein die Verwendungsabsicht des Leistungsempfängers im Zeitpunkt des Leistungsbezugs, die anhand „objektiver Anhaltpunkte" zu bestimmen ist (B II 2 a aa).
19. Die Ausübung steuerfreier Umsätze steht dem Recht auf Vorsteuerabzug prinzipiell entgegen (B II 2 a bb). Führt der Unternehmer sowohl steuerfreie als auch besteuerte Umsätze aus, ist die Höhe des Vorsteuerabzuges anhand eines Aufteilungsschlüssels zu bestimmen. Ändert sich bei länger genutzten Leistungen das dem Aufteilungsschlüssel zugrundeliegende Nutzungsverhältnis, ist der Vorsteuerabzug entsprechend zu korrigieren (B II 2 a cc).
20. Die Unternehmereigenschaft setzt voraus, dass eine wirtschaftliche Tätigkeit ausgeübt wird. Das Recht auf Vorsteuerabzug beginnt jedoch bereits mit auf diese wirtschaftliche Tätigkeit hin zielenden Vorbereitungshandlungen und endet erst, wenn alle mit dieser Tätigkeit verbundenen Rechtsbeziehungen „abgewickelt" wurden (B II 1 a).
21. Die Gleichbehandlung mit privaten Konsumenten verlangt, die nicht-unternehmerische Verwendung bezogener Leistungen ebenfalls der Umsatzbesteuerung zu unterwerfen. Sofern allerdings bereits bei Leistungsbezug die private Nutzung feststeht, ist der Unternehmer nicht zur Geltendmachung des Vorsteuerabzuges berechtigt (B II 1 b).
22. Das Recht auf Vorsteuerabzug steht dem Unternehmer zu, sobald alle erforderlichen Voraussetzungen vorliegen (Grundsatz des Sofortabzugs). Dem Grundsatz des Sofortabzugs steht allerdings nicht entgegen, dass das Recht auf Vorsteuerabzug prinzipiell erst in dem Zeitpunkt ausgeübt werden kann, in dem eine Rechnung vorliegt. Der Grundsatz des Sofortabzugs erfordert nach Ansicht des EuGH allerdings nicht, dass ein Vorsteuerabzug nachträglich gewährt wird, wenn zunächst für den nicht-unternehmerischen Bereich erworbene Gegenstände zu einem späteren Zeitpunkt für die Ausübung besteuerter Umsätze verwendet werden (B III 1).
23. Nach Art. 183 MwStSystRL dürfen die Mitgliedstaaten einen bestehenden Vorsteuerüberschuss entweder auf den nächsten Besteuerungszeitraum vortragen oder diesen erstatten. Sofern sie sich für die Erstattung entscheiden,

gebietet der Gedanke des Sofortabzuges auch eine sofortige Erstattung (B III 2).

24. Den Mitgliedstaaten ist allerdings eine vorherige Prüfung des Sachverhaltes nicht verwehrt. In diesem Fall kann die Frist zur Erstattung des Vorsteuerüberschusses zwar verlängert werden, finanzielle Nachteile des Unternehmers sind in diesem Fall allerdings durch eine Verzinsung auszugleichen. Nach deutschem Recht unterliegen Vorsteuerüberschüsse der allgemeinen Verzinsung nach § 233a AO (B III 3).
25. Liegen die materiellen Voraussetzungen des Vorsteuerabzugsrechts vor, darf auch bei einem Verstoß gegen formelle Vorschriften dieses Recht nicht versagt werden (substance-over-form-Prinzip). Eine Versagung des Vorsteuerabzugs ist jedoch dann zulässig, wenn der Verstoß gegen formelle Vorschriften den sicheren Nachweis verhindert, dass die materiellen Voraussetzungen des Vorsteuerabzugs erfüllt sind (B IV 2).
26. Das substance-over-form-Prinzip gilt jedoch nicht für das Rechnungserfordernis. So ist der Besitz einer Rechnung grundsätzlich als zwingende Voraussetzung für die Ausübung des Rechts auf Vorsteuerabzug anzusehen. War der Unternehmer einmal im Besitz einer Rechnung und kann er diese nicht mehr vorlegen, ist ihm der Nachweis der materiellen Voraussetzungen des Vorsteuerabzugsrechts durch sämtliche im nationalen Recht zugelassene Beweismittel möglich (B IV 3 a).
27. Eine Ausnahme vom Rechnungserfordernis besteht jedoch in Fällen des Reverse-Charge-Verfahrens, da insoweit der Rechnung keine eigenständige Informationsfunktion zukommt (B IV 3 b).
28. Die streng formalistische Betrachtung der Rechnung als zwingende Voraussetzung des Vorsteuerabzugs steht mittlerweile auf dem Prüfstand. So können nicht ordnungsgemäße Rechnungen rückwirkend auf den Zeitpunkt der erstmaligen Rechnungsausstellung berichtigt werden. Bei fehlenden Mindestangaben ist zudem auch eine Bezugnahme auf andere Dokumente möglich (B IV 3 c).
29. Abzugsfähig ist nur die „gesetzlich geschuldete“ Umsatzsteuer. Weist ein Unternehmer zu Unrecht Umsatzsteuer aus, steht dem Rechnungsempfänger unabhängig von der Zahlung kein Anspruch auf Vorsteuer zu. Vielmehr ist die zu Unrecht in Rechnung gestellte Umsatzsteuer gegenüber dem Rechnungsaussteller geltend zu machen. Ein Anspruch gegen den Fiskus besteht nur, wenn die Geltendmachung eines Anspruchs gegen den Rechnungsaussteller „unmöglich“ oder „übermäßig erschwert ist“. Ein solcher Fall liegt jedoch nur dann vor, wenn sich kein wirtschaftliches Risiko für den Fiskus ergibt (B V).

30. Das Recht auf Vorsteuerabzug ist als „integraler Bestandteil des Mechanismus der Mehrwertsteuer“ grundsätzlich uneinschränkbar und kann nur durch die MwStSystRL selbst eingeschränkt werden (B VI 1).
31. Eine Einschränkung ist jedoch zur Verhinderung von Mehrwertsteuerhinterziehung und -betrug möglich, da eine missbräuchliche Berufung auf Unionsrecht nicht zulässig ist. Gerade das Recht auf Vorsteuerabzug bietet zahlreiche Möglichkeiten der Umsatzsteuerhinterziehung. Neben den Fällen, in denen der Leistungsempfänger aktiv an einer Umsatzsteuerhinterziehung beteiligt ist, steht ihm das Recht auf Vorsteuerabzug auch dann nicht zu, wenn er „wusste oder hätte wissen müssen“, dass „sein Umsatz“ Teil einer Lieferkette gewesen ist, in der Umsatzsteuer hinterzogen wurde. Diese Voraussetzung ist von den Finanzbehörden anhand objektiver Umstände nachzuweisen, sodass von einer restriktiven Handhabung dieser Fälle auszugehen ist (B VI 2 a).
32. Eine Einschränkung des Rechts auf Vorsteuerabzug ist zwar prinzipiell auch dann möglich, wenn andernfalls die zutreffende Erhebung des Mehrwertsteueraufkommens nicht gesichert werden kann. Diese Fallgruppe wird jedoch äußerst restriktiv behandelt (B VI 2 b).
33. Das Recht auf Vorsteuerabzug kann durch Ausschlussfristen begrenzt werden, sofern diese von „durchschnittlich aufmerksamen Steuerpflichtigen“ gewahrt werden können (B VI 2 c).
34. Auch für die Ausübung des Rechts auf Vorsteuerabzug gelten die allgemeinen Grundsätze des Vertrauensschutzes. Geht der Leistungsempfänger davon aus, dass die Voraussetzungen des Vorsteuerabzugs vorliegen, obwohl dies objektiv nicht der Fall ist, ist ihm der Vorsteuerabzug dennoch zu gewähren, wenn ein berechtigtes Vertrauen vorliegt. Dies gilt sowohl für den Fall, dass „sein Umsatz“ Teil eines Umsatzsteuerkarussells war als auch für das Vorliegen einer nicht ordnungsgemäßen Rechnung (B VII).
35. Regelungen der MwStSystRL müssen als Europäisches Sekundärrecht prinzipiell sämtlichen Regelungen des Europäischen Primärrechts genügen. Nationale Maßnahmen müssen sich demgegenüber am gesamten unmittelbar anwendbaren Unionsrecht messen lassen (C I).
36. Regelungen des Vorsteuerabzuges werden durch den EuGH vorrangig am Grundsatz der Neutralität gemessen, gleichwohl der Anwendungsbereich der EU-Grundrechtcharta sowie der Grundfreiheiten prinzipiell eröffnet wäre. Der Grundsatz der Neutralität stellt die bereichsspezifische Ausprägung des allgemeinen Gleichheitsgrundsatzes im Mehrwertsteuerrecht dar. Dennoch handelt es sich nach Auffassung des EuGH nicht um einen Grundsatz des Primärrechts, sondern lediglich um einen Auslegungsgrundsatz,

der bei der Auslegung mehrwertsteuerlicher Regelungen zu beachten ist (C II 1).

37. Nationale Umsetzungsmaßnahmen werden vorrangig am Grundsatz der Neutralität gemessen, sofern sie steuerliche Belastungen des Unternehmers betreffen und werden regelmäßig als nicht mit diesem vereinbar angesehen. Nicht steuerliche Belastungen müssen hingegen lediglich dem augenscheinlich weniger strengen Verhältnismäßigkeitsgrundsatz genügen. Demgegenüber haben verfahrensrechtliche Regelungen der Mitgliedstaaten die Anforderungen der Grundsätze der Äquivalenz und der Effektivität zu erfüllen (C II 2).
38. Die dogmatische Einordnung des Grundsatzes der Neutralität als bloßer Auslegungsgrundsatz führt dazu, dass sekundärrechtliche Regelungen über den Vorsteuerabzug derzeit faktisch keiner primärrechtlichen Überprüfung unterliegen (C III 1).
39. Vor dem Hintergrund der Stellung, die der Vorsteuerabzug zur Sicherung des Binnenmarktes und des Verbrauchsteuerprinzips einnimmt, darf dieser auch durch sekundärrechtliche Regelungen nur eingeschränkt werden, wenn zwingende Gründe dies rechtfertigen. Einschränkungen sind daher prinzipiell nur zur Verhinderung von Steuerhinterziehung und -missbrauch zulässig; diese sind jedoch nur in engen Grenzen anzunehmen. Sofern die Primärrechtsstellung des Neutralitätsgrundsatzes verneint wird, muss dieses Ergebnis im Wege der Auslegung von sekundärrechtlichen Vorschriften erreicht werden (C III 2).

Kapitel 3: Vorsteuererstattung in „Outbound" Fällen

40. Durch die umfassende Verwirklichung des Bestimmungslandprinzips gelten für das Recht auf Vorsteuerabzug des Leistungsempfängers die verfahrensrechtlichen Modalitäten seines Ansässigkeitsstaates (A).
41. Bei grenzüberschreitenden Lieferungen wurde das Bestimmungslandprinzip durch ein zweistufiges Zusammenspiel der steuerfreien innergemeinschaftlichen Lieferungen und einem hiermit korrespondierenden, steuerpflichtigen innergemeinschaftlichen Erwerb mit anschließendem Vorsteuerabzug verwirklicht (B). Da dieses System jedoch als besonders betrugsanfällig gilt, sind Bestrebungen erkennbar, dieses zu ändern. Der jüngste Vorschlag der EU-Kommission will den leistenden Unternehmer von der Besteuerung insgesamt ausnehmen und die Steuerschuldnerschaft auf den Leistungsempfänger verlagern. Ob sich dieses System durchsetzen wird, bleibt abzuwarten (D).

42. Bei der Erbringung grenzüberschreitender sonstiger Leistungen wurde das Bestimmungslandprinzip durch die Regelungen über den Ort der sonstigen Leistung umgesetzt. Die Leistung gilt im Geschäftsverkehr zwischen Unternehmern als dort erbracht, wo der Leistungsempfänger sein Unternehmen betreibt (C).
43. Insgesamt gelten für „Outbound"-Fälle dieselben Grundsätze des Vorsteuerabzugs wie bei rein innerstaatlichen Fällen. In diesen Fallkonstellationen scheint die Ausübung des Rechts auf Vorsteuerabzug gegenüber rein innerstaatlichen Konstellationen nicht als übermäßig erschwert (E).

Kapitel 4: Vorsteuervergütung an im übrigen Gemeinschaftsgebiet ansässige Unternehmer

44. Der Gedanke einer grenzüberschreitenden Wettbewerbsneutralität setzt zwingend voraus, dass dem Unternehmer unabhängig von seiner Ansässigkeit das Recht auf Vorsteuerabzug zu gewähren ist. Dieser Grundsatz ist in Art. 170, Art. 171 MwStSystRL niedergelegt und setzt für nicht im Mitgliedstaat der Entstehung der Vorsteuer ansässige Unternehmer die Durchführung eines besonderen Vorsteuervergütungsverfahrens voraus (A).
45. Maßgebliches Kriterium für die Abgrenzung zwischen allgemeinem Besteuerungsverfahren und besonderem Vorsteuervergütungsverfahren ist die Ansässigkeit. Die Ansässigkeit ist nach den tatsächlichen wirtschaftlichen Verhältnissen zu bestimmen (B).
46. Die Einführung eines harmonisierten Vorsteuervergütungsverfahrens in grenzüberschreitenden Fällen wurde zur Verhinderung von Wettbewerbsverzerrungen als zwingend notwendig angesehen. Das mit der 8. EG-Richtlinie eingeführte besondere Vorsteuervergütungsverfahren an im übrigen Gemeinschaftsgebiet ansässige Unternehmer sollte daher vor allem den Anspruch auf Vorsteuererstattung innerhalb der Gemeinschaft harmonisieren, aber auch Fälle der Steuerhinterziehung in diesem Bereich verhindern. Durch die Vermeidung des allgemeinen Besteuerungsverfahrens sollte die Vorsteuererstattung zudem beschleunigt und die Finanzbehörden entlastet werden. Auf im Drittlandsgebiet ansässige Unternehmer findet das Verfahren hingegen keine Anwendung (C II).
47. Die formalen Voraussetzungen der Geltendmachung des Vorsteuerabzugs im Vorsteuervergütungsverfahren waren durch die 8. EG-Richtlinie detailliert vorgegeben. Das sehr formalisierte Verfahren setzte insbesondere einen fristgebundenen vollständigen Antrag des Unternehmers voraus (C III).

48. Im besonderen Vorsteuervergütungsverfahren nach der 8. EG-Richtlinie traten in der Praxis zahlreiche Probleme auf. So beklagten die Unternehmer vor allem die langen Bearbeitungszeiten sowie die sehr formalistische Anwendung durch die Mitgliedstaaten, die eine Ausübung des Rechts auf Vorsteuerabzug erschwerten oder gar vereitelten. Aber auch die nationalen Finanzbehörden sahen sich vor Probleme gestellt, da sie die materiellen Voraussetzungen des Vorsteuerabzugsrechts anhand der zur Verfügung gestellten Unterlagen nicht ausreichend prüfen konnten (C IV).
49. Als Reaktion hierauf wurde das Verfahren nach der 11. EG-Richtlinie eingeführt. Hiermit sollte vor allem den langen Bearbeitungszeiten und den bürokratischen Hindernissen begegnet werden sowie die Rechte der Unternehmer gestärkt werden. Die von der EU-Kommission zunächst vorgesehene grenzüberschreitende Vorsteuererstattung fand aufgrund budgetärer Bedenken der Mitgliedstaaten keine Zustimmung, sodass auch weiterhin der Mitgliedstaat der Vorsteuerentstehung für die Erstattung an nicht in seinem Gebiet ansässige Unternehmer zuständig bleibt (D).
50. Das besondere Vorsteuervergütungsverfahren nach der 11. EG-Richtlinie findet Anwendung, wenn der Unternehmer im Mitgliedstaat der Erstattung nicht ansässig ist und dort auch prinzipiell keine Umsätze ausübt (E I 1). Die Anwendbarkeit setzt weiterhin voraus, dass er in einem anderen Mitgliedstaat der Gemeinschaft als umsatzsteuerlicher Unternehmer ansässig ist (E I 2 a). Liegen die Voraussetzungen des besonderen Vorsteuervergütungsverfahrens vor, ist dieses zwingend durchzuführen (E I 2 d).
51. Wie auch im allgemeinen Besteuerungsverfahren setzt ein Vorsteuerabzug voraus, dass die Leistung für besteuerte Umsätze verwendet wird. Da eine vollständige Harmonisierung des Mehrwertsteuersystems noch nicht erfolgt ist, setzt ein Vorsteuerabzug im besonderen Vorsteuervergütungsverfahren dem Grunde nach voraus, dass die durch den antragstellenden Unternehmer erbrachten Umsätze sowohl in seinem Ansässigkeitsstaat als auch im Erstattungsstaat der Umsatzbesteuerung unterliegen (E I 2 c aa). Werden sowohl steuerpflichtige als auch steuerfreie Umsätze erbracht, ist zur Ermittlung des Aufteilungsschlüssels sowohl in Bezug auf den Erstattungsstaat als auch in Bezug auf den Ansässigkeitsstaat ein pro-rata Satz zu ermitteln. Bei der Ermittlung der Höhe des Vorsteuerabzuges findet im Ergebnis der niedrigere Aufteilungsschlüssel Anwendung (E I 2 c bb).
52. Die materiellen Voraussetzungen des Vorsteuerabzugs richten sich prinzipiell nach den allgemeinen Grundsätzen. Somit ist auch im besonderen Vorsteuervergütungsverfahren eine Erstattung zu Unrecht ausgewiesener Umsatzsteuer ausgeschlossen (E II 1). Sofern innergemeinschaftliche

Lieferungen oder Ausfuhrlieferungen steuerfrei gestellt werden können, ist auch bei einer Behandlung als steuerpflichtige Lieferung ein Vorsteuerabzug ausgeschlossen, um die zutreffende Erhebung der Mehrwertsteuer sicherzustellen (E II 2). Eine Vergütung erfolgt nur, wenn im maßgeblichen Kalenderjahr die Mindestvergütungssumme von 50 Euro erreicht wird (E II 3 b).

53. Die Vorsteuer ist in dem Vergütungszeitraum geltend zu machen, in dem sowohl die Leistung ausgeführt wurde als auch die Rechnung vorliegt Auf die Zahlung der Steuer kommt es hingegen nicht an. Als Reaktion auf die langen Bearbeitungszeiten sieht die 11. EG-Richtlinie bei einer verspäteten Erstattung nun eine verbindliche Verzinsung vor, um die Mitgliedstaaten zu einer zeitnahen Bearbeitung anzuhalten (E III).
54. Für die Geltendmachung des Anspruchs auf Vorsteuererstattung gilt eine nicht verlängerbare neun-monatige Antragsfrist. Mit Ablauf dieser Frist erlischt das Recht auf Vorsteuererstattung endgültig (E IV 1).
55. Da die Grundsätze der rückwirkenden Rechnungsberichtigung auch für das besondere Vorsteuervergütungsverfahren gelten, ist der Anspruch auf Vorsteuervergütung in dem Zeitraum der erstmaligen Rechnungserstellung und nicht in dem Zeitraum der Berichtigung geltend zu machen (E IV 2).
56. Die Antragsfrist wird nur durch die Stellung eines vollständigen Antrags gewahrt. Über die Wahrung der Antragsfrist entscheidet der Ansässigkeitsstaat des Antragstellers, der diesem bei erfolgreicher Übermittlung einen Bestätigungsvermerk übersendet (E V 1 c aa). Daneben überprüft der Ansässigkeitsstaat auch die persönlichen Antragsvoraussetzungen. Der Erstattungsstaat ist an diese Feststellungen jedoch nicht gebunden und kann bei begründeten Zweifeln eigene Ermittlungen anstellen und das Recht auf Vorsteuerabzug letztlich verweigern (E V 1 b). Dem Erstattungsstaat obliegt zudem die materiell-rechtliche Prüfung des Rechts auf Vorsteuerabzug (E V 1 c bb).
57. Ein wirksamer Antrag setzt voraus, dass alle in der Richtlinie vorgesehen Angaben enthalten sind. Aufgrund der vollständigen elektronischen Ausgestaltung des Vergütungsverfahrens obliegt es dem Ansässigkeitsstaat, das Antragsportal so auszugestalten, dass der Antragsteller alle erforderlichen Angaben tätigen kann (E V 2). Daneben sind für einen wirksamen Antrag etwaig erforderliche Dokumente innerhalb der Antragsfrist beizufügen (E VI).
58. Eine Vorsteuererstattung findet in Fällen der Steuerhinterziehung nicht statt. Wie auch im allgemeinen Verfahren muss die Steuerhinterziehung anhand objektiver Umstände nachgewiesen werden. Wurden Vorsteuern

bereits erstattet, so sind diese zwingend wieder zurückzufordern (E VII 1). Soweit diesbezüglich finanzielle Sanktionen verhängt und vom Antragsteller nicht beglichen wurden, sind bestehende Vorsteuervergütungsansprüche mit diesen aufzurechnen (E VII 2).

59. Auch im besonderen Vorsteuervergütungsverfahren finden die Grundsätze des Vertrauensschutzes Anwendung. Wird dem Antragsteller gem. Art. 15 Abs. 2 bestätigt, dass sein Antrag fristgerecht beim Ansässigkeitsstaat eingegangen ist, so kann ihm weder eine Fristversäumnis noch eine Unvollständigkeit des Antrages entgegengehalten werden. Das insoweit durch die Bestätigung nach Art. 15 Abs. 2 geschaffene Vertrauen umfasst jedoch nicht die Einreichung etwaig erforderlicher zusätzlicher Dokumente (E IX).
60. Anders als die Geltendmachung des Vorsteuerabzugs im Bereich im allgemeinen Besteuerungsverfahren ist die Geltendmachung im besonderen Vorsteuervergütungsverfahren an zahlreiche durch Sekundärrecht begründete formelle Vorgaben geknüpft. Dennoch gilt auch insoweit das substance-over-form-Prinzip, sodass auch bei einem Verstoß gegen formelle Vorschriften das materielle Recht auf Vorsteuerabzug grundsätzlich nicht versagt werden kann (E X).
61. Die Vorschriften der 11. EG-Richtlinie wurden in § 18 Abs. 9 UStG sowie §§ 59-62 UStDV in deutsches Recht umgesetzt. Auf eine vollumfängliche wortgetreue Umsetzung des Richtlinientextes wurde jedoch verzichtet (F I). Für eine hinreichende Richtlinienumsetzung ist dies auch nicht erforderlich (F II 1). Soweit eine wortgetreue Umsetzung jedoch stattgefunden hat, ist der deutsche Gesetzgeber seiner Umsetzungsverpflichtung in hinreichendem Umfang nachgekommen (F II 2).
62. Die 11. EG-Richtlinie räumt den Mitgliedstaaten an einigen Stellen Wahlrechte ein, von denen Deutschland in unterschiedlicher Weise Gebrauch gemacht hat. Da die Ausübung der Wahlrechte nicht in Gesetzesform gegossen wurde, ist von einer hinreichenden Umsetzung nicht auszugehen mit der Folge, dass der Vorsteuerabzug nicht mit Hinweis auf diesbezüglich vom deutschen Gesetzgeber verlangte Anforderungen versagt werden kann. Sofern die Ausgestaltung des elektronischen Portals durch den Ansässigkeitsstaat die von Deutschland geforderten Angaben zwingend vorsieht, sollten sich hierdurch in der Praxis jedoch keine nachteiligen Folgen für die Antragsteller ergeben (F II 3).
63. Zum Teil wurden Richtlinienvorschriften nicht in nationales Recht umgesetzt. So wurde die Ablehnung von Vorsteuerbeträgen, die auf Leistungen entfallen, die steuerfrei gestellt werden können (Art. 4 lit. b), nicht in

deutsches Recht umgesetzt, so dass derartige Vorsteuerbeträge trotz entgegenstehender Richtlinienvorgaben zu erstatten sind (F II 4 a).

64. Auch für die Möglichkeit, dass Deutschland als Erstattungsstaat unvollständige Anträge i.S.v. Art. 15 Abs. 1 S. 2 ablehnt, findet sich im nationalen Recht keine Rechtsgrundlage. Da eine direkte Berufung auf Unionsrecht zu Lasten des Antragstellers ausscheidet, ist eine Ablehnung unvollständiger Anträge – ungeachtet der fehlenden Prüfungskompetenz – insoweit nicht zulässig (F II 4 b).
65. Die verfahrensrechtliche Ausgestaltung des besonderen Vorsteuervergütungsverfahrens obliegt den einzelnen Mitgliedstaaten. Aus Art. 170 und Art. 171 MwStSystRL folgt lediglich, dass im Anwendungsbereich des besonderen Vorsteuervergütungsverfahrens für die Anwendung des allgemeinen Besteuerungsverfahrens kein Raum verbleibt. Entsprechend den Vorgaben des nationalen Gesetzgebers kann in Fällen des unterjährigen Wechsels eine Vorsteuervergütung im besonderen Verfahren nicht mehr geltend gemacht werden, wenn die Voraussetzungen des allgemeinen Besteuerungsverfahrens vorliegen (F II 5).
66. Die Durchführung des Vorsteuervergütungsverfahrens muss sich trotz der zugegeben detaillierten formellen Anforderungen in der 11. EG-Richtlinie vorrangig im Grundsatz der Neutralität orientieren und muss somit als oberstes Ziel die vollständige Entlastung des Unternehmers von Vorsteuern verfolgen. Die jüngere Rechtsprechung des FG Köln zeigt insoweit eine erfreuliche Abkehr vom strengen Formalismus hin zu einer vorrangigen Sicherung eines materiell-rechtlich bestehenden Vorsteuerabzugsrechts. Ob der BFH dem folgt, bleibt jedoch abzuwarten (F III).
67. Für Unternehmer, die lediglich bestimmte elektronische Dienstleitungen ausüben, ist in den Staaten, in denen sie nicht für umsatzsteuerliche Zwecke als ansässig gelten, die Teilnahme an einem vereinfachten Verfahren (MOSS-Verfahren) möglich. Die Unternehmer geben hierzu lediglich eine elektronische Erklärung in ihrem Ansässigkeitsstaat ab. Die Übermittlung der Daten und die Weiterleitung der Umsatzsteuerbeträge erfolgt ausschließlich zwischen den Finanzbehörden der Mitgliedstaaten. Eine Geltendmachung von Vorsteuerbeträgen ist in diesem Verfahren nicht möglich (G).

Kapitel 5: Vorsteuervergütung an drittlandsansässige Unternehmer

68. Dem Anspruch auf Vorsteuererstattung an im Drittland ansässige Unternehmer wurde zunächst vom europäischen Gesetzgeber keine Priorität eingeräumt. Erst deutlich nach der Einführung eines Vorsteuervergütungsverfahrens an im Gemeinschaftsgebiet ansässige Unternehmer wurde ein entsprechendes Verfahren für drittlandsansässige Unternehmer durch die 13. EG-Richtlinie festgelegt (A I).
69. Das deutsche Recht sah zunächst einen Gleichklang des Erstattungsverfahrens für im übrigen Gemeinschaftsgebiet und im Drittlandsgebiet ansässige Unternehmer vor. Nach und nach wurden die Voraussetzungen für die Erstattung an im Drittland ansässige Unternehmer jedoch verschärft (A II).
70. Die unionsrechtlichen Vorgaben in der 13. EG-Richtlinie sind lediglich rudimentär, so dass die Einzelheiten der Ausgestaltung des Vergütungsverfahrens den Mitgliedstaaten obliegen. Deutschland hat sich stark an den Vorgaben der 8. EG-Richtlinie orientiert und die dort festgelegten Voraussetzungen der Erstattung lediglich an einzelnen Stellen verschärft (B).
71. Drittlandsunternehmer sehen sich sowohl hinsichtlich der formellen als auch der materiellen Voraussetzungen des Vorsteueranspruchs einer Ungleichbehandlung ausgesetzt. Insbesondere die Möglichkeit bestimmte Aufwendungen von der Erstattung an Drittlandsunternehmer auszuschließen, erscheint problematisch und mit der ursprünglichen Intention des Gesetzgebers, die Vorsteuererstattung unabhängig von der Ansässigkeit des Unternehmers durchzuführen, nicht vereinbar. Hier wird die zurückhaltende Prüfung sekundärrechtlicher Regelungen auf die Vereinbarkeit mit Primärrecht durch den EuGH besonders auffällig. Auch wenn sich die formellen Vorschriften mangels unionsrechtlicher Vorgaben fast ausschließlich aus Regelungen des nationalen Rechts ergeben, führen Verstöße gegen formale Vorschriften fast immer zu einer endgültigen Versagung des Vorsteuerabzugsrechts. Die deutsche Finanzgerichtsbarkeit zeigt sich zumindest derzeit noch nicht bereit, dem Grundsatz der Neutralität gerecht zu werden und beim Vorliegen der materiellen Voraussetzungen dem substance-over-form-Prinzip entsprechend den Vorsteuerabzug zu gewähren. Dem ursprünglichen Ziel bestehenden Wettbewerbsverzerrungen entgegenzutreten, wird das Vorsteuervergütungsverfahren an Drittlandsunternehmer so jedenfalls nicht gerecht (C).

Literaturverzeichnis

Achatz, Markus: Formale Voraussetzungen, materielle Berechtigung und Gutglaubensschutz, in: Umsatzsteuer im Europäischen Binnenmarkt, DStJG 32 (2009), hrsg. von Roman Seer, Köln 2009, S. 53-102.

Altmayer, Sabine: Vertrauensschutz im Recht der Europäischen Union und im deutschen Recht – Analyse und Vergleich anhand der Rechtsprechung des EuGH und der nationalen Fachgerichte, Baden-Baden 2003.

Alvermann, Jörg: Fahndungsbrennpunkt Umsatzsteuer, Stbg 2011, 351-356.

Amman, Gunter: Vorsteuerverrechnung verhindert Umsatzsteuerbetrug, in: Nieskens (Hrsg.), Umsatzsteuer-Kongress-Bericht 2001/2001, Köln 2002, S. 77-92.

Anweiler, Jochen: Die Auslegungsmethoden des Gerichtshofs der Europäischen Gemeinschaften, Frankfurt am Main 1997.

Atanasova, Dobrinka /Maunz, Stefan: Das neue Vorsteuervergütungsverfahren, DStR 2009, 1185-1189.

Armand, Christian / Lenoir, Véronique: Vorsteueraufteilung durch Finanzdienstleister – Ein Beitrag aus belgischer und französischer Sicht, UR 2007, 529 -537.

Arzberger, Werner Kurt: Jahressteuergesetz 1996 – Die Änderungen der UStDV, DB 1995, 2242-2244.

Arzberger, Werner Kurt: Jahressteuergesetz 1996 – Die Änderungen des UStG, DB 1995, 2184-2193.

Bader, Julia: Vorsteuerabzug im Regelbesteuerungsverfahren bei bestehender Steuerschuldnerschaft nach § 13b UStG eines im Ausland ansässigen Unternehmers – Zugleich Anmerkung zu BFH, Urt. v. 7.3.2013, V R 12/12, DStZ 2013, 482-483.

Beck, Ernst: Von der Brutto-Umsatzsteuer zur Mehrwertsteuer, 2. Aufl. des Sonderdrucks „Wie wird die künftige Umsatzsteuer aussehen?", Freiburg i. Br. 1964.

Becker, Stephanie: Erfordernis eines allgemeinen Gutglaubensschutz im Umsatzsteuerrecht, UR 2009, 664-672.

Becker, Stephanie: Stellungnahme zu den Schlussanträgen des Generalanwalts in den Rechtssachen „Geissel" und „Butin", MwStR 2017, 610-616.

Becker, Stephanie: Ortsbestimmung von sonstigen Leistungen durch Anknüpfung an die Ansässigkeit von Leistungserbringer bzw. Leistungsempfänger – Analyse der Neuregelungen zum 01.01.2010, Hamburg 2011.

Beermann, Albert: Zur Charakteristik der Verbrauchsteuern und zur bedingten Steuerschuld, in: Zölle, Verbrauchsteuern, europäisches Marktordnungsrecht, DStJG 11, hrsg. von Heinrich Wilhelm Kruse, Köln 1988, S. 283-287.

Bethke, Inga: Praxisprobleme der Umsatzsteuer – Teil 2: Hinweise der Bundessteuerberaterkammer an die Finanzverwaltung, DStR 2014, 728-731.

Beyer, Dirk: Ausschluss der Vorsteuer bei Wissenmüssen von Steuerbetrug – Bedeutung des Urteils des FG Köln vom 20.9.2016 – 8 K 1527/14 für die Praxis, NWB 2016, 3231-3235.

Billig, Hildegard: Missbräuchliche Praktiken im Bereich des Mehrwertsteuerrechts, UR 2006, 437-441.

Birk, Dieter: Handbuch des Europäischen Steuer- und Abgabenrechts, Herne 1995. (zit.: *Bearbeiter*, in: Birk, Handbuch des Europäischen Steuer- und Abgabenrechts)

Birk, Dieter / Desens, Marc / Tappe, Henning: Steuerrecht, 19. Aufl., Heidelberg 2016.

Birkenfeld, Wolfram: Einfluß der EuGH-Rechtsprechung auf das deutsche Umsatzsteuerrecht, NWB Fach 7, 4897-4916 (31/1997).

Birkenfeld, Wolfram / Wäger, Christoph: Das große Umsatzsteuer-Handbuch, 82. Ergänzungslieferung (November 2018), Köln. (zit.: *Bearbeiter*, in: Birkenfeld/Wäger, Umsatzsteuerhandbuch (Stand))

Blankenheim, Marcus M.: „Steuerpflichtiger" und Unternehmerbegriff im Umsatzsteuerrecht – Die Vorgaben der 6. EG-Richtlinie und das deutsche Recht, Köln 2005.

Bongartz, Matthias / Schröer-Schallenberg, Sabine: Verbrauchsteuerrecht, 2. Aufl., München 2011.

Bornheim, Wolfgang: Beweisfragen im Rahmen des Vorsteuerabzuges, UStB 2001, 249-253.

Bozza-Bodden, Nadya: Anforderungen an die Eintragung in die Antragsanlage: Abgrenzung zwischen fehlender, inhaltsleerer und wirksamer Erklärung – Zugleich Anmerkung zu FG Köln, Urt. v. 20.1.2016, 2 K 1514/13, EFG 2016, 845-849.

Breuer, Frank: Fiskus vs. Goliath – Der Kampf der Steuerbehörden gegen den Vorsteuerbetrug, UR 2018, 306-313.

Bufan, Radu / Opre, Aurelian: The Principle of Tax Neutrality in the Field of Direct and Indirect Taxation, in: Lang, Michael / Melz, Peter / Kristoffersson, Eleonor (Hrsg.), Value Added Tax and Direct Taxation – Similarities and Differences, Amsterdam 2009.

Haslehner, Werner: Zum Verhältnis von Gleichheit und Rechtssicherheit im EU-Steuerrecht – am Beispiel der Vorsteuererstattung für Drittstaatsunternehmen, StuW 2012, 242-255.

Hassa, Markus: Vertrauensschutz im Mehrwertsteuerrecht – Grundlagen und Entwicklungen im Bereich der innergemeinschaftlichen Dienstleistungen, UR 2015, 809-821.

Haupt, Heiko: Vorsteuervergütungsverfahren – ein europäisches Trauerspiel, UR 2007, 602-607.

Heber, Caroline: Kooperation als Teil der nichtwirtschaftlichen Sphäre, UR 2014, 957-969.

Heidner, Hans-Hermann: Strohmanngeschäfte und Gutglaubensschutz im Umsatzsteuerrecht, UR 2002, 445-451.

Heilmann, Martin: Die Umsatzsteuerreform in der Bundesrepublik Deutschland. Die Entstehung des Umsatzsteuergesetzes von 1967 (Nettoumsatzsteuer) – eine Fallstudie zur steuerpolitischen Willensbildung in einer parlamentarischen Demokratie, Frankfurt/Main 1975.

Heinrichshofen, Stefan: Nicht erkanntes Reverse Charge-Verfahren: Rechte des Leistungsempfängers, Endlich Sonne!, EU-UStB 2017, 25-27.

Heinrichshofen, Stefan: Vorsteuervergütungsverfahren – Im Zweifel für den Fiskus – Anmerkung zu FG Köln vom 21.6.2012 – 2 K 1218/12, UStB 2012, 344-245.

Heinrichshofen, Stefan: Zuordnung zu einer Unternehmensbetriebsstätte, in: Englisch/Nieskens (Hrsg.), Umsatzsteuer –Kongress-Bericht 2010, Köln 2011, S. 109-130.

Hellmann, Uwe: Steuerstrafrechtliche Risiken umsatzsteuerfreier innergemeinschaftlicher Leistungen, wistra 2005, 161-166.

Henkow, Oskar: Neutrality for taxable persons: a new approach in European VAT?, EC Tax Review, 2008, 233-240.

Henseler, Frank: Vergütung von Vorsteuerbeträgen an nicht im Gemeinschaftsgebiet ansässige Unternehmer unter Berücksichtigung des Jahressteuergesetzes 1996, DB 1996, 2152-2154.

Henze, Thomas: Grundsatz der steuerlichen Neutralität im gemeinsamen Mehrwertsteuersystem – Eine Bestandsaufnahme der Rechtsprechung des EuGH, in: Englisch/Nieskens (Hrsg.), Umsatzsteuer –Kongress-Bericht 2010, Köln 2011, S. 7-24.

Herdegen, Matthias: Europarecht, 17. Aufl., München 2015.

Herresthal, Carsten: Voraussetzungen und Grenzen der gemeinschaftsrechtskonformen Rechtsfortbildung, EuZW 2007, 396-400.

Herrmann, Claus: Die Antragsfrist beim Vorsteuervergütungsverfahren und ihre Vereinbarkeit mit dem Gemeinschaftsrecht, UR 1997, 328-332.

Herzig, Erwin: Vorsteuer-Vergütungsverfahren ab dem 1.1.2010 – BMF-Schreiben vom 3.12.2009, IV B 9 – S7359/09/10001, BC 2010, 2-4.

Heuermann, Bernd: Das Umsatzsteuerrecht, das Unionsrecht und die Vorherigkeit nationalen öffentlichen Rechts – Zugleich: Erste Versuche einer Gleichheitsprüfung nach Art. 20 GRCh, UR 2016, 905-911.

Heuermann, Bernd: Ein Pferd, die Umsatzsteuer und das Unionsrecht – Umsatzsteuerliche Behandlung von Sportvereinen zwischen mitgliedstaatlichem und europäischem Recht, UR 2014, 877-885.

Heuermann, Bernd: Mit Italmoda auf den Schultern von Larenz, DStR 2015, 1416-1420.

Heuermann, Bernd: Neujustierung der Vorsteueraufteilung bei gemischter Verwendung von Eingangsleistungen – insbesondere von Gebäuden, UR 2014, 505-512.

Hiller, Matthias: Die Facet-Falle im deutschen Umsatzsteuerrecht – eine Farce, DStR 2015, 621-627.

Höink, Carsten / Hudasch, Claudia: Das Spannungsverhältnis – Rückwirkung der Rechnungsberichtigung sowie Vorsteuerabzug ohne Rechnung?, BB 2017, 215-223.

Höink, Carsten / Winter, Matthias: EuGH-Vorlagefragen zur Steuerbefreiung für innergemeinschaftliche Lieferungen – Anmerkung zum Schlussantrag des Generalanwalts vom 29.6.2010, DStR 2010, 1772-1774.

Höpfner, Clemens: Die systemkonforme Auslegung, Tübingen 2008.

Hoffsümmer, Philipp: Steuerbefreiungen und Inlandsumsätze (§ 4 Nr. 8 bis 28 UStG) – eine systematische Betrachtung unter besonderer Berücksichtigung europäischer und nationaler Prüfungsmaßstäbe, Frankfurt/Main 2009.

Hummel, David: Anmerkung zum Urteil des EuGH v. 18.12.2014, Rs. C-131/13 (Italmoda), BB 2015. 544-549.

Hummel, David: Umgang mit „betrugsbehafteten Umsätzen" im Umsatzsteuerrecht – Zu den aktuellen Versuchen der Finanzverwaltung, das Umsatzsteueraufkommen nach einem Betrugsfall nicht nur zu sichern, sondern zu vervielfachen, UR 2014, 256-264.

Hummel, David: Verstoß gegen den Neutralitätsgrundsatz durch rechtsformabhängige Subventionen im Anwendungsbereich von EG-Richtlinien? Zum Gleichbehandlungsgebot, Rechtfertigungen und dem Umgang mit rechtsformabhängigen Subventionen, EuR 2010, 309-321.

Huschens, Ferdinand: Das Mehrwertsteuerpaket – Änderungsbedarf im nationalen Recht bis 1.1.2010, UVR 2008, 272-278.

Huschens, Ferdinand: Kein Vorsteuerabzug bei Beteiligung an einer Steuerhinterziehung – Anmerkung zum Urteil des EuGH v. 6.7.2006, verb. Rs. C-439/04 und C-440/04 – Axel Kittel und Recolta Recycling SPRL, EU-UStB 2006, 37-38.

Huschens, Ferdinand: Rechnungsberichtigung mit Rückwirkung ohne Rechnung?, in: 100 Jahre Umsatzsteuer 1918-2018, hrsg. v. UmsatzsteuerForum e.V., Bundesministerium der Finanzen, Köln 2018, S. 773-798.

Huschens, Ferdinand: Umsatzsteuerliche Karussellgeschäfte und deren Auswirkungen, SteuK 2012, 479-483.

Ismer, Roland / Baur-Rückert, Stefanie: Vorsteuerabzug bei fehlerhaften Rechnungen, MwStR 2015, 575-582.

Jacobs, Thomas: Am Anfang war der Warenumsatzstempel – 90 Jahre Umsatzbesteuerung in Deutschland, DStZ 2006, 654-660.

Jarass, Hans D.: Die Charta der Grundrechte der Europäischen Union unter Einbeziehung der vom EuGH entwickelten Grundrechte, der Grundrechtsregelungen der Verträge und der EMRK, 3. Aufl., München 2016.

Jatzke, Harald: Das System des deutschen Verbrauchsteuerrechts unter Berücksichtigung der Ergebnisse der Verbrauchsteuerharmonisierung in der Europäischen Union, Tübingen 1997.

Juretzek, Wolfgang: Die Gründe für die Umsatzsteuerreform, DStZ/A 1967, 171-174.

Kaiser, Daniel / Hummel, David: Umsatzsteuer als Strafsteuer, PStR 2015, 265-269.

Keil, Thomas: Der Weg zum echten Binnenmarkt – Umsetzungsprobleme der Harmonisierungsvorschläge der Europäischen Kommission und Ansätze zur Lösung, UR 1997, 368-375.

Kemper, Martin: Das deutsche Umsatzsteuerrecht zwischen Steuergestaltung, Missbrauch und Hinterziehung, in: 100 Jahre Umsatzsteuer in Deutschland 1918-2018, hrsg. v. UmsatzsteuerForum e.V., Bundesministerium der Finanzen, Köln 2018, S. 749-772.

Kemper, Martin: Der „Missbrauch" und die Steuerhinterziehung bei der Umsatzsteuer – Die Umsetzung der „Missbrauchsrechtsprechung" des EuGH in Deutschland, UR 2017, 449-455.

Kemper, Martin: Umsatzsteuerkarusselle als besondere Begehungsform der schweren Steuerhinterziehung, ZRP 2006, 205-208.

Kemper, Martin: Umsatzsteuerkarusselle (§ 370 VI AO und Art. 280 IV EGV) – Die Durchsetzung des strafrechtlichen Schutzes der Gemeinschaftsinteressen bei der grenzüberschreitenden Umsatzsteuerkriminalität, NStZ 2006, 593-598.

Kemper, Martin: Umsatzsteuerkarussellbetrug – Organisierte Kriminalität und ihre wirtschaftlichen Zusammenhänge, UR 2005, 1-4.

Kempf, Dieter: Die Einführung des Reverse-Charge Verfahrens als Möglichkeit der Bekämpfung von Umsatzsteuerausfällen und seine praktischen Probleme, in: Festschrift für Wolfram Reiß zum 65. Geburtstag, hrsg. v. Paul Kirchhof und Hans Nieskens, Köln 2008. 275-295.

Kessler, Wolfgang / Haller, Elisabeth: Vorsteueraufteilung bei gemischt genutzten Gebäuden Ende gut, alles gut? DStR 2014, 1697-1700.

Kindl, Caroline: Gesamtschuld und Haftung im nationalen und europäischen Umsatzsteuerrecht – Ein Beitrag zur Eindämmung des Umsatzsteuerbetrugs in der Europäischen Union, Wien 2009.

Kingreen, Thorsten: Ne bis in idem: Zum Gerichtswettbewerb um die Deutungshoheit über die Grundrechte – Anmerkung zur Entscheidung des EuGH vom 26.3.2013 (C-617/10) -, EuR 2013, S. 446-453.

Kingreen, Thorsten / Strömer, Rainer: Die subjektiv-öffentlichen Rechte des primären Gemeinschaftsrechts, EuR 1998, 263-290.

Kirchhof, Paul: 40 Jahre Umsatzsteuergesetz – Eine Steuer im Umbruch, DStR 2008, 1-8.

Kirchhof, Paul: Die Verfassungsbewusste Erneuerung des Umsatzsteuerrechts, in: 100 Jahre Umsatzsteuer in Deutschland 1918-2018, hrsg. v. Umatzsteuer-Forum, Bundesministerium der Finanzen, S. 185-194.

Kirchof, Paul: Entwicklungsmöglichkeiten der Umsatzsteuer im Rahmen von Verfassungs- und Europarecht, UR 2002, 541-548.

Kischel, Uwe: Die Kontrolle der Verhältnismäßigkeit durch den Europäischen Gerichtshof, EuR 2000, 380-402.

Klein, Franz: Kommentar zur Abgabenordnung, 14. Aufl., München 2018. (zit.: *Bearbeiter*, in: Klein, AO)

Klenk, Friedrich: 40 Jahre Mehrwertsteuer, StuW 1994, 277-281.

Klezath, Peter: Die Entwicklung der Umsatzsteuer bei der Verwirklichung des einheitlichen Binnenmarktes, in: Umsatzsteuer in nationaler und europäischer Sicht, DStJG 13 (1990), hrsg. von Lothar Woerner, Köln 1990, S. 167-178.

Klezath, Peter: Umsatzsteuer und Binnenmarkt – Die Übergangsregelung zum 1.1.1993, UR 1992, 61-66.

Koch, Oliver: Der Grundsatz der Verhältnismäßigkeit in der Rechtsprechung des Gerichtshofs der Europäischen Gemeinschaften, Berlin 2003.

Körner, Jan: Für die Einführung einer Gesamtbetrachtungsweise bei der Vollverzinsung im Bereich der Umsatzsteuer de lege ferenda, DStR 2010, 1363-1367.

Kogels, Han: Making VAT as Neutral as Possible, EC Tax Review 2012, 230-232.

Kohlmann, Günther: Steuerstrafrecht, Kommentar, 62. Ergänzungslieferung (November 2018), Köln. (zit.: *Bearbeiter*, in: Kohlmann, Steuerstrafrecht (Stand))

Kokott, Juliane: Das Steuerrecht der Europäischen Union, München 2018.

Kokott, Juliane: Vom Sinn der Form, in: 100 Jahre Umsatzsteuer 1918-2018, hrsg. v. UmsatzsteuerForum e.V., Bundesministerium der Finanzen, Köln 2018, S. 109-128.

Kokott, Juliane / Dobratz, Lars: Der unionsrechtliche allgemeine Gleichheitsgrundsatz im Europäischen Steuerrecht, in: Schön/Heber (Hrsg.), Grundfragen des Europäischen Steuerrechts, Berlin/Heidelberg 2015, S. 25-40 (zit.: *Kokott/Dobratz*, in: Grundfragen des Europäischen Steuerrechts, 2015).

Kokott, Juliane / Henze, Thomas: Ist der EuGH - noch - ein Motor für die Konvergenz der Steuersysteme?, BB 2007, 913-918.

Korf, Ralf: Risikoverteilung und Pflichtenkatalog bei innergemeinschaftlichen Lieferungen - zugleich eine Besprechung der EuGH-Urteile vom 27.9.2007, IStR 2007, 774-780.

Kraeusel, Jörg: Änderungen im Umsatzsteuerrecht durch das Jahressteuergesetz (JStG) 1996, UR 1995, 357-379.

Kraeusel, Jörg: Die Zukunft der Umsatzsteuer aus deutscher Sicht - Risiken, Chancen und Perspektiven, in: Festschrift für Wolfram Reiß zum 65. Geburtstag, hrsg. v. Paul Kirchhof und Hans Nieskens, Köln 2008, S. 297-320.

Kraeusel, Jörg: EU-Kommission legt Vorschläge für ein endgültiges Mehrwertsteuersystem vor, UVR 2017, 366-370.

Krenzin, Andreas: Rechnungsanforderungen zur Erlangung des Vorsteuerabzugs - übertriebener Formalismus statt Missbrauchsbekämpfung?, DStR 2012, 2361-2366.

Krimphove, Dieter: Neues zur Geltung nicht umgesetzter europäischer Richtlinien, EuZW 2014, 178-180.

Küffner, Thomas / von Streit, Georg: Der Vorsteuerabzug unter Berücksichtigung der aktuellen Rechtsprechung zur Zuordnung und Verwendung von Eingangsleistungen - Kritische Anmerkungen zum BMF-Schreiben vom 2.1.2012, DStR 2012, 636-638.

Küffner, Thomas / von Streit, Georg: Zuordnung und Verwendung von Eingangsleistungen - Auswirkungen auf den Vorsteuerabzug unter Berücksichtigung des Unternehmerbegriffs – Eine Zusammenfassung vor dem Hintergrund der jüngeren Rechtsprechung von EuGH und BFH, DStR 2012, 581-588.

Küffner, Thomas / Zugmaier, Oliver: Unwissentlich im Umsatzsteuerkarussell – Bundesfinanzhof gewährt Gutglaubensschutz, UVR 2008, 30-32.

Kunkel-Razum, Kathrin / Scholze-Stubenrecht, Werner / Wernke, Matthias: Duden, Deutsches Universal-Wörterbuch, 5. Aufl., Mannheim 2003.

Lange, Fredericke: Verschiebungen im europäischen Grundrechtssystem, NVwZ 2014, S. 169-174.

Lange, Hans-Friedrich: Rechtsmissbrauch im Mehrwertsteuerrecht – Anmerkung zum EuGH-Urteil vom 21.2.2006, Rs. C-255/02, Halifax, DB 2006, 519-522.

Langer, Michael: Neues Vorsteuervergütungsverfahren ab 2010, DB 2009, 647-651.

Langer, Ronny: Keine Versagung des Vorsteuerabzugs wegen Verjährung bei erstmaligem Steuerausweis bei berichtigter Rechnung – Volkswage AG, DStR 2018, 676-680.

Langer, Ronny / Zugmaier, Oliver: Strenge Anforderungen an Vorsteuervergütungsanträge, DStR 2007, 983-985.

Langer, Ronny / Zugmaier, Oliver: Vorsteuerabzug trotz fehlerhafter oder unvollständiger Rechnung, DStR 2016, 2249-2254.

Larenz, Karl: Methodenlehre der Rechtswissenschaft, 6. Aufl., Berlin u.a. 1991.

Larenz, Karl / Canaris, Claus-Wilhelm: Methodenlehre der Rechtswissenschaft, 3. Aufl., Berlin/Heidelberg 1995.

Lehner, Moris: Die Bedeutung der Grundrechte-Charta der Europäischen Union für das Internationale Steuerrecht der Mitgliedstaaten, IStR 2016, S. 265-272.

Leiphold, Carsten: Personelle Zurechnung von Umsätzen und Vorsteuerabzug – Zugleich ein Beitrag zu Scheinunternehmen, Strohmanngeschäften und zum Missbrauch im Umsatzsteuerrecht, Köln 2008.

Lohse, Christian: Die Zuordnung im Mehrwertsteuerrecht, Köln 1999.

Lohse, Christian: Neutralitätsgrundsatz im Umsatz / Mehrwertsteuerrecht – Gefestigte Erkenntnisse und neue Fragen, UR 2004, 582-590.

Lohse, W. Christian: Verwirrende Begriffsvielfalt im Gemeinschaftsrecht – am Beispiel von Steuerbetrug, -umgehung und -missbrauch sowie ähnlichen Begriffen, in: Festschrift für Wolfram Reiß zum 65. Geburtstag, hrsg. v. Paul Kirchhof und Hans Nieskens, Köln 2008, S. 645-664.

Lohse, Christian: Vorsteuerabzug bei Steuerhinterziehung und Missbrauch in Lichte der EuGH-Rechtsprechung, BB 2006, 2222-2227.

Looks, Nicole: Netto-Supermarkt: Steckt nun auch das Umsatzsteuerrecht in der Vertrauenskrise? Replik zum Aufsatz von Sterzinger (DStR 2008, 2450), DStR 2009, 513-516.

Ludwigs, Markus / Sikora, Patricks: Kooperativer Grundrechtsschutz zwischen EuGH, BVerfG und EGMR, EuGRZ 2014, S. 273-285.

Mann, Peter: Der Schutz des guten Glaubens im Umsatzsteuerrecht im Spannungsfeld des Umsatzsteuerbetrugs, Lohmar 2017.

Manthey, Leslie / Unseld, Christopher: Der Mythos vom contra-legem-Verbot: Vom Umgang des EuGH mit einem Verfassungsprinzip, DÖV 2011, 921-929.

Martens, Sebastian A.E.: Methodenlehre des Unionsrechts, Tübingen 2013.

Martini, Mario: Die Kernbrennstoffsteuer – ein steuerrechtlicher Störfall? Offene verfassungs- und unionsrechtliche Fragen, ZUR 2012, 219-222.

Matz-Lück, Nele: Europäische Rechtsakte und nationaler Grundrechtsschutz, in: Grundrechte und Grundfreiheiten im Mehrebenensystem – Konkurrenzen und Interferenzen, hrsg. von Nele Matz-Lück und Mathias Hong, Heidelberg 2012, S. 161-201.

Maunz, Stefan: Formelle Rechnungsanforderungen an Leistungsbeschreibung und Leistungszeitpunkt – Zugleich Anmerkung zum EuGH-Urteil vom 15.9.2016, Rs. C-516/14 (Barlis 06), UR 2016, 795-600.

Maunz. Stefan: Rückwirkung einer Rechnungsberichtigung im Falle einer nachträglichen Ergänzung der Steuernummer des Leistenden – Zugleich Anmerkung zum Urteil des EuGH v. 15.9.2016, Rs. C-518/14, UR 2016, 800-808.

Maunz, Stefan: Versagung des Vorsteuerabzugs bei Einbindung in Karussellgeschäft – Zur Umsetzung der Vorgaben des EuGH auf nationaler Ebene, in: Ismer/Nieskens (Hrsg.), Umsatzsteuer-Kongress-Bericht 2014, Köln 2016, S. 135-144.

Maunz, Theodor / Düring, Günter: Grundgesetz, Kommentar, 85. Ergänzungslieferung (November 2018), München. (zit.: *Bearbeiter*, in: Maunz/Düring, GG (Stand))

Meurer, Thomas: Die unendliche Geschichte der Vorsteueraufteilung bei gemischt genutzten Gebäuden – Korrektur durch den V. Senat und EuGH-Vorlage des XI. Senats, MwStR 2014, 534-538.

Meyer, Jürgen (Hrsg.): Kommentar, Charta der Grundrechte der Europäischen Union, 4. Aufl., Baden-Baden 2014 (zit.: *Bearbeiter*, in: Meyer, GRCh, 2014).

Meyer, Berthold: Vorsteuervergütungsverfahren (6-Monats-Frist, Original-Rechnungen) – Anmerkung zu FG Köln, Urteil v. 24.2.2005, 2 K 5219/01, EFG 2005, 913-916.

Meyer-Burow, Jochen / Connemann, Michael: Anspruch des Rechnungsempfängers gegen die Finanzverwaltung auf Erstattung gesetzlich nicht geschuldeter Umsatzsteuer (Reemtsma-Anspruch) Teil I, UStB 2015, 318-325.

Meyer-Burow, Jochen / Connemann, Michael: Der Vorsteuerabzug des Leistungsempfängers bei unzureichenden Buch- und Belegnachweis des leistenden Unternehmers – Zugleich Anmerkungen zum BMF-Schreiben vom 16.2.2016, UStB 2016, 214-219.

Meyer-Sievers, Jürgen / Opitz, Günter / Kuntze, Jessica: Scheinfirma und Scheingeschäft im Umsatzsteuerrecht aus der Sicht des Beraters, BB 1997, 757-763.

Mittler, Gernot: Einführung von Vorstufenbefreiungen als Mittel zur Umsatzsteuer-Betrugsbekämpfung, UR 2001, 385-389.

Monfort, Bertrant: Anspruch auf Vorsteuervergütung eines in einem anderen Mitgliedstaat ansässigen Steuerpflichtigen auch im Falle einer umsatzlosen, nur technische Tests durchführenden und Forschung betreibenden Tochtergesellschaft des Steuerpflichtigen im Mitgliedstaat der Erstattung – Zugleich Anmerkung zu EuGH, Urt. v. 25.10.2012, Rs. C-318/11 und C-319/11 (Daimler und Widex), UR 2012, 931-937.

Monfort, Bertrant: Keine allgemeine Nachweispflicht des Vorsteuererstattungsantragstellers über die Entrichtung der Mehrwertsteuer durch den Leistungserbringer – Zugleich Anmerkung zum Beschl. des EuGH v. 30.6.2016, Rs. C-55/16 (Evo Bus), UR 2016, 857-858.

Monfort, Bertrant: Konkurrenzverhältnis zwischen Vorsteuervergütungsverfahren und allgemeinen Besteuerungsverfahren bei Niederlassungen – Zugleich Anmerkung zum Beschluss des EuGH v. 21.6.2016, Rs. C-393/15 (ESET), UR 2016, 856-857.

Monfort, Bertrant: MwSt-Paket: Aufhebung der 8. EG-Richtlinie und vollständige Neuregelung des Vorsteuervergütungsverfahrens an EU-Ansässige, IWB 2008, 461-468.

Monfort, Bertrant: MwSt-Paket: Die Änderungen ab 2010 im Überblick, DStR 2010, 1261-1265.

Monfort, Bertrant: Neue Definition der festen Niederlassung? – Repräsentationsbüros, Call-Center und Ähnliches, UR 2012, 341-356.

Monfort, Bertrant: Vorsteuervergütung an in der EU ansässige Unternehmer ohne Einreichung der Belegkopien innerhalb der Antragsfrist doch möglich!, UStB 2013, 274-276.

Montag, Claudia: Das Vorsteuervergütungsverfahren – Voraussetzungen eines wirksamen Vergütungsantrags, MwStR 2014, 643-648.

Müller, Dirk: Struktur, Entwicklung und Begriff von Verbrauchsteuern, Berlin 1977.

Neeser, Alexander: Nachweispflichten und Gutglaubensschutz beim Waren- und Dienstleistungsexport, in: Englisch/Nieskens (Hrsg.), Umsatzsteuer-Kongress-Bericht 2010, Köln 2011, S. 131-145.

Neeser, Alexander / Blottko, Bianka: Das neue Vorsteuervergütungsverfahren ab 2010, UVR 2008, 300-304.

Nettesheim, Martin: Normenhierarchien im EU-Recht, EuR 2006, 737-772.

Nieskens, Hans: Aktuelles zur EuGH-Rechtsprechung – Fünf Thesen zum besseren Missverständnis des EuGH, UR 2004, 441-453.

Nieskens, Hans: Die Besteuerung unentgeltlicher Umsätze, in: Umsatzsteuer im Europäischen Binnenmarkt, DStJG 32 (2009), hrsg. von Roman Seer, Köln 2009, S. 279-301.

Nieskens, Hans: Grundsatz vom Verbot rechtsmissbräuchlicher Gestaltungen – Anmerkung zu EuGH v. 22.11.2017, Rs. C-251/16, EU-UStB 2018, 5-7.

Nieskens, Hans: Nachweispflichten und guter Glaube, EU-UStB 2008, 57-59.

Nieskens, Hans: Einzige Anlaufstelle für Umsatzsteuererklärungen im EU-Ausland – Stellungnahme des UmsatzsteuerForums zum Konsultationspapier „Vereinfachung der Mehrwertsteuerpflichten" der EU-Kommission, UR 2004, 410-412.

Niesken, Hans: Umsatzsteuer im Spannungsfeld zwischen Systematik und Fiskalinteressen, UR 2002, 577-588.

Nieskens, Hans: Vorsteuerabzug bei fälscherweise nicht angewendetem Reverse-Charge – Zugleich Anmerkung zum Urteil des EuGH v. 6.2.2014, Rs. C-424/12, EU-UStB 2014, 37-38.

Nieskens, Hans / Tehler, Hermann-Josef: Sie Sechste Mehrwertsteuer-Richtlinie: Überrecht, Widerrecht oder Interpretationshilfe? – Chancen und Risiken für das nationale deutsche Umsatzsteuerrecht, BB 1997, 2134-2144.

Nieuwenhuis, Helmut: Grundsatz der Neutralität der Umsatzsteuer in der Rechtsprechung des EuGH – Eine Bestandsaufnahme, UR 2013, 663-672.

Nöhren, Dorothee: Die Hinterziehung von Umsatzsteuer, Hamburg 2005.

OECD: International VAT/GST Guidelines, o.O. 2015, abrufbar unter: https://www.oecd.org/ctp/consumption/international-vat-gst-guidelines.pdf. (zuletzt abgerufen am 17.4.2019)

Oellerich, Ingo: Defizitärer Vollzug des Umsatzsteuerrechts, Ahaus 2007.

Oertel, Eva: Unterschiedliche Qualifikation in den Steuerregelungen zweier Mitgliedstaaten bezüglich des Erwerbs von Fahrzeigen und deren Verwendung für Leasinggeschäfte – Verbot missbräuchlicher Praktiken, Anmerkung zum Urteil des EuGH v. 22.12.2010, Rs. C-277/09, UR 2011, 222-228.

Pache, Eckehard: Der Grundsatz der Verhältnismäßigkeit in der Rechtsprechung der Europäischen Union, NVwZ 1999, 1033-1040.

Pahne, Jens: Maßnahmen zur Eindämmung des Umsatzsteuerbetrugs, Köln 2006.

Panning, Jörg: Europäisierte Umsatzsteuer. Gestaltung und Vereinfachung; Auswirkung der EuGH-Rechtsprechung, 1. Aufl., Bielefeld 1999.

Petersen, Jens-Peter / Spanakakis, Georgios: Die kumulierte Umsatzsteuerbelastung in der Bundesrepublik Deutschland, München 1967.

Pflüger, Hansjörg: Vorsteuerabzug des erfolglosen Unternehmers Anmerkungen zum EuGH-Urteil vom 29.2.1996 – Rs. C-110/94 – INZO, UR 1996, 180-183.

Plückebaum, Konrad / Malitzky, Heinz: Umsatzsteuergesetz, Kommentar, 193. Ergänzungslieferung (2012), Berlin. (zit.: *Bearbeiter*, in: Plückebaum/Malitzky, UStG (Stand))

Pohmer, Dieter / Pflugmann-Hohlstein, Barbara: 25 Jahre Nettoumsatzsteuer in Deutschland, UR 1993, 37-48.

Poptiz, Johannes: Kommentar zum Umsatzsteuergesetz in der Fassung vom 8. Mai 1926, 3. Aufl., Berlin 1928.

Prätzler, Robert C.: Unterschrift auf Vorsteuervergütungsanträgen – EuGH-Verfahren Rs. C-433/08, UStB 2008, 332, 333.

Prätzler, Robert C.: Vorsteuerabzug bei fehlerhaftem Reverse Charge („Farkas"). EuGH, Urt. v 26.4.2017, Rs. C-564/15, jurisPR-SteuerR 2017 (32), Anm. 5.

Pull, Veronika: Die Sphärentheorie im Mehrwertsteuerrecht – Dogmatik der nicht-wirtschaftlichen unternehmenseigenen Sphäre nach der VNLTO-Entscheidung des EuGH, Köln 2014.

Raab, Anton: Antrag auf Vorsteuervergütung; Frag der ordnungsgemäß ausgefüllten Antragsanlage – Anmerkung zu FG Köln, Urt. v. 20.1.2016, 2 K 1514/13, MwStR 2016, 635.

Radeisen, Rolf-Rüdiger: Rückwirkende Rechnungsberichtigungen nach Gemeinschaftsrecht – Zu den Rechnungsanforderungen aus Sicht des EuGH und des BFH, DB 2017, 212-215.

Radeisen, Rolf-Rüdiger: Vertrauensschutz im Umsatzsteuerrecht – Hoffnung und Wirklichkeit im Spiegel der Rechtsprechung, SteuK 2011, 51-54.

Rahn, Alexander H.: Dezentrale Umsatzbesteuerung und Europäischer Binnenmarkt, Baden-Baden 2009.

Ransiek, Ulrich: Die unternehmerische Aktivität von Holdinggesellschaften (Teil III) – Welche für die Beratung günstigen Gestaltungsmöglichkeiten gibt es?, UStB 2011, 223-228.

Rau, Günter / Dürrwächter, Erich: Kommentar zum Umsatzsteuergesetz, 180. Ergänzungslieferung (Januar 2019), Köln. (zit.: *Bearbeiter*, in: Rau/Dürrwächter, UStG (Stand))

Rauch, Steffen: Kein Vorsteuerabzug aus innergemeinschaftlichen Erwerben im Mitgliedstaat der Identifizierung – Anmerkung zum Urteil des BFH v. 8.9.2010, XI R 40/08, HFR 2011, 458-460.

Reimer, Franz: Juristische Methodenlehre, 1. Aufl., Baden-Baden 2016.

Reiß, Wolfram: Begrenzung der Organschaftswirkung auf das Inland – Sekundärrecht versus Primärrecht, in: Englisch/Nieskens (Hrsg.), Umsatzsteuer-Kongress-Bericht 2010, Köln 2011, S. 195-235.

Reiß, Wolfram: Der Verbraucher als Steuerträger der Umsatzsteuer, in: Die Steuerrechtsordnung in der Diskussion, Festschrift für Klaus Tipke, hrsg. v. Joachim Lang, Köln 1995.

Reiß, Wolfram: Vorsteuerabzugsrecht und Festsetzungsverjährung bei nachträglichen Rechnungskorrekturen, UR 2018, 457-467.

Reiß, Wolfram: Die harmonisierte Umsatzsteuer im nationalen Wirtschaftsverkehr – Widersprüche, Lücken und Harmonisierungsbedarf, in: Umsatzsteuer im Europäischen Binnenmarkt, DStJG 32 (2009), hrsg. von Roman Seer, Köln 2009, S. 9-51.

Reiß, Wolfram: Innergemeinschaftliches Reihengeschäft – Befreite Lieferung und Erwerbsbesteuerung, UR 2015, 733-757.

Reiß, Wolfram: Neutralitätsgebot und Sofortabzug der Vorsteuer – Zum Zusammenwirken von europäischem Richtlinienrecht und nationalem Verfahrensrecht, UR 2004, 275-285.

Reiß, Wolfram: Null-Steuersatz für Finanzdienstleistungen – Zwingt der globale Wettbewerb zu einem neuen systematischen Ansatz?, UR 2003, 209-220.

Reiß, Wolfram: Rückwirkung des Vorsteuerabzugs nach/bei Berichtigung/Ergänzung von unzureichenden Rechnungsangaben – Senatex und die Folgen, MwStR 2016, 972-989.

Reiß, Wolfram: Steuergerechtigkeit und Umsatzbesteuerung im Europäischen Binnenmarkt, in: Festschrift für Joachim Lang zum 70. Geburtstag, hrsg. v. Klaus Tipke u.a., Köln 2011, S. 861-892.

Reiß, Wolfram: Steuerstrafrechtliche Folgeprobleme – Strafrechtliche Aspekte bei EU-grenzüberschreitenden Warenlieferungen (EuGH C-285/09 Rechtssache „R“), in: Umsatzsteuer-Kongress-Bericht 2014, hrsg. v. Roland Ismer und Hans Nieskens, Köln 2016, S. 135-144.

Reiß, Wolfram: Thesen zur Umsatzbesteuerung im europäischen Binnenmarkt, UR 1997, 22-25.

Reiß. Wolfram: Unionsrechtlich gebotene Bestrafung und Besteuerung sine lege und contra legem – Anordnung des EuGH im Bereich des „Mehrwertsteuerbetrugs“ im grenzüberschreitenden Mehrwertsteuerkarussell, UR 2016, 342-359.

Reiß, Wolfram: Vorsteuerabzug – Achillesferse der Mehrwertsteuer?, DStR 2002, 561-576.

Reiß, Wolfram: Vorsteuerabzug, Berichtigung des Vorsteuerabzugs und Besteuerung der Entnahme und Verwendung für „unternehmensfremde Zwecke“ bei „gemischter“ Verwendung von Grundstücken und anderen Gegenständen, UR 2010, 797-814.

Reiß, Wolfram / Kraeusel, Jörg / Langer, Michael / Wäger, Christoph: Kommentar zum Umsatzsteuergesetz, 149. Lieferung (Januar 2019), Bonn. (zit.: *Bearbeiter*, in: Reiß/Kraeusel/Langer/Wäger, UStG (Stand))

Richter, Daniela: Die Regelungen zum Vorsteuerabzug nach der Mehrwertsteuersystemrichtlinie und die Freiheit des Dienstleistungsverkehrs im Binnenmarkt, Hamburg 2012.

Riedo, Daniel: Vom Wesen der Mehrwertsteuer als allgemeine Verbrauchsteuer und von den entsprechenden Wirkungen auf das schweizerische Recht, Bern 1999.

Riegel, Martin / Walke, Michael: Vorsteuervergütungsverfahren – Rechnungseinreichung innerhalb der Ausschlussfrist, BB 2016, 1692-1699.

Riese, Christoph / Noll, Paul: Europarechtliche und verfassungsrechtliche Aspekte der Inländerdiskriminierung, NVwZ 2007, 516-521.

Riesenhuber, Karl: Europäische Methodenlehre, Handbuch für Ausbildung und Praxis, 3. Aufl., Berlin 2015. (zit.: *Bearbeiter*, in: Riesenhuber, Europäische Methodenlehre)

Ritter, Wolfgang: Steuerharmonisierung als Voraussetzung eines EG-Binnenmarktes, BB 1989, 77-83.

Robisch, Martin: Werklieferungen im Ausland und nicht abziehbare Steuer gem. § 3d Satz 2 UStG, UR 2014, 561-563.

Rokos, Volker: Die Übergangsregelung bei der Umsatzsteuer für grenzüberschreitende Umsätze im Europäischen Binnenmarkt ab 1993 – Änderung der 6. EG-Richtlinie. Innergemeinschaftlicher Erwerb, steuerfreie innergemeinschaftliche Lieferung und EDV-gestützter Informationsaustausch, UR 1992, 89-107.

Rüth, Hennig H / Ziche, Heidrun: Die Folgen missbräuchlichen Verhaltens in der Umsatzsteuer – Eine Analyse nationalen und europäischen Rechts, EU-UStB 2006, 25-29.

Sachs, Michael: Kommentar zum Grundgesetz, 8. Aufl. München 2018. (zit.: *Bearbeiter*, in: Sachs (Hrsg.), Grundgesetz, 2018).

Schaumburg, Harald: Das Leistungsfähigkeitsprinzip im Verkehr- und Verbrauchsteuerrecht, in: Festschrift für Wolfram Reiß zum 65. Geburtstag, hrsg. von Paul Kirchhof und Markus Achatz, Köln 2008, S. 25-44.

Schaumburg, Harald / Englisch, Joachim: Europäisches Steuerrecht, Köln 2015. (zit.: *Bearbeiter*, in: Schaumburg/Englisch, Europäisches Steuerrecht)

Scheller, Axel / Schrömbges, Ulrich: Grenzüberschreitender Warenverkehr aus Sicht der Umsatzsteuer – Fehlursachen und Maßnahmen zur Behebung, Witten 2011.

Scherzberg, Arno: Die innerstaatliche Wirkung von EG-Richtlinie, Jura 1993, 225-232.

Schiff, Alexander: Sekundär- vor Primärrecht? – Zur Anwendbarkeit der Dienstleistungsrichtlinie auf Inlandssachverhalte, EuZW 2015, 899-904.

Schilling, Theodor: Bestand und allgemeine Lehren der bürgerschützenden allgemeinen Rechtsgrundsätze des Gemeinschaftsrechts, EuGRZ 2000, 3-43.

Schlienkamp, August: Einschränkungen der Vorsteuer-Vergütung für Drittlandsunternehmer: Vereinbarkeit mit Gemeinschaftsrecht, UR 1997, 77-82.

Schöbener, Burkhard: Das Verhältnis des EU-Rechts zum nationalen Recht der Bundesrepublik Deutschland, JA 2011, 885-894.

Schön, Wolfgang: Die Auslegung des europäischen Steuerrechts, Köln 1993.

Schön, Wolfgang: Umsatzsteuer zwischen Binnenmarkt und Steuerstaat, in: Umsatzsteuer-Kongress-Bericht 2001/2002, hrsg. von Hans Nieskens, Köln 2002, S. 17-62.

Schulze, Reiner / Zuleeg, Manfred / Kadelbach, Stefan: Europarecht, Handbuch für die deutsche Rechtspraxis, 3. Aufl., Baden-Baden 2015. (zit.: *Bearbeiter*, in: Schulze/Zuleeg/Kadelbach, Europarecht)

Schwarz, Bernhard: Teilweise Zuordnung erworbener Gegenstände zum Unternehmen und Zuordnungssperre des § 15 Abs. 1 Satz 2 UStG 1999, UR 2000, 275-279.

Schwarze, Jürgen (Hrsg.): EU-Kommentar, 3. Aufl., Baden-Baden 2012. (zit.: *Bearbeiter*, in: Schwarze, EU-Kommentar)

Schwerin, Jörg / Berges, Stephanie: Vorsteuerabzug bei fehlerhaften Rechnungen – Anwendungsfragen zu den EuGH-Entscheidungen Senatex und Barlis 06 sowie dem ersten im Anschluss hieran ergangenen BFH-Urteil, StB 2017, 164-169.

Slapio, Ursula / Claus, Thomas: Vollverzinsung der Umsatzsteuer nach § 233a AO – Schicksalhafte Fügung des Gesetzes oder im Einzelfall rechtswidrige Festsetzung steuerlicher Nebenleistungen?, UR 2014, 346-353.

Slotty-Harms, Ulrike: EuGH, Urteil vom 20. April 2004 (EDM): Vorsteuerabzug einer unternehmerisch tätigen Holdinggesellschaft, UVR 2005, 78-82.

Söhn, Hartmut: Die Harmonisierung der Umsatzsteuern in der Europäischen Gemeinschaft – Eine steuersystematische Bestandsaufnahme, StuW 1976, 1-31.

Söhn, Hartmut: Die Umsatzsteuer als indirekte, allgemeine Verbrauchsteuer, StuW 1996, 165-168.

Söhn, Hartmut: Eigenverbrauchsbesteuerung und Vorsteuerabzug – Zugleich zu einem Vorschlag in der 6. Richtlinie der EG-Kommission zur Harmonisierung der Umsatzsteuern, BB 1975, 219-224.

Sölch, Otto / Ringleb, Karl: Umsatzsteuergesetz, Kommentar, 84. Ergänzungslieferung (September 2018), München. (zit.: *Bearbeiter*, in: Sölch/Ringleb (Stand))

Spatscheck, Rainer / Stenert, Jens: Ist die bisherige Rechtsprechung zum Vorsteuerabzug europarechtswidrig? – Anmerkung zu den Vorabentscheidungsersuchen des BFH, DStR 2016, 2313-2321.

Spiegel, Harald / Heidler, Kristin: Das Seeling-Modell bei Nonprofit-Organisationen – Auswirkungen des EuGH-Urteils vom 12.2.2009, „VNLTO", DStR 2009, 1507-1512.

Stadie, Holger: Das Recht des Vorsteuerabzugs, Köln 1989.

Stadie, Holger: Änderungen des Umsatzsteuergesetzes durch das Jahressteuergesetz 2010, UR 2011, 125-148.

Stadie, Holger: Rückwirkender Vorsteuerabzug bei nachträglicher Ausstellung einer Rechnung? UR 2004, 49-51.

Stadie, Holger: EuGH zur Rechnungsberichtigung und deren Rückwirkung – Kritische Bemerkungen zu den beiden EuGH-Entscheidungen vom 15.9.2016, MwStR 2016, 934-942.

Stadie, Holger: Probleme der Vorsteuer, in: Umsatzsteuer in nationaler und europäischer Sicht, DStJG 13 (1990), hrsg. von Lothar Woerner, Köln 1990, S. 179-212.

Stadie, Holger: Umsatzsteuergesetz, Kommentar, 3. Aufl., Leipzig 2015.

Statistisches Bundesamt: Finanzen und Steuern, Steuerhaushalt 2017, Fachserie 14, Reihe 4, Wiesbaden 2018, abrufbar unter: https://www.destatis.de/DE/Publikationen/Thematisch/FinanzenSteuern/Steuern/Steuerhaushalt/SteuerhaushaltJ2140400177004.pdf?_blob=publicationFile. (zuletzt abgerufen am 15.4.2019)

Sterzinger, Christian: Allgemeiner Vertrauensschutz gutgläubiger Unternehmer?, DStR 2010, 2606-2611.

Sterzinger, Christian: Rechnungsangabe „vollständige Anschrift“ und Berücksichtigung des Gutglaubensschutzes beim Vorsteuerabzug – Gleichzeitig Anmerkungen zu den Schlussanträgen des Generalanwalts Nils Wahl vom 5.7.2017 in den Rechtssachen C-374/16 Geissel und C-375/16 Butin, UR 2017, 609-615.

Sterzinger, Christian: Versagung der Erstattung der von einem Dienstleistungserbringer entrichteten Mehrwertsteuer trotz Versagung des Rechts auf Vorsteuerabzug des steuerpflichtigen Leistungsempfängers bei nicht ordnungsgemäßer oder ungenauer Rechnung – Zugleich Anmerkung zum Urteil des EuGH v. 8.5.2013, Rs. C-271/12, UR 2013, 591-598.

Sterzinger, Christian: Versagung des Vorsteuerabzugs bei betrügerischem Handeln des Vorlieferanten, DStR 2014, 831-834.

Sterzinger, Christian: Wirksamer Antrag auf Vorsteuervergütung trotz Angabe einer Referenznummer statt einer Rechnungsnummer, Anmerkung zu FG Köln v. 14.9.2016, 2 K 195/14, UStB 2017, 14-15.

Streinz, Rudolf; EUV/AEUV, Beck´scher Kurzkommentar, 3. Aufl., München 2018. (zit.: *Bearbeiter*, in Streinz, EUV/AEUV)

Streng, Jürgen: Zuschüsse und Subventionen im Umsatzsteuerrecht, Köln 1999.

Stewen, Tobias: Der EuGH und die nationale Steuerhoheit –Spannungsverhältnis und Konfliktlösung, EuR 2008, 445-468.

Stobbe, Ludwig: Die Harmonisierung des Steuerrechts der Europäischen Gemeinschaft und ihre Auswirkungen auf die deutsche Besteuerung, DStZ 1992, 225-230.

Stumpf, Michael: Die europäische Mehrwertsteuer-Harmonisierung, EuZW 1990, 540-543.

Tehler, Hermann-Josef: Der Begriff „Leistungsaustausch“ im Umsatzsteuerrecht – Versuch einer systemgerechten Auslegung, DStR 1983, 215-218.

Tehler, Hermann-Josef: Privilegierung sich selbst versorgender Unternehmer in der Umsatzsteuer, UR 2013, 171-175.

Terra, Ben / Kajus, Julie: A Guide to European VAT Directives, Band 1, Introduction to European VAT, Amsterdam 2009.

Terra, Ben / Wattel, Peter: European Tax Law, 6. Aufl., Alphen aan der Rijn 2012.

Teufel, Oliver: Beteiligungsverwaltung, Kapitalüberlassung und Kapitalbeschaffung im System der Mehrwertsteuer, Heidelberg 2010.

Theile, Carsten: Wettbewerbsneutralität der harmonisierten Umsatzsteuer. Theoretischer Anspruch und praktische Durchsetzung, Köln 1995.

Thomy, Patricia: Individualrechtsschutz durch das Vorabentscheidungsverfahren, Baden-Baden 2015.

Tipke, Klaus: Das Folgerichtigkeitsgebot im Verbrauch- und Verkehrsteuerrecht, in: Festschrift für Wolfram Reiß zum 65. Geburtstag, hrsg. von Paul Kirchhof und Markus Achatz, Köln 2008, S. 9-23.

Tipke, Klaus: Die Steuerrechtsordnung, Band 2, Steuerrechtfertigungstheorie, Anwendung auf alle Steuerarten, sachgerechtes Steuersystem, 2. Aufl., Köln 2003.

Tipke, Klaus: Die Steuerrechtsordnung, Band 3, Steuerrechtswissenschaft, Steuergesetzgebung, Steuervollzug, Steuerrechtsschutz, Steuerstrafrecht, 2. Aufl., Köln 2012.

Tipke, Klaus: Die Umsatzsteuer im Steuersystem, UR 1972, 2-6.

Tipke, Klaus: Umsatzsteuer – Verkehrsteuer und/oder Verbrauchsteuer, DStR 1983, 595-597.

Tipke, Klaus / Kruse, Heinrich Wilhelm: Abgabenordnung, Finanzgerichtsordnung, Kommentar, 155. Ergänzungslieferung (Februar 2019), Köln. (zit.: *Bearbeiter*, in: Tipke/Kruse, AO/FGO (Stand))

Tipke, Klaus / Lang, Joachim (Hrsg.): Steuerrecht, 22. Aufl., Köln 2015. (zit.: *Bearbeiter*, in: Tipke/Lang, 2015)

Tipke, Klaus / Lang, Joachim (Hrsg.): Steuerrecht, 23. Aufl., Köln 2018. (zit.: *Bearbeiter*, in: Tipke/Lang, 2018)

Tonikidis, Stelios: Grundzüge der richtlinienkonformen Auslegung und Rechtsfortbildung, JA 2013, 598-604.

Tumpel, Michael: Lennartz, Armbrecht und (k)ein Ende, in: Steuerecht, Verfassungsrecht, Europarecht, Festschrift für Hans Georg Ruppe, hrsg. v. Markus Achatz u.a., Wien 2007, S. 664-680.

Tumpel, Michael: Prinzipien, Systemschwächen und Reformbedarf bei der Umsatzbesteuerung des internationalen Güter- und Dienstleistungsverkehrs, in: Umsatzsteuer im Europäischen Binnenmarkt, DStJG 32 (2009), hrsg. von Roman Seer, Köln 2009, S. 53-102.

Tumpel, Michael: Unternehmensvermögen bei gemischt genutzter Nutzung nach der Mehrwertsteuersystemrichtlinie, in: Festschrift für Wolfram Reiß zum 65. Geburtstag, hrsg. von Paul Kirchhof und Hans Nieskens, Köln 2008, S. 123-136.

Vellen, Michael: Auf dem Weg zu einem einheitlichen europäischen MwSt-Raum?, in: 100 Jahre Umsatzsteuer 1918-2018, hrsg. v. UmsatzsteuerForum e.V., Bundesministerium der Finanzen, Köln 2018, S. 955-985.

Vellen, Michael: Neue bzw. geplante Richtlinien und Verordnungen, EU-UStB 2016, 67-72.

Vellen, Michael: Vorschläge der Europäischen Kommission im Hinblick auf den Vorsteuerabzug, UR 1998, 402-407.

von Danwitz, Thomas: Der Grundsatz der Verhältnismäßigkeit im Gemeinschaftsrecht, EWS 2003, 393-402.

von der Groeben, Hans / Schwarze, Jürgen / Hatje, Armin: Europäisches Unionsrecht, 7. Aufl., Baden-Baden 2015. (zit.: *Bearbeiter*, in: von der Groeben/ Schwarze/Hatje, Europäisches Unionsrecht)

von Streit, Georg: § 13b UStG und das Vorsteuervergütungsverfahren, IStR 2002, 700-702.

von Streit, Georg: Gewährung des Vertrauensschutzes im Mehrwertsteuerrecht, UStB 2012, 288-295.

von Streit, Georg: Praxisfragen beim grenzüberschreitenden Handel – Schwerpunkt Ein- und Ausfuhrlieferungen – Teil II: Bearbeitungsfälle und „steuerpflichtige" Lieferungen ins Ausland, UStB 2015, 105-112.

von Streit, Georg: Verhältnis des Vorsteuervergütungsverfahrens zum Veranlagungsverfahren, Anmerkung zum Urteil des BFH vom 14.4.2011, V R 14/10, DStR 2011, 2233-2235.

von Streit, Georg: Vorsteuervergütungsverfahren (Teil I) – Ein Überblick über den derzeitigen Stand ausgewählter Fragestellungen in der Rechtsprechung und in Verwaltungsanweisungen, UStB 2009, 64-68.

von Streit, Georg / Streit, Thomas: Neues Verfahrensrecht für die Umsatzsteuer?, UR 2018, 813-821.

von Streit, Georg / Streit, Thomas: Wie viel Rechnung braucht der Steuerpflichtige? – Anmerkungen zu den Urteilen des EuGH vom 15.9.2016 in den Rechtssachen C-516/14 und C-518/14, UStB 2017, 57-68.

von Streit, Georg / Zugmaier, Oliver: Seelings seliges Ende – Seeling-Modell wird zum 1.1.2011 gestoppt, DStR 2010, 524-529.

Wäger, Christoph: Allgemeine Steuerpflicht für innergemeinschaftliche Lieferungen – Eine geeignete Maßnahme zur Bekämpfung des Umsatzsteuerbetrugs?, DStR 2010, 357-363.

Wäger, Christoph: Der Kampf gegen die Steuerhinterziehung – Anmerkungen zur Steuerpflicht innergemeinschaftlicher Lieferungen, bei denen der Unternehmer nicht zum Vorsteuerabzug berechtigt ist, UR 2015, 81 – 99.

Wäger, Christoph: Neues aus Europa: Der Gleichbehandlungsgrundsatz und seine Bedeutung für die MwStSystRL, DStR 2017, 2017-2021.

Wäger, Christoph: Rechnungsberichtigung mit Rückwirkung für den Vorsteuerabzug möglich – Senatex GmbH – Zugleich Anmerkung zu EuGH, Urt. v. 15.9.2016 – C-518/14, DStR 2016, 2211-2215.

Wäger, Christoph: Rechtsprechungsauslese 2015, UR 2016, 125-166.

Wäger, Christoph: Rechtsprechungsauslese 2016, UR 2017, 85-110.

Wäger, Christoph: Rechtsprechungsauslese 2017, UR 2018, 45-75.

Wäger, Christoph: Rechtsprechungsauslese 2018, UR 2019, 41-62.

Wäger, Christoph: Versagung des Vorsteuerabzuges eines Leistungsempfängers bei seiner möglichen Kenntnis von der Einbeziehung des Eingangsumsatzes in eine Mehrwertsteuerhinterziehung des Leistenden – Anmerkung zum Urteil des EuGH v. 6.7.2006, Rs. C-439/04 und C-440/04, UR 2006, 594-601.

Wäger, Christoph: Vorsteueraufteilung: Renaissance des Umsatzschlüssels?, DB 2014, 1397-1403.

Wäger, Christoph: Weniger ist mehr: Verwirklichung des Normzwecks einer Vorschrift durch ihre Aufhebung – Plädoyer für die ersatzlose Streichung von Art. 26 Abs.1 Buchst. a und Art. 168a MwStSystRL (§ 3 Abs. 9a Nr. 1 und § 15 Abs. 1b UStG), UR 2011, 25-32.

Walden, Peter: Die Umsatzsteuer als indirekte Verbrauchsteuer – eine steuerwissenschaftliche Untersuchung zur Systemgerechtigkeit der Umsatzsteuer, Berlin 1988.

Wartenburger, Lucas: Zivilrechtliche Folgeprobleme: Steuerklauseln und zivilrechtliche Ansprüche, in: Ismer/Nieskens (Hrsg.), Umsatzsteuer-Kongress-Bericht 2014, Köln 2016, S. 145-159.

Weber, Max: Die Zusage im Umsatzsteuerrecht – Eine Untersuchung im steuerverfassungsrechtlichen Mehrebenensystem de lege lata und de lege ferenda, Berlin 2019.

Weich, Bernhard: Öffentliche Hand im System der Umsatzsteuer, Köln 1996.

Weiland, Heiner: Umsatzsteuerlicher Nachweis der Identität des leistenden Unternehmers, DStR 1996, 53-56.

Weiß, Eberhard: Quo vadis Umsatzsteuer?, UR 1993, 329-335.

Wenning, Jochen: Karussellgeschäfte – Von Exporteuren, Pufferfirmen, Missing Tradern – Risiken bei der Anbahnung neuer Geschäftsbeziehungen!, UStB 2002, 265-270.

Wesselbaum-Neugebauer, Claudia: Soll- versus Ist-Besteuerung oder die Finanzierungsneutralität der Umsatzsteuer, UR 2004, 401-410.

Weymüller, Rainer: Umsatzsteuergesetz, 2015, München. (zit.: *Bearbeiter*, in: Weymüller, UStG)

Widmann, Werner: Aktuelle umsatzsteuerliche Fragestellungen – Organschaft – Vorsteueraufteilung – Reserve-Charge-Verfahren, DStR-Beih. 2014 zu Nr. 39, 109-116.

Widmann, Werner: Anteiliger Vorsteuerabzug aus Anschaffungskosten eines im Miteigentum einer Ehegemeinschaft stehenden Wohnhauses im Falle der selbständigen nebenberuflichen Nutzung eines häuslichen Arbeitszimmers durch einen Ehegatten – Zugleich Anmerkung zum Urteil des EuGH v. 21.4.2005, Rs. C-25/04, UR 2005, 324-333.

Widmann, Werner: Das Mehrwertsteuersystem ist kein Selbstbedienungsladen – Zu den EuGH-Urteilen vom 21.2.2006 (BUPA, Halifax, University of Huddersfield), DStR 2006, 736-739.

Widmann, Werner: Die einzige Anlaufstelle (One-Stop-Shop) – ein Beitrag zur Vollendung des umsatzsteuerlichen Binnenmarktes?, in: Festschrift für Wolfram Reiß zum 65. Geburtstag, hrsg. v. Paul Kirchhof und Hans Nieskens, Köln 2008, S. 321-336.

Widmann, Werner: Geltung der EU-Grundrechte-Charta bei der Sanktion mehrwertsteuerlicher Verfehlungen – Zum EuGH-Urteil vom 26.2.2013 – Rs. C-617/10, UR 2014, 5-8.

Widmann, Werner: Harmonisierung des Vorsteuerabzugs und Ersetzung des Vorsteuervergütungsverfahrens – Zu den Vorschlägen der Europäischen Kommission vom 19.6.1998, DStR 1998, 1580-1584.

Widmann, Werner: Die Zukunft der Umsatzsteuer zwischen dem Mehrwertsteuersystem im Binnenmarkt und den Problemen des Vollzugs, in: 100 Jahre Umsatzsteuer 1918-2018, hrsg. v. UmsatzsteuerForum e.V., Bundesministerium der Finanzen, Köln 2018, S. 987-1010.

Widmann, Werner: Keine Umsatzsteuer bei illegalen Geschäften?, UR 1999, 10-12.

Widmann, Werner: Mitteilung der Europäischen Kommission über einen Aktionsplan im Bereich der Mehrwertsteuer – Auf dem Weg zu einem einheitlichen europäischen Mehrwertsteuerraum: Zeit für Reformen, UR 2016, 506-512.

Widmann, Werner: Über Rechnungen nach den EuGH-Urteilen in den Rs. Senatex und Barlis, UR 2017, 18-24.

Widmann, Werner: Unternehmereigenschaft und Ausübung des Rechts auf Vorsteuerabzug im Fall des Scheiterns der beabsichtigten Tätigkeit vor der erstmaligen Festsetzung der Umsatzsteuer – Zugleich Anmerkung zum Urteil des EuGH v. 8.6.2000, Rs. C-400/98 (Breitsohl), UR 2000, 329-336.

Widmann, Werner: Vertrauensschutz im Umsatzsteuerrecht, in: Festschrift für Joachim Lang zum 70. Geburtstag, hrsg. v. Klaus Tipke u.a., Köln 2011, S. 913-924.

Widmann, Werner: Vollzugsdefizite und Vollzugslasten im Umsatzsteuerrecht, in: Umsatzsteuer im Europäischen Binnenmarkt, DStJG 32 (2009), hrsg. v. Roman Seer, Köln 2009, S. 103-124.

Widmann, Werner: Was ist eine abzugsfähige Vorsteuer?, UR 2019, 15-17.

Widmann, Werner: Zu den Empfehlungen der SLIM-Initiative der Europäischen Union, UR 1998, 217-219.

Widmann, Werner: Zu den Vorschlägen der Europäischen Kommission vom 4.10.2017 zu einem einheitlichen europäischen Mehrwertsteuersystem, UR 2018, 10-14.

Winter, Matthias: Kumulierung von Sanktionen beim Umsatzsteuerkarussell – Anmerkung zu EuGH v. 18.12.2014, C-131/13, DStR 2015, 578-579.

Witte, Peter: Zollkodex der Europäischen Union, Kommentar, 6. Auf., Köln 2013. (zit.: *Bearbeiter*, in: Witte, Zollkodex)

Wittock, Nathalie: The Influence of the Principle of Union Loyalty in Tax Matters, EC Tax Review 2014, 171-188.

Woerner, Lothar: Resümee zur Umsatzsteuer in nationaler und europäischer Sicht, in: DStJG 13 (1990), hrsg. von Lothar Woerner, Köln 1990, S. 247-260.

Zerres, Michael Peter: Die Entwicklung der Mehrwertsteuer – Ein Beitrag zur Geschichte des Steuerwesens, Frankfurt/Main, Thun 1978.

Zimmermann, Anna: Modelle zur Eindämmung des grenzüberschreitenden MwSt-Betrugs: Besteuerung auch grenzüberschreitender Leistungen, UR 2017, 580-581.

Zimmert, Peter: Bekämpfung von Umsatzsteuerausfällen und Entbürokratisierung durch Übergang auf umfassende Ist-Besteuerung, DStR 2015, 921-926.

Zippelius, Reinhold: Juristische Methodenlehre, 9. Aufl., München 2009.

Zirkl, Cornelia: Die Neutralität der Umsatzsteuer als europäisches Besteuerungsprinzip, Passau 2015.

Zorn, Nikolaus: Überlegungen zu gemeinschaftsrechtlichen Grundlagen, in: Steuerrecht, Verfassungsrecht, Europarecht, Festschrift für Hans Georg Ruppe, hrsg. von Markus Achatz, Wien 2007, S. 744-759.

www.ingramcontent.com/pod-product-compliance
Ingram Content Group UK Ltd.
Pitfield, Milton Keynes, MK11 3LW, UK
UKHW022105051026
15623UKWH00003B/698

9 783631 840191